Urs Büttner
Poiesis des ‚Sozialen'

Studien zur deutschen Literatur

Herausgegeben von
Wilfried Barner †, Georg Braungart
und Martina Wagner-Egelhaaf

Band 208

Urs Büttner

Poiesis des ‚Sozialen'

Achim von Arnims frühe Poetik bis zur Heidelberger Romantik (1800–1808)

DE GRUYTER

Gedruckt mit Unterstützung des Förderungs- und Beihilfefonds Wissenschaft der VG WORT.

ISBN 978-3-11-070914-8
e-ISBN (PDF) 978-3-11-031638-4
e-ISBN (EPUB) 978-3-11-038848-0
ISSN 0081-7236

Library of Congress Cataloging-in-Publication Data
A CIP catalog record for this book has been applied for at the Library of Congress.

Bibliografische Information der Deutschen Nationalbibliothek
Die Deutsche Nationalbibliothek verzeichnet diese Publikation in der Deutschen Nationalbibliografie; detaillierte bibliografische Daten sind im Internet über http://dnb.dnb.de abrufbar.

© 2020 Walter de Gruyter GmbH, Berlin/Boston
Dieser Band ist text- und seitenidentisch mit der 2015 erschienenen gebundenen Ausgabe.
Satz: Meta Systems Publishing & Printservices GmbH, Wustermark
Druck und Bindung: Hubert & Co. GmbH & Co. KG, Göttingen

♾ Gedruckt auf säurefreiem Papier
Printed in Germany

www.degruyter.com

Meinen Eltern und dem Andenken meiner Großmutter

Dank

Würde ich in diesem Buch nicht nur von Achim von Arnims Poetik des ‚Sozialen' handeln, sondern wollte ich auch noch seinen Entstehungsprozess im Sinne dieser Poetik verstehen, stünde auf dem Titelblatt mein Name nicht als Autor, sondern als Herausgeber. Dadurch wäre die Arbeit deutlicher als jetzt als Produkt seiner kollektiven Bedingungen und dem Weiterschreiben bisheriger Texte gekennzeichnet. – Soweit will ich aber nicht gehen. Dennoch ist es mir wichtig, den Beitrag anderer Menschen und Institutionen am Entstehen der Doktorarbeit zu würdigen.

Die Studienstiftung des deutschen Volkes ermöglichte mir im Fall Term 2007/08 einen promotionsvorbereitenden Aufenthalt bei Judith Ryan am German Department der Harvard University. Welche wichtigen Anregungen mir die Zeit den USA gebracht hat, kann man der Arbeit leicht ansehen. Zurück in Tübingen unterstützte mich die Studienstiftung mit einem Promotionsstipendium.

Mein Doktorvater Georg Braungart ließ mir im Entstehungsprozess der Arbeit viele Freiräume und half mir im entscheidenden Moment mit wichtigen Hinweisen weiter. Mit Michael Gamper konnte ich bei einem Besuch in Zürich ausführlich über meine Arbeit sprechen. Er hat freundlicher Weise das Zweitgutachten übernommen, als die Arbeit bereits weitgehend geschrieben war. In Hannover bot er mir anregende und angenehme Arbeitsbedingungen. Seine scharfsinnigen und detaillierten Anmerkungen haben mir bei der Überarbeitung und Ergänzung der Dissertation für den Druck sehr geholfen. Im Auswahlgespräch für das Stipendium ganz am Anfang und ganz am Ende durch ihr Drittgutachten hat Katharina Grätz an der Promotion mitgewirkt.

Die Arnim-Gesellschaft bot mir ein Forum, Teile meiner Arbeit diskutieren zu können. Die Herausgeber der Weimarer Arnim Ausgabe haben mich sehr bei meiner Arbeit unterstützt. Hervorheben möchte ich besonders Roswitha Burwick, die mir die Druckfahnen zum Band WAA 2 bereits vor dessen offiziellen Erscheinen zugänglich gemacht hat, und Jürgen Knaack, der mir seine bisher unveröffentlichte Transkription von Arnims Reisenotizbuch zur Verfügung gestellt hat, die ich in meiner Arbeit erstmals umfassend auswerten durfte. Das Freie Deutsche Hochstift in Frankfurt am Main, in dessen Besitz sich das Original des Reisenotizbuchs befindet, hat mir den Abdruck bereitwillig genehmigt. Wichtige Impulse jenseits der Germanistik hat die Arbeit durch das Gespräch mit meinem soziologischen Lehrer Bernhard Giesen erhalten. Der Beihilfefond der VG Wort hat die Publikation der Arbeit großzügig bezuschusst.

Der Austausch mit Freunden und Kollegen hat mir viele Einsichten beschert, zudem habe ich große Hilfe bei den Korrekturen erfahren. Ausdrücklich nennen möchte ich in diesem Zusammenhang Michael Bies, Lisa Bergelt, Mario Gotterbarm, Matthias Hoch und Markus Wessels. Lukas Wolff hat die gesamte Arbeit gründlich lektoriert und sehr zu ihrer Lesbarkeit beigetragen. Meine Großmutter, die den Abschluss meiner Promotion noch erleben durfte, und meine Eltern haben den gesamten Entstehungsprozess der Arbeit mit Interesse, Rat und Rückhalt begleitet und mir viele Möglichkeiten eröffnet. Meine größte und nachsichtigste Kritikerin Sarah Michaelis schenkte mir ihre Gegenwärtigkeit – zu jeder Zeit.

Ihnen allen möchte ich dafür von Herzen danken.

Inhalt

Dank —— VII

1	**Poetiken des ‚Sozialen' —— 1**	
1.1	Die Singende Revolution —— 1	
1.2	Zielsetzung und Aufbau der Arbeit —— 4	
1.3	Poetiken des ‚Sozialen': Eine systematische Grundlegung —— 12	
1.3.1	Geselligkeit und Zivilgesellschaft (Individuum – Kunst – Kollektiv) —— 13	
1.3.2	Paradigma Fest (Integration) —— 16	
1.3.3	Kunst und Leben (Differenzierung) —— 18	
1.3.4	Virtualisierung der Realität (‚Soziale' Handlungsmuster) —— 24	
1.3.5	Autopoiesis des ‚Sozialen' (‚Sozialer' Wandel) —— 27	
1.3.6	Poetiken des ‚Sozialen': Von der Romantik bis zur Gegenwart —— 29	
1.4	Verortung in Forschungskontexten —— 36	
1.4.1	Geschichtsschreibung des Wissens vom ‚Sozialen' —— 36	
1.4.2	Forschungen zur Heidelberger Romantik —— 42	
1.4.3	Forschungen zu Achim von Arnim —— 54	
2	**Das ‚Soziale' —— 61**	
2.1	Etymologische Annäherungen —— 61	
2.2	Ein doppelter methodischer Zugriff —— 63	
2.3	‚Das Soziale versammeln' —— 67	
2.4	‚Social Imaginaries' —— 69	
2.5	Topographien des ‚Sozialen' —— 73	
2.6	Die fünf Fragen des ‚Sozialen' —— 81	
3	**Voraussetzungen der Genese einer Poetik des ‚Sozialen' um 1800 —— 87**	
3.1	Methodische Vorüberlegungen —— 87	

3.2	Differenzierungsprozesse von Wissenskulturen —— **95**	
3.2.1	Natur —— **95**	
3.2.1.1	Erkenntnisprinzip ‚Ahndung': Naturwissenschaften/ Naturphilosopie —— **95**	
3.2.1.2	Organismus und Gleichgewicht: Naturbilder der Gesellschaft —— **125**	
3.2.2	Mensch —— **145**	
3.2.2.1	Transzendentale/empirische Anthropologie als Wissenschaften —— **145**	
3.2.2.2	An den Rändern der Geschichte: Eine Vorgeschichte der ‚Neuen Mythologie' —— **154**	
3.2.3	Gesellschaft —— **167**	
3.2.3.1	Herrschaft und Steuerung: Politik/Gesellschaft —— **167**	
3.2.3.2	Nationalstaat oder Kulturnation: Öffentlichkeit —— **177**	
3.3	Zwischenresümee —— **200**	
4	**Hollin's Liebeleben (1800–1801) —— 207**	
4.1	Die Poetik des ‚Sozialen' —— **219**	
4.1.1	Vielstimmigkeit und Konsonanz (Individuum und Kollektiv) —— **219**	
4.1.2	Veranlassung finden (Integration) —— **224**	
4.1.3	Die große Kette der Wesen (Differenzierung) —— **229**	
4.1.4	Rollenspiele (‚Soziale' Handlungsmuster) —— **246**	
4.1.5	Streben nach Fortschritt (‚Sozialer' Wandel) —— **255**	
4.2	Das ‚Soziale' der Poetik —— **256**	
4.2.1	Wahrheit und Allgemeinheit (Kunst und Kollektiv) —— **256**	
4.2.2	Fußnoten (Integration) —— **258**	
4.2.3	Nur schlechte Vorbilder (Differenzierung) —— **261**	
4.2.4	Generatives Lesen (‚Soziale' Handlungsmuster) —— **262**	
4.2.5	Kausalität und Finalität (‚Sozialer' Wandel) —— **265**	
4.3	Zwischenresümee —— **268**	
5	**Arnims Bildungsreise (1801–1804) —— 273**	
5.1	Die Poetik des ‚Sozialen' —— **282**	
5.1.1	Vom Individualismus zum Holismus (Individuum und Kollektiv) —— **282**	
5.1.2	Stände und Nationen (Integration) —— **288**	
5.1.3	Genealogie und Patriotismus (Differenzierung) —— **299**	

5.1.4	Die Überwindung der Schwärmerei (‚Soziale‘ Handlungsmuster) —— **315**	
5.1.5	Der Bruch mit der Vergangenheit (‚Sozialer‘ Wandel) —— **320**	
5.2	Das ‚Soziale‘ der Poetik —— **330**	
5.2.1	‚Tanzen‘ (Kunst und Kollektiv) —— **330**	
5.2.2	Textur (Integration) —— **333**	
5.2.3	Ein Problembewusstsein stiften (Differenzierung) —— **341**	
5.2.4	‚Allegorie‘ (‚Soziale‘ Handlungsmuster) —— **345**	
5.2.5	„Der Geist läßt sich nicht durch einen beschwören" (‚Sozialer‘ Wandel) —— **351**	
5.3	Zwischenresümee —— **373**	
6	**Des Knaben Wunderhorn I (1805–1806) —— 381**	
6.1	Die Poiesis des ‚Sozialen‘ —— **384**	
6.1.1	Zwei Liederbücher (Individuum – Kunst – Kollektiv) —— **384**	
6.1.2	Die „Selbstentleibung Deutschlands" (Integration) —— **400**	
6.1.3	Die Wiedergeburt Deutschlands (Differenzierung) —— **406**	
6.1.4	Eine Volksenzyklopädie (‚Soziale‘ Handlungsmuster) —— **409**	
6.1.5	Die Aussendung des Geistes vorbereiten (‚Sozialer Wandel‘) —— **418**	
6.2	Zwischenresümee —— **430**	
7	**Ausblick: Kriegszeit (1806–1808) —— 435**	
7.1	Die Auflösung der Poetik des ‚Sozialen‘ —— **436**	
7.2	Nachwirkung der *Wunderhorn*-Poetik —— **446**	

Literaturverzeichnis —— 449
  Quellen —— **449**
  Forschungsliteratur —— **451**

1 Poetiken des ‚Sozialen'

1.1 Die Singende Revolution

Estlands Weg in die Unabhängigkeit 1988 ist unter dem Namen Singende Revolution (*Laulev revolutsioon*) in die Geschichtsbücher eingegangen. In dem Zeitungsartikel, der der Umbruchsbewegung ihren Namen gab, schreibt der estnische Künstler und Intellektuelle Heinz Valk über die Demonstrationen im Juni des Jahres auf dem Platz des Sängerfestes in Tallinn:

> Ich sage es ganz direkt, es hat sich gelohnt, jahrzehntelang Erniedrigungen zu erdulden und zu erleben, dass die eigene nationale Identität unterdrückt wird, um am Ende an diesem Sängerfest teilnehmen zu können. Es war die allergroßartigste Demonstration; so etwas kann man weder im Film, im Fernsehen noch im Traum sehen. Eine singende, sich rhythmisch bewegende glückliche Menschenmenge, mit Nationalflaggen, fröhlichen Gesichtern, Einigkeit, ohne Zorn, ohne Feindschaft – im Herzen nur ein Wort: Estland! Habe ich gesagt, eine glückliche Menschenmenge? Nein, dieses Wort vermag nicht auszudrücken, was wirklich los war. [...] Das Volk, das singend und lachend die Revolution macht, sollte ein Vorbild für alle sein. Dieses Volk darf nie mehr verachtet und verspottet oder noch schlimmer – unter einer Diktatur versklavt werden. [...]
> Wir haben unseren Willen gezeigt! Uns soll man endlich die Möglichkeit geben, frei zu handeln, uns soll man die Möglichkeit geben, ein souveräner sozialistischer Staat zu sein, dann können wir der ganzen Welt zeigen, was ein kleines Volk alles kann. Bis dahin aber singen wir weiter![1]

Begonnen hatte das ‚nationale Erwachen' Estlands im Klima von Perestroika und Glasnost. Eine durch den Reaktorunfall von Tschernobyl gesteigerte Sensibilität für Umweltfragen hatte 1986/87 zu Protesten gegen die Ausweitung des Phosphorabbaus im Norden des Landes geführt. Die Angst vor starker Umweltbelastung mischte sich dabei mit einer ganz anderen Angst, nämlich, dass 100.000 neue russische Bergarbeiter die Balance in dem kleinen Land deutlich zugunsten der Russischsprecher verschoben hätten. Moskau, das mit wirtschaftlichen Problemen zu kämpfen hatte und vom Afghanistan-Krieg militärisch ausgelaugt war, gab den Protesten überraschend nach. Als Folge entstand eine nationale Aufbruchstimmung in Estland. Im Mai 1988 führte der Komponist Alo Mattiisen auf dem Popfestival in der Universitätsstadt Tartu seine neu geschriebenen „Fünf patriotischen Gesänge" (*Viis ärkamisaegset laulu*)

---

[1] Heinz Valk, Laulev Revolutsioon (17.06.1988). In: Teine Eesti – Eeslava. Eesti iseseisvuse taassünd 1986–1991. Intervjuud, Dokumentid, Kõned, Artiklid, hg. von Mart Laar, Urmas Ott, Sirje Endre, Tallinn 1996, S. 425 f., hier S. 426 (Deutsche Übersetzung: Egle Säre).

und das hymnische Lied „Ich bin Este, Este bleib ich" (*Ei ole üksi ükski maa*) auf. In Text und Musik der Lieder verbinden sich Elemente aus der alten Volksmusiktradition des Landes und nationalromantische Formen des 19. Jahrhunderts mit Arrangements der Schlagermusik der Gegenwart. Die eingängigen Lieder sang das Publikum sofort begeistert mit. Schnell verbreiteten sie sich in dem kleinen Land über das Radio. Etwa einen Monat später sang das Ensemble *In Spe* die Lieder beim Altstadtfest in Tallinn zusammen mit 9.000 Menschen. Sie waren so angesteckt von dem Geist dieser Lieder, dass das Konzert genauso wie der Tag in dieser Zeit der Weißen Nächte kein Ende nehmen wollte. Irgendwann geriet die Versammlung in Bewegung und die Menschen marschierten singend zu dem etwas außerhalb der Stadt liegenden Gelände des estnischen Volksmusikfestivals mit seiner großen, muschelförmigen Bühne. Dort steigerte sich das Konzert zum großen Finale. Auch in den folgenden sechs Nächten fanden auf dem Areal Rock- und Popkonzerte statt, von deren überwältigendem Eindruck Heinz Valk schreibt. Dabei erhöhte sich die Teilnehmerzahl rasch von 15.000 Teilnehmern auf 100.000 beim letzten Konzert, etwa einem Zehntel der damaligen estnischstämmigen Bevölkerung. Die verbotene Nationalflagge wurde wieder geschwenkt und als großer Chor versammelte sich die Nation zu einem einzigen, gemeinsam singenden, großen Klangkörper. Die Bilder dieses Sängerfestes flimmerten über die Fernseher in aller Welt. Gorbatschow konnte sich vor den Augen der Weltöffentlichkeit kein Massaker an Menschen leisten, die bloß sangen. Die Staatsmacht schritt denn auch nicht militärisch ein. In den Folgemonaten machte die Unabhängigkeitsbewegung in Estland weiter mobil und konnte immer größere Teile der Bevölkerung für sich gewinnen. Ein Kennzeichen dieser Demonstrationen war, dass weiter gemeinsam gesungen wurde. Was mit der Singenden Revolution begonnen hatte, erreichte gut drei Jahre später sein Ziel: Am 20. August 1991 erklärte sich Estland erneut zur unabhängigen Republik.[2]

Frappierend an den Ereignissen in Estland ist, wie sehr sie bis ins Details den Eindruck erwecken, den Entwurf ‚einzulösen', den *Des Knaben Wunderhorn* rund 180 Jahre vorher für das ‚Wiedererwachen' der deutschen Nation

---

[2] Estland war bereits nach dem Ersten Weltkrieg eine unabhängige Republik. Die Vereinbarung im geheimen Zusatzprotokoll zum Hitler-Stalin-Pakt, nach der Estland an die Sowjetunion fiel, sei, so die Argumentation der estnischen Patrioten, völkerrechtswidrig, das Land somit unter der Sowjetherrschaft besetzt gewesen. Die estnische Republik habe also nur de facto, nicht jedoch de jure aufgehört zu existieren. – Ich folge in meiner gesamten historischen Darstellung Anatol Lieven, The Baltic Revolution. Estonia, Latvia, Lithuania and the Path to Independence, New Haven, CT, London 1993, S. 54–315; Seraina Gilly, Der Nationalstaat im Wandel. Estland im 20. Jahrhundert, Bern u. a. 2002, S. 293–336 und Priit Vesilind, The Singing Revolution. How Culture saved a Nation, Tallinn 2008, S. 107–169.

konzipiert hatte: Wenn altes Volksliedgut mit populären Musikgenres der Gegenwart eine neue Einheit eingeht, dann kann man darin eine aktualisierte Version der ‚Restaurierungstätigkeit' Achim von Arnims (1781–1831) und Clemens von Brentanos (1778–1842) sehen. Wenn keine Sängerinnen und Sänger mehr einem Publikum vorsingen, sondern dieses mit einfällt in den Gesang, dann wirkt die verbindende Kraft des Liedes, die sich Arnim als zentrales Versammlungsprinzip der Nation in seinem Essay „Von Volksliedern" vorgestellt hat. Wenn die Menschen vom gleichen, patriotischen Geist entflammt sind und das gleiche Gefühl teilen, dann spielen Unterschiede wie Geschlecht, Alter oder Stand keine Rolle mehr. Wenn Menschen aus dem ganzen Land in diesen Chor einstimmen – am Ende war es in Estland ein Drittel der estnischstämmigen Bevölkerung – dann zeigt die Kulturnation performativ ihre Einheit, trotz der politischen Unterlegenheit, ob nun gegenüber Napoleons Frankreich oder Gorbatschows UdSSR.

Woher kommen diese Übereinstimmungen? – Auf diese Frage lässt sich eine *historische* und eine *systematische* Antwort geben. Historisch gesehen führt eine direkte Traditionslinie von den Ideen der Heidelberger Romantik bis zur Singenden Revolution. Estland stand im Zeitalter des Nationalismus im Spannungsfeld zweier Machtsphären: Die pietistisch geprägte, deutschbaltische Oberschicht hatte vor allem in kulturellen Belangen das Sagen, die politische Macht dagegen lag in den Händen des zaristischen Militärs. Beide Gruppen rangen miteinander um Einfluss und versuchten dabei jeweils, die indigene Bevölkerung auf ihre Seite zu ziehen. Daher förderten beide Seiten nationale Emanzipationstendenzen der Esten, solange sie allein auf eine Einheit als Kulturnation zielten. Unter diesen Vorzeichen bildete sich vor allem die Gesangstradition zum Kern estnischer Identität heraus. Bereits Herder war auf die reiche ‚Volkslied'-Tradition des kleinen Landes aufmerksam geworden und hatte in seine Sammlung *Stimmen der Völker* neun estnische Lieder aufgenommen. Die zentrale Figur für die estnischsprachige Gesangsbewegung war aber Johann Voldemar Jannsen (1819–1890). Der Kantor, Publizist und Volksaufklärer begann damit, drei Bände geistlicher Lieder vor allem aus dem Deutschen zu übersetzen. 1860 fügte er diesen Bänden das *Estnische Liederbuch* (*Eesti Laulik*) mit weltlichen Chorliedern hinzu. Pietistische Frömmigkeit begründet dabei Vorstellungen einer Religion der heiligen Nation. Das ist sehr typisch für protestantisch geprägte Länder. Dass Jannsen *Des Knaben Wunderhorn* kannte, lässt sich nicht nachweisen, ist aber wahrscheinlich. Auf jeden Fall ist er mittelbar von den Ideen von Arnim und Brentano beeinflusst. *Des Knaben Wunderhorn* steht paradigmatisch für die Programmatik eines nationalen Gesangbuchs in der deutschen Romantik. Es ist nicht zu viel behauptet, wenn man die Sängerbewegung im 19. Jahrhundert als Versuch ansieht, die dort formulierten Ideen in die Tat umzusetzen.³ Nach dem Vorbild der deutschen Chorbewegung, die Carl Friedrich Zelter (1758–1832) begründet hatte, hatten sich seit den 1830er Jahren deutschbaltische Liedertafeln gebildet. 1865 gründete Jannsen die erste estnischsprachige Theater- und Singvereinigung *Vanemuine*. Sie nannte sich nach dem Gott des Gesangs in der estnischen Mythologie, wie sie sich seit 1857 in dem Nationalepos *Kalevipoeg* nachlesen ließ. Ähnlich wie für die finnische *Kalevala* hatte es auch für *Kalevipoeg* nur wenige legendenhafte Überlieferungsreste gegeben, die Friedrich Reinhold Kreutzwald (1803–1882) in dem größtenteils nach dem Vorbild des *Nibelungenliedes* neu verfassten Epos mitverarbeitet hatte. Die Chorgründung selbst wurde zum Vorbild und 1869 konnte Jannsen das erste Liederfest mit rund 850 Mitwirkenden veranstalten. Bis zur Unabhängigkeit 1918 fand das Sängertreffen siebenmal statt, in unregelmäßigen Abständen zwar, aber mit deutlich steigenden Teilnehmerzahlen. Während der kurzen Phase bis zur sowjetischen Besetzung 1940 stellte das Singfestival eine zentrale Institution bei der Einigung des jungen Staates dar. Als Estland Teil der UdSSR wurde, bot das Liederfest, das jetzt alle fünf Jahre stattfand, den Esten die Möglichkeit, ‚unpolitisch' und im Namen von Kultur Widerstand gegen die russische Hegemonialmacht zu leisten, die ihrerseits versuchte, die Veranstaltung ideologisch zu vereinnahmen und zu ‚russifizieren'. Indes steigerte sich der subversive Widerstand rasant, um schließlich in die Singende Revolution zu münden.⁴

Die Frage nach den Übereinstimmungen zwischen dem Ansatz von *Des Knaben Wunderhorn* und der Singenden Revolution lässt sich aber auch systematisch beantworten. Dabei ist zu zeigen, dass beide Ansätze die Strukturmuster von Poetiken des ‚Sozialen' aufweisen. Zunächst aber ist es notwendig, diese Strukturmuster präzise zu bestimmen und Poetiken des ‚Sozialen' klar zu definieren. Weiter ist zu begründen, warum diese Form künstlerischen Protestes erst nach 1800 zu finden ist, und welche Relevanz ihm historisch und in der Gegenwart zukommt. – Das alles sind keine Fragen, die sich schnell und einfach beantworten lassen. Sie sind das Thema dieses Buches.

1.2 Zielsetzung und Aufbau der Arbeit

Die Arbeit verfolgt vier Ziele. – Sie beansprucht zum einen, einen *Beitrag zur Wissensgeschichte des ‚Sozialen'* für die Zeit um 1800 im deutschsprachigen

---

3 Vgl. dazu Kapitel 7.2 der vorliegenden Untersuchung.
4 Vgl. dazu Lieven, The Baltic Revolution, S. 109–130; Ülle Sihver, Konzeptionen des ‚Nationalen Erwachens'. Der persönliche Beitrag von Johann Voldemar Jannsen, Johann Köhler, Carl Robert Jakobson und Jakob Hurt zur estnischen Bewegung in der zweiten Hälfte des 19. Jahr-

Kulturraum zu leisten. Die Wissens- und Wissenschaftsgeschichte der Naturforschung hat in der jüngeren Vergangenheit eine große Blüte erlebt und ist in den Literaturwissenschaften breit rezipiert worden. Dagegen gibt es weder für den Gegenstand des ‚Sozialen' und seine Wissenschaften eine annähernd so breite historische Forschung, noch eine vergleichbare Rezeption in der Literaturwissenschaft.[5] Dafür gibt es mehrere Gründe. Sie liegen zum einen darin, dass sich im deutschsprachigen Raum keine Wissenschaftsgeschichte des ‚Sozialen' ausgebildet hat. Wenn deshalb die Wissensgeschichte von den Sozialwissenschaften selbst betrieben wird, so hat sie einen klaren Fokus auf der Disziplinengeschichte und konstruiert ihre Vorgeschichte mit Interesse auf eine Legitimation als ‚harte' Wissenschaft. Dass die schöne Literatur in einer solchen Vorgeschichte keinen Platz hat, bedarf keiner weiteren Erläuterung. Hinzu kommt, dass die Soziologie bis heute theoretische Erblasten ihrer Gründerväter mit sich herumträgt, die eine theoretische Fassung des Ästhetischen stark behindert haben und weiter behindern.[6] Zum anderen liegen die Gründe aber auch in der literaturwissenschaftlichen Forschung. Die Romantikforschung hat sich bisher sehr stark auf die Frühromantik und auf genuine Theorieentwürfe zur Gesellschaftslehre konzentriert. Dadurch ist der Übergang von einem ‚subjektiven' zu einem ‚objektiven Idealismus' an literarischen Texten bisher kaum sichtbar geworden. Dieser Übergang vollzieht sich vor allem im Schaffen der zweiten Romantikergeneration und soll in dieser Arbeit am Beispiel Achim von Arnims en détail nachvollzogen werden. Es soll gezeigt werden, dass die schöne Literatur um 1800 einen entscheidenden Anteil an der Erschließung und Darstellung des Objektbereichs des ‚Sozialen' hatte, der sich in dieser Zeit konstituiert. Mit der Auflösung der Ontologie präsentierte sich um 1800 das menschliche Miteinander als ein eigenständiger Gegenstandsbereich, der eigenen Gesetzen folgt und mit spezifischen Erkenntnismethoden untersucht werden muss. Ganz natürlich musste das Autonomiestreben der

---

hunderts. In: Kulturgeschichte der baltischen Länder in der Frühen Neuzeit. Mit einem Ausblick in die Moderne, hg. von Klaus Garber, Martin Klöker, Tübingen 2003, S. 463–480 und Vesilind, The Singing Revolution, S. 24–37.

5 Vgl. den Überblick bei Niels Werber, Art. Soziologie. In: Literatur und Wissen. Ein interdisziplinäres Handbuch, hg. von Roland Borgards u. a., Stuttgart, Weimar 2013, S. 152–160.

6 Erst langsam ändert sich in der Soziologie etwas daran. Vgl. dazu Andreas Reckwitz, Elemente einer Soziologie des Ästhetischen. In: Reckwitz, Unscharfe Grenzen. Perspektiven der Kultursoziologie, Bielefeld 2008, S. 259–280; Dagmar Danko, Kunstsoziologie, Bielefeld 2012; Perspektiven der Kunstsoziologie. Praxis, System, Werk, hg. von Christian Steuerwald, Frank Schröder, Wiesbaden 2013 und Ästhetik und Gesellschaft. Grundlagentexte aus Soziologie und Kulturwissenschaften, hg. von Andreas Reckwitz, Sophia Prinz, Hilmar Schäfer, Berlin 2015 (im Erscheinen).

schönen Literatur irgendwann an Grenzen stoßen. Dieser Widerstand drängte die autonome Schriftstellerkunst immer nachdrücklicher dazu, ihre heteronomen, gesellschaftlichen Voraussetzungen einzuholen, das heißt, sich als spezifisches, gesellschaftliches Teilsystem zu verstehen. Die schöne Literatur erwarb in der Folge ein eigenes Wissen vom ‚Sozialen', lange vor einer Verwissenschaftlichung dieses Wissens, indem sie über ihre Möglichkeiten und Grenzen, aber auch über die Unterschiede zu anderen Gesellschaftsbereichen reflektierte und wirkungsästhetisch daraus Konsequenzen zog.

Eine weitere Zielsetzung der Arbeit liegt darin, das Konzept *Poetiken des ‚Sozialen'* systematisch auszuarbeiten und Eindrücke von ihrer historischen Relevanz zu vermitteln. Poetiken des ‚Sozialen' verstehen sich als Lösungsversuche in Krisensituationen des ‚Sozialen'. Wo die Politik und die Wirtschaft als die einenden Institutionen der ‚bürgerlichen Gesellschaft' versagen, versuchen Poetiken des ‚Sozialen' die Menschen um Kunstwerke herum zu geselligen Festen zu versammeln. Das Fest ist dabei als eine Feier bürgerlicher Zivilreligion konzipiert. Der außeralltägliche, handlungsentlastete Rahmen soll den Menschen die Möglichkeit geben, zu erleben, dass und wie sie in Gemeinschaft authentisch sie selbst sein können. Die Hoffnung dabei ist, dass diese Erfahrung auf den Alltag ausstrahlt, die Menschen ihre Entfremdung abwerfen können, indem sie neue Potentiale an sich und in der Welt entdecken, und dass daraus ein neues Miteinander hervorgeht. Den Kern der revolutionären Neubegründung des ‚Sozialen' bildet die ‚Zivilgesellschaft'. Zu einem Fest kann man nur einladen, die Teilnahme aber nicht erzwingen. Deshalb hängt es vor allem von den Eingeladenen ab, ob den Initiatoren der Poetiken des ‚Sozialen' ihr Gemeinschaftskunstwerk glückt. Insofern Poetiken des ‚Sozialen' sich sowohl an der Logik der Kunst als auch des alltäglichen Lebens orientieren, lassen sie sich von Gesamtkunstwerken und Lebenskunstlehren abgrenzen. – Die Grundidee von Poetiken des ‚Sozialen' ist in verschiedenen Krisen des ‚Sozialen' sehr unterschiedlich aktualisiert worden. Eindrücke davon werde ich in einem historischen Panorama von Hölderlin bis Occupy geben.

Das dritte Anliegen der Arbeit nimmt nach Seiten den meisten Raum ein. Die Untersuchung will rekonstruieren, in welchen Entwicklungsschritten sich die *Poetik des jungen Arnim* entwickelt hat. Die Geschichte, die erzählt werden soll, wird ihren Höhepunkt am Schluss mit *Des Knaben Wunderhorn* erreichen. Das bedeutet, dass ich die Entwicklungslinien bewusst nach diesem Gesichtspunkt auswähle und auf diesen Fluchtpunkt hin konstruiere. Mit dem Liederbuch erreicht Arnims Poetik des ‚Sozialen' ihre reifste Gestalt. Zugleich stellt dieses Werk eine Zäsur in seinem Schaffen dar und leitet eine poetische Umorientierung ein. Ging von dem ambitionierten Projekt erst auf längere Sicht ein wichtiger Impuls zur Formierung nationaler Identität aus, so war Arnim enttäuscht von dessen unmittelbarer Wirkungslosigkeit. Den Zeitgenossen erschloss sich Arnims programmatischer Essay „Von Volksliedern" nur teilweise.[7] Selbst Arnims Mitherausgeber Brentano musste bekennen:

> Ich lese das Wunderhorn jezt erst recht fleisig durch, und mit vieler Freude, über die eigenthümliche Undeutlichkeit vieler Stellen deiner Abhandlung, lieber verzeihe, zerbreche ich mir selbst Schamroth oft den Kopf, aber so viel schönes heilt mir schnell die Wunde, und das Schöne heilt sich hinein, das ist der Vortheil des Kopfzerbrechens.[8]

Dieser Lektüreeindruck Brentanos lässt sich auf andere Texte Arnims ausweiten. Die besondere Schwierigkeit besteht darin, dass Arnims Texte ungeheuer dicht und anspielungsreich sind. Nicht nur, dass die Kenntnis einer Vielzahl von Wissensfeldern erwartet wird, dazu kommt, dass spätere Texte die Gedankengänge früherer als bekannt voraussetzen, ohne diese nochmals zu erläutern. Diese Verknappungstendenz macht die Lektüre sehr schwierig und voraussetzungsreich. Deshalb beginnt diese Arbeit mit den frühsten Versuchen Arnims und folgt seiner weiteren schriftstellerischen Entwicklung.

Ein letztes Ziel dieser Arbeit ist ein methodisches. Die Arbeit will mehr sein als eine bloße Einzelfallanalyse von Achim von Arnims früher Poetik. Es geht ihr vielmehr darum, an diesem Beispiel exemplarisch historische Entwicklungen um 1800 aufzuzeigen. Ein solcher Anspruch steht aber vor dem Vermittlungsproblem zwischen allgemeinen Diskursregeln und individuellen Sprechoder vielmehr Schreibakten. Abhilfe bieten sogenannte ‚Praxistheorien'. Sie zeichnen sich dadurch aus, dass sie diese Kluft zwischen Struktur und Ereignis gar nicht erst entstehen lassen. Deshalb haben sie in der neueren soziologischen Theoriediskussion breiten Zuspruch gefunden.[9] Obwohl Praxistheorien auch für die Literaturwissenschaft höchst attraktiv sein müssten, sind sie in der germanistischen Diskussion bisher kaum rezipiert worden.[10] Meine Arbeit

---

[7] Zum Urteil der Zeitgenossen über Arnims Dichtung vgl. Thomas Sternberg, Die Lyrik Achim von Arnims, Bonn 1983, S. 16–24, und zur Wirkungsgeschichte von *Des Knaben Wunderhorn* Kapitel 7.2 der vorliegenden Untersuchung.
[8] Achim von Arnim, Clemens Brentano, Freundschaftsbriefe. Vollständige kritische Edition, hg. von Hartwig Schultz. 2 Bde. (1801–1806 und 1807–1829), Frankfurt a. M. 1998, Bd. 1, S. 325–332, hier S. 329 f. (im Weiteren zit. als Freundschaftsbriefe Band, Seite).
[9] Vgl. dazu näher Andreas Reckwitz, Die Transformation der Kulturtheorien. Zur Entwicklung eines Theorieprogramms, Weilerswist 2006; Robert Schmidt, Soziologie der Praktiken. Konzeptionelle Studien und empirische Analysen, Berlin 2012 und Hilmar Schäfer, Praxistheorien zur Einführung, Hamburg 2014.
[10] Eine Ausnahme bildet Daniel Fulda, Kultur, Kulturwissenschaft, Kulturmuster – Wege zu einen neuen Forschungskonzept aus dem Blickwinkel der Aufklärungsforschung. In: Fulda, Kulturmuster der Aufklärung, Halle, Leipzig 2010, S. 7–33. – Dieser Ansatz bleibt aber hinsichtlich eines methodischen Vorgehens relativ abstrakt.

will versuchen, diese Theoriefamilie für genuin literaturwissenschaftliche Fragestellungen fruchtbar zu machen und die Methode einer *praxeologischen Diskursanalyse* auszuarbeiten. In dieser Perspektive wird das einzelne Schriftzeugnis als individuell interpretierter Vollzug von kollektiv geteilten Mustern verstanden, wobei diese Ausdrucksweise eigentlich falsch ist, da sie die alte, überwundene Unterscheidung noch zugrunde legt. Das Konzept der Praxis beruht nämlich auf der Annahme, dass Individualität sich nur mittels kollektiv geteilter Muster performieren lässt und dass umgekehrt diese Muster nie abgelöst und außerhalb der Performanz existieren. Die Methode greift dabei auf die praxistheoretischen Ansätze von Bruno Latour und Charles Taylor zurück. Eine praxeologische Diskursanalyse besitzt für die Literaturwissenschaft den Vorzug, Diskurs und Autor oder Autorin gleichermaßen gerecht werden zu können. Die Fruchtbarkeit eines solchen Ansatzes sollen die Textanalysen zeigen. Ich werde dabei von einem breit angelegten diskursgeschichtlichen Panorama ausgehen und in diesen Kontext Achim von Arnim sukzessive immer weiter einführen und in seiner Spezifik verorten, um nach dem ersten Drittel des Buches bei Detailzeichnungen von Arnims spezifischem Ansatz angelangt zu sein.

Die Arbeit gliedert sich in sieben Kapitel und ist dabei folgendermaßen aufgebaut: An diese thematische Einführung schließt sich im Weiteren des 1. Kapitels eine systematische Bestimmung des Konzepts *Poetiken des ‚Sozialen'* und eine Zusammenstellung weiterer prägnanter Beispiele aus der Zeit zwischen 1800 und heute an. Darauf folgt eine Kontextualisierung der Arbeit in verschiedenen Forschungsdiskursen.

Kapitel 2 setzt beim Begriff ‚sozial' an. Als Ausgangspunkt zeichnet sich dieser Begriff dadurch aus, dass er sich einerseits um 1800 erstmals als deutsches Lehnwort historisch nachweisen lässt, zugleich aber semantisch bis heute unterbestimmt scheint. Aus dieser Unterbestimmtheit lässt sich Gewinn schlagen, indem man die inhaltliche Füllung der Vorstellungen vom ‚Sozialen' den untersuchten Texten selbst überlässt. Dazu entwirft das Kapitel das *Methodenprogramm einer praxeologischen Diskursanalyse*, das unter dem Leitkonzept einer ‚Versammlung des Sozialen' von Bewegungen ausgeht, die performativ verschiedene Konzepte und Bilder mobilisieren, um Menschen zu verbinden. Die spezifische Leistung der Literatur lässt sich innerhalb dieser Versammlungsbewegungen dahingehend genauer bestimmen, dass sie abstrakte Gesellschaftsentwürfe elementarisiert und für den Alltagsvollzug adaptiert sowie umgekehrt sich verändernden Vollzugsbedingungen der Theorie nahebringt. Da das ‚Soziale' als eigener Gegenstandsbereich, der um 1800 auch diesen eigenen Namen bekommt, sich auf die Grundannahme von *autonomen Individuen als Basiselementen des ‚Sozialen'* stützt, ergibt sich als Zentralproblem jeglichen Nachdenkens über das ‚Soziale', wie sich unterschiedliche Individuen mit ihren je eigenen Interessen und ihrer eigenen Sicht der Dinge zur Einheit eines Kollektivs zusammenbringen lassen.

Kapitel 3 wird konkreter. Nach der recht abstrakten Bestimmung des ‚Sozialen' geht es nun um die Frage, wie sich bestimmte Richtungen in der schönen Literatur um 1800 die Funktion zuschreiben konnten, das ‚Soziale' zu versammeln. Bei der Beantwortung dieser Frage argumentiere ich *differenzierungsgeschichtlich*. Ich zeige, wie sich die *Naturwissenschaften*, die *Transzendentalphilosophie* und die *kameralistische Verwaltung* in dieser Zeit in ihren Gegenstandsbereichen beschränken, um ihr Feld klarer und spezifischer zu definieren. Im Gegenzug lässt sich beobachten, dass die schöne Literatur gerade für die Gegenstandsbereiche, die diese drei Wissensfelder ausschließen, ihre besondere Kompetenz und Zuständigkeit beansprucht. Die epistemischen und performativen Vermögen, die jene Disziplinen im Zuge ihrer ‚Professionalisierung' aufgeben, wertet die schöne Literatur dabei eigenlogisch auf und ermächtigt sich komplementär auf diesen Feldern. Diese Felder umschreiben den Menschen als ‚soziales' Wesen. Die Beispiele, an denen die Abscheidungen und literarischen Ermächtigungsbewegungen verfolgt werden sollen, sind so gewählt, dass sie wichtige Themenkomplexe der späteren Detailanalysen bereits anschneiden. Deshalb ist es naheliegend, in diesem Kapitel Arnim langsam in die Untersuchung einzuführen. Er wird in jedem der Unterkapitel einen kurzen Auftritt haben. Zugleich konzentriert sich die Darstellung aber nicht auf ihn allein, sondern porträtiert seine Position im Kontext von Zeitgenossen. Dadurch wird die Repräsentativität, aber auch das Spezifische seiner Äußerungen erkennbar.

Das Kapitel ‚Natur' zeigt, wie die Naturwissenschaften zunehmend ganzheitlich-kosmologische Perspektiven aufgeben, was Arnim letztlich dazu bewegt, seine Karriere als Physiker zu beenden. Umgekehrt führt diese Entwicklung aber auch dazu, dass die schöne Literatur Gefühl und Urteilskraft als Erkenntnisvermögen aufwerten kann (bei Arnim das ‚Ahndungsvermögen'), um mit ästhetischen Ansprüchen diese Erkenntnisvermögen zu nutzen. Komplementär dazu soll es darum gehen, wie Goethe, Arnim und Kleist die Tauglichkeit ursprünglich naturwissenschaftlicher Gleichgewichts-Modelle zur Beschreibung der Gesetzmäßigkeiten des ‚Sozialen' in der Literatur erproben.

Das nächste Themenfeld ist der ‚Mensch'. Unter dem dominierenden Einfluss von Kants Kritischer Philosophie gestaltet sich der Verwissenschaftlichungsprozess der Philosophie vor allem als Rückzug auf das transzendentale Feld. Dadurch tritt der Bereich der empirischen Anthropologie in mannigfache Überlagerungen mit der schönen Literatur. Diese Abscheidebewegung findet ihr Gegenstück in einer Untersuchung über die Erzählung vom ‚Naturzustand' und den ‚originären Gesellschaftsvertrag'. Von Hobbes bis Kant lässt sich zeigen, dass für diese quasi-transzendentalen Reflexionen über das ‚soziale' Wesen des Menschen die Ansprüche auf Historizität immer stärker aufgegeben werden. In dem Moment, in dem offen die Fiktionalität dieser Narrative eingestanden wird, entfällt ihre Fähigkeit zur historischen Legitimierung bestehender gesellschaftlicher Ordnungen. Gleichzeitig ebnen sie damit den Boden für die ‚Neuen Mythologien', die als eingestandene Fiktionen ästhetische Neubegründungen des ‚Sozialen' versuchen. Das wird später für Arnims *Ariel's Offenbarungen* wichtig werden.

Das letzte Doppelkapitel unter der Überschrift ‚Gesellschaft' veranschaulicht, wie Arnim in seiner Ausbildung als Kameralist Teil hat an einer Entwicklung, die anerkennt, dass sich die ‚Bevölkerung' als Gegenüber der politischen Macht nach eigenen Gesetzen verhält, die es zu kennen gilt. Trotz seines Wissens als ‚Sozialtechnologe' bleibt Arnim aber, wie vielen ‚Intellektuellen' um 1800, eine Karriere im Staatsdienst versagt. Das Komplementkapitel führt am Beispiel Friedrich Schlegels und Achim von Arnims aus, wie dieses Wissen literarisiert zur spezifischen Prägung der romantischen Öffentlichkeit beiträgt. Die romantische Öffentlichkeit sieht sich als Forum der Rede im Namen der ‚Bevölkerung' im Gegensatz zur patriotischen Öffentlichkeit der Aufklärung, für die Herder beispielhaft steht.

Die Kapitel 4 bis 6 werden sich *detaillierten Analysen von Arnims Schaffen* der Jahre 1800–1806 widmen. Kapitel 7 schließt mit einen Ausblick auf die Auflösung der Poetik des ‚Sozialen' in den Kriegsjahren bis 1808. Arnims Entwicklung steht dabei in vielerlei Hinsicht stellvertretend für die verschiedener Schriftstellerkollegen seiner Generation. Roger Paulin erläutert:

> Arnims literarische Anfänge scheinen sich in bestimmten vorgezeichneten Bahnen zu bewegen. Reduziert man seine poetischen Erstlinge und auch die vielen Dichtungspläne aus den Reisejahren bis zu seiner Ankunft in Heidelberg auf einige Formeln, so ergibt sich etwa folgendes Bild: die Auseinandersetzung mit der Empfindsamkeit und dem Weltschmerz (‚Hollins Liebeleben' [sic!]), die Inthronisierung einer heiligen Kunst nach frühromantischem Selbstverständnis [*Ariel's Offenbarungen*, U. B.], die Zuwendung zu nationalpoetischen Stoffen [*Des Knaben Wunderhorn*, U. B.], die Parodierung des Hergebrachten und Überholten [*Zeitung für Einsiedler*, U. B.]. Es ist fast derselbe Weg, den vor Arnim Ludwig Tieck und – mit einigen Abwandlungen – Clemens Brentano beschritten hatten; man wird sogar Ähnlichkeiten mit der mit Arnim gleichaltrigen Caroline von Günderrode erblicken.[11]

Arnims Erstlingsroman *Hollin's Liebeleben* (1801), mit dem sich Kapitel 4 beschäftigt, ist als Wertheriade noch recht konventionell, insofern er sich mit den

---

[11] Roger Paulin, Der historische und poetologische Ort von Arnims „Ariels Offenbarungen". In: Aurora, 46. Bd. (1986), S. 112–119, hier S. 112.

Aporien des Subjektivismus auseinandersetzt, die sich auch in vielen anderen Briefromanen um 1800 finden lassen. Die Bedeutung des Werkes liegt darin, wie Arnim sich diese Probleme spezifisch zurechtlegt. Er entwickelt hier viele der zentralen Fragestellungen, die ihn in der Folgezeit beschäftigen werden, und findet bereits erste Lösungsansätze. Die Überwindung des Subjektivismus bildet mithin den Problemaufriss, an dem sich Arnims Poetik des ‚Sozialen' abarbeiten und ihr genuines Profil gewinnen wird. Zwei zentrale Fragen werden im *Hollin* unter verschiedenen Gesichtspunkten diskutiert: Zunächst geht es darum, wie und wohin sich Subjektivität auf ein vor- oder übersubjektives Gemeinsames übersteigen lässt, das weder transzendental noch substantialisierend ‚Natur' ist. Der Roman entwickelt hier erste Ansätze zu einer vorgängigen Fundierung von Subjektivität in gemeinsamen Kulturmustern. Daran anknüpfend lotet der Roman Möglichkeiten des Zusammenspiels und der Wechselwirkung von Individualität und gesellschaftlichen Bedingungen aus. Seine Antworten formuliert Arnim nicht nur im Hinblick auf einzelne Individuen, er macht sich auch Gedanken über den ‚sozialen' Sprechort von literarischen Werken.

Kapitel 5 wendet sich den Reisejahren Arnims zu, seiner Kavalierstour durch Europa (1801–1804). In seinen Aufzeichnungen wird jetzt ein großes kulturanthropologisches Interesse deutlich. Neben übersubjektiven Voraussetzungen, die auf die Teilhabe an einer Kultur gründen, erkennt Arnim die Bedeutung von Abstammung und geschichtlicher Situation. Arnim gelangt während dieser Zeit zu Überlegungen, die Subjektives und Übersubjektives untrennbar ineinander verschlungen denken – und zwar entweder als Inkorporation oder als Identifikation. Arnim geht von einer universellen Poiesis des ‚Sozialen' aus. Das führt auf der einen Seite dazu, dass das individuelle Handeln viel deutlicher an den geschichtlichen Werdensprozess angeschlossen wird. Da die Gegenwart durch den Verlust von Tradition und Gemeinschaft bedroht ist, sieht Arnim jeden Einzelnen herausgefordert, diesen Entwicklungen entgegenzutreten. Auf der anderen Seite bedeutet die universelle Poiesis des ‚Sozialen', dass die Kunst nur einen Sonderfall dieses allgemeinen Prinzips darstellt. Die Übergänge zwischen Kunst und Alltagstätigkeiten werden fließend, was bedeutet, dass der Kunst eine wichtige Rolle bei der Wiederversammlung der Individuen zur Gemeinschaft zukommen kann, aber auch, dass prinzipiell jeder Mensch ein Künstler sein kann. Obwohl Arnim Pläne schmiedet und erste Ansätze entwickelt, wird es ihm erst zusammen mit Brentano im *Wunderhorn* gelingen, seine Überlegungen in einem konkreten künstlerischen Vereinigungsprojekt für die deutsche Nation umzusetzen.

Den ersten Band von *Des Knaben Wunderhorn* mit Arnims programmatischem Essay „Von Volksliedern" nimmt das 6. Kapitel in den Blick. Die Publikation ist als Gesangbuch für eine deutsche Nation gedacht, die sich als patriotische Gemeinde versammelt. Sie hofft, die Menschen, vom Einheitsgefühl begeistert, zu einer Einheit als Kulturnation gegen die Bedrohung versammeln zu können, die von den napoleonischen Truppen ausgeht. Anknüpfend an die Vorstellung der universellen Poiesis des ‚Sozialen' ist es das Ziel des ‚Volksliederbuches', die Nation als organisches Ganzes eines Chors zu einen. Als Enzyklopädie angelegt, will es die Tradition erneuern und dafür neue Orientierung für alle Lebensbereiche bieten. Das Gelingen des Projekts knüpft Arnim aber an Bedingungen, die nicht in seiner, sondern in Gottes Hand liegen.

Die Hoffnungen, die Arnim und Brentano mit dem *Wunderhorn* verbinden, sollten sich nicht erfüllen – jedenfalls nicht unmittelbar. Der Ausblick in Kapitel 7 untersucht deshalb die Entwicklung bis zu den *Wunderhorn*-Bänden 2 und 3 (1806–1808) daraufhin, wie sich Veränderungen in Reaktion auf die Kriegssituation ab 1806 ergeben. Während Brentano weiter auf die *Wunderhorn*-Poetik des ersten Bandes mit kleineren Modifikationen setzt, ist in Arnims Schaffen neben der Liedersammlung eine Trennung von Poesie und ‚Sozialem' zu beobachten. Seine künstlerischen Unternehmungen werden selbstbezüglicher, zugleich überlegt er, die Dichtkunst zugunsten des Militärdienstes ganz aufzugeben. Eine neue Synthese wird ihm unter anderen Vorzeichen erst im *Wintergarten* 1809 gelingen.

Auf längere Sicht sah Arnim doch noch einen Erfolg des *Wunderhorns*. Das Aufblühen der Gesangsvereinsbewegung seit der Restaurationszeit, die eine wichtige Rolle für die Einigung der Nation spielte, deutet er in Kontinuität zum *Wunderhorn*. Dort beginnt in der Tat die Entwicklungslinie, die zur Singenden Revolution führen wird. Damit schließt sich der Kreis.

1.3 Poetiken des ‚Sozialen': Eine systematische Grundlegung

Von Poetiken des ‚Sozialen' war bereits die Rede, ohne dass das Konzept klar bestimmt wurde. Nicht einmal, was mit ‚Poetik' und ‚sozial' präzise gemeint ist, wurde bisher erklärt. Deshalb möchte ich im Folgenden Poetiken des ‚Sozialen' als eine *produktionsästhetisch*[12] bestimmte Kategorie durch fünf Merkma-

---

[12] Dass Poetiken des ‚Sozialen' so selten umgesetzt wurden, lässt sich leicht nachvollziehen, wenn man sieht, welch anspruchsvolle und oft nicht kontrollierbare Voraussetzungen ihre Initiatoren machen. Wo Poetiken des ‚Sozialen' tatsächlich, und sei es auch nur in Ansätzen, realisiert wurden, muss man sich fragen, ob sie *wirkungsästhetisch* nicht auf ganz anderen Prämissen gründen. Aber das ist hier nicht das Thema.

le charakterisieren.¹³ Da sie auf theatrale Erscheinungsformen zielen, handelt es sich dabei nicht ausschließlich um literarische Projekte. Die grundlegendere Frage, was es mit dem ‚Sozialen' auf sich hat, möchte ich in Kapitel 2 aufschieben.

1.3.1 Geselligkeit und Zivilgesellschaft (Individuum – Kunst – Kollektiv)

Poetiken des ‚Sozialen' stellen eine Krisenerscheinung dar. Als Reaktion auf die Krise versuchen sie diese zu lösen im Sinne eines Selbstkorrektivs des ‚Sozialen'. Sie entstehen, wo die Gefahr droht, dass das Miteinander der Menschen zerbricht. Solche Situationen ergeben sich, wenn Markt und Staat als zentrale Institutionen der Integration in der ‚bürgerlichen Gesellschaft' Schwächen zeigen, in ihrer Bindekraft nachlassen oder gänzlich versagen.¹⁴ Ihr Lösungsansatz zielt aber nicht auf eine Restitution dieser Institutionen, sondern hat das Zutrauen in sie gänzlich verloren. Poetiken des ‚Sozialen' setzen radikaler an und wollen wie durch eine ästhetische Revolution das Miteinander auf einer grundlegend anderen Institutionenstruktur neu begründen.¹⁵ Sie entwerfen ihre Vorstellung von ‚Sozialität', wenig überraschend, ausgehend von ästhetischer Erfahrung. Umgekehrt, und auch das ist nicht verwunderlich, sind ästhetische Praktiken an zentraler Stelle in ihren Gesellschaftsentwürfen angesiedelt. Ihre Paradigmen des ‚Sozialen' sind mithin Vorstellungen von ‚Gemeinschaft', ‚Assoziation', ‚Verband' und ‚Verein'.¹⁶ *Geselligkeit* bildet dabei das

---

13 Die Fünfzahl werde ich in Kapitel 2.6 der vorliegenden Untersuchung näher begründen.
14 Vgl. dazu Niklas Luhmann, Gesellschaft [1970]. In: Luhmann, Soziologische Aufklärung 1. Aufsätze zur Theorie soziale Systeme, Wiesbaden 2005, S. 173–193, bes. S. 173–181; Manfred Riedel, Art. ‚Gesellschaft, bürgerliche'. In: Geschichtliche Grundbegriffe. Historisches Lexikon zur politisch-sozialen Sprache in Deutschland. 8 Bde. in 9 Bde., hg. von Otto Brunner, Werner Conze, Reinhart Koselleck, Stuttgart 1972–1997, Bd. 2, S. 719–800 und Manfred Riedel, Bürgerliche Gesellschaft. Eine Kategorie der klassischen Politik und des modernen Naturrechts. Stuttgart 2011.
15 Vgl. Stefan Breuer, Ästhetischer Fundamentalismus. Stefan George und der deutsche Antimodernismus, Darmstadt 1995, S. 212 ff. – Weiterführend auch Romantik und Revolution. Zum politischen Reformpotential einer unpolitischen Bewegung, hg. von Klaus Ries, Heidelberg 2012.
16 Vgl. dazu Manfred Riedel, Art. ‚Gesellschaft, Gemeinschaft'. In: Brunner, Conze, Koselleck (Hg.), Geschichtliche Grundbegriffe, Bd. 2, S. 801–862; Wolfgang Hardtwig, Art. ‚Verein'. In: Brunner, Conze, Koselleck (Hg.), Geschichtliche Grundbegriffe, Bd. 6, S. 789–829; Klaus Lichtblau, Art. ‚Vergesellschaftung'. In: Historisches Wörterbuch der Philosophie. 13 Bde, hg. von Joachim Ritter, Karlfried Gründer, Gottfried Gabriel, Darmstadt 1971–2005, Bd. 3, Sp. 459–466, und Bd. 11, Sp. 666–671. – Vgl. zur Trennung der beiden Konzeptionen von ‚Gesellschaft' näher

Grundmuster der Versammlung, *Zivilgesellschaft* oder *Bürgergesellschaft* den Großentwurf.[17]

Nachdem sich das ‚richtige' Miteinander der Menschen nicht mehr aus der transzendenten Ordnung des Seins oder der Natur ableiten lässt, muss sich seit etwa 1800 das ‚Soziale' mit ‚sozialen' Mitteln immanent selbst bestimmen. Unabhängig davon, wie diese Idee im Detail konturiert ist, bildet die Grundlage für das Miteinander jetzt die Vorstellung vom Menschen als Individuum. Individualität und Kollektivität gelten insofern aufeinander bezogen, als die Menschen sich in ihrer Ungleichheit gleichen. Diese Vorstellung des ‚Sozialen' manifestiert sich in jedem einzelnen Handlungsvollzug. Handlungstheoretisch gewendet bedingt die jeweilige Ungleichheit die Freiheit des Einzelnen. Diese Freiheit führt dazu, dass nur die Unerwartbarkeit des Handelns erwartbar ist.

An die Grundannahme des Individuums knüpft sich die Entfaltung von Individualität als normativem Maßstab für die Evaluation der Gesellschaftsentwicklung. Nimmt man die Unerwartbarkeit des individuellen Handelns ernst, so ist konkret nicht mehr zu sagen, worin sich die ‚soziale' Entfaltung von Individualität ausdrücken wird. Die Gesellschaft der Individuen befindet sich in jedem Moment im Schwebezustand eines Nicht-mehr und Noch-nicht und lässt sich damit prinzipiell nicht mehr festlegen. Die Bewertungsperspektive behilft sich in dieser Situation mit einer Idealisierung. Die Entfaltung von Individualität führt, so die Idee, auf lange Sicht zu einer umfassenden Verwirklichung von Freiheit, Gleichheit und Solidarität. Auch wenn die Vermittlung dieser drei Normen spannungsvoll ist und sich sehr unterschiedlich gestalten lässt, so ist es in jedem Fall möglich, eine Zielvision vom anzustrebenden Endzustand der Gesellschaft zu entwickeln. Von diesem Ideal aus lässt sich zurückrechnen auf die Gegenwart. Ohne den aktuellen Zustand des menschlichen

---

Charles Taylor, Invoking Civil Society. In: Taylor, Philosophical Arguments, Cambridge, MA, London 1995, S. 204–224, hier S. 213 ff.

17 Zur Geselligkeit vgl. Emanuel Peter, Geselligkeiten. Literatur, Gruppenbild und kultureller Wandel im 18. Jahrhundert, Tübingen 1999; Peter Seibert, Der literarische Salon. Literatur und Geselligkeit zwischen Aufklärung und Vormärz, Stuttgart, Weimar 1993 und Peter Seibert, Der Literarische Salon. Ein Forschungsüberblick. In: Internationales Archiv für Sozialgeschichte der Literatur, Sonderheft 3 (1993), S. 159–220, bes. S. 194 ff.

Zur Zivilgesellschaft: Jean L. Cohen, Andrew Arato, Civil Society and Political Theory, Cambridge, MA, London 1994; John Ehrenberg, Civil Society. The Critical History of an Idea, New York, London 1999; Frank Adloff, Zivilgesellschaft. Theorie und politische Praxis, Frankfurt a. M., New York 2005, S. 17–91. – Zur Eignung als historische Kategorie jenseits der Begriffsgeschichte vgl. Ralph Jessen, Sven Reichardt, Einleitung. In: Zivilgesellschaft als Geschichte. Studien zum 19. und 20. Jahrhundert, hg. von Jessen, Reichardt, Ansgar Klein, Wiesbaden 2004, S. 7–27, hier S. 7–14.

Miteinanders festlegen zu müssen, kann man ihn doch mit dem Ideal abgleichen.[18]

Das individuelle und nicht zentral koordinierte Handeln der einzelnen Akteure weicht schnell von der Ideallinie einer progressiven Entwicklung ab, ganz gleich, wohin sie gehen soll. Poetiken des ‚Sozialen' bilanzieren solche Abweichungen, wenn sie als zu groß angesehen werden. Dabei will ihre Kritik nicht rein negativ bleiben. Vielmehr sollen produktive Ansätze in der Gegenwart herausgehoben und der Idealzustand, soweit es möglich ist, bereits im Schutzraum der Kunst gegenwärtig erfahrbar werden. Insofern die Kritik sich nicht theoretisch, sondern sinnlich gestaltet, ästhetisieren Poetiken des ‚Sozialen' den Handlungsvollzug und inszenieren ihr Ideal performativ. Die Erfahrung des Idealzustandes, selbst wenn er als Antizipation nicht vollumfänglich realisiert werden kann, soll einen Kontrast für die Handelnden gegenüber ihren Alltagsvollzügen darstellen. Jedes Individuum kann dabei ganz individuell den jeweils eigenen Abstand gegenüber dem Ideal erfahren. Die Hoffnung ist, durch die Erfahrung des antizipierten Ideals eine Entwicklung auf dieses hin auch außerhalb der Kunstsphäre anstoßen und so auf den Alltag rückwirken zu können.

Wenn Poetiken des ‚Sozialen' einen Vorgeschmack auf die ideale Gesellschaft der Zukunft geben wollen, versuchen sie einen Handlungsraum zu schaffen, der unterhalb der Spezialisierungen der verschiedenen Bereichslogiken der modernen Welt angesiedelt ist. Ästhetische Praktiken bleiben darin durchlässig und übergängig zu außerkünstlerischen Vollzugsformen des alltäglichen Lebens. Es geht um die Inszenierung des Außeralltäglichen im Alltag, mit dem Ziel, neue Potentiale für die Verwirklichung von Individualität im Alltag freizusetzen. Das Grundmodell des Handelns, von dem die Erneuerung des ‚Sozialen' im Ganzen ausgehen soll, ist als *freiwillige Zusammenkunft* von Individuen angelegt. Dieses Miteinander *organisiert* sich eigenlogisch selbst. Poetiken des ‚Sozialen' lassen sich deshalb nur initiieren, aber nicht vom Künstler oder der Künstlerin allein realisieren. Als Handlungsraum haben Poetiken des ‚Sozialen' eine Sphäre im Auge, die nicht den Logiken der Macht und des Kapitalismus unterworfen ist. Gesellschaft, wie sie sie verstehen, grenzt sich klar ab von den Bereichen *Politik* und *Wirtschaft*. In den Selbstbeschreibungen der Initiatoren wird sie oft als ‚unpolitisch' oder ‚kulturell' beschrieben. Sie bringen diese Sphäre in klare Opposition zu den anderen beiden Sphären. Darüber hinaus grenzt sich die gesellschaftliche Sphäre vom Bereich des *Privaten* ab. Sie deckt sich daher mit bestimmten Vorstellungen von ‚Öffentlich-

---

18 Vgl. Niklas Luhmann, Die Gesellschaft der Gesellschaft. 2 Bde., Frankfurt a. M. 1998, S. 1011 f. und S. 1018 ff.

keit'.[19] Primär ist dabei aber an Zusammenkünfte mit leibhaftiger Anwesenheit gedacht, die weniger argumentativ als theatral fundiert sind. Die Abgrenzungen sind deshalb so wichtig, da diese Konzeption von Gesellschaft durchaus große Ähnlichkeit und Affinität zu bestimmten Handlungsformen der anderen Sphären des ‚Sozialen' aufweist. Von daher stellt der von den Poetiken des ‚Sozialen' geschaffene Handlungsraum trotz aller momentanen Opposition einen den anderen Sphären vor- und angelagerten Bereich dar. Die Grenzen von Geselligkeiten, Vereinen, Netzwerken, Initiativen und sozialen Bewegungen bleiben fließend und können Veränderungen in den abgegrenzten Sphären einleiten.[20]

1.3.2 Paradigma Fest (Integration)

Poetiken des ‚Sozialen' propagieren als zentrale Form der Vergemeinschaftung ein Modell, das sein Vorbild in der protestantischen Gemeinde hat. Die protestantische Glaubenslehre hat sich bei ihnen jedoch in eine bürgerlich-nationale Zivilreligion transformiert. Die Christengemeinde übt auch im Alltag einen immerwährenden Gottesdienst, am Sonntag aber versammelt sie sich zu einem Fest, das der Erbauung und moralischen Erneuerung der alltäglichen Lebenspraxis dient. Zu einem solchen *Fest* der Zivilreligion laden die Poetiken des ‚Sozialen' die Bürgergemeinde ein.[21] Dieses Fest bildet den Rahmen für die gesellige Zusammenkunft.

Poetiken des ‚Sozialen' richten ihre Feste um Kunstwerke herum aus. Häufiger bildet eine theatrale Aufführung vor den Augen und Ohren der Festge-

---

[19] Vgl. dazu näher Lucian Hölscher, Art. ‚Öffentlichkeit'. In: Brunner, Conze, Koselleck (Hg.), Geschichtliche Grundbegriffe, Bd. 4, S. 413–467; Helmar Schramm, Art. ‚Theatralität'. In: Ästhetische Grundbegriffe. 7 Bde., hg. von Karlheinz Barck u. a., Stuttgart, Weimar 2000–2005, Bd. 6, S. 48–73, bes. S. 63 ff. – Ferner auch Kapitel 3.2.3.2 der vorliegenden Untersuchung.
[20] Vgl. Adloff, Zivilgesellschaft, S. 8 f. – Jürgen Kocka, Zivilgesellschaft in historischer Perspektive. In: Jessen, Reichardt, Klein (Hg.): Zivilgesellschaft als Geschichte, S. 29–42, hier S. 33 führt dazu näher aus: „Der [...] zivilgesellschaftliche Typus sozialen Handelns fehlt nicht ganz in der staatlichen Verwaltung und Politik; er fehlt auch nicht ganz in den Wirtschaftsunternehmen und in ihrem Verhältnis zueinander; er fehlt auch nicht in den Familien- und Verwandtschaftsbeziehungen. Soweit sich staatliche Organe und ihre Beamten, Unternehmen und ihr Personal, Familien und Stammesverwaltungen dieses Typus' sozialen Handelns bedienen, sind sie als Akteure der Zivilgesellschaft aktiv. Doch sind in diesen Bereichen andere Typen sozialen Handelns dominant, nämlich herrschaftlich-politische, marktlogische bzw. solche des privaten Lebens."
[21] Vgl. dazu Manfred Hettling, Paul Nolte, Bürgerliche Feste als symbolische Politik im 19. Jahrhundert. In: Bürgerliche Feste, hg. von Hettling, Nolte, Göttingen 1993, S. 7–36.

meinde das Versammlungszentrum, manchmal aber stellen die Initiatoren auch künstlerische Materialien bereit, die erst in der Interaktion und durch ihre Anverwandlung eine ästhetische Erfahrung ermöglichen. Diese Kunstwerke bilden aber nur die Anlage zu Poetiken des ‚Sozialen', denn in ihrem Angesicht fügt sich erst das eigentliche Kunstwerk zusammen. In der Rezeption bildet das Publikum eine Gemeinschaft und auf das Kunstwerk dieser Gemeinschaft zielen die Poetiken des ‚Sozialen' letztlich ab. Als theatrale Veranstaltung zeichnet sich die ästhetische Versammlung dadurch aus, dass die Partizipanden sich wechselseitig zugleich Darsteller und Publikum sind, was dazu führt, dass diese Kategorien eigentlich keine geeignete Beschreibung mehr darstellen.[22] Handeln und Erleben überkreuzen sich, insofern die Rezeption des Kunstwerks eine aktive Leistung verlangt, zugleich aber diese Rezeptionsleistung den Gegenstand der ästhetischen Erfahrung bildet.[23] Die Partizipanden spielen, der Vorstellung nach, keine fremden Rollen, sondern führen sich authentisch auf. Das Fest bildet einen Raum, in dem Spezialisierungen und Interessenslagen des Alltags genauso wie politische Orientierungen keine oder nur noch untergeordnete Relevanz besitzen. Diese Quellen der Entfremdung, die das Individuum zum ‚Schauspielern' im Namen fremder Zwecke zwingen, sind ausgeschlossen. Jedes Individuum kann ganz bei sich selbst sein. In ihrer Verschiedenheit sind die Individuen als Gleiche verbunden. Dabei erfahren die Partizipanden der festlichen Inszenierungen ihre Fähigkeit, in Gemeinschaft authentisch sie selbst sein zu können. Die Darstellung bildet keine hermeneutisch entschlüsselbare, fiktionale Repräsentation von etwas Anderem, sondern ist die ästhetisch vermittelte Präsenzerfahrung der Gemeinschaft von sich selbst.[24]

Präsenzerfahrungen haben immer ein totalisierendes Moment. Dieses totalisierende Moment kann zum Exklusionskriterium werden. Prinzipiell sind die meisten Inszenierungen von Poetiken des ‚Sozialen' ihrem Anspruch nach universalistisch und allinklusivistisch angelegt. Jede und jeder, der mitmachen will, soll das auch dürfen. Voraussetzung dafür ist aber, sich in die Versammlung einzureihen und sich ganz deren Regeln zu unterwerfen. Die festlichen Inszenierungen bilden eine Totalität, die man als Ganzes akzeptieren oder der man fern bleiben muss. Bloße Anwesenheit zu zeigen, gilt als Affirmation. Es

---

[22] Vgl. Jacques Rancière, Der emanzipierte Zuschauer. In: Rancière, Der emanzipierte Zuschauer, Wien 2009, S. 11–34, hier S. 23 f.
[23] Vgl. dazu Erika Fischer-Lichte, Ästhetik des Performativen. Frankfurt a. M. 2004, S. 63 ff., 287 und 301.
[24] Vgl. Fischer-Lichte, Ästhetik des Performativen, S. 18 ff., und Rancière, Der emanzipierte Zuschauer, S. 16 ff.

ist nicht möglich, über einzelne Momente zu diskutieren. Poetiken des ‚Sozialen' fehlen mithin deliberative Verfahren.[25] Keine Entscheidungen treffen zu können, nimmt die Möglichkeit, Veränderungen vorzunehmen. Das wird zum Problem, wenn es darum geht, die Versammlungen auf Dauer zu stellen. Entweder die ästhetische Veranstaltung wird überführt in politische oder wirtschaftliche Handlungsformen, die über deliberative Verfahren verfügen, oder sie läuft Gefahr, sich im Totalitarismus zu verfestigen.

1.3.3 Kunst und Leben (Differenzierung)

Poetiken des ‚Sozialen' wollen eine neue Form des Miteinanders unter den Bedingungen der bestehenden gesellschaftlichen Verhältnisse einsetzen. Mit künstlerischen Mitteln eingeleitete Entdifferenzierungprozesse des ‚Sozialen' sollen es möglich machen, alternative Differenzierungsformen zu erproben. Wenn diese sich bewähren und durchsetzen, können sie sich, so der Plan, über die *Kunst hinaus ins Leben entgrenzen* und sich als Form einer Neudifferenzierung des ‚Sozialen' verstetigen.

Grundlage dafür bildet die Annahme, dass Kunst und Nicht-Kunst ein Kontinuum bilden. Als Ausformungen der universellen Poiesis des ‚Sozialen' sind sie nur graduell verschieden, nämlich durch ihre spezifische Ausdifferenzierung. Indem die Kunst in den Poetiken des ‚Sozialen' das Selbst der alltäglichen Lebensvollzüge zu ihrem Gegenstand macht, verliert sie einen Gutteil dessen, was sie spezifisch als Kunst ausdifferenziert hat. Wenn sie sich entdifferenziert, wird sie aber allen nicht-künstlerischen Erscheinungsformen des ‚Sozialen' ähnlicher und von ihnen approximativ ununterscheidbar. Die Entgrenzung der Kunst in alle Ausformungen des ‚Sozialen' hat den Preis der tendenziellen Selbstauflösung der Kunst als Kunst.[26] Die Poetiken des ‚Sozialen' sind bereit, diesen Preis zu zahlen, denn umgekehrt erscheinen dann alle nicht-künstlerischen Ausformungen des ‚Sozialen' kunstfähig und durch die Kunst veränderbar.

---

25 Vgl. dazu Juliane Rebentisch, Die Kunst der Freiheit. Zur Dialektik demokratischer Existenz, Berlin 2012, S. 271–341. – Rebentisch versucht allerdings zu zeigen, dass dieses Problem ein rein theoretisches ist, da sie bestreitet, dass die authentische Selbstpräsenz einer Versammlung in der beschriebenen Weise überhaupt möglich ist.
26 Vgl. dazu Jacques Rancière, Die ästhetische Revolution und ihre Folgen. Erzählungen von Autonomie und Heteronomie. In: ‚Ästhetisierung'. Der Streit um das Ästhetische in Politik, Religion und Erkenntnis, hg. von Ilka Brombach, Dirk Setton, Cornelia Temesvári, Zürich 2010, S. 23–40, hier S. 26 ff.; Fischer-Lichte, Ästhetik des Performativen, S. 61 f., 68 ff. und 299 f.

Ästhetisierungsprozesse entheben die in Routinen verfestigten Alltagsvollzüge ihrer Nutzenorientierung. Indem das eigene Handeln bewusst erlebt wird, verliert es seine Fraglosigkeit. Jedes einzelne Handlungsmoment kann daraufhin erprobt werden, wie es sich vielleicht auch ganz anders funktional einsetzen lässt. Die gewohnten Vollzüge werden in der ästhetischen Erfahung veruneindeutigt und polyvalent. Genauso aber – und darauf liegt bei den Poetiken des ‚Sozialen' der Schwerpunkt – bietet die künstlerische Situation einen Versuchsraum, neue Vollzugsweisen des Alltags zu testen und einzuüben. Es geht mithin darum, die Partizipanden Alternativen und latente Potentiale entdecken zu lassen und dadurch Neukonfigurationen und emergente Prozesse anzuregen.[27] Die Initiatoren von Poetiken des ‚Sozialen' erfinden die Möglichkeiten, die sie anbieten, nicht selbst, sondern greifen positiv eingeschätzte Entwicklungstendenzen auf, die ohnehin schon in der gegebenen Gesellschaft vorhanden sind, und versuchen, diese im Fest im Sinne ‚immanenter Kritik' zu intensivieren.[28] Kritik ist dabei als produktives Hinarbeiten auf Veränderungen der Differenzierungsformen des ‚Sozialen' zu verstehen. Entdifferenzierungsprozesse sind die Grundlage für die Selbsterneuerung und die Readaption der Versammlungsdynamiken des ‚Sozialen'. Sie können von verschiedenen Ausformungen des ‚Sozialen' ausgehen, nicht allein von der Kunst. Verschiedene Theoretiker haben ihre wichtige Rolle erkannt und diese Entdifferenzierungszustände mit eigenen Begriffen belegt. Ernst Bloch spricht von ‚konkreten Utopien'[29], Michel Foucault von ‚Heterotopien'[30] und Victor Turner von ‚Liminoidität'[31].

---

27 Vgl. dazu umfassend Bernhard Giesen, Das Außerordentliche als Grund der sozialen Wirklichkeit. Eine theoretische Einleitung. In: Giesen, Zwischenlagen. Das Außerordentliche als Grund der sozialen Wirklichkeit, Weilerswist 2010, S. 9–66.
28 Vgl. dazu näher Titus Stahl, Immanente Kritik. Elemente einer Theorie sozialer Praktiken, Frankfurt a. M., New York 2013.
29 Vgl. Ernst Bloch, Das Prinzip Hoffnung. 3 Bde. In: Bloch, Gesamtausgabe in 16 Bänden, Frankfurt a. M. 1977, Bde. 5.1–3, Bd. 5.2, S. 723–729, und Ernst Bloch, Antizipierte Realität – Wie geschieht und was leistet utopisches Denken? In: Bloch, Abschied von der Utopie? Vorträge, hg. von Hanna Gekle, Frankfurt a. M. 1980, S. 101–115, hier S. 110 f. – Blochs Überlegungen zum utopischen Potential von Kunst als sinnlich realer Vor-Schein (Bloch, Das Prinzip Hoffnung, Bd. 5.1, S. 242–250) ließen sich mit den Überlegungen zur ‚konkreten Utopie' kurzschließen. Er selbst geht diesen Schritt aber nicht, da er allein repräsentierende Kunst ins Auge fasst.
30 Vgl. Michel Foucault, Die Heterotopien. Der utopische Körper. Zwei Radiovorträge. Frankfurt a. M. 2005, S. 7–23 und Michel Foucault, Von anderen Räumen. In: Foucault, Dits et Ecrits. Schriften, 4 Bde., hg. von Daniel Defert und François Ewald, Frankfurt a. M. 2001–2005, Bd. 4, S. 931–942.
31 Vgl. Victor Turner, Das Liminale und das Liminoide in Spiel, ‚Fluß' und Ritual. Ein Essay zur vergleichenden Symbologie. In: Turner, Vom Ritual zum Theater. Der Ernst des menschlichen Spiels. Frankfurt a. M., New York 2009, S. 28–94, bes. S. 85 ff.

Wenn sich Poetiken des ‚Sozialen' durch ihre Entdifferenzierungsdynamik auszeichnen, können sie auch von Entwürfen des ‚Gesamtkunstwerks' und der ‚Lebenskunst' abgegrenzt werden. Jene sind einseitig und spezifisch für Kunst oder Leben ausdifferenziert, Poetiken des ‚Sozialen' hingegen beziehen sich gleichermaßen auf die Kunst und das Leben, jedoch notwendig weniger spezifisch.

Verschiedene Ansätze haben versucht, den Begriff des Gesamtkunstwerks über Richard Wagners spezifische Prägung zu einem systematischen Konzept der Ästhetik zu promovieren. Andere Ansätze lehnen ihn aufgrund seiner historischen Spezifik ab und sprechen systematisch lieber von ‚totalen Kunstwerken'. In einer ausführlichen und überzeugenden Kritik hat Wolf Gerhard Schmidt gezeigt, dass all diese Ansätze, ganz gleich, welchen Begriff sie bevorzugen, in ihren Definitionen unscharf bleiben.[32] Ein Grundkonsens scheint zwar darin zu bestehen, dass sich in Gesamtkunstwerken *Intermedialität* und *Entgrenzungsbewegungen von Kunst und Leben* verbinden. Diese beiden Merkmale werden aber unzureichend theoretisch ausgearbeitet und auch ihre Kombination kann das Ergebnis ganz unterschiedlicher Programmlogiken sein. Insofern produzieren sie als alleinige Bestimmungskriterien keine zureichende Trennschärfe. Unter den Namen ‚Gesamtkunstwerk' oder ‚totales Kunstwerk' werden in den genannten Publikationen mithin strukturell ganz unterschiedliche Phänomene ohne Unterscheidung zu einer Einheit zusammengefasst. Zu versuchen, Poetiken des ‚Sozialen' als Subkategorie zu beschreiben, ist von daher heuristisch nicht fruchtbar. Klarheit bringt indes, die Begriffe in dieser Ungenauigkeit fallen zu lassen und die unter diesen Namen verhandelten Phänomene deutlich voneinander zu unterscheiden. Man kann Schmidts Vorschlag folgen und *Gesamtkunstwerke* neu und enger fassen. Davon trennen lassen sich dann *Lebenskunstlehren* und *Poetiken des ‚Sozialen'*. Die Ausprägung der intermedialen Anlage differiert zwischen allen dreien nur graduell, ihre Verschiedenheit liegt in deren Stellenwert. Deutliche Abweichungen ergeben sich nur in Bezug auf die Entgrenzung von Kunst und Leben.

---

32 Vgl. Der Hang zum Gesamtkunstwerk. Europäische Utopien seit 1800, hg. von Harald Szeemann, Aarau, Frankfurt a. M. 1983; Gesamtkunstwerk. Zwischen Synästhesie und Mythos, hg. von Hans Günther, Bielefeld 1994; Der Traum vom Gesamtkunstwerk, hg. von Detlef Hoffmann, Loccum 1998; Angela Merte, Totalkunst. Intermediale Entwürfe für eine Ästhetisierung der Lebenswelt, Bielefeld 1998; Roger Fornhoff, Die Sehnsucht nach dem Gesamtkunstwerk. Studien zu einer ästhetischen Konzeption der Moderne, Hildesheim, Zürich, New York 2004; Anke Finger, Das Gesamtkunstwerk der Moderne, Göttingen 2006; Matthew Wilson Smith, The Total Work of Art. From Bayreuth to Cyberspace, New York, London 2007. – Zur Kritik vgl. Wolf Gerhard Schmidt, Was ist ein ‚Gesamtkunstwerk'? Zur medienhistorischen Neubestimmung des Begriffs. In: Archiv für Musikwissenschaft, 68. Jg. (2011), H. 2, S. 155–179, hier S. 163–171.

Gesamtkunstwerke sind nach Schmidt dadurch gekennzeichnet, dass sie die intermedialen Verfahren zur Steigerung der sinnlichen Gestaltung nutzen.[33] Dabei geht es ihnen nicht darum, eine vorgefundene Weltordung ästhetisch zu affirmieren. Sie zielen allein auf künstlerischen Novitätsgewinn. Die autonome Eigenlogik des Kunstsystems bildet den einzig gültigen Erfolgsmaßstab. Kennzeichnend für ihre spezifische Steigerungslogik ist der Bezug auf die Unterscheidung von Kunst und Leben, um im Kunstwerk die spezifische Leistungsfähigkeit von Kunst zu bestimmen. Das kann die Form verstärkter Selbstbezüglichkeit und Abgrenzung vom Leben im Sinne des Ästhetizismus annehmen, aber auch die Erweiterung der Kunst um vormals dem Leben Zugeordnetem durch die Avantgarden. Entscheidend ist dabei, dass sich der Bezug auf das Leben immer nur unter der Perspektive der Kunst vollzieht. Es geht mithin um das Leben nur, soweit es potentiell Kunst ist. Das Leben als Leben ist nicht von Interesse. Es bildet allein die Kontrastfolie für eine positive Bestimmung dessen, was als Kunst gelten soll. Das Konzept Gesamtkunstwerk reagiert auf die gesteigerte Kontingenz, die in vielen gesellschaftlichen Feldern seit 1800 erfahrbar wird. Sie geht hervor aus dem Übergang zu funktionaler Differenzierung, durch die autonome Teilsysteme jeweils ihre eigenen Deutungshorizonte der Welt aufspannen, ein alle Systeme überwölbender Sinnhorizont jedoch verloren geht. Es hat nur den Anschein, dass das Gesamtkunstwerk dieser Sinnkrise eine ästhetische Totalität entgegenstellen will. Tatsächlich aber partizipiert auch die Kunst an dieser allgemeinen Entwicklungstendenz der Gesellschaft, und sie findet auch im Gesamtkunstwerk ihren Ausdruck. Das wird daran deutlich, dass es den Gesamtkunstwerken als Produkt der Logik des autonom und hochgradig ausdifferenzierten Kunstsystems nicht gelingt, die Systemlogiken anderer Teilsysteme der Gesellschaft in deren Eigenlogik zu rekonstruieren. Die Gesamtkunstwerkprojekte eignen sich diese Fremdlogiken nicht als Fremdlogiken an, sondern, wenn überhaupt, in Umschriften unter dem Gesichtspunkt ihrer künstlerischen Eigenlogik. So wird die rein kunstimmanente Funktionsbestimmung nur vordergründig von dem Anspruch durchbrochen, dem gewöhnlichen Leben durch die Kunst neue Perspektiven zu eröffnen. Der Anspruch ist getragen von „der Hoffnung, dass sich diese Perspektiverweiterung produktiv auf das menschliche Zusammenleben und die Kulturentwicklung auswirken kann"[34]. Bei der bloßen Anspruchsbekundung bleibt es jedoch. Die Gesamtkunstwerke formulieren vornehmlich, und ohne realistische Alternativen anzubieten, eine negative Kritik des Lebens, wenn sie die „Inkommensurabilität lebensweltlicher Zusammenhänge exponieren und/oder die Diskrepanz

---

[33] Vgl. zum Folgenden Schmidt, Was ist ein ‚Gesamtkunstwerk'?, S. 175 ff.
[34] Schmidt, Was ist ein ‚Gesamtkunstwerk'?, S. 177.

von Idee und Wirklichkeit"[35] aufzeigen. Wo doch positive Alternativen angedacht werden, bleiben diese meist als abstrakte Forderungen stehen. Es handelt sich um Projektionen künstlerischer Wunsch- und Machtphantasien auf das Leben. Da Wissen über die Eigenlogik des gesellschaftlichen Lebens fehlt, können die Entwürfe nicht bei konkreten Realisationsmöglichkeiten ansetzen. Das wiederum ist den Gesamtkunstwerkprojekten aber meist klar. Der utopische Gehalt hat seine Funktion deshalb kunstimmanent im Rahmen der Provokation, die das Gesamtkunstwerk darstellen will.

> Eine Aufhebung der Grenze zwischen Kunst und Wirklichkeit erfolgt nicht; die Utopie bleibt ästhetisch grundiert und zielt allenfalls auf eine Annäherung beider Bereiche. Gleichzeitig persistiert selbst bei gesellschaftsvisionären Projekten das Bewusstsein, dass es schwierig, wenn nicht unmöglich ist, die künstlerische Utopie in konkrete Realitätsveränderung zu überführen [...]. Fehlt der sozialrevolutionäre Bezugspunkt, wird die Grenze zwischen Kunst und Wirklichkeit sogar nachdrücklich bestätigt.[36]

Die Komplementärerscheinung zu den Gesamtkunstwerken bilden in meiner Kontrastierung Entwürfe für eine Lebenskunst. Ihnen geht es nämlich um das Leben als Leben. Unter dem Namen ‚Lebenskunst' wird in der Philosophie eine sich aus der Romantik herleitende, von Nietzsche und Foucault theoretisch ausformulierte Ethik der Selbsterschaffung des Subjekts verstanden.[37] Ihr Ziel ist die Verbesserung und Steigerung des Lebens. Hier soll der Begriff aber in einem über diese zwei Autoren hinausgehenden, weiteren Sinne verstanden werden als Bezeichnung für Lebensformen, die von Entwürfen eines ‚guten Lebens' angeleitet sind. Gleich, wie ausgearbeitet sie im Detail sind, Entwürfe eines ‚guten Lebens' umfassen immer Vorstellungen über eine ‚richtige' Lebensführung des Einzelnen und ein gelingendes Miteinander im Gemeinwesen. Diese Entwürfe können ganz unterschiedlich Gestalt annehmen; sie umfassen die eudämonistischen Traktate der Popularphilosophie, sozialutopische Entwürfe genauso wie die recht konkreten Lebenshilferatgeber der Lebensreformbewegung. Es handelt sich also im hier angesetzten Verständnis nicht um eine einzige Lehre, sondern um einen breiten Diskurs. Ansätze der Lebenskunst übernehmen im Analogieschluss von der Kunst das Schaffen nach selbstgegebenen Regeln und übertragen es auf die autonome Selbsterschaffung des Le-

---

[35] Schmidt, Was ist ein ‚Gesamtkunstwerk'?, S. 176.
[36] Schmidt, Was ist ein ‚Gesamtkunstwerk'?, S. 177.
[37] Vgl. ausführlich dazu Wolfgang Kersting, Einleitung. Die Gegenwart der Lebenskunst. In: Kritik der Lebenskunst, hg. von Kersting, Claus Langbehn, Frankfurt a. M. 2007, S. 10–88. – Zu den historischen Wurzeln dieser Tradition vgl. Charles Taylor, The Ethics of Authenticity, Cambridge, MA, London 1991, S. 25–30.

bens. Sie zielen auf eine ‚Ästhetik der Existenz'.[38] Auch wenn es ihrem eigenen Anspruch widerspricht, gibt es die Entwürfe der Lebenskunst auch in massenkompatibler Form, gewissermaßen als Individualität von der Stange.[39] Radikal individualistische Selbstgestaltung ist der Idee nach immer singulär und ideosynkratisch. Ihre extremsten Formen kann die Selbstgestaltung erreichen, wenn sie von Lebensstilen abweicht, die ohnehin bereits vom Mainstream abweichen. Daher gehen die ‚Virtuosen' der Lebenskunst meist aus Geselligkeitszirkeln, der Bohème, Gegen- oder Subkulturen hervor. Aus diesen ‚Virtuosen' rekrutieren sich für gewöhnlich ihre ‚Propheten'. Vergleichbar den Radikalisierungstendenzen der Gesamtkunstwerk-Avantgarden gilt auch hier: Je radikaler die ‚lebenskünstlerische' Heilslehre, desto unbedingter die beanspruchte Geltung und die projektierte Reichweite. Sie wollen ihre Individualität zum Muster des Kollektivs machen. Soll dem einzelnen Individuum in der Beurteilung seiner Lebensweise Gerechtigkeit widerfahren, kann es keine allgemeinen moralischen Kriterien für ein gelungenes Leben geben. Ein gelungenes Leben zeichnet sich nach Ansicht der Lebenskunst daher allein durch seine Authentizität aus. Authentisch ist, was aus der Übereinstimmung mit sich selbst hervorgeht und nicht künstlich von außen aufgesetzt ist. Paradox könnte man sagen, der Lebenskunst geht es darum, Nicht-Künstlichkeit zu einer eigenen Kunst zu erheben. In dieser Hinsicht ist der Name ‚Lebenskunst' etwas irreführend, denn mit Kunst im engeren Sinne hat sie nicht notwendig etwas zu tun. Dennoch stellen für manche Lebenskunstlehren Ästhetisierungsprozesse durchaus ein Mittel zur Verbesserung der Lebensführung dar. Überlegungen zu Dekoration, Design, Mode und Körperkult bilden mithin oft einen integralen Teil der Konzepte. Dabei wird Kunst – zwar in einem weiten Verständnis, im Kern aber im gewohnten Sinne – als eigenständiges und spezialisiertes Gebiet von Ästhetisierungspraxen verstanden und einem sittlichen Primat unterstellt.[40] Intermediale Effekte ergeben sich hier nicht als Folge wechselseitiger Steigerung verschiedener Künste, sondern weil weniger spezifisch zwischen einzelnen Künsten unterschieden wird. Der große Unterschied der Lebenskunstlehren zu Poetiken des ‚Sozialen' besteht darin, dass deren charakteristische qualitative Transformation, die die Unterscheidung zwischen Kunst und Leben aufhebt, nicht stattfindet.

---

38 Zum Begriff vgl. Michel Foucault, Ästhetik der Existenz. In: Foucault, Dits et Ecrits, Bd. 4, S. 902–909.
39 Vgl. dazu Niklas Luhmann, Copierte Existenz und Karriere. Zur Herstellung von Individualität. In: Riskante Freiheiten. Individualisierung in modernen Gesellschaften, hg. von Ulrich Beck, Elisabeth Beck-Gernheim, Frankfurt a. M. 1994, S. 191–200.
40 Vgl. dazu Ästhetisierung des Sozialen. Reklame, Kunst und Politik im Zeitalter visueller Medien, hg. von Lutz Hieber, Stephan Moebius, Bielefeld 2011.

In Poetiken des ‚Sozialen' kommen die Zielsetzungen von Gesamtkunstwerk und Lebenskunst zusammen, was letztlich die große Gefahr der Verwechslung in sich birgt. Zielsetzung der Poetiken des ‚Sozialen' ist aber das Fortschrittsstreben, sowohl in der Kunst als auch im Leben. Es wäre jedoch verkehrt, sie als ihre Kombination oder Schnittmenge zu beschreiben. Gesamtkunstwerk und Lebenskunst setzen voraus, dass sich Kunst und Leben unterscheiden lassen. Sie nutzen den jeweiligen Gegenbegriff, um dem eigenen Zentralbegriff in binärer Logik ein Profil zu geben. So einfacher Formen der Abgrenzung bedienen sich die Poetiken des ‚Sozialen' nicht. Kunst und Leben bilden für sie bloß unterschiedliche Ausformungen eines gemeinsamen Dritten, des ‚Sozialen'. Von daher erscheinen beide nur graduell unterschiedlich und oftmals vermischt.

Man kann nicht notwendig davon ausgehen, dass in funktional differenzierten Gesellschaften das, was die Kunst voranbringt, auch zu einem besseren Leben verhilft und umgekehrt. Wenn Poetiken des ‚Sozialen' in ihren Entwürfen aber gerade das erreichen wollen, geht es nicht um eine doppelte Referenzialisierung in Bezug auf die Kunst und auf das Leben. Vielmehr unterbieten sie im Sinne der oben beschriebenen Entdifferenzierung den Spezialisierungsgrad, den jeder einzelne der Bereiche als Gesamtkunstwerk und als Lebenskunst eigens ausdifferenzieren konnte. Poetiken des ‚Sozialen' verstehen sich in diesem Wissen nicht als elitär und sind in ihrer Radikalität zurückgenommen. Sie zielen nicht allein innerhalb eines spezifischen Bezugssystems auf Anschlussfähigkeit, sondern universalistisch auf Anschlussfähigkeit in allen Bereichen des ‚Sozialen'.

1.3.4 Virtualisierung der Realität (‚Soziale' Handlungsmuster)

Poetiken des ‚Sozialen' wollen durch die ästhetische Erfahrung eine Zielvision für ein neues Miteinander einüben. Um dahin zu kommen, exerzieren sie aber nicht fiktionale, alternative Handlungsmuster vor, die dann nach und außerhalb der künstlerischen Inszenierung nachgeahmt werden könnten. Es geht ihnen in einem fundamentaleren Sinne darum, die Wahrnehmung so zu schärfen, dass jeder Rezipient und jede Rezipientin in der Lage ist, nach und außerhalb der künstlerischen Inszenierung eigenständig Möglichkeiten zu entdecken, authentisch er oder sie selbst zu sein. Auf eigenen, nicht schon vorgegebenen Wegen soll jede und jeder das ‚Soziale' der Zielversion näher bringen. In diesem Sinne wollen Poetiken des ‚Sozialen' keine fiktive Realität inszenieren, sondern die *Realität als solche virtualisieren*.

Bei Fiktionalisierung und Virtualisierung handelt es sich um zwei Verfahren der Modalisierung: Im ersten Fall geht es um mögliche Welten, im zweiten

Fall um mögliche Zugänge zu der einen Welt. Fiktionale Welten zu inszenieren heißt, mit Mitteln der Kunst alternative Wirklichkeiten in der wirklichen Wirklichkeit zu simulieren. Fiktionen bilden Enklaven in der Wirklichkeit, die ontologisch defizitär sind. Sie ähneln zwar der realen Realität, aber sie existieren nicht, sondern stellen bloß mögliche Welten dar. Als Simulationen und Modelle besitzen sie nicht den vollen Wirklichkeitsgehalt der sie umgebenden realen Realität. Dadurch, dass die Fiktion völlig von der realen Realität abgeschlossen und separiert ist, kann sie eine eigenlogische Plausibilität aufbauen. Aus Sicht der realen Realität erscheint die Fiktion als eine Binnenwelt, deren Zugang die Perspektive eines individuellen Urhebers vermittelt. Innerhalb der Fiktion ist die Existenz einer äußeren Welt und der Zugang vergessen.[41] Poetiken des ‚Sozialen' geht es nicht darum, als Illusion und bloßer Schein die Erfahrung einer anderen Wirklichkeitsform zu ermöglichen, die im Kontrast steht zu den alltäglichen Arten des Miteinanders. Die Erfahrung bloß möglicher, aber nicht realer Alternativen kann nicht ihr Ziel sein, weil es ihnen um die tatsächliche Umgestaltung der realen Realität durch Kunst geht.

Die eine ontologisch versicherte, reale Realität gibt es für Poetiken des ‚Sozialen' nicht. Die Welt erscheint als ‚soziale', aufgelöst in viele individuelle Perspektiven, die ihre Realität, mitsamt der jeweils eingeschlossenen fiktiven Realitäten, ganz unterschiedlich konstruieren.[42] Die jeweilige Erschließung der Welt wird mithin als interaktiver Prozess von Subjekten mit der Welt angesetzt. Die Poetiken des ‚Sozialen' wollen in der ästhetischen Erfahrung diese aktiven Momente des Erlebens noch weiter treiben. Was die Initiatoren von Poetiken des ‚Sozialen' als künstlerisches ‚Ausgangsmaterial' anbieten, scheint daher bewusst dürftig gewählt und verlangt nach viel eigenem Einsatz der Aneignung, sodass erst die Rezeption das ‚Material' zum vollgültigen Kunstwerk werden lässt – und die Rezeption zum eigentlichen Kunstwerk wird. Dabei gibt es nicht eine ‚richtige' Art der Aneignung, der Reiz liegt vielmehr gerade darin, dass es den Rezipienten bewusst selbst überlassen bleibt, im ‚Material' ganz unterschiedliche Potentiale zu entdecken, die sie in ihrer jeweiligen Aneignungsweise spezifisch aktualisieren. Diese Potentiale bilden das Virtuelle des jeweiligen Kunstwerks. Nicht die jeweils spezifischen Potentiale der ‚Ausgangsmaterialien' liegen in erster Linie im Interesse der Poetiken des ‚Sozialen', sondern die Schulung der Fähigkeit, neue Potentiale an sich selbst zu entdecken, die Fähigkeit zur Virtualisierung. Die Aneignung der ‚Ausgangsma-

---

41 Vgl. Elena Esposito, Die Realität des Virtuellen. In: Realitätskonzepte in der Moderne. Beiträge zu Literatur, Kunst, Philosophie und Wissenschaft, hg. von Susanne Knaller, Harro Müller, München 2011, S. 265–283, hier S. 271 f.
42 Vgl. Niklas Luhmann, Die Kunst der Gesellschaft, Frankfurt a. M. 1995, S. 457 f.

terialien' ist in den Poetiken des ‚Sozialen' so angelegt, dass sie sich theatral als Miteinander mehrerer Menschen gestaltet, wenngleich die Ausgestaltung des Miteinanders selbst nicht eindeutig festgelegt ist. Die Materialien erlauben also ganz unterschiedliche ästhetische Erfahrungen, die gemeinsam gemacht werden sollen. Der Lernweg zur Fähigkeit der Virtualisierung läuft über eine „ins Extrem getriebene[ ] Beobachtung zweiter Ordnung"[43]. Die Rezipienten sollen nach und außerhalb der ästhetischen Situation die eigenen Verfahren der Aneignung künstlerischer ‚Materialien' reflektieren und dabei erkennen, was sie selbst wirklich sind. Die Idee ist, sich retrospektiv im künstlerischen Vollzug, im Kontrast zum entfremdeten Alltagsselbst als einen Anderen zu sehen. Darüber hinaus erlaubt es die gemeinsame Rezeption, sich bei anderen Partizipanden Verfahren der Virtualisierung abzuschauen. Das eigene Verfahren soll im Lichte weiterer Ansätze reflektiert werden. „Der Beobachter beobachtet die Beobachtung anderer, um die Beobachtung von sich selbst als einem Beobachter komplexer zu machen."[44] Es geht dabei darum, in den ästhetischen Aneignungs- und Vergemeinschaftungsprozessen eine neue Sensibilität für latente, bisher nicht entwickelte Potentiale der Wirklichkeit und seiner selbst einzuüben. Diese Fähigkeit soll nicht auf die Sphäre der Kunst beschränkt bleiben. Die neuen, ästhetisch erprobten Sichtweisen sollen auch zu neuen Perspektiven im Alltag verhelfen und Anstoß für die Umgestaltung und Verbesserung des Miteinanders geben. Mithin geht es den Poetiken des ‚Sozialen' um reale Möglichkeiten, die aber aktuell nur als Anlage reale Realität sind und nicht schon voll entwickelt wie die fiktiven bloßen Möglichkeiten. Es gilt, Chancen in der Gegenwart zu erkennen, denen man noch nicht ansehen kann, was sie werden können. Elena Esposito bringt in diesem Sinne den Unterschied der Virtualisierung gegenüber der Fiktionalisierung prägnant auf den Punkt:

> Jede Realität hat ihren entsprechenden Horizont von Möglichkeiten – diejenigen, die [fiktiv, U. B.] als Alternativen denkbar sind, ihre spezifischen möglichen Welten. Aber diese Möglichkeiten erschöpfen den modalen Reichtum nicht. Es gibt auch Möglichkeiten, die [in der eigenen, beschränkten Sicht, U. B.] nicht einmal als Möglichkeiten existieren, die aber von der Entwicklung des Realen hätten generiert werden können – die nur möglichen Möglichkeiten, anders als die [in der eigenen Sichtweise, U. B.] realen Möglichkeiten, die begriffen und betrachtet werden können. Dies sind die Objekte des Virtuellen: die Produktion des Möglichen, die den Aktualisierungsprozess begleitet, wo das Virtuelle

---

[43] Elena Esposito, Fiktion und Virtualität. In: Medien, Computer, Realität. Wirklichkeitsvorstellungen und Neue Medien, hg. von Sybille Krämer, Frankfurt a. M. 1998, S. 269–296, hier S. 289.
[44] Esposito, Fiktion und Virtualität, S. 289. – Vgl. dazu auch Rancière, Der emanzipierte Zuschauer, S. 21 ff.

sich in etwas Anderes und Unvorhersehbares wandelt, das seinerseits vorher undenkbare Möglichkeiten generiert, welche weder dem Realen noch seinen Alternativen ähneln.[45]

1.3.5 Autopoiesis des ‚Sozialen' (‚Sozialer' Wandel)

Poetiken des ‚Sozialen' stellt sich das Anfangsproblem als ein doppeltes Problem, einmal für die Initiatoren und einmal für das Publikum.[46] Beide sind nämlich Teil der Vereinigungs- und Trennungsbewegungen des ‚Sozialen', die als transpersonale Prozesse verstanden werden, die zwar beeinflussbar sind, aber als Kollektivgeschehen ohne zentrale Steuerung selbstorganisiert ablaufen. Es handelt sich dabei, mit einem Wort, um eine ‚*Autopoiesis*' des ‚Sozialen'.[47] Von dieser Prämisse ausgehend, muss die Poiesis des ‚Sozialen' als Teilhabe an der Autopoiesis des ‚Sozialen' konzipiert werden.

Das ‚Soziale' versammelt und trennt sich ganz von alleine – und zwar so, wie es sich eben versammelt und trennt. Deshalb müssen die Initiatoren von Poetiken des ‚Sozialen' sehr genau begründen, warum ihr Eingreifen überhaupt nötig ist. Sie müssen erklären, warum ihr Eingreifen die Gesellschaft mindestens graduell besser mache, als wenn man den Dingen einfach ihren Lauf lasse. Auf diese Frage antworten sie: Der gegenwärtige Entwicklungskurs der Gesellschaft führe die Menschen nicht zu einer authentischen Lebensweise in einer Gemeinschaft. Das wäre aber die beste Lebensweise für sie, auch wenn ihnen das nicht bewusst ist. Deshalb sei das Eingreifen der Poetiken des ‚Sozialen' nötig. Wenn die Initiatoren den Anspruch erheben, die Menschen einer besseren Zukunft zuzuführen, sich dabei aber als Teil der Autopoiesis des ‚Sozialen' begreifen wollen, müssen sie bereits früher ansetzen und erläutern, warum ihre Poetiken des ‚Sozialen' überhaupt möglich sind. Sie müssen mithin Auskunft darüber geben, wo ihr Wissen von einer besseren Zukunft herrührt. Dazu reklamieren sie eine umfassendere Sicht auf den Lauf der Geschichte als allgemein zugänglich. Entweder beanspruchen die Künstler für sich oder für die Kunst die Fähigkeit zur Zukunftsschau oder die Einsicht in die tieferen Gesetze des Kosmos. Beide Argumentationsfiguren zielen darauf ab, eine Teleologie in die Geschichte einzuziehen und einen eschatologischen Zeithorizont aufzuspannen. Dabei legen sie entweder ein dreistufiges Geschichtsmodell (‚gol-

---

[45] Esposito, Die Realität des Virtuellen, S. 277.
[46] Vgl. dazu Luhmann, Die Kunst der Gesellschaft, S. 56 f.
[47] Zum Begriff vgl. Niklas Luhmann, Soziale Systeme. Grundriss einer allgemeinen Theorie, Frankfurt a. M. 1984, S. 60 ff.

denes' Zeitalter – Krise – neues ‚goldenes' Zeitalter) zugrunde oder gehen von einer nichtlinearen Steigerungsbewegung aus. Für die Zielvision gibt es im ersten Fall ein klares Vorbild und möglicherweise Relikte, die sich aktualisieren lassen. Im zweiten Fall stellt die Zielvision etwas noch nicht Dagewesenes, Neues dar. In beiden Großerzählungen ‚Sozialen' Wandels fungiert die Gegenwart als Krise, das heißt, sowohl als Endpunkt eines Verfallsprozesses, als auch als potentieller Anfangspunkt einer Aufstiegsbewegung.[48] Wenn man diesen Umschlag nun aus der Autopoiesis des ‚Sozialen' begründen will, muss der Verfallsprozess selbst seine eigene Überwindung hervorbringen. Ihre außergewöhnlichen Erkenntnisfähigkeiten erklären die Initiatoren von Poetiken des ‚Sozialen' mithin aus der Notwendigkeit der Zeitwende.

Der gesamte Begründungszusammenhang ist zirkulär gebaut: Die Krise ermöglicht die Zukunftsschau, aber erst aus der Zukunftsschau wird die Gegenwart als Krise erkenntlich. Von daher ist die Gegenwartsdeutung als ‚Krise' der wunde Punkt des Begründungszusammenhangs. Die Einschätzung, wie lange die Krise dauern und ob die Besserung schnell kommen wird, hat daher maßgeblich Einfluss auf das Entstehen von Poetiken des ‚Sozialen'. Sie lassen sich nur finden, und auch das nicht mit Notwendigkeit, wenn den Kunstwerken zugetraut wird, unter gegebenen Umständen als eine Art unmittelbares ‚Heilswerkzeug' fungieren zu können oder den Umschwung zeitnah vorzubereiten. Langfristigere Zeithorizonte führen zu anderen Formen poetischer Gesellschaftskritik.[49]

Zu Beginn des Kapitels habe ich erklärt, dass sich das Anfangsproblem doppelt stellt, nämlich auch für das Publikum. Diese Doppelung ergibt sich deshalb, weil Initiatoren von Poetiken des ‚Sozialen', wenn sie in ihrer Wirkungsästhetik konsequent bleiben wollen, nichts anderes übrig bleibt, als das Publikum einzuladen und günstige Bedingungen dafür zu schaffen, dass es ihr Angebot, ein Fest zu feiern, annimmt. Erzwingen können sie es aber letztlich nicht. Das gilt zwar prinzipiell für die Wirkung jedes Kunstwerks, stellt sich als Problem aber in verschärfter Weise, wenn das Publikum nicht bloß passiv rezipieren soll, sondern sich selbst aktiv und produktiv im Rezeptionsprozess

---

[48] Die künstlerische Zeitdiagnose deckt sich oft mit anderen zeitgenössischen Einschätzungen der Gegenwart, folgt aber letztlich ‚eigenzeitlichen' Begründungslogiken der Kunst. Vgl. dazu Gerhard Schulze, Krisen. Das Alarmdilemma, Frankfurt a. M. 2011, bes. S. 80 f. und grundsätzlich Michel Gamper, Helmut Hühn, Was sind Ästhetische Eigenzeiten? Hannover 2014.
[49] Vgl. dazu näher Urs Büttner, Die radikale Historisierung der Kritik in der Romantik. Ein Vergleich zwischen F. Schlegel, Arnim/Brentano und den Brüdern Grimm. In: Der Begriff der Kritik in der Romantik, hg. von Ulrich Breuer, Ana-Stanca Tabarasi-Hoffmann, Paderborn 2015, S. 199–213.

einbringen muss. Daraus ergibt sich ein sehr viel größeres Risiko zu scheitern. Daher verfolgen die Künstler mit der gedanklichen Vorwegnahme der Rezeption eine doppelte Strategie. Zum einen kalkulieren sie mit dem Effekt einer ‚self-fulfilling prophecy', zum anderen formulieren sie bereits eine Apologie für das mögliche Scheitern ihrer Projekte, indem sie auf Kontingenzmomente hinweisen, die nicht in ihrer Macht stehen. Der Erfolg wird sich dann einstellen, wenn die geschichtsnotwendige Umschlagsdynamik nicht nur die Poetik des ‚Sozialen' hervorbringt, sondern auch gleich den Gesinnungswandel beim Publikum.

Dass die zirkuläre Geschichtskonstruktion als heikel empfunden wird, wird an der Geschichte der Poetiken des ‚Sozialen' deutlich. Im 20. Jahrhundert tritt an die Stelle der Geschichtskonstruktionen immer häufiger die schlichte Setzung, die Poiesis partizipiere an der Autopoiesis des ‚Sozialen'.

1.3.6 Poetiken des ‚Sozialen': Von der Romantik bis zur Gegenwart

Nachdem Poetiken des ‚Sozialen' nun systematisch charakterisiert sind, möchte ich im Folgenden einen kurzen historischen Abriss mit Beispielen von der Romantik bis zu neuen Protestbewegungen geben. Meine Zusammenstellung legt ihren Schwerpunkt auf deutsche Projekte und ist als offene und erweiterbare Liste zu verstehen. Bei der Auswahl lag eine Schwierigkeit darin, dass viele der Poetiken des ‚Sozialen' nicht, oder, gemessen am eigenen Anspruch, nur partiell realisiert wurden. Eine sehr strenge Definition, die von den Kunstprojekten verlangte, dass es ihnen tatsächlich gelungen ist, das ‚Soziale' zu versammeln, würde daher nur magere Erträge hervorbringen und ließe den theoretischen Aufwand nicht gerechtfertigt erscheinen. Umgekehrt hätte man es daher mit einer sehr weiten Definition probieren können. Diese Liste hätte sowohl theoretische Entwürfe einer entsprechenden Kunstpraxis aufgeführt als auch künstlerische Praktiken, die als Poetiken des ‚Sozialen' beschrieben werden können und teilweise, wenn auch nicht unter diesem Namen, nachträglich so charakterisiert worden sind. Eine solch weite Bestimmung hätte wiederum zu einem ausfernden, beliebig wirkenden Ergebnis geführt. – Ich habe mich daher für den Mittelweg entschieden und als Aufnahmekriterium das Vorliegen eines ästhetischen Programms und mindestens eines Kunstwerks, das dieses Programm zu realisieren sucht, gewählt.

Die frühsten Poetiken des ‚Sozialen' entstehen um 1800. Sie konstituieren sich in einer Zeit, die einerseits durch die Hoffnung geprägt ist, die Errungenschaften der Französischen Revolution ohne politischen Umsturz erreichen zu können, und andererseits durch die Furcht vor Napoleons Diktatur und seiner imperialistischen Expansionspolitik. Vorbildcharakter für diese Projekte hat

Jean Jacques Rousseaus Entwurf eines ‚anderen Festes' als theatralem Modell, wie er es am Ende seines *Lettre à D'Alembert* als Gegenentwurf zum klassischen Theater entwickelt hat.[50] In seinen späten ‚vaterländischen' Hymnen verkündet und beschwört *Friedrich Hölderlin* (1770–1843) in diesem Sinn eine Wiederversammlung des ‚Sozialen'. Eine revolutionäre Veränderung der gesellschaftlichen Bedingungen zuerst in Schwaben, dann im ganzen deutschen Sprachraum anzustoßen, ist die Absicht seiner dramatischen Werke. 1799/1800 arbeitet er drei Fassungen eines Trauerspiels *Der Tod des Empedokles* aus, ehe er den Plan aufgibt. Dessen Grundimpetus führt er aber in seinen Sophokles-Übersetzungen von *Oedipus der Tyrann* und *Antigonae* fort.[51] Eine zeitgenössische Aufführung bleibt den Stücken versagt, 1804 erscheint eine Buchausgabe, in der Hölderlin seine Programmatik in Anmerkungen als Tragödientheorie niederlegt. Da er mit seinen Theaterarbeiten keinen Zugang zur Bühne gefunden hat, hat er seine Wirkungsästhetik nur in Ansätzen und meist wenig konkret ausformuliert. Seine Poetik des ‚Sozialen' bleibt deshalb umrisshaft.

Zeitgleich entwickelt sich jedoch noch eine andere Poetik des ‚Sozialen', eben die *Achim von Arnims* (1781–1831), mit deren Genese sich dieses Buch ausführlich beschäftigen wird. Die mit *Clemens Brentano* (1778–1842) herausgegebene Liedsammlung *Des Knaben Wunderhorn* von 1806/1808 stellt den Versuch ihrer Einlösung dar.[52]

Von saint-simonistischen Ideen beeinflusst, umreißt *Franz Liszt* (1811–1886) in seiner Schrift *De la situation des artistes, et de leur condition dans la société* (1835)[53] Grundzüge einer Poetik des ‚Sozialen'. Nach dem Scheitern der Märzrevolution 1848/49 und unter dem Eindruck von Goethes und Schillers klassischer Ästhetik nimmt er den Wirkungsanspruch der Kunst seit den Weimarer Schriften zurück. Die Kunst soll das Ideal jetzt nur noch sinnlich vorstellen und nicht mehr unmittelbar auf seine Realisierung hinwirken. Die Gattung ‚Symphonische Dichtung', die Liszt begründet, soll Literatur und Musik vereinigen. Sie gilt ihm als das Genre der Wahl, ein möglichst breites Publikum zu erreichen. Die meisten seiner ‚Symphonischen Dichtungen' schreibt Liszt ge-

---

50 Vgl. dazu Caroline Pross, Kunstfeste. Drama, Politik und Öffentlichkeit in der Romantik, Freiburg i. Br. 2001; Patrick Primavesi, Das andere Fest. Theater und Öffentlichkeit um 1800, Frankfurt a. M., New York 2008.
51 Friedrich Hölderlin, Sämtliche Werke in drei Bänden, hg. von Jochen Schmidt und Katharina Grätz, Frankfurt a. M. 1992–1994, Bd. 2, S. 849–857 und 913–921.
52 Eine Wiederaufnahme findet sie nochmals nach den Befreiungskriegen in den Festspieldramen Arnims und Brentanos von 1812/13. Davon wird hier aber nicht mehr die Rede sein.
53 Franz Liszt, De la situation des artistes, et de leur condition dans la société / Zur Situation der Künstler und zu ihrer Stellung in der Gesellschaft. In: Liszt, Sämtliche Schriften, 9 Bde., hg. von Detlef Altenburg, Wiesbaden, Leipzig, Paris 1989–, Bd. 1, S. 2–65.

nau während der Umbruchsphase seiner Ästhetik zwischen 1847 und 1858. Vielfach gehen sie aber auf Entwürfe der 1830er und 1840er Jahre zurück. Hört man diese Musik und liest dazu Liszts Selbstdeutung im Programm, will es oft nicht gelingen, die tatsächliche Wirkung mit der beabsichtigten in Deckung zu bringen. Besonders deutlich wird dies an der *Héroïde Funèbre* (1849–1857), die aus einer unvollendeten Revolutionssymphonie von 1830 hervorgegangen ist. Während die Komposition offenbar noch versucht, die Ziele von Liszts Poetik des ‚Sozialen' einzulösen, wirkt die Selbstdeutung im Programm häufig aufgesetzt, wenn sie die Musik im Sinne der späteren klassizistischen Ästhetik ins Universell-Menschliche deutet.

Auch Liszts Schwiegersohn Richard Wagner (1813–1883) will die Hoffnungen, die an die Revolution geknüpft waren, mit Mitteln seiner Kunst doch noch verwirklichen. In den *Züricher Kunstschriften* (1849/50)[54] formuliert er das Konzept des ‚Gesamtkunstwerks' als seinen Entwurf einer Poetik des ‚Sozialen'. Mit dem Musikdrama glaubt er, das ‚Soziale' mit künstlerischen Mitteln in einer Weise zu versammeln, die in der politischen Revolution misslang. Unter den veränderten Zeitumständen der späteren Jahre versucht er, in seinen Bühnen-Kompositionen den programmatisch formulierten ‚sozial'-reformerischen Anspruch nicht mehr in dieser Radikalität umzusetzen und konzentriert sich stärker auf kunstimmanente Erneuerungsziele, weshalb die tatsächlichen Werke eher zu Avantgarde-Projekten zu zählen sind. Gerade aber in den *Meistersingern von Nürnberg* (1845–1867), deren erste Entwürfe aus der Zeit der Programmschriften stammen, findet sich noch ein deutlicher Niederschlag der revolutionären Ideen.

Rund fünfzig Jahre später, das 20. Jahrhundert hat gerade begonnen, inspirieren die kulturkonservativen Programme Paul de Lagardes und Julius Langbehns drei weitere Poetiken des ‚Sozialen'. 1902 gründet Ferdinand Avenarius (1887–1923) den *Dürerbund*. Der *Dürerbund* hat es sich zur Aufgabe gesetzt, die deutsche Nation durch Kunst zu einer besseren Lebensweise zu bilden und zu eigener Kulturarbeit anzuregen. Avenarius hat seine Ideen in dem Gründungsmanifest „Zum Dürer-Bunde! Ein Aufruf" (1901) niedergelegt, das in der Zeitschrift *Der Kunstwart* erscheint.[55] Dieser Schrift folgen noch viele weitere programmatische Ausführungen im selben Publikationsorgan. Die von Avenarius mitherausgegebene Zeitschrift spielt eine wichtige Rolle in seinem Plan. Sie verbreitet Bildreproduktionen, Noten und literarische Texte und will damit zu

---

54 Richard Wagner, Dichtungen und Schriften. Jubiläumsausgabe in 10 Bänden, hg. von Dieter Borchmeyer, Frankfurt a. M. 1983, Bd. 5, S. 229–261, und Bd. 6, S. 9–157.
55 Ferdinand Avenarius, Zum Dürer-Bunde! Ein Aufruf. In: Der Kunstwart, 14. Jg. (1901), H. 24, S. 469–474.

künstlerischer Geselligkeit und Kulturpflege anleiten. Der Plan geht tatsächlich auf. Der *Dürerbund* existiert von 1902 bis 1935 und zählt bis zu 300.000 Mitglieder. *Der Kunstwart*, der zwischen 1887 und 1937 erscheint, erreicht zu seinen besten Zeiten eine Auflage von über 20.000 Exemplaren.

Nicht auf die Zeitung, sondern auf das Theater setzt eine andere Poetik des ‚Sozialen'. Der Schriftsteller und Theatermacher *Georg Fuchs* (1868–1949) wendet sich in mehreren Schriften, besonders sind hier *Die Schaubühne der Zukunft* (1905) und *Die Revolution des Theaters* (1909) zu nennen, gegen das großbürgerliche Repräsentationstheater und bemüht sich um eine Erneuerung des ‚Volkstheaters'.[56] Um diese Pläne Wirklichkeit werden zu lassen, gründet er das *Münchner Künstlertheater* und veranstaltet 1910/11 zusammen mit Max Reinhardt mehrere Massentheaterveranstaltungen. Für sein ‚Volkstheater' verfasst er unter anderem das Bühnenstück *Till Eulenspiegel* (1905). Mit dem Drama *Christus* (1916) unternimmt er den Versuch, die Passionsspiele in Bayern zu erneuern.

Eine weitere Poetik des ‚Sozialen', die in diesem Zusammenhang zu nennen ist, entsteht im Umfeld Stefan Georges (1868–1933). Der Kreis, den der Dichter um sich schart, verändert sich im ersten Jahrzehnt des 20. Jahrhunderts von einer Publikationsgemeinschaft zu einer Ritual- und Lebensgemeinschaft. Nach dem Wandel ist der genaue Status des Kreises innerhalb des Zirkels allerdings umstritten. Während Friedrich Gundolf (1880–1931) ihn allein als elitären, rein künstlerischen Avantgardebund versteht, sieht Friedrich Wolters (1876–1930) in ihm die Vorhut einer ästhetischen Veränderung der Gesamtgesellschaft. Der Kreis sei die Manifestation des ‚geheimen Deutschlands' in der Gegenwart und bereite die erneute Ausbreitung des deutschen Geistes vor, so Wolters. In seiner Schrift *Herrschaft und Dienst* (1909, ²1920, ³1923)[57] und mehreren kürzeren Folgeschriften legt Wolters seine Überlegungen dar, wie die Ritual- und Lebensgemeinschaft, der sogenannte ‚Staat', die sich um Georges ‚Offenbarungen' in seinen Gedichtsammlungen *Der siebte Ring* (1907) und *Der Stern des Bundes* (1914) gebildet hat, als Gesellschaftsmodell fungieren könnte. Als Professor in Marburg und Kiel schart Wolters in den 1920er Jahren ‚Jünger' um sich und gibt dem ‚Meister'-Kult Georges dabei eine nationalistische Prägung.

Die hier bereits angedeutete Entwicklung, die von den Poetiken des ‚Sozialen' angestrebten Lebensformen ‚im Kleinen' auf Dauer zu stellen, intensiviert sich bei zwei weiteren Poetiken des ‚Sozialen'. Zwischen 1913 und 1919 veran-

---

56 Georg Fuchs, Die Schaubühne der Zukunft, Berlin, Leipzig 1905, und Georg Fuchs, Die Revolution des Theaters. Ergebnisse aus dem Münchner Künstlertheater, München 1909.
57 Friedrich Wolters, Herrschaft und Dienst, Berlin 1909.

staltet der Tänzer *Rudolf von Laban* (1879–1858) alljährlich eine Sommertanzschule auf dem Monte Verità, wo Anhänger vielfältiger Alternativ- und Subkulturen eine Kolonie gegründet hatten. Laban begreift Tanz in einem umfassenden Sinne als universelle Bewegungslehre. Lebensreformerische Vorstellungen und neue Gemeinschaftsformen gelten ihm deshalb als eine außerkünstlerische Verlängerung seines Kunstansatzes. Er versteht die Sommerkurse als die Umsetzung der Ideen, die er ausführlich in dem Buch *Die Welt des Tänzers* (1920)[58] begründete. Dort stellt er auch Überlegungen an, wie sich dieses Lebensmodell auf die Gesamtgesellschaft ausweiten ließe. Man kann in diesem Programm seine Poetik des ‚Sozialen' sehen.

Sah Laban eine Gesellschaftskrise bereits vor dem Zivilisationsbruch des Ersten Weltkriegs, geht eine weitere Poetik des ‚Sozialen' aus dessen unmittelbarer Erfahrung hervor. Unter den Eindrücken seiner Fronterfahrung wendet sich der Maler *Heinrich Vogeler* (1872–1943) vom Ästhetizismus seines frühen Werks ab und macht sich angesichts kolonialer Unterdrückung und der Verelendung der Arbeiter Gedanken, wie sich die Situation ändern lässt. Ebenfalls beeinflusst von Lebensreformprojekten, aber auch von sozialistischen Ideen gründet er die sogenannte *Kommune und Arbeitsschule Barkenhoff* (1919–1923) in Worpswede. Dort versucht er, die Idee neuer Formen des Zusammenlebens zu verwirklichen. In verschiedenen Vorträgen und Aufsätzen[59] führt er seine grundlegenden Überzeugungen aus. Er fundiert das Zusammenleben und die Erziehungsziele in einem emphatischen Begriff von ‚Arbeit', der das künstlerische Schaffen mit allen Handlungsformen des alltäglichen Lebens verbindet. Was in Worpswede en miniature erprobt wird, arbeitet Vogeler in den Schriften seiner Poetik des ‚Sozialen' zu einem umfassenden Gesellschaftsmodell aus.[60]

Nach dem Zweiten Weltkrieg schließlich gehen zwei Poetiken des ‚Sozialen' aus der Kritik der Avantgarden hervor. Ihr Vorwurf an die Avantgarden lautet, dass sie, indem sie die Autonomie der Kunst affirmieren, die ‚sozialen' Verhältnisse nicht nur nicht ändern, sondern sie geradezu weiter stabilisieren. *Guy Debord* (1931–1994) wendet sich gegen die ‚Gesellschaft des Spektakels', worunter er den Unterhaltungsbetrieb versteht, der sich immer umfassendere Bereiche des Lebens einverleibt und der kapitalistischen Produktionslogik un-

---

[58] Rudolf von Laban, Die Welt des Tänzers. Fünf Gedankenreigen, Stuttgart 1920.
[59] Sie finden sich gesammelt in Heinrich Vogeler, Das Neue Leben. Schriften zur proletarischen Revolution und Kunst, hg. von Dietger Pforte, Darmstadt, Neuwied 1972.
[60] Vogeler schwebt eine Rätedemokratie vor. Einerseits zeugt das von der Einsicht, dass keine Gemeinschaft auf Dauer ohne deliberative Verfahren auskommen kann. Zugleich drückt sich darin weiter ein Primat des ‚Sozialen' und ein Misstrauen gegenüber festen Institutionen des Politischen aus.

terwirft. In der Programmschrift der Künstlergruppe *Situationistische Internationale* mit dem Titel *Rapport sur la construction des situations* (1957)[61] erhebt er ‚Sozialtechnologie' in den Status von Kunst, wobei durch die Inszenierung ‚sozialer' Situationen das menschliche Zusammenleben nachhaltig verändert werden soll. Vor allem Ende der 1950er und in den frühen 1960er Jahren versuchen die Situationisten das Konzept in einer Reihe von Aktionen umzusetzen, so etwa in dem Projekt „Die Welt als Labyrinth" (1960), das das Amsterdamer Stedelijk-Museum zu einer völlig neuartigen Welt umgestalten wollte, aber letztlich aus Sicherheitsbedenken von Seiten des Museums nicht realisiert werden konnte. Seit dem Mai 1968 ist der Situationismus zunehmend in politischem Protest aufgegangen.

In Deutschland steht der Name *Joseph Beuys* (1921–1986) für eine ähnlich gelagerte Poetik des ‚Sozialen'. Mit dem Konzept der *Sozialen Plastik* formuliert Beuys einen ‚erweiterten Kunstbegriff'.[62] Dieser umfasst jede Art von kreativem Handeln in allen Feldern des ‚Sozialen'. Die bekannte These ‚Jeder Mensch ist ein Künstler' ist in diesem Sinne zu verstehen. Die Aufgabe des ‚professionellen Künstlers' besteht darin, durch seine künstlerischen Materialien die Rezipienten der Kunst ihr eigenes Künstlertum erfahren zu lassen und zur Umgestaltung der Gesellschaft anzuregen. Dazu gründet Beuys 1973 die *Free International University*, einen Verein, der versucht, mit Mitteln der Kunst an einer besseren Zukunft zu arbeiten. Auf der documenta 6 im Jahr 1977 hielt die *University* ein Forum ab, auf dem über direkte Demokratie diskutiert wurde, die als künstlerische Aktion bereits eingeübt werden sollte.

Debord und Beuys hatten nicht nur ungeheuren Einfluss auf die Entwicklung der neueren Kunst, sie stehen auch am Anfang einer Entwicklung, die Erika Fischer-Lichte die „performative Wende"[63] nennt. Damit beschreibt sie eine Tendenz, der Kunst als Inszenierung einen bewussten Ereignischarakter zu verleihen. Diese Entwicklung zum Gesamtkunstwerk im oben definierten Sinn hält bis in die Gegenwart an. Komplementär wird die ‚Ästhetisierung der Lebenswelt' zum Schlagwort in einer Vielzahl neuerer Lebenskunstlehren und

---

61 Guy Debord, Rapport über die Konstruktion von Situationen [1957]. In: Debord, Rapport über die Konstruktion von Situationen und die Organisations- und Aktionsbedingungen der Internationalen Situationistischen Tendenz und andere Schriften, Hamburg 1980, S. 8–58.
62 Joseph Beuys, Interview. In: Soziale Plastik. Materialien zu Joseph Beuys, hg. von Volker Harlan, Rainer Rappmann, Peter Schata, Achberg 1976, S. 10–25 und Joseph Beuys, Jeder Mensch ist ein Künstler. Auf dem Weg zur Freiheitsgestalt des sozialen Organismus. Vortrag am 23. Mai in Achberg. In: Beuys, Kunst = Kapital. Achberger Vorträge, Wangen 1992, S. 41–63.
63 Fischer-Lichte, Ästhetik des Performativen, S. 22.

Gesellschaftsdiagnosen.[64] Historisch sind Poetiken des ‚Sozialen' stets aus Gesamtkunstwerk-Projekten oder Lebenskunstlehren hervorgegangen. Daher wäre eine Fortsetzung der Suche nach weiteren Poetiken des ‚Sozialen' vermutlich gerade in der jüngeren Vergangenheit und Gegenwart besonders ergiebig. In Anbetracht der Fülle an potentiellen Beispielen möchte ich nur noch ein Phänomen genauer beschreiben, das durch die Mobilisierung großer Anhängerschaften besonders heraussticht.

Es fällt auf, dass neuere Protestbewegungen immer öfter auf Poetiken des ‚Sozialen' als Form der Gesellschaftskritik zurückgreifen. Die Proteste zielen auf die Öffentlichkeit der Zivilgesellschaft, deren Aufmerksamkeit sie durch künstlerische Ausdrucksformen auf sich ziehen wollen. Es geht ihnen aber nicht mehr wie bei klassischen Protesten darum, an Missständen Kritik zu äußern und Lösungen zu fordern. Der Protest soll vielmehr selbst bereits alternative Formen der Versammlung des ‚Sozialen' erfahrbar machen. Die Aktivisten wenden sich gegen das, wie sie es begreifen, Versagen von Politik und Wirtschaft, das Gemeinwesen zu einen. Damit fallen diese beiden Sphären des ‚Sozialen', mithin die klassischen Adressaten von Protesten, als solche aus. Zwei verschiedene Konstellationen sind dafür verantwortlich. Zum einen findet sich diese neue Form des Protests in *totalitären Regimes mit gleichgeschalteter Wirtschaft*. Die Singende Revolution in Estland ist nur ein Beispiel für Protestformen, die sich in ähnlicher Weise um 1989 auch in den anderen baltischen Staaten, Polen, der Tschechoslowakei oder der DDR finden lassen. Der Protest beschwört immer die Kulturgemeinschaft und versteht sich zunächst als dezidiert ‚unpolitisch'. Das Konzept der ‚Zivilgesellschaft' hat nicht zuletzt erst den Programmschriften der *Charta 77*, der *Solidarność* und des *Neuen Forums* seine gegenwärtige Konjunktur zu verdanken. In seinen Anfängen versammelt sich jede dieser Protestformen in den genannten Staaten des Ostblocks als Kunst- oder Kulturveranstaltung.[65] Die andere Konstellation sieht die Politik als bloße Simulation, in deren Hintergrund ein entfesselter Kapitalismus die Fäden zieht. *Postdemokratie* ist das Schlagwort.[66] Die Kapitalismuskritiker von Occupy verstehen das dauerhafte Besetzen des öffentlichen Raums als neue Form des Pro-

---

[64] Vgl. Gerhard Schulze, Die Erlebnisgesellschaft. Kultursoziologie der Gegenwart, Frankfurt a. M., New York 1993, Andreas Reckwitz, Die Erfindung der Kreativität. Zum Prozess gesellschaftlicher Ästhetisierung, Berlin 2012.
[65] Vgl. am Beispiel Polens ausführlich Berenika Szymanski, Theatraler Protest und der Weg Polens zu 1989. Zum Aushandeln von Öffentlichkeit im Jahrzehnt der Solidarność, Bielefeld 2012.
[66] Vgl. Colin Crouch, Postdemokratie, Frankfurt a. M. 2008; Ingolfur Blühdorn, Simulative Demokratie. Neue Politik nach der postdemokratischen Wende, Berlin 2013.

tests. Dabei bilden die Zeltlager die Möglichkeit, ein neues Miteinander zu erproben und einzuüben. Als wichtiges Vorbild nennt *David Graeber* (*1961) in seinem Handbuch *Direct Action* (2009),[67] das halb Programmschrift, halb Ethnographie der Occupy-Wallstreet-Bewegung ist, verschiedene Kunstaktionen und besonders den französischen Situationismus. |

1.4 Verortung in Forschungskontexten

Nach diesem großen historischen Panorama möchte ich nun auf einen kleinen Ausschnitt in der Zeit um 1800 fokussieren. In dieser Arbeit wird es nur um eine einzige Poetik des ‚Sozialen' gehen. Im Folgenden sollen daher die spezifischen Entstehungsbedingungen und die Entwicklungsschritte von Achim von Arnims Poetik das Thema bilden. Dazu ist es sinnvoll, die Arbeit zuvor in drei Forschungskontexten näher zu verorten: der Geschichtsschreibung des Wissens vom ‚Sozialen' (1.4.1), den Forschungen zur Heidelberger Romantik (1.4.2) und der Forschung zu Achim von Arnim (1.4.3).

1.4.1 Geschichtsschreibung des Wissens vom ‚Sozialen'

Sucht man nach Forschungsbeiträgen zum Wissen vom ‚Sozialen' um 1800 im deutschsprachigen Kulturraum, so ist nicht von Anfang an klar, wo man recherchieren soll. Nicht eine einzelne Disziplin beansprucht dieses Forschungsgebiet, sondern verschiedene Fächer wie Soziologie, Wissenschaftsgeschichte, Philosophiegeschichte, Ideen- und Diskursgeschichte, aber auch die Literaturwissenschaft könnten dazu geforscht haben. Das macht die Forschungslage unübersichtlich. Angesichts der Vielzahl disziplinärer Zugriffe, die in Frage kommen, überrascht es, dass das, was sich zur romantischen Sozialtheorie finden lässt, relativ abstrakt bleibt oder nicht richtig zu Achim von Arnims Überlegungen passen will. Das wirft die Frage nach den Ursachen für diesen merkwürdigen Befund auf. Verständlich wird er erst, wenn man die verschiedenen disziplinären Zugriffe auf das Wissen vom ‚Sozialen' nach Interessen ordnet.

Recht unergiebig für eine Wissensgeschichte des ‚Sozialen' in der deutschen Romantik erweist sich die *fachsoziologische Geschichtsschreibung*. Wird Soziologiegeschichte im Rahmen der Soziologie betrieben, dann geht ein Zugriff auf Differenzierungsprozesse innerhalb der Disziplin oftmals auf deren

---

[67] David Graeber, Direkte Aktion. Ein Handbuch, Hamburg 2013.

epistemische ‚Vorläufer'-Institutionen zurück, etwa im Sinne von Schulenbildung. Dabei lassen sich mit Martin Endreß drei Typen von Geschichtsschreibung unterscheiden:

> Zunächst eine Form, die sich hagiographisch an den sog. ‚großen Männern' – oder, jüngeren Datums, Frauen – orientiert. Dieser Typus betreibt eine bzw. führt zu einer Biographisierung von Soziologiegeschichte [...]. Zweitens finden wir einen Typus von Soziologiegeschichtsschreibung, der in generalisierender Absicht einige wenige Traditionslinien im Durchgang durch die Fachgeschichte unterscheidet. Prominentes Bespiel dafür ist – neben der im deutschsprachigen Sprachraum nach wie vor herausragenden Arbeit von Jonas[68] – Randall Collins[69], der in seiner bekannten Darstellung mittlerweile eine ‚conflict', ‚rational/utilitarian', ‚Durkheimian' und ‚Microinteractionist tradition' differenziert. Dieser, an großen Systemen oder Traditionsgesamtheiten orientierte Typus ist am ehesten als ideengeschichtliche Darstellung zu charakterisieren. Er bleibt nur allzu häufig bei einem reinen Textimmanentismus stehen. Schließlich ließe sich drittens ein weiterer Typus der Blickrichtung auf die Geschichte der Disziplin identifizieren, wenn man prototypisch das von Lepenies initiierte Gemeinschaftsprojekt einer Sammlung von ‚Studien zur kognitiven, sozialen und historischen Identität'[70] berücksichtigt. [...] [D]iese vierbändige Sammlung [enthält zwar] eine Fülle wertvoller Einzelstudien, die sich jedoch nicht zu einer Gesamtperspektive der Theorie und Forschungsentwicklung des Faches in seinen institutionellen und sozio-historischen Kontexten verdichten.[71]

Dabei ist zu beobachten, dass die genuine Fachgeschichte selbst verhältnismäßig gut untersucht ist im Vergleich zur Zeit vor dem 20. Jahrhundert. Wird da und dort doch ins 19. Jahrhundert und davor zurückgegriffen, wirken diese Zusammenstellungen von ‚Vorläufern' oft recht willkürlich.

> The social sciences are customarily viewed as being a recent phenomenon. They are thought to have emerged in the course of the nineteenth century, but not to have truly developed until the twentieth. This assumption is common among social scientists and laymen alike, even among historians of these fields. What tends to remain obscure here is how the social sciences came into being. To gain insight into their genesis, it is widely

---

68 Hans Jonas, Geschichte der Soziologie [1969], 2 Bde., Opladen 1981.
69 Randall Collins, Four Sociological Traditions, New York, Oxford 1994.
70 Wolf Lepenies, Geschichte der Soziologie. Studien zur kognitiven, sozialen und historischen Identität einer Disziplin, 4 Bde., Frankfurt a. M. 1981.
71 Martin Endreß, Zur Historizität soziologischer Gegenstände und ihren Implikationen für eine wissenssoziologische Konzeptualisierung von Soziologiegeschichte. In: Jahrbuch für Soziologiegeschichte, 1997/98, S. 65–90, hier S. 70 f. (Nachweise angepasst, Herv. getilgt). – Einen vorzüglichen Überblick über die deutsche Soziologiegeschichtsschreibung gibt Stephan Moebius, Praxis der Soziologiegeschichte. Methodologien, Konzeptualisierung und Beispiele soziologischer Forschung, Hamburg 2004, bes. S. 53–108. Vgl. neuerdings auch Soziologiegeschichte. Wege und Ziele, hg. von Christian Dayé und Stephan Moebius, Berlin 2015 (im Erscheinen).

admitted that one would have to go further back than the nineteenth century. However, that has only been done on rare occasion and in a highly unsystematic fashion.[72]

Das Desinteresse, das dem Wissen vom ‚Sozialen' vor dem 20. Jahrhundert entgegengebracht wird, sieht Johan Heilbron in einer strukturellen Unterscheidung von Fachgeschichte und ‚Vorgeschichte' begründet.

> One of the most common ways to reconstruct the past is drawing a border between ‚history' proper and ‚prehistory' or ‚early history'. History then pertains to the past in as far as it bears a direct relation to the contemporary practice of a particular discipline. [...] ‚Prehistory' or ‚early history', however, include the wide range of configurations and intricacies that no longer affect the identity of the discipline. The precise location of this border may change and is subject to conflicts, but no matter how these are settled the early history is no longer regarded as relevant. Early history is the history that might legitimately be forgotten.[73]

Die Vorgeschichte des Faches Soziologie wird meist in der Sozialphilosophie gesehen. Dass Literatinnen und Literaten in der Vorgeschichte keinen Platz haben, liegt daran, dass ihre Erkenntnis nicht methodischen Standards folgt. „In der Distanzierung von ihren literarischen Vorformen haben human- und sozialwissenschaftliche Theorieprogramme, nicht zuletzt mit neidvollem Blick auf die etablierten Naturwissenschaften, ihre Wissenschaftlichkeit demonstrieren wollen."[74]

Die Aversion der Soziologie gegen die Literatur hat aber noch tiefere Wurzeln. Wie Wolfgang Essbach gezeigt hat, sind antiästhetische Affekte in den soziologischen Habitus tief eingeprägt, was einen Zugang zu schöner Literatur als Forschungsgegenstand bis heute nachhaltig behindert.[75] Nicht zufällig stellt Literatursoziologie nur eine relativ unbedeutende Bindestrichsoziologie dar und wird eher von Literaturwissenschaftlern als von Fachsoziologen betrieben. Der soziologische Habitus trägt immer noch Erblasten aus der Zeit der Gründerväter mit sich herum, die seinerzeit mit literarischen Deutungsangeboten der heraufziehenden Moderne heftig konkurrierten.[76] In Folge dieser Kon-

---

72 Johan Heilbron, The Rise of Social Theory, Minneapolis, MN 1995, S. 1.
73 Heilbron, The Rise of Social Theory, S. 1 f.
74 Wolf Lepenies, „Schön und korrekt". Die Literatur als Bezugsgruppe wissenschaftlicher Außenseiter. In: Soziologie in weltbürgerlicher Absicht. FS René König, hg. von Heine von Alemann, Hans Peter Thurn, Opladen 1981, S. 90–100, hier S. 90.
75 Vgl. Wolfgang Essbach, Antitechnische und antiästhetische Haltungen in der soziologischen Theorie. In: Technologien als Diskurse. Konstruktionen von Wissen, Medien und Körpern, hg. von Andreas Lösch u. a., Heidelberg 2001, S. 123–136.
76 Vgl. dazu Wolf Lepenies, Die drei Kulturen. Soziologie zwischen Literatur und Wissenschaft, Frankfurt a. M. 1985; Frank Wanning, Gedankenexperimente. Wissenschaft und Roman im Frankreich des 19. Jahrhunderts, Tübingen 1999; Helmut Kuzmics, Gerald Mozetič, Literatur

kurrenz im 19. Jahrhundert sind die Grundbegriffe, die die Denkweise des Fachs bis heute prägen, so verfasst, dass sie die Spezifik ästhetischer Werke nicht angemessen zu fassen bekommen. Soziologische Theorien tendieren bis in die Gegenwart dazu, Kunstwerke auf ihren bloßen ‚Inhalt' oder ihre Funktion in entsprechenden Organisationszusammenhängen (Produktionsbedingungen, Kunst- und Büchermarkt, Präsentation etc.) zu reduzieren. Sie sind materialitätsvergessen und daher unfähig, deren spezifisch sinnliche Qualitäten als solche zu fassen. Für die Sozialtheoretiker im späten 19. und frühen 20. Jahrhundert wie Marx, Durkheim oder Weber bildet der Verlust religiöser Weltdeutung das Paradigma ihrer Deutung der Moderne. Den Rationalisierungsprozess, von dem sie ausgehen, verstehen sie daher als Abstraktions-, Verinnerlichungs- und Entsinnlichungsbewegung. Die Institutionen der modernen Kultur deklinieren sie als Nachfolgeeinrichtungen von Glaubenspraktiken in einem am Beispiel religiöser Vergemeinschaftung gewonnenen Kategoriensystem durch. Dieses abstrakte Kategoriensystem verstehen die frühen Theoretiker konsequenterweise auch als Produkt der ‚Entzauberung der Welt'. Die Soziologie ist ihnen aufgeklärter Glaubensersatz. Dass die Entwicklung der Literatur sich mit dem Rationalisierungsnarrativ nach Beispiel der Religion nicht besonders gut beschreiben lässt, deuten die Pioniere der Soziologie als deren irrationale Rückständigkeit. Im Umkehrschluss beziehen sie daraus ihr Selbstverständnis als überlegener Gegner im Konkurrenzkampf um die Deutungsvormacht der modernen Gesellschaft. In diesem Sinne kann die Art und Weise, in der die moderne Soziologie ihre Vorgeschichte erzählt, als Spätfolge ihrer Konkurrenz mit der Literatur um das Wissen vom ‚Sozialen' im 19. Jahrhundert begriffen werden.

Stellt die fachsoziologische Geschichtsschreibung also primär disziplinäre Identitätspolitik dar, sind *wissenschaftsgeschichtliche Zugriffe* vor allem an Problemen der wechselseitigen Abgrenzung verschiedener Disziplinen interessiert.[77] Prinzipiell geht es hier explizit oder implizit oft darum, Disziplinengren-

---

als Soziologie. Zum Verhältnis von literarischer und gesellschaftlicher Wirklichkeit, Konstanz 2003.

77 Vgl. Wolf Lepenies, Wissenschaftsgeschichte und Disziplingeschichte. In: Geschichte und Gesellschaft. Zeitschrift für historische Sozialwissenschaft, 4. Jg. (1978), S. 437–451, der betont: *„Disziplingeschichten haben zunächst einmal Funktionen für ihre jeweiligen Disziplinen und dann erst für die Wissenschaftsgeschichte."* (S. 448, Herv. im Orig.). In seiner eigenen Soziologiegeschichte projiziert Lepenies diese Perspektive in die Geschichte zurück, wenn er historische Forschungsbeiträge primär als Arbeit an der disziplinären Identität des Faches sieht. (Vgl. Wolf Lepenies, Einleitung. Studien zur kognitiven, sozialen und historischen Identität der Soziologie. In: Lepenies, Geschichte der Soziologie, Bd. 1, S. I–XXXV.) – Vgl. dazu kritisch Lothar Peters, Warum und wie betreibt man Soziologiegeschichte? In: Jahrbuch für Soziologiegeschichte, 1997/98, S. 9–64, hier S. 15 f.

zen historisch festzuschreiben, sowohl im wechselseitigen Differenzierungsprozess von verschiedenen ‚Wissenschaften' als auch in der Abgrenzung von ‚nicht-wissenschaftlichem' Wissen. Zudem spielt die nationale Abgrenzung von Wissenschaftstraditionen eine Rolle. Während im deutschsprachigen Raum ‚Wissenschaftsgeschichte' institutionell meist exklusiv ‚Geschichte der Naturwissenschaften' meint, sind die ‚Social Sciences' bzw. ‚Science social' und die ‚Human Sciences' bzw. ‚Sciences humaines' im angelsächsischen und französischen Kontext Teilgebiet der ‚History of Science' bzw. ‚Histoire des sciences'. Deshalb gibt es eine relativ breite Forschung zum Wissen vom ‚Sozialen' um 1800 in England und Frankreich, jedoch nichts Vergleichbares für den deutschsprachigen Kulturraum.[78]

Recht abstrakte Forschungsbeiträge zum Wissen vom ‚Sozialen' um 1800 finden sich in der *Ideen-, Diskurs- oder Wissensgeschichte*. Als wichtige Vertreter lassen sich hier Charles Taylor[79], Michel Foucault[80] und Niklas Luhmann[81] nennen. Ihr Blick nivelliert nationale Spezifika und richtet sich mit makroskopischem Fokus auf allgemeine Tendenzen und Strukturmuster der historischen Entwicklung. Eine solche Sichtweise steht nicht mehr im Dienst spezifischer Disziplinen, sondern erlaubt es, ‚große Erzählungen' von der Säkularisation,

---

[78] Zu nennen sind für England und Frankreich in der Zeit um 1800 vor allem Georges Gusdorf, Les sciences humaines et la pensée occidentale, 13 Bde., Paris 1966–1988, bes. Bde. 6–12; Peter T. Manicas, A History and Philosophy of the Social Sciences, Oxford, New York 1987; Scott Gordon, The History and Philosophy of Social Science, London, New York 1991; Richard Olsen, The Emergence of the Social Sciences 1642–1792, New York u. a. 1993; Heilbron, The Rise of Social Theory; Inventing Human Science. Eighteen-Century Domains, hg. von Christopher Fox, Roy Porter, Robert Wokler, Berkeley, CA, Los Angeles, CA, London 1995; Sociology of Science. A Yearbook 20. Bd. (1996), (Themenheft: „The Rise of the Social Science and the Formation of Modernity. Conceptual Change in Context (1750–1850)", hg. von Johan Heilbron, Lars Magnusson, Björn Wittstock); Roger Smith, The Fontana History of Human Sciences, London 1997; The Cambridge History of Science. Bd. 7. („The Modern Social Sciences"), hg. von Theodore M. Porter, Dorothy Ross, Cambridge 2003 und Guillaume Le Blanc, L'esprit des sciences humaines, Paris 2005.
[79] Vgl. Charles Taylor, A Secular Age, Cambrige, MA, London 2007, S. 1–22 und 773–776. Taylor zählt natürlich nur zur jüngsten Generation dieser Forschungsrichtung. Im Bereich der Geistes- und Ideengeschichte könnte man hier bereits die Ausführungen etwa von Karl Mannheim, Konservatismus. Ein Beitrag zur Soziologie des Wissens [1925], Frankfurt a. M. 1984, die von Ernst Cassirer, Die Philosophie der Aufklärung [1932], Hamburg 2007, S. 206–244, oder die von Peter Gay, The Enlightenment. The Science of Freedom. An Interpretation [1969], New York, London 1999, S. 319–395, anführen, um nur drei prominente Vertreter zu nennen.
[80] Vgl. Michel Foucault, Die Ordnung der Dinge. Eine Archäologie der Humanwissenschaften, Frankfurt a. M. 1971, S. 17–28 und S. 462.
[81] Vgl. Niklas Luhmann, Die Gesellschaft der Gesellschaft, 2. Bde., Frankfurt a. M. 1996, Bd. 1, S. 11–15; Bd. 2, S. 866–892 und S. 1149.

der Disziplinierung und der Differenzierung der Gesellschaften Europas vorzutragen. Dass ein Wissen vom ‚Sozialen' um 1800 entsteht, stellt in diesen Meistererzählungen nur ein kurzes Kapitel und einen weiteren Beleg für den Komplexitäts- und Kontingenzzuwachs der Moderne dar. Das Wissen über das ‚Soziale' wird dabei selbst zu einem ‚sozial' entstandenen Wissen. Die Dekonstruktionsbewegung bezieht sich hierbei gleichermaßen auf den ‚geistigen Standpunkt'[82] der Beobachtungsposition als auch auf die paradigmatischen Beispiele, anhand derer Theoreme gewonnen werden.[83] Hieran schließen auch zwei neuere programmatische Methodenansätze zur Soziologiegeschichtsschreibung an, der von Lothar Peter[84] und der von Martin Endreß[85]. Beide fordern dazu auf, mit der verengten Perspektive der intra- und interdisziplinären Geschichtsschreibung des Wissens vom ‚Sozialen' zu brechen, und schlagen vor, diese als Analyseebenen zu nutzen.

Neben diesen relativ abstrakten Forschungsbeiträgen kann man eine ganze Reihe von Arbeiten zur Gesellschaftstheorie der Romantik in der *Philosophie und Literaturwissenschaft* finden. Sie sind von einem starken Interesse gekennzeichnet, eine Diskontinuität zwischen die romantische Gesellschaftstheorie und heutige sozialwissenschaftliche Theorien treten zu lassen. Diese ideengeschichtlichen Arbeiten möchten die Denkzeugnisse der Romantik zu einem allein historischen Gegenstand machen. Das führt zu einer relativ einseitigen Bild romantischer Gesellschaftstheorie, die oft unter dem Namen ‚Politische Romantik' behandelt wird. Nach bald 40 Jahren erweist sich Otto Danns Kritik deshalb noch immer als treffend:

> Von den gesellschaftstheoretischen Anschauungen im Umkreis der deutschen Romantik besteht bis heute ein recht einseitiges Bild. Romantische Gesellschaftstheorie wird fast ausschließlich als Staatstheorie behandelt und als deren Repräsentanten erscheinen weitgehend nur konservativ-restaurative Schriftsteller. Gegenüber dieser doppelten Verengung des Bildes von der ‚politischen Romantik' bleibt zu fordern, auch die Theoriebildungen im Umkreis der Romantik, die der bürgerlichen Emanzipationsbewegung parallel gingen, als originäre Ausprägungen romantischen Denkens zu betrachten. [...] Neben dieser restaurativen steht eine andere, bisher noch kaum näher erforschte, geschweige denn systematisch entwickelte Ausrichtung romantischer Gesellschaftstheorie. In ihr wurden

---

82 Vgl. Karl Mannheim, Das Problem einer Soziologie des Wissens. In: Mannheim, Wissenssoziologie. Auswahl aus dem Werk, Neuwied 1970, S. 308–387.
83 Vgl. dazu Gründungsszenen soziologischer Theorie, hg. von Sina Farzin, Henning Laux, Wiesbaden 2014.
84 Peters, Warum und wie betreibt man Soziologiegeschichte?
85 Endreß, Zur Historizität soziologischer Gegenstände.

aus dem Individualitätsdenken nicht ständisch-hierarchische, sondern assoziativ-offene und tendenziell demokratische Gesellschaftsformen abgeleitet.[86]

Liebes- und Freundschaftsbeziehungen zwischen gleichberechtigten, aber verschiedenartigen Partnern, gesellige Zusammenkünfte oder die Bildung von Vereinigungen und Gesellschaften gehörten hierhin, zuletzt auch Vaterlandsliebe. „Als umfassendste Gesellschaftskonzeption in dieser Richtung können die neuen Anschauungen von Volk und Nation, Volkstum und Volksfesten in ihrer antiständischen Akzentuierung angesehen werden."[87] Achim von Arnims Werk gehört zu diesen ‚assoziativ-offenen' Entwürfen, von denen Dann spricht.

Aufgrund dieser Forschungslage stellen die ideen-, diskurs- und wissensgeschichtlichen Arbeiten trotz ihrer Abstraktheit den einzig lohnenden Anknüpfungspunkt innerhalb dieses Forschungsfeldes für diese Arbeit dar. Die Studie darf sich mithin nicht nur als literaturwissenschaftliche Untersuchung verstehen, sondern auch als ein Beitrag zur Wissensgeschichte des ‚Sozialen' außerhalb seiner späteren Wissenschaft.[88]

1.4.2 Forschungen zur Heidelberger Romantik

Ein Forschungsüberblick zur Heidelberger Romantik muss wenigstens kurz auf die Geschichtsschreibung zur ganzen Romantik eingehen. Neuere übergreifende Literaturgeschichten zur Romantik versuchen, oft poststrukturalistisch informiert, von dem organologischen Erzähltypus nach dem Schema ‚Wachstum – Blüte – Verfall' wegzukommen.[89] Diese Ablehnung ist nur berechtigt, denn von der Sache her lässt sich kaum begründen, warum Geschichtsverläufe den Entwicklungsstadien von Pflanzen gleichen sollten.[90] Die Ablehnung geht

---

[86] Otto Dann, Gruppenbildung und gesellschaftliche Organisierung in der Epoche der deutschen Romantik. In: Romantik in Deutschland. Ein interdisziplinäres Symposium, hg. von Richard Brinkmann, Stuttgart 1978, S. 115–131, hier S. 116 f.
[87] Dann, Gruppenbildung, S. 117.
[88] Vgl. dazu instruktiv auch Eva Horn, Literatur: Gibt es eine Gesellschaft im Text? In: Poststrukturalistische Sozialwissenschaften, hg. von Stephan Moebius, Andreas Reckwitz, Frankfurt a. M. 2008, S. 363–381.
[89] Theodore Ziolkowski, Heidelberger Romantik. Mythos und Symbol, Heidelberg 2009, S. 11 f. zeigt, dass die poststrukturalistische Geschichtsschreibung eher Folge als Ursache der Darstellungsweise ist. Er zeigt sehr genau, wie bereits Literaturgeschichten seit Josef Nadler große Schwierigkeiten haben, die Heidelberger Romantik einzuordnen. Manche bestreiten sie deshalb gar als eigenständige Phase der Romantik.
[90] Vgl. dazu Alexander Demandt, Metaphern für Geschichte. Sprachbilder und Gleichnisse im historisch-politischen Denken, München 1978, S. 55–123.

aber noch weiter und führt zu einer Skepsis gegenüber der Erzählbarkeit von kulturgeschichtlichen Bewegungen überhaupt.

Nach wie vor ist das Bild der deutschen Romantik in der Literatur stark geprägt durch ihre Anfangsphase, die sogenannte ‚Frühromantik'. Das dokumentieren zwei eigene Einführungen[91], die sich der Formierungsphase der Romantik exklusiv widmen, wohingegen es kein vergleichbares Pendant zur einer der späteren Romantiken gibt. Dadurch scheint dieser Ausgangspunkt für jede Darstellung der Romantik festgesetzt zu sein. Die Überblicksdarstellungen von Rüdiger Safranski[92] und Gerhard Kaiser[93] jedenfalls gewinnen ihren Romantik-Begriff an den Programmschriften und der Literatur der Frühromantik. Die weitere Entwicklung der Romantik wird in der Folge vor allem an Beispielen affin zu den Poetiken und poetologischen Konzepten der Frühromantik festgemacht, weshalb E. T. A. Hoffmann in beiden Werken eine ausführliche Darstellung zuteil wird, während alles, was sich schwieriger anschließen ließe, entweder ganz fehlt oder zu einen bloßen Additum wird. Bei Kaiser liest sich das so: Nach der Jenaer Frühphase

> kommt etwas anderes, wenn auch nicht etwas völlig anderes. Die Übergangsphasen zwischen der frühen, der mittleren und der späten Romantik – wie auch die mittlere und späte Romantik selbst – erweisen sich als komplexe Mischungen aus Elementen der Kontinuität und Diskontinuität, die hier nicht mehr als angedeutet werden können.[94]

Faktisch heißt das, dass Kontinuitäten als Fortführung oder Weiterentwicklung erzählt und sogenannte Diskontinuitäten nur listenhaft angefügt oder ausgelassen werden. Für die Heidelberger Romantik, die beide Autoren nur schwer in ihr Romantikbild integrieren können, bedeutet das, dass sie als Diskontinuität nicht nur sehr kurz, sondern auch verkürzt dargestellt wird.[95]

Gerhard Schulz löst das Erzählproblem mit einer Verschiebung. Für die Literaturgeschichte beansprucht er eine im Grunde historistische Position, wenn er erklärt, dass Einzelwerke nicht in Systematisierungen eingezwängt

---

91 Manfred Frank, Einführung in die frühromantische Ästhetik. Vorlesungen, Frankfurt a. M. 1989 und Lothar Pikulik, Frühromantik. Epoche – Werke – Wirkung, München 2000.
92 Rüdiger Safranski, Romantik. Eine deutsche Affäre, München 2007.
93 Gerhard Kaiser, Literarische Romantik, Göttingen 2010.
94 Kaiser, Literarische Romantik, S. 75.
95 Safranski widmet ihr nur 4 Seiten (S. 180–184), Kaiser widmet ihr gerade mal 9 Seiten (S. 77–86). Bei Safranski wie bei Richard Dülmen, Poesie des Lebens. Eine Kulturgeschichte der deutschen Romantik. Bd. 1 („Lebenswelten"), Köln, Weimar, Wien 2002, S. 209–218, die weniger literaturgeschichtlich interessiert sind, kommt problematischerweise hinzu, dass sie völlig unkritisch Eichendorffs Gründungsmythos der Heidelberger Romantik als historisch referieren. Vgl. zur Kritik Ziolkowski, Heidelberger Romantik, S. 11.

werden dürften.[96] Dagegen behauptet er, dass „der Historiker [...] mit gutem Gewissen von Epochen reden"[97] kann. Als Konsequenz bildet er die Literaturgeschichte auf der Folie der allgemeinen Geschichte ab und setzt deren Gliederungen an die Stelle von Unterteilungen, die sich genuin aus der Literaturgeschichte ableiten ließen. In dieser Verschiebung zeigt sich ein Unbehagen an der Narrativierung der Literaturentwicklung, gleichwohl will er diese Darstellungsweise nicht gänzlich aufgeben. Der Preis für das Darstellungsverfahren ist, dass eine genuin literaturgeschichtlich begründete Entwicklungssystematik der Romantik hier gänzlich fehlt. Die Heidelberger Romantik steht hier an späterer Stelle als die Jenaer und hat andere soziohistorische Rahmenbedingungen.

Nur noch in ihren Einleitungen führen die Darstellungen von Erika und Ernst Borries[98], Detlef Kremer[99] und Monika Schmitz-Emans[100] eine Phasengliederung der Romantik ein. Die ältere Einführung gebraucht dabei noch die Bezeichnungen des organologischen Narrativtyps, jedoch nur noch als tote Metaphorik.[101] Die beiden neueren Bände sprechen von ‚früher', ‚mittlerer' und ‚später' Romantik.[102] Alle drei Einführungen weichen in ihrer Gliederung dann auf eine sachliche Gliederung aus, die sich vor allem an Gattungen orientiert. Albert Meier[103] und Harald Tausch[104] verfahren auf ähnliche Art; bei ihnen bildet die Kontrastierung von Klassik und Romantik den systematischen Rahmen. Obwohl sich in diesen Einführungen zum Teil sehr gelungene Einzelinterpretationen auch von Texten der Heidelberger Romantik finden lassen, vermeiden es alle auffällig, eine alternative Geschichte zu Wachstum, Blüte und Verfall der Romantik zu erzählen.

Eine neuere deutsche Überblicksdarstellung von Wolfgang Bunzel[105] enthält zwar noch Kapitel zu den einzelnen Phasen der Romantik, ist aber ansonsten thematisch gegliedert. Zwei neuere englischsprachige Darstellungen der deutschen Romantik, von Dennis Mahoney[106] und Nicholas Saul[107] herausge-

---

96 Gerhard Schulz, Die Geschichte der deutschen Literatur zwischen Französischer Revolution und Restauration, 2 Bde., München ²2000 und 1989, Bd. 1, S. IX f.
97 Schulz, Die Geschichte der deutschen Literatur, Bd. 1, S. 9.
98 Erika und Ernst von Borries, Deutsche Literaturgeschichte, Bd. 5 Romantik, München 1997.
99 Detlef Kremer, Romantik, Stuttgart 2007, S. 47 ff.
100 Monika Schmitz-Emans, Einführung in die Literatur der Romantik, Darmstadt 2009.
101 Vgl. von Börries, Romantik, S. 63 ff.
102 Vgl. Kremer, Romantik, S. 47 ff. und Schmitz-Emans, Einführung, S. 76 ff.
103 Albert Meier, Klassik – Romantik, Stuttgart 2008.
104 Harald Tausch, Literatur um 1800. Klassisch-romantische Moderne, Berlin 2011.
105 Romantik. Epoche – Autoren – Werke, hg. von Wolfgang Bunzel, Darmstadt 2010.
106 The Literature of German Romanticism, hg. von Dennis Mahoney, Rochester, NY 2004.
107 The Cambridge Companion to German Romanticism, hg. von Nicholas Saul, Cambridge 2009.

geben, gehen noch einen Schritt weiter und geben eine zeitliche Systematik ganz auf. Sie gliedern nur noch nach Themenfeldern und vernetzen die Romantik allein durch Einleitungsworte und ein Register. Hier wird noch weniger das spezifische Gepräge der Heidelberger Romantik innerhalb der Romantik sichtbar, wenngleich ihre Einzeldarstellung in verschiedenen Beiträgen durchaus überzeugt.

Man muss sich fragen, ob die Auflösung der Geschichte in die Elemente der Erzählung wirklich einen geeigneten Ersatz für das problematische Modell organischen Wachstums bildet. Die Möglichkeit, Unterscheidungen zeitlich zu organisieren, nimmt man sich dadurch in jedem Fall. Eine rein sachliche Gliederung scheint eher Unbehagen und Ratlosigkeit auszudrücken. Jedenfalls ist sie mehr Vermeidungsstrategie denn echte Lösung. Schließlich handelt es sich bei der Romantik doch um ein zeitliches Konstrukt.

Ganz anders angelegt sind dagegen jene Darstellungen der Romantik, die nicht ‚das große Ganze' in den Blick nehmen, sondern sich auf eine einzelne Phase konzentrieren. Für die Heidelberger Romantik kann man sich dabei weitgehend an Theodore Ziolkowski halten, der die Forschungsgeschichte in seinem Buch von 2009 umfassend aufgearbeitet hat:[108] Die Bezeichnung ‚Heidelberger Romantik' verdankt sich einer späten Prägung Joseph von Eichendorffs. In Heinrich Heines *Romantischer Schule* (1833) werden zwar Arnim und Brentano, vor allem wegen des *Knaben Wunderhorn*, lobend erwähnt, von Heidelberg ist aber keine Rede. Ebenfalls Fehlanzeige in Georg Gottfried Gervinus' *Geschichte der poetischen Nationalliteratur der Deutschen* (1835–42), die nur Brentano im Zusammenhang mit Tieck flüchtig erwähnt. Erst in „Halle und Heidelberg"[109] (1857) begründet Eichendorff das Bild von der Heidelberger Romantik. Eichendorff gibt den Text als studentische Jugenderinnerung aus und erweckt den Eindruck, dabei gewesen zu sein, tatsächlich handelt es sich bei seinem Bericht aber in weiten Teilen um „eine grandiose Erfindung seines Alters. [...] Das ganze Bild der Heidelberger Romantik, das Eichendorff bietet und das die Basis der späteren und lange herrschenden Auffassung bildete, ist also eine geschickte und irreführende Vermischung von ursprünglich Erlebtem und später Gedachtem."[110] Die Literaturgeschichten zur Romantik aus dem späten

---

[108] Ich folge im Weiteren der Darstellung bei Ziolkowski, Heidelberger Romantik, S. 7–12.
[109] Vgl. Joseph von Eichendorff, Halle und Heidelberg. In: Eichendorff, Sämtliche Werke. Historisch-Kritische Ausgabe, hg. von Hermann Kunisch, Helmut Koopmann, 18 Bde., Tübingen 1966–, Bd. V/4.3, S. 139–181. – Vgl. dazu Hartwig Schultz, Eichendorff als ‚Erfinder' der Heidelberger Romantik? In: 200 Jahre Heidelberger Romantik, hg. von Friedrich Strack, Heidelberg 2008, S. 67–80.
[110] Ziolkowski, Heidelberger Romantik, S. 8 f.

19. Jahrhundert von Rudolf Haym (1870), Rudolf von Gottschall (1875) und Wilhelm Scherer (1880er Jahre) greifen Eichendorffs Begriffsprägung nicht auf. Einzig Fridrich Pfaff referiert in seinem Neudruck von Arnims *Tröst Einsamkeit* (1883) Eichendorffs Bericht unkritisch. Bei Julian Schmidt (1890) und Ricarda Huch (1899–1902) taucht Heidelberg dann unter den vielen Zentren, in die sich die Romantik nach ihrer Konzentration auf Jena aufsplitterte, mit wenigen Seiten im Kapitel ‚Verfall' auf. Aus den ersten Jahrzehnten des 20. Jahrhunderts stammen mehrere eher positivistisch zu nennende Arbeiten, die Personennetzwerke und Aufenthaltsorte der einzelnen Personen genau dokumentieren. Dazu gehören die Dokumentation von Heinrich W. B. Zimmer[111], die Münchner Dissertation Otto Reichels[112], eine längere Zeitschriftendarstellung mit Briefen von Franz Schneider[113] und Herbert Levins[114] lokalpatriotische Preisschrift. Das weitere 20. Jahrhundert bringt keine monographischen Studien zur Heidelberger Romantik mehr hervor. Eine erste Welle von Sammelbänden zur Heidelberger Romantik und ihrem weiteren Umfeld erscheint erst im Gefolge der Festivitäten zum 500. Gründungstag der Heidelberger Universität 1985.[115] Eine zweite Welle kommt zeitnah zu den 200-Jahr-Feiern der Erstpublikation des *Wunderhorns* 2005 heraus.[116] Diese enthalten zwar im Detail wertvolle Einzelstudien,

---

[111] Heinrich W. B. Zimmer, Johann Georg Zimmer und die Romantiker. Ein Beitrag zur Geschichte der Romantik – nebst bisher ungedruckten Briefen von Arnim, Böckh, Brentano, Görres, Marheineke, Fr. Perthes, F. C. Savigny, Brüder Schlegel, L. Tieck, de Wette u. a., Frankfurt a. M. 1888.
[112] Otto Reichel, Der Verlag Mohr und Zimmer im Heidelberg und die Heidelberger Romantik, Augsburg 1913.
[113] Franz Schneider, Beiträge zur Heidelberger Romantik. In: Neue Heidelberger Jahrbücher 18. Jg. (1914), S. 48–102.
[114] Herbert Levin, Die Heidelberger Romantik. Preisschrift der Corps-Suevia-Stiftung der Universität Heidelberg, München 1922.
[115] Vgl. Heidelberg im poetischen Augenblick. Die Stadt in Dichtung und bildender Kunst, hg. von Klaus Manger, Gerhard Buhr, Heidelberg 1987 und Heidelberg im säkularen Umbruch. Traditionsbewußtsein und Kulturpolitik um 1800, hg. von Friedrich Strack, Stuttgart 1987. – Etwas abseits von diesen Publikationen steht der Band von Giampiero Moretti, Heidelberg romantica. Romanticismo tedesco e nichilismo europeo, Bologna 1995, der allerdings, anders als der Titel verspricht, nur einen Beitrag von 1984 vor allem zu Görres und Creuzer enthält.
[116] Vgl. den Band aus der Schriftenreihe der Arnim-Gesellschaft Das ‚Wunderhorn' und die Heidelberger Romantik: Mündlichkeit, Schriftlichkeit, Performanz, hg. von Walter Pape, Tübingen 2005, den eher musikhistorischen Band Von Volkston und Romantik. ‚Des Knaben Wunderhorn' in der Musik, hg. von Antje Tumat, Heidelberg 2007 und Strack (Hg.), 200 Jahre Heidelberger Romantik. – Rein quellendokumentarisch angelegt sind der Bildband von Heidelberg um 1800, hg. von Jens Christian Jensen, Bönnigheim 2000, der Ausstellungskatalog Ein Knab auf schnellem Roß. Die Romantik in Heidelberg, hg. von Armin Schlechter, Heidelberg 2006 und die historische Darstellung Armin Schlechter, Die Romantik in Heidelberg. Brentano, Arnim und Görres am Neckar, Heidelberg 2007.

erschließen aber eher die Vielfältigkeit der Phase, als eine systematische Bestimmung zu liefern. Zusammenfassend lässt sich über Einzeldarstellungen der Heidelberger Romantik festhalten, dass es auch ihnen nicht gelingt, eine Großerzählung der Romantik anzubieten und diese Phase in ihrer Charakteristik darin einzugliedern.

Ziolkowskis Buch muss momentan als das Standardwerk zur Heidelberger Romantik gelten. Sein Vorschlag überzeugt, den Zeitraum zwischen 1804 und 1808 als Zeitabschnitt für die Heidelberger Romantik anzusetzen. Im April 1804 war Friedrich Creuzer und im August 1804 Brentano nach Heidelberg gezogen, im Jahr 1808 verließen alle sogenannten Heidelberger Romantiker bis auf Creuzer die Stadt am Neckar wieder. Auch trifft er hinsichtlich des infrage kommenden Personenkreises plausible Unterscheidungen. In seiner Studie plädiert er dafür, Joseph Görres' und Creuzers Bedeutung für die Heidelberger Romantik höher zu gewichten. Genauso nachvollziehbar ist seine Argumentation, Karoline von Günderrode eher der Übergangsphase zwischen Jenaer Romantik und Heidelberger Romantik zuzuordnen und den Eleusinischen Bund um Graf von Loeben als Fortsetzungsversuch der Jenaer Poetiken in kritischer Auseinandersetzung mit der Heidelberger Romantik zu verstehen. Die späteren Arbeiten der Brüder Grimm, etwa das Märchenbuch und die sprachgeschichtlichen Untersuchungen, könne man zwar in Kontinuität mit der Heidelberger Romantik sehen, sollte man aber nicht mehr ihr zugehörig erachten.

Ziolkowskis Buch zur Heidelberger Romantik folgt der chronotopischen Methode, die er vorher bereits in Büchern zur Romantik in Jena und Berlin angewendet hat. Dieser Ansatz aber will nicht so recht zu den Heidelberger Gegebenheiten passen und führt zu entscheidenden Verengungen. Das haben bereits die Zeitungsrezensenten gesehen. So kritisiert Jürgen Paul Schwindt in der *Süddeutschen Zeitung*, dass durch diesen Zugriff „zur Heidelberger Romantik [...] im engeren Sinne nur zählen [soll], was in Heidelberg erdacht und geschrieben ist".[117] Im Gegensatz zu Jena und Berlin unterscheiden sich die Heidelberger Verhältnisse dadurch, dass kein dichter Kommunikationszusammenhang unter Anwesenden im Zentrum steht, sondern Briefkorrespondenz und eine Netzwerkstruktur, bei der nicht alle Knotenpunkte mit allen verbunden sind, und daher die verschiedenen Zusammenhänge des Geflechts häufiger unabhängig voneinander agieren. Eine weitere Konsequenz daraus ist, dass ein größeres Kommen und Gehen herrscht. Die Gründe für An- und Abwesenheit

---

117 Jürgen Paul Schwindt, „In Wolfshaut will das Böcklein sich verhüllen ..." (Rez. Ziolkowski). In: Süddeutsche Zeitung vom 08.03.2010; einen ähnlichen Einwand formuliert auch Alexander Košenina, Zündhemmung (Rez. Ziolkowski). In: Frankfurter Allgemeine Zeitung vom 24.06.2010.

folgen dabei oft Gründen, die mit der poetischen Produktion nichts zu tun haben. Zumal bei nicht an der Universität beschäftigten Personen verleitet der chronotopische Ansatz zu großen Blindstellen. Konkret gesagt: Bei Ziolkowski führt der Ansatz dazu, die Heidelberger Romantik als „eine fast völlig akademische Romantik"[118] anzusehen. Die Produktion der Heidelberger Romantik schrumpft durch den chronotopischen Ansatz auf wenige Schriften Görres' und Creuzers zusammen. Wenn vor allem ihre philologischen Schriften das Paradigma für die Kennzeichnung dieser Phase der Romantik bilden, wird der Ausschluss, den diese Bestimmung mit sich bringt, ungemein groß – mit teilweise absurden Konsequenzen. So liest man etwa über *Des Knaben Wunderhorn*, das vormals als unbestrittener Zentraltext der Heidelberger Romantik galt, weil die Ähnlichkeit seines Anliegens mit dem von Görres und Creuzer augenscheinlich schien:

> Trotz seiner Bedeutung in der breiteren Geschichte der deutschen Literatur ist ‚Des Knaben Wunderhorn' kaum als echter Ertrag der ersten Phase der sogenannten Heidelberger Romantik zu betrachten, da die langsame Genesis weit zurück lag und die Vorarbeit bereits vorher geleistet worden war. Man darf das Werk auch kaum als eine romantische Erfindung betrachten, die dem romantischen Zeitgeist zuzuschreiben ist. Es ist eher die Kulmination einer langen Entwicklung, die seit Thomas Percy grundlegenden ‚Reliquies of Ancient English Poetry' (1765) neben dem mit Verachtung erwähnten Mildheimer Werk solche bedeutenden Sammlungen wie Herders zweibändige ‚Volkslieder' (1778/79), Anselm Elwarts ‚Ungedruckte Reste alten Gesangs' (1784) und Friedrich Heinrich Bothes ‚Volkslieder, nebst untermischten anderen Stücken' (1785) hervorgebracht hatte. Wenn man dazu noch Arnims in Berlin verfaßten Aufsatz in Betracht zieht, dann sieht man, wie wenig dieses Unternehmen mit dem eigentlichen Heidelberger Geist zu tun hat. Zunächst weist die Widmung an Goethe auf Weimar-Jena und auf die Vergangenheit hin. Ausgerechnet in einer Universitätsstadt erklärt Arnim sich dezidiert gegen den ‚Hexenkessel überschätzter Wissenschaft' bei der kritischen Bearbeitung der Volkslieder. [...] Ferner fehlt in der Stadt von Creuzer und Görres das Wort ‚Mythos' und überhaupt jeder Hinweis auf den Begriff. Sogar die Verengung auf deutsche Lieder und die Betonung der ‚nationalen Geschichte, des Eigensten des Volkes' im Gegensatz zur Antike und zur breiteren Ethnographie – eine Betonung, die vor allem der patriotische Preuße Arnim zur Zeit der Napoleonischen Kriege hervorhebt – hat mit der wissenschaftlichen Historie, die gerade im Entstehen war, wenig gemeinsam. So paradox es also klingen mag, zeigt dieses Werk keine der Tendenzen, die in Heidelberg gerade entstanden und sich [sic!] allmählich als typisch ‚Heidelbergisch' hervortraten: Mythos, Symbol, Religion und Geschichte.[119]

Fasst man die zuletzt genannten Merkmale, die Ziolkowski für die Heidelberger Romantik als kennzeichnend erachtet, etwas weiter und abstrakter, kann man

---

[118] Ziolkowski, Heidelberger Romantik, S. 193.
[119] Ziolkowski, Heidelberger Romantik, S. 53 f.

den Geltungsbereich der Kategorie erheblich steigern. Zwar ist es richtig, dass ‚Mythos' und ‚Symbol' bei Arnim und Brentano nicht an prominenter Stelle auftauchen, aber sehr ähnliche Konzeptionen nationalreligiöser Verkündigung, die stärker auf ‚Allegorie' und ‚Exempel', also ebenso Formen bildlichen Sprechens, setzen, sind für sie genauso zentral. Auch ein großes Interesse an Geschichte fehlt bei Arnim und Brentano keineswegs. Zwar spielt die Antike für sie nicht dieselbe Rolle wie für Creuzer, aber bereits für Görres nimmt die alte ‚Volksdichtung', etwa in Gestalt von ‚Volksbüchern', einen strukturanalogen Stellenwert ein, der ähnlich auch für die beiden Dichter gilt. Ihr Interesse an ‚alten' Texten ist durchaus historisch reflektiert, aber für Arnim, im Gegensatz zu Brentano, weniger an ihrem historischem Stellenwert als ihrer Bedeutsamkeit für die Gegenwart orientiert. In diesem Sinne richtet sich Arnim mit seiner Wissenschaftskritik einzig gegen eine selbstgenügsame Philologie, wie sie auch den Wissenspopularisatoren Görres und Creuzer fernliegt. In gleicher Weise wie auch Creuzer in der Tradition aufklärerischer Mythenforschung steht, er seine Forschung aber mit einem ganz anderem Interesse betreibt, hat natürlich auch Arnims und Brentanos Werk Vorbilder in der Aufklärung. Von diesen setzen sie sich aber durch ihr Bearbeitungsverfahren und ihre Publikationsziele deutlich ab. Die Widmung des *Wunderhorns* an Goethe steht mithin im Interesse der Wirksamkeit des Werks in der Zukunft und ist nicht rückwärtsgewandt. – Die Bestimmungskriterien der Heidelberger Romantik, die Ziolkowski anlegt, scheinen daher auf zu wenige potentielle Vertreter einer Heidelberger Romantik maßgeschneidert zu sein und legen Modifikationen nahe.

So wie Ziolkowskis Buch die Heidelberger Romantik durch die „Erforschung und Verkündigung von Mythos und Symbol" von einer „früheren theorieorientierten Romantik in Jena" und einer „späteren geschichtsbewußten Romantik in Berlin"[120] abzugrenzen versucht, gebraucht es für die anderen Phasen der Romantik ähnlich vereinseitigende Charakterisierungen. Besitzt nicht auch die Jenaer Romantik ein reges Interesse an Geschichte? Und stammen nicht von den Berliner Romantikern durchaus größere poetologische Abhandlungen? Ziolkowski ist sicherlich die bisher beste Darstellung der Heidelberger Romantik gelungen, die sich dadurch auszeichnet, dass sie historische Fakten und literarische Interpretationen kenntnisreich miteinander zu verbinden weiß, doch eine überzeugende Eingliederung der Heidelberger Romantik in die Geschichte der ganzen Romantik liefert sie nicht.

Dagegen fragt ein neuerer Tagungsband nach der *Einheit der Romantik* und problematisiert die aufgezeigte Auflösung ihres Zusammenhangs in der gegen-

---

[120] Ziolkowski, Heidelberger Romantik, S. 196.

wärtigen Literaturgeschichtsschreibung. Ein Aufsatz von Ludwig Stockinger in diesem Band entwickelt einen Vorschlag, wie sich die Einheit der Romantik wiederherstellen ließe. Er scheint mir sehr geeignet, auch gerade die Heidelberger Romantik in ihrem Eigenrecht in der Ganzheit der romantischen Bewegung zu verorten. Man könnte ihn unter das Motto stellen: *Literaturgeschichte als Differenzierungsgeschichte.* Diesen Vorschlag möchte ich hier kurz darstellen, da sich nicht zuletzt meine Arbeit als Forschungsbeitrag innerhalb dieses konzeptionellen Entwurfs verstehen lässt.

Stockinger empfiehlt, den Romantik-Begriff, den es zu konturieren gilt, zunächst *zeitlich, räumlich* und *medial* einzugrenzen. Er setzt die Formierungsphase des Jenaer Kreises um die Zeitschrift *Athenaeum* in den Jahren 1797/98 als Beginn fest und schlägt die Mitte des 19. Jahrhunderts als Ende vor, sodass die spätesten Werke Eichendorffs, Tiecks und Heines noch eingeschlossen werden. Er verzichtet auf frühere Texte wie Wackenroders und Tiecks *Herzensergießungen eines kunstliebenden Klosterbruders* (1796), die rückblickend auf die Romantik ‚vorausweisend' gelesen werden können, aber noch keine genuin romantische Programmatik präsentieren. Genauso will er das Nachwirken romantischer Muster in nachromantischer Zeit nicht in seinen Romantik-Begriff mit einschließen.[121] Mit Rücksicht auf die verschiedenen Romantik-Begriffe, die sich in den einzelnen Nationalliteraturen eingebürgert haben, beschränkt er sich auf die deutsche Romantik und plädiert „für den vorläufigen Verzicht auf den Anspruch, einen europäischen Romantikbegriff zu konstruieren."[122] Da er momentan noch zu wenig wechselseitige Rezeption zwischen literaturwissenschaftlicher und musik- und kunstgeschichtlicher Forschung sieht, konzentriert er sich zunächst allein auf einen literarischen Romantik-Begriff. – Stockinger begründet seine Ausschlüsse pragmatisch: „Je weiter man den Romantikbegriff ausdehnt, umso abstrakter müssen die Bestimmungen werden und umso weniger brauchbar werden dann die operationalen Anweisungen für die Diskussion der Probleme bei den Entscheidungen für die Bildung eines Textkorpus."[123] Dessen ungeachtet hält er die Arbeit an einem erweiterten Romantik-Begriff für durchaus fruchtbar, nur sieht er darin erst den zweiten Schritt.

Nach dieser Eingrenzung schlägt Stockinger vor, eine Großepoche ‚Goethezeit' von 1770 bis 1830 anzusetzen, und die ‚Romantik' mit ihren verschiedenen

---

[121] Obwohl er sicher nicht der Erste ist, steht in der neueren deutschsprachigen Literaturforschung vor allem Safranski, Romantik, für diesen Ansatz.
[122] Ludwig Stockinger, Die ganze Romantik oder partielle Romantiken? In: Einheit der Romantik? Zur Transformation frühromantischer Konzepte im 19. Jahrhundert, hg. von Bernd Auerochs, Dirk Petersdorff, Paderborn u. a. 2009, S. 21–41, hier S. 30 f.
[123] Stockinger, Die ganze Romantik, S. 30.

Spielarten neben ‚Sturm und Drang' und ‚Klassik' als deren Ausdrucksformen zu verstehen.[124] Die letzte Phase der Romantik nach 1830 versteht er dabei im Sinne des Epochenwandels als sukzessives Enden der Romantik, während andere Poetiken bereits dominant geworden sind. Eine solche Konstruktion kontrastiert Klassik und Romantik nicht schlicht dichotom, sondern trägt auch den zweifelsfrei gegebenen Ähnlichkeiten Rechnung. Ganz unterschiedliche Ausprägungen der Großepoche können so in ihrem Eigenrecht anerkannt und auf verschiedenen Ebenen ins Verhältnis gesetzt werden. Die Grundlage dafür bildet eine Definition der Großepoche durch gemeinsame Diskursstrukturen der Poetiken und des Weltbildes. Anders als Charakterisierungen durch Merkmalslisten lassen sich Anschlüsse und Gegnerschaften mit diesem strukturellen Zugriff leicht zuordnen. Zu denken ist etwa an die romantische Kritik der Empfindsamkeit[125] oder den Konflikt zwischen den Heidelberger Romantikern und dem Klassizisten Voß.[126] Kennzeichnend für die Epoche der Goethezeit sind nach Stockinger drei zentrale Konzepte:[127]

1. Das Konzept der *Kunstautonomie*. Kunst versteht sich als unabhängiger und singulärer Funktionszusammenhang der Gesellschaft. Sie unterscheidet sich mithin von Philosophie, Wissenschaften, Politik oder Religion. Die Kunst schreibt sich ein spezifisches Erkenntnispotential zu und etabliert eigene Arten der Darstellung von Wissen. Ihr spezifisches Wissen gewinnt sie nicht selten in Bereichen, die für andere Funktionsbereiche nicht als Gegenstand möglicher Erkenntnis gelten, mit anderen Worten, im Bereich ihres Nicht-Wissens liegen.[128]

2. Das Konzept der *reflektierten Aneignung vorbildlich erachteter älterer Traditionsbestände*. Das bedeutet zugleich, die ‚goldene Zeit' in ihrem Potential für die Gegenwart zu erschließen, genauso aber auch, sie in ihrer eigenen Andersartigkeit anzuerkennen und die epochale Differenz im Sinne geschichtlichen Bewusstseins im Aneignungsprozess zu reflektieren und zu markieren. Stockinger denkt hier vor allem an die für die Weimarer Klassik und die Jenaer Romantik so wichtige Antike. Sein Ansatz wäre aber, wie in der Kritik an Ziolkowski bereits angedeutet, gerade mit Blick auf die Heidelberger Romantik um die sogenannte ‚Volksliteratur' zu ergänzen. Zu diesem Konzept gehört dann etwa die ‚Restaurierung' von ‚Volksliedern'.[129]

---

[124] Stockinger nennt die Romantik eine ‚Strömung' der ‚Großepoche' Goethezeit, ohne die Metaphorik zu reflektieren oder den Begriff genauer zu profilieren.
[125] Vgl. dazu weiter Kapitel 4 der vorliegenden Untersuchung.
[126] Vgl. dazu weiter Kapitel 7.2 der vorliegenden Untersuchung.
[127] Stockinger, Die ganze Romantik, S. 34 f.
[128] Vgl. dazu weiter Kapitel 3.2.1.1 der vorliegenden Untersuchung.
[129] Vgl. dazu weiter Kapitel 6.1.5 der vorliegenden Untersuchung.

3. Das Konzept der *ästhetischen Erziehung*. Kunst soll die schädlichen Tendenzen der modernen Kultur überwinden, indem sie die gesellschaftlichen und moralischen Voraussetzungen schafft, die prinzipiell anerkannten Ideen der Französischen Revolution umzusetzen, allerdings nicht durch politischen Umsturz und Gewalt, sondern alternativ dazu durch sittliche Verbesserung. Dazu muss die ganze Kultur höher entwickelt werden. Neben den transzendentalen Bildungskonzepten Schillers oder Goethes gehört hierhin genauso der Versuch, die Nation mithilfe des *Wunderhorns* zu einer neuen Einheit zu versammeln.[130]

Das besondere Profil gewinnt die Romantik innerhalb der Goethezeit durch eine spezifische Auseinandersetzung mit der Grundeinsicht des Idealismus. In diesem Zusammenhang betont Stockinger ausdrücklich, dass ihre Literatur nicht per se mit einer bestimmten philosophischen Positionen gleichgesetzt werden dürfe, sei es nun der Kants, Fichtes oder eines anderen Vertreters. Die Grundeinsicht besteht darin, Erscheinung und Idee einander wieder annähern zu wollen. Dazu werden der Natur- und Geschichtslauf so verstanden, dass sich in ihnen die nicht-sinnlichen Ideen unvollkommen realisieren. Komplementär dazu ist es Aufgabe der Kunst, diese Anzeichen der Ideen sichtbar zu machen, sprich, die Welt, wie Novalis sagt, zu ‚romantisieren' oder, in Arnims Diktion, das Ewige im Endlichen zu ‚ahnden'. Das bedeutet, gleichermaßen einen Vorausblick auf die gänzliche Verwirklichung der Idee zu versuchen, auf die sich der Natur- und Geschichtsprozess in unendlicher Annäherung zubewegt, wie die Unvollkommenheit der aktuellen Realisierungsgestalt zu markieren. Die Spielarten dieser Vorstellung sind mannigfaltiger, als Stockinger meint, der sich allein an der Jenaer Romantik orientiert. Bei Achim von Arnim findet sich die Vorstellung deutlich weggerückt vom Bezugsrahmen eines transzendentalen oder subjektiven Idealismus. Es handelt sich um eine ganz eigene Art von Idealismus, der bei allen Unterschieden am ehesten Ähnlichkeiten mit Hegels frühen Entwürfen eines objektiven Idealismus besitzt. Das sogenannte *System der Sittlichkeit* und die *Jenaer Realphilosophie* hat Hegel zeitgleich zu Arnim ausgearbeitet, also vor der *Phänomenologie des Geistes*.[131]

Stockinger erklärt weiter, dass die für die Romantik vielfach betonte Abkehr von der Mimesis keineswegs eine Abkehr von der Empirie bedeutet:

> Man muss [...] gegen die immer wieder in verschiedenen Formen vorgetragene Behauptung in der Romantikforschung, wonach die romantische Dichtung ‚selbstreferenziell' sei

---

130 Vgl. dazu weiter Kapitel 6.1.3 der vorliegenden Untersuchung.
131 Vgl. nochmals Kapitel 3.2.1.1 der vorliegenden Untersuchung.

und nicht auf die Wirklichkeit referiere oder wonach Bilder von Natur und Geschichte [...] nichts als fiktionale Konstruktionen ohne Bezug zur geschichtlichen Realität seien, daran festhalten, dass sich ein derartiger Verzicht aus dem Anspruch auf Referenzialität aus den Texten nicht erschließen lässt.[132]

Stockinger wendet sich dabei gegen ein zu einfaches Verständnis von Selbstreferenzialität. Im Sinne von Kunstautonomie bedeutet Selbstreferenzialität allein, dass die Literatur jeglichen Bezug zu ihren Gegenständen in einer ihr spezifischen Perspektive gestaltet. Die Gegenstände aber schöpft sie keineswegs nur aus sich selbst, sondern auch aus der von ihr unabhängig erlebten Realität in Gestalt von Natur oder Geschichte.[133] Abstrakt heißt das: Auch autonome Kunst muss den Bezug zu ihren heteronomen Randbedingungen aktiv gestalten.

Über Stockinger hinausgehend lässt sich von hier aus ein Spannungsfeld eröffnen, mit dem sich eine interne Differenzierung innerhalb der verschiedenen Ausprägungen von Romantiken vornehmen lässt. Die Jenaer Romantik operiert stärker, jedoch keineswegs ausschließlich auf der Seite der zukünftigen Realisierung der Idee. Weil sich die Idee aber nicht unter Bedingungen der Gegenwart darstellen lässt, schwingt sie sich auf zu Reflexionen über eben diese Unmöglichkeit.[134] Dagegen bewegt sich die Heidelberger Romantik stärker, aber genauso wenig ausschließlich am anderen Pol. Sie erforscht historisch die ‚goldene' Vorzeit, in der die Idee noch mehr oder minder rein verwirklicht war. Dazu untersucht sie die Relikte, die sich aus dieser Zeit in der Gegenwart erhalten haben.[135] Die religiös-eschatologische Orientierung beider Romantiken kommt daher, den Gang der Geschichte ‚in sicheren Händen' und deshalb gerne bei Gott sehen zu wollen. Ihr Interesse an indirekten Darstellungstechniken wie der ‚Mythologie', dem ‚Symbol' oder der ‚Allegorie' resultiert aus dem Problem, die undarstellbare Idee in der Gegenwart dennoch zumindest indirekt

---

132 Stockinger, Die ganze Romantik, S. 38.
133 Vgl. dazu Luhmann, Die Kunst der Gesellschaft, S. 51 ff., S. 148 ff. und S. 230 f.
134 Friedrich Schlegels verstärktes Interesse an der griechischen Antike und August Wilhelm Schlegels und Novalis' Hinwendung zum christlichen Mittelalter ab Ende der 1790er Jahre verlassen die Orientierung der Frühromantik nur scheinbar. Tatsächlich geht es ihnen nicht um historische Studien, sondern sie präsentieren die zukünftige Idee jetzt bloß im historischem Gewand als projiziertes Vorbild. – Vgl. dazu Friedrich Strack, Zukunft in der Vergangenheit? Zur Wiederbelebung des Mittelalters in der Romantik. In: Strack (Hg.), Heidelberg im säkularen Umbruch, S. 252–281, und Friedrich Strack, Historische und poetische Voraussetzungen der Heidelberger Romantik. In: Strack (Hg.), 200 Jahre Heidelberger Romantik, S. 23–40.
135 Beispielreich argumentiert für diese Unterscheidung auch Lothar Pikulik, Die sogenannte Heidelberger Romantik. Tendenzen, Grenzen, Widersprüche. Mit einem Epilog über das Nachwirken der Romantik heute. In: Strack (Hg.), Heidelberg im säkularen Umbruch, S. 190–215.

darstellen zu wollen. Zugespitzt bedeutet das, dass die Jenaer Romantik mehr darüber theoretisiert, wie Dichtung und Kunst allgemein produktiv auf die schnellere Verwirklichung der Idee durch Bildung einwirken können. Die Heidelberger Romantik hingegen widmet sich vornehmlich dem Versuch, das ‚Volk' tatsächlich ästhetisch zu erziehen. Die Fülle der verschiedenen Positionen in den späteren Romantiken lassen sich in diesem Sinne so interpretieren, dass nun beide Extreme gemieden und stärker Zwischenpositionen gesucht werden.

Ein Epochenporträt der Goethezeit ließe sich nach Stockingers Vorschlag zeichnen, wenn man die verschiedenen Ausprägungsformen, deren Phasen, ja einzelne Autoren und Werke im Bezug auf die drei genannten Prinzipien (Kunstautonomie, geschichtlich reflektierte Aneignung von vorbildlich erachteten älteren Traditionsbeständen und ästhetische Erziehung) ins Verhältnis setzte. Für jedes einzelne dieser Prinzipien könnte man bestimmen, ob es eher an den Fiktionen der Kunst oder an den Gegebenheiten der äußeren Wirklichkeit orientiert wird. Wäre es möglich, die Prinzipien tatsächlich als Parameter zu skalieren, könnte man jedes einzelne Werk, jeden Autor, jede Phase und Ausprägungsform in ein dreidimensionales Koordinatensystem einzeichnen. Das freilich wäre ein sehr abstraktes Bild von Literaturgeschichte.[136]

Darum soll es hier aber nicht gehen. Auch wenn in Kapitel 3 die schöne Literatur andeutungsweise in einen breiteren Kontext von wechselseitigen Ausdifferenzierungsprozessen verschiedener Wissenskulturen um 1800 gestellt und punktuell die Bezüge zur Klassik und Frühromantik herausgestrichen werden, will diese Arbeit nicht das eben skizzierte Epochenporträt ausführen. Sie ist als Einzeluntersuchung zu verstehen, die anhand von Achim von Arnim detailliert die Genese einer ersten Variante seiner Poetik in seinem Frühwerk nachverfolgen will. Seine frühe Poetik ist dabei durch eine außerordentlich starke Orientierung der drei Prinzipien an den soziohistorischen Gegebenheiten geprägt, worin er anderen Poetiken der Heidelberger Romantik ähnelt. Um bei der Metapher zu bleiben, handelt es sich um eine Detailstudie in kleinstem Maßstab für ein neues großes differenzierungsgeschichtliches Epochenporträt.

1.4.3 Forschungen zu Achim von Arnim

Die Geschichte der Arnim-Forschung korrespondiert ein gutes Stück weit mit der editorischen Erschließung seines Werkes. Nach den Ausgaben des 19. Jahr-

---

[136] Vgl. zu ähnlichen Ideen Franco Moretti, Kurven, Karten, Stammbäume. Abstrakte Modelle für die Literaturgeschichte, Frankfurt a. M. 2009.

hunderts erscheinen seit den 1960er Jahren eine Reihe von Editionen, die das moderne Arnim-Bild geprägt haben. Walter Migge gibt Anfang der 1960er Jahre die mehrfach wiederaufgelegte dreibändige Ausgabe *Sämtliche Romane und Erzählungen*[137] heraus, die in gewisser Weise kanonbildend wirkt, indem sie die Forschung weitgehend auf den Erzähler Arnim festlegt. Einzige Ausnahme bildete die Liedersammlung *Des Knaben Wunderhorn*, die seit ihrer Erstpublikation fast durchgängig im Buchhandel greifbar ist, und Ende der 1960er Jahre als historisch-kritische Ausgabe von Heinz Rölleke im Rahmen der *Frankfurter Brentano Ausgabe* (FBA) ediert wird.[138] In den Folgejahren werden abgelegen erschienene Publizistik, Briefwechsel und verschiedene Nachlasstexte als Buch, Dissertationsanhang oder Zeitschriftenbeitrag (wieder)veröffentlicht. Die Erträge dieser Erschließungsbemühungen haben zwei neuere Editionen zusammengeführt und führen sie noch zusammen. Die sechsbändige *Frankfurter Ausgabe* (FA), herausgegeben zwischen 1989 und 1994 im Deutschen Klassiker Verlag, präsentiert nicht nur ein erweitertes erzählerisches Werk, sie ergänzt Arnims Schaffen auch um einen Band mit Lyrik und einen Band „Schriften" mit theoretischen und publizistischen Texten.[139] 1998 wird einer der wichtigsten Briefwechsel, nämlich der zwischen Arnim und Brentano, als kritische Edition vorgelegt.[140] Seit dem Jahr 2000 erscheint die monumental auf etwa 40 Bände angelegte historisch-kritische *Weimarer Arnim Ausgabe* (WAA).[141] Die Veröffentlichungsstrategie ist darauf angelegt, zunächst die FA zu ergänzen, um sie später zu ersetzen. Bisher sind Arnims Schülerschriften (WAA 1), seine naturwissenschaftlichen Publikationen (WAA 2), die *Zeitung für Einsiedler* (WAA 6), die *Päpstin Johanna* (WAA 10), die Texte der *Christlich deutschen Tischgesellschaft* (WAA 11), der erste Band der Theaterstücke der *Schaubühne* (WAA 13) und der Briefwechsel 1798–1806 (WAA 30–32) erschienen. Gerade auf diese erst in den neueren Editionen veröffentlichten Texte des frühen Arnim stützt sich die vorliegende Arbeit maßgeblich.

---

137 Achim von Arnim, Sämtliche Romane und Erzählungen, hg. von Walter Migge, München 1964.
138 Clemens Brentano, Sämtliche Werke und Briefe, hg. von Anne Bohnenkamp, Konrad Feilchenfeldt, Ulrike Landfester, Christoph Perels und Hartwig Schultz, Stuttgart 1975–, Bd. 6–9 (im Weiteren zit. als FBA Band, Seite).
139 Ludwig Achim von Arnim, Werke in sechs Bänden, hg. von Roswitha Burwick, Jürgen Knaack, Paul Michael Lützeler, Renate Moering, Hermann F. Weiss, Frankfurt a. M. 1989–1994 (im Weiteren zit. als FA Band, Seite).
140 Freundschaftsbriefe 1 und 2.
141 Ludwig Achim von Arnim, Werke und Briefwechsel. Historisch-Kritische Ausgabe (Weimarer Arnim-Ausgabe), hg. in Zusammenarbeit mit der Stiftung Weimarer Klassik v. Roswitha Burwick, Lothar Ehrlich, Heinz Härtl, Renate Moering, Ulfert Ricklefs und Christoph Wingertzahn, 40. Bde., Tübingen 2000– (im Weiteren zit. als WAA Band, Seite).

Die Arnim-Forschung beginnt nach dem Zweiten Weltkrieg zeittypisch für die damalige Germanistik mit weitgehend textimmanenten Untersuchungen. Seit Anfang der 1970er Jahre erscheinen dann eine Reihe Arbeiten, die oft neue Quellen erschließen, auf jeden Fall aber zunehmend kontextorientierter interpretieren. Hinter die Arbeiten seit den 1970er Jahren lohnt es sich nur in Ausnahmefällen zurückzugehen, die sich vor allem da ergeben, wo keine neuere Forschung verfügbar ist. Grundsätzlich aber genügen die älteren Arbeiten nicht mehr heutigen Standards der Methoden- und Theoriereflexion oder ihr Ertrag ist in neuerer Forschung aufgehoben. Neben mehreren Biographien,[142] die Arnims Schaffen historisch einbetten, sind in literaturwissenschaftlicher Hinsicht vor allem eine Reihe von Sammelbänden bedeutsam. Nach dem Arnim gewidmeten Themenband des Eichendorff-Jahrbuchs *Aurora*[143], dem Sammelband *Neue Tendenzen der Arnimforschung*[144], den Tagungsbänden *Grenzgänge*[145] und *Die Erfahrung anderer Länder*[146] vereinigen vor allem die in der Publikationsreihe der Kolloquien der *Internationalen Arnim Gesellschaft* erschienenen Bände maßgebliche Forschungen zu Achim von Arnim.[147] Monographisch liegt der Schwerpunkt der Forschung immer noch auf Arnims Novellen und den Romanen *Armut, Reichtum, Schuld und Buße der Gräfin Dolores* und *Die Kronenwäch-*

---

142 Helene M. Kastinger-Riley, Ludwig Achim von Arnims Jugend- und Reisejahre. Ein Beitrag zur Biographie mit unbekannten Briefzeugnissen, Bonn 1978; Helene M. Kastinger Riley, Achim von Arnim in Selbstzeugnissen und Bilddokumenten, Hamburg 1979; Hildegard Baumgart, Bettine Brentano und Achim von Arnim, Berlin 1999; Hartwig Schultz, Schwarzer Schmetterling. Zwanzig Kapitel aus dem Leben des romantischen Dichters Clemens Brentano, Berlin 2000, S. 81 ff.; Dagmar von Gersdorff, Bettina und Achim von Arnim, Reinbek 2002 und Steffen Martus, Die Brüder Grimm. Eine Biographie, Reinbek 2009, bes. S. 85–142.
143 Aurora, 46. Bd. (1986).
144 Neue Tendenzen der Arnimforschung. Edition, Biographie, Interpretation. Mit unbekannten Dokumenten, hg. von Roswitha Burwick, Bernd Fischer, Bern u. a. 1990.
145 Grenzgänge. Studien zu L. Achim von Arnim, hg. von Michael Andermatt, Bonn 1994.
146 „Die Erfahrung anderer Länder". Beiträge eines Wiepersdorfer Kolloquiums zu Achim und Bettina von Arnim, hg. von Heinz Härtl, Hartwig Schultz, Berlin, New York 1994.
147 Universelle Entwürfe – Integration – Rückzug. Arnims Berliner Zeit 1809–1814, hg. von Ulfert Ricklefs, Tübingen 2000; „Frische Jugend, reich an Hoffen ...". Der junge Arnim, hg. von Roswitha Burwick, Heinz Härtl, Tübingen 2000; Arnim und die Berliner Romantik. Kunst, Literatur, Politik, hg. von Walter Pape, Tübingen 2001; Romantische Identitätskonstruktionen. Nation, Geschichte und (Auto-)Biographie, hg. von Sheila Dickson, Walter Pape, Tübingen 2003; Pape (Hg.), ‚Das ‚Wunderhorn' und die Heidelberger Romantik; Romantische Metaphorik des Fließens. Körper, Seele, Poesie, hg. von Walter Pape, Tübingen 2007; Raumkonfigurationen der Romantik, hg. von Walter Pape, Tübingen 2009; Emotionen der Romantik. Repräsentation, Ästhetik, Inszenierung, hg. von Antje Arnold, Walter Pape, Berlin, Boston, MA 2012; Die Farben der Romantik. Physik, Physiologie, Kunst, Ästhetik, hg. von Walter Pape, Berlin, Boston, MA 2014.

ter, die Arnim in seinem ganzen Können zeigen, genauso wie bei den zeitkritischen Stellungnahmen aus der Zeit der Kriege gegen Napoleon ab 1806 und der Restaurationsphase, so etwa den Texten der *Christlich-deutschen Tischgesellschaft*.[148]

Drei Forschungsfelder sind für die vorliegende Arbeit von besonderer Relevanz. Das Interesse an Arnims *poetischer Verfahrensweise und an den Gestaltungsprinzipien seiner Dichtung* hat die textimmanente Forschung vielen neueren Untersuchungen vererbt. Die meisten der Untersuchungen nehmen dabei allerdings die genannten Berliner und Wiepersdorfer Dichtungen als Bezugspunkt. Sicherlich führt Arnim dort frühere Textverfahren fort und ist häufig in der Lage, Ideen präziser zu reflektieren; allein droht die Gefahr, Arnims Poetik zu stark zu systematisieren und Entwicklungsverläufe nicht ausreichend zu berücksichtigen.[149] Um dieser Gefahr vorzubeugen, sind Arbeiten, die sich dezidiert Arnims Anfängen widmen, für die vorliegende Untersuchung wichtiger, wenn sie punktuell natürlich auch an stärker systematisch orientierten Forschungen und Studien zu späteren Werken anschließt. Was Monographien anbelangt, so sind zum Frühwerk in dieser Hinsicht vor allem Heinz Härtls[150] Dissertation, Ulfert Ricklefs[151] Studie, Holger Schwinns[152] Dissertation, Sandra Potts[153] Habilitationsschrift und die Doktorarbeiten von Misako Hori[154] und

---

148 Vgl. als Überblick zur Forschung Otto Mallon, Arnim-Bibliographie, Berlin 1925 [= Reprint Hildesheim 1965]; Volker Hoffmann, Die Arnim-Forschung 1945–1972. In: Sonderheft „Romantikforschung" der Deutschen Vierteljahrsschrift für Literaturwissenschaft und Geistesgeschichte, 1973, S. 270–342; Johannes Barth, Arnim-Bibliographie 1925–1995. In: Ricklefs (Hg.): Universelle Entwürfe, S. 245–300; Gert Theile, Achim von Arnim Bibliographie 2005–2006. In: Neue Zeitung für Einsiedler, 6./7. Jg. (2006/07), S. 145–153; Gert Theile, Achim von Arnim-Bibliographie 2007–2009. In: Neue Zeitung für Einsiedler, 8./9. Jg. (2008/09), S. 99–123.
149 Besonders groß ist die Gefahr dort, wo Werke aus verschiedenen Schaffensphasen unter poetologischen Kategorien nebeneinander gestellt werden. So etwa bei Peter Staengle, Achim von Arnims poetische Selbstbesinnung. Studien über Subjektivitätskritik, poetologische Programmatik und existentielle Selbstauslegung im Erzählwerk, Frankfurt a. M. 1988 und Michael Andermatt, Verkümmertes Leben, Glück und Apotheose. Die Ordnung der Motive in Achim von Arnims Erzählwerk, Bern u. a. 1996.
150 Heinz Härtl, Arnim und Goethe. Zum Goethe-Verhältnis der Romantik im ersten Jahrzehnt des 19. Jahrhunderts, Halle [Diss. masch.] 1971.
151 Ulfert Ricklefs, Kunstthematik und Diskurskritik. Das poetische Werk des jungen Arnim und die eschatologische Wirklichkeit der ‚Kronenwächter', Tübingen 1990.
152 Holger Schwinn, Kommunikationsmedium Freundschaft. Der Briefwechsel zwischen Ludwig Achim von Arnim und Clemens Brentano in den Jahren 1801 bis 1816, Frankfurt a. M. 1997.
153 Sandra Pott, Poetiken. Poetologische Lyrik, Poesie und Ästhetik, Berlin, New York 2004.
154 Misako Hori, Das Wunderhorn. Zur konzeptionellen Bedeutung der Titelkupfer zu Achim von Arnims und Clemens Brentanos Liedersammlung ‚Des Knaben Wunderhorn', Frankfurt a. M. 2007.

Matthias Buschmeier[155] zu nennen. Obwohl sie mittlerweile über 40 Jahre alt ist, liefert die Arbeit von Härtl noch immer gute Ansatzpunkte für die Interpretation von Arnims ganz frühen Schriften, so seines Erstlingsromans *Hollin's Liebeleben* und der Reisezeit. Ein Schwerpunkt dieser Arbeit liegt dann beim *Wunderhorn*. An viele der Beobachtungen dort lässt sich im Lichte neuerer Quellen und Theorieansätze noch immer fruchtbar anschließen. Ganz anders verhält es sich mit Ulfert Ricklefs Studie. Obwohl sie in der Art eines Kommentars gelegentlich hilfreiche Hintergrundinformationen zum *Hollin* und *Ariel's Offenbarungen* beibringt, bleibt sie meist rein assoziativ und ohne klare und am Text begründete Thesen. Holger Schwinns Arbeit stellt die theoretische Aufarbeitung des von ihm mitedierten Arnim-Brentano-Briefwechsel dar. Er arbeitet heraus, wie sehr der Briefwechsel als ‚Freundschaftskunstwerk' im Sinne stilisierter Geselligkeit gelesen werden muss. Die vorliegende Studie knüpft insofern daran an, als sie Schwinns These aufgreift und den Briefwechsel als integralen Bestandteil des Werks ansieht und gründlich auswertet. Auch an Sandra Pott lässt sich produktiv anknüpfen. Sie hat in dem Kapitel ihrer Habilitationsschrift zu *Ariel's Offenbarungen* einen wesentlichen Beitrag zum Verständnis dieses schwierigen Werks geliefert. Da sie sich aber einzig auf die Bildgedichte des Mittelteils konzentriert, entgehen ihr wesentliche Umakzentuierungen der dort getroffenen Aussagen, die sich aus der mehrfach rahmenden Kompositionsstruktur des Gesamtwerks ergeben. Hier führt meine Arbeit ihre Forschungen fort. Misako Hori hat sich in ihrer Arbeit einer sehr spezifischen Fragestellung gewidmet, nämlich der Rolle der Titelkupfer in der Gesamtkomposition von *Des Knaben Wunderhorn*. Auch aus dieser Arbeit lassen sich eine Vielzahl von interessanten Einzelbeobachtungen schöpfen, die das Bild von Arnims Poetik bunter machen und sich gut in das Gesamtbild der Forschung einfügen. Matthias Buschmeier widmet sich ebenfalls dem *Wunderhorn*. In seiner Dissertation untersucht er das ‚philologische' Vorgehen der Herausgeber. Er macht dort deutlich, dass die ‚Editonstätigkeit' Arnims und Brentanos als ein poetisches Verfahren verstanden werden muss, das in ein heilstheologisches Geschichtsverständnis eingebunden ist. Diesen Gedanken entfalte ich in meiner Arbeit weiter innerhalb eines größeren Rahmens.

Das zweite Themenfeld *Arnim als Naturwissenschaftler* ist indirekt interessant für diese Untersuchung. In der Zeit um 1800 finden zwei gegenläufige Bewegungen in der Ordnung des Wissens statt. ‚Natur' und ‚Gesellschaft' sind soweit auseinandergetreten, dass in beiden Feldern jetzt entscheidende Schritte gegangen werden, sie in ihrer eigenständigen Logik auszuarbeiten. Zugleich

---

[155] Matthias Buschmeier, Poesie und Philologie in der Goethe-Zeit: Studien zum Verhältnis der Literatur mit ihrer Wissenschaft, Tübingen 2008.

sind sich beide Felder aber doch noch so nahe, dass es verschiedene Versuche gibt, sie einander wieder anzunähern und letztlich sogar zu vereinigen. Darüber hinaus interessieren die Naturwissenschaften in diesem Zusammenhang, weil die wechselseitige Ausdifferenzierungsbewegung von Naturwissenschaften und schöner Literatur zentrale Bedeutung für die epistemische Ausbildung von Arnims Poetik besitzt. Neben einem Sammelband *Fessellos durch die Systeme*[156] und der Dissertation von Klaus Stein[157], die sich Arnims Naturwissenschaft in ihrem genuin naturwissenschaftlichen Kontext widmen, sind vor allem die Schriften Roswitha Burwicks zu nennen, die seit ihrem zweiten Buch[158] in vielen Aufsätzen verschiedene Facetten der Wichtigkeit der Naturwissenschaften für das Verständnis Arnims als Dichter erörtert und damit weitere Forschungsanstrengungen angeregt hat.[159]

Arnims *gesellschaftlich-politisches Engagement* ist der Gegenstand des dritten Forschungsfeldes. Nach den ‚völkisch' inspirierten Untersuchungen aus der Zeit des Dritten Reichs stellt Jürgen Knaacks Dissertation[160] einen Neuansatz in diesem Bereich dar. Die Untersuchung widmet sich ausdrücklich Arnims nicht-literarischen Werk. Knapp, aber prägnant zeichnet sie Arnims Entwicklung nach. Dieser Überblick erweist sich noch immer als guter Ausgangspunkt, um dort gemachte Beobachtungen zu vertiefen und sie vor allem stärker auf die Poetologie hin zu lesen. Mit Blick auf das Ende des hier behandelten Untersuchungszeitraums sei zudem auf die drei neueren Dissertationen von Albert Portmann-Tinguely[161], Ethel Matala de Mazza[162] und Claudia Nitschke[163] hingewiesen. Die Arbeit von Portmann-Tinguely, die sich ebenfalls allein auf Arnims nicht-fiktionales Werk stützt, bewegt sich weitgehend in den von Knaack vor-

---

156 „Fessellos durch die Systeme". Frühromantisches Naturdenken im Umfeld von Arnim, Ritter und Schelling, hg. von Walter Ch. Zimmerli, Klaus Stein, Michael Gerten, Stuttgart 1997.
157 Klaus Stein, Naturphilosophie der Frühromantik. Paderborn u. a. 2004.
158 Roswitha Burwick, Dichtung und Malerei bei Achim von Arnim, Berlin, New York 1989.
159 Vgl. Jürgen Barkhoff, Magnetische Fiktionen. Literarisierung des Mesmerismus in der Romantik, Stuttgart, Weimar 1995; Michael Gamper, Elektropoetologie. Fiktionen der Elektrizität 1740–1870, Göttingen 2009; Christian Drösch, Somnambule Schwärmerei und wunderbarer Magnetismus. Künstlerischer Somnambulismus und ähnliche Phänomene im Prosawerk Ludwig Achim von Arnims, Würzburg 2012.
160 Jürgen Knaack, Nicht nur Poet. Die politischen Anschauungen Arnims in ihrer Entwicklung. Mit ungedruckten Texten und einem Verzeichnis sämtlicher Briefe, Darmstadt 1976.
161 Albert Portmann-Tinguely, Romantik und Krieg. Eine Untersuchung zum Bild des Krieges bei deutschen Romantikern und ‚Freiheitssängern'. Adam Müller, Joseph Görres, Friedrich Schlegel, Achim von Arnim, Max von Schenkendorf und Theodor Körner, Fribourg 1989.
162 Ethel Matala de Mazza, Der verfaßte Körper. Zum Projekt einer organischen Gemeinschaft in der Politischen Romantik, Freiburg i. Br. 1999.
163 Claudia Nitschke, Utopie und Krieg bei Ludwig Achim von Arnim, Tübingen 2004.

gezeichneten Bahnen. Sie ergänzt und arbeitet einige Punkte genauer aus, grundsätzlich neue Thesen zu Arnim bietet sie aber nicht. Matala de Mazzas große Studie über politische Körperschaftskonzepte in der Romantik behandelt *Des Knaben Wunderhorn* nur en passant und geht erst auf spätere Werke Arnims genauer ein. „Von Volksliedern" liest die Untersuchung recht oberflächlich und widmet ihr nur wenige Seiten. Arnims Essay nutzt sie vor allem als Kontrastfolie zu organischen Gemeinschaftsentwürfen von Friedrich Schlegel, Adam Müller und Goethe, denen ihr eigentliches Interesse gilt. Claudia Nitschkes Arbeit wiederum stellt in gewisser Weise die ‚Fortsetzung' der vorliegenden Untersuchung dar. Sie behandelt unter einer recht ähnlichen Fragestellung Arnims Werke nach 1806. „Von Volksliedern" stellt dort den Ausgangspunkt dar, das zentrale Interesse gilt aber dem Novellenzyklus *Der Wintergarten* und dem späten Roman *Die Kronenwächter*. Bei all diesen Arbeiten fällt auf, dass sie nicht immer begrifflich genau zwischen dem ‚Politischen' und dem ‚Sozialen' trennen, dennoch lassen sie sich mit Gewinn lesen.

Innerhalb der Arnim-Forschung greift die vorliegende Studie zwar vielfach auf Erkenntnisse aus den ersten beiden Themenfeldern zurück, gehört ihrer Fragestellung nach aber zum dritten Feld. Indem sie bisher weitgehend unbekanntes Quellenmaterial erstmals aufarbeitet und Arnims frühes Schaffen interpretiert, behandelt sie die Entwicklung, die den Untersuchungszeiträumen der genannten Arbeiten vorausgeht. Wichtig ist dabei, dass es sich nicht einfach um eine bloße ‚Vorgeschichte' handelt, sondern sich in den frühen Schriften eine erste eigenständige Version von Arnims Poetik ausbildet, die hier als Poetik des ‚Sozialen' gekennzeichnet wird. Sie in ihren Eigenheiten darzustellen, lässt bei allen Kontinuitäten im Werk vor allem die deutlichen Umgestaltungen sichtbar werden.

2 Das ‚Soziale'

2.1 Etymologische Annäherungen

Die Einwanderung von Fremdwörtern stellt immer einen Prozess dar, der sich über längere Zeit hinzieht. Insofern lässt sich über jeden Versuch streiten, einen konkreten Zeitpunkt zu benennen, wann ein vormals fremdsprachiges Wort als Teil der eigenen Sprache empfunden wird. Nähme man deutsche Komposita mit lateinisch ‚socius', französisch ‚social' oder englisch ‚social' zum Maßstab, käme man bei diesem Wort zu einer sehr frühen Datierung. Hielte man sich an die eingedeutschte Schreibung nicht mehr mit ‚c', sondern mit ‚z', also ‚sozial', müsste man die Integration des Wortes mehrere hundert Jahre später ansetzen. Die Entscheidung für ein bestimmtes Datum hängt also letztlich davon ab, wofür man einen Indikator sucht. Ich möchte hier den Eintrag in Joachim Heinrich Campes *Wörterbuch* von 1801 als den frühesten Beleg für das Adjektiv ‚social' in der deutschen Sprache vorschlagen: „Social, gesellschaftlich, *Rousseau's* gesellschaftlicher Vertrag, *Contract social.* Socialrecht (*jus sociale*) das Gesellschaftsrecht. *Rüdiger*"[1]. Mir geht es weder darum, zu zeigen, wie eine moralisch-rechtliche Fachdiskussion am Ende der Frühen Neuzeit zunehmend auch in der Volkssprache geführt wurde, noch darum, einen breiten alltagssprachlichen Gebrauch zu bezeichnen. Wenn die Entscheidung für 1801 eine extreme Früh- und Spätdatierung des Eindeutschungsprozess vermeidet, muss geklärt werden, wofür der zitierte Beleg eigentlich steht. ‚Sozial'[2] ist ein Wort, das sich im Schatten des ‚Gesellschafts'-Begriffs entwickelt. Jener wird aber so vielfältig strapaziert und erfährt eine solche Fülle von Definitionen, dass er heute kaum mehr ohne Bezug auf einen bestimmten Theorierahmen verwendet werden kann.[3] Dem ‚Sozialen' dagegen bleibt immer eine gewisse *Vagheit* und *Unbestimmtheit* eigen, wie die folgenden etymologischen Annäherungen zeigen.[4]

---

[1] Joachim Heinrich Campe, Wörterbuch zur Erklärung und Verdeutschung der unserer Sprache aufgedrungenen fremden Ausdrücke. Ein Ergänzungsband zu Adelungs Wörterbuche, Braunschweig 1801, Bd. 2, S. 612 (Herv. im Org.). – Der Beleg zum Gesellschaftsrecht könnte sich auf den Philosophen Andreas Rüdiger (1673–1731) beziehen, allerdings ließ sich kein Nachweis ermitteln.
[2] Ich nehme im Weiteren keine Rücksicht auf die Schreibung mit ‚c' oder ‚z'.
[3] Vgl. Peter Kaupp, Art. ‚Gesellschaft'. In: Ritter, Gründer, Gabriel (Hg), Historisches Wörterbuch der Philosophie, Bd. 3, Sp. 459–466.
[4] Ich folge dabei im Weiteren Waldemar Zimmermann, Das ‚Soziale' im geschichtlichen Sinn- und Begriffswandel. In: Studien zur Soziologie. FS Leopold v. Wiese. 2 Bde, hg. von L. H. Ad. Geck, Jürgen von Kempski, Hanna Meuter, Mainz 1948, Bd. 1, S. 173–191, bes. S. 175–178 und

Das Wort ‚sozial' leitet sich aus der indogermanischen Wurzel ‚seq-*' her, wie sie sich im Lateinischen ‚sequi' findet. ‚Socialis' meint in der Grundbedeutung schlicht ‚folgend', sprich *eine Bewegung, die eine Verbindung zwischen Akteuren einschließt*. Bereits in antiken Belegstellen wird der Begriff stark disseminiert und zeigt sehr heterogene Verwendungsweisen, abhängig davon, von welchen Akteuren (Eheleute, Staatsbürger oder Bundesgenossen etc.) die Rede ist, und was die Akteure verbinden soll (die ‚Natur des Menschen' oder Verpflichtungen und Verträge etc.). Mit Zunahme weiterer Akteursgruppen und anderen Vorstellungen von Prinzipien, die den Zusammenhalt hervorbringen sollen,[5] entwickelt der Begriff immer weitere Verwendungszusammenhänge. Im Französischen finden sich zwar seit dem 14. Jahrhundert Belege für ‚social', zu einem gebräuchlichen Wort wird es jedoch erst im Laufe des 18. Jahrhunderts (am bekanntesten wohl in Rousseaus Titelgebung *Contract social* von 1762, den ja auch Campe anführt). Im Englischen findet diese Entwicklung um 50 Jahre zeitversetzt statt. Zwar lassen sich seit den 1730er Jahren Belege eines Wortes ‚social' finden, doch verbreitet es sich erst merklich seit der Jahrhundertmitte (etwa bei Hume, Burke und Smith) und ist nach 1800 geläufig. Der deutsche Sprachraum hängt noch einmal weitere 50 Jahre hinterher. In deutschsprachigen Texten von Naturrechtstheoretikern finden sich seit etwa 1735 Belege, die hinter deutschen Begriffsprägungen in Klammern eine lateinische Übersetzung anfügen, die ‚socialis' als Adjektivattribut gebraucht (etwa bei L. F. Langemarck 1745: „der gesellschaftliche Zustand. (status socialis)"[6]). Zedlers *Universal-Lexikon* kennt 1743 zwar mehrere ähnliche Begriffe (neben vielen lateinischen Lemmata von ‚Socia' bis ‚Socius sine haerede decesserit' auch einige deutsche Eintragungen, etwa ‚Societät', ‚sociiren'), jedoch kein deutsches Wort ‚social'.[7] Der erste bekannte Beleg für ‚social' als deutschsprachigenes Wort findet sich 1793 bei Schlözer in dem Kompositum „Social-Stand"[8] für Gesellschaftszustand.[9] Aus den Dekaden um 1800 sind weitere Be-

---

L. H. Ad. Geck, Über das Eindringen des Wortes ‚sozial' in die deutsche Sprache, Göttingen 1963.
5 Die verschiedenen Verwendungsweisen hängen zusammen mit historisch sich veränderten Vorstellungen des menschlichen Miteinanders.
6 Lucius F. Langemack, Das allgemeine gesellschaftliche Recht nebst der Politick, Berlin 1745, S. 2.
7 Vgl. Johann Heinrich Zedler, Großes vollständiges Universal-Lexikon aller Wissenschaften und Künste …, Leipzig, Halle 1743, Bd. 38, Sp. 166–273.
8 August Ludwig Schlözer, Allgemeines Staatsrecht und Staatsverfassungslehre, Göttingen 1793, S. 41.
9 Eine Überprüfung von Quellen aus den 1770/80er Jahren, die Geck nennt, aber nicht durchsehen konnte, auf ein früheres Auftauchen des Begriffs blieb unergiebig.

lege in kameralistischen Texten überliefert. 1801 findet sich dann der oben zitierte Beleg von Campe. Zwischen dem Wiener Kongress und der Julirevolution von 1830 finden sich kaum Belege. In den Folgejahren hin zur 1848er Revolution breiten sich ‚sozial' und seine vielen Komposita schließlich rasant in der deutschen Sprache aus.

Mit der immer weiteren Verbreitung des Wortes nimmt seine begriffliche Präzision noch weiter ab. Bereits 1904 beklagt sich Max Weber:

> Es ist kein Zufall, daß der Begriff des ‚Sozialen', der einen ganz allgemeinen Sinn zu haben scheint, sobald man ihn auf seine Verwendung hin kontrolliert, stets eine durchaus besondere, spezifisch gefärbte, wenn auch meist unbestimmte, Bedeutung an sich trägt; das ‚allgemeine' [sic!] beruht bei ihm tatsächlich in nichts anderem als eben in seiner Unbestimmtheit.[10]

Ein Blick auf die wichtigsten Sozialtheorien im 20. Jahrhundert zeigt, dass diese Einschätzung auch heute noch weitgehend zutrifft. Entweder taucht das ‚Soziale' zwar an prominenter Stelle auf, gewinnt aber nicht die begriffliche Klarheit eines Zentralterminus,[11] oder die Ansätze präsentieren sich gleich als ‚Soziologien ohne Soziales'.[12] Niklas Luhmann formuliert prägnant: „[W]as man üblicherweise als ‚sozial' bezeichnet, hat keine eindeutig objektive Referenz."[13]

2.2 Ein doppelter methodischer Zugriff

Seit kurzer Zeit erlebt der Begriff des ‚Sozialen' eine Aufwertung, die sich gerade seiner Unbestimmtheit verdankt.[14] Die Attraktivität ergibt sich aus dem Interesse vieler jüngerer Sozialtheorien, einen substantialisierenden und totalisierenden Grundbegriff zu vermeiden. Sie glauben nicht mehr, dass ihre Theorieanlage auf dem festen Fundament einer objektiv gegebenen Wirklichkeit aufruht. Oliver Marchart nennt sie daher *postfundamentalistisch*.[15] Vielmehr

---

10 Max Weber, Die ‚Objektivität' sozialwissenschaftlicher und sozialpolitischer Erkenntnis [1904]. In: Weber, Schriften zur Wissenschaftslehre, Stuttgart 1991, S. 21–101, hier S. 44 f.
11 So Roland Märker, Der Begriff des Sozialen in Verhaltensforschung und Soziologie, Saarbrücken [Diss. masch.] 1980, S. 247 ff.
12 Vgl. Dimensionen und Konzeptionen von Sozialität, hg. von Gert Albert, Rainer Greshoff, Rainer Schützeichel, Wiesbaden 2010.
13 Luhmann, Die Gesellschaft der Gesellschaft, S. 16.
14 Vgl. Hans Joas, Wolfgang Knöbl, Sozialtheorie. Zwanzig einführende Vorlesungen, Frankfurt a. M. 2004, S. 9 ff.
15 Vgl. Oliver Marchart, Das unmögliche Objekt. Eine postfundamentalistische Theorie der Gesellschaft, Berlin 2013, S. 7–63.

begreifen sie sich selbst als ‚soziale' Erscheinungsformen. Daher verstehen diese Theorien jede ihrer begrifflichen Unterscheidungen als notwendig kontingent. Der Grund dafür liegt darin, dass jede Theorieentscheidung Prämissen voraussetzen muss, die man nicht zwangsläufig teilen muss und deren ‚soziale' Bedingtheit man immer wieder auch dekonstruieren kann. Das heißt aber nicht, dass ihre Unterscheidungen beliebig sind. Dass es keine letzten Gründe gibt, bedeutet nämlich nicht, dass es gar keine Gründe für ihre Unterscheidungen gibt. Es gibt meist sogar sehr gute Gründe, aber eben auch für andere Unterscheidungen lassen sich oft nicht minder gute Gründe finden.

Die Orientierung an solchen postfundamentalistischen Ansätzen für die Rekonstruktion historischer Konzeptionen des ‚Sozialen' hat den Vorzug, dass nicht eine ‚richtige' Konzeption des ‚Sozialen' vorausgesetzt werden muss. Vielmehr sind diese Theorien in der Lage, auch andere, abweichende Vorstellungen als gleichberechtigt in ihrer jeweiligen Eigenlogik zu rekonstruieren. Erhält man im Sinne dieser Ansätze die Unbestimmtheit des Begriffs des ‚Sozialen', bringt dies einen Abstraktionsgewinn, der es dann im Gegenzug erlaubt, die Präzisierung und Konkretisierung der Bedeutung von ‚sozial' dem Gegenstand der Darstellung zu überlassen. In diesem Sinne schreibe ich das ‚Soziale' auch immer in Anführungszeichen als Platzhalter, der mit konkreten Vorstellungen ausgefüllt werden kann.

Mit der Entscheidung für postfundamentalistische Theorieansätze allein ist indes noch kein methodischer Ansatz gefunden. Bei der Rekonstruktion historischen Wissens vom ‚Sozialen' sollte die eigene Methode zwei Kriterien erfüllen: Sie sollte in ihren theoretischen Annahmen den Vorstellungen des rekonstruierten Ansatzes nah genug sein, um dessen spezifische Leistungen ihm angemessen darstellen zu können. Sie sollte aber auch den Vorstellungen des rekonstruierten Ansatzes ausreichend fremd sein, um dessen Eigenlogik hervortreten zu lassen. Um beiden Kriterien gleichermaßen nachzukommen, empfiehlt sich ein *doppelter methodischer Ansatz*. Zunächst müssen Theorien gesucht werden, die einander – und darüber hinaus Achim von Arnims Denken – in Grundannahmen ähneln. Diese Theorien müssen aber zugleich so gewählt werden, dass sie sich in entscheidenden Punkten auch wieder unähnlich sind. Dann nämlich sind sie in der Lage, nicht nur sich voneinander zu unterscheiden, sondern sich auch wechselseitig im Bezug auf den Abstand zu den historischen Vorstellungen zu kontrollieren.

Zunächst soll es hier, wie gesagt, in einem ersten Schritt darum gehen, Theorien zu finden, die einander und dem zu rekonstruierenden Gegenstand ausreichend ähneln. Anthony Elliot und Bryan S. Turner unterscheiden idealtypisch drei Arten von Theorien nach den von ihnen zugrunde gelegten Bildern des ‚Sozialen'. Ein erster Typus sieht das ‚Soziale' vor allem durch Agonalität gekennzeichnet, ein zweiter Typus erkennt ein solidarisches Band als Grundprinzip des ‚Sozialen' und ein dritter Typus versteht das ‚Soziale' primär als kreativen Werdensprozess. Für mein Interesse sind dabei Ansätze aus der letzten Theoriefamilie von besonderer Bedeutung. „The term ‚society as creation' designates that the self-institution of social relations, along with self-reflection on social life, is paramount. [...] In this tradition of thought, society [...] is all about invention, ingenuity and imagination."[16] Aus diesem Grund bildet für diese Ansätze künstlerische Tätigkeit das Grundmuster des ‚Sozialen'. Künstlerische Tätigkeiten stellen hier die reinste Form aller ‚sozialen' Tätigkeitsformen dar und besitzen daher einen besonderen Stellenwert in diesen Ansätzen. Es nimmt daher nicht wunder, wenn dieses Paradigma des ‚Sozialen', die Grundlage für viele künstlerische Entwürfe bildet, die sich als ‚sozial' verstehen – so auch der Achim von Arnims. Postfundamentalistische Theorieansätze, die ebenfalls das Paradigma des kreativen Werdens zugrunde legen, sind folglich besonders geeignet, Poetiken des ‚Sozialen' zu rekonstruieren. Sie sind in der Lage kreatives Werden als kreatives Werden zu rekonstruieren, müssen dafür aber Agonalität und Solidarität in Begriffe kreativen Werdens übersetzen. Das wird der spezifischen Eigenlogik der künstlerischen Ansätze gerechter als die Reformulierung kreativen Werdens in einem der anderen beiden Paradigmen.[17]

Nachdem mit der Wahl des Paradigmas des kreativen Werdens Ähnlichkeit zu dem zu rekonstruierenden Gegenstand hergestellt wurde, geht es nun darum, auch den nötigen Abstand herzustellen. Dazu muss eine weitere Unterscheidung innerhalb dieser Theoriegruppe eingeführt werden. Unter Theorien des kreativen Werdens müssen zwei Ansätze so ausgewählt werden, dass sie deutlich von einander differieren und dadurch Armins Überlegungen in unterschiedlicher Hinsicht gleichen und von ihnen abweichen. Besonders erfolgversprechend scheint dabei die Unterscheidung zwischen Praxistheorien und mentalistischen bzw. textualistischen Ansätzen zu sein.[18] Die Familie der Praxistheorien gehört zu den kulturalistischen Ansätzen, da sie das ‚Soziale' über symbolische Ordnungen und kollektiv geteilte Verstehensprozesse bestimmen.[19] Für einen mentalistischen Ansatz kann Lovejoys Ideengeschichte bei-

---

[16] Anthony Elliot, Bryan S. Turner, On Society, Cambridge, Malden, MA 2012, S. 19.
[17] Das gilt insbesondere gegenüber den Ansätzen der *Neuen Philosophien des Politischen*, die das Agonalitäts-Paradigma zugrunde legen und neuerdings in der ästhetischen Diskussion auf großes Interesse stoßen. – Vgl. dazu näher Uwe Hebekus, Jan Völker, Neue Philosophien des Politischen zur Einführung, Hamburg 2012.
[18] Um keine Missverständnisse aufkommen zu lassen, sei gesagt, dass es über die besprochenen Ansätze hinaus durchaus auch Praxistheorien, mentalistische und textualistische Theorien gibt, die dem Agonalitäts- und dem Solidaritätsparadigma zuzuordnen sind.
[19] Vgl. grundsätzlich dazu Andreas Reckwitz, Grundelemente einer Theorie sozialer Praktiken. In: Reckwitz, Unscharfe Grenzen, S. 97–130.

spielhaft genannt werden. Lovejoy versteht die ‚unit ideas' rein als ihren gedanklichen Gehalt, ohne auf ihre öffentliche Repräsentation in Form ihrer medialen Aufbereitung und ihrer Kommunikationskontexte Rücksicht zu nehmen, oder anderes formuliert, ohne sie für mehr als eine störende Schale um die eigentliche Idee zu halten.[20] Daneben setzt der Ansatz allgemein eine zu große Reflektiertheit und einen zu hohen Bewusstheitsgrad voraus, gerade wenn beansprucht wird, von weitverbreiteten Ideen zu sprechen. Für den textualistischen Typus stehen Ansätze wie Foucaults frühe Diskurstheorie[21] oder Luhmanns Historische Semantik[22], die sich auf öffentliche Sinnwelten konzentrieren, deren Verfasser Randerscheinungen bleiben oder erst als Effekte der Wissensordnung gelten. Deshalb können diese Ansätze schwer auf individuelle Variation eingehen. Sie bleiben letztlich sehr pauschal in ihren historischen Analysen. Zugleich zeigen sich Schwierigkeiten, Kreativität und Veränderungen angemessen zu konzeptualisieren; bei Foucault bleibt es beim schlicht positivistischen Konstatieren von ‚Brüchen in der Episteme', ohne Erklärungen dafür anzubieten, Luhmann umhüllt das Problem mit dem ‚Autopoiesis'- und dem ‚Evolutions'-Konzept.

Als Desiderat praxistheoretischer Entwürfe begreift Andreas Reckwitz eine Ausweitung auf Diskurse, sprich kulturelle Aussagensysteme, die bestimmten Regelmäßigkeiten folgen:

> Für eine Praxistheorie kann ein Diskurs selber nichts anderes denn eine spezifische soziale Praxis sein, das heißt der Diskurs wirkt aus praxeologischer Sicht allein in einem bestimmten sozialen Gebrauch, als ein Aussagesystem, das in bestimmten Kontexten rezipiert und produziert wird. Erst die Rekonstruktion der kontextuellen Anwendung von diskursiven Aussagesystemen kann für die Praxistheorie klären, welche Bedeutung dem Diskurs im Wissen der Teilnehmer zukommt. Ansätze für eine solche praxeologische Version der Diskursanalyse, die die Verwendung von Aussagesystemen im Rahmen bestimmter sozial routinierter Rezeptions- und Produktionspraktiken analysiert, kann man im text- und literaturwissenschaftlichen Bereich im ‚new historicism' oder der Rezeptionsforschung [...] ausmachen. Eine systematischere Ausarbeitung einer praxeologischen Diskursanalyse steht aber noch bevor.[23]

Ich möchte in den Folgekapiteln diesem Desiderat abhelfen und eine solche *praxeologische Diskursanalyse* in den Kap. 2.3–2.5 auf Basis der Ansätze Bruno

---

20 Vgl. Arthur O. Lovejoy, Die große Kette der Wesen. Geschichte eines Gedankens, Frankfurt a. M. 1993, S. 11–36.
21 Vgl. Michel Foucault, Archäologie des Wissens [1969], Frankfurt a. M. 1981.
22 Vgl. Niklas Luhmann, Ideenevolution. Beiträge zur Wissenssoziologie, Frankfurt a. M. 2008.
23 Reckwitz, Grundelemente, S. 129 f.

Latours und Charles Taylors ausarbeiten.²⁴ Insofern die Praxistheorie ein Bündel von Ansätzen darstellt, aber, so Reckwitz weiter, „bisher keine abgeschlossene durchsystematisierte Form gefunden" hat, kann man „ihre Vielfältigkeit als fruchtbaren Ideenpool wahrnehmen."²⁵ Deshalb scheint die Zusammenführung verschiedener Theorieansätze geboten. Die Anschlussfähigkeit an genuin literaturwissenschaftliche Ansätze wird sich dabei als sehr viel weitreichender erweisen, als Reckwitz meint. Die Konstruktion des ‚Sozialen' in Anlehnung an Taylor und Latour zeigt vor allem in den Kap. 4 und 5 deutliche Unterschiede zu Arnims Vorstellungen. Diese Unterschiede werden vor allem dort sichtbar, wo Achim von Arnim das Verhältnis von Individuum und Kollektiv von verschiedenen Ausgangspunkten aus mehrfach neu konzipiert.

Von mentalistischen, vor allem aber von textualistischen Ansätzen kann man profitieren, indem man gerade auf solche Ansätze zur Kontrolle der Praxistheorien zurückgreift. Lovejoy, besonders aber Luhmann und Foucault²⁶ haben umfassende, wenngleich sehr allgemeine Untersuchungen zur Entwicklung historischer Diskurse vorgelegt. Ich möchte ihre Forschungen nutzen, um zunächst in Kap. 2.6 und Kap. 3 ein sehr grob strukturiertes Bild der *historischen Diskurslage* um 1800 zu skizzieren, soweit sie für die Genese des Wissens vom ‚Sozialen' wichtig scheint. Vor diesem Hintergrund lässt sich Achim von Arnims spezifische Position in Relation zu anderen zeitgenössischen Positionen klar konturieren. Im weiteren Verlauf der Arbeit soll das Analyseraster – die abstrakt von Luhmanns abgeleiteten Kategorien der Fünf Fragen des ‚Sozialen' – durch die Untersuchung der konkreten Ausarbeitungen Achim von Arnims zunehmend problematisiert werden. Letztlich führt das zu einer Dekonstruktion der Kategorien, die in Kap. 6 deshalb modifiziert werden.

2.3 ‚Das Soziale versammeln'

Für den Entwurf einer praxeologischen Diskursanalyse nehme ich Bruno Latours *Akteur-Netzwerk-Theorie* zunächst als Ausgangspunkt.²⁷ Im Rückgang auf

---

24 Ich stütze mich dabei vor allem auf Bruno Latour, Reassembling the Social. An Introduction to Actor-Network-Theory, Oxford, New York 2007 und Charles Taylor, A Secular Age.
25 Reckwitz, Grundelemente, S. 112.
26 Für Foucault ist eine kleine Einschränkung hinsichtlich seiner Zugehörigkeit zum Paradigma des kreativen Werdens zu machen, da sich sein Ansatz über Mischformen erst Ende der 1970er Jahre vom Agonalitäts- zum Kreativitätsparadigma verschiebt.
27 Latours Ansatz ist vor allem deshalb bekannt geworden, weil er die Unterscheidung zwischen menschlichen und nicht-menschlichen Akteuren aufgibt und hybride Handlungsnetzwerke von Aktanten nachzeichnet. Dieses Vorgehen ist reichlich umstritten. Für meine eigenen Erkenntnisziele spielen nicht-menschliche Akteure jedoch keine Rolle.

die Etymologie des Begriffs versteht Latour das ‚Soziale' nicht als etwas Fixes, Statisches, sondern als Bewegung und Prozess. Der Begriff des ‚Sozialen'

> has to be *much wider* than what is usually called by that name, yet *strictly limited* to the tracing of new associations and to the designing of their assemblages. This is the reason why I am going to define the social not as a special domain, a specific realm, or a particular sort of thing, but only as a very peculiar movement or re-association and reassembling.[28]

Das ‚Soziale' im Sinne einer Verbindung zwischen Akteuren ist zunächst etwas Unwahrscheinliches und Voraussetzungsreiches. Kommt der ‚Assoziations'-Prozess aber in Gang, ist die Verbindung erst einmal etwas sehr Ephemeres und fällt daher oft auch schnell wieder auseinander. Die ‚*Versammlung des Sozialen*' (*assembling the social*)[29] stellt sich überwiegend als ein Fluidum der iterierenden Bildung immer neuer Verbindungen dar. Für den Fall, dass eine ‚Assemblage' dauerhafter besteht, bedarf ihre Aufrechterhaltung fortwährender Energiezufuhr. Das ‚Soziale' wird versammelt und zusammengehalten, indem – mehr oder weniger elaboriert – bestimmt wird, wer dazu gehört und wer nicht, auf welche Art der Zusammenhalt sich konstituiert, und welche gemeinsame Zeitperspektive gewählt werden soll.[30] Das Versammeln stellt sich dabei als Mobilisierung *begrifflicher und unbegrifflicher Konzepte* und einer eigenen *Metaphysik* dar,[31] die einen ‚Kollektiv'-Begriff[32] umreißen (z. B. ‚eine zufällige, höfliche Begegnung zwischen Unbekannten'). Um Bindungen zu stabilisieren und längere Zeit aufrechtzuerhalten (z. B. ‚Freundschaft', ‚Liebe'), bedarf es andauernder Anstrengungen. Die Versammlung großer Kollektive braucht Fürsprecher, die erheblichen Aufwand nicht scheuen. Konzepte wie ‚Klasse', ‚Gesellschaft', ‚Gemeinschaft' oder ‚Nation' setzen aufwändige rhetorische Ausarbeitungen voraus und bedürfen besonderer legitimatorischer Supplemente.

---

[28] Bruno Latour, Reassembling the Social, S. 7.
[29] Dieser zentrale Begriff Latours wird in der Literatur unterschiedlich übersetzt. Die gewählte Übersetzung scheint mir im Kontext meiner Fragestellung besser zu passen als eine wörtliche Übersetzung der eher technizistischen Ausgangsmetapher (*to assemble* – zusammenmontieren).
[30] Latour, Reassembling the Social, S. 138.
[31] Vgl. Latour, Reassembling the Social, S. 35 ff. und 50 ff.
[32] Latour führt den Begriff ‚collective' als Überbegriff für alle Arten von Assemblagen ein, um keine Begriffsverwirrungen mit der Sprache der Quellen zu produzieren (Vgl. Latour, Reassembling the Social, S. 14 und 75). Für die Zeit um 1800 ist der Begriff auch nicht terminologisch besetzt.

„[The] ‚social' is not some glue that could fix everything including what the other glues cannot fix; it is *what* is glued together by many *other* types of connectors."³³ ‚Soziale' Bindungen werden, um in diesem Bild zu bleiben, mithilfe von Konzepten wie den oben genannten ‚zusammengeklebt'. Latour spricht daher von der ‚*Per-Formanz des Sozialen*' und meint damit dreierlei. Einmal versteht er darunter, dass das ‚Versammeln des Sozialen' ein prekäres Unterfangen ist und wie jeder Sprechakt auch scheitern kann. Weiter ist gemeint, dass die ‚Versammlung des Sozialen' nicht nur eingeleitet, sondern durch kontinuierliche Aufführung und den Vollzug von Konzepten konstituiert und zusammengehalten werden muss. Anderenfalls löst sie sich wieder auf. Drittens meint die Redeweise, dass das Konzept immer eine spezifische Form oder Formatierung der Versammlungsweise in seiner Aufführung prägt.³⁴

Die Formulierung ‚Versammlung des Sozialen' stellt eine uneigentliche Art der Rede dar. Indem sie ihre Referenz nur indirekt umschreibt, bleibt sie offen für dessen vielgestaltige Erscheinungsformen. Diese Offenheit darf sich aber nicht verkehren und beliebig werden. Deshalb muss der Sprachgebrauch dahingehend kontrolliert werden, dass er stets metonymisch fungiert, also sich auf eine sachliche Entsprechung zum wörtlichen Verständnis von ‚versammeln' und ‚sozial' gründet – und nicht zur bloßen Metapher wird.³⁵

2.4 ‚Social Imaginaries'

Latour denkt genauer darüber nach, wie Konzepte als Konnektoren das ‚Soziale' hervorbringen und zusammenhalten können. Dabei stellt er sich die Frage, wie abstrakte Sozialtheorie und konkrete, alltagsweltliche Vorstellungen und Vollzüge dieser Konzepte zusammenhängen. In der Sozialtheorie, so stellt er fest, finden sich die Konzepte ausführlich und konsistent, aber zugleich abstrakt und theoretisch entwickelt.³⁶ Das Spezifikum der Theorie macht ihr Panoramablick aus, der sich allein auf die großen Strukturen konzentriert: „[T]hey provide the only occasion to see the ‚whole story' *as a whole*." Zu den großen Theorieentwürfen des ‚Sozialen' stellt er fest:

---

33 Latour, Reassembling the Social, S. 5.
34 Vgl. Latour, Reassembling the Social, S. 34 ff. und 222 ff.
35 Vgl. dazu David E. Wellbery, Übertragen. Metapher und Metonymie. In: Literaturwissenschaft. Einführung in ein Sprachspiel, hg. von Heinrich Bosse, Ursula Renner, Freiburg i. B. 1999, S. 139–155.
36 Latour, Reassembling the Social, S. 33 f. und 230 f.

> [They] may become central since they allow spectators, listeners, and readers to be equipped with a desire for wholeness and centrality. It is from those powerful stories that we get our metaphors for what ‚binds us together', the passions we are supposed to share, the general outline of society's architecture, the master narratives with which we are disciplined. It is inside their narrow boundaries that we get our commonsensical idea that interactions occur in a ‚wider' context; that there is a ‚up' [im Sinne of structure, U. B.] and a ‚down' [im Sinne of concrete event, U. B.]; that there is a ‚local' nested inside a ‚global'; and that there might be a Zeitgeist the spirit of which has yet to be devised.[37]

Latour wiederholt in seiner Theorieanlage selbst nicht den Dualismus von globalen Strukturen und lokalen Manifestationen. Er sieht vielmehr auch die Theoretiker und Vordenker an den gewöhnlichen Versammlungsprozessen des ‚Sozialen' beteiligt. Mithin siedelt er sie nicht auf einer anderen Ebene an, sondern charakterisiert ihre besondere Rolle dadurch, dass ihre Ideen sich durch Multiplikatoren ausbreiten und so neue Formen der ‚Versammlung des Sozialen' denkbar machen. Latour hat dabei vor allem Philosophen, Wissenschaftler, Politiker, Intellektuelle und Künstler im Auge, die diese Konzepte gestalten, abgrenzen und dann mehr oder weniger erfolgreich in der Öffentlichkeit lancieren, wo diese schließlich aufgegriffen und eingesetzt werden können. Sozialtheorien haben einen ambivalenten Status zum konkreten Vollzug: im günstigsten Fall ist ihre Funktion, „[to] provide a prophetic preview of the collective, at worst they are a very poor substitute for it."[38] Über viele Vermittlungsschritte werden die Ideen der Vordenker also idealerweise konkretisiert, fragmentiert und dekomponiert.[39] Dieser Prozess erlaubt nicht nur erst die Popularisierung von Konzepten, sondern bringt zugleich eine Standardisierung und Institutionalisierung bestimmter Semantiken, Wissensformate und Medienkanäle mit sich. Für die ‚Poiesis des Sozialen' müssen eine ganze Reihe von Begriffen, Denkfiguren, Narrationen, Rollenmuster, imaginäre Entwürfe, Metaphern, Bilder etc. mobilisiert werden.[40] In diesem Zusammenhang hebt Latour die signifikante Rolle der Künste eigens hervor: „Novels, plays, and films from classical tragedy to comics provide a vast playground to rehearse accounts of what makes us act."[41]

Man kann am Maßstab von Abstraktheit und Reflektiertheit absteigend Sozialtheorie, Alltagswissen und Vollzug unterscheiden. Im Vollzug ist eine be-

---

37 Latour, Reassembling the Social, S. 189 (Herv. im Orig.).
38 Latour, Reassembling the Social, S. 189 f.
39 Vgl. Latour, Reassembling the Social, S. 38 f.
40 Latour führt ganz explizit immer wieder literarische Verfahren als prototypisch für das an, was er allgemein als Hervorbringung des ‚Sozialen' versteht. Vgl. Latour, Reassembling the Social, S. 46, 52–55, 60 und 88 f.
41 Latour, Reassembling the Social, S. 54 f.

stimmte Vorstellung des ‚Sozialen' als Hintergrund immer vorausgesetzt, der der einzelnen Performanz erst Ort und Sinn gibt, der aber nicht mehr eigens artikuliert wird – ja, gar nicht gänzlich artikulierbar ist.

> [T]o delineate a group, no matter if it has to be created from scratch or simply refreshed, you have to have spokespersons which ‚speak for' the group's existence [...]. Whichever example you take [...], all need some people defining who they are, what they should be, what they have been. These are constantly at work, justifying the group's existence, invoking rules and precedents and [...] measuring up one definition against all the other. Groups are no silent things, but rather the provisional product of a constant uproar made by the millions of contradictory voices about what is a group and who pertains to what.⁴²

In diesem Nebeneinander der Versammlung von verschiedenen Gruppen bilden sich unterschiedliche *Wissenskulturen* heraus, die sich durch Einigkeit oder Kontroversen über ein alltagsweltliches Verständnis der Basiselemente des ‚Sozialen' und ihres Zusammenhangs konstituieren. Daraus ergibt sich die Nähe zu anderen Versammlungen oder das Bestreben, sich von diesen abzugrenzen und deren Prämissen infrage zu stellen. Die Abstraktheit ‚großer Entwürfe' stellt dabei gemeinsame Bezugspunkte zur Verfügung. In ihren Performanzen eignen sich die Wissenskulturen die ‚Wirklichkeit' jeweils selektiv an und prägen ihr den eigenen *Wissensstil* auf, wodurch sie sie spezifisch formatieren.⁴³

Latour belässt es bei diesen skizzenhaften Bemerkungen. Sein Entwurf lässt sich an dieser Stelle aber mit Überlegungen Charles Taylors ‚konkretisieren'.⁴⁴ Der kanadische Ideengeschichtler Taylor hat das Konzept des ‚Social Imaginary' entwickelt. Will man es in Latours Theorie ‚einordnen', so stellt es einen Entwurf der Ganzheit des ‚Sozialen' dar, der hinsichtlich seines Abstraktionsniveaus unterhalb theoretischer Entwürfe angesiedelt ist, jedoch oberhalb des unreflektierten Vollzugs. Latour formuliert eine ähnliche Idee, wenn er von der Popularisierungsfunktion der Künste spricht. Aus der intermediären Lage fällt den ‚Social Imaginaries' eine doppelte Schnittstellenfunktion zu: Sie dienen als ‚Austauschformat' zwischen den abstrakten Entwürfen und dem Vollzug, zugleich aber auch in die Gegenrichtung zur Theoriegenese und ihrer Readaption an geänderte Handlungsprämissen des Vollzugs. Mithin fungieren sie als Popularisierungsmedium, speisen umgekehrt aber auch ‚landläufige' Vorstellungen in den gelehrten Diskurs ein. Ihre wissensstilistische Unterbestimmtheit eröffnet den ‚Social Imaginaries' eine Anschlussfähigkeit für eine

---

42 Latour, Reassembling the Social, S. 31.
43 Vgl. Latour, Reassembling the Social, S. 221–230.
44 Soweit ich weiß, gibt es aber keine wechselseitige Rezeption.

Vielzahl von spezifischen Wissenskulturen, bezeichnet darüber hinaus aber auch eine Affinität zur schönen Literatur. Da die schöne Literatur großen Anteil an der Popularisierung der ‚Social Imaginaries' hat, kann sie eine wichtige Rolle bei der Versammlung des ‚Sozialen' einnehmen.

> What I'm trying to get with this term [‚Social Imaginary', U. B.] is something much broader and deeper than the intellectual schemes people may entertain when they think about social reality in a disengaged mode [in abstract theory, U. B.]. I am thinking rather of the ways in which they imagine their social existence, how they fit together with others, how things go on between them and their fellows, the expectations which are normally met, and the deeper normative notions and images which underlie these expectations.
>
> I want to speak of ‚social imaginaries' here, rather than social theory, because there are important differences between the two. There are, in fact, several differences. I speak of ‚imaginary' (i) because I'm talking about the way ordinary people ‚imagine' their social surrounding, and this is often not expressed in theoretical terms, it is carried in images, stories, legends, etc. But it is also the case that (ii) theory is often the possession of a small minority, whereas what is interesting in the social imaginary is that it is shared by large groups of people, if not the whole society. Which leads to a third difference: (iii) the social imaginary is that common understanding which makes possible common practices, and a widely shared sense of legitimacy.[45]

Im Gegensatz zu der von den konkreten Vollzügen Abstand suchenden Reflexionsperspektive (*disengaged mode*) stellen die Wissenskulturen verschiedene Formen von Orientierungswissen für die Versammlungen bereit. Sie bestimmen, wo man in Raum und Zeit steht, welche Entitäten plausibel erscheinen und relevant sind, welche Bezüge möglich sind, wie Handlungen zu vollziehen und zu kontextualisieren sind. Mit anderen Worten: Sie stellen einen vorausgesetzten Hintergrund für die ‚soziale' Performanz her, im Sinne der Heideggerschen je schon Erschlossenheit des In-der-Welt-Seins, wovon Taylor gedanklich seinen Ausgang nimmt.

> The relation between practices and the background understanding behind them is therefore not one-sided. If the understanding makes the practice possible, it is also true that it is the practice which largely carries the understanding. At any given time, we can speak of the ‚repertory' of collective actions at the disposal of a given group of society. [...] The discriminations we have to make [...], knowing whom to speak to and when and how, carry an implicit ‚map' of social space, of what kinds people we can associate with in what ways in what circumstances. [...] This implicit grasp of social space is unlike a theoretical description of this space, distinguishing different kinds of people, and the norms connected to them. The understanding implicit in practice stands to social theory the way my ability to get around a familiar environment stands to a (literal) map of this area. I am very well able to orient myself without ever having adopted the standpoint of overview

---

45 Taylor, A Secular Age, S. 171 f.

which the map offers me. And similarly, for most of human history, and for most of social life, we function through the grasp we have on the common repertoire, without benefit of theoretical overview."[46]

Wenn sich ‚Social Imaginaries' in Bildern, Narrativen und Mythen äußern, dann stellen sie konkrete Fälle dar. Sie sind dabei zugleich „factual and ‚normative'; that is, we have a sense of how things usually go, but this is interwoven with the idea of how they ought to go, of what mis-steps would invalidate the practice."[47] Das meint „the ability to recognize ideal case", denn "beyond the ideal stands some notion of a moral or metaphysical order, in the context of which the norms and ideals make sense."[48] Taylor zeigt, dass die präskriptiven Aspekte der ‚Social Imaginaries' in der Neuzeit gegenüber den hermeneutischen zurücktreten. Dies ergibt sich aus der Vorstellung, dass das ‚Soziale' keine eingesetzte Ordnung darstellt, sondern von Menschen gemacht und auf ihren Fortschritt hinwirken kann und soll.[49]

2.5 Topographien des ‚Sozialen'

Die Abstraktheit des Ansatzes, die von der theoretischen Unbestimmtheit des ‚Sozialen' ausgeht, hat entscheidende Konsequenzen für die *Untersuchungsmethodik*. Latour, der ursprünglich aus der Technik- und Wissenschaftsethnographie kommt, orientiert sich in seinem Entwurf dezidiert an Strategien, die in der Literaturwissenschaft (*literary criticism*) und Ideengeschichte (*intellectual history*) schon länger verwendet werden.[50] Wenn man das ‚Soziale' nicht als etwas Feststehendes, sondern als Bewegung des Versammelns begreift, wird der Gegenstand flüchtig. Er muss jetzt im Moment seiner *Performanz* beobachtet werden oder in einer historischen Rekonstruktion behelfsweise aus den ‚Spuren', die dieser Prozess hinterlässt. Die Konsequenz der „performative[n] Erkenntniseinstellung" muss besonders betont werden: „Sprache als Handlung und Kultur" wird dadurch „als Inszenierung beschreibbar".[51] Der Ausgangs-

---

46 Taylor, A Secular Age, S. 173.
47 Taylor, A Secular Age, S. 172.
48 Taylor, A Secular Age, S. 172.
49 Vgl. Taylor, A Secular Age, S. 165 f.
50 Vgl. Latour, Reassemble the Social, S. 55 und 231. Ich werde die Anschlussmöglichkeiten von Latours Ansatz in meiner Darstellung deutlicher markieren und ausführen, als er dies selbst tut.
51 Doris Bachmann-Medick, Cultural Turns. Neuorientierungen in den Kulturwissenschaften, Reinbek 2007, S. 109.

punkt verschiebt sich von der Semantik, die kulturelle Manifestationen vor allem als Sedimente von Sinn betrachtet, hin zur Pragmatik, die Symbole im Gebrauch studiert und von dort her zur Semantik zurückkehrt.

> Die Symbolanalyse wird [...] dynamisiert. So reicht es nicht, Symbole allein als Bedeutungsträger wahrzunehmen [...] oder einzelne Symbole auf ihre Bedeutung hin zu dechiffrieren. Erst ihre historischen Verwendungszusammenhänge, ihre Einbindungen in prozessurale Formen [...] geben Einblicke in den Prozess der Symbolisierung selbst.[52]

Dies bedeutet jedoch keine Abwendung vom Textparadigma, sondern ein Verständnis von schriftlichen Äußerungen als *symbolischen Handlungen*.

Gegenüber anderen Formen von Performanzen haben schriftliche ‚Sprechakte' den Vorteil, dass sie nach ihrem Vollzug nicht verschwinden, sondern sich sedimentieren und sich daher für historische Rekonstruktionen besonders eignen. Wie die Literaturwissenschaft schon länger weiß, lassen sich in bestimmten Situationen die Formierungsbewegungen besonders leicht abpassen. Latour nennt in diesem Zusammenhang:[53] Innovationen und Experimentalordnungen,[54] Krisen, Unfälle, Defekte, historischer Abstand und andere Verfremdungseffekte, die eine distanzierte Beobachtungsperspektive gegenüber der natürlichen Einstellung der beschriebenen Gedankenwelt erzeugen,[55] zuletzt Zonen des ‚Nicht-Wissens',[56] der Fiktionen und Gedankenexperimen-

---

52 Bachmann-Medick, Cultural Turns, S. 113.
53 Vgl. Latour, Reassemble the Social, S. 79 ff.
54 Als systematischer Überblick vgl. Marcus Krause, Nicolas Pethes, Zwischen Erfahrung und Möglichkeit. Literarische Experimentalkulturen im 19. Jahrhundert. In: Literarische Experimentalkulturen. Poetologien des Experiments im 19. Jahrhundert, hg. von Marcus Krause, Nicolas Pethes, Würzburg 2005, S. 7–18; Experiment und Literatur. Themen, Methoden, Theorien, hg. von Michael Gamper, Göttingen 2010. – Historisch spezifisch zum ‚Experiment' in der Zeit um 1800: Versuchsanordnungen 1800, hg. von Sabine Schimma, Joseph Vogl, Zürich, Berlin 2009 und Wir sind Experimente: wollen wir es auch sein! Experiment und Literatur II: 1790–1890, hg. von Michael Gamper, Martina Wernli, Jörg Zimmer, Göttingen 2010.
55 Vgl. New Historicism. Literaturgeschichte als Poetik der Kultur, hg. von Moritz Baßler, Tübingen, Basel 2001; Joseph Vogl, Für eine Poetologie des Wissens. In: Literatur und die Wissenschaften 1770–1930. FS. Walter Müller-Seidel, hg. von Karl Richter, Jörg Schönert, Michael Titzmann, Stuttgart 1997, S. 107–127; Poetologien des Wissens um 1800, hg. von Joseph Vogl, München 1999; Joseph Vogl, Poetologien des Wissens. In: Einführung in die Kulturwissenschaften, hg. von Harun Maye, Leander Scholz, München 2011, S. 49–71.
56 Vgl. Nach Feierabend. Züricher Jahrbuch für Wissensgeschichte, 5. Jg. (2009) (Themenheft „Nicht-Wissen"); Formen des Nichtwissens der Aufklärung, hg. von Hans Adler, Rainer Godel, München 2010; Michael Gamper: Nicht-Wissen und Literatur. Eine Poetik des Irrtums bei Bacon, Lichtenberg, Novalis, Goethe. In: Internationales Archiv für Sozialgeschichte der deutschen Literatur, 34. Jg. (2010), S. 92–120; Michael Gamper, Experimentelles Nicht-Wissen. Zur poetologischen und epistemologischen Produktivität unsicherer Erkenntnis, In: Gamper (Hg.):

te.⁵⁷ Das Vorgehen besteht in diesen Fällen darin, der Denkbewegung und Sprache der Quellen zu folgen. Dazu muss man theoretisch abrüsten, um sich allein auf das Nachzeichnen der Spuren (*to trace*) zu konzentrieren. Latour vergleicht das vorgeschlagene Vorgehen – als greife er Taylors Metapher auf – mit dem der Kartographin einer fremden Küstenlinie.

> She might exert herself to fit various reports sent by explorers into some existing geometrical format – bays have to be circles, capes triangles, continents squares. But after noticing the hopeless mess created by those records, none of which exactly fall into pre-determined shapes, she will eagerly accept any proposition to displace the quest for geometrical rigor with a totally abstract Cartesian grid. Then she will use this empty grid to patiently record the coastline itself, allowing it to be drawn in as tortuous a way as geological history made it to be. Although it may appear stupid to record every reported point simply by longitude and latitude, it would be even more stupid to insist that only data that fits a preordained geometrical shape be kept.⁵⁸

Bezogen auf Texte heißt das, dass die Quellen nicht einen vorgefertigten Theorierahmen illustrieren, sondern die Prämissen und das Konzeptinventar sich aus den Daten selbst entwickeln sollen. Historische Textquellen müssen in ihrem wirklichkeitskonstituierendem Moment tatsächlich ernst genommen werden. Der Reichtum ihrer Idiome soll entfaltet werden, statt sie zu eindimensionalen Belegen zu machen. Ein Vorgehen, welches „prefers to use what could be called *infra-language*, which remains strictly meaningless except for allowing displacement from one frame of reference to the next", vermeidet Sprachverwirrungen zwischen der Analyseebene und der Sprache der Quellen und „is a better way for the vocabulary of the actors to be heard loud and clear".⁵⁹

Latour rückt drei Momente der Sammelbewegung ins Zentrum der Rekonstruktionstätigkeit der Analyse: den *Autor, Tatsachen und Kontroversen um ‚Tatsachen'* und *Fälle*.

Der französische Soziologe führt den *Autor* als epistemischen und performativen Sammelort des ‚Sozialen' ein. Seine Vorstellung nimmt dabei eine Mit-

---

Experiment und Literatur, S. 511–545; Literatur und Nicht-Wissen. Historische Konstellationen 1730–1930, hg. von Michael Bies, Michael Gamper, Zürich 2012.
57 Vgl. Rüdiger Campe, Spiele der Wahrscheinlichkeit. Literatur und Berechnung zwischen Pascal und Kleist, Göttingen 2002; Science & Fiction. Über Gedankenexperimente in Wissenschaft, Philosophie und Literatur, hg. von Thomas Macho, Annette Wunschel, Frankfurt a. M. 2004; Ulrich Kühne, Die Methode des Gedankenexperiments, Frankfurt a. M. 2005; Karin Krauthausen, Wirkliche Fiktionen. Gedankenexperimente in Wissenschaft und Literatur. In: Gamper (Hg.), Experiment und Literatur, S. 278–320.
58 Latour, Reassembling the Social, S. 24.
59 Latour, Reassembling the Social S. 29. – Vgl. auch S. 47–49.

telpositionen zwischen Standpunkten ein, die etwa Roland Barthes[60] und Michel Foucault[61] vertreten haben, für die der ‚Autor' einzig als Diskursrelais bzw. als Supplement fungierte, und der Restitution logozentristischer Autorintentionen, wie sie Quentin Skinner[62] versucht hat. Latours Autorkonzept ist nach Maßgabe seiner Operationalität für die Arbeit mit Textquellen entwickelt.[63] Der Begriff des ‚Versammelns' hat dabei eine Stoßrichtung gegen eine einseitige Zerlegungsbewegung, wie sie in einem verkürzten Verständnis oft mit der Dekonstruktion assoziiert wird.[64] ‚Autorschaft' meint für Latour eine Zurechnungsfunktion und einen Lokalisationsbereich für Versammlungsaktivitäten, wobei die schöne Literatur für ihn einen Ort unter vielen darstellt.[65] An diesem Ort werden vorgefundene Diskursmuster (re)arrangiert und performiert. Die Autorinszenierung gleicht einer Bühne, auf der die Wissenselemente, die gerade mobilisiert werden, einen Auftritt haben und dann wieder abgehen. Die Individualität der einzelnen Autorinnen oder Autoren fungiert dabei als eine Art Regisseur, der die Spieltexte inszeniert, sich zu ihnen positioniert und sie der jeweiligen Spielstätte anpasst (*to translate*).[66] Dadurch ist Latours Autorsubjekt zwar in ein Wissensnetz eingewoben, bildet aber längst nicht nur einen Knoten dieses Netzes. Umgekehrt hat aber auch dieses Wissensnetz seine eigene Bedeutungsdynamik, die nicht völlig beherrscht werden kann und der höchstens im Interesse bewusster Mehrdeutigkeiten zusätzlicher Spielraum gewährt werden kann.[67] Das ist im Hinblick auf die historische Person weniger als ein autarker Handlungsursprung und eine psychische Motivierung, aber doch ein kombinatorischer Gestaltungsspielraum, in dem eine Vorstellung von Intentionalität und Kreativität steckt, der dem einzelnen Autor bleibt.[68] Mit Blick auf den Diskurs ist der Autor immer schon kontextualisiert gedacht. Er thematisiert immer mit, wie der einzelne Sprechakt auf vorgeprägten Denkformaten basiert.[69] Das erlaubt jedoch nicht, wie Skinner zu zeigen versucht hat,

---

60 Vgl. Roland Barthes, Der Tod des Autors [1968]. In: Barthes, Das Rauschen der Sprache. Kritische Essays IV, Frankfurt a. M. 2006, S. 57–63.
61 Vgl. Michel Foucault, Was ist ein Autor? [1969]. In: Foucault, Dits et Ecrits. Bd. 1, S. 1003–1041.
62 Vgl. Quentin Skinner, Visions of Politics I. Regarding Method, Cambridge u. a. 2009, S. 90–127.
63 Vgl. Latour, Reassembling the Social, S. 122 ff.
64 Vgl. Latour, Reassembling the Social, S. 11.
65 Vgl. Latour, Reassembling the Social, S. 258.
66 Vgl. Latour, Reassembling the Social, S. 106 ff.
67 Vgl. Latour, Reassembling the Social, S. 128 ff. und 204 ff.
68 Vgl. Latour, Reassembling the Social, S. 70 ff. und 214 ff.
69 Vgl. Latour, Reassembling the Social, S. 182 f.

die Rekonstruktion einer einzigen Autorintention. Das liegt zum einen daran, dass sich nicht alle Sprechakte auf ihre diskursive Fundierung zurückführen lassen. Vielmehr muss sich eine Untersuchung auf eine Auswahl gemäß der leitenden Fragestellung konzentrieren.[70] Damit stellt jede Interpretation von Texten einen Dialog aus den Fragen des Interpreten und den Antworten des Autors dar.[71] Zum anderen gilt der Primat schriftlicher Quellen, den die Historiographie pflegt, nicht für die historische Situation selbst. Der Sprechakt allein macht mithin nicht das Gesamtbild der historischen Situation aus, sondern agiert in einem Zusammenspiel von außersprachlichen, vorsprachlichen und nachsprachlichen Elementen.[72] Historische Situationen lassen sich, wie Dominick LaCapra gezeigt hat, nicht allein auf die Sprache zurückführen.[73] Darauf insistiert auch Reinhart Koselleck:

> [D]as totum einer Gesellschaftsgeschichte und das totum einer Sprachgeschichte sind nie zur Gänze aufeinander abbildbar. Selbst wenn der empirisch uneinlösbare Fall gesetzt wird, daß beide Bereiche als eine begrenzte Totalität thematisiert würden, bliebe eine unüberbrückbare Differenz zwischen jeder Sozialgeschichte und der Geschichte ihres Begreifens.
>
> Weder holt das sprachliche Begreifen ein, was geschieht oder tatsächlich der Fall war, noch geschieht etwas, was nicht durch seine sprachliche Verarbeitung bereits verändert wird. Sozialgeschichte und Gesellschaftsgeschichte und Begriffsgeschichte stehen in einer geschichtlich bedingten Spannung, die beide aufeinander verweist, ohne daß sie je aufgehoben werden könnte. Was du tust, sagt dir erst der andere Tag; und was du sagst, wird zum Ereignis, indem es sich dir entzieht. Was zwischenmenschlich, also gesellschaftlich geschieht und was dabei oder darüber gesagt wird, ruft eine stets sich weitertreibende Differenz hervor, die jede ‚histoire totale' verhindert. Geschichte vollzieht sich im Vorgriff auf Unvollkommenheit, jede ihr angemessene Deutung muß deshalb auf Totalität verzichten.[74]

Im Falle der schönen Literatur kommt der literaturwissenschaftlichen Historiographie allerdings eine Besonderheit zugute, die die Kluft zwischen Sprechakten und Ereignisgeschichte mindert. „Es zeichnet den Mythos und die Mär-

---

70 Vgl. Latour, Reassembling the Social, S. 196 f. und 242 f.
71 Vgl. David Harlan, Intellectual History and the Return of Literature. In: American Historical Review, 94. Jg. (1989), S. 581–609, S. 604 ff.
72 Vgl. Reinhart Koselleck, Sozialgeschichte und Begriffsgeschichte [1986]. In: Koselleck, Begriffsgeschichten. Studien zur Semantik und Pragmatik der politischen und sozialen Sprache, Frankfurt a. M. 2006, S. 9–31, S. 15 f.
73 Dominick LaCapra, Rethinking Intellectual History and Reading Texts. In: Modern European Intellectual History. Reappraisals and new Perspectives, hg. von LaCapra, Steven L. Kaplan, Ithaca, NY, London 1982, S. 47–85.
74 Koselleck, Sozialgeschichte und Begriffsgeschichte, S. 13.

chen, das Drama, das Epos und den Roman aus, daß sie allesamt den ursprünglichen Zusammenhang zwischen Rede und Tun, zwischen Leiden, Sprechen und Schweigen voraussetzen und thematisieren."[75] Das heißt, dass jeder poetische Text ein Bewusstsein davon hat, Sprechakt zu sein, und auf eine bestimmte perlokutionäre Wirkung abzielt. Diese Poetologie findet sich manchmal nur implizit und am Rande mitthematisiert, häufig aber in begleitenden Reflexionen genauer ausgeführt. Poetologie meint im Hinblick auf die poetischen Versammlungsaktivitäten des ‚Sozialen' zusammenhängende Vorstellungen, wie und wo ein Sprechakt in einer historischen Situation intervenieren will – oder auch gerade nicht intervenieren will oder nicht glaubt, intervenieren zu können. Jeder Text bezieht sich notwendig auf außersprachliche Ereignisse. Der Vorteil der Umfassenheit der Poetologie ist zugleich ihr Nachteil, da sie stets höchst selektiv bleiben muss und dadurch im Zeitlauf häufig Wandlungen und Ergänzungen erfährt.[76]

Mit Latour lässt sich eine kontextualisierte Vorstellung von Autorschaft für die kommenden Untersuchungen von literarischen Versammlungsaktivitäten um 1800 zugrunde legen, die beide Qualitäten vereint, die Carlos Spoerhase in seiner umfangreichen Studie als Potentiale dieses Sammelfokus herausgearbeitet hat:[77] Zum einen garantiert der Rückbezug auf allgemeine Diskursmuster der Zeit die Exemplarizität einer Einzelfallstudie, wenn dadurch der jeweilige historische Stellenwert der Sprechpositionen ausweisen werden kann. Auch anachronistische Eisegesis kann so vermieden werden, wenn umgekehrt durch die Einbettung in zeitgenössische Diskussionszusammenhänge die Deutungsmöglichkeiten der Texte limitiert werden. Zum anderen geraten die literarischen Texte nicht zu bloßen Belegen für idealtypisch konstruierte diskursive Formationen, wozu klassische Diskursanalysen neigen. Dieser Autorbegriff rechnet ganz im Gegenteil mit Idiosynkrasien und einem Überreichtum des Konkreten und stellt daher Spielräume zur Verfügung, die eine individuelle Positionierung zu den Diskursregeln zulassen. Die vorliegende Arbeit gewinnt gegenüber einer bloßen Diskursanalyse mithin gerade dadurch einen Mehrwert, dass sie sich nur auf einen Autor, eben Achim von Arnim, konzentriert und dessen Überlegungen im Detail verfolgt.

Der zweite Untersuchungsfokus, den Latour wählt, sind ‚Tatsachen' (*matters of fact*) und Kontroversen um ‚Tatsachen' (*matters of concern*).[78] Mit ‚Tatsa-

---

75 Koselleck, Sozialgeschichte und Begriffsgeschichte, S. 19.
76 Vgl. dazu Latour, Reassembling the Social, S. 187 ff.
77 Vgl. Carlos Spoerhase, Autorschaft und Interpretation. Methodologische Grundlagen einer philologischen Hermeneutik, Berlin, New York 2007.
78 Latour, Reassembling the Social, S. 114 f.

chen' meint er die Setzungen, die das Grundinventar des ‚Sozialen' darstellen.[79] Bilden also Subjekte den Ausgangspunkt für einen individualistischen Denkansatz, Kollektive für einen holistischen oder werden Individuum und Kollektiv gleichursprünglich und im wechselseitigen Begründungsverhältnis angesetzt? Welche Merkmale werden in den Grundbegriffen oder Metaphern angelegt? Welche Probleme werden damit wegdefiniert und welche ergeben sich daraus? Konkreter gefragt: Wie autonom von der Versammlung wird ein Subjekt gedacht? Ähnelt die Gesellschaft mehr einem ‚Organismus' oder einem ‚Gleichgewicht'? Genauso kann es Fragen geben: Wie werden die Elemente miteinander verknüpft, über eine Kausalkette oder eine intentionale Beziehung? Latour kommt es hier darauf an, dass das konzeptuelle Grundinventar allein von den Daten bereitgestellt und nicht von der Analyse ergänzt oder gar korrigiert wird, selbst wenn es merkwürdig oder ungeeignet scheint. Er fordert: „You have to grant them [the agents, U. B.] back the ability to make up their own theories of what the social is made of."[80] Dieses Vorgehen erspart es dann auch, in das Analysekonzept der ‚Versammlung des Sozialen' allgemeine Annahmen darüber einzuführen, wie sich Basiselemente (z. B. Subjekte, Gruppen etc.) zu Kollektiven (z. B. Nationen) zusammenfinden können. Auch die Lösung dieses Mikro-Makro-Problems überlässt er den Quellen.[81] Die Versammlungsbewegung des ‚Sozialen' kann reibungslos vor sich gehen. Analytisch sind aber gerade die Fälle besonders interessant, bei denen es Probleme gibt. Es handelt sich um jene Fälle, in denen an den Konzepten nachjustiert werden muss und ihre Abgrenzungs-, Subsumptions- oder Verknüpfungslogik Veränderungen oder Präzisierungen erfährt.[82]

Eine überraschende Ähnlichkeit zu Latour zeigt das Methodenprogramm des englischen Ideengeschichtlers Quentin Skinner, der mit ihm, ohne wechselseitige Rezeption und bei allen Unterschieden hinsichtlich des Autorkonzepts in vielen Grundannahmen übereinstimmt. Skinners Programm lässt sich gut als Ergänzung anführen, weil es bestimmte Methodenprobleme noch einmal präzise anspricht. Für die Darstellung von Vorstellungen und Ideen spricht Skinner eine Warnung vor vier Gefahren aus. Die erste Gefahr besteht darin, dem Quellenmaterial aus heutiger systematisch interessierter Perspektive ein *vollständiges Denkgebäude* (*doctrine*) zu unterstellen. Die Versuche, im Quel-

---

79 Als systematischen Überblick über die verschiedenen Formen Sozialtheorien zu konzeptualisieren vgl. The Sage Handbook of the Philosophy of Social Science, hg. von Ian C. Jarvie, Jesus Zamora-Bonilla, Thousand Oaks, CA u. a. 2011.
80 Latour, Reassembling the Social, S. 11. Vgl. auch S. 30 ff. und 56 ff.
81 Vgl. Latour, Reassembling the Social, S. 165–183.
82 Vgl. Latour, Reassembling the Social, S. 16.

lenmaterial ‚Vorausdeutungen' auf spätere ‚ausgereiftere' Fassungen von Überlegungen sehen zu wollen und verstreute Überlegungen bereits zu ihrem ‚späteren Wechselbezug' zusammenzufügen, stellen immer Rückprojektionen dar.[83]

Aber auch eine historische Untersuchung ist nicht unproblematisch; hier lauert dieselbe Gefahr unter umgekehrten Vorzeichen. Es geht darum, die *Dürftigkeit des historischen Materials (parochialism) zu akzeptieren* und nicht – im Glauben, seine Potentiale zu entfalten – es durch die Analyse zu verschütten. Retrospektiv zeigt sich die Bedrohung darin, aufgrund bloßer Ähnlichkeiten ‚Einflüsse' zu behaupten, ohne sie nachweisen zu können, auf diese Weise konzeptuelle Elemente zu ergänzen, die nicht dastehen. Aber auch prospektiv mahnt Skinner zu besonderer Vorsicht. Oft bieten sich neuere Begriffe an, die als Banner über ein rekonstruiertes historisches Themenfeld gehisst werden könnten. Dabei ist Umsicht gefragt. Werden diese Oberbegriffe nicht genügend unbestimmt und reflektiert gewählt, bringen sie leicht eigene, neuere Vorstellungen mit und lassen das Wenige, das sich historisch finden lässt, im Gemenge verschwimmen.[84]

Eine andere Gefahr sieht Skinner in der Erwartung, historischen Denkbewegungen und ihre Zeugnisse seien stets *kohärent (coherence)*. Er fordert dazu auf, ihnen eine Entwicklung zuzugestehen, die nicht geradlinig verlaufen muss. Das heißt, dass die Rekonstruktion nicht glätten soll, wo historische Denkbewegungen in Sackgassen geraten sind, inkonsistent und widersprüchlich bleiben oder abbrechen und von anderen Prämissen aus neu ansetzen.[85]

Zuletzt sieht der Philosophiegeschichtler die Rekonstruktion durch den Versuch bedroht, die *Bedeutungsgebung der Rezeption in den Sprechakt zurückzutragen (prolepsis)*. Das Verständnis des Textes muss sich im Rahmen der Vorstellungswelten bewegen, die zeitgenössisch zumindest denkbar waren, was nicht ausschließt, dass sie in der Rekonstruktion klarer artikuliert werden können als vom Autor selbst.[86]

Doch zurück zu Latour – genauer gesagt: zu den *Fällen*. Die Übergänge zwischen Fallgeschichten und Literatur sind fließend. Die ‚Literarisierung' der Falldarstellung macht Latour daran fest, dass Redundantes und Überflüssiges wegfällt, zunehmend jede Beschreibung bedeutsam wird und etwas anschaulich vor Augen führt. Dieses ‚Etwas' ist aber gerade nicht als einsinnige Exemplifikation einer vorgefassten Regel – egal ob deskriptiv oder normativ – zu

---

83 Skinner, Visions of Politics I, S. 59–67.
84 Vgl. Skinner, Visions of Politics I, S. 74–79.
85 Vgl. Skinner, Visions of Politics I, S. 67–72.
86 Vgl. Skinner, Visions of Politics I, S. 72–74.

verstehen, sondern multidimensional zu denken.[87] Fälle sollen nicht zu einfachen Beispielen werden.[88] In diesem Sinne hat auch John Walton die Qualitäten der Unbegrifflichkeit von Falldarstellungen hervorgehoben und dafür plädiert, sie aus der Abhängigkeit von einem Theorieprimat zu befreien. Epistemisch gäbe es dafür keinen Grund. Vielmehr sei in der sinnlichen Erkenntnis die Anschaulichkeit der hypothesenbildenden Generalisierung im Erkenntnisprozess zeitlich, aber auch sachlich vorgängig. Fälle bezögen sich zunächst einmal auf andere Fälle. Erst in der Zusammenschau ließen sich unter verschiedenen Aspekten Familienähnlichkeiten im Sinne Wittgensteins ausmachen, die zum Kristallisationspunkt für Interpretationen werden könnten.[89]

Darüber hinaus lassen sich aber auch operative Gründe ergänzen. Oft – und gerade im Fall von schöner Literatur – ist nicht von Anfang an klar, ob eine Darstellung nur ‚erfreuen' oder nicht auch ‚nützen' will, sprich, ob sie nur deskriptiv oder auch normativ ist. Verbleibt man in der Konkretion, kann man diese Frage zunächst aussparen und dann im Zusammenhang sehen, ob und wie sich verschiedene Fälle anordnen und ob die Texte sich selbst hierarchisieren. Darüber hinaus stellt sich ein einzelner Fall oder ein bestimmter Aspekt in einer werkgenetischen Perspektive, wie sie hier verfolgt werden soll, anfänglich häufig als akzidentiell dar, bekommt aber später einen systematischen Stellenwert, wenn sich Vergleichsfälle oder Bedeutungsdimensionen hinzugesellen.

2.6 Die fünf Fragen des ‚Sozialen'

Um 1800 entsteht das ‚Soziale' als eigenes Feld möglichen Wissens. Mit der Vorstellung des Menschen als Individuum kommt die Frage auf, warum Individuen so schwer zusammenfinden und was sie möglicherweise doch verbinden könnte. Diese Probleme sind insofern neu, als sich die Menschen zuvor nicht als Individuen verstanden hatten. Bei allen Unterschieden, so hatte man angenommen, gebe es doch universelle Gemeinsamkeiten aller Menschen. Solange Theologie, Recht und Philosophie dieses Menschenbild verbreiteten, das als

---

[87] Latour, Reassembling the Social, S. 130 f.
[88] Vgl. dazu Jens Ruchatz, Stefan Willer, Nicolas Pethes, Zur Systematik des Beispiels. In: Das Beispiel. Epistemologie des Exemplarischen, hg. von Ruchatz, Willer, Pethes, Berlin 2007, S. 7–59.
[89] Vgl. John Walton, Making the theoretical case. In: What is a case? Exploring the Foundations of Social Inquiry, hg. von Charles C. Ragin, Howard S. Becker, Cambridge u. a. 1992, S. 121–138.

‚Social Imaginary' zum Selbstverständnis des Einzelnen gehörte, bildeten diese Gemeinsamkeiten die Basis, um das Miteinander der Menschen als Gesellschaft zu begründen. Rückblickend muss man sagen, dass diese universalistischen Anthropologien das ‚Soziale' als eigenen Gegenstandsbereich theoretisch ‚verhindert' haben. Die Probleme, die dieses Gebiet aufwerfen wird, hatten sie gelöst, indem sie sie auf ontologische Fragestellungen zurückführten. Das ‚Soziale' als eigenen Gegenstandsbereich mit spezifischen, irreduziblen Problemen zu verstehen, ist die Folge eines langen Entwicklungsprozesses, der dadurch gekennzeichnet ist, dass sich die Gemeinsamkeiten oder die eine Gemeinsamkeit, die alle Menschen verbinden sollte, immer schwieriger begründen ließ. Die Vorstellung von der Individualität steht so am Ende einer langen Bewegung, dieses zwischenmenschliche Band zu lockern und zu abstrahieren. Paradox formuliert, meint Individualität in einem vollumfänglichen Sinn die Annahme, dass das, was alle Menschen gemeinsam haben, nur ihre Unterschiedlichkeit ist. Luhmann fasst den Prozess, an dessen Ende die Vorstellung gänzlicher Individualität der Menschen steht, folgendermaßen zusammen:

> Die Frage nach Motiven, die der Beobachter des Handelns nicht ohne weiteres an den Zwecken ablesen könne, hatte schon im 17. Jahrhundert jede naturale Begründung der Gesellschaft aus den natürlichen Eigenschaften der Individuen als ihrer letzten ‚Teile' gesprengt. Man konnte dann eine Weile noch auf Vertragstheorien rekurrieren und den Nachweis versuchen, daß Individuen dringende Motive und Vorteilskalküle hätten, die es nahelegten, sich zur Gesellschaft zusammenzuschließen. Auch das mußte im 18. Jahrhundert schließlich aufgegeben werden. Dann blieb die Vorstellung, menschliche Individualität sei – zum Beispiel in Form von Freiheit – die Wertidee, nach der die Gesellschaft zu konzipieren und zu kritisieren sei. Die Gesellschaft hätte dem Individuum ein Höchstmaß an persönlicher Selbstbestimmung und Selbstverwirklichung zu ermöglichen; und wenn dies nicht geschehe, sei dies Anlaß zur Kritik, die sich notfalls mit Gewalt durchsetzen müsse. Seitdem man aber weiß, daß auch dies nur in der Gesellschaft geschehen könne, und seitdem man weiß, daß die Gesellschaft viel zu komplex ist, um auf einen einzigen derartigen Impuls mit Entsprechung reagieren, hat auch diese Vorstellung an Überzeugungskraft verloren. [...] Die Sequenz Natur, Vertrag, Wertidee läßt erkennen, wie die Semantik nachgibt. Ihr fehlt aber noch die letzte Konsequenz.[90]

Sie findet sich erst dort, wo die Autonomie des Individuums als Basiselement anerkannt wird und man auf dieser Grundlage das ‚Soziale' als nicht weiter ableitbaren Gegenstandsbereich zu reflektiert beginnt.[91]

---

[90] Vgl. dazu Niklas Luhmann, Individuum, Individualität, Individualismus. In: Luhmann, Gesellschaftsstruktur und Semantik. Studien zur Wissenssoziologie der modernen Gesellschaft 3, Frankfurt a. M. 1998, S. 149–258, hier S. 257.
[91] Vgl. Luhmann, Individuum, Individualität, Individualismus, S. 149–154 und S. 258.

Es passt ins Bild, dass dieser Gegenstandsbereich um 1800 dann auch erstmals mit eigenem Namen auftaucht. Das Auftauchen des Wortes ‚sozial' in der deutschen Sprache in kameralistischem Schriftgut um 1800 markiert somit die Auflösungserscheinungen früherer Leitvorstellungen und erste Ansätze zur Konzeption des neuen Feldes.[92] Die Erklärung für die Tatsache, dass sich das Wort nicht kontinuierlich, sondern erst ab 1830 im großen Stil verbreiten wird, liegt auf der Hand: Während der Zeit der Freiheitskriege und der Restauration wird das Individuum politisch, und entsprechend auch epistemisch, in seiner Autonomie stärker eingeschränkt, erst im ‚Vormärz' kommen diese Ansprüche und Vorstellungen wieder verstärkt auf.

Ein Wissen vom ‚Sozialen' kann mithin dadurch gekennzeichnet werden, dass es sich dabei um Entwürfe des menschlichen Zusammenlebens handelt, die Vorstellungen von Individualität zugrunde legen. Individualität kann dabei in einem sehr radikalen Sinne als absolute Einzigartigkeit und Abgeschlossenheit angesetzt werden, aber auch moderater als kulturell bereits vermittelte Vorstellungen von der Besonderheit der Einzelnen.[93] Gleich, wie man Individualität fasst, das Problem von Intersubjektivität oder – im Falle ihrer Unmöglichkeit – von doppelter Kontingenz kommt dadurch auf. Intersubjektivität meint, dass sich auf andere Weise als in den älteren ontologischen Theorien der Theologie, des Rechts und der Philosophie möglicherweise doch ein gemeinsamer Grund bestimmen lässt, den alle Menschen teilen. Doppelte Kontingenz – ein Terminus, den Niklas Luhmann geprägt hat – heißt, dass jedes Individuum sich die Welt auf jeweils eigene Weise aneignet und dabei eben keine koordinierende Instanz oder keine verbindende Gemeinsamkeit pluraler Subjektivitäten angenommen werden kann. Mit jedem einzelnen Subjekt steigt die Kontingenz und mithin das Risiko des Scheiterns der Versammlung.[94]

Daraus lassen sich methodische Konsequenzen für die Kartographie der Denkbewegung Achim von Arnims ziehen, die hier, als Genese einer *Poetik des ‚Sozialen'* verhandelt werden. Den älteren, ontologischen Weltmodellen reichten die Sinnregister der *Sach-* und *Zeitdimension*. Unter der Sachdimension versteht Luhmann, wie Gegenstände und Personen kategorial gefasst und voneinander unterschieden werden.[95] Mit der Zeitdimension fasst er, wie Ereignisse

---

[92] Vgl. Kapitel 3 der vorliegenden Arbeit.
[93] Auf makrosozialer Ebene redupliziert sich das Problem der Individualität nochmals, wenn vormalige Kollektive wie ‚Nation' oder ‚Volk', die nach dem Vorbild des ‚Individuums' konzeptualisiert werden, sich mit anderen ‚Nationen' oder ‚Völkern' zu einem noch größeren Kollektiv (z. B. der ‚Menschheit') versammeln sollen.
[94] Vgl. Luhmann, Soziale Systeme, S. 148–190.
[95] Vgl. Luhmann, Soziale Systeme, S. 114 f.

temporal als früher, später oder gleichzeitig zueinander ins Verhältnis gesetzt werden.[96] Die Annahme von autonomen Individuen bringt einen Perspektivismus hervor, den Luhmann als *Sozialdimension* beschreibt.[97] Diese Sinndimension tritt im Wissen vom ‚Sozialen' zu den anderen beiden neu hinzu. Mit dem Perspektivismus wird die Weltwahrnehmung von inhärenten Substanzqualitäten der Dinge abgelöst und durch Multiplikation mit der Zahl der Beobachter pluralisiert. Ging man im ontologischen Denken davon aus, dass es genau eine bestimmte richtige Sichtweise der Dinge, wie sie tatsächlich sind, geben müsse, so musste sich bei divergenten Sichtweisen einer getäuscht haben. Jetzt aber muss ins Kalkül gezogen werden, dass sich die Welt anderen autonomen Subjekten anders darstellen kann als mir, ohne dass eine der Sichtweisen prinzipiell richtiger ist. Die Multiperspektivität gilt fortan als konstitutive und unhintergehbare Prämisse; mithin kann sie nicht wegdefiniert werden und stellt das Zentralproblem für die Versammlung des ‚Sozialen' dar.

Der Perspektivismus fügt der Sach- und Zeitdimension nicht nur die Sozialdimension hinzu, sondern verdoppelt jede der drei Sinndimensionen immanent, da jeweils der unreflektierte *Vollzug* und seine *Reflexion bzw. die Beobachtung von außen* möglich sind.[98] Der Vollzug bedeutet immer eine 1.-Person-Perspektive. Welche Stellung ‚ich' zu den Dingen der Welt, zu anderen Menschen und anderen Zeiten einnehme, setzt immer schon ein nicht-explizitiertes Selbstbild als mitlaufend voraus im Sinne basaler Selbstbezüglichkeit. Eine 3.-Person-Perspektive geht gegenüber dem eigenen Selbstbild oder aber den Vollzügen anderer Akteure auf Distanz und kann die eigene Identität reflektieren oder die der anderen. Aber auch bei dieser Distanzperspektive läuft immer die basale Selbstreferenz des Beobachters mit, was sich in einem spezifischen Interesse, also in der – in diesem Moment unreflektierten – Auswahl bzw. Nicht-Auswahl bestimmter Gesichtspunkte der Thematisierung ausdrückt. Auch die weitere Reflexion dieser Hintergrundannahmen wird das Problem nicht los, sondern führt lediglich in einen infiniten Regress, denn auch diese Reflexion muss wieder Unterscheidungen treffen, die sich in einem nächsten Schritt selbst wieder hinterfragen lassen. Die Distanznahme gegenüber dem bloßen Vollzug bedeutet Aufwand. Das wird sich bei Achim von Arnim daran zeigen, dass die 3.-Person-Perspektive den Ausführungen in der 1.-Person-Per-

---

[96] Vgl. Luhmann, Soziale Systeme, S. 116 ff.
[97] Vgl. Luhmann, Soziale Systeme, S. 119 ff. – Vgl. dazu auch Niklas Luhmann, Moderne Systemtheorien als Form gesamtgesellschaftlicher Analyse, In: Jürgen Habermas, Luhmann, Theorie der Gesellschaft oder Sozialtechnologie. Was leistet Systemforschung, Frankfurt a. M. 1971, S. 7–24, S. 9.
[98] Vgl. Luhmann, Soziale Systeme, S. 63 ff.

spektive ‚hinterherhinkt' und sich erst langsam ein konsistentes und symmetrisches Konzept entwickelt, das dem Perspektivismus Rechnung trägt.

Projiziert man nun die drei Sinndimensionen und die zwei Perspektiviken aufeinander, ergeben sich sechs mögliche Kombinationen. Aus den Ausführungen eben folgt, dass die Kombination der 1.-Person-Perspektive mit der Sozialdimension als Vollzug der Beobachteridentität in basaler Selbstreferenz sich in allen anderen Kombinationen unthematisch immer mit vollzieht. Wenn man so will, ist sie in den anderen Kombinationen immer enthalten. Für den Fall, dass sie reflektiert wird, wechselt sie in die Paarung Sozialdimension und 3.-Person-Perspektive. In der Sach- und Zeitdimension wird es nicht mehr um das Ganze des Selbst gehen, sondern nur um den Vollzug der Identität unter spezifischen Aspekten. Es bleiben also *fünf Fragen des ‚Sozialen'* als Heuristik, unter denen ich später die Textanalysen angehen möchte.[99] Da sie verschiedene Facetten desselben Gegenstandsbereichs adressieren, stellen sie einen analytischen Zugriff auf Probleme dar, die sich im Quellenmaterial sehr viel zusammenhängender präsentieren. – Die Projektion der Sozialdimension auf die 3.-Person-Perspektive führt zu der Frage nach dem Verhältnis zwischen *Individuum* und *Kollektiv*. Wechselt man nun in die Sachdimension, so stellt sich komplementär aus der Vollzugsperspektive die Frage nach der *Integration* des Individuums, sprich, der Teilhabe an den Versammlungsaktivitäten, und aus der Beobachtungsperspektive die nach *Differenzierung*, sprich, der Bewahrung der Eigenständigkeit als Teil einer Versammlung. In der Zeitdimension entsprechen sich analog die Frage nach ‚*Sozialen*' *Handlungsmustern*, sprich, wie sich die Einzigartigkeit des Subjekts mit kollektiven Kulturmustern und Rollenangeboten vermitteln lässt, und die Frage nach ‚*Sozialem*' *Wandel*, also, wie sich die Veränderung von Identitäten in die Versammlungsaktivitäten einbringen lässt oder umgekehrt, wie andere Versammlungsweisen auf Selbstbilder rückwirken.

---

[99] Ich greife hier die meta-soziologischen Überlegungen von Gabor Kiss, Einführung in die soziologischen Theorien I, Opladen 1977, S. 17 f. auf.

3 Voraussetzungen der Genese einer Poetik des ‚Sozialen' um 1800

3.1 Methodische Vorüberlegungen

Nachdem ein Verfahren gefunden ist, das ‚Soziale' in seinen mannigfaltigen Erscheinungsweisen historisch fassbar zu machen, soll es nun spezifischer darum gehen, wie ausgerechnet die schöne Literatur um 1800 sich das Ziel setzen konnte, einen substantiellen Beitrag zur Versammlung des ‚Sozialen' leisten zu wollen.[1] Dazu sind die historischen Voraussetzungen zu klären, die ein solches Vorhaben überhaupt möglich erscheinen ließen. Wenn sich der Interpretationsfokus auf diese Funktion richtet, muss deren Bestimmung in Bezug auf zwei Grenzmarken geschehen. Eine *innerliterarische Grenzmarke* ergibt sich daraus, dass die schöne Literatur immer mehrere Funktionen in unterschiedlichem Ausprägungsgrad erfüllt und um 1800 nicht zwangsläufig die, das ‚Soziale' versammeln zu wollen.[2] Eine *außerliterarische Grenzmarke* lässt sich daraufhin bestimmen, dass die schöne Literatur mit der Versammlung des ‚Sozialen' kein exklusives Unternehmen betreibt. Das bedeutet, dass sie im Wechselspiel mit anderen Versammlungsformen, etwa der Politik oder Wirtschaft, betrachtet werden muss. Um der innerliterarischen und der außerliterarischen Begrenzung gerecht zu werden, muss ein *Dispositionsraum* umschrieben werden. Unabhängig von der Frage, ob einzelne literarische Texte diese Möglichkeit tatsächlich ergriffen haben, soll also zunächst erörtert werden, woraus sich prinzipiell Möglichkeiten und Grenzen der literarischen Versammlung des ‚Sozialen' um 1800 ergeben.

Funktionshypothesen, wie die der literarischen Versammlung des ‚Sozialen' um 1800, können allein als Heuristik dienen. Sie sind im strengen Sinne

---

[1] Insbesondere muss diese Funktion deshalb verwundern, da sich in der Empfindsamkeit die einsame Lektüre mit den entsprechenden Medienstrategien der Literatur herausgebildet hat. Vgl. dazu Nikolaus Wegmann, Diskurse der Empfindsamkeit. Zur Geschichte eines Gefühls in der Literatur des 18. Jahrhunderts, Stuttgart 1988, S. 14 ff.; Albrecht Koschorke, Körperströme und Schriftverkehr. Eine Mediologie des 18. Jahrhunderts, München 2003, S. 162–180 und 190–200.

[2] Achim von Arnims Poetik steht mit dieser Zielsetzung keineswegs allein. Vgl. dazu weiterführend Joseph Vogl, Kalkül und Leidenschaft. Poetik des ökonomischen Menschen, Zürich, Berlin 2004; Kontingenz und Steuerung. Literatur als Gesellschaftsexperiment 1750–1830, hg. von Thorsten Hahn, Erich Kleinschmidt, Nicolas Pethes, Würzburg 2004; Kollektive Gespenster. Die Masse, der Zeitgeist und andere unfaßbare Körper, hg. von Michael Gamper, Peter Schnyder, Freiburg i. Br. 2006 und Michael Gamper, Masse lesen, Masse schreiben. Eine Diskurs- und Imaginationsgeschichte der Menschenmenge 1765–1930, München 2007.

nicht beweisbar, wie der führende Vertreter der Funktionsgeschichte, der Amerikanist Winfried Fluck, betont. Umso wichtiger ist es deshalb, sie historisch zu plausibilisieren.[3] Funktionen der schönen Literatur lassen sich aus ihren epistemischen und medialen Fähigkeiten begründen, spezifische Wirkungsweisen zu erzielen. Die beiden Grenzmarken der Funktion definieren den Dispositionsraum als

> Bestimmung der Möglichkeiten und Eigengesetzlichkeiten der Fiktion. [...] Es geht darum, der Literatur in Reaktion auf eine weitreichende Legitimationskrise Gebrauchswert zuzuschreiben, dies aber zu den ihr eigenen Kommunikationsbedingungen. Die Frage nach der gesellschaftlichen Funktion wird daher ersetzt durch die Frage nach den Funktionen des Fiktiven als der spezifischen Bedingung, unter denen Literatur Sinn bildet und Wirkung entfalten kann.[4]

Die *innerliterarische* Begrenzung der Funktionszuschreibung bezieht die beanspruchte „soziale Funktion" auf eine „ästhetische Wirkungsstruktur".[5]

Roy Sommer hat Flucks Ansatz, der prinzipiell in einer Historisierung der Rezeptionsästhetik besteht, dahingehend präzisiert, dass er drei Aspekte unterscheidet, auf die hin eine bestimmte Funktion am Text plausibilisiert werden kann.[6] Es ist wichtig, sie methodisch auseinanderzuhalten, gerade, weil sie sich in konkreten Textanalysen oftmals kaum trennen lassen. Sommer unterscheidet einmal die *vom Autor beanspruchte Funktion* der Texte. Dabei geht es

---

[3] Vgl. Winfried Fluck, Das kulturelle Imaginäre. Eine Funktionsgeschichte des amerikanischen Romans 1790–1900, Frankfurt a. M. 1997, S. 12–14: „Im strengen Sinn einer empirisch nachprüfbaren gesellschaftlichen Wirkung scheint der Begriff der Funktion auf die Literatur überhaupt nicht anwendbar zu sein. Seine Verwendung muß daher spekulativ bleiben und dient in der Regel auch eher dazu, einen Gesellschaftsbezug der Literatur zu postulieren oder einzuklagen als tatsächlich zu belegen. [...] Die Annahme einer Funktion ist [...] der Punkt, von dem aus es überhaupt erst möglich wird, sinnvoll über einen fiktionalen Text zu sprechen. Auch wenn diese Funktionshypothese nur selten thematisiert wird, so gilt doch, daß alle interpretatorischen Annäherungen an einen literarischen Text zwangsläufig – d. h. gewollt oder ungewollt, bewußt oder unbewußt – immer schon eine derartige Hypothese zur Grundlage haben müssen. Aus dieser Vorentscheidung lassen sich alle weiteren interpretatorischen Aktivitäten – Wahl des Interpretationsobjekts, methodisches Vorgehen wie auch die jeweiligen Kriterien der Bewertung – ableiten. Wann immer wir über Literatur reden, implizieren wir somit auch Funktionen." – Vgl. neuerdings auch zum Ansatz der Funktionsgeschichte Funktionen von Literatur. Theoretische Grundlagen und Modellinterpretationen, hg. von Marion Gymnich, Ansgar Nünning, Trier 2005.
[4] Fluck, Das kulturelle Imaginäre, S. 15.
[5] Fluck, Das kulturelle Imaginäre, S. 10.
[6] Roy Sommer, Funktionsgeschichten. Überlegungen zur Verwendung des Funktionsbegriffs in der Literaturwissenschaft und Anregungen zu seiner terminologischen Differenzierung. In: Literaturwissenschaftliches Jahrbuch, 41. Bd. (2000), S. 319–341, hier S. 327–333.

ihm, in der Terminologie Umberto Ecos, nicht um den ‚empirischen Autor', sondern den ‚Modell-Autor', der im Text als komplementäre Deutungshypothese zum ‚impliziten Leser' angenommen werden muss. Die vom Autor beanspruchte Funktion der Texte ergibt sich aus einem Wechselspiel von gesellschaftlich bereitgestellten Möglichkeiten und Realisationsbedingungen, insoweit diese als Möglichkeiten vom Autor erkannt und gewählt oder nicht gewählt werden. Die Poetik des ‚Sozialen', deren Genese ich beschreiben möchte, macht es einem an diesem Punkt leicht, da sie genau dieses Interdependenzverhältnis ins Zentrum ihres Interesses rückt. Da die Poetik des ‚Sozialen' eine Genitivkonstruktion ist, kann sie auf zwei Arten verstanden werden.[7] Als *Genitivus obiectivus* interpretiert, fragt die schöne Literatur, wie sich das ‚Soziale' überhaupt konstituieren und versammeln kann. Das ist die Wissensseite. Als *Genitivus subiectivus* aufgefasst, geht es um Selbstreflexionen der schönen Literatur über die Fragen, wo und wie sie bei den Versammlungsaktivitäten mitwirken will. Das ist die performative Seite der Versammlungsaktivitäten. Die Poetik des ‚Sozialen' und das ‚Soziale' der Poetik sind insofern aufeinander verwiesen, als sie beide in der universellen *Poiesis des ‚Sozialen'* fundiert sind. Mit der doppelten Lesart des Genitivs werden sich die fünf Fragen des ‚Sozialen' vorderhand ebenfalls verdoppeln. In der Textanalyse sollen sie deshalb einmal *in den Text hinein* und einmal *aus dem Text heraus* projiziert werden. Konkret muss man dazu in der Lesart des Genitivus subiectivus in den fünf Fragen das ‚Individuum' schlicht durch ‚die schöne Literatur' austauschen. Solange die Texte beide Perspektiven mit ihren unterschiedlichen Blickwinkeln getrennt halten, ist es methodisch sinnvoll, sie nebeneinander zu diskutieren. Zunehmend wird in Arnims Werken aber deutlich werden, dass diese beiden Gesichtspunkte ineinander verschränkt sind. Eine Mise en abyme wird vermieden, da die Reflexionsperspektive auf die Versammlung des ‚Sozialen' mehr und mehr zurückgenommen wird und die Dichtung immer stärker darauf hin strebt, einen produktiven Beitrag zur Versammlung des ‚Sozialen' zu leisten. Das bedeutet, die schöne Literatur ist immer stärker als eine Form der ‚sozialen' Selbstaussprache zu verstehen, die Kunst somit als Modus der Selbstversammlung des ‚Sozialen'.[8] Der Preis dafür ist, dass die Leistung des einzelnen Schriftstellers immer stärker herausgeschrieben werden muss. Er wird bloß noch als Arrangeur und, weiter zugespitzt, als nahezu unsichtbares Medium inszeniert. Daher läuft das poetologische Programm der Heidelberger Romantik auf eine Herausgeber-Poetik zu. Insofern ergibt sich von den Texten her die Notwendigkeit, die Heuristik in Kapitel 6 mit Blick auf *Des Knaben*

---

7 Vgl. Armin Nassehi, Der soziologische Diskurs der Moderne, Frankfurt a. M. 2006, S. 16.
8 Vgl. Latour, Reassembling the Social, S. 33 f.

Wunderhorn so anzupassen, dass die fünf Fragen des ‚Sozialen' nurmehr *einfach* gestellt werden. Das heißt: Die Doppelperspektive der Poetik des ‚Sozialen' und des ‚Sozialen' der Poetik fällt in eins.

Als zweiten Aspekt der Funktion nennt Sommer das *Wirkungspotential* eines Textes. Es handelt sich um Argumente, die vom Arrangement und den Textstrategien her beabsichtigte Wirkungsweisen begründen.

> Der Funktionsbegriff bezieht sich [...] auf Annahmen über die Relationierung der Textelemente durch Leserinnen und Leser, die jeweils einen Teilbereich des Wirkungspotentials, d. h. der Gesamtheit der denkbaren Lesarten oder der virtuellen Gesamtstruktur des Textes, aktualisieren bzw. realisieren.[9]

Auch hier findet sich die Interdependenzbeziehung zwischen gesellschaftlichen Kontexten und der schönen Literatur wieder. Mit Blick auf die historische und gesellschaftliche Sprechsituation, in die ein Text hineininterveniert, wird man die Selektion bestimmter Lesarten des Textes wahrscheinlich machen können. Zugleich wird man aber den Autoren ein Kalkül beim Schreiben der Texte unterstellen dürfen, bestimmte Publika und Rezeptionsweisen bereits antizipiert zu haben. Oft versuchen die Texte gezielt, bestimmte Kontexte aufzurufen und für bestimmte Lesarten zu mobilisieren. Dies geschieht durch paratextuelle Leserlenkung oder vor allem dadurch, dass Äußerungen auf eine konkret gegebene Situation hin referenzialisiert und damit pragmatisiert werden.

Der dritte und letzte Aspekt betrifft die *tatsächliche Wirkung des Textes*. Hierzu muss man nicht unbedingt ‚empirische Literaturwissenschaft' betreiben, wie es Sommer vorschlägt. Nimmt man auch hier die Wechselbeziehung des Dispositionsraums ernst, erzeugt nicht nur der Text eine Wirkung bei den Rezipienten. Umgekehrt wirkt auch die Rezeption auf das Schaffen der Autoren zurück, vor allem in Gestalt ausbleibender Rezeption oder in Form von ‚Fehllektüren'. Man kann sich also auch hier an die Texte halten und die Veränderung einer Poetik als Resonanzeffekt auf die Spannung zwischen ‚implizitem Leser' und (nach Dafürhalten des Autors) ‚empirischem Leser' verstehen.

Hinsichtlich der Konstruktion der *außerliterarischen* Begrenzung des Dispositionsraums kann die schöne Literatur als Sonderfall funktionaler Betrachtung gesellschaftlicher Kommunikationspraxen begriffen werden. So wie die schöne Literatur, und hier kann man sich auf Luhmanns Systemtheorie beziehen, gibt es eine Reihe weiterer Kommunikationszusammenhänge, die sich funktional voneinander abgrenzen und intern spezialisieren. Dabei darf man eine evolutionäre Ökonomie unterstellen, in der sich aus Konkurrenzen und

---

9 Sommer, Funktionsgeschichten, S. 330.

Allianzen eine Tendenz zu immer effizienterer Verteilung ergibt. Einzelbereiche gewinnen ihr funktionales Profil in wechselseitiger Differenzierung.[10] Man kann annehmen, dass jeder Funktionsbereich sich epistemisch und medial im Sinne der Ausbildung eines eigenen Wissensstils spezialisiert.[11] Daraus ergibt sich, dass die drei oben an der schönen Literatur aufgezeigten Aspekte des Funktionsbegriffs allgemein gelten. Alle Bereiche sind damit wechselseitige Kontexte. Das bedeutet, dass sich z. B. auch bei der Politik fragen lässt, auf welches Wissen sie sich spezialisiert, was sie ausschließt, wie sie es ordnet, und wie sie es mit welcher Wirkungsabsicht zur Anwendung bringt. Kurzum: Man kann auch hier nach den von den Urhebern beanspruchten Funktionen fragen. Der zweite Aspekt betrifft die Inszenierung der Kommunikation. So lassen sich an wissenschaftlichen Texten leicht rhetorische Strategien aufzeigen, die den Geltungsanspruch auf Wahrheit des Dargestellten mit symbolisieren wollen. In der Zeit um 1800 ist hier etwa an die Zurückdrängung von Subjektivismen in naturwissenschaftlichen Publikationen zu denken. Auch der dritte Aspekt der tatsächlichen Wirkung ist zu finden. Keine rechtliche Verordnung wird sich lange halten können, wenn sie sich nicht umsetzen lässt oder gegenteilige Wirkungen hervorruft.

Die Verbindung von verallgemeinertem funktionsgeschichtlichem Ansatz und systemtheoretischer Differenzierungstheorie lässt sich als Theorie von

---

10 Vgl. Siegfried J. Schmidt, Die Selbstorganisation des Sozialsystems Literatur im 18. Jahrhundert, Frankfurt a. M. 1989.
11 Hierbei lässt sich anknüpfen an Überlegungen aus dem Bereich der *Rhetoric of Science* (R. H. Brown, C. Bazerman, A. Gross), der *Historischen Epistemologie* (L. Fleck, G. Bachelard, G. Canguilhem) und an *wissenssoziologische* Verwendungen des ‚Stil'-Begriffs (M. Scheler, K. Mannheim, P. Bourdieu). Vgl. dazu im Überblick Hubert Knoblauch, Rhetorik und Stilistik in der Soziologie. In: Rhetorik und Stilistik, hg. von Ulla Fix, Andreas Gardt, Joachim Knape, Berlin, New York 2009, S. 1833–1841. In diesem Sinne spezifisch zur ‚Wissensstilistik' der schönen Literatur finden sich Überlegungen bei Ralf Klausnitzer, Literatur und Wissen. Zugänge – Modelle – Analysen, Berlin, New York 2008, S. 253–301. – Weiterführend vgl. auch Alois Hahn, Soziologische Relevanzen des Stilbegriffs. In: Stil. Geschichten und Funktionen eines kulturwissenschaftlichen Diskurselements, hg. von Hans Ulrich Gumbrecht, K. Ludwig Pfeiffer, Frankfurt a. M. 1986, S. 603–611; Uwe Spörl, Stil als universales Phänomen. Bemerkungen zu einem bestimmten Typ kultureller Zeichenverwendung. In: Anthropologie der Literatur. Poetogene Strukturen und ästhetisch-soziale Handlungsfelder, hg. von Rüdiger Zymner, Manfred Engel, Paderborn 2004, S. 175–200; Dirk Werle, Stil, Denkstil, Wissenschaftsstil. Vorschläge zur Bestimmung und Verwendung eines Begriffs in der Wissenschaftsgeschichte der Geistes- und Kulturwissenschaften. In: Stil, Schule, Disziplin. Analyse und Erprobung von Konzepten wissenschaftsgeschichtlicher Rekonstruktion, hg. von Lutz Danneberg, Wolfgang Höppner, Ralf Klausnitzer, Frankfurt a. M. 2005, S. 3–30.

Wissenskulturen formulieren.[12] Dieser Begriff, den ich bisher unscharf gebraucht habe, lässt sich in Anlehnung an Hans Jörg Sandkühler definieren. Er hat ihn aus älteren Diskussionszusammenhängen übernommen, die ihn beschränkt auf naturwissenschaftliche Wissenskulturen gebraucht haben, und verallgemeinert ihn im Sinne einer „Absage an Hegemonieansprüche allein einer epistemischen Kultur".[13] Jede einzelne der Wissenskulturen verschiedener Zeiten und Länder, wie sie sich durch „Arbeitsteilung, Spezialisierung, Autonomisierung von Funktionssystemen und soziale und kulturelle Binnendifferenzierungen von Gesellschaften" herausgebildet haben, ist gekennzeichnet durch ihre „je eigenen Weltsichten, Zeichensysteme, Semantiken und Wahrheiten".[14] Die Wissenskulturen sind keineswegs homogen, sondern – in einer Formulierung, die von Fluck übernommen sein könnte – „Bedingungen der *Möglichkeit* von Erkenntnis und Wissen"[15], mithin ein gesonderter Dispositionsraum, um eine spezifische Funktion auszufüllen. Als Wissenskultur versammeln sich Subjekte mit ähnlichen Absichten.

> Wissenskulturen sind *hybrid*, vernetzt mit Denk-, Einstellungs- und Verhaltensmustern, mit Gewohnheiten, Überzeugungen, mit Wertpräferenzen und Normen, die in übergreifenden Dimensionen von Kultur entstehen und sich mit Kulturen verändern. Für das Denken, Verhalten und Handeln von Individuen und deren Integration in epistemische und soziale Netzwerke sind vor allem folgende Dimensionen wesentlich: (i) Glaubenswahrheiten, metaphysische Sinngebungen und Heilserwartungen: Zu dieser Ebene gehört die Integration von Individuen in Überzeugungsgemeinschaften. (ii) Grundlegende epistemische Einstellungen, Überzeugungen und Präferenzen, in deren Perspektiven Wirklichkeiten entstehen. Zu dieser Ebene gehört die Integration der Individuen in realistische, idealistische, skeptische und andere – z. B. pragmatische, ästhetische – Paradigmata. (iii) Von der Alltagskultur geprägte Wahrnehmungs-, Denk- und Lebensstile, die mit Sitten, moralischen Üblichkeiten, Gewohnheiten, Ritualen, Umgangsformen etc. verbunden sind: Zu dieser Ebene gehört die Integration der Individuen in soziokulturelle Milieus. (iv)

---

12 Zum Ergänzungspotential der Ansätze vgl. Norbert Sieprath, Medienaneignung als blinder Fleck der Systemtheorie. In: Doing Culture. Neue Positionen zum Verhältnis von Kultur und sozialer Praxis, hg. von Karl H. Hörning, Julia Reuter, Bielefeld 2004, S. 201–220.
13 Hans Jörg Sandkühler, Kritik der Repräsentation. Einführung in die Theorie der Überzeugungen, der Wissenskulturen und des Wissens, Frankfurt a. M. 2009, S. 68. – Er möchte den Begriff der ‚Wissenskulturen' über Wissenschaften aller Art auch auf Recht, Philosophie, Kunst und Religionen erweitern (S. 73). Das scheint für Sandkühler aber keine abgeschlossene Liste darzustellen, von daher gibt es keine Einwände, prinzipiell jedem Funktionssystem der Gesellschaft eine eigene Wissenskultur (mit Subdifferenzierungen) zuzugestehen (also etwa auch Politik, Wirtschaft, Öffentlichkeit etc.). In diesem erweiterten Sinne findet sich das Konzept auch bei Klausnitzer, Literatur und Wissen, S. 165–209.
14 Sandkühler, Kritik der Repräsentation, S. 68 f.
15 Sandkühler, Kritik der Repräsentation, S. 73 (Herv. im Orig.).

Soziale und politische Grundwerte: Zu dieser Ebene gehört die Integration der Individuen in gesellschaftliche Ordnungen und Normensysteme.[16]

Es wird deutlich, dass sich Wissenskulturen nicht nur um ein gemeinsames Faktenwissen versammeln, sondern dass implizites Wissen bei der Anwendung und Weitergabe des Faktenwissens eine ebenso wichtige Rolle spielt. Weiter ist zu beachten, dass sich große Wissenskulturen (wie etwa die Wissenschaft oder eben die schöne Literatur) nochmals unterdifferenzieren in eine Vielzahl von Subkulturen, die zwar Leitideen (etwa die Orientierung an ‚Wahrheit' in der Wissenschaft) teilen, in vielen anderen Charakteristika aber mehr oder minder deutlich auseinanderlaufen.

Ihren Ausdruck finden epistemische Kulturen in ihren je eigenen *Wissensstilen*. In ihrer Kommunikation aktualisieren Wissenskulturen symbolische Traditionen, die sie im Vollzug rekursiv affirmieren. In den Symbolpraxen gestalten Wissenskulturen ihre Gegenstände, indem sie sie durch ihre Zeichensysteme, Begriffe und Unbegrifflichkeiten oder auch durch Theorieansätze umreißen, an Paradigmata und Medienformate anheften und an (im wertfreien Sinn) ‚ideologische' Standpunkte und Weltbilder anschließen. Bei der Inszenierung des Wissens läuft zugleich ihre eigene Rechtfertigung mit.[17] Ihrer Funktion entsprechend, werden die Gegenstände des Wissens auf die ‚Kontingenzformel' hin perspektiviert.[18] Mit dem Begriff bezeichnet Luhmann die Einheit der Leitunterscheidung. Ein wissenschaftlicher Artikel etwa bestimmt seine Beschreibung der Gegenstände als gerechtfertigt und wahr und grenzt sich von falschen Ansichten ab; eine ökonomische Betrachtung stellt ihre Gegenstände im Lichte ihres Wertes dar im Gegensatz zu anderen Gegenständen, die man alternativ kaufen könnte, etc. Da die Inszenierung immer beide Seiten der Leitunterscheidung zugleich bedient, symbolisiert sie als Ganzes die Einheit der beiden Seiten, mithin die Kontingenzformel selbst. Kontingenzformeln besetzen wichtige Umsetzerpositionen in Weltbildern als Theodizeen im ‚Polytheismus der Werte'.

Die schöne Literatur erscheint wissensstilistisch unterbestimmt. Solange sie ästhetisch selbstbezüglich bleibt,[19] macht das gerade ihr besonderes Poten-

---

16 Sandkühler, Kritik der Repräsentation, S. 72.
17 Vgl. Sandkühler, Kritik der Repräsentation, S. 73.
18 Vgl. zum Begriff der ‚Kontingenzformel' Luhmann, Die Gesellschaft der Gesellschaft, S. 468 ff.
19 Im Umgang mit dem Anspruch auf die Selbstzweckhaftigkeit der Kunst wird der Unterschied zwischen Jenaer und späterer Heidelberger Romantik sehr deutlich. Die erste Phase der Romantik unterscheidet zwischen dem transzendentalen Postulat der Selbstzweckhaftigkeit der Kunst und ihrer empirischen Verzweckung, für die spätere Heidelberger Romantik ist die Zweckhaftigkeit der Kunst notwendige Konsequenz der aktuellen bildungsgeschichtlichen Si-

tial aus und erklärt die Vielfalt ihrer Erscheinungsformen. Möchte sie allerdings ihre Fähigkeiten zugunsten fremdbezüglicher Funktionen einsetzen, bedeutet das, dass sie einerseits besonders offen für eine Vielzahl von Funktionen sein kann bzw. andererseits für keine der anderen möglichen Funktionen spezifisch qualifiziert ist. Dieses funktionale Generalistentum bringt also Vor- und Nachteile mit sich. Als Kommunikation alternativer Perspektiven ist die schöne Literatur konkurrenzlos. Konkurrenz erwächst ihr indes, wenn sie sich (neben dezidiert pädagogischen Einrichtungen) der sittlichen Bildung des Menschengeschlechts widmen möchte, (neben der Politik) das ‚Soziale' versammeln will oder (neben rein kommerziellen Angeboten) schlicht zu unterhalten vorhat.[20] Eine Betrachtungsweise, die *funktionale Äquivalente* vergleicht, ist in der Lage, der Wirkmächtigkeit ein objektiveres Maß zu geben als die bloßen Ansprüche des Autors. Sie orientiert sich daran, wie eine Funktion zeitgenössisch überhaupt ausgefüllt wurde.[21] Sie beleuchtet also die Konkurrenzverhältnisse, die sich um die Erfüllung bestimmter gesellschaftlicher Funktionen etablieren, und beschreibt, welche Verdrängungsmechanismen greifen.

Nach diesen methodischen Vorüberlegungen zur Analyse des Dispositionsraums der Genese einer Poetik des ‚Sozialen' gilt es nun verschiedene Differenzierungsprozesse zwischen Wissenskulturen um 1800 nachzeichnen.[22] In dem Panorama werden zunächst die großen diskursgeschichtlichen Entwicklungslinien dargestellt. Die Abstraktheit wird nach und nach zurückgenommen, indem die Untersuchung auf konkrete Beispiele übergeht. Wenn ich Arnims Teilhabe an den Prozessen zusammen mit weiteren ausgewählten Positionen porträtiere, kommt eine Farbigkeit ins Bild, die gleichermaßen Kontraste als auch Ähnlichkeiten sichtbar werden lässt.

Da es unmöglich ist, alle Differenzierungsprozesse vorzuführen, konzentrieren sich die folgenden Skizzen auf drei zentrale Wissensgebiete, die sich um die *Natur* (Kap. 3.2.1), den *Menschen* (Kap. 3.2.2) und die *Gesellschaft*

---

tuation. Mit Steigerung des Bildungsgrades, so die Erwartung, wird die Kunst immer weiter ihre Aufgabe zurücknehmen und letztlich selbstzweckhaft sein können.
20 Vgl. dazu Luhmann, Die Kunst der Gesellschaft, S. 220–242.
21 Vgl. zum Begriff der ‚funktionalen Äquivalente' Luhmann, Die Gesellschaft der Gesellschaft, S. 332 ff.
22 Es ist frappierend, wie ähnlich zu den hier zu untersuchenden Verhältnissen die epistemischen Differenzierungsprozesse in Frankreich und Großbritannien etwa zur gleichen Zeit ablaufen. Vgl. dazu Hans Erich Bödeker, Entstehung der Soziologie. In: Die Wende von der Aufklärung zur Romantik 1760–1820. Epoche im Überblick, hg. von Horst Albert Glaser, György M. Vlada, Amsterdam, Philadelphia, PA 2001, S. 259–291. Vgl. auch ausführlich die sehr lesenswerte Studie von Heilbron, The Rise of Social Theory.

(Kap. 3.2.3) gruppieren. Es handelt sich dreimal um dieselbe Geschichte, die erzählt wird: Die erste Hälfte der Doppelkapitel zeigt, wie sich eine Wissenskultur teilt, die zweite, wie der Ausschluss an Erkenntniskräften und Funktionspotentialen mit der schönen Literatur konvergiert. In diesen Geschichten wird deutlich, wie sich epistemisch das Wissen vom ‚Sozialen' als eigenes Gebiet herausschält. Es konstituiert sich um 1800 als ein Feld, in dem weder ein gesetzmäßiger Determinismus wie in der unbelebten Natur herrscht, noch transzendentale Freiheit gegeben ist, durch die die Kritische Philosophie den Menschen in seinem Wesen auszeichnet. Der Bereich der Gesellschaft erscheint als Zwischenreich bedingter Freiheit.

3.2 Differenzierungsprozesse von Wissenskulturen

3.2.1 Natur

3.2.1.1 Erkenntnisprinzip ‚Ahndung': Naturwissenschaften/Naturphilosopie

In *Die Lesbarkeit der Welt* beschreibt Hans Blumenberg im Gang durch die Geschichte Wandlungsprozesse epistemologischer Programme.[23] So wie sich Schriftzeichen zu dem geordneten Ganzen eines Buchtextes zusammenfügen, soll sich jeder einzelne Naturprozess im Gesamtgefüge des Kosmos verstehen lassen. Es ist die Geschichte einer Ernüchterung, da an dieser Möglichkeit immer mehr gezweifelt wird. Ihren letzten großen Höhepunkt erlebt die Vorstellung in verschiedenen Ausformungen des Idealismus um 1800.[24] Dieser gilt als Lösungsweg, Teil und Ganzes zusammenführen zu können. Diese Problemebene schneidet sich aber mit einer anderen, um die es in der weiteren Argumentation zentral gehen wird, nämlich der des Subjekt-Objekt-Bezugs. Die nachkantische Epistemologie sieht sich der Schwierigkeit ausgesetzt, die Objektivität naturwissenschaftlicher Forschung angesichts pluraler Subjektivitäten zu begründen. Neben ‚Problemvermeidern', die sich damit zufrieden geben, Messergebnisse weitgehend theoriefrei zu konstatieren, und sich nicht weiter in die epistemologische Diskussion einschalten, gibt es zwei Bewegungen, die sich dem Problem stellen. Die eine versucht, die Erkenntnisse empirischer Forschung im Rahmen der Systembauten idealistischer Naturphilosophien zu in-

---

[23] Dieses Kapitel deckt sich weitgehend mit dem Aufsatz Urs Büttner, „Durch die Kunst läst sich dieses ahnden". Achim von Arnim im Kontext zeitgenössischer Konzepte der Gefühlserkenntnis der Kunst. In: Arnold, Pape (Hg.), Emotionen der Romantik. Repräsentation, Ästhetik, Inszenierung, S. 139–154.
[24] Vgl. Hans Blumenberg, Die Lesbarkeit der Welt, Frankfurt a. M. 1983, S. 199–299.

tegrieren. Obwohl diese Denkbewegung um 1800 noch eine große Blüte erlebt, kann sie sich auf längere Sicht nicht behaupten. Empirie und Detailinterpretation der Naturwissenschaften sollten sich vom Blick aufs große Ganze, wie ihn die naturphilosophischen Spekulationen unternommen haben, trennen. Die zweite Entwicklungslinie ‚antizipiert' in gewisser Weise diese Trennungsbewegung und nimmt das Problem am Ende pluraler Subjektivitäten auf, indem sie die ‚Objektivität'[25] von Erkenntnisansprüchen ebenfalls multipliziert. Sie akzeptiert den unüberwindbaren Hiatus zwischen rohen Einzeldaten und kosmischem Zusammenhang im Rahmen einer naturwissenschaftlichen Betrachtung. Dagegen rehabilitiert sie den Idealismus der Naturbetrachtung auf dem Feld der Kunst. Die epistemologische Strategie dabei ist, Erkenntnisvermögen – meist Gefühl im Zusammenspiel mit der Einbildungskraft – zu suchen und aufzuwerten, die einerseits jenseits der für die naturwissenschaftliche Erkenntnis beansprochten liegen, aber diesseits von ‚Schwärmerei' und ‚Wahn' und sich von diesen abtrennen lassen. Die Kunst kann dann selbstbewusst ihren Autonomieanspruch aufgrund ihrer spezifischen Epistemologie vertreten.

Dieser zweiten Entwicklungslinie soll hier anhand von Achim von Arnims Weg vom Physiker zum Dichter genauer gefolgt werden, worin zugleich die Unterschiede zu der von Blumenberg beispielhaft an Vertretern der Frühromantik diskutierten Wissenskultur sichtbar werden. Ein erster Teil der Argumentation vollzieht die Trennung von wissenschaftlicher Naturforschung und spekulativer Naturphilosophie nach. Darauf folgt ein zweiter, größerer Teil, der am Beispiel von Arnims Aufwertung des ‚Ahndungs'-Vermögens symbolische Erkenntnis als genuine Erkenntnisform der Kunst für diese reklamiert.

Geboren wurde Achim von Arnim 1781 in Berlin. Seine Erziehung war geprägt von pietistischer Leistungsethik und durch den Fortschrittsoptimismus der Spätaufklärung. Achim von Arnim war ein frühreifes Kind. Heinz Härtl vermutet, er sei hochbegabt gewesen.[26] In der Tat ist man bei der Lektüre seiner Schülerschriften und des frühen Briefwechsels überrascht, womit sich Arnim bereits in einem Alter beschäftigt hat, in dem das Hauptinteresse der meisten Kinder vor allem ihrem Spielzeug gilt. Überrascht ist man über die Fülle an Aufzeichnungen, die Vielseitigkeit seiner Interessen, seine große Belesenheit und das Niveau seiner Kenntnisse. Er galt als ein fleißiger und herausragender

---

25 Zum Objektivitätsbegriff vgl. Lorraine Daston, Peter Galison, Objektivität, Frankfurt a. M. 2007, S. 30 ff.
26 Vgl. Heinz Härtl, Zur geistigen Physiognomie des jungen Arnim aufgrund seines Briefwechsels. In: Burwick, Härtl (Hg.), „Frische Jugend, reich an Hoffen", S. 25–30, S. 26.

Schüler[27] und als ein echter „Bucherwurm [sic!]"[28]. Schon als Teenager interessierte er sich für Bücherauktionen und aktuelle Zeitschriftenpublikationen. Seine Schulausbildung genoss er durch Hauslehrer und am Joachimsthalschen Gymnasium, einer Kaderschmiede des preußischen Nachwuchses mit entsprechendem Drill und hohen Anforderungen. Mehrfach klagt Arnim darüber, kaum Freizeit zu haben und mit dem Lesen fast nicht hinterher zu kommen. Zugleich aber fand er dort auch in seinen Mitschülern ein intellektuell anregendes Umfeld. Mit einigen gründete er etwa eine Gesellschaft, in der die Schüler bereits aus ihren aktuellen Forschungen vortragen wollten. Nach seinem Abschluss ging Arnim zuerst an die wichtige Aufklärungsuniversität Halle und später nach Göttingen. Dass er unter den vielen Gebieten, die ihn als Jugendlichen beschäftigt hatten, mit besonderem Interesse die Naturwissenschaften weiterverfolgte, kommt nicht von ungefähr. In ihren rasanten Erkenntniszuwächsen sah er die Speerspitze des Aufklärungsprozesses und knüpfte große Hoffnungen an die empirische Naturforschung, mit der er meinte, Antworten auf die großen Fragen der Welt finden zu können.[29] Das Streben nach der ‚Lesbarkeit der Welt' ließ ihn dabei unvermeidbar in das eben vorgezeichnete epistemologische Spannungsfeld eintreten.

Seine Hallenser Universitätslehrer Ludwig Wilhelm Gilbert und Friedrich Albert Carl Gren prägten ihren jungen Studenten mit ihrer Heuristik nachhaltig.[30] Sie wandten sich gegen naturphilosophische Spekulationen, wie sie die ‚romantische Physik' mit ihren Hauptprotagonisten Johann Wilhelm Ritter in Göttingen und Friedrich Wilhelm Joseph Schelling in Jena pflegte. Aus der Kantschen Erkenntnistheorie wusste man aber, dass rohe Daten nichtssagend und damit sinnlos sind und Theoriebildung immer Interpretation bedeutet. Dieses Problem löste die Hallenser Physik, indem sie ausgehend von induktiver Erkenntnis eine dialektische Annäherung von Abbild und Entwurf annahm.[31] Diese Dialektik sollte Achim von Arnim zunehmend fragwürdig wer-

---

27 Das zeigen seine Zeugnisse (WAA 1, 373 ff.).
28 So nennt ihn sein Onkel Hans von Schlitz in seinem Brief vom 17.08.1797 (WAA 30, 50–52, 51).
29 Vgl. Roswitha Burwick, Achim von Arnim – Physiker und Poet. In: Literaturwissenschaftliches Jahrbuch, 26. Jg. (1985), S. 121–150, hier S. 125: „Arnim sah Physik und Chemie nie getrennt vom Menschlichen, sah sie nie als reine Wissenschaften, die sich allein mit der Aufstellung von Gesetzen beschäftigen. Die im Labor gewonnenen Erkenntnisse über die Wechselwirkung der Kräfte und Körper führten zum Wissen über die Wechselwirkung aller Kräfte und Körper in der Natur und dadurch zum Wissen über die Urphänomene als solche. Die Wissenschaften sollten zur Beantwortung der Faustischen Frage dienen nach dem, ‚was die Welt im Innersten zusammenhält'."
30 Vgl. Heinz Härtl, Arnim und Goethe, S. 47.
31 Vgl. John Erpenbeck, „Was euch in meinen Werken quält ...". In: Goethe-Jahrbuch, 99. Bd. (1982), S. 299–313, hier S. 302.

den. Hier setzt ein Zweifel ein, der ihn das epistemologische Problem im Laufe der Zeit auf immer grundsätzlicherem Niveau angehen ließ.

In seinen wissenschaftlichen Anfängen bewegt er sich innerhalb des heuristischen Konzepts seiner Lehrer. In seinen Publikationen zielte er darauf ab, die ‚Objektivität' der Erkenntnis zu erhöhen, indem er mögliche Fehlerquellen im Erkenntnisprozess zu beseitigen suchte. Immer wieder stellt er im Sinne von Triangulation Messungen verschiedener Experimentatoren nebeneinander, benennt methodische Fehlerquellen und sucht logische Inkonsequenzen in der Argumentation.[32] Dabei geht es ihm immer darum, die Divergenzen zu einem einheitlichen Bild zusammenzufügen.[33] Aber auch aufseiten des ‚Subjektiven' bemüht sich Arnim um Optimierung der Erkenntnis, wenn er etwa möglichst elegante Erklärungen anstrebt, die auf interpretierende Denknotwendigkeiten weitgehend zu verzichten versuchen. Sein erster eigener Theorieentwurf von 1799, der *Versuch einer Theorie der elektrischen Erscheinungen*[34], kommt in diesem Sinne im Gegensatz zu älteren Theorien dann auch nur mit zwei anzunehmenden Kräften aus.

Die nächste Stufe, das erkenntnistheoretische Problem grundsätzlicher anzugehen, erreicht er, indem er zunächst die Grenzen des naturwissenschaftlichen Zugangs darauf ausweitet. Das bedeutet auf der Gegenstandsseite, die Experimentalanordnungen technisch zu betrachten. Ein Großteil seiner Veröffentlichungen unterbreitet Verbesserungsvorschläge für Messinstrumente.[35] Auf der Subjektseite versucht er, die Erkenntnistätigkeit sinnesphysiologisch zu durchdringen. Man geht sicherlich nicht fehl in der Annahme, darin die ersten Ansätze für Arnims spätere Idee zu sehen, dass die menschliche Erkenntnis die Verlängerung eines Naturprozesses darstellt. Mittels der Sinnesphysiologie möchte er innerhalb eines einzigen Theorierahmens, nämlich des naturwissenschaftlichen, bleiben. Anderseits will er so dem Erfahrungsgehalt gerechter werden, der ja multisensual gewonnen, aber klassisch erkennt-

---

[32] Man könnte dies an jedem Aufsatz von Arnims zeigen. Als paradigmatisches Beispiel, das dieses Vorgehen besonders deutlich macht, sei hier auf den „Beitrag zur Berichtigung des Streits über die ersten Gründe der Hygrologie und Hygrometrie" (WAA 2.1, 193–205) verwiesen. Die Reflexion des Beobachters macht die „Uebersicht der magnetischen nicht-metallischen Stoffe" (WAA 2.1, 270–279) sehr anschaulich.
[33] Vgl. Burwick, Physiker und Poet, S. 134
[34] WAA 2.1, 5–45. – Vgl. auch Kapitel 3.2.1.2 der vorliegenden Studie.
[35] Beispielhaft dafür stehen etwa: „Vorschläge zur Vervollkommnung der Areometer" (WAA 2.1, 71–76); „Beschreibung neuer Barometer" (WAA 2.1, 111–117); „Vermischte chemische Beobachtungen" (WAA 2.1, 318–327). Vgl. dazu Communicating Science. The Scientific Article from the 17th Century to the Present, hg. von Alan G. Gross, Joseph E. Harmon, Michael Reidy, Oxford, New York 2002, S. 98.

nistheoretisch nur auf den optischen Eindruck reduziert wird. Eine Skizze belegt dies: „Alle Physik läuft darauf hinaus einen Sinn durch den andern zu construiren durch sich selbst kann und soll es keiner[:] Die Töne dem Gesichte dem Gefühle und Geruche darzustellen[,] Dem Geschmack dem Gesichte[,] dem Gefühle der Nase"[36]. Bereits in einer „zweyte[n] Beilage"[37] des „Versuchs" beschäftigte sich Arnim mit der sinnlichen Wahrnehmung, dem eine Reihe weiterer Publikationen mit ähnlichen Fragestellungen folgen.[38] Immer geht es darum, anatomisch bedingte Täuschungsmöglichkeiten antizipatorisch auszuräumen. – Mit der Zeit erkennt Arnim aber, dass er trotz aller technischen und sinnesphysiologischen Bemühungen um ‚Objektivität' bzw. weniger ‚Subjektivität' sein erkenntnistheoretisches Grundproblem nur verschiebt, ohne es grundsätzlich lösen zu können.[39]

Die letzte Stufe von Arnims epistemischen Zweifeln markiert zugleich seine Absage an den Plan einer Karriere als Physiker. Sie wird in seiner Positionierung zu Schelling anschaulich greifbar. Mit diesem teilt Arnim dessen anfänglichen ‚Dynamismus'. Unter diesem Namen fasst man Theorien, die verschiedene Phänomenbereiche der Natur (Elektrizität, Magnetismus, Wärme, Licht etc.) nicht mehr durch Eigenschaften von Substanzen (‚ponderable' und ‚imponderable') erklären wollen, sondern allein auf Basis der Wirkung von Kräften. Dass die dynamistischen Ansätze die Erklärungskraft der von ihnen behaupteten Kräfte überfordern, versagt ihnen andauernde Plausibilität.[40] Interessanter ist

---

36 Achim von Arnim, Aphorismen zur Theorie des Lichts (Göttingen, Mai 1800), Transkription und Faksimile im Anhang (S. 45–47) von Frederick Burwick, Elektrizität und Optik. Zu den Beziehungen zwischen wissenschaftlichen und literarischen Schriften Achim von Arnims. In: Aurora, 46. Jg. (1986), S. 19–47, hier S. 46 [Nur wenn Bezüge in Zitaten unklar oder mehrdeutig sind, ergänze ich ausnahmsweise wie hier Satzzeichen, die meine Lesart markieren. U. B.] – Vgl. dazu ebd., bes. S. 25 und Ernst Darmstaedter, Achim von Arnim und die Naturwissenschaften. In: Euphorion, 32. Bd. (1931), S. 454–476; Waltraut Rudelius, Achim von Arnim und die Naturwissenschaften, Frankfurt a. M. [Diss. masch.] 1944; Michael Gerten, „Alles im Einzelnen ist gut, alles verbunden ist groß". Ort und Methode der Naturforschung bei Achim von Arnim. In: Zimmerli, Stein, Gerten (Hg.), „Fessellos durch die Systeme", S. 91–142, hier S. 126 ff.
37 WAA 2.1, 42–45.
38 Beispielhaft dafür stehen: „Beobachtungen über scheinbare Verdoppelungen der Gegenstände für das Auge" (WAA 2.1, 172–176); „Ueber die Bewegungen kleiner brennender Dochte, wenn sie in einem Becken mit Oehl schwimmen; von Patrick Wilson" (WAA 2.1, 177–184); „Gesetze für die Stärke der Schallfortpflanzung durch feste und flüssige Stoffe" (WAA 2.1, 189–192).
39 Vgl. Burwick, Physiker und Poet, S. 134.
40 Vgl. Rudolf Stichweh, Zur Entstehung des modernen Systems wissenschaftlicher Disziplinen. Physik in Deutschland 1740–1890, Frankfurt a.M 1984, S. 146 und 154; Francesco Moiso, Arnims Kräftelehre. In: Burwick, Härtl (Hg.), „Frische Jugend reich an Hoffen", S. 85–120 und Stein, Naturphilosophie der Frühromantik.

aber hier – und das provoziert den Dissens zwischen Arnim und Schelling –, welchen epistemischen Status beide den Kräften zuschreiben. Während Schelling seine Überlegungen in mehreren Systementwürfen zu einer spekulativen Identitätsphilosophie ausbaut, besteht Arnim darauf, dass es sich mit wissenschaftlichem Anspruch nur um eine rein hypothetische Annahme der Einheit der Natur handeln könne.[41]

> *Identitätsvermutungen* werden in den ersten Jahrzehnten des neunzehnten Jahrhunderts ergänzt und verdrängt durch einen zweiten Typus apriorischer Prämissen der Theoriekonstruktion, an denen sich ein interessanter kultureller Wandel der Naturwissenschaften ablesen läßt. Wir wollen hier den Begriff *Einheitsvorstellungen* wählen [...]. Einheitsvorstellungen lassen sich in zwei Hinsichten von Identitätsvermutungen unterscheiden. Letztere ruhen meist auf der Unterstellung auf, daß die vermutete Identität zweier Phänomene (Kräfte etc.) einem *intuitiven Zugriff* unmittelbar sich erschließt. Einheit hingegen fungiert eher als eine *regulative Idee*, die erst ein kompliziertes Zusammenspiel von Experiment und Theorie tendenziell zu realisieren vermag. Ein Zweites ist, daß Identität eine *Eigenschaft der Objektwelt* ist, nicht vom Menschen geschaffen und bestenfalls für ihn anschaubar. Einheit ist demgegenüber ein *psychologisches Prinzip* des menschlichen Verstandes und ist in diesem Sinn Funktion der Interaktion von Erkenntnis und Objektwelt.[42]

Der Streit zwischen Arnim und Schelling ist längst nicht nur eine Meinungsverschiedenheit zweier Forscherpersönlichkeiten. Er steht vielmehr repräsentativ für die Bewegungsrichtungen der Trennungs- und Neuversammlungsaktivitäten auf dem Feld der Naturforschung um 1800. Daher sollen an dieser Stelle Arnims Äußerungen nicht mehr bloß als Teil der Versammlungsaktivitäten innerhalb einer Wissenskultur verstanden werden, wie sie die bisherige Argumentation ansetzen konnte. Stattdessen ist der Streit auf die Binnen- und Außendifferenzierung verschiedener epistemischer Versammlungen zu beziehen.

Die Physik um 1800 befindet sich in einer Umbruchphase. Das wird an den wissenschaftlichen Artikeln deutlich, die in Methodologie und Wissensformatierung sehr viel heterogener sind als in anderen Ländern oder noch wenige Jahre zuvor.[43] Dabei lassen sich zwei dominante Stilformen extrapolieren, denen zwei Kommunikationszusammenhänge entsprechen, die sich durch ihre Performanzen zugleich versammeln, gegenüber der jeweils anderen Versammlung aber auch abgrenzen. In der Zeit zwischen 1770 und 1830 sind große Schwankungen in der Intensität der Versammlungsaktivitäten beider Gruppierungen und überdies gewisse Fluktuationen zu verzeichnen. Die eine Stilform

---

41 Vgl. dazu näher Burwick, Elektrizität und Optik.
42 Stichweh, Physik in Deutschland, S. 148 f. (Herv. im Orig.).
43 Vgl. Stichweh, Physik in Deutschland, S. 181–185 und 205; Communicating Science, hg. von Gross, Harmon, Reidy, S. 93.

ist gekennzeichnet durch unpersönliche Formalisierung des Ausdrucks und eine Tendenz zur Mathematisierung. Sie wird sich letztlich durchsetzen und der physikalischen Wissenskultur ab etwa 1830 ihr Gepräge geben. Daran knüpft sich eine zunehmend hypothetisch-deduktive Epistemologie an.[44] Die Physik versteht sich dabei als apriorische Wissenschaft, die mit der Formalsprache den Universalitätsanspruch ihrer Gesetzmäßigkeiten zeigt. Da sie ihre Erkenntniskontrolle dementsprechend nur noch selbstbezüglich logisch-mathematisch begründet und eben nicht mehr empirisch, können die Gesetze nur noch hypothetischen Status beanspruchen.

> Hypothetisches Denken sucht seine Bewährung nicht mehr in Wahrnehmungen, die zeitlich vor den Denkoperationen liegen. Es stützt sich nicht mehr auf ‚Fundamentalversuche', an denen die Struktur der Erklärung rekonstruktiv abzulesen ist, vielmehr findet es seine Bewährung in einer experimentell noch nicht realisierten Zukunft, die es in seinen deduktiven Antizipationen prognostiziert und deren schnelle Realisierung die Aufgabe des der theoretischen Arbeit ständig koordinierten Experiments ist.[45]

Für diese Stilform steht Arnim anfänglich, für die andere Schelling.

> Wichtig ist [für jene, U. B.] zunächst die Tendenz zur *Einebnung der Differenz von Begrifflichkeit und Gegenstand*. Daraus folgt eine Präferenz für Begriffe, die die Natur in ihrer *Unmittelbarkeit* und *Anschaulichkeit* so erfassen, wie sie für sich selbst ist, und dies in Hinsicht auf die phänomenal gegebene *Einheit der Natur* tun. Einheit und Zusammenschau ist denn auch der Zielpunkt wissenschaftlicher Arbeit und als symbolischer Repräsentant dieser Zielprojektion fungiert die *Idee des ‚Kosmos'*, [...] [die] kein eigentlich wissenschaftlicher Begriff, vielmehr ein ‚ästhetischer Anthropomorphismus' [ist].[46]

Dieser Wissensstil beherrscht die ‚romantische Naturwissenschaft' (wie auch die Goethes).[47] Er wird am Ende seiner ‚Laufbahn' größtenteils unter dem Dach der Kunst einen neuen epistemischen Ort finden. Die Ästhetisierung der Natur wird aufgrund ihrer weniger leistungsfähigen Methodologie letztlich den Ansprüchen nach Präjudizierung der Naturläufe nicht genügen können. Arbeitsteilig wird die Naturgesetzkunde exklusiv bei der Wissenschaft bleiben, umge-

---

[44] Oft ergänzen sich dem Selbstverständnis nach ‚induktiv' experimentell gewonnene Argumentationsteile mit hypothetischen Fortführungen, die erst in Zukunft experimentell nachzuweisen seien. Während der allgemeine Trend dahin geht, die ‚induktiven' Teile zurückzunehmen, wird Arnim das ‚deduktive' Vorgehen zunehmend suspekt werden.
[45] Stichweh, Physik in Deutschland, S. 135 f. Vgl. dazu auch ebd., S. 169–172 und 230.
[46] Stichweh, Physik in Deutschland, S. 208 (Herv. im Orig.).
[47] Vgl. dazu näher Michael Bies, Im Grunde ein Bild. Die Darstellung der Naturforschung bei Kant, Goethe und Alexander von Humboldt, Göttingen 2012.

kehrt aber die Kunst genauso exklusiv den ästhetischen Gesichtspunkt für sich beanspruchen.⁴⁸

Innerhalb dieses Bezugsrahmens sollen zwei Komplexe von Äußerungen Arnims betrachtet werden. Die Unterscheidung dient einzig der übersichtlicheren Darstellung, tatsächlich aber datieren sie aus demselben Zeitraum und stehen nebeneinander. Beide weisen die gleiche paradoxe Kommunikationsstruktur auf: Formal zeigen die einen weiterhin die Signa des ersten Wissensstils. Da Arnim sie aber – bewusst – zunehmend nicht mehr publiziert, nimmt er mit ihnen nicht an den Versammlungsaktivitäten der Scientific Community teil. Gerade als dieses Nicht-Ereignis stellt es ein spezifisches kommunikatives Ereignis dar. Das bedeutet auf der einen Seite eine Selbstexklusion von den Versammlungsaktivitäten der formalisierenden Physiker, umgekehrt aber keine Reinklusion in die des anderen Lagers. Arnim steht dazwischen.

Warum vollzieht Arnim diesen performativen Widerspruch? In seiner Brust schlugen zwei Seelen; auf der einen Seite glaubte er an die Epistemologie seiner Hallenser Lehrer, andererseits fühlte er sich dadurch auch im Erkenntnisgewinn beschränkt. Er sah, dass ausgehend vom Experiment eine ästhetische Sichtweise der Natur sich nicht unmittelbar gewinnen ließe, hegte aber den Wunsch nach ganzheitlichen Entwürfen, den er mit der ‚romantischen Naturwissenschaft' teilte.⁴⁹ Das heißt, er wusste sich seinen Lehrern epistemologisch immer weniger zugehörig, ohne aber deshalb die Position des anderen Lagers übernehmen zu wollen.⁵⁰ In einem späteren Manuskript kommentiert er rückblickend das Dilemma seiner Situation:

---

48 Vgl. Stichweh, Physik in Deutschland, S. 214 f.
49 Konkret lässt sich dies an Arnims Enttäuschung über Ritters Entdeckung der ultravioletten Strahlung im Jahr 1800 festmachen. Nachdem William Herschel kurz zuvor das infrarote Licht entdeckt hatte, schloss Ritter im Rahmen einer viel spekulativeren Theorie, als Arnim sie gewagt hätte, dass sich aus Symmetriegründen am anderen Ende des sichtbaren Spektrums auch Strahlung befinden müsse. (Vgl. den Brief von Johann Wilhelm Ritter an Achim von Arnim vom 06.05.1801 (WAA 30, 158–162). In der Rückschau kommentiert Arnim seine Situation so: „Ich konnte fast nichts denken in der Physik, was die Leute aufnahmen und fassten, was nicht zu gleicher Zeit Ritter[,] Schelling oder andere bekannt machten." (Brief Achim von Arnim an Clemens Brentano vom 24., 25. und 26.12.1803 (WAA 31, 312–339, 315)). – Vgl. dazu Paul Hoffmann, Achim von Arnim über Johann Wilhelm Ritter. In: Archiv für Geschichte der Mathematik, der Naturwissenschaften und der Technik, 10. Bd. (1928), S. 357–362.
50 Der Wandel von Arnims epistemischer Position wird in der Kritik seines Lehrers Gilbert deutlich, der die „Annalen der Physik" herausgab. Ihm ist Arnims Aufsatz zuweilen zu spekulativ: „Darum kann ich selbst gar manches darin mehr ahnden als verstehn. – Hat es auch mit allen Versuchen seine volle Richtigkeit?, und enthalten manche nicht mehr Geschloßnes und Vorherbestimmtes, als Gesehenes und durch den Versuch erst entdecktes?" (Brief Ludwig Gilbert an Achim von Arnim vom 13.07.1801 (WAA 39, 168–170, 169)). Vor diesem Hintergrund

> [D]ie gesamte Naturkunde zerfiel mir in zwei getrennte Welten in Erscheinungen und in ein oberstes Prinzip, oder allgemeinste Ansicht und mein unablässiges Bemühen war, jene unter allgemeinen Gesetzen zu verbinden und dann hieraus abzuleiten, da jede neue Erscheinung ein neues Gesetz hervorbrachte und ein altes störte, so war ich den neuen Beobachtungen nicht gewogen [...]. [I]ch hätte gar gerne etwas entdeckt, aber ich merkte nicht, wie mir die Induktion immer in den Weg trat.[51]

Der Teil der Äußerungen, der die Trennungsbewegung illustriert, treibt die Spannung zwischen Einzelphänomen und Theorie auf die Spitze. In den Titeln seiner Aufsätze spiegelt sich das Abwenden von jeglichen Theoretisierungen wider. Hießen sie anfänglich noch selbstbewusst *Versuch einer Theorie der elektrischen Erscheinungen* (1799), kündigen sie bald nur noch „Ideen zu einer Theorie der Magneten" (1799)[52] an, und versprechen zuletzt bloß noch „Anmerkungen zur Licht-Theorie" (1800)[53] und „Aphorismen über Licht" (1801)[54]. Inhaltlich, so John Erpenpeck, „schwimmen" die Aufsätze zusehend „im Phänomenologischen"[55]. Es ist ein allmähliches Verstummen des Naturwissenschaftlers Arnim. Der letzte Aufsatz liegt bezeichnenderweise nur noch in der nachgelassenen Handschrift vor.

Dass ihm, trotz anfänglicher Annäherung, die hypothetisch-deduktive Vorgehensweise letztlich keinen Weg zu einer wissenschaftlichen Theorie ebnen wollte, zeigt die folgende spätere Notiz: „Daß die philosophische Deduction irrt in den Naturerscheinungen ist nicht ausgezeichneter, als daß nicht alle Prophezeiungen richtig, beydes ist eine Kraft."[56] Umso gravierender ist es da, dass die Induktion versagt. Arnim entwickelt den Gedanken in einem anderen Notat:

> Zwey Theorien die als Hypothese aufgestellt werden können nur in sofern widerlegt werden, als eine derselben gewisse Erscheinungen nicht erklären oder sie viel complicirter

---

wird sein Wechsel im Jahr 1800 von Halle nach Göttingen verständlich, wo er trotz der epistemologischen Differenzen hoffte, mit Ritter kooperieren zu können.

51 GSA 03/ 226, 11 zit n. Burwick, Physiker und Poet, S. 132.
52 WAA 2.1, 136–145.
53 WAA 2.1, 280–284.
54 GSA 03/ 213,7, zit. n. Klaus Stein, Michael Gerten, Unveröffentlichte Texte und Fragmente Achim von Arnims aus dem Goethe und Schiller-Archiv Weimar. In: Zimmerli, Stein, Gerten (Hg.), „Fessellos durch die Systeme", S. 489–491. – Die Transkription entspricht nicht den editorischen Ansprüchen der WAA, stellt aber bis zum Erscheinen einer Neuedition in WAA 3 einen Behelf dar.
55 Erpenbeck, „Was euch in meinen Werken quält ...", S. 305.
56 Achim von Arnim, Reisenotizbuch, unpubl. Transkription von Jürgen Knaack nach dem Original im Freien Deutschen Hochstift Frankfurt mit der Signatur Hs-Bd. 69 (Hs-10772) [fortan zit. als *FDH B 69*], S. 23. – Vgl. dazu Stichweh, Physik in Deutschland, S. 211.

> erklären muß. Ein eigentlicher Streit d. h. ein Zwiespalt wo einer nothwendig widerlegt wird wenn er nicht der Consequenz oder den Erfahrungen widersprechen will ist folglich unmöglich. Eine Zusammenstellung beyder Systeme ist daher das einzige wodurch ihr Urtheil über beyde sich bestimmen muß. Bey jeder Theorie ist das Wesentliche in ihr, gleichsam ihr Geist von ihrer Entwicklung zu unterscheiden, wenn jenes aufgehoben so fällt auch dieses, jenes hingegen steht fest oder alles ist vernichtet.[57]

Diese unüberwindbare Rückverwiesenheit an das konkrete Phänomen lässt ihm die Möglichkeit der Theoriebildung auf wissenschaftlichem Boden überhaupt fragwürdig erscheinen und blockiert ihn:

> Merkwürdig bleibt es doch immer, daß Erfahrung, die nach Kant's Ausdrucke nie mit dem Bewußtseyn ihrer innern Nothwendigkeit und Allgemeinheit (apodictisch) ausgesprochen werden kann, doch in der Naturwissenschaft das einzig bisher unmittelbar Gewisse waren, woran die allgemeinen und notwendigen Theorien a priori geprüft wurden.[58]

Aus dieser Aporie ist im Rahmen bisheriger wissenschaftstheoretischer Paradigmen kein Entkommen, das für Arnims Maßstäbe lauter bliebe. Infolgedessen entwirft er eine neue Wissensform mit eigener Epistemologie. Diese umfasst den anderen Komplex und beschreibt Arnims sogenanntes ‚Meteorologie'-Projekt. ‚Meteorologie' firmiert dabei als Name, in dem das naturwissenschaftliche Wissen wieder zu einer Einheit verbunden werden soll, das also weit über den Gegenstandsbereich der Wetterkunde hinausgeht.[59] Arnim greift mit der Namensgebung bestimmte Konnotationen auf, die im allgemeinen Bewusstsein mit der ‚Meteorologie' verknüpft waren. Im Gegensatz zu vielen Spezialdisziplinen für einzelne Gebiete der Natur galt sie, neben der Geologie, noch als eine Wissenschaft in ihren Anfängen. Diese ‚Ursprünglichkeit' drückt sich in der Breite des Gegenstandsbereichs und in der ‚Methode' aus. In ihrer Unspezialisiertheit galt sie als ‚Wissenschaft', die sich auf das Ganze der Natur bezieht und deshalb zu großen Synthesen und einer Zusammenschau verschiedenster Phänomenbereiche in der Lage sein könnte. In dieser Allgemeinheit und dadurch, dass sie keine eigene Methode besaß, traute man ihr einen besonders unmittelbaren Naturzugang zu, sprich, die Lösung des Empirie-Theorie-Problems. ‚Meteorologie' stand somit um 1800 für eine Gegenbewegung zur Fragmentierung der Natur und der Wissenschaften.[60]

---

57 GSA 03/ 03/209,2, zit. n. Stein, Gerten, Unveröffentlichte Texte, S. 466.
58 GSA 03/ 223, 2, zit. n. Stein, Gerten, Unveröffentlichte Texte, S. 518.
59 Vgl. näher zur ‚Meteorologie' Urs Büttner, Art. ‚Meteorologie'. In: Roland Borgards u. a. (Hg.), Literatur und Wissen, S. 96–100.
60 Vgl. Benjamin Specht, Fiktionen von der Einheit des Wissens. Achim von Arnims Meteorologie-Projekt und „Hollin's Liebeleben" (1802) im Kontext der frühromantischen ‚Enzyklopädistik'. In: KulturPoetik, 9. Jg. (2009), H.1, S. 23–44, hier S. 31 f.; Stichweh, Physik in Deutschland, S. 107.

Der Aufbau, den die Publikation haben sollte, an der Arnim seit 1800 arbeitet, wandelt sich mit der Zeit, lässt sich aber in zentralen Zügen rekonstruieren.61 Die Teile sollten dabei untrennbar aufeinander bezogen sein, weshalb Arnim strikt gegen ihre Separatpublikation ist. Ein Teil sollte Beiträge des bedeutenden Schweizer Meteorologen und Geologen Horace Bénédict de Saussure (1740–1799) enthalten. Diese will er um empirische und theoretische Forschungsbeiträge erweitern, die er selbst und andere Wissenschaftler verfasst hätten. Ergänzt worden wäre die Zusammenstellung um eine Ritter gewidmete Wissenschaftsgeschichte der Naturerkenntnis. Ein zweiter Teil sollte Übersetzungen aus de Saussures *Voyages dans les Alpes* enthalten, ein dritter Teil eine Beschreibung seines Lebens.62 – Schon diese Konzeption als Verwirklichung der ‚Meteorologie' zu sehen, mag nicht unmittelbar leicht fallen. Dass das Projekt nicht nur nie den Weg zwischen zwei Buchdeckel fand, sondern auch von Arnim nie zu Ende geführt wird, ist aus der Wechselwirkung mit den gar nicht bescheidenen Ansprüchen, die sich mit dem Projekt verbinden, zu verstehen.

Wie Benjamin Specht zeigen konnte, plant Arnim das Projekt als *enzyklopädisches*, das darin Ähnlichkeit mit Novalis' Plänen zu dessen eigener ‚Enzyklopädistik' aufweist.63 Das ‚Meteorologie'-Projekt versteht sich selbst als historische Unternehmung, die von der aktuellen Zwischenstufe der Fragmentierung der Naturerkenntnis einen ersten Schritt zu einer Einheit auf höherer Stufe unternehmen will. Daher ist es kombinatorisch auf fortwährende Ergänzbarkeit hin konzipiert. Selbst wenn die Publikation deshalb nie selbst beansprucht hätte, die Totalität der Natur tatsächlich darstellen zu können, sondern dies nur als approximatives Ziel für eine ferne Zukunft dient, scheint dieser erste Schritt bereits ein zu großer gewesen zu sein. Aus der prinzipiellen Unabschließbarkeit des Projekts erklärt sich, warum Arnim damit kein Ende findet. Dass die Materialsammlung wie ein Durcheinander erscheint, ist dabei intendiert:

> Die Meteorologie ist [...] kein fertiges Hauß, worin man [...] das Eigenthum kann ordnen [.] [S]ie ist vielmehr nur Zubereitung zu dem Bau, die erste willkührliche Sammlung aller Pläne durch Vergleichung und durch Erschöpfung aller möglichen Verbindungen um [...]

---

61 Vgl. dazu ausführlich Roswitha Burwick, Arnims Meteorologie-Projekt. In: Burwick, Härtl (Hg.), Der junge Arnim, S. 121–145; Roswitha Burwick, „Kunst ist Ausdruck des ewigen Daseins". Arnims poetische Ansicht der Natur. In: Physik um 1800 – Kunst, Wissenschaft oder Philosophie?, hg. von Olaf Breitbach, Burwick, München 2012, S. 39–65.
62 Vgl. dazu Brief Achim von Arnim an Alexander Nicolaus Scherer vom 20.05.1800 (WAA 30, 81–82, 82) und Brief Achim von Arnim an Heinrich Dieterich zwischen Mitte und Ende November 1800 (WAA 30, 125–126).
63 Vgl. Specht, Fiktionen von der Einheit des Wissens, S. 32–37.

auf den bessern auch sicher zuzutreffen zeigen, ob nicht eine bessere Verbindung daraus hervorgehn könnte.[64]

Die Empirie-Theorie-Spannung löst sich in dem Projekt als Konvergenz der beiden Abstraktionsniveaus in der heuristischen Vorstellung, dass eine unendliche Kombinatorik am Ende eine Ordnung produziere, die der Wirklichkeit entsprechen müsse, weil sie in der Lage wäre, jedes empirische Messergebnis mit allen anderen Messergebnissen konsistent zusammenzubringen, zugleich auch alle richtigen Theoriesätze widerspruchsfrei miteinander zu verbinden und Gesetz und Messung harmonisch miteinander abzugleichen. Durch ein „zufälliges Finden" würde man so auf ein „geheimes leitendes Prinzip, eine unterentwickelte Theorie"[65] aufmerksam, die in der Natur selbst liege, und der man folgen könne. Der Form nach wäre die ‚Meteorologie' bis zu ihrer Vollendung ein ‚systemloses System'. Es gäbe kein oberstes Prinzip, nur eine Sammlung von induktiv gewonnenen Fragmenten, die gleichrangig und bis zuletzt stets nur vorläufig nebeneinander stünden.

Wenn dadurch umgekehrt akzeptiert wird, dass wissenschaftliche Erkenntnis ihrem Wesen nach immer analytisch und fragmentarisch bleiben muss, ergibt sich daraus, dass die ‚Meteorologie' Wissenschaft im herkömmlichen Sinne transzendieren muss. Folgendes Zitat belegt, dass Arnim seine Bemühungen um die Verbesserung von Erkenntnisverfahren im holistischen Sinne noch weiterführt:

> Durch die Annahme der Möglichkeit der Erfahrung ist das Objektive vom Subjektiven und dies Daseyn einer Brücke zwischen beydem *die Sinne* [sic!] zugestanden. Es versteht sich daß diese nicht selbst wiederum Gegenstand eigener Erfahrung seyn können, eben weil sie nur die Erfahrung überhaupt möglich machen [.] [S]ie werden daher nur einer den andern erläutern können und in diesem Erläutern besteht eigentlich die *Methode der Naturforschung.*[66]

Die ‚Meteorologie' öffnete sich daher für zusätzliche Erkenntnismöglichkeiten. Davon wird im Weiteren, wenn es um Arnims Aufwertung des ‚Ahndungs'-Vermögens geht, noch genauer zu handeln sein. Zudem ‚trianguliert' die ‚Meteorologie' verschiedene Sinneskanäle und nähert sich durch aktive Erkenntnistätigkeit einem synästhetischen Totaleindruck an. Dabei erwartet Arnim nicht, dass dieser tatsächlich absehbar zu erreichen wäre. – Als Dichter wird Arnim die multisensuale Erkenntnisweise zum zentralen Kennzeichen seiner Kunst erheben.

---

[64] GSA 03/ 214,4, zit. n. Stein, Gerten, Unveröffentlichte Texte, S. 494.
[65] GSA 03/ 213,7, zit. n. Stein, Gerten, Unveröffentlichte Texte, S. 490.
[66] GSA 03 /209,4, zit. n. Stein, Gerten, Unveröffentlichte Texte, S. 483 (Herv. im Orig.).

Diese neue ‚Wissenschaft' trennt sich von den Wissenskulturen der an disziplinärer Identität gewinnenden Physik und Chemie ab, zugleich konvergiert sie mit der Poesie.[67] Dies aber setzt ein großes Zutrauen in das epistemische Vermögen der Poesie voraus, das ihr epochenspezifisch erst zugeschrieben werden muss.

> Poesie ist für Arnim im weiten Sinne der Goethezeit die Instanz, die organische Zusammenhänge darstellen, also im Gegensatz zur induktiven Wissenschaft ein Ganzes schon vor seiner empirischen Erschließung entwerfen kann. So ergänzen sich wissenschaftliche Analyse und poetische Synthese zu einer integrativen Wissensform, die sich nicht nur auf die Untersuchung des isolierten Details beschränken, sondern die Natur als ganze thematisieren will.[68]

Auch wenn Arnim seine ‚Meteorologie' nie als wissenschaftliche Unternehmung publiziert, sondern das Projekt, wie später gezeigt werden soll,[69] in der Dichtung weiterführt, ist dies die folgerichtige Konsequenz seiner letztlich arbeitsteiligen Konzeption der Erkenntnisvermögen, die seine Arbeit von den Syntheseversuchen der Frühromantiker unterscheidet.[70] Darin gibt er der Kunst eine *spezifische gesellschaftliche Funktion*:

> Daß der Chemiker die Natur anders ansieht als der Dichter im weitesten Sinne des Wortes bedarf keiner Erinnerung. Jenem erstirbt das Einzelne weil er es vom Ganzen getrennt [betrachtet] und das Ganze weil er es vereinzelt hat, diesem lebt es stets in abwechselnder Gestalt, Chemie wird daher durch Poesie wo sie es ganz ist behindert sowie sie diese wiederum beschränkt. Aber es ist nothwendige Forderung bey einer Kenntniß die dem Besten der [sic!] ganzen Menschengeschlechts gewidmet [ist,] daß sie dem ganzen mitgetheilt werde und dies wird der einzige Zweck seyn, den alle ihre Veränderungen haben müssen, die Poesie wird ihr daher in aller Rücksicht entgegen seyn sowohl im Entstehen wie in ihrer Verbreitung.
>
> Die poetische Ansicht der Natur findet in dem ersten Strahle der Sonne der in Memnons kalter Brust Harmonien entzündet ihren Ursprung [.] sie hat keinen zweck also brauch<t> sie keine Veranlassung, die Chemie will die Materie zum Gebrauche der Menschen veredeln, das sezt einen Gebrauch und Bedürfnisse voraus. In diesem Kampf worin

---

67 Vgl. dazu Stefan Nienhaus, Achim von Arnims Aufhebung der Naturwissenschaften in der Poesie. In: Internationales Jahrbuch der Bettine-von-Arnim-Gesellschaft, 6./7. Bd. (1994/95), S. 158–167.
68 Specht, Fiktionen von der Einheit des Wissens, S. 36.
69 Vgl. Kapitel 4.1.3 der vorliegenden Untersuchung.
70 Vgl. dazu: Stichweh, Physik in Deutschland, S. 19 f.; Jürgen Daiber, Experimentalphysik des Geistes. Novalis und das romantische Experiment, Göttingen 2001, S. 151–156; Roswitha Burwick, „Verließ die Physick ganz um Trauerspiele zu machen". Arnims Vernetzung von Naturwissenschaft und Poesie. In: Textbewegungen 1800/1900, hg. von Matthias Buschmeier, Till Dembeck, Würzburg 2007, S. 213–240.

> wir beyde Beschauungsarten der Natur sehen bleiben sie nur so lange bis der Naturforscher durch vollständigere Entwickelung des Einzelnen wieder ein Ganzes daraus zu bilden versuchte. Freylich wird diese Bildung eines vollständigen Systems lange vielleicht immer nur Annäherung seyn während die Dichtkunst ein in sich vollständiges organisches System <giebt> das Äußere mit dem Inneren <uns darbietet> aber jede Trennung war nothwendig also ist diese Verbindung erfreulich und wenn jenes das verlorene Paradies genannt werden kann so ist dieses das wieder gewonnene und gleichsam eine zweyte Dichtung. Die poetische Ansicht der Natur begrenzt also die naturforschende und wirkt ihr entgegen und doch macht sie das was wir eigentlich Naturlehre nennen erst möglich [...].[71]

Der zweite Teil der Argumentation betritt dezidiert das Feld der Kunst. Die Ausführungen werden sich um das Konzept der ‚Ahndung' gruppieren. Mit ihr bezeichnet Arnim den ästhetischen Vorgriff auf die Ganzheit, zu der die ‚Meteorologie' in unendlicher Annäherung hinstreben soll.

> Ich erwähnte schon, daß ich dieses [dass sich letzte Fragen nicht wissenschaftlich beantworten lassen, U. B.] durch geistige Berührung ahnde, aber alle geistige Berührung ist nur Ahndung, wenn es sich darstellen sollte den Sinnen und das geschieht in der Kunst. Warum ist ein gutes Bildniß mehr als der Mensch selbst? Wie kann der Mensch darin eine ganze Welt zeigen? Weil inso fern ihm der ideelle Pol [das Ewige im Menschen, U. B.] geöffnet der Mensch mehr umfasst als es um in aller Welt sichtbar [ist], er eröffnet allen Wesen diesen ideellen Pol: [...] wo ihnen das Beste was sie gedacht vortrit in der Annäherung zur höheren Dimension.[72]

Konkrete Ausführungen zur ‚Ahndung' finden sich in einer Briefquelle, die sich noch in naturwissenschaftlichem Gewand gibt. In einem Briefentwurf aus dem Mai 1803 kommentiert Achim von Arnim die ihm gewidmete *Einleitung in die dynamische Physiologie*[73] seines Naturwissenschaftler-Freundes Stephan August Winkelmann.[74] Er lobt die „dicht bey der Erfahrung durchgeführte Consequenz" der Studie und kommt dann schnell auf ihr gemeinsames Problem zu sprechen, dass nämlich „alle Erfahrung [...] so ganz und gar nichts werth [ist]

---

[71] GSA 03/ 209,8, zit. n. Stein, Gerten, Unveröffentlichte Texte, S. 485 f. [Ergänzungen der Editoren stehen in < >, Zusammenfügungen sind mit ^ angegeben. U. B.] – Vgl. dazu Roswitha Burwick, „Sein Leben ist groß weil es ein Ganzes war". Arnims Erstlingswerk „Hollin's Liebeleben" als ‚Übergangsversuch' von der Wissenschaft zur Dichtung. In: Zimmerli, Stein, Gerten (Hg.), „Fessellos durch die Systeme", S. 49–90, bes. S. 60 ff.
[72] GSA 03/ 227, zit. n. Burwick, Physiker und Poet, S. 149 f.
[73] Stephan August Winkelmann, Einleitung in die dynamische Physiologie, Göttingen 1803. Arnim wird dort S. 22 und 36 mit seinen naturwissenschaftlichen Arbeiten zitiert.
[74] Zu Winkelmann vgl. Ingeborg Schnack, Einführung. In: Stephan August Winkelmann. Philosoph, Poet & Arzt, hg. von Schnack, Braunschweig 1989, S. 8–19.

ohne die Theorie"⁷⁵. Winkelmanns Studie hatte sich diesbezüglich folgendermaßen epistemologisch gerechtfertigt:

> Diese nothwendige Richtung des Geistes zur Theorie und Erkenntnis der Natur (Wiedererkenntnis seiner selbst) liegt den Versuchen der Philosophen und dem Fleiße der Physiker zum Grunde. So gewiß die Entdeckungen und Einsichten der Naturforscher sich in einem beständigen Fortschreiten der Erkenntniß der Natur nähern, so nothwendig aus der Natur unsers Geistes und so nützlich für die Naturwissenschaft selbst sind die Versuche der Philosophie, die ideale Theorie der Natur, wo möglich zu errathen und auszusprechen. Mag der gerechte Unwille der Physiker sich von den theoretischen Versuchen wenden, sobald sie zu kühn den Gang der Untersuchung stören oder zu anmaßend ihres untergeordneten Verhältnisses gegen die absolute Theorie vergessen – aber der denkende Naturforscher wird nie das unbefangene Streben verkennen. Hypothesen, sagt Lichtenberg, sind für die Naturlehre, was Experimente für die Chemie – und, darf man fragen, war je ein Physiker ohne theoretische Ahndung?⁷⁶

Wie hier bereits anklingt, will Winkelmann seine Unternehmung gegen die Trennungsbewegungen in den Wissenschaften verteidigen. Mit Arnims früheren Arbeiten teilt sie das Ziel, ausgehend von empirischen Forschungsergebnissen zu einer kosmologischen Theorie der Natur durchzustoßen. Die Argumentationsstrategie besteht dabei aber – anders als beim Naturwissenschaftler Arnim – in einer Aufwertung spekulativer Erkenntnis. Winkelmann will den empirischen Forschern ihre Nähe und Abhängigkeit von der Naturphilosophie klarmachen. Das gegenwärtig hohe Niveau des Naturwissens sei vor allen Dingen dem Abgleich und der wechselseitigen Befruchtung von Arbeiten auf beiderlei Abstraktionsniveaus zu verdanken.

Der Text fragt nun weiter nach der ‚Subjektivität' des Bewusstseins im Erkenntnisprozess, dem die Natur als Objekt gegenübersteht. Dieses Problem liegt zunächst quer zur eben diskutierten Unterscheidung zwischen verschiedenen Erkenntniswegen und -formen.

> Da die objective Welt eine Einschränkung unserer bewußten Geistesthätigkeit ist – unsre sich immer erweiternde Einsicht der objectiven Welt aber jene Einschränkung immer mehr und mehr aufhebt, so ist schon daraus deutlich (ohne uns der philosophischen Rechtfertigung dieser Begriffe zu erinnern): wir nehmen die Natur nur als einen Gegensatz unsers Bewußtseyns wahr – wir denken sie aber nur als einen selbstgeschaffenen Widerspruch unsers Geistes. Wir versuchen die Natur zu erklären heißt demnach: wir bemühen uns die einzelnen Wahrnehmungen der Natur in einem und demselben Widerspruche zu entwickeln, ohne zu besorgen, ob und wie dieser Widerspruch selbst von der Philosophie

---

75 Briefkonzept Achim von Arnim an Stephan August Winkelmann, verfasst zwischen 05.05.1803 und Mitte Mai 1803 (WAA 31, 236–238, 236).
76 Winkelmann, Einleitung in die dynamische Physiologie, S. 5 f. (Herv. im Orig.).

> gelößt werden könne? Indem zum Wesentlichen der objectiven Welt gehört, uns ein Verhältniß unsers Geistes als gegenwärtig und außer uns wahrnehmen zu lassen, betrachten wir die Natur in ihrem weitesten Sinne als die Erscheinung jenes Widerspruchs – als die erscheinende Beschränkung des Lebens. Den Blick selbst auf die Erscheinung, vergessen wir daß Leben nur durch Leben beschränkt werden kann – daß das, was eine Kraft beschränkt, auch Kraft seyn muß – wir betrachten das Einschränkende als eine Negation und dieser Dualismus zweyer gleich lebenden Richtungen des einen und ganzen Lebens erscheint als der Streit einer positiven und einer negativen Kraft. Unsere, in diesen Gegensatz eingehende, der Beschränkung entgegenstrebende Thätigkeit erkennen wir als unsre Thätigkeit, als Leben – den Grund der ihr entgegenstrebenden sie beschränkenden Thätigkeit nennen wir Tod.[77]

Da „jener ursprüngliche Widerspruch [...] nur in einer unendlichen Reihe einzelner Verhältnisse erscheinen" kann, verlangt seine Erkenntnis gleichermaßen einen Blick aufs Einzelne wie aufs Ganze. Mit der Forderung der Verknüpfung von Empirie und Theorie schließt Winkelmann wieder an seine erste Argumentationslinie an: „[I]n dem ewigen Wechsel des einzelnen Lebens und des einzelnen Todes die lebendige Regel zu erkennen, ist das unendliche Geschäft der Physik", „die Ahndung" eines größeren Zusammenhangs der Befunde und der Versuch, „eine Theorie der Natur zu construiren",[78] ist Aufgabe der Philosophie.

Hatte Winkelmann die zwei Argumentationslinien auf der Gegenstandsseite zusammengeführt, wendet er sie nun zurück auf die Seite des Erkenntnissubjekts. Es geht mithin um die Frage nach der ‚Objektivität' der Erkenntnis.

> Nach demselben merkwürdigen Gesetz nach welchem die Erfahrung nur dem Empfundenen, nicht der Empfindung Realität zuspricht, nennen wir auch nur das in unsern Gedanken gewiß, was wir eigentlich nicht wissen. In der Naturlehre geben wir nur den Demonstrationen der Mathematik unumschränktes Vertrauen, die als Betrachtung einzelner Größen die nothwendige Basis aller weitern Naturansicht ist. Ist nämlich die Natur in ihrem allgemeinsten Sinne das [metaphysisch postulierte, U. B.] Wechselverhältniß eines Positiven und eines Negativen so müssen alle ihre einzelnen Verhältnisse, in so fern sie negativ sind, d.h. als Größen aufgefaßt werden können und die Lehre von diesen (negativen) Verhältnissen das Schema der Physik seyn. In diesem Sinne ist die Verbindung der Idee der Natur (als eines Ganzen) mit dem Begriff der Natur (als aller Einzelnen) die Synthesis der Gewißheit der Religion und der Gewißheit der Mathematik – wäre demnach die eigentliche Aufgabe der Physik.[79]

Diesen längeren Argumentationsgang Winkelmanns beantwortet Arnim in seinem Briefentwurf mit einigen wenigen Zeilen, deren Sprengkraft nicht sofort

---

77 Winkelmann, Einleitung in die dynamische Physiologie, S. 7 f.
78 Winkelmann, Einleitung in die dynamische Physiologie, S. 9.
79 Winkelmann, Einleitung in die dynamische Physiologie, S. 9 f.

ersichtlich ist. Scheint Arnim vorderhand nur einige Umakzentuierungen in Winkelmanns Begrifflichkeit vorzunehmen, hält er die Epistemologie seines Freundes tatsächlich aber für eine Bankrotterklärung und positioniert sich klar gegen sie. Arnim hält dessen erkenntnistheoretische Grundlegung gleich in zweifacher Hinsicht für ruinös: Da Winkelmann den Subjekt-Objekt-Gegensatz nicht überwinden kann, müsste er das sich daraus ergebende Problem der Fremdreferenzialität, sprich, der subjektiven Zurechnung einer äußeren Welt zu einer äußeren Welt, lösen. Stattdessen findet sich der lapidare Verweis auf ein „merkwürdiges Gesetz" des konventionalisierten Übergehens dieser Paradoxie. Seine Theorie zahlt dafür den hohen Preis des Subjektivismus. Und nicht nur das. Obwohl er das gesellschaftlich „unumschränkte Vertrauen" in die „Gewißheit der Mathematik" betont, diskreditiert er sie im gleichen Atemzug, wenn er sie zur reinen Formsprache macht, in der die subjektiven Erkenntnisse, gedeutet im Horizont metaphysischer Postulate, präsentiert werden. Die Mathematisierung der Physik erscheint letztlich als leicht durchschaubare Verkaufsstrategie von Behauptungen und Spekulationen. Durchgängig senkt Winkelmanns Argumentationslinie die epistemischen Ansprüche und fundiert die Theorie mithin im bloßen Glauben.

Dass die Sprengkraft von Arnims Kritik so gut verborgen bleibt, liegt daran, dass er mit dem von Winkelmann angebotenen Inventar von Begriffen und Denkfiguren weiterarbeitet und scheinbar nur kleinere Verschiebungen vornimmt, tatsächlich aber ein völlig anderes, sichereres Fundament für ein Theoriegebäude errichtet. Dazu bringt er zwei Überlegungen Winkelmanns zusammen: Der erste Gedanke besteht darin, dass alle organischen Prozesse der Natur – von der Pflanze über das Tier bis zum Menschen – als ein selbsttätiges Wechselspiel von Werden und Vergehen gedeutet werden können. Energiezufuhr in Form von Licht und Wärme beförderten die Entwicklung eines Lebewesens, widerstrebende Kräfte minderten die Vitalaktivitäten eines Organismus bis zu seinem Tod. Der Tod des einen wird wieder zum Nährboden für etwas Neues, Lebendiges. Winkelmann charakterisiert das Organische durch seine beständige ‚Metamorphose'.[80] Der zweite Gedanke, an den Arnim anknüpft, besteht darin, das menschliche Sinnesvermögen als besonders hohe Entwicklungsgestalt des Organischen zu verstehen.[81] Erkenntnis stellt nun, wie oben zitiert, auch ein solch metamorphes Wechselspiel dar. Bringt man die beiden Ideen zusammen, lässt sich der Subjekt-Objekt-Gegensatz überwinden, indem

---

[80] Vgl. Winkelmann, Einleitung in die dynamische Physiologie, S. 45 f. Der Begriff ‚Combination' wird S. 28 f. eingeführt und 48 f. in Verbindung mit der ‚Metamorphose' gebracht, was Arnim dann aufgreift.
[81] Vgl. ausführlicher dazu Winkelmann, Einleitung in die dynamische Physiologie, S. 72 f.

in der ‚Metamorphose' eine gemeinsame Struktur gefunden ist, in der der menschliche Geist und die Natur gründen. Doch Arnim geht noch einen Schritt weiter. In einer Kritik am ‚Metamorphosen'-Begriff wendet er das Konzept ab von dem, was vormals Erkenntnisgegenstand, und zurück zu dem, was vormals Erkenntnisweise gewesen war. Was bisher als ‚Metamorphose' beschrieben wurde, wird nun als ‚Ahndungs'-Tätigkeit verstanden, gipfelnd in der Selbsterkenntnis des Prozesses im menschlichen Geist. Die Theorie steht damit ontisch auf sicherem Fundament, ironischerweise begründet, indem Winkelmanns anfängliche Aufwertung der ‚Ahndung' gegen seine spätere Auflösung der Theorie in bloßem Glauben ausgespielt wird.

> Das Princip aller Bildung heist in meinem System *Ahndung*, die *Metamorphose* wäre ohne dieses Princip nicht vorhanden, eben sowenig ihr Gesetz die *Combination*, ohne diese Ahndung hätten wir weiter nichts gewiß als was uns Kant's metaphysische Anfangsgründe der Naturwissenschaft geben, aus welche Standpunkte ich mich durch mein erstes Buch die Theorie der elektrischen Erscheinungen zu befreien suchte, weil mich diese Tiefe ohne Grund, diese unendliche Nichtigkeit schreckt. Ich kann es nicht begreifen, daß Kant gedichtet wie seine Bekannte versichern, wie hat er je auf einen Reim hoffen können?[82]

Der Schluss des Zitats gibt ihm eine doppelte Stoßrichtung über Winkelmann hinaus. Der Impuls initiiert zum einen eine Absetzungsbewegung von Kant, der für ‚Ahnungen' in seiner Wissenschaftstheorie wenig Raum gelassen hat,[83] und seine Naturlehre als apriorische Bestimmung der bloßen Möglichkeiten der Naturdinge konzipiert hatte. Der Vergleich „Hypothesen bei der Erfahrung – gleich den Reimen bei Gedichten"[84] wendet das Erkenntnisinteresse von der Lesbarkeit der Natur zum tatsächlichen Lesen des Naturgedichts. In diesem Sinne strebt die Aufwertung der ‚Ahndung' innerhalb verschiedener Erkenntnisweisen gleichsam darauf hin, sie als produktiven Prozess zu be-

---

82 Briefkonzept Achim von Arnim an Stephan August Winkelmann, verfasst zwischen 05.05.1803 und Mitte Mai (WAA 31, 236–238, 237) (Herv. im Orig.).
83 Kant gesteht dem ‚Ahnen' eine Rolle als erstem Schritt auf dem Weg zu gesicherter Erkenntnis in empirischen Wissenschaften zu. Vgl. Immanuel Kant, Logik. In: Kant, Werke. 10 Bde., hg. von Wilhelm Weischedel, Darmstadt 1975, Bd. 5, S. 495 (A 100): „Das Meinen oder Fürwahrhalten aus einem Erkenntnisgrunde, der weder subjektiv noch objektiv hinreichend ist, kann als vorläufiges Urteilen (sub conditione suspensiva ad interim) angesehen werden, dessen man nicht leicht entbehren kann. Man muß erst meinen, ehe man annimmt und behauptet, sich dabei aber auch hüten, eine Meinung für etwas mehr als bloße Meinung zu halten. – Vom Meinen fangen wir größtenteils bei allem unserm Erkennen an. Zuweilen haben wir ein dunkles Vorgefühl von der Wahrheit; eine Sache scheint uns Merkmale der Wahrheit zu enthalten; – wir ahnen ihre Wahrheit schon, noch ehe wir sie mit bestimmter Gewißheit erkennen."
84 Blumenberg, Lesbarkeit, S. 204.

trachten; das bedeutet, sich den empirisch mannigfaltig gegebenen Werdens- und Vergehensprozessen der Natur zuzuwenden. Die Naturprozesse werden hier gleichgesetzt mit einem dichterischen Verfahren, das – im Dunklen noch Unbekanntes suchend, doch durch die Kombinatorik geleitet – Zusammenhänge etabliert.[85]

Arnims Ausführungen in diesem Briefentwurf bleiben skizzenhaft. Um sie in ihrer Tragweite richtig einschätzen zu können, ist eine historische Kontextualisierung des Zentralbegriffs der ‚Ahndung' notwendig.[86] Sie legt die Implikationen offen, die über eine bloße Begriffsgleichheit mit Winkelmann hinaus mit der Begriffswahl verbunden sind. Ich will deshalb an dieser Stelle einen kleinen Exkurs einschalten, der die epistemologische Diskussion des ‚Ahndungs'-Vermögens seit der Aufklärung verfolgt. Anschließend will ich diese historischen Kenntnisse für das Verständnis von Arnims Überlegungen fruchtbar machen.

Da Arnim eine Schule im Geist der Spätaufklärung besuchte und in Halle studierte, ist davon auszugehen, dass er mit dem Nachwirken der Leibniz-Wolffschen Schultradition in Berührung kam, weshalb hier der Ausgangspunkt für die kleine Begriffsgeschichte der ‚Ahndung' gesucht werden soll. Bei Alexander Gottlieb Baumgarten, der die unteren Erkenntnisvermögen in der rationalistischen Philosophie aufwertete, und dessen *Metaphysica* (erstmals 1739) noch bis in die 1790er Jahre als weitverbreitetes Lehrbuch genutzt wurde, wird unterschieden zwischen dem „Vorhersehungsvermögen" (*praevisio*) und dem „Vermögen, das Zukünftige zu erwarten" (*praesagitio*).[87] Das Vorhersehungvermögen nutzt dabei die Einbildungskraft (*phantasia*), die als das Vermögen definiert wird, vergangene Erfahrungen wieder präsent zu machen. Ein Erfahrungselement der Gegenwart wird um das gespeicherte, damit verbundene Be-

---

[85] Vgl. dazu auch Roswitha Burwick, Physiology of Perception. Achim von Arnim's Practical and Historical Aesthetics. In: The Romantic Imagination. Literature and Art in England and Germany, hg. von Frederick Burwick, Jürgen Klein, Amsterdam u. a. 1996, S. 154–176; Roswitha Burwick, „Ahndung, Combination und Metamorphose". Arnims Erklärung komplexer naturwissenschaftlicher und poetischer Zusammenhänge. In: Pape (Hg.), Romantische Metaphorik des Fließens, S. 155–165.
[86] Der Begriff taucht sowohl als ‚Ahnung' als auch als ‚Ahndung' auf. – Der Stellenkommentar WAA 31, 741 f. ist hier nicht ausführlich genug, sehr lückenhaft bleibt Wolfgang Nieke, Art. ‚Ahnung'. In: Ritter, Gründer, Gabriel (Hg.): Historisches Wörterbuch der Philosophie, Bd. 1, Sp. 115–117. Vgl. bald ausführlich Stefan Willer, Art. ‚Ahnen'. In: Futurologien. Ein Glossar des Zukunftswissens, hg. von Benjamin Bühler und Willer, München 2015 (im Erscheinen).
[87] Vgl. Alexander Gottlieb Baumgarten, Metaphysica, Halle ³1757, §§ 595–605 u. 610–618, und deren deutsche Übersetzung Alexander Gottlieb Baumgarten, Metaphysik. übersetzt v. Georg Friedrich Meier, hg. von Johann August Eberhard, Halle 1783 [= Reprint, hg. u. eingl. von Dagmar Mirbach, Jena 2004], §§ 444–450 u. 454–458.

griffsensemble ergänzt und real als Zukunft vorgestellt. Natürlich kann man sich dabei auch täuschen, wenn diese so nicht eintritt. Dem gegenüber bezieht sich das Vermögen, das Zukünftige zu erwarten, auf die Erinnerung (*memoria*). Sie besteht in der Fähigkeit, aus Anzeichen der Gegenwart im Abgleich mit Erfahrungswerten einen Analogieschluss auf die Zukunft ziehen zu können. Dieser Zukunftsentwurf beansprucht nur Möglichkeitscharakter (*Wahrscheinlichkeit*). Hier fällt das Wort „Ahndung" in der deutschen Übersetzung als Benennung dieses Zukunftsentwurfs, sofern er sinnlich und nicht rational ist. Auch wenn Baumgarten vor Fehlschlüssen aus falscher Einschätzung der Gegenwart warnt, so steht im Vordergrund doch seine Wertschätzung besonderer Ausdrucksformen des ‚Ahndungs'-Vermögens: das Wahrsagen (*divinatio*) und das Weissagen (*vaticinium, prophetia*). Da Träume auch Ausdruck übernatürlicher Eingebung sein können, nennt Baumgarten in diesem Kontext zudem die Traumdeutung (*onirocritica*). Damit wird die Mantik als zukunftsbezogene Zeichenlesekunst anerkannt.

Zu trennen sind Einbildungskraft und Gedächtnis strikt von einer dritten Geisteskraft, der Dichtkunst (*facultas fingendi*), die aus Erfahrungen neue, mithin fiktive Vorstellungen kombiniert. Auch wenn hier die Produktivität des Vermögens gelobt wird, so überwiegt doch die eindringliche Anzeige der Gefahren: der Schwärmerei oder der gänzlichen Verrücktheit, die einige oder alle Einbildungen mit Empfindungen verwechselt. Auch wird der Somnambulismus erwähnt, als Gefahr falsche Einbildungen eines Traums für wahr zu halten.

In der späteren *Aestetica* von 1750 finden sich einige Umakzentuierungen in Bezug auf diese Vermögen, die Veränderungen in der Erkenntnistheorie widerspiegeln und in ihren Entwicklungstendenzen in die Zukunft vorausweisen. ‚Vorsehung' und ‚Ahndung' werden hier nicht mehr so deutlich getrennt und in einem Atemzug als besondere Begabung des ‚poeta vates' genannt, aber auch allgemein als wichtige Erkenntnisfähigkeit reklamiert.[88] Im Zusammenhang mit der Aufwertung sinnlicher Erkenntnis als einer Form von Wahrheit wird das Zukunftssehen mit einbezogen, wenngleich gerade diese Fähigkeit „non ita crebro, saepius tamen, ac videtur"[89] dazu beiträgt. Dabei wird auf einer psychologischen Begründbarkeit dieser Fähigkeit insistiert, die zugleich gegen übernatürliche Inspirationsvorstellungen abgegrenzt wird.

Wenn diese Fähigkeiten des Geistes auch nur selten von allein wirksam werden („huc usque mortuas"[90]) und eines Kairos bedürfen, so gibt es für ihre

---

[88] Alexander Gottlieb Baumgarten, Ästhetik, 2 Bde., dt./lat. übers. u. hg. von Dagmar Mirbach, Hamburg 2007, §36.
[89] Baumgarten, Ästhetik, § 580.
[90] Baumgarten, Ästhetik, § 78.

Aktivierung doch begünstigende Faktoren. Baumgarten zählt neben einer Disposition der Psyche und des Temperaments verschiedene Umstände, Techniken und Stimulanzien auf, durch die die Seele leicht in einen angeregten Zustand der *Begeisterung* geraten kann.

> Psychologis patet in tali impetu totam quidem animam vires suas intendere, maxime tamen facultates inferiores, ita, ut omnis quasi fundus animae, [...] surgat nonnihil altius, et maius aliquid spiret, pronusque suppeditet, quorum *obliti*, quae *non experti*, quae *praevidere* non posse nobis ipsis, multo magis aliis, videbamur.[91]

Genau diese Stelle Baumgartens zitiert Johann Georg Sulzer, der 1747 am Joachimsthalschen Gymnasium unterrichtet hatte, das rund 50 Jahre später auch Achim von Arnim besuchen sollte, in dem Artikel ‚Begeisterung' in seinem Lexikon, der *Allgemeine[n] Theorie der schönen Künste* (¹1771/74; ²1792).[92] In seiner Behandlung des Themas spitzt er es in zweierlei Hinsicht zu. Auf der einen Seite fasst er die Unterscheidung zwischen produktiven und pathologischen Äußerungen des Seelenvermögens strikter.[93] Indem er die Negativfolie deutlicher macht, schafft er auf der anderen Seite einen besser befestigten Bereich, um den ‚poeta vates' stärker aufzuwerten. Zugleich liest sich Sulzers Artikel fast wie eine Anleitung zur ‚psychotechnischen' Selbstmanipulation („[D]ieser glükliche Augenblik, wie wird er hervorgebracht?"[94]). Er spricht hier deutlich die Sprache empirisch-psychologisierender Erklärungsansätze.[95]

---

[91] Baumgarten, Ästhetik, § 80 (Herv. U. B.). In § 82 ist im selben Zusammenhang nicht nur von „praevidere", sondern von „praevisio praesagiumque" die Rede.
[92] Johann Georg Sulzer, Art. ‚Begeisterung'. In: Sulzer, Allgemeine Theorie der schönen Künste. 2 Bde., Leipzig ²1792, Bd. 1, S. 349–357, hier S. 352.
[93] Vgl. dazu Antony J. La Vopa, The Philosopher and the Schwärmer. On the Career of a German Epithet from Luther to Kant. In: Huntington Library Quaterly, 60. Bd. (1997), H. 1/2, S. 85–116.
[94] Sulzer, Art. ‚Begeisterung', S. 353.
[95] Vgl. Sulzer, Art. ‚Begeisterung', S. 352 (mit Bezug zu Baumgarten); „Niemand hat die Tiefen der menschlichen Seele hinlänglich ergründet, um dieses völlig zu erklären. Doch verdient das wenige, was die Beobachtung hierüber an die Hand giebt, genau erwogen zu werden." – Tatsächlich findet sich etwas später im *Magazin zur Erfahrungsseelenkunde* (Hg. von Karl Philipp Moritz 1783–1793 [= Reprint: Lindau 1978/79]) eine umfangreiche Diskussion von ‚Ahndungen'. Vgl. 1. Bd. (1783), 1. St., S. 70–84 (C. Knape: Hat die Seele ein Vermögen, künftige Dinge vorherzusehen?); 2. St., S. 78–82 (G. E. S. Henning: Hat die Seele ein Vorhersehungsvermögen?); 2. Bd. (1784), 1. St., S. 72–75 (Anonym: Todesahndung); 2. St., S. 16–17 (Liphardt: Eine fürchterliche Art von Ahndungsvermögen), S. 99–101 (F. A. Zimmermann: Über das Ahndungsvermögen); 3. St., S. 118–121 (L. F. G. v. Göckingk: Noch etwas über das Ahndungsvermögen); 3. Bd. (1785), 1. St., S. 56–74 (F. G.: Die Nichtigkeit des Ahndungsvermögens oder sonderbare Wirkungen eines melancholischen Temperaments); 3. St., S. 20–26 (Anonym: Ahnendes Vorgefühl von Krankheit); 4. Bd. (1786), 1. St., S. 70–78 (K. G. Lenz: Auszug aus einem Brief über

Die Begeisterung befeuert entweder die Begehrungskräfte oder die Vorstellungskräfte: „In jenen durch andächtige, oder politische, oder zärtliche, oder wollüstige Schwärmereyen; in diesen durch erhöhte Fähigkeiten des Genies, durch Reichthum, Gründlichkeit, Stärke und Glanz der Vorstellungen und Gedanken."[96] Wendet sich die Wahrnehmung einem ‚undeutlichen' Gegenstand zu, so kann die Vorstellungskraft wenig damit anfangen und die Seele wendet sich in sich selbst zurück.

> Alle Vorstellungen von Dingen, die außer ihr sind, fallen ins dunkele; sie sinkt in einen Traum, der die Würkungen des Verstandes größtentheils hemmt, die Empfindung aber desto lebhafter macht. In diesem Zustand ist sie weder einer genauen Ueberlegung noch eines richtigen Urtheils fähig; desto freyer und lebhafter aber äußern sich die Neigungen, und desto ungebundener entwikeln sich alle Triebfedern der Begehrungskräfte.
>
> Da die Vorstellungskraft nun nicht mehr vermögend ist, das würklich vorhandene von dem blos eingebildeten zu unterscheiden, so erscheinet das blos mögliche als würklich; selbst das unmögliche wird möglich; der Zusammenhang der Dinge wird nicht mehr durch das Urtheil, sondern nach der Empfindung geschätzt; das abwesende wird gegenwärtig, und das zukünftige ist schon itzt würklich.[97]

Zwar ist in Sulzers Artikel nicht wörtlich die Rede von ‚Ahndungen', was aber geschildert wird, müsste genau diesen Namen bekommen. Was hier noch als produktives Vermögen gilt, bewegt sich hart an der Grenze zur Pathologie:

> Fällt die Begeisterung auf eine Seele, die in ihrem ordentlichen Zustand eine gesunde Urtheilskraft und wolgeordnete Empfindungen besitzt; so bleibet auch ihren Schwämereyen etwas von dem Gepräge einer ordentlichen Natur übrig: befällt sie aber Menschen von geringem Verstand und von unordentlichen Leidenschaften, so können ihre Würkungen nicht anders, als abentheuerlich und voll Narrheit seyn.[98]

Dagegen wird das Entzünden der Vorstellungskräfte „Begeisterung des Genies"[99] genannt und damit befinden wir uns nun eindeutig im Bereich der ‚facultas fingendi'. Hier wird das ‚Ahndungs'-Vermögen mithilfe eines Vergleichs

---

Ahndungen und Feuerbesprechen), S. 110–112 (Anonym: Geständnisse über das Vermögen zukünftige Dinge vorherzusehen); 2. St., S. 80–86 (L.: Noch etwas für das Ahndungsvermögen); 3. St., S. 123–125 (L. A. Schlichting: Todesahnung); 5. Bd. (1787), 3. St., S. 75–77 (Anonym: Eine Traumahndung), S. 91–95 (L. A. Schlichting: Noch etwas über Ahndungen); 6. Bd. (1788), 1. St., S. 92–98 (K. F. Pockels: Beurtheilung einiger Fälle vermeinter Ahndungen); 2. St., S. 62–71 (J. H. Bartels: Beleg zur Geschichte der Ahndungen); 9. Bd. (1792), 1. St., S. 70–88 (S. Maimon: Über den Traum und das Divinationsvermögen).
96 Sulzer, Art. ‚Begeisterung', S. 349.
97 Sulzer, Art. ‚Begeisterung', S. 350.
98 Sulzer, Art. ‚Begeisterung', S. 351.
99 Sulzer, Art. ‚Begeisterung', S. 350.

des Träumens mit der künstlerischen Tätigkeit kurzgeschlossen: „[D]er Künstler [sieht] in dem süßen Traum der Begeisterung[ ] den gewünschten Gegenstand vor seinem Gesichte; er vernimmt Töne, wenn alles still ist, und fühlt einen Körper, der blos in seiner Einbildung die Würklichkeit hat."[100] – In diesem Entwurf werden mithin die Grenzen zwischen dem Entwurf einer möglichen Welt in der Kunst und in der Wirklichkeit unscharf.

Wenn es Sulzer nun darum geht, wie man sich ‚begeistern' könne, unterscheidet er günstige Bedingungen auf Seiten des Gegenstands und des Künstlers. Die Sache muss dem Künstler in „einem hellen Lichte" vor Augen stehen und durch Größe, Reichtum und Schönheit einen solch mannigfaltigen Eindruck erzeugen, der die Aufmerksamkeit bannt. Er braucht also eine „reizbare[ ] Seele"[101]. Weiter kann sich der Künstler durch Konzentrationsübungen, starke Gefühle (Zorn, Liebe, Patriotismus, Ruhmbegierde) und Stimulanzien (Alkohol, sportliche Betätigung, Musik, Geselligkeit) in Stimmung bringen. – Ähnliches gilt im Übrigen auch für die Kunstrezeption, die wie bei Arnim als aktive Leistung verstanden wird.

Gehen wir weiter in Arnims Zeitgenossenschaft zu Kant. Hier findet sich die Doppelstrategie von Ausschluss der Schwärmerei und Aufwertung epistemisch gesicherter Zukunftsvision noch deutlicher. 1798 publiziert Kant seine *Anthropologie in pragmatischer Hinsicht*. Kant sieht es grundsätzlich als sehr zentral für das menschliche Leben an, sich planend auf die Zukunft einzustellen. Er treibt die Einebnung der Unterscheidung zwischen ‚praevisio' und ‚praesagitio' noch weiter. Was bei Baumgarten gerade die ‚praesagitio' gekennzeichnet hatte, nämlich „die Erwartung ähnlicher Fälle (expectio casuum similium)", heißt jetzt gerade „Vorhersehungvermögen (praevisio)"[102]; umgekehrt bedeutet „Vorerwartung (praesagitio)"[103] nun die Antizipation der Zukunft durch Reflexion auf ein Kausalgesetz. Die Begrifflichkeit wird also prinzipiell austauschbar. Gegenbegriff ist jetzt die „Vorempfindung, d. i. Ahndung (praesensio)". Diese tut Kant als „Hirngespinst"[104] ab:

Ahnungen sind mehrenteils von der ängstlichen Art; die Bangigkeit, welche ihre physische Ursachen hat, geht vorher, unbestimmt was der Gegenstand der Furcht sei. Aber es gibt auch frohe und kühne Ahndungen von Schwärmern, welche die nahe Enthüllung eines Geheimnisses, für das der Mensch doch keine Empfänglichkeit der Sinne hat, wit-

---

100 Sulzer, Art. ‚Begeisterung', S. 353.
101 Sulzer: Art. ‚Begeisterung', S. 351.
102 Immanuel Kant, Anthropologie in pragmatischer Hinsicht. In: Kant, Werke, Bd. 10, S. 490 f. (A 98).
103 Kant, Anthropologie, S. 492 (A 100).
104 Kant, Anthropologie, S. 492 (A 100).

tern, und die Vorempfindung dessen, was sie, als Epopten, in mystischer Anschauung erwarten, so eben entschleiert zu sehen glauben.[105]

Diese Kritik steht im Zusammenhang mit einer Ablehnung jedweder widernatürlichen oder übernatürlichen Zukunftssicht. Die Inspiration des Dichter-Sehers will Kant in der Folge von jeglicher göttlicher Eingebung freihalten und begreift sie als natürliches Moment der Kreativität. Den Traum als Vision und die Deutung von Wunderzeichen bringt er ebenfalls in Misskredit. Er rückt sie in die Nähe von Verrücktheit.[106]

Kants rigide Beschneidung der ‚Ahndung' innerhalb der Erkenntnisvermögen teilen nicht alle zeitgenössischen Denker. Eine Diskurslinie, die ihr mehr epistemische Bedeutung geben will, scheint in verschiedenen Kontroversen mit der Kantschen Philosophie auf. Der erste größere Streit endet mit einer Niederlage für den Philosophen Johann Georg Schlosser. Dieser hatte die Begrenztheit der Erkenntnis im Rahmen der Transzendentalphilosophie beklagt und wollte mit Rückgriff auf Platon das Ahnungsvermögen aufwerten, um darüber hinaus und den Ideen näher zu kommen. Kant repliziert darauf 1796 in der *Berlinischen Monatsschrift* mit seinem Aufsatz „Von einem neuerdings erhobenen vornehmen Ton in der Philosophie" und disqualifiziert Schlossers Ansinnen als ‚Schwärmerei'.[107] Der publizistische Streit, den sich Kant und Schlosser in den Folgejahren liefern, macht Schlosser letztlich zum Gespött wichtiger anderer Diskursgrößen wie Goethe, Schiller, Wilhelm von Humboldt, Friedrich Schlegel, Schelling und Novalis.

> Trotzdem hatte Schlossers unbeholfene Attacke auf die kritische Philosophie auch eine gewisse Berechtigung: Er ahnte wohl mehr als er recht begriff, daß der Eigensinn des natürlichen Erkennens im System der Transzendentalphilosophie einigermaßen unterbestimmt geblieben ist. So nimmt es nicht Wunder, daß ein kompetenterer Kritiker Kants als Schlosser, nämlich Friedrich Heinrich Jacobi auch zu einer vertieften Einschätzung der Ahnung gelangt, an die später [Jakob Friedrich] Fries modifizierend anknüpft.[108]

---

[105] Kant, Anthropologie, S. 492 f. (A 100 f.).
[106] Kant, Anthropologie, S. 493–502 (A 102–112).
[107] Zum philosophiegeschichtlichen Kontext vgl. Rüdiger Bubner, Platon – der Vater aller Schwärmerei. Zu Kants Aufsatz „Von einem neuerdings erhobenen vornehmen Ton in der Philosophie". In: Bubner, Antike Themen und ihrer moderne Verwandlung, Frankfurt a. M. 1992, S. 80–93.
[108] Wolfram Hogrebe, Ahnung und Erkenntnis. Broullion zu einer Theorie des natürlichen Erkennens, Frankfurt a. M. 1996, S. 53. Um Jacobis Beteiligung im Pantheismusstreit wusste Arnim (vgl. WAA 30, 317), Fries' Arbeiten als Physiker kannte Arnim sicher und könnte ihm später in Heidelberg begegnet sein. – Schleiermacher führt die Überlegungen zur Ahnung nach 1814 nochmals weiter. Vgl. Hogrebe, Ahnung und Erkenntnis, S. 69–74.

Jacobi will über Kants Einschränkung der Erkenntnistheorie auf objektiv rechtfertigbare Erkenntnisansprüche hinausgehen und die Erkenntnis über die Erscheinungswelt hinaus erweitern. Dazu nimmt er Korrekturen an Kants Datenimpressionismus und den korrespondierenden Synthesevorgängen der Vernunft vor. Jacobi weist auf einen Widerspruch in Kants Theorie hin, der Dinge an sich als ‚Ursache' der Vorstellung von den Dingen ansieht, zugleich aber die Kategorie der ‚Ursache' nur für die Erscheinungswelt zulässt. Das Problem solcher vorphänomenaler Ursachen löst er, indem er eine realistischere Position gegenüber der impressionistischen Auffassung von Sinnlichkeit fordert, in der die Selbstgegebenheit der Dinge unser Gefühl anspricht, ehe die phänomenale Verarbeitung genauer bestimmt, *was* da ist, *das* da ist. Dieser jeweils spezifische Anspruch der Dinge prägt die sinnliche Impression gestalthaft vor.

Die gleiche Erweiterungsbewegung, die Jacobi auf dem Gebiet der Sinnlichkeit mithilfe des Gefühls unternommen hat, vollzieht er auf dem Gebiet der Vernunft mithilfe der ‚Ahnung'. Die Bezeichnung kommt bei ihm allerdings nur vereinzelt vor und gewinnt keineswegs terminologischen Status. Er knüpft dabei an eine sporadische Verwendung des Wortes bei Kant selbst an, der der Vernunft einen natürlichen Hang zur ‚Ahnung' eines ihr korrespondierenden Vernunftreichs zugeschrieben hatte. Diese ‚Ahnung' bezieht sich – und hier tauchen all die Erkenntnisgebiete wieder auf, die die philosophische Tradition der ‚Ahndung' immer schon zugeteilt hatte – auf das ens summum, das die Horizonte des Erkenntnisstrebens umspannt.[109] Konkreter auf die Naturerkenntnis angewandt, und damit kommt ihr Zukunftsbezug deutlicher ins Spiel, strebt sie an, die endursächliche Organisation übernatürlichen Ursprungs aus der Zweckmäßigkeit der Natur herauszulesen. Jacobi wertet nun dieses ‚Ahnungs'-Vermögen epistemologisch auf und gesteht ihm einen weisenden Charakter für die Vernunft zu, der ihr erst ihr Nicht-Wissen anzeigt, bleibt dabei aber mit Kant einer Meinung, dass es spekulativ bleibt und sich nicht in ‚Wissen' überführen lässt. – Diese „unsichtliche[n] Gesichte", getragen vom „Schauen der Ahnung" und dem „Gefühle"[110], bringen die Erkenntnis erst auf den Weg zu Neuem.

Jakob Friedrich Fries' Weiterführungen Kants und Jacobis zur ‚Ahndung' nun kommen der Position von Arnim recht nahe. In seiner Schrift *Wissen, Glauben und Ahndung*[111] von 1805 unterscheidet Fries das ‚Wissen' des Verstandes

---

[109] Friedrich Heinrich Jacobi, Von den Göttlichen Dingen und ihrer Offenbarung. In: Jacobi, Werke, 6 Bde., hg. von Friedrich Köppen, Friedrich Roth, Leipzig 1812–1825 [= Reprint: Darmstadt 1980], Bd. 3, S. 247–460, hier S. 439.
[110] Jacobi, Von den Göttlichen Dingen, S. 437.
[111] Jakob Friedrich Fries, Wissen, Glaube und Ahndung, hg. von L. Nelson, Göttingen 1931.

(*Welt der Erscheinungen*) vom Glauben der Vernunft (*Welt der Dinge an sich*). Die ‚Ahndung' sieht er als Vermittlerinstanz: „[W]eder der Verstand, welchem der Begriff gehört, noch die Vernunft, der die Idee zukommt, sondern nur die unabhängig frei reflektierende Urteilskraft kann mit ihren reinen Gefühlen das Ewige im Endlichen fassen."[112] Indem Fries in freier Anknüpfung an Jacobi der ‚Ahndung' das Gefühl als eigenständige sinnliche Erkenntnisform zuordnet, entgeht er nicht nur Kants Einwänden gegen Schlosser, er kann sogar an dessen Überlegungen in der *Kritik der Urteilskraft* anschließen: „Wir haben im Glauben die Idee einer höheren Welt, aber wir wissen dieser in der Natur weder Begriff noch Bedeutung zu geben, es bleibt uns nichts übrig, als ein Gefühl, wodurch wir sie in der Schönheit und Erhabenheit der Natur ahnden."[113] Diese Erfahrung bleibt freilich in ihrer Ganzheit unaussprechlich. Dass der menschliche Geist aber überhaupt zu dieser Empfindung in der Lage ist, der ein Korrelat in der Natur zukommt, zeigt, dass die Idee des Göttlichen apriori gegeben sein muss, es mithin eine Einheit von Natur und Geist gibt. Damit ist zweierlei gewonnen: Einmal ist der symbolischen Erkenntnis ein eigener epistemischer Anspruch gegenüber diskursiver Erkenntnis gegeben.

> Wenn es nämlich in der Tat so ist, daß sich in der Ahnung ein Spannbogen von der Empfindung zum Satz aufbaut ohne diesen Schritt hinter sich zu bringen, dann ist darin zugleich die Funktion von Symbolismen mitgedacht, die gerade aus einem solchen Spannungsbogen vom sinnlichen Substrat zu einem semantischen Gehalt ihre Lebenskraft beziehen.[114]

Zum anderen wird dieser Erkenntnisform ein großer Wert zugesprochen.[115] Durch die Struktureinheit von Natur und Geist wird die Erkenntnistheorie ontologisch abgesichert, wodurch die Ästhetik wiederum zum Fundament der Religion wird. Profiteurin ist die Kunst, die nun zur Sachwalterin natürlicher Theologie und ganzheitlich kosmologischer Entwürfe erhoben wird.[116]

---

112 Fries, Wissen, Glaube und Ahndung, S. 175.
113 Fries, Wissen, Glaube und Ahndung, S. 177.
114 Hogrebe, Ahnung und Erkenntnis, S. 63.
115 Vgl. dazu Koschorke, Körperströme und Schriftverkehr, S. 274 ff.
116 Vgl. Blumenberg, Lesbarkeit, S. 240; Stichweh, Physik in Deutschland, S. 209, wo es heißt: „Die ästhetische Konzeption der Natur steht interessanterweise in einer Beziehung funktionaler Äquivalenz zur Religion. Während in England Widerstand gegen avancierte mathematische Theorien in der Naturwissenschaft letztlich immer religiös vermittelt ist – oft vermittelt über das Zwischenglied der induktiven Methode, die in Hinsicht auf den religiösen Kontext ja das Thema der Demut und Bescheidenheit angesichts der Schöpfung symbolisiert –, tritt in Deutschland, wo religiöse Restriktionen auf naturwissenschaftliche Forschung im 19. Jahrhundert irrelevant sind, in dieser spezifischen Hinsicht die ästhetische Konzeption der Natur an deren Stelle."

Nachdem ich ausführlich nachgezeichnet habe, welche Erkenntnisvermögen die erkenntnistheoretische Diskussion in der zweiten Hälfte des achtzehnten Jahrhunderts an den Begriff der ‚Ahndung' knüpfte und was sie ihnen zutraute, kann ich jetzt zu Arnim zurückkehren. Meine Skizze des historischen Hintergrunds gibt Arnims Überlegungen nicht nur Tiefenschärfe, sondern macht sie sachlich und in ihrer Tragweite erst verständlich. Denn die Ähnlichkeit seiner Überlegungen vor allem zu Jacobi und Fries wird jetzt erst deutlich. Anders aber als deren Ansätze sind seine zwei Ausführungen aus den Reisejahren 1803/1804 jedoch alles andere als systematisch, sondern, wie er selbst bekennt, „unendlich flüchtich und zerstreut aufgesezt"[117]. Die erste Ausführung findet sich in einem Brief an Brentano, in welchem Arnim ihm ein Gedicht übermittelt und ihm dessen Genese erläutert. Diese deutet er im Lichte des ‚Ahndungs'-Prozesses der Natur als fortwährenden Zeugungsakt, der in seinem Gedicht zur Sprache kommt.

> Was ist Ahndung [...] anders als das Kind was um erzeugt zu werden des Mannes Liebe zum Weibe führt, nicht im Mutterleibe allein drängt es strebt es schon im Manne sehnt es sich zu seiner höheren Bildung, so ist das Belebende der Welt ganz eigentlich das Zukünftige, und wie wir sind unser Zustand ist wie das Kind im Mutterschooße oder im Hirne des göttigen Vaters (Dies die Erklärung der alten Mythe von der Geburt der Minerva) die Gedanken sind was zukünftig lebt, darum ist der Gedanken [sic!] das heiligste und höchste der Welt, aus dem Schoosse des Mannes in den Schoß des Weibes vom Schoosse des Weibes in den Schoß der Erde und so in ewiger Kette fort wandeln wir eingeschlossen und befreyt: die Befreyung das Freudige liegt in jedem Steigen also im Uebergange, sey es vom Mann zum Weibe, sey es vom Weibe zur Erde, so ist das Leben das Süsseste als Uebergang betrachtet, aber das Schreckligste wer sich daran anklammern möchte, als wenn ein Mann das Vergnügen der Liebe durch Zurückhaltung verlängern wollte. [...] Sieh ich rechne mich zu denen die im Leben noch eine gewisse Begrenzung im Dunkeln fühlen, die sich wohl endlig hin^wegdrängen möchten nach ganz ausgebildeten Kräften, ich fühle mich im Leben wie im Schooße der Mutter sinnend über mir, nicht übergehend in raschen Thaten wie andere, ich fühle es daß ich mich reiner und schöner würde ausgebildet haben und noch ausbilden, daß ich weiter schon wäre und noch weiter kommen könnte, wenn eben dieses Mutterleben mehr Schonung für mich hätte mit mir schwanger nicht auf wilden Rossen den eilenden Hirschen nachsezte, nicht beym Spiele Nächte durchwachte und Tage vergaukelte, der Liebe sich nicht ergebe. Meine Art des Lebens verhält sich wie Traum zu That, so erkläre ich mir jetzt folgendes kleine aber nicht kurze Gedicht was ich damals als ich es schrieb mir selbst nicht erklären konnte [...]. Es ist ein dunkles Lied und doch ist es der dritte Versuch das Gefühl auszudrücken, worüber mich viele verlachen, wie ich im Mutter^schooße ruhte, als Naturerscheinung habe ich in Gilberts Annalen einmal zu bestimmen gesucht, in einem Mythos habe ich es unter meinen Papieren, nimm es hier dunkel wie es ist.[118]

---

[117] Brief Achim von Arnim an Clemens Brentano vom 24., 26. und 27.12.1803 (WAA 31, 312–339, 315).
[118] WAA 31, 317 f. (Herv. im Orig.).

Wenn das Gedicht „dunkel" scheint, dann ist damit die Bedeutungsfülle des Symbolischen angesprochen. In der konkreten Manifestation weist es immer zurück und voraus auf den allgemeinen Strukturprozess des Werdens, der sich hier gestaltet.

In einer Passage seines Reisetagebuchs spricht Arnim den Symbolismus aus der Rezeptionsperspektive an. Den Ausgangspunkt bildet die Überlegung aus seiner *Theorie der elektrischen Erscheinungen*, die ein Kräftegleichgewicht dadurch dynamisiert, dass sie einen Überschuss der einen Kraft annimmt, die frei flottieren kann. Im Gegensatz zu den ersten zwei Kräften, die sich unmittelbar beobachten lassen (*Duplizität*), ist dies nicht möglich für die ungebundene Kraft, die sich nur mittelbar in Veränderungen ausdrückt (*Triplizität*). Sie ist die Triebfeder des Prozesses, den er später ‚Ahndung' nennt. Es geht nun um die Frage, welchen epistemischen Status diese dritte Kraft beanspruchen kann.

> Uns liegt jezt die Wahrheit im Gegensatz zwischen zweyen, ob es wohl noch eine höhere Wahrheit giebt, wo ein solches Verhältniß zwischen dreyen sich findet, daß diese Wahrheit dadurch nicht aufgehoben wird ist wohl gewiß vielmehr muß sie so darauf erbaut seyn wie die Stereometrie [Raumgeometrie, U. B.] wie auf die Planimetrie [Geometrie in der Ebene, U. B.]. Daß dann auch der Raum mehr als drey Dimensionen haben muß und die Zeit mehr Evolutionen als Vergangenheit Gegenwart und Zukunft und das Denken außer dem Subjekt und Objekt noch das dritte kennen muß, dem wir uns jezt nur unendlig nähern ist wohl gewiß, also kann dann wohl in demselben Raume den wir jezt bewohnen in derselben Zeit noch eine andre Welt seyn, so wie unendlich viele Flächen im Matematischen Sinn noch keine Dicke bekommen und also nichts weiter wie eine Anschauung von dem Körper bleiben, von dem wir doch gar nichts wissen würden, wenn wir nicht verständen was Dicke [ist]. Dieses löst das Problem der Evoluzion der Welten auf, der sterbende Körper erhält einer seits eine neue Dimension in seinem einen Pole, so versinkt da der andre Pol nach allen bisherigen Dimensionen, er zerstäubt und zerduftet. Er bekommt eine neue Zeitevoluzion, unsre Perioden des Blutumlaufs, der Schlafzeit, der Reproduction des Wachsens Blühens und Sinkens haben sich in einer höheren aufgelöst. Durch die Kunst läst sich dieses ahnden, sie zeigt wie in der Mahlerey zwey Dimensionen alles geben kann, was dreye sonst dem Auge darbiethen, Musik und Bildhauerkunst geben den todten Stoff den Lebensausdruck des Lebenden, jene den flüssigen diese den festen (jene ist die Bildhauerey des Flüssigen (also der Liebe so wie diese Bildhauerey der Ehre)) Es scheint als wenn das Vergnügen der Baukunst auch nur darin liegt das in den Verhältnissen einer Dimension der Linie als Repräsentant der übrigen an jene erinnert wird, wie bey den Zeichnungen von Umrissen denn die Anwendung der Farben oder der Bildhauerey bey jener ist ganz unabhängig, so wie bey dieser der hinzugefügte Schatten und Licht, welches wiederum zeigt wie grössere Verhältnisse durch kleinere ausgedrückt werden können. Der Tanz endlig vollendet in allen seinen Zweigen das Kunstwerk, in seinem Gegensatze zur Dichtkunst, jener auswärts, diese inwärts sammelt eine Welt von Empfindung des Räumligen wie des Zeitligen diese in einem Punkte jene in einem Augenblick. Wozu nun die übrigen, wenn diese uns alles jenes darstellen können. So führt uns dieser Gesichtspunkt auf das Entgegengesezte, wie hier die Kunst von der Grenze des Lebens umschlossen dieses Leben durch eine Zusammenziehung auf einen kleinen Ab-

schnit zu verbinden weiß so giebt sie eben dadurch die Gewißheit einer Blüte die über dieses Leben selbst wiederum hinaus wächst.[119]

Der Umschlag kommt plötzlich. Führte Arnim eingangs naturphilosophische Probleme aus, heißt es ganz unvermittelt epistemologisch: „Durch die Kunst läst sich dieses ahnden". Wenn in der Baukunst „in den Verhältnissen einer Dimension der Linie als Repräsentant der übrigen an jene erinnert wird", wenn in der Zeichenkunst „grössere Verhältnisse durch kleinere ausgedrückt" werden, wenn der Tanz „inwärts [...] eine Welt von Empfindung des Räumlichen wie des Zeitligen [...] in einem Punkte", die Dichtkunst hingegen „auswärts [...] in einem Augenblick" sammelt, dann wird für jede einzelne Kunstform immer wieder dasselbe ausgeführt: ihre Symbolizität. Das Symbol gibt durch seine materielle Präsenz „Gewissheit" und verweist als Paradigma auf den allgemeinen Strukturprozess des lebendigen Naturlaufs, den es versinnlicht.[120]

Eine ähnliche Denkbewegung wie bei Arnim, die das ‚Ahndungs'-Vermögen poetologisch fruchtbar machen will, lässt sich außerhalb der Philosophie um 1800 auch bei Hölderlin, Novalis und Tieck finden.[121] Zudem ist eine Nähe zu Konzepten wie etwa dem ‚Romantisieren der Welt' bei Novalis offensichtlich. Ohne hier auf deren spezifische Nuancierungen einzelner Autoren einzugehen, kann in systematischer Hinsicht ein zweifacher Gewinn der Aufwertung der ‚Ahndung' als Fundament der Kunst festgehalten werden:

Zum einen ist ein *reicherer Erfahrungsbegriff* begründet, als Kant ihn in seiner Erkenntnistheorie angesetzt hat. Jenseits der von ihm epistemologisch gerechtfertigten werden weitere Erkenntnisvermögen gesucht. In einem Bereich, den Kant gänzlich als Schwärmerei diskreditiert hat, wird durch scharfe Abgrenzung zum Pathologischen ein Gebiet ausgesondert, in dem die Kunst spezifische Erkenntnisansprüche begründen kann. Diese gelten gleichermaßen für den Produzenten wie den Rezipienten. Die epistemologische Rechtfertigungsfigur besteht darin, eine Einheit von Natur und Geist nachzuweisen, die

---

119 FDH B 69, S. 96–100. – Der Text findet sich abgedruckt bei Heinz Härtl, „Amazonenrepublik" und „Raum von vier Dimensionen". In: Pape (Hg.), Raumkonfigurationen in der Romantik, S. 111–120, hier S. 112 f. – Vgl. dazu weiterführend auch Michael Andermatt, Raum von vier Dimensionen. Romantisierter Raum bei L. Achim von Arnim. In: Symbolik von Ort und Raum, hg. von Paul Michael, Bern u. a. 1997, S. 1–18.
120 Vgl. dazu auch Gamper, Elektropoetologie, S. 227 ff.
121 Vgl. Blumenberg, Lesbarkeit, S. 174 und 246; Hogrebe, Ahnung und Erkenntnis, S. 78–85 und 89–92. – Nach 1814 finden sich ähnliche Ausführungen zur ‚Ahnung' auch bei Goethe, Eichendorff, Uhland und E. T. A. Hoffmann (vgl. ebd., S. 75–78 und 90 f.). Belege dazu und von weiteren Zeitgenossen sind gesammelt in Geheimnis und Ahnung. Die deutsche Romantik in Dokumenten, hg. von Hans Kern, Berlin 1938.

sich in dieser Erkenntnisform zeigt.¹²² Die epistemische Aufwertung gründet sich auf die ontologische Absicherung der Erkenntnis, die darin mit gesagt ist. Damit ist der ‚Glaube' – mithin ein hermeneutischer Horizont – etabliert, der den Anspruch der Zeichenhaftigkeit der Natur voraussetzt.

Zum anderen ist auf Grundlage des ‚Ahndungs'-Vermögens eine Poetik formuliert, die nicht auf Inspiration, sondern auf *Kombinatorik* aufbaut. Eine künstlerische Sichtweise besteht in einer Virtualisierung des faktisch Gegebenen. Voraussetzung ist das Heraustreten aus der Alltagswahrnehmung in die gesteigerte Gegenwart eines emotional sensibilisierten Zustands, in der die Sinnesvermögen besonders angeregt sind, gleich ob aktiv (z. B. in rauschhaften, begeisterten Zuständen) oder passiv (z. B. im Traum). Das Gegebene wird dann dekontextualisiert und in neuen Zusammenhängen rekontextualisiert. Damit gewinnen die Dinge der Welt Zeichencharakter, den sie in den üblichen Ordnungsgefügen des Alltags nicht haben können. Entweder steht das Einzelne jetzt als Ganzheit paradigmatisch für ein Allgemeines oder es lässt sich syntagmatisch ein allgemeinerer Prozess herauslesen, der in der Vergangenheit begann, sich in die Zukunft fortsetzen wird und in einem Einzelding zu kulminieren scheint.

Schlagen wir den Bogen zurück zu Arnims Briefentwurf an Winkelmann und ziehen den Ertrag aus den Ausführungen für die Ausgangsthese, dass sich die epistemische Aufwertung der schönen Literatur um 1800 der Übernahme von Domänen, die andere Erkenntnisbereiche ausgeschlossen haben, verdankt. Die eigentliche Pointe von Arnims Überlegungen zur ‚Ahndung' besteht dann darin, dass er sie auf *diese* Art zu *diesem* Zeitpunkt vorträgt. Der Briefentwurf lässt sich auf die erste Mai-Hälfte 1803 datieren. Arnim hat zu diesem Zeitpunkt mit einer Karriere als Physiker längst abgeschlossen, befindet sich auf seiner Kavalierstour, unternimmt erste Schritte als Schriftsteller und schreibt von Paris aus. Entlang der Trennungslinie von Naturwissenschaft und Dichtung wirken die Formulierungen auf den ersten Blick in doppelter Hinsicht paradox. Aus Sicht der Naturwissenschaft scheint es widersinnig, Grundlagen für ein „System" zu entwickeln, sie aber schon einige Zeilen vorher durch eine Irrealis-Formulierung zu konterkarieren: „wenn ich je ein System schriebe"¹²³. Aus Sicht der Poesie scheint es umgekehrt widersinnig, das Konzept der ‚Ahndung', dessen Begriffsgeschichte seine genuine Verwurzelung im Umfeld

---

122 Vgl. dazu Blumenberg, Lesbarkeit, S. 248. – Während sich bei Arnim der Naturprozess im Geist selbst reflektiert, reflektiert sich bei den Frühromantikern (z. B. Novalis) umgekehrt der Geist im Naturprozess.
123 Briefkonzept Achim von Arnim an Stephan August Winkelmann vermutl. Zwischen 05.05. und Mitte Mai 1803 (WAA 31, 236–238, 237).

künstlerischer Erkenntnisformen gezeigt hat, in den Bereich der Naturphilosophie zu verpflanzen, um letztlich dort doch keine Früchte ernten zu wollen.

Vor dem Hintergrund der leitenden These von der epistemischen Aufwertung der schönen Literatur um 1800 stellt sich Arnims Wechsel der epistemischen Bezugskultur durchaus als fruchtbar heraus, wenn man nach dem Ertrag für die Literatur fragt. – Ein weiteres System der Naturphilosophie zu entwickeln, wäre im Lichte der zunehmenden Verdrängung der Spekulation aus den Naturwissenschaften in Arnims Augen wenig nachhaltig gewesen. Wenn er die Spekulationen dennoch betreibt, dann um dem ‚Ahndungs'-Vermögen der schönen Literatur mittels der Naturphilosophie eine ontologische Grundlage zu geben und sie damit epistemisch aufzuwerten. In dieser Zurückhaltung und der Beschränkung auf künstlerische Erkenntnis einzig im Bereich der Kunst unterscheidet er sich von Goethe und den Frühromantikern.[124] Arnims rechtfertigende Argumentation künstlerischer Erkenntnis ist in doppelter Hinsicht folgerichtig durchgeführt: Epistemologisch ist es konsequent, das ‚Ahndungs'-Vermögen selbstreferenziell auf Grundlage von ‚Ahndungen' zu rechtfertigen. Auch gegenstandsbezogen ist die Fundierung den Einwänden naturwissenschaftlicher Skepsis entzogen, da die naturphilosophischen Spekulationen eben nicht mehr mit empirisch-naturwissenschaftlichen, sondern mit dichterischen Erkenntnisansprüchen vorgetragen werden.[125]

3.2.1.2 Organismus und Gleichgewicht: Naturbilder der Gesellschaft

Die Aneignung von Bildern aus dem Bereich der Naturkunde stellt einen der wichtigsten Wege dar, eine epistemologisch aufgewertete Kunst zur Versammlung des ‚Sozialen' zu ermächtigen.[126] Die diskursgeschichtliche Voraussetzung dafür liegt im Zeitalter der europäischen Glaubenskriege zunächst im Zerbrechen der Vorstellung einer schöpfungstheologisch abgesicherten, kontinuierlichen Ordnung, die Natur und Gesellschaft umschließt. Natur und Gesellschaft galten danach als ontologisch unterschieden und entwickelten sich als Gegenstandsbereiche langsam immer weiter auseinander. Für beide Felder bildeten sich eigene Wissenskulturen aus, mit eigenständigem Wissen, Methoden und Gegenständen. Auf Seite der Natur steht für diese Trennungsbewegung die Entwicklungslinie der Naturwissenschaften, die sich, wie gezeigt, in

---

124 Vgl. Blumenberg, Lesbarkeit, S. 238 und 243.
125 Vgl. dazu auch Kapitel 3.2.2.2 der vorliegenden Arbeit.
126 Zur Rolle von Bildern des ‚Sozialen' vgl. Niels Werber, Ameisengesellschaften. Eine Faszinationsgeschichte, Frankfurt a.M. 2013, S. 241–259; Tobias Schlechtriemen, Bilder des Sozialen. Das Netzwerk in der soziologischen Theorie, Paderborn 2014, S. 19–101.

der Moderne auf diesem Feld durchsetzen wird. Komplementär zu dieser Trennungsbewegung wuchs aber auch die Spannung und der Wunsch, die Unterscheidung nach einer Seite hin inklusivistisch aufzulösen.[127] Hier setzt die schöne Literatur um 1800 an, die genau dieser Einheitssehnsucht nachgibt.

Sucht man nach Bildern, die für beide Felder passen, empfehlen sich solche, die sich bereits vor der Trennung der beiden Felder als gemeinsame Darstellungsform bewährt hatten. Zusätzlich aber müssten sie aktuellen Ansprüchen der Naturbeschreibung entsprechen. Diese Bilder wären damit gleichsam ausgezeichnet, als sie aktuellen wissenschaftlichen Standards genügten. Von diesen epistemischen Weihen profitierte die schöne Literatur dann umgekehrt, wenn sie diese Bilder aufgriffe. – Tatsächlich gibt es um 1800 Bilder, die beide Voraussetzungen erfüllen. Besondere Bedeutung gewinnen der *Organismus* und das *Gleichgewicht*. In der Formulierung einer neuen Einheit von Natur und Gesellschaft ist die schöne Literatur vor zwei Herausforderungen gestellt: Zum einen muss sie ihre epistemischen Geltungsansprüche für das Feld der Natur gegenüber der Traditionslinie der Naturwissenschaften klären, die sich im weiteren Differenzierungsprozess ausbilden werden. Zum anderen muss die schöne Literatur die Gesellschaft so darstellen, dass sie selbst als ein Teil von ihr auftaucht, der die eingenommene Einheitsperspektive auch wirklich einnehmen kann.[128] Die Verwendung der Bilder stellt mithin eine konsequent durchgeführte selbstbezügliche Legitimationsfigur dar. Das setzt aber Umgestaltungen der älteren Vorbilder voraus. Die schöne Literatur kann dabei jedoch auf Theorievorleistungen im Bereich der Naturkunde zurückgreifen, die die alten Bilder weiterentwickelt und entontologisiert haben, um sie flexibler handhabbar und dadurch leistungsfähiger zu machen. Wenn die schöne Literatur diese Denkbewegung auf dem Feld der Gesellschaft nachvollzieht, konzipiert sie die Gesellschaft mithin auch nicht mehr ontologisch, sondern ‚sozial' und sich selbst ebenfalls.

Dieses Kapitel lässt sich in vier Argumentationsschritte gliedern. In einem ersten Abschnitt sollen zentrale Charakteristika, die den entontologisierenden Umbau beider Bilder kennzeichnen, skizziert werden. Danach werden sie in ihren historischen Konjunkturen aufeinander bezogen und systematisch kontrastiert. Der dritte Schritt konzentriert sich auf das Gleichgewichts-Bild. Das Organismus-Bild ist bereits recht gut erforscht,[129] das Gleichgewichts-Bild da-

---

127 Vgl. Bruno Latour, Wir sind nie modern gewesen. Versuch einer symmetrischen Anthropologie, Frankfurt a. M. 2008, S. 22–84.
128 Vgl. dazu Luhmann, Die Gesellschaft der Gesellschaft, Bd. 2, S. 1128 ff.
129 Der Gegenstandsdifferenzierung moderner Wissenschaften entsprechend, konzentrieren sich die meisten Untersuchungen einseitig entweder auf das Feld der Natur oder der Gesellschaft. Nur wenige Beiträge verstehen beide Felder als gemeinsamen Denkraum.

gegen wurde von der Forschung vernachlässigt, obwohl ihm historisch eine ähnliche Bedeutung zukommt. Deshalb ist jenem hier der Vorzug zu geben, auch wenn beide Bilder in den späteren Untersuchungen eine Rolle spielen werden. Vorgeführt wird die Karriere des Gleichgewichts auf dem Feld der Natur im Hinblick auf Ansatzpunkte für eine Anwendung auf das gesellschaftliche Feld. Zuletzt sollen Goethes, Arnims und Kleists Verwendungsweisen des Gleichgewichts-Bildes kurz skizziert werden, um daran drei Positionierungsvarianten von Poetiken des ‚Sozialen' gegenüber den mathematisierenden Naturwissenschaften prototypisch aufzuzeigen.

Bis in die Frühaufklärung ist sowohl für die Natur als auch für die Gesellschaft das beherrschende Bild die Maschine. Die Rückführung der vielfältigen

---

Vgl. zur Naturkunde: Peter Hanns Reill, Vitalizing Nature in the Enlightenment, Berkeley, Los Angeles, CA 2005.

Vgl. zur Gesellschaftstheorie: G. N. G. Orsini, Art. ‚Organism'. In: Dictionary of the History of Ideas. Studies of Selected Pivotal Ideas, hg. von Philip P. Wiener, New York 1973, Bd. 3, S. 421–427; Ernst Wolfgang Böckenförde, Gerhard Dohrn-van Rossum, Art. ‚Organ, Organismus, Organisation, politischer Körper'. In: Brunner, Conze, Koselleck (Hg.), Geschichtliche Grundbegriffe, Bd. 4, S. 519–622; Dietmar Peil, Untersuchungen zur Staats- und Herrschaftsmetaphorik in literarischen Zeugnissen von der Antike bis zur Gegenwart, München 1983, S. 302–488; Theodor Ballauff, Eckart Scheerer, Ahlrich Meyer, Art. ‚Organismus'. In: Ritter, Gründer, Gabriel (Hg.), Historisches Wörterbuch der Philosophie, Bd. 6, Sp. 1330–1358; Judith Schlanger, Les métaphores de l'organisme, Paris 1995; Koschorke, Körperströme und Schriftverkehr, S. 72, 91, 364, 370; Das Politische. Figurenlehre des sozialen Körpers nach der Romantik, hg. von Uwe Hebekus, Ethel Matala de Mazza, Albrecht Koschorke, München 2003; Susanne Lüdemann, Metaphern der Gesellschaft. Studien zum soziologischen und politischen Imaginären, München 2004; Albrecht Koschorke, Susanne Lüdemann, Thomas Frank, Ethel Matala de Mazza, Der fiktive Staat. Konstruktionen des politischen Körpers in der Geschichte Europas, Frankfurt a. M. 2007; Susanne Lüdemann, Art. ‚Körper, Organismus'. In: Wörterbuch der philosophischen Metaphern, hg. von Ralf Konersmann, Darmstadt 2008, S. 168–181; Tobias Schlechtriemen, Metaphern als Modelle. Zur Organismus-Metaphorik in der Soziologie. In: Visuelle Modelle, hg. von Ingeborg Reichle, Steffen Siegel, Achim Spelten, München 2008, S. 71–84; Nassehi, Der soziologische Diskurs der Moderne, S. 320–328.

Zu Querbezügen: Andreas Göbel, Naturphilosophie und moderne Gesellschaft. Ein romantisches Kapitel aus der Vorgeschichte der Soziologie. In: Athenäum, 5. Jg. (1995), S. 253–286; Peter Hanns Reill, The Construction of the Social Sciences in Late 18th and Early 19th Century Germany. In: Sociology of the Sciences. A Yearbook, 10. Bd. (1996), S. 107–140; Peter Hanns Reill, Vitalizing Nature and Naturalizing the Humanities in the Late Eighteenth Century. In: Studies in Eighteenth-Century Culture, 28. Bd. (1999), S. 361–381; Robert J. Richards, The Romantic Conception of Life. Science and Philosophy in the Age of Goethe, Chicago, IL, London 2002; Koschorke, Körperströme und Schriftverkehr, S. 66–76 und 363–375; Peter Hanns Reill, Eighteenth-Century Uses of Vitalism in Constructing the Human Sciences. In: Biology and Ideology from Descartes to Dawkins, hg. von Denis R. Alexander, Ronald L. Numbers, Chicago, IL 2010, S. 61–87.

Erscheinungsformen auf wenige einfache Prinzipien innerhalb des mechanistischen Denkens zeigte sich der steigenden Komplexität des Ausdifferenzierungsprozesses der Gesellschaft und, damit zusammenhängend, der erhöhten Leistungsfähigkeit der Naturforschung als Erklärungsparadigma zunehmend nicht mehr gewachsen. Seit Mitte des 18. Jahrhunderts bahnte sich eine Umstellung auf flexiblere Modelle an, die sich schnell durchsetzen konnten.

Sie lassen sich in beiden Bereichen dadurch kennzeichnen, dass sie die Basiselemente immer schon in einem relationalen Zusammenhang mit anderen sehen, innerhalb dessen sie vor allem von ihren Positionen her verstanden werden müssen. Während das maschinistische Denken nur von außen zugeführte und innen gespeicherte Kräfte kannte, leiten die neuen Denkbilder aus dem Zusammenhang, in dem sich die Elemente wechselseitig Ursache und Wirkung sind, immanent wirksame Kräfte einer Selbstbewegung her. Die Selbstorganisation wirkt sowohl erhaltend als auch dissipativ als permanente Anpassung an die unbeherrschbare Umwelt. Der Name dafür ist in organizistischer Sprache ‚Metamorphose', die equilibristische Sprache wird für entsprechende Ideen ab der Mitte des 19. Jahrhunderts den Begriff der ‚Homöostase' prägen. Daraus ergibt sich, dass die Systeme eine Geschichte besitzen und in den meisten Konzeptionen auch einer teleologischen Bewegungsrichtung folgen, damit also historisch zu behandeln sind.[130] Organizistisch heißt das Schlagwort dazu ‚Bildung', das Gleichgewichts-Denken bestimmt das Telos selbstbezüglicher als inneren Ausgleich.

Den Basiselementen an sich werden einzigartige Qualitäten zugeschrieben, woraus sich die Frage nach dem Grad ihrer Austauschbarkeit in ihren Funktionspositionen ergibt. Wer den Primat auf das Einzigartige setzt und die Austauschbarkeit eher gering ansetzt, wird organizistische Bilder bevorzugen. Wer dagegen den Primat im Funktionscharakter der Positionen sieht, wählt eher Bilder des Gleichgewichts.

Teil und Ganzem gleichermaßen gerecht zu werden, verlangt nach spezifischen Erkenntniswegen, die das Relationale, das sich nicht unmittelbar ablesen lässt, doch ans Licht zu bringen verstehen. Hierzu wird ein ternäres Zeichensystem angesetzt, das zwischen Zeichen und Bezeichnetem eine mittlere Ebene etabliert. Dadurch soll der Wandelbarkeit, Polyvalenz und Vielsinnigkeit des Relationalen epistemologisch Gerechtigkeit widerfahren. Das zentrale Konzept heißt hier ‚Ausdruck'; jedes Teil verweist indexikalisch auf das Ganze und

---

[130] Vgl. Wolf Lepenies, Historisierung der Natur und Entmoralisierung der Wissenschaften seit dem 18. Jahrhundert. In: Lepenies, Gefährliche Wahlverwandtschaften. Essays zur Wissenschaftsgeschichte, Stuttgart 1989, S. 7–38, hier S. 21 ff.

ist semiotisch als ‚Symbol' aufschlüsselbar.[131] Ihm entsprechen auf Seiten des Subjekts das Konzept der ‚Anschauung' und auf Seiten des Objekts der ‚Typus'. Bemerkenswert ist, dass sich sowohl Anhänger organizistischer als auch equilibristischer Vorstellungen dieser Epistemologie annähern, wenngleich von gegensätzlichen Abstraktionsniveaus, woraus sich dann unterschiedliche Darstellungsmodi ergeben. Diese Erkenntnisweisen sind nicht vorstellbar, ginge man von einem neutralen Beobachter in der Umwelt des Gebildes aus. Insofern muss die Beobachtung selbst als Relation oder Verwandtschaftsbeziehung innerhalb des Zusammenhangs angenommen werden, mithin als dessen Selbstbeobachtung. Das kann dann keine objektive Analyse mehr sein, sondern muss die Bezüge der anderen Elemente untereinander und bezogen auf die Erkenntnisposition nachzeichnen. Reziprok muss dann für ein Publikum, das auch Teil des Großzusammenhangs ist, wieder ein eigenständiger Erkenntnisprozess angesetzt werden.

Soweit zu den Gemeinsamkeiten, nun soll es um die Unterschiede zwischen beiden Bildern gehen. Ahlrich Meyer und Dietmar Peil haben die Forschung zu Recht dafür kritisiert, sich meist nur jeweils einem einzigen der Bildkomplexe zugewendet zu haben, da dieses Vorgehen große Gefahr läuft, den jeweiligen Bereich gegenüber seinem tatsächlichen Auftauchen zu verabsolutieren. Sehr viel gerechter würde man den historischen Texten, so ihr Plädoyer, wenn man die Interaktionsmodi mehrerer Bilder in den Blick nähme.[132] Folgt man dieser Empfehlung und geht den Konjunkturen der beiden Bilder nach, so ist eine chiastische Bewegung zu erkennen. Während Maschine und Organismus die längste Zeit im 17. und 18. Jahrhundert nebeneinander in Gebrauch waren, rücken sie Mitte des 18. Jahrhunderts in eine klare Opposition.[133] Wenn der Organismus schnell die Nachfolge der Maschine als prädominantem Bild antreten konnte, so geschah dies paradoxerweise aufgrund der großen Ähnlichkeit der Bilder. So beschreibt Bernd Remmele den Organismus in deutlicher Kontinuität zum Maschinen-Bild:

> Der Vitalismus [des organizistischen Denkens, U. B.] steht dem Mechanismus [...] näher als das Gleichgewichtsdenken. Das teleologisch aufgeladene vitalistische Integrations-

---

131 Vgl. Taylor, A Secular Age, S. 324 f.
132 Vgl. Ahlrich Meyer, Mechanische und organische Metaphorik politischer Philosophie. In: Archiv für Begriffsgeschichte, 13. Jg. (1969), S. 128–199, bes. S. 133; Dietmar Peil, Überlegungen zur Bildtheorie. In: Beiträge zur Geschichte der deutschen Sprache und Literatur, 112. Jg. (1990), S. 209–241.
133 Vgl. Meyer, Mechanische und organische Metaphorik, S. 129 ff.; Peil, Staats- und Herrschaftsmetaphorik, S. 489–595; Barbara Stollberg-Rilinger, Der Staat als Maschine. Zur politischen Metaphorik des absoluten Fürstenstaats, Berlin 1986, S. 202–246.

prinzip lebendiger Körper ist gewissermaßen nur zusätzlich vom Himmel gefallen und schließt in gewissem Maßen sogar an die ‚lebendige' Kraft an, die zumindest implizit auch einer Maschine innewohnen konnte [...].[134]

Das Gleichgewicht, das sich der Liberalismus des 19. Jahrhunderts zum Nachfolgeleitbild des Organismus küren wird, stellt genauso paradox wiederum eine Weiterentwicklung des Maschinen-Bildes dar.[135] Dabei leitete der Gedanke der Selbstorganisation zu fundamentalen Umakzentuierungen des mechanistischen Paradigmas der Uhr zur Waage.[136]

‚Vitalistische Integration' und ‚Selbstorganisation' heißen die Ideen, mit denen ‚Schwachstellen' der zwei Bilder behoben werden sollen. Theorieästhetisch liegt der Hauptunterschied zwischen Organismus- und Gleichgewichts-Bild darin, dass Ersteres einen festeren Zusammenhang der Elemente umreißt, während sie bei Zweiterem loser aufeinander bezogen sind. Beides ist ihre jeweilige Stärke, aber auch ihre Schwäche. Die Erklärungsanstrengungen werden sich deshalb beim Organismus darauf richten müssen, die inneren Funktionspositionen und Entwicklungsgesetze so einzuführen, dass genügend Freiheitsgrade für die Variabilität der Einzelelemente bleiben. Umgekehrt muss beim Gleichgewicht die Einzigartigkeit der Basiselemente möglichst so wiedereingeführt werden, dass sich der Gesamtzusammenhang dadurch nicht auflöst, wodurch Entwicklung bei Identitätserhaltung erst möglich wird.[137]

Die Zeit um 1800 steht sicherlich unter einer gewissen Vorherrschaft des Organismus-Bildes, allerdings begegnet einem auch das Gleichgewicht. Wenn die beiden Bilder in Opposition zueinander rücken, dann erscheint das Gleichgewicht als eine Variante des alten Maschinen-Bildes und zieht dessen Kritik auf sich. Sehr viel öfter jedoch tauchen die Bilder nebeneinander und manchmal sogar in Kombinationen als attributive Fügungen auf. Vom aktuellen Primat des Organismus her verstanden, bedeutet der Gebrauch des Gleichgewichts-Bildes nur eine Aspektverschiebung, die sich mit der Ähnlichkeit der Bilder begründen lässt. Von den Unterschieden her gedeutet, und im Voraus-

---

134 Bernd Remmele, Art. ‚Maschine'. In: Konersmann (Hg.), Wörterbuch der philosophischen Metaphern, S. 224–236, S. 233. Vgl. dazu näher Timothy Lenoir, The Strategy of Life. Teleology and Mechanics in Nineteenth Century German Biology, Dordrecht, Boston, MA, London 1982, S. 17–53.
135 Vgl. Remmele, Art. ‚Maschine', S. 234.
136 Vgl. Otto Mayr, Uhrwerk und Waage. Autorität, Freiheit und technische Systeme in der Frühen Neuzeit, München 1987, S. 150–165.
137 Vgl. Stephen C. Pepper, World Hypothesis. Prolegomena to a systematic Philosophy and complete Survey of Metaphysics, Berkeley, Los Angeles, CA, London 1942, S. 186–231 und 280–316; Werner Stark, Fundamental Forms of Social Thought, London 1962, S. 17–202.

blick auf die weitere Entwicklung, sind hier die Anfänge der Primatsverschiebung zu suchen.[138]

Fragt man nun nach der Ideengeschichte des Gleichgewichts im Bereich der Natur und der Gesellschaft und ihren Wechselbezügen, stellt man fest, dass die bisherige Forschung dem Gleichgewicht weniger Aufmerksamkeit zukommen ließ, was wohl vor allem an den Erscheinungsformen des Bildes liegt. Die Leitmetapher der ‚Waage' fungiert nur sehr selten explizit als Bezugsgröße und ist vielmehr meist nur als ‚Hintergrundmetaphorik' präsent.[139] Das hängt damit zusammen, dass sich schon früh im 18. Jahrhundert ein abstraktes Verständnis von Gleichgewichten etablierte, das das an der Waage gewonnene Modell auf phänomenal ganz andersartige Bereiche der Natur und der Gesellschaft als Beschreibungsform übertrug. Dadurch konnte sich das Modell verselbstständigen. Der Bezug zum ‚Bildspender' wurde dabei gelockert oder verdeckt, umgekehrt erfuhr das Modell vielfach gegenstandsspezifische Modifikationen. Somit stellt sich der Untersuchungsbereich als ein sehr heterogenes und unübersichtliches Feld von verschiedenen Gleichgewichten sowohl im Bereich der Natur als auch der Gesellschaft dar.[140]

Paradigmatisch für die frühaufklärerischen mechanistischen Gleichgewichts-Theorien im Bereich der Natur ist Newtons Planententheorie geworden, die deshalb am Beginn dieses ideengeschichtlichen Abrisses stehen soll. Das zentrale Werk ist seine *Philosophiae Naturalis Principia Mathematica* (^{1}1686, ^{2}1713, ^{3}1726).[141] Das Denkbild des Gleichgewichts griff der englische Physiker und Naturphilosoph für seine astronomische Beschreibung der Planetenbahnen in den 1680er Jahren auf, bei denen sich Gravitation und Fliehkräfte so ausgleichen, dass der Körper auf einer elliptischen Bahn kreist.[142] Daraus speist sich eine zeitgenössische Übertragung der analytisch-synthetischen Methodik und Denkprinzipien auf die Gesellschaft. In beiden Feldern wird das Gleichgewichts-Bild separat fortentwickelt. Seit dem späten 18. Jahrhundert finden sich dann Unternehmungen, die prüfen, ob und wie sich neuere natur-

---

138 Vgl. Kapitel 6.2.2 und 6.2.3 der vorliegenden Arbeit.
139 Mayr, Uhrwerk und Waage, S. 170. Zum Konzept der ‚Hintergrundmetaphorik' vgl. Hans Blumenberg, Paradigmen einer Metaphorologie, Frankfurt a. M. 1999, S. 91 ff.
140 Vgl. Hans Fenske, Art. ‚Gleichgewicht, Balance'. In: Brunner, Conze, Koselleck (Hg.), Geschichtliche Grundbegriffe, Bd. 2, S. 959–996; Art. ‚Gleichgewicht'. In: Deutsches Wörterbuch. 33 Bde., hg. von Jacob und Wilhelm Grimm, München 1999, Bd. 7, Sp. 8088–8102.
141 Isaac Newton, Philosophiae naturalis principia mathematica [1726], hg. von Alexandre Koyré, I. Bernard Cohen, Cambridge, MA, London 1972. – Die dritte Auflage erschien 1739–1742 nochmals ausführlich kommentiert und wurde Grundlage für Übersetzungen ins Englische (1729) und Französische (1756). Die Übersetzung ins Deutsche erschien erst im Jahr 1872.
142 Vgl. Mayr, Uhrwerk und Waage, S. 179 ff.

wissenschaftliche Varianten des Gleichgewichts-Bildes in Ausweitung auf die Gesellschaft universalisieren lassen. Nicht überraschend ist, dass vor allem die Bereiche eine Reinterpretation im Lichte der naturwissenschaftlichen Theorien erfahren haben, in denen das Gleichgewichts-Bild bereits früher seine größte Erklärungskraft entfalten konnte.

Newton bestimmt einige ‚essentielle' Qualitäten von Körpern (Ausdehnung, Härte, Undurchdringlichkeit, Beweglichkeit und Trägheit). Die Gravitationskraft ist dabei keine ‚essentielle', jedoch eine ‚universelle' Eigenschaft von Körpern und mithin auch der Basispartikel, aus denen sie sich zusammensetzen.[143] ‚Universelle' unterscheiden sich von ‚essentiellen' Eigenschaften dadurch, dass dies Charakteristika sind, die sich nicht notwendig aus dem Wesen der Körper selbst ergeben und deshalb nicht postuliert werden dürfen, aber unter den gewöhnlichen, empirischen Bedingungen dieser Welt immer anzutreffen sind. Da Gravitation immer ein Wechselverhältnis zwischen mindestens zwei Körpern bezeichnet, würde sie ein Körper im ‚leeren Raum' nicht erfahren. Damit ist ein Spannungsfeld zwischen praktischer Reifikation und theoretischer Abstrahierung für die Rezeption eröffnet.[144]

Die ältere Rezeptionslinie geht von der Idee aus, dass Basiselemente einer Theorie Eigenschaften besitzen, die unabhängig von ihrer Einbindung in Systemzusammenhänge Substanz haben. Analog zur Definition von Körpern im ‚leeren Raum' bestimmen die Gesellschaftstheoretiker den Menschen im Naturzustand. In diesem ‚atomistischen' Modell lässt sich dann Sozialität auf Individuen zurückrechnen bzw. gilt die Transitorität von Eigenschaften der Materie, die den Menschen und auch den Staat als Menschenverbund durchwirken.[145] Dieser Ausgangspunkt erfährt mit der Zeit eingehende Umlagerungen, die abstrakte Theorieannahmen zurücknehmen und sich stärker an Bedürfnissen konkreter Nutzanwendung orientieren: Bei Hobbes ist die Denkfigur noch ganz im mechanistischen Bild Newtons gefasst, Rousseau kritisiert den Naturzustand als nicht den gewöhnlichen Situationsvoraussetzungen entsprechende Extrapolation und stellt den Menschen stärker in ein Kraftfeld von Wechselwirkungen,[146] Smith nimmt die qualitative Bestimmung der Körper zugunsten der relationalen noch stärker zurück, indem er von einer schlichten ‚Betragssumma-

---

143 Vgl. Gideon Freudenthal, Atom und Individuum im Zeitalter Newtons. Zur Genese der mechanistischen Natur- und Sozialphilosophie, Frankfurt a. M. 1982, S. 43 ff.
144 Vgl. Gaston Bachelard, Die Philosophie des Nein. Versuch einer Philosophie des neuen wissenschaftlichen Geistes. Frankfurt a. M. 1980, S. 40 ff.
145 Vgl. Charles Taylor, Atomism. In: Taylor, Philosophy and the Human Sciences. Philosophical Papers 2, Cambridge, New York, Melbourne 1985, S. 187–210.
146 Vgl. dazu genauer Kapitel 3.2.2.1 der vorliegenden Arbeit.

tion' der Handlungen zur ‚Vektoraddition' übergeht, bei der sich resultierende Kräfte in ganz andere Wirkrichtungen und -stärken als die der Ausgangsvektoren ergeben können. Obwohl sich gelegentlich noch maschinistische Begriffsprägungen finden lassen, ist ein Gleichgewichts-Modell hier bereits fundierend.[147]

Eine zentrale Rolle kommt in diesen Vorstellungen dem Begriff des ‚Interesses' zu.[148] Nach dem Paradigma der Kraft gebildet, stellt es das Vermittlungsglied zwischen den Leidenschaften – zunächst mechanistisch als innere Bewegung, aber mit diffusem Ziel gedacht – und der Vernunft als Richtungsgeber ohne Antrieb dar und bindet sich außerdem an die Urheberschaft des Subjekts.[149] Als Fundamentalproblem ergibt sich die Frage, wie das Zusammenwirken verschiedener Interessen zum Gemeinwohl gelenkt werden könne. Weil diese Frage alle Teile des Gemeinwesens betrifft, wird sie in verschiedenen Feldern der Gesellschaftstheorie diskutiert. „Die Fortschritte der Mathematik und Astronomie verhießen Hoffnung, daß Bewegungsgesetze für das menschliche Handeln ebenso entdeckt werden könnten, wie für fallende Körper und Planeten."[150] Prinzipiell besteht die Strategie immer darin, Interessen mit Gegeninteressen in ein Gleichgewicht zu bringen. Sie nimmt unterschiedlich Gestalt an: erstens in der Idee, der Staat müsse durch Gewalt eine lenkende Gegenkraft zu den Partikularinteressen darstellen, zweitens in der Zwischenposition, Interessen und Gegeninteressen würden sich neutralisieren, wobei der Staat eine moderierende Rolle unter Ausnutzung der bestehenden gesellschaftlichen Kraftfelder einnehmen, die Grundkonstellation selbst aber nicht ändern könne, und drittens als Laissez-faire-Prinzip, basierend auf der Ansicht, die Individualinteressen würden sich durch eine wundersame Transformation in der Regel von allein zum Gemeinwohl verrechnen.[151] Diese unterschiedlichen Ansätze werden mehr oder weniger erfolgreich auf verschiedenen Ebenen angewendet.

---

147 Vgl. Meyer, Mechanische und organische Metaphorik politischer Philosophie, S. 178–185; Freudenthal, Atom und Individuum im Zeitalter Newtons, S. 140–168, bes. S. 163f.; Charles Michael Andres Clark, Economic Theory and Natural Philosophy. The Search for the Natural Laws of the Economy, Aldershot, Brookfield, VT 1992; Margaret Schabas, The Natural Origins of Economy, Chicago, IL, London 2005.
148 Vgl. dazu: Hans Jürgen Fuchs, Volker Gerhardt, Art. ‚Interesse'. In: Ritter, Gründer, Gabriel (Hg.), Historisches Wörterbuch der Philosophie, Bd. 4, Sp. 479–494; Ernst Wolfgang Orth, Jörg Fisch, Reinhart Koselleck, Art. ‚Interesse'. In: Brunner, Conze, Koselleck (Hg.), Geschichtliche Grundbegriffe, Bd. 3, S. 305–365.
149 Vgl. Albert O. Hirschman, Leidenschaften und Interessen. Politische Begründungen des Kapitalismus vor seinem Sieg, Frankfurt a.M. 1987, S. 52f.
150 Hirschman, Leidenschaften und Interessen, S. 21.
151 Hirschman, Leidenschaften und Interessen, S. 23ff.

Auf Ebene des *Subjekts* (im Besonderen: des Fürsten) empfehlen neo-stoische Ansätze zunächst eine gewaltsame Unterdrückung der Leidenschaften, machen dann aber durch die Aufwertung der Passionen in der schottischen Moralphilosophie und der französischen Moralistik Konzepten Platz, die eine strategische Ausnutzung der Affekte empfehlen.[152]

Für die Ebene der *Innenpolitik* wird damit einhergehend die Vorstellung der gewaltsamen Lenkung und der Ausgleichbarkeit der verschiedenen Interessen aufgegeben. Das Konzept der ‚Staatsräson' erweist sich als Leerformel, aus der sich keine bestimmte Empfehlung für die Positionierung des Souveräns innerhalb der gesellschaftlichen Kraftfelder klar ableiten lässt und das nur zur Ex-post-Rechtfertigung dient.[153] Den Fürsten als einen politischen Akteur neben anderen zu begreifen, führt Mitte des 18. Jahrhunderts zur Formulierung des Gleichgewichts-Gedankens in Form der Idee von der Gewaltenteilung (*checks and balances*).[154] Die Generalisierung dieses Grundgedankens auf gesellschaftliche Akteure und Interessensgruppen überhaupt führt zu ökonomischen Modellen.[155] Ob diese Marktordnung Steuerung brauche oder sich durch die ‚unsichtbare Hand' (Smith) von selbst reguliere, darüber gehen die Meinungen auseinander.[156] Man kann aber festhalten, dass das Gleichgewichts-Modell bei der Deutung des innergesellschaftlichen Zusammenspiels verschiedener Interessen als Theorie seinen größten Erfolg hat.

Außenpolitisch gilt das Gleichgewicht der Kräfte lange als Ideal. Welche konkreten Steuerungsmaximen sich daraus jedoch für souveräne Staatsober-

---

152 Vgl. Michel Foucault, Geschichte der Gouvernementalität I. Sicherheit, Territorium, Bevölkerung. Vorlesung am Collège de France 1977–1978, Frankfurt a. M. 2004, S. 134–172.
153 Vgl. Foucault, Gouvernementalität I, S. 369 ff., und klassisch Friedrich Meinecke, Die Idee der Staatsräson in der neueren Geschichte [1924], München 1963.
154 Vgl. A. Voigt, Art. ‚Gewaltenteilung'. In: Ritter, Gründer, Gabriel (Hg.), Historisches Wörterbuch der Philosophie, Bd. 3, Sp. 570–574, bes. Sp. 570 f.; Herbert Butterfield, Art. ‚Balance of Powers'. In: Wiener (Hg.), Dictionary of the History of Ideas, Bd. 1, S. 179–188, bes. S. 184–186.
155 Vgl. dazu Philip Mirowski, More Heat than Light, Economic as Social Physics, Physics as Nature's Economics, Cambridge 1989; Philip Mirowski, The Rise and Fall of the Concept of Equilibrum in Economic Analysis. In: Recherches Economiques de Louvain 55. Jg. (1989), H. 4, S. 447–468; Natural Images in Economic Thought. „Markets read in tooth and claw", hg. von Philip Mirowski, Cambridge 1994, bes. die Beiträge in Part II.
156 Vgl. J. A. W. Gunn, Politics and the Public Interest in the Seventeeth Century, London, Toronto 1969; Hartmut Neuendorff, Der Begriff des Interesses. Eine Studie zu den Gesellschaftstheorien von Hobbes, Smith und Marx, Frankfurt a. M. 1973; Milton L. Myers, The Soul of Modern Economic Man. Ideas of Self-Interest. Thomas Hobbes to Adam Smith, Chicago, IL 1983; Thomas Rommel, Das Selbstinteresse von Mandeville bis Smith. Ökonomisches Denken in ausgewählten Schriften des 18. Jahrhunderts, Heidelberg 2006.

häupter unter anderen, ebenso souveränen Staatsoberhäuptern ergeben sollten, ist schon im 17. und 18. Jahrhundert unklar. Folglich ist dem Gleichgewichts-Modell auf dieser Makroebene realpolitisch kein großer Erfolg beschert.[157] Im Merkantilismus bildet das Gleichgewicht in Form der ausgeglichenen Handelsbilanz (*balance of trade*) das Gegenbild zu dem, was anzustreben ist.[158]

In der Naturkunde wird Newtons Theorie in den ersten Dekaden des 18. Jahrhunderts weitläufig popularisiert. Allerdings verhindert die Leibniz-Wolffsche Schule mit ihrer Ablehnung der Theorie der ‚Anziehung' eine schnelle Rezeption der Idee in der deutschsprachigen Wissenschaftswelt.[159] Über die Rezeption vor allem englischer und französischer Forschung setzen sich die Weiterentwicklungen von Newtons Theorie aber auch allmählich in der deutschsprachigen Wissenschaftswelt durch. Den Ansatzpunkt bildet hier die Resubstantialisierung von Kräften: Zwar sind Kräfte prinzipiell keine ‚essentielle' Qualität von Körpern, doch lassen sie sich unter irdischen Bedingungen in der Experimentalpraxis nahezu so behandeln. Dieser Gedanke findet seinen Ausdruck in der Theorie der Imponderabilien. Äther, Feuer oder Fluida stellen zwischen 1750 und 1790 den Versuch dar, ebenfalls in mechanistisch-stofflichen Termen, Gegenkräfte zu den Körperkräften zu formulieren. Zum Ende des Jahrhunderts gibt es verschiedene Ansätze der Kritik dieser phlogistischen Theorien. Die Strategie besteht dabei auf der einen Seite in einer Reduzierung der Imponderabilien, sprich, im Übergang von qualitativen zu quantitativen Konzepten, und schließlich wieder in der Entsubstantialisierung von Kräften. Auf der anderen Seite wird man sich der spezifischen Qualität von Stoffen bewusster. Man unterscheidet seit den 1770/80er Jahren Elemente und Verbindungen genauer und lernt seit Beginn des neuen Jahrhunderts, chemische Verbindungen durch Massenberechnungen zu bestimmen.[160] Im Kern laufen die Bemühungen darauf hinaus, in einer Abstraktionsbewegung, *Stoffe und Kräfte kategorial zu trennen*. Das ebnet der *Mathematisierung* der Naturforschung, wovon im letzten Kapitel eingehend gehandelt wurde, insgesamt und der disziplinären Trennung von Physik als Kräftelehre und Chemie als Massenlehre von Stoffen bis zur Mitte des 19. Jahrhunderts den Weg.[161]

---

157 Vgl. Arno Strohmeyer, Theorie der Interaktion. Das europäische Gleichgewicht der Kräfte in der frühen Neuzeit, Wien, Köln, Weimar 1994; Demandt, Metaphern für Geschichte, S. 305 ff.
158 Vgl. Fritz Behrens, Grundriss der Geschichte der Politischen Ökonomie, 4 Bde., Berlin 1962–1981, Bd. 1, S. 65 ff.
159 Vgl. Freudenthal, Atom und Individuum im Zeitalter Newtons, S. 95 ff.; John L. Heilbron, Electricity in the 17th and 18th Century. A Study of Early Modern Physics, Berkeley 1979, S. 49 f.
160 Vgl. William H. Brock, Viewegs Geschichte der Chemie, Wiesbaden 1997, S. 29–111.
161 Vgl. Stichweh, Physik in Deutschland, S. 94–172.

Übergreifend hat dabei der Bedeutungszuwachs des Themenfelds ‚Elektrizität' große Bedeutung. Seine Modelle sind ein wichtiger Weg der Einwanderung des Gleichgewichts-Gedankens in die deutsche Naturforschung. Hier verhilft eine möglichst abstrakte Formulierung der Idee zum Erfolg, da sie aufgrund ihrer großen Anschlussfähigkeit als prospektive Einheitsformel dienen kann. Die Attraktivität der Elektrizität besteht darin, für *verschiedenste Felder der Natur eine einheitliche Grundformel* bereitzustellen. So breitet sie sich bald in den physikalischen Polaritätsvorstellungen bei Wärme, Licht, Elektrizität und Magnetismus und ab den 1770er Jahren in der Affinitätenlehre der Chemie aus,[162] ab den 1790er Jahren erobert der ‚Galvanismus' die Welt des Organischen.[163] Durch die große Erklärungskraft beflügelt, hegt man schnell nahezu unbegrenzte Anwendungshoffnungen und universalisiert die Theorie, immer weitere Gegenstandbereiche einschließend, wodurch sich die Grundidee verbreitet, sich aber oft auch wieder von der Elektrizitätslehre unabhängig macht. Daneben wird versucht, ihre außerwissenschaftliche Nutzanwendbarkeit auf möglichst verschiedenen Gebieten zu erproben und im besten Fall zu erweisen. Kameralistische Zielsetzungen spielen dabei eine gewisse Rolle. Hier liegt eine zweite Quelle der Übertragung von naturwissenschaftlichen Modellen auf die Welt der Gesellschaft.

Die Anwendung der naturwissenschaftlichen Theoriekonzepte zur Versammlung des ‚Sozialen' und die damit einhergehende Positionierung von Poetiken des ‚Sozialen' gegenüber der Naturwissenschaft soll nun in einem letzten Teil dieses Kapitels konkret an Goethe, Arnim und Kleist nachvollzogen werden. Dabei lassen sich paradigmatisch drei unterschiedliche Positionierungsvarianten zeigen.[164]

Am 4. September 1809 erscheint Goethes Selbstanzeige seines neuen Romans *Die Wahlverwandtschaften* im *Morgenblatt für gebildete Stände*. Darin heißt es mit Blick auf die Titelwahl:

> Es scheint, daß den Verfasser seine fortgesetzten physikalischen Arbeiten zu diesem seltsamen Titel veranlaßten. Er mochte bemerkt haben, daß man in der Naturlehre sich sehr oft ethischer Gleichnisse bedient, um etwas von dem Kreise menschlichen Wissens weit Entferntes näher heranzubringen; und so hat er auch wohl in einem sittlichen Falle, eine

---

[162] Vgl. Arnold Thackray, Atoms and Powers. An Essay on Newtonian Matter-Theory and the Development of Chemistry, Cambridge, MA 1970, S. 124–160 und 199–233; Stichweh, Physik in Deutschland, S. 113 ff. und 120 ff.
[163] Vgl. Stichweh, Physik in Deutschland, S. 298 ff.
[164] Vgl. dazu I. Bernhard Cohen, An Analysis of Interactions between the Natural Sciences and the Social Sciences. In: Cohen, Interactions. Some Contacts between the Natural Sciences and the Social Sciences, Cambridge, MA, London 1994, S. 1–99.

chemische Gleichnisrede zu ihrem geistigen Ursprunge zurückführen mögen, um so mehr als doch überall nur *eine* Natur ist, und auch durch das Reich der heitern Vernunft-Freiheit die Spuren trüber leidenschaftlicher Notwendigkeit sich unaufhaltsam hindurchziehen, die nur durch eine höhere Hand, und vielleicht auch nicht in diesem Leben, völlig auszulöschen sind.[165]

Die Rede von „Wahlverwandtschaften" stellt im Bereich der Naturlehre eine Übertragung aus dem Bereich zwischenmenschlicher Verhältnisse dar. Der Roman will nun prüfen, ob sich die im Bereich der Naturkunde gewonnenen Gesetzmäßigkeiten auch auf das menschliche ‚Bindungsverhalten' „zurückführen" lassen. Die Rede von „eine[r] Natur" weckt die Erwartung, dass dies möglich sein könnte. Sie scheint nicht enttäuscht zu werden. Die ersten Seiten lesen sich wie die Beschreibung einer Experimentalordnung: „Eduard – so nennen wir einen reichen Baron –"[166] und seine Frau finden sich von der Erzählinstanz in ein Tal wie in einen Versuchskolben gesetzt. Es bleibt nicht unerwähnt, dass „es zwischen [den] zwei nah verbundenen Personen nicht ganz im Gleichgewicht steht."[167] Dann ist die Rede von der Dazwischenkunft eines „Dritten" und „Vierten"[168], und als man den Hauptmann und Ottilie tatsächlich einlädt, wird der „Versuch"[169] gestartet. Bald wird dann auch noch die Reaktionsgleichung des Versuchs vorgetragen, und die Figuren beziehen ihre eigene Konstellation auf das Naturgesetz.[170] Der weitere Handlungslauf spielt auf vielfache Weise damit, dass sich die Figuren nach dem chemischen Gesetz zu verhalten scheinen. Die Übereinstimmung geht aber letztlich nicht glatt auf.

Während sich die ältere Forschung darum bemühte, die ‚Reaktionsprodukte' doch noch im Sinne der chemischen Vorschrift zu deuten, hat sich in der neueren Forschung die Meinung durchgesetzt, dass das Gleichnis eine Finte ist.[171] Sie stützt sich auf einen Einwurf in das chemische Gespräch, den Charlot-

---

165 Johann Wolfgang von Goethe, Selbstanzeige. In: Goethe, Sämtliche Werke, Briefe, Tagebücher und Gespräche, 40 Bde., hg. von Dieter Borchmeyer Friedmar Apel, Frankfurt a. M. 1985–1999, Bd. 8, S. 974 (Herv. im Orig.).
166 Johann Wolfgang von Goethe, Die Wahlverwandtschaften. In: Goethe, Sämtliche Werke, Briefe, Tagebücher und Gespräche, Bd. 8, S. 269–530, S. 271.
167 Goethe, Wahlverwandtschaften, S. 285.
168 Goethe, Wahlverwandtschaften, S. 272.
169 Goethe, Wahlverwandtschaften, S. 282 und 285.
170 Vgl. Goethe, Wahlverwandtschaften, S. 299–307.
171 Vgl. Uwe Pörksen, Goethes Kritik naturwissenschaftlicher Metaphorik und der Roman „Die Wahlverwandtschaften". In: Schiller-Jahrbuch, 25. Jg. (1981), S. 285–315; Monika Hielscher, Natur und Freiheit in Goethes „Die Wahlverwandtschaften", Frankfurt a. M., Bern, New York 1985; Jeremy Adler, „Eine fast magische Anziehungskraft". Goethes Wahlverwandtschaften und die Chemie ihrer Zeit, München 1987; Jeremy Adler, Goethe's use of chemical theory in his „Ellective Affinities". In: Romanticism and the Science, hg. von Andrew Cunningham,

te und selbst Eduard, von dem er stammt, im Weiteren übergehen. Im vierten Kapitel des ersten Teils liest Eduard der Abendgesellschaft aus einem chemischen Werk über das Bindungsverhalten von Stoffen vor. „Ich hörte von Verwandtschaften lesen", unterbricht Charlotte ihn, „und da dacht' ich eben gleich an meine Verwandten ". Sofort erntet sie eine Ermahnung, und jeglicher Übertragung chemischer Gesetze auf Menschen wird eine Absage erteilt: „Es ist eine Gleichnisrede, die dich verführt und verwirrt hat, sagte Eduard. Hier wird freilich nur von Erden und Mineralien gehandelt, aber der Mensch ist ein wahrer Narziß; er bespiegelt sich überall gern selbst; er legt sich als Folie der ganzen Welt unter."[172]

Der Perspektivismus scheint der eigentliche Schlüssel zum Verständnis des Romans zu sein. Er zeigt nicht nur an den Figuren das Scheitern einer ‚allegorischen' Lesart nach einer Formel, die zu einer ‚self fulfilling prophecy' wird, sondern lässt die Leser diese Erfahrung auch selbst machen. Gleichgewichts-Bildern, die rein maschinistisch verstanden werden, fehlt ein ‚eingebautes' Konzept, sich mit dem Wandeln der Natur auch als Beschreibungsform zu wandeln. Sie können nicht verschiedene Sichtweisen repräsentieren. Als Gegenmodell propagiert Goethe organizistische Modelle. Da sie Selbstausdruck der „eine[n] Natur" sind, stellen sie ein Korrelat von Natur und Erkenntnis mit dem Brückenbegriff des ‚Symbols' her. Mithin sind sie in der Lage, der ‚Lebendigkeit' der Natur gerecht zu werden und den unhintergehbaren Perspektivismus gleichermaßen einzuholen. Goethe nimmt mit seiner ästhetischen Naturwissenschaft nicht nur in Anspruch, das ‚Soziale' zu deuten, er will auch der mathematisierenden Naturwissenschaft Konkurrenz machen.[173]

Anders findet sich das Gleichgewichts-Modell bei Achim von Arnim.[174] Es wird ihn auch in späteren Werken noch weiter beschäftigen, hier sei aber sein

---

Nicholas Jardine, Cambridge u. a. 1990, S. 263–279; Christoph Hoffmann, Zeitalter der Revolutionen. Goethes „Wahlverwandtschaften" im Fokus des chemischen Paradigmenwechsels. In: Deutsche Vierteljahresschrift für Literaturwissenschaft und Geistesgeschichte, 67. Jg. (1993), S. 417–450; Elisabeth von Thadden, Erzählen als Naturverhältnis – „Die Wahlverwandtschaften". Zum Problem der Darstellbarkeit von Natur und Gesellschaft seit Goethes Plan eines „Roman über das Weltall", München 1993; Christine Lubkoll, Wahlverwandtschaft. Naturwissenschaft und Liebe in Goethes Eheroman. In: Erzählen und Wissen. Paradigmen und Aporien ihrer Inszenierung in Goethes „Wahlverwandtschaften", hg. von Gabriele Brandstetter, Freiburg i. Br. 2003, S. 261–278; Olaf Breidbach, Die „Wahlverwandtschaften". Versuch einer wissenschaftshistorischen Perspektivierung, In: Goethes „Wahlverwandtschaften". Werk und Forschung, hg. von Helmut Hühn, Berlin, New York 2010, S. 291–310.
172 Goethe, Wahlverwandtschaften, S. 300.
173 Vgl. dazu nur Alfred Schmidt, Goethes herrlich leuchtende Natur. Philosophische Studie zur deutschen Spätaufklärung, München, Wien 1984.
174 Zu Arnims Haltung in Bezug auf Goethes Naturwissenschaft vgl. Nienhaus, Achim von Arnims Aufhebung der Naturwissenschaften in der Poesie, S. 164 f.

erstes dichterisches Erscheinen betrachtet. Während seiner Studienzeit in Halle verfasst Achim von Arnim einen kurzen Text mit dem Titel „Dialogen bey den Ruinen des Thurms zu Babel"[175], den er selbst nie veröffentlicht hat und der bis heute wenig bekannt ist. Darin treten Frau Centrum und Herr Hypermochlium auf. Die Namen sind dem *Grundriß der Naturlehre* von Arnims Lehrer Gren entlehnt. Bei einem Hebel wird dort ‚Centrum' der Auflagepunkt genannt, ‚Hypermochlium' sein Gegenpart am Hebel. Sie steht für weibliche Empfindsamkeit und einen Glauben an authentische Selbstpräsentation, er für männliche Vernunft und rational-deduktives Kalkül. Die Missverstehensproblematik, in die der Titel die Handlung stellt, wird in der Doppelperspektivik von Poetiken des ‚Sozialen' hinsichtlich des Gegenstandes und hinsichtlich des Darstellungsverfahrens entfaltet.

Die „Dialogen" führen ein Modell der Person vor. Die Figuren bilden einzeln Gegenpole und zusammen den ‚Dreh- und Angelpunkt', an dem sich die Kräfte, die am Hebel angreifen, zentral entfalten. Das Gleichgewicht ist stets bedroht, sowohl durch den inneren „Andrang, der alle bestimmte Richtung, allen Gebrauch unsrer Seelenkräfte niederbeugt, verschüttet, umstürzt", als auch durch den äußeren „Zufall [,] [der] sein kurzweiliges Spiel mit uns treibt, [uns] erheb[t] [...] wie der Wind den leichten Staub in die Strahlen der Sonne, und wir würden erleuchtet und erwärmt nur kurze Zeit und sänken hinab, so wie der Wind die Flügel einzieht."[176] Am Ende wird das Gleichgewichts-Bild überblendet mit einem ‚thermischen' Bild, das Aspekte ins Spiel bringt, die sich nicht in equilibristischer Bildsprache reformulieren lassen. Dieses Verfahren durchzieht den Text und gipfelt am Schluss darin, dass das „Verliebtseyn" genauer bestimmt werden soll. Das Gleichgewichts-Modell wird dabei als materialistisch ironisiert, wenn Centrum Hypermochlium erklärt: „[I]ch glaube die Mühe möchte wohl vergebens seyn, denn was sie im Aetherhauch des Geistes suchen[,] fänden sie wohl nur in seiner irdischen Hülle". In dem Nachsatz, den der Text ihr in den Mund legt, vollzieht er zugleich eine Wendung gegen die spekulative Bestimmung des „schönste[n] Produkts geistiger, erhebender Gefühle" als Ätherhauch. Er macht sich lustig über die gängige Wissenschaftspraxis, die auch „alles uns Unbekannte für etwas Immaterielles"[177] hält.

Wenn die „Dialogen" mit Centrums Satz beginnen: „Lieber Hypermochlium, ich finde dich heute sehr langweilig", und dieser darauf entgegnet: „Die Aufrichtigkeit gefällt mir"[178], so ist das Darstellungsproblem bereits aufgeru-

---

175 WAA 1, 360–367. – Vgl. dazu den Kommentar: WAA 1, 846–849.
176 WAA 1, 362.
177 WAA 1, 365.
178 WAA 1. 360.

fen. Wie die satirische Einführung vorausdeutet, wird an Centrum eine Epistemologie kritisiert, die vom authentischen Selbstausdruck der Natur bzw. des Menschen ausgeht. So kann ihr mehrfach Unaufrichtigkeit nachgewiesen werden. Umgekehrt wird an Hypermochlium eine Epistemologie kritisiert, die stets „neue Classification[en] aushecken"[179] muss und deduktive Argumentationsketten knüpft, völlig losgelöst von der Erfahrung und Selbstdarbietung des Gegenstandes. Die doppelte Absage wird nochmals pointiert zur Sprache gebracht, wenn herauskommt, dass tatsächlich Centrum den Turm zu Babel versehentlich im Halbschlaf durch Feuer zerstört hat. Dieses ‚Missgeschick' konnte „nur mit Mühe beym leichtgläubigen Pöbel der Gottheit aufgebürdet werden"[180], die in biblischer Logik die Ursache der Sprachverwirrung ist. Umgekehrt glaubt Hypermochlium, „[s]ein eigner Herr"[181] zu sein. Besitzt er auch zu wenig des „prometheischen Funken[s]"[182], baut er doch mit den Steinen des Turms, der biblisch für die menschlichen Größenphantasien steht, weiter und will aus ihnen ein gemeinsames Haus errichten.

Arnims Studentenschrift ist konsistent mit seiner Epistemologie. Gegenüber der Naturwissenschaft stellt die Übernahme von Modellen eine Heuristik dar, die Sachverhalte verdeutlichen kann, deren Grenzen aber immer zugleich mit reflektiert werden müssen. Das zeigt sich darin, dass Arnim den Text parallel zu seiner Tätigkeit als Naturwissenschaftler, aber keinesfalls mit naturwissenschaftlichem Anspruch verfasste. Wenn in den „Dialogen" der Herausgeber die Überlieferung des Textes als unzuverlässig bezeichnet, gibt er damit einen Hinweis darauf, dass die literarische Aneignung immer eine Vermittlung der naturwissenschaftlichen Modelle darstellt. Wenn hier terminologische Begrifflichkeiten als Figuren auftreten, deutet sich in dieser Mythisierung der Natur der später ausformulierte Blick der schönen Literatur aufs Ganze, der die wissenschaftlichen Detailstudien komplementiert, bereits an.

Zuletzt soll eine weitere Variante des Gleichgewichts-Bildes im Werk Heinrich von Kleists untersucht werden. Kleists Erprobung naturwissenschaftlicher Modelle im Bereich der Gesellschaft hat die Literaturwissenschaft eingehend beschäftigt.[183] Eine Lektüre seiner Überlegungen unter der spezifischen Per-

---

[179] WAA 1, 363.
[180] WAA 1, 361.
[181] WAA 1, 360.
[182] WAA 1, 362.
[183] Vgl. Herminio Schmidt, Heinrich von Kleist. Naturwissenschaft als Dichtungsprinzip, Bern 1978; Otto Lorenz, Experimentalphysik und Dichtungspraxis. Das ‚geheime Gesetz des Widerspruchs' im Werk Heinrich von Kleists. In: Die deutsche Romantik und die Wissenschaften, hg. von Nicholas Saul, München 1991, S. 72–90; Jürgen Schröder, Kleists Novelle „Der Findling". Ein Plädoyer für Nicolo [1985]. In: Heinrich von Kleist. Neue Wege der Forschung, hg. von Anton Philipp Knittel, Inka Kording, Darmstadt 2003, S. 40–58; Christine Lubkoll,

spektive von Gleichgewichts-Modellen wurde jedoch bisher noch nicht unternommen. Verglichen mit Goethe und Arnim macht Kleist am extensivsten von Gleichgewichts-Modellen Gebrauch.[184] Deshalb stellen sich hier die Zusammenhänge am komplexesten dar.

Kleists früher „Aufsatz, den sichern Weg des Glücks zu finden" von 1799 ist noch ganz im Geist des Aufklärungsoptimismus geschrieben. In diesem erklärt er, dass ‚inneres Glück' von tugendhafter Lebensweise abhinge. „Da waltet ein großes unerbittliches Gesetz über die ganze Menschheit, dem der Fürst wie der Bettler unterworfen ist. Der Tugend folgt die Belohnung, dem Laster die Strafe."[185] Nach der Tugend zu streben bedeutet, „gerade nur auf der Mittelstraße zu wandern, und unsere Wünsche nie auf die schwindelnden Höhen zu richten."[186] Dies ergibt sich daraus, dass „ein gleiches Gesetz über die moralische, wie über die physische Welt" waltet.[187] Wenn also einheitliche Strukturgesetze den ganzen Kosmos ordnen, ist ihre Kenntnis wichtig, um sich realistische Ziele für das ‚äußere Glück' zu stecken, die sich daran erkennen lassen, dass sie im Einklang mit der kosmischen Schöpfungsordnung stehen. Kleist

---

Soziale Experimente und ästhetische Ordnung. Kleists Literaturkonzept im Spannungsfeld von Klassizismus und Romantik („Die Verlobung in St. Domingo"). In: Gewagte Experimente und kühne Konstellationen. Kleists Werk zwischen Klassizismus und Romantik, hg. von Lubkoll, Günter Oesterle, Würzburg 2001, S. 119–136; Rolf Selbmann, Gleichnis, Formel, Blitz. Heinrich von Kleists Begründungsfiguren im ästhetischen und wissenschaftlichen Diskurs der Epoche. In: Scientia Poetica, 8. Bd. (2004), S. 31–45; Sigrid Weigel, Das Gedankenexperiment: Nagelprobe auf die ‚facultas fingendi' in Wissenschaft und Literatur. In: Macho, Wunschel (Hg.): Science & Fiction, S. 183–205, bes. S. 200 ff.; Sigrid Weigel, Die Funken der Bilder und der Experimentalphysik im Zeitalter der Gefühle. Zur Inszenierung affekttheoretischer Umbrüche in Kleists Erzählung „Der Findling". In: Weigel, Literatur als Voraussetzung der Kulturgeschichte. Schauplätze von Shakespeare bis Benjamin. München 2004, S. 173–191; Roland Borgards, „Allerneuster Erziehungsplan". Ein Beitrag Heinrich von Kleists zur Experimentalkultur um 1800 (Literatur, Physik). In: Krause, Pethes (Hg.), Literarische Experimentalkulturen, S. 75–101; Katharine Weder, Kleists magnetische Poesie. Experimente des Mesmerismus, Göttingen 2008; Gamper, Elektropoetologie, S. 200–220; Benjamin Specht, Physik als Kunst. Die Poetisierung der Elektrizität um 1800, Berlin, New York 2010, bes. S. 309–410.

184 Das hängt auch mit seiner Ablehnung klassizistischer Ästhetik zusammen, die organizistische Bilder bevorzugt. – Vgl. dazu Gerhard Pickerodt, Heinrich von Kleist. Der Widerstreit zwischen Mechanik und Organik in Kunsttheorie und Werkstruktur. In: Die Mechanik in den Künsten. Studien zur ästhetischen Bedeutung von Naturwissenschaft und Technologie, hg. von Hanno Möbius, Jörg Jochen Berns, Marburg 1990, S. 157–168.

185 Heinrich von Kleist, Aufsatz, den sichern Weg des Glücks zu finden. In: Kleist, Sämtliche Werke und Schriften, 2 Bde., hg. von Helmut Sembdner, München 1983, Bd. 2., S. 300–315, hier S. 307.

186 Kleist, Aufsatz, S. 308.

187 Kleist, Aufsatz, S. 308.

veranschaulicht das Finden des ‚sichern Weg des Glücks' im Rückgriff auf das Bild der Planetenbahnen:

> Jetzt freilich wanken wir noch auf regellosen Bahnen umher, aber mein Freund, das ist uns als Jünglinge zu verzeihen. Die innere Gärung ineinander wirkender Kräfte, die uns in diesem Alter erfüllt, läßt keine Ruhe im Denken und Handeln zu. Wir kennen die Beschwörungsformel noch nicht, die Zeit allein führt sie mit sich, um die wunderbar ungleichartigen Gestalten, die in unserm Innern wühlen und durcheinander treiben, zu besänftigen und zu beruhigen. Und alle Jünglinge, die wir um und neben uns sehen, teilen ja mit uns dieses Schicksal. Alle ihre Schritte und Bewegungen scheinen nur die Wirkung eines unfühlbaren aber gewaltigen Stoßes zu sein, der sie unwiderstehlich mit sich fortreißt. Sie erscheinen mir wie Kometen, die in regellosen Kreisen das Weltall durchschweifen, bis sie endliche eine Bahn und ein Gesetz der Bewegung finden.[188]

In dieser Frühphase Kleists sind equilibristische Bilder vor allem der klassischen Mechanik entnommen, so auch der berühmte Würzburger Torbogen.[189] Grundlegend ist dabei immer das Maschinenmodell eines beständigen Gleichgewichts, das sich nur durch Energieinput bzw. Energieoutput in seiner Bewegung verändert. Das System ist mithin ‚umweltoffen' gedacht.

In seinem Aufklärungsoptimismus nimmt Kleist im April 1799 ein Studium der Kameralwissenschaften in Frankfurt an der Oder auf, besucht aber vor allem natur- und geschichtswissenschaftliche Veranstaltungen. Schon im März 1801 bricht er das Studium wieder ab. Seine naturkundlichen Kenntnisse bleiben daher auf dem Niveau, das er sich während gut zwei Jahren Studiums aneignen und als interessierter Laie weiterverfolgen konnte. Das ist insofern bedeutsam, als er die Theorien zum ‚Galvanismus', mit denen sich dynamische Gleichgewichts-Modelle in der Naturkunde verbreitet haben, offenbar nicht rezipiert hat. Jedenfalls finden sich in seinem Werk kaum Belege dafür. Dazu passt, dass er seine Gleichgewichte, selbst wenn er sie später bevorzugt aus dem Bereich der Elektrizität bezieht, in der Naturkunde weiterhin umweltoffen konzipiert.[190] Das equilibristische Modell, das für Kleist nach 1801 von zentraler Bedeutung ist, findet seine ausführlichste Darstellung im „Allerneusten Erziehungsplan" von 1810. Elektrizität ist hier noch deutlich stofflich gedacht. Es setzt bereits (von außen) geladene Körper voraus.

> [D]ie Experimentalphysik, in dem Kapitel von den Eigenschaften elektrischer Körper, lehrt, daß wenn man in die Nähe dieser Körper, oder, um kunstgerecht zu reden, in ihre

---

188 Kleist, Aufsatz, S. 309.
189 Vgl. Brief Heinrich von Kleist an Wilhemine von Zenge vom 16., 18. und 30. Dez. 1800. In: Kleist, Sämtliche Werke, Bd. 2, S. 591–598.
190 Daneben spielen aber auch noch rein maschinistische Bilder eine wichtige Rolle, so z. B. die Gliederpuppe im „Marionettentheater"-Aufsatz.

Atmosphäre, einen unelektrischen (neutralen) Körper bringt, dieser plötzlich gleichfalls elektrisch wird, und zwar die entgegengesetzte Elektrizität annimmt. Es ist als ob die Natur einen Abscheu hätte, gegen alles, was, durch eine Verbindung von Umständen, einen überwiegenden und unförmlichen Wert angenommen hat; und zwischen je zwei Körpern, die sich berühren, scheint ein Bestreben angeordnet zu sein, das ursprüngliche Gleichgewicht, das zwischen ihnen aufgehoben ist, wiederherzustellen. Wenn der elektrische Körper positiv ist: so flieht, aus dem unelektrischen alles, was an natürlicher Elektrizität darin vorhanden ist, in den äußersten und entferntesten Raum desselben, und bildet, in den, jenen zunächst liegenden, Teilen eine Art von Vakuum, das sich geneigt zeigt, den Elektrizitätsüberschuß, woran jener, auf gewisse Weise, krank ist, in sich aufzunehmen; und ist der elektrische Körper negativ, so häuft sich, in dem unelektrischen, und zwar in den Teilen, die dem elektrischen zunächst liegen, die natürliche Elektrizität schlagfertig an, nur auf den Augenblick harrend, den Elektrizitätsmangel umgekehrt, woran jener krank ist, damit zu ersetzen. Bringt man den unelektrischen Körper in den Schlagraum des elektrischen, so fällt, es sei nun von diesem zu jenem, oder von jenem zu diesen, der Funken: das Gleichgewicht ist hergestellt, und beide Körper sind einander an Elektrizität, völlig gleich.[191]

Die Wiederherstellung des Gleichgewichts erfolgt durch Neutralisierung jedes einzelnen Körpers, in der Weise, dass sie sich reziprok als Außen dienen.

Die Begründung für seinen Studienabbruch liefert er in Briefen, in denen er seine Erkenntnisskepsis ausspricht, die als ‚Kant-Krise' bekannt geworden ist. Wenn ihm jetzt die Ordnung des Kosmos undurchschaubar scheint, dann ist auch die angedachte tugendhafte Lebensorientierung so nicht mehr möglich. Daraus ergibt sich eine *perspektivistische* und *relationistische* Umkonzeption seiner Gleichgewichts-Vorstellungen als Konzeption des ‚Sozialen'.

Das heißt einmal, dass kein in der Natur selbst liegendes, ‚objektiv' gültiges Naturgesetz mehr vorausgesetzt werden kann, das nur erkannt werden müsste. Vielmehr muss die Erkenntnisperspektive mit reflektiert werden. Ausgesprochen wird dies explizit, wenn die ‚Autoren' von Kleists Texten die Übertragung oder Ausweitung des eben vorgetragenen neuen elektrischen Gleichgewichts-Modells auf den Bereich der Gesellschaft vornehmen. Unter dem Namen des „gemeine[n] Gesetz[es] des Widerspruchs"[192] in der „Allmählichen Verfertigung der Gedanken beim Reden" (1805) sprechen sie erst von einem „ähnlichen Gesetz", eine halbe Seite später nennen sie die Gesetzmäßigkeit „gleich". Sofort erscheint die Gleichheit allerdings als „merkwürdige Übereinstimmung zwischen den Erscheinungen der physischen und moralischen Welt". Obwohl sie sich, „wenn man sie verfolgen wollte, auch noch in den

---

[191] Heinrich von Kleist, Allerneuster Erziehungsplan. In: Kleist, Sämtliche Werke, Bd. 2, S. 329–335, hier S. 329 f.
[192] Kleist, Allerneuster Erziehungsplan, S. 330.

Nebenumständen bewähren würde", spricht der Folgesatz von einem bloßen „Gleichnis".[193] Im „Allerneusten Erziehungsplan" ist dann die Rede von einem „merkwürdige[n] [naturwissenschaftlichen] Gesetz", das „auf eine, unseres Wissens, noch wenig beachtete Weise, auch in der moralischen Welt"[194] gelte. Diese Einschätzungen changieren zwischen der Betonung gegenstandsbezogener Übereinstimmungen und perspektivbezogenen Relativierungen. Wo die größere Flexibilität des elektrischen Modells, das nicht mehr wie das frühere auf dem Gleichgewicht selbst, sondern auf der Ausgleichsbewegung basiert, die verschiedene Spannungszustände voraussetzen kann, sich der Gesellschaft als Deutungsmodell empfiehlt, führt der Perspektivismus zu Modifikationen.

Wenn im obigen Zitat das Naturgesetz in einer Weise vorgetragen wurde, die sich bewusst wissenschaftlich gibt und „kunstgerecht zu reden" vorgibt, zugleich aber anthromorphisierend und im Gebrauch wissenschaftlicher Terminologie nachlässig verfährt, dann sollten diese Textsignale zur Vorsicht mahnen, ob hier gesellschaftliche Zusammenhänge nicht bloß mit naturwissenschaftlicher Metaphorik unterlegt werden. Wie die Forschung gezeigt hat, illustrieren die aufgeführten ‚Beispiele' tatsächlich nicht einfach die Gültigkeit des Naturgesetzes im Bereich der Gesellschaft. Aus dem Perspektivismus ergibt sich nämlich eine Umkonzeption des Gleichgewichts-Bildes, da es das ‚Soziale' geschlossen und streng relationistisch konzeptualisiert. Es ist kein bereits ‚geladener Körper' vorausgesetzt, wenn ein Sprecher ansetzt. Die Polarisierung ergibt sich vielmehr wechselseitig immanent aus den ‚Umständen'.

> Ich glaube, daß mancher große Redner, in dem Augenblick, da er den Mund aufmachte, noch nicht wußte, was er sagen würde. Aber die Überzeugung, daß er die ihm nötige Gedankenfülle schon aus den Umständen, und der daraus resultierenden Erregung seines Gemüts schöpfen würde, machte ihn dreist genug, den Anfang, auf gutes Glück hin, zu setzen.[195]

Dass sich die jeweilige Positionierung rein aus den Bezügen ergibt, zeigt sich nochmals in der entsubstantialisierenden Sprechweise, wenn es heißt: „nicht *wir* wissen, es ist allererst ein gewisser *Zustand* unsrer, welcher weiß."[196] Dieser Zustand ist konditioniert durch die äußere Umweltsituation, die immanenten Wechselbezüge im System und die inneren Dispositionen des Subjekts. Damit entfällt eine äußere Teleologie der Verhaltensorientierung, wie ihn der frü-

---

193 Heinrich von Kleist, Über die allmähliche Verfertigung der Gedanken beim Reden. In: Kleist, Sämtliche Werke, Bd. 2, S. 319–324, hier S. 321.
194 Kleist, Allerneuster Erziehungsplan, S. 330.
195 Kleist, Über die allmähliche Verfertigung, S. 320.
196 Kleist, Über die allmähliche Verfertigung, S. 323 (Herv. im Orig.).

he „Versuch" konzipiert hatte. Ersetzt wird sie durch einen systemrelativen Ausgleich in Selbstorganisation. Daraus ergibt sich die Vorstellung eines abgeschlossenen Gleichgewichts-Systems, in dem sich Polaritäten nicht mehr intern ausgleichen lassen, sondern als inneres Spannungsfeld bestehen bleiben müssen, eines Systems, das nach außen als Ganzes aber ‚ausgeglichen' erscheint. Kleists Essays vollziehen dieses geschlossene Gleichgewichts-Modell auch selbst. Die zu Lebzeiten unpublizierte „Verfertigung der Gedanken beim Reden", die nicht offen mit einem Lesepublikum kalkuliert, gibt sich als antwortendes Widersprechen auf die Position des Adressaten des Texts Rühle von Lilienstern. Im „Allerneusten Erziehungsplan", der in den *Berliner Abendblättern* veröffentlicht wurde, wird die ‚Gesetzmäßigkeit' von wechselseitiger Polarisierung mithilfe mehrerer Kommentarebenen vorgeführt und bezieht nun auch die Leserschaft mit ein.

Dass es bei Kleist zwei Gleichgewichts-Modelle gibt, ist vielsagend. Die schöne Literatur und die Naturwissenschaft eignen sich das Modell gemäß ihrer spezifischen Epistemologien und Fragestellungen auf je ihre eigene Weise an. Ironischerweise ist es gerade Kleists Erkenntnisskepsis, die ihn beide Erkenntnisformen gleichberechtigt nebeneinander sehen lässt; die Aufwertung der Kunst ergibt sich hier aus einer epistemischen Abwertung der Wissenschaft. Unter Maßstäben der Selbstreflexion von funktionaler Differenzierung betrachtet, findet sich bei ihm die avancierteste Position formuliert.

3.2.2 Mensch

3.2.2.1 Transzendentale/empirische Anthropologie als Wissenschaften

Nicht nur im Schulunterricht, auch in seiner Freizeit beschäftigt sich Achim von Arnim intensiv mit Philosophie. Sein Onkel äußert sich mit Blick auf eine berufliche Karriere später erleichtert: „Es war mir gelungen Dich in Berlin von der Neigung zu metaphysischen Spekulationen ab, hin zu dem Studium der Chemie, Physik u.s.w. zu leiten."[197] In seinem Schülerbriefwechsel tauscht sich Arnim mit seinen Klassenkameraden über Autoren der populären Aufklärungsphilosophie (Locke, Hume, Rousseau, Lessing, Reimarus, Hamann, Herder, Forster, Garve, Platner u. a.) genauso wie über Vertreter der Kritischen Philosophie (Kant, Feder, Reinhold, Schiller, Fichte, Schelling u. a.) aus. Mit seinem Freund Raumer teilt er dabei die Unsicherheiten in der Beurteilung der Kantschen Philosophie:

---

[197] Brief Hans von Schlitz an Achim von Arnim vom 31.01.1801 (WAA 30, 145–148, 146).

> Wir sind noch Schüler, sammlen noch Materialien, doch natürl. mit gehöriger Prüfung, und fast mit stetem Zweifeln, ohne Vorurtheil für oder gegen. Nur zu leicht werden wir auf eine oder die andre Parthei gezogen, nachdem unsere Lage ist, so hören wir von [unserem von Kant begeisterten Lehrer, U. B.] Wolf. Moral nach Kant, ohne die Gegenparthei hören zu können, wir wollen nicht für sie eingenommen werden, aber sind es im Grunde schon, da wir die Einwürfe nicht gehörig kennen.[198]

Und noch einmal wenige Wochen später mahnt Raumer: „Doch weißt du wohl, daß wir unvermerkt Kantianer werden? seys nur geprüft u. gemäßigt geblieben."[199] Auch wenn hier eine neutrale Bewertungsposition vorgegeben wird, so lässt sich an den Einwänden paradigmatisch das Leitbild der Popularphilosophie ablesen – ein Leitbild, das auch Arnims Poetik prägen wird. Aber worin bestanden die Vorbehalte?

Bereits der *skeptisch* prüfende Ausgangspunkt ist charakteristisch. Raumer lässt sich nicht auf das Versprechen der Kantschen Philosophie ein, einen Standpunkt vor aller Subjektivität einnehmen zu können. Er nimmt in seiner vergleichenden Perspektive eine Position ein, die der popularphilosophischen *Eklektik* nahesteht. Dazu passt auch, dass der *common sense,* und nicht das methodische Verfahren, wie der Selbstanspruch ist, als Plausibilitätsmaßstab des Systems herangezogen wird. Philosophie hat nach seiner Auffassung die Aufgabe, die Menschen aufzuklären und die Menschheit in ihrem Fortschreiten zur Vervollkommnung anzuleiten. Philosophie soll nicht Gelehrtenwissenschaft sein, sondern *Philosophie für die Welt*.

> Der Gedanke als Autor der Welt zu nützen ist hoch, ist schön, aber ist ein Gedanke der nicht leicht zu erreichen [ist] [...]. Schriften von größerer Popularität, über wichtige Gegenstände, die daher allgemeiner, nicht blos von schulgerechten Köpfen benutzt werden können, scheinen mir unter allen Arten die schätzbarsten, so die Schriften eines Garve – Gellert. Auf Originalität, auf Umwältzungen u. Revolutionen in einem Theil der Wissenschaften loszuarbeiten, ist ein ungeheures, schwärmerisches Unternehmen. Köpfe die dazu bestimmt sind, sind seltener als ein Phönix [...]. Nicht so das Populärermachen, das Ausbreiten wichtiger Wahrheiten, welche tiefsinnige Köpfe in der ihnen eigenthüml. Sprache vorgetragen haben.[200]

Selbst wenn nun Kant einer dieser ‚Köpfe, seltener als ein Phönix' ist und er bahnbrechende Erkenntnisse gewonnen hat, so verhindern seine umständliche Methode der Prinzipienethik und sein komplexer Stil eine Breitenwirkung.

---

[198] Brief Friedrich von Raumer an Achim von Arnim vom 14.–18. 08. 1797 (WAA 30, 47–50, 48).
[199] Brief Friedrich von Raumer an Achim von ArnimEnde August, erste Septemberhälfte 1797 (WAA 30, 53–55, 53).
[200] Brief Friedrich von Raumer an Achim von Arnim, vermutl. zw. Mitte und Ende Juli 1797 (WAA 30, 39–42, 40 f.).

Kants Moral hat und wird wohl nichts ändern. Unter den Millionen Menschen sind vielleicht wenige Hundert die ihn verstehn u. in jeder Generation verstehn werden, wenige Zehnd [sic!] auf die er im Handeln wirken wird. Plato, Aristoteles, Locke, Leibniz u. wie sie heißen mögen haben nur für Einzelne geschrieben auf Einzelne gewirkt, daher wird ein Atheist unt. den Phil. warl. die Menschen nicht dazu machen, denn hätte er auch recht, wie wenige Menschen denken. Neuton, dieser von jedem angestaunte Mann, wo wird er gelesen [und] verstanden. – Alle Wirkungen der größten Geister auf Mit- u. Nachwelt, wie gering wie wenig ausgebreitet sind sie! – – – Selbst Kants PflichtPrinzip wie gespitzt ist alles, wie wenig gesucht wie hitzig will man das Handeln aus dem Gefühl der Pflicht, mit dem um Glücksel. trennen, als wenn unzertrennbare Dinge getrennt werden könnten, als wenn mit jeder rechtlichen That, nicht das Gefühl der Glückseligkeit u. Zufriedenheit unzertrennl. als wenn Glücksel. absolut ohne jenes wäre. Es geht manchen wie Lessings Mann mit dem Bogen [in seiner Fabel „Der Besitzer des Bogens", U. B.], über dem vielen Poliren, spitzen u. auspuzten knikt u. zerbricht alles. Was ihr wollt, daß euch etc. ist faßl. als Kants Maxime. etc., und viele Folger jener Lehrer haben nach ihr rechtschaffender gehandelt, als mancher Kantianer der mit seinem Princip um sich wirft, und auf Eudämonisten bellt. Aber all ihr Wirken ist nichts, beide Theile sind so beschränkt, und doch besonders der eine so anmaaßend.[201]

Wenn Raumer Lessings Fabeln als fruchtbarere Alternative zur Kantschen Ethik betrachtet, so zeigt sich hier seine Orientierung an einer *empirisch-anschaulichen Klugheitslehre* im Sinne einer *eudämonistischen Ethik*. Von Arnim selbst fehlen ähnlich deutliche Äußerungen. Dies liegt vor allem daran, dass seine Antworten auf Raumers Briefe nicht überliefert sind. Da Raumer sich aber auf Arnim bezieht, wird klar, dass er und Arnim in vielen Punkten ähnliche Ansichten teilten. Gemessen an der Nützlichkeitsforderung sieht Arnim die Popularphilosophie jedoch kritischer als sein Freund. Häufig scheint sie ihm nicht sehr gehaltvoll. Raumer tadelt ihn deshalb: „Daß du Garvens Aufsatz über die Geduld, eine praktische Übung der Geduld nennst ist wahrl. arg."[202] Das hält Arnim aber nicht ab, zugleich Raumers Einwände gegen den formalistischen Stil der Kritischen Philosophie zu teilen, wie spätere satirische Einlassungen zeigen.[203]

---

[201] Brief Friedrich von Raumer an Achim von Arnim, vermutl. zw. Mitte September und Ende Oktober 1797 (WAA 30, 56–61, 59).
[202] Brief Friedrich von Raumer an Achim von Arnim vom 04. 08. 1797 (WAA 30, 43–46, 45).
[203] Vgl. Brief Achim von Arnim an Clemens Brentano vom 18. 11. 1802 (WAA 31, 140–148, 143): „Doch sind selbst mathematische Sätze jetzt angefochten, Du weist doch worüber sich jetzt Fichte und Schelling streiten, jener sagt Ich = Alles, dieser Alles = Ich, mathematisch ist das einerley, Schelling aber der sich auf deine Produktionskraft etwas einbildet sagt, er stehe dabey auf dem Standpunkte der Reflexions; Fichte soll schon ein ältliger Mann seyn, man kann das wohl glauben, Das beyläufig." – Vgl. auch FDH B 69, 61, Plan für ein Werk: „Vier Handwerksburschen die in den verschiedenen philosophischen Systemen reden".

Der Hintergrund dieser Schülerbriefe ist freilich die große Debatte um die Ausbreitung der Kritischen Philosophie Kants. Mit den drei Kritiken hatte der Königsberger Philosoph seit 1781 das ‚transzendentale Feld' umrissen, das sich als Kerngebiet der Philosophie um 1800 durchsetzen sollte.[204] Das Fragen nach der ‚Bedingung der Möglichkeit' isoliert einen Bereich mit dem Anspruch auf *überzeitliche Erkenntnisse über den Menschen* als den Möglichkeiten und Grenzen seines Wissens, Handelns und Hoffens. Die Kritische Philosophie nimmt sich damit explizit heraus aus dem Verzeitlichungsprozess, der viele Wissenschaftsfelder kennzeichnet.[205] Sie grenzt sich auf der einen Seite von der Mannigfaltigkeit empirischer Data ab und auf der anderen Seite von spekulativer Metaphysik, die sie zu von Zeitumständen bedingten ‚Meinungen' abwertet. Die Wendung zum Überzeitlichen wird auch in der Ausdrucksgestalt vollzogen.[206] In den zwei Jahre nach der ersten Auflage der *Kritik der reinen Vernunft* erscheinenden *Prolegomena zu einer jeden künftigen Metaphysik die als Wissenschaft wird auftreten können* (1783) verteidigt Kant seinen Kritischen Stil mit Hinweis auf den wissenschaftlichen Anspruch und die vorbildlose Neuheit seines Projekts:

---

204 Vgl. dazu im Detail Frederick C. Beisner, The Fate of Reason. German Philosophy from Kant to Fichte, Cambridge, MA, London 1987; Randall Collins, The Sociology of Philosophies. A Global Theory of Intelectual Change, Cambridge, MA, London 1998, S. 618–668; Lutz-Henning Pietsch, Topik der Kritik. Die Auseinandersetzung um die kantische Philosophie (1781–1788) und ihre Metaphern, Berlin, New York 2010.
205 Vgl. dazu Foucault, Die Ordnung der Dinge, S. 269 ff.
206 Vgl. Barbara Naumann, Kants Stil. In: Literarische Philosophie – Philosophische Literatur, hg. von Richard Faber, Naumann, Würzburg 1999, S. 97–112. Dazu als Forschungsüberblick: Willi Goetschel, Kant als Schriftsteller, Wien 1990, S. 147–166, und die klassischen Arbeiten von Ernst Cassirer, Kants Leben und Lehre [1918], Darmstadt 1975, bes. S. 149–384; Karl Jaspers, Drei Gründer des Philosophierens. Plato, Augustin, Kant [1957], München 1963, S. 366–392. – Goetschel, Kant als Schriftsteller, S. 105–126, und Pietsch, Topik der Kritik, S. 193–303, haben auf die wichtige Rolle eines Metapherngeflechts, das die Kritiken durchzieht, hingewiesen (‚Gericht', ‚Kampf', ‚Einschnitt', ‚Grenzziehung', ‚Ordnungsschaffung' etc.). Hans Blumenberg, Theorie der Unbegrifflichkeit, Frankfurt a. M. 2007, S. 46–52, betont, dass Kant seine „Methodenlehre" an den Schluss der *Kritik der reinen Vernunft* stellt und nicht wie die Schulphilosophie an den Anfang. Kant unterläuft mit diesen Selbstkommentierungen seinen formalistischen Stil, der sich wissenschaftlich geschlossen und rein gegenstandsorientiert gibt, und organisiert darüber seinen Leserbezug. Er reflektiert in diesem zweiten Register seine eigene Position innerhalb des philosophischen Feldes. Auf der einen Seite wird so die Abgrenzungsbewegung rhetorisch unterbaut, auf der anderen Seite wird der Formalismus ein Stück weit aufgebrochen und zugleich deutlich gemacht, dass der Inhalt keinesfalls notwendig an diese Darstellungsform geknüpft ist und über die attraktiven und identifikatorischen Bildkomplexe vielfältige Anschlussstellen angeboten werden. Kant versucht sich so, weitere Publika zu erschließen.

> Aber die Weitläufigkeit des Werks, so fern sie in der Wissenschaft selbst, und nicht dem Vortrage gegründet ist, die dabei unvermeidliche Trockenheit und scholastische Pünktlichkeit, sind Eigenschaften, die zwar der Sache selbst überaus vorteilhaft sein mögen, dem Buche selbst aber allerdings nachteilig werden müssen.
> Es ist zwar nicht jedermann gegeben, so subtil und dicht zugleich so anlockend zu schreiben, als *David Hume*, oder so gründlich, und dabei so elegant, als *Moses Mendelssohn*; allein Popularität hätte ich meinem Vortrage (wie ich mir schmeichle) wohl geben können, wenn es mir nur darum zu tun gewesen wäre, einen Plan zu entwerfen, und dessen Vollziehung andern anzupreisen, und mir nicht das Wohl der Wissenschaft, die mich so lange beschäftigt hielt, am Herzen gelegen hätte; denn übrigens gehörte viel Beharrlichkeit und auch selbst nicht weniger Selbstverleugnung dazu, die Anlockung einer früheren günstigen Aufnahme der Aussicht auf einer zwar späten, aber dauerhaften Beifall nachzusetzen.[207]

Nicht nur, dass Kant in der Komplexität seiner Argumentation aus Rücksicht auf Verständlichkeit keine Kompromisse machen möchte, er sieht in der Dunkelheit seines Stils auch umgekehrt einen Schutz vor allzu einfachen und voreiligen Einwänden von Kritikern. Das Vorbild für seine neue Metaphysik bildet die Mathematik als vollkommen vernünftige Wissenschaft apriori. Das mathematische Wissen besteht aus synthetisierten Regeln und Konstruktionsvorschriften, nach denen jedes konkrete Objekt begrifflich und vor aller Erfahrung erzeugt werden kann. So kann etwa jede beliebige Gerade durch einen Orts- und einen Richtungsvektor vollständig beschrieben werden. Die Gerade selbst ist zwar sinnliche Realisation der Regel, doch kein empirisches Objekt. Da es die Metaphysik aber mit anderen Gegenständen als idealen Körpern zu tun hat, lässt sich die mathematische Methode nicht einfach als Kritische Methode übernehmen, sondern verlangt nach Modifikationen. Ich will hier nur die ‚Methodik' der Kantschen Ethik skizzieren, weil Raumer sie explizit angesprochen hat; Vergleichbares ließe sich aber auch für die anderen Gegenstandsbereiche der Kritischen Philosophie zeigen.

Kant verabschiedet eine Güterethik, da sie individuellen Vorlieben oder zumindest historischen Kontingenzen unterworfen ist. Zugleich lehnt er auch eine Tugendethik ab, da diese, anders als die axiomatischen Setzungen der Mathematik, kulturellen Konventionen und Zeitumständen verhaftet ist. Als Prinzipienethik gibt seine Ethik eine allgemeine ‚Konstruktionsvorschrift' apriori für Zielsetzungen, die beanspruchen können sollen, als ‚gut' zu gelten. Diese moraltechnische Regel ist der Kategorische Imperativ: „Handle so, daß die Maxime deines Willens jederzeit zugleich als Prinzip einer allgemeinen Ge-

---

[207] Immanuel Kant, Prolegomena zu einer jeden künftigen Metaphysik die als Wissenschaft wird auftreten können. In: Kant, Werke, Bd. 5, S. 121 f. (A 18).

setzgebung gelten könne."[208] Indem Kant die Zielsetzungen und nicht die tatsächlichen Resultate zu seiner Bewertungsgrundlage macht, hält er die Empirie aus seiner Ethik heraus. Auf der anderen Seite bestimmt er ‚Freiheit' als Autonomie, sprich: als Selbstunterwerfung unter ein selbst gegebenes Gesetz (‚Pflicht'), und schneidet durch diese selbstbezügliche Begründungsfigur einen Legitimationsregress ab, der ins Empirische fortläuft. Der Kategorische Imperativ vereint die Individuen, die sich ihm unterwerfen, transzendental zu einer Vernunftgemeinschaft und schaltet so das Problem doppelter Kontingenz für seine Konzeption des ‚Sozialen' aus. ‚Gutes' Handeln macht aber nicht automatisch ‚glücklich'. Kant löst auch dieses Problem ohne empirische Einlassungen. Da Kant das Glücklich-Werden aber als bloße Hoffnung auf eine ausgleichende Gerechtigkeit Gottes ins Jenseits verschiebt, hat Raumer einen wunden Punkt getroffen, wenn er fragt, ob nicht das glücklich Leben im Hier und Jetzt, das die eudämonistischen Ethiken versprechen, die bessere Wahl ist.

Kant ist es gelungen, die zeitgenössische Philosophie hegemonial durch seine Wissensstilistik zu prägen und diese zum Signum eines Anspruchs auf Wissenschaftlichkeit zu erheben. Philosophie in diesem Sinne bedeutet Metaphysik auf mathematikanaloger Grundlage mit dem Kernbereich Transzendentalphilosophie. Das bedeutet aber zugleich, dass jede andere Art des Philosophierens, die nicht den Ansprüchen dieser Wissenskultur gehorcht, sich (zumindest als ‚Philosophie') nach bestimmender Meinung auf als ‚unwissenschaftlich' diskreditiertem Boden bewegt. Das bringt einen Ausschluss hervor, der ein neues Wissensfeld eröffnet. Wie Foucault gezeigt hat, wird ‚der Mensch' epistemisch im ausgehenden 18. Jahrhundert als „empirisch-transzendentale Dublette"[209] konstituiert. Komplementär zur transzendentalphilosophischen Bestimmung erblühen eine Reihe von Betrachtungsweisen, die die Erscheinungsformen der Menschen in ihrem historisch-kulturellen Gegebensein in den Blick nehmen. Die empirische Menschenkunde setzt sich auch stilistisch von der Transzendentalphilosophie ab, insofern sie ‚den Menschen' als gerade nicht mathematisierbaren Gegenstandsbereich versteht.[210]

‚Anthropologie' entsteht als eigener Gegenstandsbereich, wenn der Mensch nicht mehr in seinem Bezug auf Gott bestimmt wird, sondern im Bezug auf die Natur. Mithin stellt sich die Frage des Zusammenhangs zwischen dem Menschen als selbst bestimmtem Vernunftwesen und seiner physischen Natur im Wechselspiel mit seinem geographischen Lebensraum.[211] Die Beiträge zur

---

208 Immanuel Kant, Kritik der praktischen Vernunft. In: Kant, Werke, Bd. 6, S. 140 (A 54).
209 Foucault, Die Ordnung der Dinge, S. 384.
210 Vgl. Foucault, Die Ordnung der Dinge, S. 416
211 Vgl. Odo Marquard, Art. ‚Anthropologie'. In: Ritter, Gründer, Gabriel (Hg.), Historisches Wörterbuch der Philosophie, Bd. 1, Sp. 362–374, bes. Sp. 362–364.

anthropologischen Diskussion befassen sich im Kernbereich mit empirischen Untersuchungen zur Lebensweise unter verschiedenen natürlichen Bedingungen, weiter mit dem Leib-Seele-Problem (dem sogenannten *commercium mentis et corporis*) und zuletzt mit der ‚moralischen' Natur des Menschen, also Fragen des geselligen Betragens und des Umgangs. Es handelt sich bei den in der Philosophiegeschichte unter dem Namen ‚Popularphilosophie' zusammengefassten Beiträgen zu diesen Fragestellungen keineswegs um eine einheitliche Versammlung. Zumindest in der Anfangszeit verstehen sich die Popularphilosophen, und das unterscheidet sie von den Anwälten der Kritischen Philosophie, als heterogene Diskursgemeinschaft. Sie setzen sich ihrem Selbstverständnis nach aus kleineren Gruppierungen (wie z. B. der *Berliner Mittwochsgesellschaft*) zusammen, die mit anderen innerhalb des heterogenen Feldes der ‚Anthropologie' bestimmte Interessen teilen.[212] Auch stilistisch lassen sich nur gewisse Ähnlichkeiten, jedoch keine eindeutigen Alleinstellungsmerkmale (wie den ‚wissenschaftlichen' Stil der Kant'schen Kritiken) finden. Das hängt damit zusammen, dass sich die ‚Philosophie für die Welt' möglichst leicht und eingängig artikulieren will, um die Erkenntnisse der Menschenkunde zu verbreiten und sie damit fruchtbar zu machen für die Verbesserung der Lebensweise und den Fortschritt des Menschengeschlechts. Daher kommt die Affinität zur ‚Literarisierung' des Inhalts. Umgekehrt zeigt die schöne Literatur vielfach ein Interesse an ‚anthropologischen' Fragestellungen und identifiziert sich ebenfalls mit dem Ziel, die Menschen zu bessern. Durch ‚Verwissenschaftlichung' der Philosophie entsteht ein epistemologischer Druck auf das ‚anthropologische' Feld.[213] Dieses reagiert darauf, indem es danach strebt, sich eigenständig zu ‚verwissenschaftlichen' und sich einheitlicher zu versammeln. Innerhalb dieser Entwicklung profitiert die schöne Literatur epistemisch von den Wiederaufwertungsbestrebungen der ‚Anthropologie'.

Diese Konjunktion von ‚Anthropologie' und ‚Literarisierung' des Ausdrucks, die sich in verschiedenen epistemischen Bereichen vollzieht, wird in der Literaturwissenschaft seit Ende der 1970er Jahre unter dem Namen *Literari-*

---

[212] Vgl. grundlegend Helmut Holzey, Art. ‚Popularphilosophie'. In: Ritter, Gründer, Gabriel (Hg.), Historisches Wörterbuch der Philosophie, Bd. 7, Sp. 1094–1100. – Mit Blick auf Arnim kommt der Berliner Popularphilosophie eine besondere Bedeutung zu, namentlich Johann Jakob Engel, der bis 1786 am Joachimsthal'schen Gymnasium unterrichtet hatte und dessen Lehren dort noch bis in Armins Schulzeit nachwirkten. Vgl. dazu Johann Jakob Engel (1741–1802). Philosoph für die Welt, Ästhetiker und Dichter, hg. von Alexander Košenina, Hannover 2005.
[213] Kants eigener Versuch in diese Richtung, seine *Anthropologie in pragmatischer Hinsicht*, war wenig wirkmächtig und steht gegen den Mainstream der ‚Anthropologie', da sie den physiologischen Bereich weitgehend ausklammert und sich als Klugheitslehre versteht, die die *Metaphysik der Sitten* als bloße Hilfswissenschaft unterstützen soll.

sche Anthropologie untersucht.[214] Bilden innerhalb der Forschungsrichtung Fragestellungen aus dem Bereich physisch-psychischen Zusammenspiels den Schwerpunkt,[215] so sind für meine Fragestellung nach der Genese von ‚Poetiken des Sozialen' eher die Bereiche interessant, in denen der ‚anthropologische' Diskurs Schnittstellen zu Fragen der Gesellschaft bildet.

Einmal sind hier Fragestellungen anzuführen, die sich mit dem *zeichenhaften Ausdruck des Inneren* beschäftigen. Gemeint ist dabei der weite Bereich von Körpersemiotik (z. B. ‚Physiognomik', Schauspielkunst etc.), aber auch der sprachliche Ausdruck von Psychischem (sinnliche Empfindungen, Gefühle, Gedanken etc.). Problematisiert werden die Themenkomplexe vom Subjekt her im Hinblick auf Überlegungen, wie sich Inneres überhaupt authentisch äußern lässt, und umgekehrt, welche Möglichkeiten und Grenzen der absichtlichen Täuschung bestehen. Komplementär begegnen einem dazu aus Rezeptionsper-

---

214 Da sich die ‚Literarische Anthropologie' mittlerweile zu einer breiten Forschungsrichtung innerhalb der Literaturwissenschaft entwickelt hat, verweise ich in Anbetracht der Fülle an Forschungen nur auf den programmatischen Text von Wolfgang Riedel, Literarische Anthropologie. Eine Unterscheidung. In: Wahrnehmen und Handeln. Perspektiven einer Literaturanthropologie, hg. von Wolfgang Braungart, Klaus Ridder, Friedmar Apel, Bielefeld 2004, S. 337–366, und die Überblicksdarstellungen (mit umfangreicher Bibliografie): Wolfgang Riedel, Anthropologie und Literatur in der deutschen Spätaufklärung. Skizze einer Forschungslandschaft. In: Internationales Archiv für Sozialgeschichte der Literatur, Sonderheft 6 (1994), S. 93–157; Alexander Košenina, Literarische Anthropologie. Die Neuentdeckung des Menschen, Berlin 2008. – Im Weiteren führe ich nur Forschungsliteratur an, die mir grundlegend für die von mir zu behandelnden Themenkomplexe erscheint und ergänze wichtige aktuelle Beiträge. Eine Auseinandersetzung mit weiterer Forschungsliteratur findet sich im Rahmen spezifischer Fragestellungen bei den konkreten Textanalysen.
215 Vgl. mit dieser Schwerpunktsetzung zur ‚Literarischen Anthropologie' in der Romantik, Manfred Engel, Romantische Anthropologie. Skizze eines Forschungsprojektes. In: Historische Anthropologie, 8. Jg. (2000), S. 264–271; Kunst und Wissenschaft um 1800, hg. von Thomas Lange, Harald Neumeyer, Würzburg 2000; Aurélie Hädrich, Die Anthropologie E. T. A. Hoffmanns und ihre Rezeption in der europäischen Literatur im 19. Jahrhundert. Eine Untersuchung, insbesondere für Frankreich, Rußland und den englischsprachigen Raum mit einem Ausblick auf das 20. Jahrhundert, Frankfurt u. a. 2001; Manfred Engel, Romantische Anthropologie – Romantische Literatur. In: Akten des X. Internationalen Germanistikkongresses Wien 2000. Zeitenwende – Die Germanistik auf dem Weg vom 20. ins 21. Jahrhundert, hg. von Wolfgang Braungart, Engel, Ortrud Gutjahr, Bern u. a. 2003, Bd. 9 („Literatur als Kulturwissenschaft"), S. 363–368; Birgit Fröhler, Seelenspiegel und Schatten-Ich. Doppelgängermotiv und Anthropologie in der Literatur der deutschen Romantik, Marburg 2004; Michael Weitz, Allegorien des Lebens. Literarisierte Anthropologie bei Fr. Schlegel, Novalis und E. T. A. Hofmann, Paderborn u. a. 2008; Stefan Schweizer, Anthropologie der Romantik. Körper, Seele und Geist. Anthropologische Gottes-, Welt- und Menschenbilder der wissenschaftlichen Romantik, Paderborn u. a. 2008; Pia-Johanna Schweizer, Stefan Schweizer, Glaube und Vernunft. Dualistische Leib-Seele-Anthropologie der Romantik, Bremen 2011.

spektive Reflexionen über die Rolle von kulturell konventionalisierten Ausdrucksmustern und die Möglichkeiten und Grenzen von Hermeneutik.

Des Weiteren sind *pädagogische* Bemühungen zu nennen. Sie können gleichsam auf Ebene der individuellen Selbstbeherrschung und Charakterbildung liegen wie in der sozialethischen Anleitung, sich in Gesellschaft zu benehmen und ein guter Staatsbürger zu werden. Eine positive Entwicklung ‚sozialtechnologisch' zu unterstützen, setzt Kenntnisse über ihre Abläufe voraus und muss sich mithin mit Gefährdungen in Form pathologischer Aberrationen beschäftigen. Textuellen Niederschlag findet dieses Interesse in Fallgeschichten[216] und Aufzeichnungen über gezielt angestellte ‚Menschenexperimente'[217]. Alexander Košenina und Nicolas Pethes betonen zum einen, dass in diesen Textsorten die Beobachtungen mit ihren Darstellungen eine untrennbare Einheit eingehen, zum anderen, dass es dadurch leicht zu einer Ausweitung der Darstellung auf schwer oder prinzipiell Nicht-Erprobbares oder Unbeobachtbares kommen kann, wobei dann die Literatur selbst zu einer fiktiven Experimentalanordnung wird.

Überdies muss man die Beschäftigung mit Problemen einer *vergleichenden Anthropologie* nennen.[218] Die englischen und französischen Traditionen der Menschenkunde schließen diese Fragen in ihrem Begriff von ‚Anthropologie' mit ein. Über deren Rezeption wandert dieses Wissen schließlich auch in den deutschsprachigen Diskurs ein. Zu nennen sind hier die Diskussionen um die Abgrenzung von Mensch und Tier und der Streit um die ‚Menschenrassen'. Auch der Bereich, der später im 19. Jahrhundert ‚Völkerkunde' heißen wird, gehört hierzu. Reiseberichte spielen dabei eine zentrale Rolle. Das fängt bei Reisen innerhalb Europas an, die in der Aufklärung leichter und als ‚Bildungs-

---

216 Vgl. dazu Alexander Košenina, Fallgeschichten. Von der Dokumentation zur Fiktion. Vorwort. In: Zeitschrift für Germanistik, 19. Jg. (2009), H. 2 (Themenheft: „Fallgeschichten"), S. 282–287; Fall – Fallgeschichte – Fallstudie. Theorie und Geschichte einer Wissensform, hg. von Susanne Düwell, Nicolas Pethes, Frankfurt a. M., New York 2014.
217 Vgl. dazu Nicolas Pethes, Zöglinge der Natur. Der literarische Menschenversuch im 18. Jahrhundert, Göttingen 2007; Nicolas Pethes, Experiment und Leben. Zur Genealogie, Kritik und Epistemologie des Menschenversuchs um 1800. In: Schimma, Vogl (Hg.), Versuchsanordnungen 1800, S. 69–84; Nicolas Pethes, Versuchsobjekt Mensch. Gedankenexperimente und Fallgeschichten als Erzählformen des Menschenversuchs. In: Gamper (Hg.), Experiment und Literatur, S. 361–383. Als Quellensammlung empfehlenswert Menschenversuche. Eine Anthologie 1750–2000, hg. von Nicolas Pethes u. a., Frankfurt a. M. 2008.
218 Vgl. dazu neuerdings Kultur-Schreiben als romantisches Projekt. Romantische Ethnographie im Spannungsfeld zwischen Imagination und Wissenschaft, hg. von David Wellbery, Würzburg 2012; Der ganze Mensch – die ganze Menschheit. Völkerkundliche Anthropologie, Literatur und Ästhetik um 1800, hg. von Stefan Hermes, Sebastian Kaufmann, Berlin, Boston 2014.

reise' geläufiger werden, und reicht bis zu den Expeditionen, die Auskunft über das Leben der ‚wilden Völker' suchen. Im ausgehenden 18. Jahrhundert vollzieht sich der Wandel von Informationen aus zweiter Hand als bloßem Quellenstudium zu eigenständigen Expeditionen. Zeitverzögert zu England oder Frankreich unternehmen zunehmend auch mehr deutsche Forscher solche Unternehmungen – besonders ist hier an Forsters Teilnahme an Cooks Weltumseglung (zwischen 1772 und 1775) sowie Alexander von Humboldts Forschungsreisen (ab 1799) zu denken.

Zuletzt ist an ein wachsendes Interesse an den *Ursprüngen und der Zukunft der Kultur* zu denken. Die Beschäftigung mit den Anfängen der Kultur (v. a. der Sprache, der Religion und der Kunst) führt teils zur verstärkten Historisierung im Sinne von Quellenerschließung und -kritik, zum anderen zur geschichtlichen Konstruktion von anthropologischen Konstanten.[219] Für das Interesse an der Zukunft steht die Konjunktur des dreistufigen Geschichtsmodells um 1800.

3.2.2.2 An den Rändern der Geschichte: Eine Vorgeschichte der ‚Neuen Mythologie'

In diesem Kapitel geht es um das ‚Aushebeln' der Verzeitlichung der Anthropologie nicht am Ansatzpunkt des Menschen, wie in der Kritischen Philosophie, sondern am Ansatzpunkt der *Zeit*. Damit wird hier eine Genealogie der Bereiche gezeichnet, die zunehmend aus einer sich verwissenschaftlichenden ‚Philosophie', im Gegensatz zu der im letzten Kapitel untersuchten Bewegung, nicht als zu empirisch, sondern als zu spekulativ, ausgesondert werden.

Das gesellschaftliche Miteinander lässt sich theologisch und später naturrechtlich aus dem Wesen des Menschen begründen, solange es überzeitlich angesetzt werden kann. Damit ist einmal die ‚Politik' als gemeinsamer Versammlungsort benannt, zum anderen etwas Gleiches, das allen Bereichen des Zwischenmenschlichen zugrunde liegt. Der ausgreifenden Historisierung aller Gegenstandsbereiche im 18. Jahrhundert begegnen die ‚Social Imaginaries' mit einer Strategie, wenigstens die ‚Ränder' der Geschichte, den Ursprung und das Ende der Zeit als überzeitliche Richtungsgeber zu verteidigen.[220] Wenn man davon ausgeht, dass die geschichtlich fassbare Existenz des Menschen und seine gesellschaftliche Existenz denselben Zeitraum umspannen, ist eine Begründung der gesellschaftlichen Existenz auf Basis anthropologischer Kons-

---

219 Vgl. dazu näher Kapitel 3.2.2.2 der vorliegenden Untersuchung.
220 Vgl. Stephen Toulmin, June Goodfield, Entdeckung der Zeit. Frankfurt a. M. 1985, S. 124–134; Albrecht Koschorke, System. Die Ästhetik und das Anfangsproblem. In: Grenzwerte des Ästhetischen, hg. von Robert Stockhammer, Frankfurt a. M. 2002, S. 146–163, bes. S. 149 ff.

tanten immer noch möglich durch ein Rückfragen auf den ‚vor'- und ‚nach'-geschichtlichen Zustand. „Die Frage nach dem Ursprung der Geschichte ist daher in der Tat mit der Frage nach dem Ursprung der menschlichen Handlungen und der sie motivierenden Freiheit des Willens identisch"[221], so Ralph Häfner treffend. Die anthropologische Grundlegung der Gesellschaft wird mithin in Passagenarrativen verhandelt. Wenn die Schwellenerzählungen aber zwei unterschiedliche Zeitebenen zusammenzubringen versuchen, sind immanent Spannungen angelegt. Sie sollen nämlich zur ‚ungeschichtlichen' Seite hin als Metanarrative überzeitlich gegenüber der geschichtlichen Zeit fungieren, die sie selbst zu begründen beanspruchen. Zur ‚geschichtlichen' Seite hin jedoch sollen sie zeitlich sein und somit anschlussfähig für die Historiographie. Die Unterscheidung entspricht einer epistemischen. Die anthropologische Seite baut auf ‚wahrscheinliche' Konstruktionen und profitiert dabei von ihrer epistemologischen Aufwertung parallel zum Verzeitlichungsprozess.[222] ‚Wahrscheinlichkeit' ist der Markt für den Tausch von Nicht-Wissen in Wissen um den Preis geringerer Erkenntnissicherheit. Wer mit politischem Interesse auf ‚wahrscheinliche' Konstruktionen des Ursprungs und Ziels der Geschichte zurückgreift, versucht immer, die Defizite in Sachen Erkenntnissicherheit möglichst im Hintergrund zu halten.

> Anstatt *gegen* die Unbestimmtheit vorzugehen, die nichts anderes ist als Kontingenz und Komplexität, arbeitet man *mit* ihr und versucht, Anhaltspunkte aus ihr abzuleiten. Diese sind zwar immer provisorisch, doch deswegen kaum weniger genau. Sie lassen sich beobachten, man kann darüber diskutieren, und sie stellen ebenfalls [in ihrer Behandlung, U. B.] reale Tatsachen dar.[223]

Das Maß der ‚Wahrscheinlichkeit' macht sich hier zunächst vor allem an der äußeren Passung der Legitimationserzählung zur Geschichte fest, wofür im Zweifelsfall auch innere Inkonsistenzen in Kauf genommen werden. Machtkämpfe produzieren einen äußeren Druck, der die innere Konsistenz der Erzählungen steigert, was aber auf Kosten der Passgenauigkeit zur Geschichte geht

---

221 Ralph Häfner, Johann Gottfried Herders Kulturentstehungslehre. Studien zu den Quellen und zur Methodik seines Geschichtsdenkens, Hamburg 1995, S. 197.
222 Vgl. Hans Blumenberg, Wirklichkeitsbegriff und Möglichkeit des Romans [1964]. In: Blumenberg, Ästhetische und metaphorologische Schriften, hg. von Anselm Haverkamp, Frankfurt a. M. 2001, S. 47–73, bes. S. 51 ff. und 63 f.; Lorraine Daston, Classical Probability in the Enlightenment. Princeton, NJ 1995.
223 Elena Esposito, Die Fiktion der wahrscheinlichen Realität, Frankfurt a. M. 2007, S. 64. – Zur selben Strategie später bei Darwin vgl. Michael Gamper, Narrative Evolutionsexperimente. Das Wissen der Literatur aus dem Nicht-Wissen der Wissenschaften. In: Gamper, Wernli, Zimmer (Hg.), „Wir sind Experimente. wollen wir es auch sein!", S. 325–350.

und mithin die Eigenständigkeit der Fiktionen hervortreibt.[224] Aber nicht nur die geschichtliche Seite ist für die anthropologische eine offene Flanke, gleiches gilt auch umgekehrt. Der prekäre Zusammenschluss führt auch zu einer Autonomisierung der Geschichtsschreibung. Sie kann es kaum dulden, dass eine ‚Vorvergangenheit' und ‚Nachzukunft' von den Ausgriffen der Historiographisierung als Zonen des Nicht-Wissens ‚geschichtsfrei' gehalten werden. Die geschichtliche Seite der Passagenarrative ist also gezwungen, immer höheren Standards an Quellennachweisen und -kritik zu genügen, was sich mittelfristig nicht mehr mit bloßen ‚Wahrscheinlichkeits'-Ansprüchen verbinden lässt. Quellen gewähren einen nicht-exklusiven Machtzugang. All dies vermindert die Möglichkeiten, an anthropologische Fiktionen Anschluss zu suchen.[225]

Der Aufriss eben war sehr schematisch. Er soll aber Orientierung für die Entwicklung bieten, die ich im Folgenden am Beispiel des ‚Naturzustands'[226] und der Gründungserzählung vom originären ‚Gesellschaftsvertrag'[227] von Hobbes bis Kant verfolgen will.[228] Es geht mir dabei aber nicht um eine Darstellung der Geschichte des Naturrechts. Mein Interesse richtet sich weniger auf die Veränderungen der Konstruktion an sich als auf die Erzählweisen, die auf die Veränderungen reagieren. Entgegen meiner deutlichen Unterscheidung der zwei Komponenten der Schwellenerzählung, versuchen die historischen Ausführungen gerade das Gegenteil, nämlich die Unterschiede möglichst gering zu halten und den Ebenenwechsel möglichst elegant zu überspielen. Die Leitfrage meiner Untersuchung heißt: Lautet der Anspruch, dass der Naturzustand historisch wahr ist oder soll er nur eine fiktionale Konstruktion sein? Meine These lautet dabei, dass der Anspruch auf die Historizität des Naturzustandes immer schwächer formuliert wird. Wo er aber völlig aufgegeben wird und mithin offen eingestanden zur Fiktion wird, kann ihn eine Argumentationslinie, die die ‚Politik' als Versammlungsort der Gesellschaft bestimmen will, nicht mehr verwenden. Dies soll an einem kurzen Beispiel aus den Schülerschriften Arnims verdeutlicht werden. In dieser epistemischen Situation schlägt die Stunde der

---

224 Vgl. Michel Foucault, In Verteidigung der Gesellschaft. Vorlesungen am Collège de France (1974–76), Frankfurt a. M. 2001, S. 185–190.
225 Vgl. dazu Cassirer, Philosophie der Aufklärung; Peter Hanns Reill, The German Enlightenment and the Rise of Historicism, Berkeley, CA, Los Angeles, CA, London 1975.
226 Vgl. dazu Hasso Hofmann, Art. ‚Naturzustand'. In: Ritter, Gründer, Gabriel (Hg.), Historisches Wörterbuch der Philosophie, Bd. 6, Sp. 653–658.
227 Vgl. dazu Walter Euchner, Art. ‚Gesellschaftsvertrag, Herrschaftsvertrag'. In: Ritter, Gründer, Gabriel (Hg.), Historisches Wörterbuch der Philosophie, Bd. 3, Sp. 476–480.
228 Vgl. entsprechend zur gesellschaftlichen Eschatologie Niklas Luhmann, Die Beschreibung der Zukunft. In: Luhmann, Beobachtungen der Moderne, Opladen 1992, S. 129–148; Lucian Hölscher, Die Entdeckung der Zukunft, Frankfurt a. M. 1999.

,Neuen Mythologien'. Sie sind in diesem Sinne als Versuche zu verstehen, die Gesellschaft künstlerisch zur Selbstversammlung zu bewegen und dazu Geschichten vom Anfang und Ende der Gesellschaft zu formulieren, die unter einem Primat des Fiktiven Anschlüsse zur historischen Zeit suchen.

Zweierlei ist dabei zu beachten. Die Erosion der historischen Plausibilität der Erzählung vom Naturzustand erzeugt zwar ein Legitimationsdefizit der politischen Macht, führt aber nicht unmittelbar zum Verfall dieser Macht. Es müssen eine Reihe weiterer Faktoren hinzukommen, damit es zu einer Revolution wie in Frankreich kommt. Eine Alternative dazu stellen neue Rechtfertigungsformeln der Macht dar. In genau diesem Kontext sind auch die ,Neuen Mythologien' anzusiedeln. Auf einen anderen Punkt hat Bernd Auerochs in seiner Studie zur Kunstreligion hingewiesen. Er kritisiert dort das sogenannte ,Vakuummodell'.

> Das Vakuummodell geht von einem bleibenden religiösen Bedürfnis des Menschen als einer anthropologischen Konstante aus. Der aufklärerischen Religionskritik fällt die Rolle zu, das religiöse Bedürfnis von seinen traditionellen Gegenständen zu entfremden, die Kunst ist das neue Objekt des religiösen Bedürfnisses, sie füllt die Lücke wieder auf, die die Aufklärung gerissen hat.[229]

Stattdessen stellt er eine Kontinuitätsthese auf, der ich mich anschließen möchte. Diese weist der Religionskritik und mithin der Ausdifferenzierung verschiedener gesellschaftlicher Funktionsbereiche mit ihren eigenen ,Göttern' nicht allein eine negative Rolle zu, sondern zeigt, dass dieser Differenzierungsprozess erst die Bedingungen für die Formulierung neuer Einheitsvorstellungen durch die Kunst schafft.

Historisch oder ethnologisch vom ,Urzustand' der Gesellschaft zu sprechen, war angesichts der dürftigen Quellenlage, die zudem oft Zweifel an ihrer Glaubwürdigkeit weckte, schon immer eine Herausforderung. So nimmt es nicht wunder, dass dieses Nicht-Wissen schon früh durch poetische Lizenz kompensiert wurde, sodass sich sogar eigene Genres mit diesem Gegenstand herausbildeten. Zu denken ist hier unter anderem an die unzähligen Bearbeitungen der Paradiesmythe[230], ebenso wie an die vielen Robinsonaden[231]. – Es

---

229 Bernd Auerochs, Die Entstehung der Kunstreligion, Göttingen 2006, S. 362.
230 Vgl. Klaus H. Börner, Auf der Suche nach dem irdischen Paradies, Frankfurt a. M. 1984; Ingrid Daemmrich, Enigmatic Bliss. The Paradise motif in Literature, New York u. a. 1997.
231 Vgl. Erhard Reckwitz, Die Robinsonade. Themen und Form einer literarischen Gattung, Amsterdam 1976; Jürgen Fohrmann, Abenteuer und Bürgertum. Zur Geschichte der deutschen Robinsonanden im 18. Jahrhundert, Stuttgart 1981; Reinhard Stach, Robinson und Robinsonaden in der deutschsprachigen Literatur. Eine Bibliographie, Würzburg 1991.

ist nun aber dieses epistemisch unsichere Feld, das auch die Gesellschaftsphilosophie betreten muss, wenn sie eine Grundlegung gesellschaftlicher Ordnung formulieren möchte. Um Wahrheitserkenntnis bemüht, sind hier poetische Versuche tendenziell die Negativfolie.

In Kapitel 13 des ersten Teils des *Leviathan* (1651) versucht *Thomas Hobbes*, den Naturzustand zu illustrieren. Seine Bemühungen um historische Evidenz fallen indes dürftig aus. Zwar weist er zurück, dass es den Naturzustand niemals gegeben habe, doch schränkt er seine Wirklichkeit am Anfang bereits stark ein, indem er zugibt: „I believe it was never generally so, over all the world".[232] Er führt dann den biblischen Mord Kains an seinem Bruder[233] und die Lebensweise der „savage people in many places of *America*"[234] als Anschauungsmaterial an. In seiner Argumentation hat diese historische Konstruktion ohnehin einen geringen Stellenwert. Mit einem „Howsoever"[235] offenbart er jedenfalls sein vor allem gegenwartsbezogenes Interesse. Sein zentrales Anliegen bei der Konstruktion des Naturzustandes ist es nämlich, als Warnung vor dem Rückfall in den Bürgerkrieg einen Gegenentwurf zum ,Gesellschaftszustand' für bereits vergesellschaftete Völker zu schaffen. Das wird auch daran deutlich, dass er sich die Chance nimmt, ein Entwicklungsnarrativ vom Naturzustand zum originären Vertrag zu erzählen. Kapitel 17 schildert ausführlich, dass „Convenant, without the Sword, are but Words, and of no strength to secure a man at all."[236] Diese Gewaltgarantie, die der Vertrag voraussetzt, muss er aber erst selbst schaffen. Deshalb gibt es im Naturzustand keine verbindlichen Vertragsabschlüsse. Die narrative Organisation des Übergangs ist nun interessant: Von diesen konkreten Nicht-Voraussetzungen, die vorher seitenlang geschildert wurden, wird plötzlich abgesehen. Davon losgelöst wird nun die Bedingung der Möglichkeit eines solchen Vertragsschlusses eingeführt. „The only way to erect such a Common Power [...] is, to conferre all their [the people's, U. B.] power and strength upon one Man"[237]. Im nächsten Schritt wird im Präsens („is") konstatiert, dass der Vertrag bereits geschlossen wurde und im Potentialis („as if", „should") eine alternative, mithin fiktive (aber nicht als solche explizit ausgewiesene) Ursprungsgeschichte erzählt: „[I]t is a reall Unitie of them all, in one and the same Person, made by Convenant of every man with every man, in such a manner, as if every man should say to every man, *I*

---

[232] Thomas Hobbes, Leviathan, hg. von A. D. Linsay, London, New York 1957, S. 65 (Kap. 13).
[233] Nur in der lateinischen Fassung erwähnt, vgl. Stellenkommentar.
[234] Hobbes, Leviathan, S. 65 (Herv. im Orig.).
[235] Hobbes, Leviathan, S. 65.
[236] Hobbes, Leviathan, S. 87 (Kap. I, 17).
[237] Hobbes, Leviathan, S. 89.

Authorise and give up my Right of Governing my selfe, to this Man"[238]. – Obwohl es sich systematisch um eine Fiktion handelt, bemüht sich Hobbes zumindest vordergründig durchaus darum, Naturzustand und Gesellschaftsvertrag in ein Gewand des Faktischen zu hüllen, zugleich bedient er sich bereits Fiktionalisierungsstrategien, aber ohne diese explizit zu machen. Diese Doppelstrategie ist typisch für eine Sprechposition im Namen der Politik. Foucault schreibt dazu:

> Hobbes' Diskurs wendet sich [...] gegen keine genaue oder bestimmte Theorie, gegen bestimmte Gegner oder polemische Ansprechpartner [...]. Zu der Zeit als Hobbes schrieb, gab es etwas, was man zwar nicht seinen polemischen Gegner, aber sein strategisches Gegenüber nennen könnte. Das heißt: weniger einen bestimmten Inhalt des Diskurses, den es abzulehnen galt, als ein bestimmtes diskursives Spiel, eine bestimmte theoretische und politische Strategie, die Hobbes unterbinden und unmöglich machen möchte. Das strategische Gegenüber [...] ist eine bestimmte Art, historisches Wissen im politischen Kampf einzusetzen. [...] Hobbes will [mit seiner eigenen Ursprungsgeschichte, U. B.] [...] die Eroberung [als Ursprungsgeschichte des Staates, U. B.] oder auch die Verwendung der Eroberung im historischen Diskurs und in der politischen Praxis beseitigen. Der unsichtbare Gegner des Leviathans ist die Eroberung.[239]

Hobbes hält der Geschichte von der ursprünglichen Eroberung entgegen:

> ‚Ihr habt sie gewollt, ihr, die Untertanen (sujets), habt die Souveränität konstituiert, die euch repräsentiert. Ärgert euch also nicht mehr über eure historischen Fährnisse: am Ausgang der Eroberung (wenn ihr wirklich wollt, daß es eine Eroberung gibt) steht doch wieder der Vertrag, der verängstigte Wille der Untertanen (sujets). Das Problem der Eroberung löst sich solchermaßen auf, nach oben hin dank der Vorstellung des Krieges aller gegen alle und nach unten hin dank des sogar rechtlich gültigen Willens der vom Ausgang der Schlacht verschreckten Untertanen (sujets). [...] [Hobbes] hält immer den Diskurs von Vertrag und Souveränität, d. h. den Diskurs des Staates.[240]

Im Gegensatz zu Hobbes spricht *John Locke* wieder im Namen der ‚Politik'. Er setzt sich in seinem *Second Treatise of Civil Government* (1689/90) in den Paragraphen 100 bis 112 mit der Frage nach historischen Belegen für den originären Vertrag auseinander. Für ihn ist eine dürftige Quellenlage kein Beweis, dass es den Naturzustand nie gegeben habe und er insistiert auf dessen Historizität.

> Government is everywhere antecedent to records, and letters seldom come in amongst a people till a long continuation of civil society has, by other more necessary arts, provided

---

238 Hobbes, Leviathan, S. 89 (Herv. im Orig.).
239 Foucault, In Verteidigung der Gesellschaft, S. 118.
240 Foucault, In Verteidigung der Gesellschaft, S. 119.

for their safety, ease and plenty. And then they begin to look after the history of their founders, and search into their original when they have outlived the memory of it. For it is with commonwealths as with particular persons, they are commonly ignorant of their own birth and infancies; and if they know anything of it, they are beholding for it to the accidental records that others have kept of it.[241]

Als einige der wenigen Beispiele, die sich überliefert haben, nennt er Rom, Venedig und Tarent, außerdem werden wieder biblische Zeugnisse und die ‚wilden' Völker Amerikas angeführt. Zu dieser Argumentationslinie passt nicht recht, dass Locke nochmals ausdrücklich betonen muss, dass alle seine Belege „are all either plain instances of such a beginning as I have mentioned, or at least have manifest footsteps of it."[242] Das gilt auch für die Warnung an seine Gegner, sie sollten nicht weiter nach Quellen für andere Ursprungshypothesen suchen, da sie sich sonst nur selbst widerlegen werden. Worum es ihm eigentlich geht, ist, wie schon bei Hobbes, weniger der historisch-genetische Nachweis selbst als der Beweis, dass der Ursprung des Gemeinwesens in der Kooperation freier Menschen im Selbsterhaltungstrieb liegt. Damit verschiebt sich die Argumentationslinie noch weiter in Richtung einer anthropologischen Fundierung. Wenn die Überzeugungskraft seiner These einzig am Zweifel der Historizität hinge, wäre er bereit, den Anspruch auf Faktizität des Naturzustandes aufzugeben, da es ihm einzig darauf ankommt, die Argumente seiner Gegner ausgeräumt zu haben, „to prove that government were not nor could not be so begun"[243]. – Wesentlich stärker als Hobbes versucht Locke, den Naturzustand und originären Vertrag als historische Tatsachen plausibel zu machen, zugleich ist er notfalls bereiter, fiktionalen Konstruktionen offen Raum zu geben. Es genügt, dass die Erklärung wahrscheinlich ist. Locke reagiert damit auf das Erstarken des bürgerlichen Diskurses, der vor allem historisch argumentiert.[244]

Seine Kritik an der Vorstellung des Gesellschaftsvertrags äußert *David Hume* im 3. Buch, zweiter Teil, Kapitel 7 bis 10 von *A Treatise of Human Nature* (1738–40)[245] und in dem späteren Essay „Of the Original Contract" (1748)[246]. In seiner Alternativthese zum Ursprung der Staatsgewalt drücken sich gehobene Geltungsansprüche für die Behauptung geschichtlicher Faktizität aus. Er sieht

---

241 John Locke, Two Treatise of Civil Government, hg. von W. S. Carpenter, London, New York 1960, S. 167 (§101).
242 Locke, Two Treatise, S. 167 (§101).
243 Locke, Two Treatise, S. 168 (§ 103) (Herv. U.B).
244 Vgl. Foucault, In Verteidigung der Gesellschaft, S. 120 ff.
245 In: David Hume, The Philosophical Works, 4 Bde., hg. von Thomas Hill Green, Thomas Hodge Grose, London 1886 [= Reprint Aalen 1964], Bd. 2, S. 300–328.
246 In: Hume, Philosophical Works, Bd. 3, S. 443–460.

den Ursprung des Staates in der Einsicht, dass Kooperation die umfassendste Befriedigung egoistischer Bedürfnisse erlaubt. Dafür bemüht auch er die „*American* tribes" und führt eine ganze Reihe historischer Beispiele auf.[247] Für ihn spielt der Naturzustand aber nur noch die Rolle eines hypothetischen Grenzbegriffs. Dass es für die These vom historischen Gesellschaftsvertrag kaum Quellenbelege gibt, ist für Hume noch kein Gegenargument. Er hält es dennoch für höchst unwahrscheinlich, dass sich ein Gemeinwesen auf diese Weise konstituiert habe. Die Gründe dafür liegen, seiner Meinung nach, in der Natur des Menschen.[248] Es sind also weniger historische als systematische Argumente, die er anführt. Wenn die Vorstellung wider die Evidenz und ihre Realisierungschance solch große Verbreitung besitzt, dann erklärt er das damit, dass „no party, in the present age, can well support itself, without a philosophical or speculative system of principles"[249]. – In Humes Argumentation vollzieht sich tendenziell nun die eingestandene Fiktionalisierung der Vorstellung vom Naturzustand und die vollständige Enthistorisierung des ‚originären Vertrags'. Zugleich deckt sie die legitimatorische Verwendung dieser imaginären Konstrukte auf und ergreift Partei für die bürgerliche Anfangserzählung.[250] Hier tritt deutlich die Erosion der Vorstellung zutage, die ‚Politik' könne die Gesellschaft zu einer Einheit versammeln.

Humes Einschätzung dieser Ideen bildet den Ausgangspunkt für *Jean Jacques Rousseau*, der ihnen aber in einer Aufwertung ihrer Fiktionalität in seinem *Discours sur l'origine et les fondements de l'inégalité parmi les hommes* (1755)[251] und der Schrift *Du contract sociale ou principes du droit politique* (1762)[252] eine neue Wendung gibt. Mit den Anfangsworten „C'est de l'homme que j'ai à parler"[253] gibt der *Discours* ganz explizit die anthropologische Stoßrichtung der Untersuchung vor, die Geschichtskonstruktion ist dabei nur sekundär. So geht es ihm darum, „les changement que la succession des temps et des choses a dû produire dans sa constitution originelle"[254] zu unterscheiden. Da sich die Enthistorisierung nicht in eine Experimentalanordnung übersetzen lässt, geht Rousseau den umgekehrten Weg und spricht im historischen

---

247 Vgl. Hume, Philosophical Works, Bd. 2, S. 305 f. (Treatise, 3. Buch, zweiter Teil, Kap. 8) und Bd. 3, S. 447 ff. („Of the Original Contract").
248 Vgl. Hume, Philosophical Works, Bd. 3, S. 450 („Of the Original Contract").
249 Vgl. Hume, Philosophical Works, Bd. 3, 443 („Of the Original Contract").
250 Vgl. Foucault, In Verteidigung der Gesellschaft, S. 151 f.
251 In: Jean Jacques Rousseau, Oeuvres complètes, 5 Bde., hg. von Bernard Gagnebin, Marcel Raymond, Paris 1959–1995, Bd. 3, S. 109–223.
252 In: Rousseau, Oeuvre complètes, Bd. 3, S. 339–470.
253 Rousseau, Oeuvre complètes, Bd. 3, S. 131.
254 Rousseau, Oeuvre complètes, Bd. 3, S. 122.

Modus über die Substanz des Menschen. So kommt dem Naturzustand die Rolle eines Gedankenexperiments zu, das zwar fiktiv ist und sich dessen auch bewusst ist, aber doch eine tragfähige Antwort auf die Ausgangsfrage zu liefern vermag.

> Que mes Lecteurs ne s'imaginent donc pas que j'ose me flatter d'avoir vû ce qui me paraît si difficile à voir. J'ai commencé quelques raisonnements; J'ai hasardé quelques conjectures, moins dans l'espoir de resoudre la question que dans l'intention de l'éclaircir et de la reduire à son véritable état. [...] Car ce n'est pas une légère entreprise de démêler ce qu'il y a d'originaire et d'artificiel dans la Nature actuelle de l'homme, et de bien connaître *un état qui n'existe plus, qui n'a peut-être point existé, qui probablement n'existera jamais*, et dont il est pourtant nécessaire d'avoir des Notions justes pour bien juger de nôtre état présent.²⁵⁵

Der Naturzustand wird in der Folge ausführlich und plastisch geschildert, auch führt der Genfer Philosoph Tier-Mensch-Vergleiche und Beispiele primitiver Völker zur Illustration an.²⁵⁶ Wenn er dann später auch im *Contract sociale* von den Regelungen des Gesellschaftsvertrags schreibt, „[Q]u'elles n'aient peut-être jamais été formellement énoncées"²⁵⁷ dann wird hier nochmal deutlich, dass er nicht über ein historisches Ereignis handelt. Die suggestive Anschaulichkeit seiner Schilderungen wird zugleich durch mehrere Momente unterlaufen, die die Fiktionalität der Konstruktion auch in Sujet und Narrativik realisieren. Hatten die schottischen Moralphilosophen vor ihm mit guten Gründen plausibel machen können, dass bereits der Urmensch aus egoistischem Selbsterhaltungstrieb ein Kooperationsinteresse hat, so scheinen Rousseaus Darstellungen einer völlig isolierten Lebensweise reichlich unwahrscheinlich. In Rousseaus Naturzustand tun sich die Eltern nicht einmal zur Aufzucht des Nachwuchses zusammen, sie begehren nichts, was sie nicht ohnehin im Überfluss besitzen und lokale Begünstigungen erzeugen keinerlei Ungleichheit. Dazu kommt, dass die Natur einmal den Vorzeitmenschen alles gibt, was sie brauchen, dann aber plötzlich als eine andere Natur durch Unwetter und andere Widrigkeiten die Menschen zur Vergesellschaftung drängt. Weitergehend liefern beide Schriften zwei verschiedene Geschichten über den originären Vertrag, der *Discours* nämlich die eines unterdrückerischen, Besitz sichernden Herrschaftsvertrags und der *Contract social* die eines neuen Naturzustands durch den gerechten Gesellschaftsvertrag.²⁵⁸ – Während Hume sich noch nicht

---

255 Rousseau, Oeuvre complètes, Bd. 3, S. 123. (Herv. U. B.)
256 Vgl. Rousseau, Oeuvre complètes, Bd. 3, S. 208 ff. (Anm. zu Fußnote 143).
257 Rousseau, Oeuvre complètes, Bd. 3, S. 360.
258 Vgl. Albrecht Koschorke, Vor der Gesellschaft. Das Anfangsproblem der Anthropologie. In: Urmensch und Wissenschaften. Eine Bestandsaufnahme, hg. von Bernhard Kleeberg, Tilmann Walter, Fabio Crivellari, Darmstadt 2005, S. 245–258, bes. S. 250–253.

völlig davon gelöst hat, aus der Geschichte Erkenntnisse über die menschliche Natur zu gewinnen, ist Rousseaus Argumentationsgrundlage nun gänzlich anthropologisch, allerdings noch in einer historisch-imaginären Sprechweise. Die Ursprungsgeschichte von der Eroberung richtet sich gegen die Legitimität eines souveränen Adelsherrschers, mit der zweiten Geschichte vom gerechten Gesellschaftsvertrag schreibt er dem dritten Stand seine neue Ursprungserzählung.[259]

Bei *Immanuel Kant* findet nun schließlich die nahezu völlige Loslösung von dieser historisierenden Beschreibung statt. In seinen Aufsätzen zur Geschichtsphilosophie folgt er der Spur Rousseaus. Namentlich in „Idee zu einer allgemeinen Geschichte in weltbürgerlicher Absicht" (1784)[260] und „Mutmaßlicher Anfang der Menschengeschichte" (1786)[261] entwirft er noch historisierende Versionen vom Übergang vom Naturzustand zur Gesellschaftlichkeit. In der zweiten Schrift heißt es über den epistemischen Status der Ausführungen:

> Im *Fortgange* einer Geschichte Mutmaßungen *einzustreuen*, um Lücken in den Nachrichten auszufüllen, ist wohl erlaubt: weil das Vorhergehende als entfernte Ursache und das Nachfolgende als Wirkung eine ziemlich sichere Leitung zur Entdeckung der Mittelursachen abgeben kann, um den Übergang begreiflich zu machen. Allein eine Geschichte ganz und gar aus Mutmaßungen *entstehen* zu lassen, scheint nicht viel besser, als den Entwurf zu einem Roman zu machen. Auch würde sie nicht den Namen einer *mutmaßlichen Geschichte*, sondern einer bloßen *Erdichtung* führen können. – Gleichwohl kann das, was im Fortgange der Geschichte menschlicher Handlungen nicht gewagt werden darf, doch wohl über den *ersten Anfang* derselben, so fern ihn die *Natur* macht, durch Mutmaßung versucht werden. Denn dieser darf nicht erdichtet, sondern kann von der Erfahrung hergenommen werden, wenn man voraussetzt, daß diese im ersten Anfange nicht besser oder schlechter gewesen, als wir sie jetzt antreffen: eine Voraussetzung, die der Analogie der Natur gemäß ist und nichts Gewagtes bei sich führt. Eine Geschichte der ersten Entwickelung der Freiheit aus ihrer ursprünglichen Anlage in der Natur des Menschen ist daher etwas anderes, als die Geschichte der Freiheit in ihrem Fortgange, die nur auf Nachrichten gegründet werden kann.
>
> Gleichwohl, da Mutmaßungen ihre Ansprüche auf Beistimmung nicht zu hoch treiben dürfen, sondern sich allenfalls nur als eine der Einbildungskraft in Begleitung der Vernunft zur Erholung und Gesundheit des Gemüts vergönnte Bewegung, nicht aber für ein ernsthaftes Geschäft ankündigen müssen: so können sie sich auch nicht mit derjenigen Geschichte messen, die über eben dieselbe Begebenheit als wirkliche Nachricht aufgestellt und geglaubt wird, deren Prüfung auf ganz anderen Gründen, als bloßer Naturphilosophie beruht.[262]

---

259 Vgl. Foucault, In Verteidigung der Gesellschaft, S. 163–167, 226–230 und 245–250.
260 In: Kant, Werke, Bd. 9, S. 33–50, bes. S. 36–41 (4.–6. Satz).
261 In: Kant, Werke, Bd. 9, S. 85–102.
262 Kant, Werke, Bd. 9, S. 85 (A 1 f.). (Herv. im Orig).

Was wir hier finden, ist ein sehr emphatischer Fiktionsbegriff im Verhältnis zu faktischer Geschichte. Kant umreißt hier präzise den Raum philosophischer Imagination. Sie kann nicht erfolgreich in Konkurrenz treten zu Gebieten, auf denen historische Forschung möglich ist. Zugleich sind ihr Schranken gegenüber vollkommen freiem dichterischen Fabulieren gesetzt. In welch große Nähe Kant die Geschichtsphilosophie aber dennoch zur Dichtung bringt, zeigt sich, wenn er sie als Einbildung auf Basis transzendentaler Erschließung von „Mittelursachen" und Analogiebildungen zu Erfahrungen über die Natur des Menschen sieht. Die Unterscheidung zur Poesie ist nämlich nicht distinkt. In beiden Punkten gibt es große Schnittmengen mit anthropologischen Untersuchungen, die die schöne Literatur anstellt.[263] Auch wenn es sich hier also um eine Fiktion handelt, zeigt dieses Vorgehen, dass es Kant darum ging, sie möglichst wahrscheinlich zu entwickeln. In der *Metaphysik der Sitten* (1797) heißt es:

> Es ist *nicht etwa die Erfahrung*, durch die wir von der Maxime der Gewalttätigkeit der Menschen belehrt werden und ihrer Bösartigkeit, sich, ehe eine äußere machthabende Gesetzgebung erscheint, einander zu befehden, also nicht etwa ein Faktum, welches den öffentlich gesetzlichen Zwang notwendig macht, sondern, sie mögen auch so gutartig und rechtliebend *gedacht werden, wie man will, so liegt es doch a priori in der Vernunftidee eines solchen (nicht-rechtlichen) Zustandes, daß, bevor ein öffentlich gesetzlicher Zustand errichtet worden, vereinzelte Menschen, Völker und Staaten* niemals vor Gewalttätigkeit gegen einander sicher sein können, und zwar aus jedes seinem eigenen Recht zu tun, was ihm recht und gut dünkt, und hierin von der Meinung des anderen nicht abzuhängen; mithin das Erste, was ihm zu beschließen obliegt, wenn er nicht allen Rechtsbegriffen entsagen will, der Grundsatz sei: man müsse aus dem Naturzustande, in welchem jeder seinem eigenen Kopfe folgt, herausgehen und sich mit allen anderen (mit denen in Wechselwirkung zu geraten er nicht vermeiden kann) dahin vereinigen, sich einem öffentlich gesetzlichen äußeren Zwange zu unterwerfen, also in einen Zustand treten, darin jedem das, was für das Seine anerkannt werden soll, gesetzlich bestimmt und durch hinreichende Macht (die nicht die seinige, sondern eine äußere ist) zu Teil wird, d.i. er solle vor allen Dingen in einen bürgerlichen Zustand treten.[264]

---

263 Vgl. dazu Kant, Werke Bd. 10, 401f. (A XIf.) (*Anthropologie in pragmatischer Hinsicht*, Vorrede) „Endlich sind zwar eben nicht Quellen, aber doch Hülfsmittel zur Anthropologie: Weltgeschichte, Biografien, ja Schauspiele und Romane. Denn obzwar bei den letzteren eigentlich nicht Erfahrung und Wahrheit, sondern nur Erdichtung untergelegt wird, und Übertreibung der Charaktere und Situationen, worein Menschen gesetzt werden, gleich als im Traumbilde aufzustellen hier erlaubt ist, jene also nichts für die Menschenkenntnis zu lehren scheinen, so haben doch jene Charaktere, so wie sie etwa ein Richardson oder Molière entwarf, ihren Grundzügen nach aus der Beobachtung des wirklichen Tun und Lassens der Menschen genommen werden müssen; weil sie zwar im Grade übertrieben, der Qualität nach aber doch mit der menschlichen Natur übereinstimmend sein müssen."
264 Kant, Werke, Bd. 7, S. 430 (A 163, § 44, Herv. U. B.).

Eigentümlicherweise verfällt Kant wenige Sätze später dann doch wieder ins Imperfekt. So erklärt er, der Naturzustand „*war* doch ein Zustand der Rechtlosigkeit (status iustitia vacuus), wo, wenn das Recht streitig war, sich kein kompetenter Richter *fand*"[265]. – Kulturanthropologische Entwürfe historisch oder zumindest narrativ zu gestalten, scheint offenbar ein Verlangen, dem sich selbst Überwinder der historischen Denkweise gesellschaftlicher Ursprungsphantasmen nicht vollkommen zu entziehen vermögen. Daher liegt die Annahme nahe, dass sich ihre Affinität zu poetischer Darstellung ein Stück weit wohl genuin aus dem Wissensgegenstand und der Art, ihn sich vorzustellen, selbst ergibt.

Nach der Reihe großer Philosophen nun Schülerschriften Achim von Arnims zu diskutieren, stellt einen grundlegenden Wechsel des epistemischen Milieus dar. Es geht hierbei nicht mehr um Grundlegungen, sondern darum, welche Einschätzungen des Naturzustands um 1800 als Lehrbuchwissen verbreitet und weitgehend Konsens waren. Unter den publizierten Schülerschriften finden sich mehrere Aufsätze zu historischen Fragestellungen. Wo die Frühgeschichte der „Chur-Marck Brandenburg" (1791) und dann auch gleich der ganzen „Welt" (vermutlich 1793) behandelt werden, wird im ersten Falle Tacitus, im zweiten die biblische Geschichte ausgehend von der Erschaffung der Erde referiert.[266] Vom Naturzustand ist hier keine Rede. Er begegnet einem erst in dem philosophischen Aufsatz „Uebergang von der Entwicklung der moralischen Natur des Menschen zum Naturrechte, Umfang desselben" (1797).[267] Dort wird aus popularphilosophischem Gedankengut schöpfend und Kant kritisierend dafür argumentiert, dass dem Menschengeschlecht eine innere Verpflichtung zur allgemeinen Vervollkommnung innewohne, deren Auswirkung Arnim an ihrer geschichtlichen Entwicklung zu illustrieren versucht. Hier belegt der Übergang vom Naturzustand zum originären Vertrag die Naturmäßigkeit des Zusammenlebens in Staaten. Ohne diese Schriften überschätzen zu wollen, bewegen sie sich bereits in großer Nähe zu den Vorstellungen, die Arnim einige Jahre später zu einem ‚Neuen Mythologen' werden lassen: Sie zeigen die historiographische Fragwürdigkeit von Ursprungserzählungen (insofern sie kontextangepasst im Plural auftreten) und eine Verschiebung hin zu einer Geschichtsdeutung unter einer Leitidee (‚Vervollkommnung').[268]

Das Naturrecht verliert in der zweiten Hälfte des 18. Jahrhunderts als ‚Social Imaginary' zunehmend seine Überzeugungskraft. Es findet seine Nachfolger

---

[265] Kant, Werke, Bd. 7, S. 430 (A 163, § 44, Herv. U. B.).
[266] WAA 1, 3–11, 3 ff; WAA 1, 11–25, 12.
[267] WAA 1, 262–265, 263 f.
[268] Vgl. Kapitel 5.1.3 der vorliegenden Arbeit.

in bereichsspezifischen gesellschaftlichen Rationalitätsformen, die sich einzig selbstbezüglich begründen.[269] Wie an dem Auseinanderfallen von anthropologischen Fikta und geschichtlichen Fakta gezeigt, führt der Übergang zu funktionaler Differenzierung durch die Pluralisierung von Erkenntnismöglichkeiten und Geltungsansprüchen zu einer Verunsicherung, die sich im Wunsch nach einem einheitlichen Versammlungsort des Kollektivs und einer gemeinsamen Glaubensgrundlage, deren Legitimität nicht in Frage steht, ausdrückt. Wenn die Kunst in Gestalt der ‚Neuen Mythologie' diesem Wunsch nachgibt, muss sie dazu die Logik funktionaler Differenzierung gegen sich selbst ausspielen.[270] Einen Mythos zu formulieren, bedeutet für die Kunst sich selbst mit künstlerischen Mitteln als funktional differenzierte Kunst zu kritisieren. Die Selbstkritik richtet sich gegen eine Kunst, die nur für künstlerische Sachverhalte zuständig sein soll und nicht auch – und dazu ist es zugleich ein Ermächtigungsversuch – für die Versammlung der gesamten Gesellschaft (in Nachfolge der alten Vorstellung von ‚Politik').[271] Auf die Gesamtgesellschaft bezogen, stellt der ‚Neue Mythos' eine Entdifferenzierung dar. Als symbolische Metasprache darf er sich nicht diskursiv einsinnig nur in einer Bereichslogik auflösen lassen. Umgekehrt heißt das, dass seine ‚unspezifische' Kommunikationsform stilistisch Anschlussfähigkeit für die verschiedensten Bereichslogiken herstellen muss.[272] Diesen Gedanken meinen die ‚Neuen Mythologien', wenn sie ‚dem Volk' verkündigt werden sollen. Da der Mythos der Gesellschaft von ihrem Anfang oder Ende erzählt, beansprucht er die legitimatorische Qualität der politischen Schwellenerzählungen.[273] Zugleich werden die Geltungsansprüche nicht aus der Historizität des Mythos abgeleitet, sondern aus seiner Entsprechung mit der ‚Vernunft' oder ‚Freiheit' als den Wesensmerkmalen des Menschen. Das Versprechen ist, die Rationalität und Autonomie der verschiedenen gesell-

---

269 Vgl. dazu Kapitel 3.2.3.1 der vorliegenden Arbeit.
270 Vgl. dazu nur Heinz Gockel, Mythos und Poesie. Zum Mythosbegriff in Aufklärung und Frühromantik, Frankfurt a. M. 1981; Manfred Frank, Der kommende Gott. Vorlesungen über die Neue Mythologie I, Frankfurt a. M. 1982; Detlef Kremer, Ästhetische Konzepte der ‚Mythopoetik' um 1800. In: Günther (Hg.), Gesamtkunstwerk, S. 11–27.
271 Zur Positionierung der Kunst zu politischen Legitimationsdiskursen im 17. und 18. Jahrhundert vgl. Foucault, In Verteidigung der Gesellschaft, S. 208 ff.
272 Vgl. Niklas Luhmann, Brauchen wir einen neuen Mythos? In: Luhmann, Soziologische Aufklärung 4. Beiträge zur funktionalen Differenzierung der Gesellschaft, Wiesbaden 2005, S. 269–290, hier S. 278 ff.
273 Die fünf Antworten, die Mythen geben können, wie sie Ulrich Gaier, Hölderlin und der Mythos. In: Terror und Spiel. Probleme der Mythenrezeption, hg. von Manfred Fuhrmann, München 1971, S. 295–341, hier S. 303 f., ausmacht, korrespondieren exakt den fünf Fragen des ‚Sozialen'.

schaftlichen Funktionsbereiche nicht übergreifend zu vermitteln, sondern in einer Einheit aufheben zu können. Als künstlerisches Produkt hält der Mythos der Gesellschaft einen Spiegel vor.²⁷⁴ Das erlaubt der Gesellschaft einerseits einen neuen Blick auf sich selbst, zielt aber andererseits auch auf die Rückwirkung dieser Alternativsichtweisen ab, da sie der Gesellschaft die Möglichkeit ihrer Veränderbarkeit vorführen und ihr ein neues Leitbild dafür vorschlagen. „Die reale Realität, so könnte man sagen, büßt im Austausch mit der Fiktion keineswegs an Realität ein, sie wird dadurch vielmehr immer realer, da sie komplexer wird und sich eigene Bedingungen schafft."²⁷⁵

3.2.3 Gesellschaft

3.2.3.1 Herrschaft und Steuerung: Politik/Gesellschaft

Bis weit ins 18. Jahrhundert galt der absolutistische ‚Staat' als Einheit der Versammlungsbewegungen des ‚Sozialen'. Kennzeichnend für das 19. Jahrhundert ist dann die Gegenüberstellung von ‚Staat' und ‚Gesellschaft'.²⁷⁶ Worin die Veränderung genau besteht, möchte ich in diesem Kapitel aufzeigen. In einem ersten Schritt stelle ich im Grundriss die Beziehung zwischen Herrscher und Bevölkerung im absoluten ‚Staat' dar. Daran anschließend verfolge ich Entwicklungen, die das asymmetrische Verhältnis in die Krise bringen. Konkret geht es dabei darum, wie sich Wirtschaft und Recht als eigengesetzliche Bereiche von ihrer politischen Steuerung emanzipieren. Außerdem wird davon zu handeln sein, wie sich die Beziehung der Politik zur Bevölkerung verändert. Im absolutistischen ‚Staat' versteht sich die Politik als „Beziehung des Staates zu sich selbst, [...] in welcher das Element der [später so genannten, U. B.] Bevölkerung angedeutet wird, aber nicht anwesend ist"²⁷⁷. Am Ende der Entwicklung wird sie sich im Wechselverhältnis zur Bevölkerung verstehen, welche sich in der Öffentlichkeit artikuliert. In einem dritten Schritt werde ich die Konsequenzen skizzieren, die die Politik im Hinblick auf ihre gesellschaftssteuernde Rolle daraus zieht. Das Folgekapitel komplementiert diese Ausführungen im Hinblick auf die ‚Gesellschaft'.

---

274 Vgl. Esposito, Die Fiktion der wahrscheinlichen Realität, S. 55 f., 61 und 76.
275 Esposito, Die Fiktion der wahrscheinlichen Realität, S. 74.
276 Der zweifache, keineswegs synonyme Gebrauch von ‚Gesellschaft' zeigt die Schwierigkeiten, retrospektiv über Entwicklungen zu sprechen, für die es historisch noch keine Begriffe gab. – Vgl. dazu Niklas Luhmann, Die Unterscheidung von Staat und Gesellschaft. In: Luhmann, Soziologische Aufklärung 4, S. 69–76.
277 Foucault, Gouvernementalität I, S. 401.

Der absolutistische ‚Staat' versteht sich als asymmetrisches Machtfeld innerhalb eines spezifischen Territoriums: Dem souveränen Herrscher stehen beherrschte Untertanen gegenüber. Als Staatsziele gelten die Sicherheit und Wohlfahrt des ‚Staats'. Die Beziehung ist von den Machtinteressen her organisiert und hat ein weitgehend passiv gedachtes Objekt als Gegenüber. Die Untertanen kommen nur als Voraussetzung des Reichtums und der politischen und militärischen Macht vor, nicht als eigenes Kollektivsubjekt. In dieser Weise sind sie eine Gegebenheit und müssen nicht eigens versammelt werden. Die ‚Bevölkerung' (in der heutigen Begriffsverwendung) taucht als Wissensobjekt erst Mitte des 18. Jahrhunderts auf. Der Begriff gesteht den Untertanen als Kollektiv eine eigene Handlungsmacht als Gegenüber des Souveräns zu und deutet bereits den Übergang zu neuen liberaleren Regierungsvorstellungen an.[278]

Ökonomisch ist die Beziehung nach Prinzipien des Merkantilismus bzw. Kameralismus strukturiert.[279] Das bedeutet, dass die Staaten sich untereinander Konkurrenz machen, nach innen dagegen versuchen, Importe zu vermeiden, die Arbeit möglichst effizient zu organisieren und die Preise auf möglichst niedrigem Niveau zu halten. Ziel des Systems ist es, im ‚Staat' immer günstiger zu produzieren und die Waren in andere Länder zu verkaufen, wodurch sich die Schatzkammer des Herrschers füllt. Prinzipiell geht das System von unbegrenzten Steigerungsmöglichkeiten aus.

Seine *rechtlichen* Belange regelt der absolutistische ‚Staat', indem er ein System von Diplomaten unterhält. Nach innen legitimiert sich die absolute Macht durch die Theorien der Souveränität und der Staatsräson.

Politisch gründet der Absolutismus nach außen seine Macht auf ein stehendes Heer. Den Bezug zu den Untertanen organisiert er durch ein umfassendes Verwaltungssystem, die ‚Polizei'.[280] Sie versucht, das ‚gute Leben' der Untertanen zu befördern. Das ‚gute Leben' ist in der Ordnung des Herrschaftswissens dabei nicht vom Einzelnen her entworfen, sondern vom Zusammenspiel aller.

---

[278] Vgl. Foucault, Gouvernementalität I, S. 102–104.
[279] Vgl. dazu Keith Tribe, Governing Economy. The Reformation of German Economic Disourse 1750–1840, Cambridge u. a. 1988; Andre Wakefield, The Disordered Police State. German Cameralism as Science and Practice, Chicago, IL, London 2009.
[280] Vgl. dazu Franz-Ludwig Knemeyer, Art. ‚Polizei'. In: Brunner, Conze, Koselleck (Hg.), Geschichtliche Grundbegriffe, Bd. 4, S. 875–897; Brian Chapman, Der Polizeistaat, München 1972, S. 7–37; Marc Raeff, The well-ordered Police-State. Social and Institutional Change through Law in the Germanies and Russia 1600–1800, New Haven, CT, London 1983, S. 1–180; Michael Stolleis, Geschichte des öffentlichen Rechts in Deutschland. Reichspublizistik und Policeywissenschaft, München 1988, Bd. 1 (1600–1800), S. 334–393; Andrea Iseli, Gute Policey. Öffentliche Ordnung in der Frühen Neuzeit, Stuttgart 2009.

Das Wohl des ‚Staates' wird hier mit dem jedes Einzelnen der Untertanen gleichgesetzt.

> Die Polizei ist die Gesamtheit der Interventionen und Mittel, die sicherstellen, daß das Leben, das Etwas-mehr-als-nur-leben, das Zusammenleben tatsächlich zur Bildung und Steigerung der Kräfte des Staates nützlich sein wird. Wir haben also mit der Polizei einen Kreis, der im Ausgang vom Staat als rationale und berechnete Interventionsmacht über die Individuen zum Staat als Gesamtheit wachsender oder zu steigernder Kräfte zurückkehrt.[281]

Die ‚Polizei' versucht dabei, die Voraussetzungen für das Funktionieren des merkantilen Systems und der souveränen Herrschaft zu schaffen und zu erhalten. Ihr obliegt es, günstige Bedingungen für das Bevölkerungswachstum zu gewährleisten. Konkret leistet sie Seuchenschutz durch Präventionsmaßnahmen gegen Ansteckung und Ausbreitung von Krankheiten, dämmt durch Armenfürsorge und Strafverfolgung die Kriminalität ein und richtet Institutionen zur sittlichen, beruflichen und militärische Ausbildung ein. Darüber hinaus reguliert sie den Arbeitsmarkt und den Markt für Lebensmittel, ergreift Maßnahmen, die die Effizienz der Produktion steigern, und sorgt für den Ausbau von Handels- und Verkehrswegen. Ferner schafft sie Unterhaltungsangebote und kontrolliert sie, wozu auch gehört, die ungezügelte ‚Volkskultur' zu unterbinden.[282] In vielen Bereichen übernimmt die polizeiliche Verwaltung ältere Prinzipien der ständischen Organisationen und führt sie fort, in anderen Bereichen erlässt sie neue Verordnungen. Sie artikuliert ihr Wissen also im Medium der Macht. Die ‚Polizei' wird im Gegensatz zur Justiz, die mit Gesetzen eine langfristige normative Ordnung schaffen will, als unmittelbare Ausführung der souveränen Macht gesehen, die akzidentiell und fallspezifisch eingreift.[283] Bei ihr handelt es sich um den Versuch der rationalen Steuerung des Gegenübers der souveränen Macht. Sie gründet auf ein Wissen vom ‚Staat', nicht aber von den Untertanen.[284]

Die asymmetrische Beziehung führt zu einem Spannungsverhältnis in jeder der drei Domänen. Differenzierungstheoretisch betrachtet, kann man sie als wechselseitige Emanzipationsbewegung von Wirtschaft, Politik und Recht verstehen, die sich jeweils aus dem Supergebilde ‚Staat' herauslösen und ihre eigengesetzliche Logik immer deutlicher durchsetzen. Gleichzeitig verlieren Vorstellungen der Ständeordnung an Wirkung und das ‚Individuum' setzt sich

---
281 Foucault, Gouvernementalität I, S. 470.
282 Vgl. Taylor, A Secular Age, S. 87, 103 f. und 109–111.
283 Vgl. Foucault, Gouvernementalität I, S. 487 ff.
284 Vgl. Foucault, Gouvernementalität I, S. 154.

als Leitvorstellung zunehmend durch. Deutlich tritt dieser Prozess in der zweiten Hälfte des 18. Jahrhunderts zutage und führt letztlich zu einer Symmetrisierung der Funktionsbereiche. Damit setzt sich auch das moderne ‚Social Imaginary' in seinen jeweils bereichsspezifischen Spielarten durch, das das menschliche Miteinander als ‚Soziales' versteht.[285]

Die wirtschaftliche Ordnung, die verspricht zum wechselseitigen Vorteil aller zu sein, legt im absoluten ‚Staat' zwei unterschiedliche Ordnungsideale zugrunde: nach außen ein Gleichgewicht der Akteure (in diesem Falle von ‚Staaten'),[286] nach innen aber ein Ungleichgewicht (im Sinne einer ständischen Hierarchie). Das bedeutet, dass man im Außenhandel der Selbstorganisation des Marktes vertraut, im Binnenhandel aber fremdlogischen Steuerungskriterien folgt.

> Die Regelung des Marktes hatte [...] einerseits die soweit wie möglich gerechte Verteilung der Güter zum Ziel und andererseits die Vermeidung von Diebstahl [...]. Anders gesagt, der Markt wurde zu jener Zeit im Grunde genommen als ein Risiko angesehen, das der Händler möglicherweise auf der einen Seite einging, aber ganz gewiß der Käufer auf der anderen Seite. Und man mußte den Käufer vor der Gefahr schützen, die eine schlechte Ware darstellte, und vor dem Betrug dessen, der sie verkaufte. Man mußte also die Abwesenheit des Betrugs sicherstellen, und zwar im Hinblick auf den Charakter der Waren, ihre Qualität usw. Dieses System – Reglementierung, gerechter Preis, Bestrafung des Betrugs – stellte also sicher, daß der Markt wesentlich ein Ort der Gerechtigkeit war und auch wirklich so funktionierte, ein Ort, an dem im Tausch und im Preis etwas erscheinen sollte, das die Gerechtigkeit war.[287]

Das moralisch grundierte System sollte die ‚Wohlfahrt' des ‚Staates' garantieren. Das heißt, dass sowohl jeder Verkäufer seinen standesgemäßen Unterhalt gesichert bekommt, zugleich aber der Käufer sein Auskommen hat, als er vor Wucher und unmäßigem Gewinnstreben geschützt ist. Die Vermittlung erfolgt also im Hinblick auf die Ordnung des gesamten ständischen Gemeinwesens und zuungunsten individueller Interessen.

Das Regulierungssystem des Marktes stößt da an seine Grenzen und erweist sich als nicht konkurrenzfähig (zu den freien Märkten des Interstaatenhandels), wo Angebot und Nachfrage zu weit auseinander laufen. Dort wird zugleich deutlich, dass das System nicht unbegrenzt flexibel ist. Bei großem Angebot wird ein immer weiteres Herabsetzen des Verkaufspreises irgendwann die Produktion unrentabel machen, bei niedrigem Angebot wird das Herabset-

---

[285] Vgl. Taylor, A Secular Age, S. 176.
[286] Vgl. Foucault, Gouvernementalität I, S. 426 f.
[287] Michel Foucault, Geschichte der Gouvernementalität II. Die Geburt der Biopolitik. Vorlesung am Collège de France 1978–1979, Frankfurt a. M. 2004, S. 53 f.

zen des Verkaufspreises den Unwillen der Verkäufer hervorrufen und so die Knappheit noch weiter steigern. Die Politik wird sich aus dieser Erkenntnis heraus seit Mitte des 18. Jahrhunderts immer stärker aus der Ökonomie zurückziehen und die Festlegung der Preise den Binnenmärkten und dem zwischenstaatlichen Handel überlassen.[288] Hans-Ulrich Wehler hat diesen Prozess detailliert beschrieben und dabei gezeigt, dass die Orientierung an einem freien Markt sich bei verschiedenen Gütern unterschiedlich schnell durchsetzen konnte. In vielen Bereichen zeichnet sich am Ende des 18. Jahrhunderts eine Krise ab. Alte Produktions- und Handelsformen erweisen sich als unwirtschaftlich. Die Liberalisierung der Wirtschaft wird aber vollends erst mit den Reformen des ersten Jahrzehnts des 19. Jahrhunderts durchgesetzt.[289]

Auch im Bereich des Rechts treten Spannungen auf. Die souveräne Herrschaft gestaltet sich zwar rechtlich, kann sich selbst aber nicht rechtlich begründen, da jedes Recht etwas ihr Vorausgesetztes wäre und sie in ihrem absoluten Machtanspruch einschränkte. Diese ‚Illegitimität' der Souveränität wird manifest in der Diskussion zweier Problemfelder: der notwendigen Willkür des Entscheidens, die der Begriff der ‚Staatsräson' nur unzureichend verdeckt,[290] und der Frage nach dem Widerstandsrecht der Bevölkerung.[291] Die Infragestellung der asymmetrischen Beziehung zwischen Herrscher und Beherrschten lässt sich gut am Plausibilitätsverlust der Gründungserzählung vom originären Gesellschaftsvertrag zeigen.[292] In der Unterscheidung zwischen der mythischen Zeit der Ursprünge und der historischen Zeit ist die Asymmetrie wiederholt. Die Symmetrisierung der Zeit zur gänzlich historischen entspricht der Symmetrisierung der Herrschaft, in dem Sinne, dass sie sich immer weniger dynastisch auf Geburt und Stand begründen lässt:

> This original demand for once-for-all historical consent, as a condition of legitimacy [which features the older contract theories, U. B.], can easily develop into a requirement of current consent. Government must win the consent of the governed; not just originally, but as an ongoing condition of legitimacy. This is what begins to surface in the legitimation function of public opinion.[293]

---

288 Vgl. Foucault, Gouvernementalität I, S. 491–496.
289 Vgl. Hans-Ulrich Wehler, Deutsche Gesellschaftsgeschichte, München 1987, Bd. 1 (1700–1815), S. 59–123 und 378–381. – Vgl. weiterführend mit Überblick über neuere Forschung auch Luise Schorn-Schütte, Geschichte Europas in der Frühen Neuzeit. Studienhandbuch 1500–1789, Paderborn u. a. 2009, S. 27–95.
290 Vgl. Luhmann, Die Politik der Gesellschaft, Frankfurt a. M. 2002, S. 337–349; Foucault, Gouvernementalität I, S. 348–356 und 369–377.
291 Vgl. Foucault, Gouvernementalität I, S. 377–384.
292 Vgl. dazu Kapitel 3.2.2.2 der vorliegenden Arbeit.
293 Taylor, A Secular Age, S. 188. Vgl. dazu auch ebd., S. 194 f.

In dem Maße, in dem der ursprüngliche Vertrag infrage gestellt wird, wandert die früher rein theoretisch-legitimatorische Vorstellung des Gesellschaftsvertrags zwischen freien Individuen in das ‚Social Imaginary' ein. Prototypisch stehen dafür die Versuche, Rousseaus *Contract social* nach der Französischen Revolution zu verwirklichen, und die daran anschließenden Gedankenspiele des deutschen Republikanismus.[294] Diese eher theoretische Diskussion findet ihren konkreten Niederschlag in der Einführung des *Allgemeinen Landrechts für die preußischen Staaten* 1794 und den an den *Code Civil* angelehnten Gesetzbüchern im west- und süddeutschen Raum. Damit werden viele standesgebundene Sonderrechte abgeschafft und einheitliche Rechtsregeln durchgesetzt.[295]

Die Bevölkerung war auch im politischen Bereich kein so passives Objekt, wie die frühe ‚Polizei' sie entworfen hat. Die Bevölkerung nutzt das sich seit dem 17. Jahrhundert entwickelnde Zeitungswesen, um ehrerbietig auf Missstände aufmerksam zu machen, Bitten und Petitionen an den Herrscher zu richten oder sogar Entscheidungsvorschläge zu unterbreiten. Es sind Einlassungen „*on* and *to* power, rather than *by* power."[296] Wenn auch zögerlich und vorsichtig betritt damit die Bevölkerung ein Feld, auf dem eigentlich die ‚Polizei' die souveräne Macht ausübt. Obwohl die Anliegen an den Herrscher als direkten Adressaten gerichtet werden, bedeutet die Veröffentlichung als Druckerzeugnis, sie einem Lesepublikum zur Prüfung auszusetzen. Dessen de facto meist ausbleibender Widerspruch erlaubt es, das eigene Anliegen als rational und kollektiv affirmiert hinzustellen. Damit individualisiert sich nicht nur die einzelne Meinung, die sich nicht mehr an Stand oder traditionelle Weisheit bindet, sondern sie zwingt auch dem Adressaten ein Prüfkriterium auf, das sein Standesprivileg infrage stellt: die allgemeine Vernunft.[297] Wenn der Souverän die Zeitungen nutzt, seine Reputation zu beobachten und gegebenenfalls durch Zensur und Meinungskampagnen zu beeinflussen, bedeutet dies, anzuerkennen, dass eigentlich Machtlose und keinesfalls Berechtigte doch etwas zu sagen haben. Damit fallen auch von dieser Seite die Standesbarrieren. Der Zugang zur Kommunikation scheint nicht mehr von ständischen Schranken reglementiert. Das gilt nicht nur für das Volk. Auch der Souverän unterläuft seinen unbedingten Machtanspruch, wenn er auf die Stimme des Volkes hört. Er ebnet sukzessive der Idee der Gewaltenkontrolle den Weg. Hier liegt der Beginn einer langsa-

---

294 Vgl. dazu Taylor, A Secular Age, S. 201–207.
295 Vgl. dazu Wehler, Deutsche Gesellschaftsgeschichte, S. 240–244 und 377 f.
296 Taylor, A Secular Age, S. 190 (Herv. im Orig.).
297 Taylor, A Secular Age, S. 188 f. Vgl. dazu Jürgen Habermas, Strukturwandel der Öffentlichkeit. Untersuchungen zu einer Kategorie der bürgerlichen Gesellschaft [1962], Frankfurt a. M. 1990, S. 86 ff.

men Erosion der Macht der ‚polizeilichen' Verwaltung zugunsten einer Selbstverwaltung des Volkes. Der Verfall der souveränen Macht, der zunehmend auch als solcher sichtbar wird, ist zugleich der Aufstieg der Öffentlichkeit, die sich immer mehr als eigentlicher Repräsentant des Volkes versteht.[298] Doch davon mehr im nächsten Kapitel.

Wie reagiert die Politik auf diese Veränderungen seit Mitte des 18. Jahrhunderts? – Sie besinnt sich auf ihre genuinen Qualitäten und übt Selbstbeschränkung, wo sie ihre Ziele nicht erreichen kann oder mit direkten Eingriffen nur unbeabsichtigte Wirkungen erzielt.[299] Ein gutes Anschauungsmaterial dafür bietet ein Brief von Arnims Onkel aus dem Jahr 1798 anlässlich des Studienbeginns. Hans von Schlitz rät Achim von Arnim davon ab, Bergwerksinspektor oder Richter zu werden, und ermuntert ihn dagegen, ein Studium der Kameralwissenschaft aufzunehmen, damit er später eine Stelle in der ‚polizeilichen' Verwaltung des preußischen Staates antreten könne. Schlitz schreibt:

> Ich glaube [...] [,] das Finanz-Fach [ist] eigentlich das Deinige. Von Deiner Thätigkeit und Kraft erwarte ich freylich in diesem ein mehreres, als die gewöhnlichen Cameralisten leisten, welche schon nach dem Sprichworte selten mehr, denn verdorbene Juristen, sind. Wäre es Dir wohl ergangen, daß gewöhnlich diesen Menschen die Hülfswissenschaften fremd sind, und ihre Theorie von Finanzen höchstens Preußische Kammer-Principien umfaßt. Gewiß würde der, welcher mehreres hierin zu leisten im Stande eben so gesucht und geschätzt werden, als seine Erscheinung zu den seltenern hingehört. Das Studium der höhern Finanz-Wissenschaft, der Hülfswissenschaften, aus welchem sie ihre Resultate abstrahiert, gewähret Dir bey einstigen Reisen, überall verbreiteten gar nicht zu verbrauchenden Stoff zu Beobachtungen, zu Erfahrungen, aus welchem oft, die richtigsten Begriffe über das, was Menschenglück befördert, allein herzuleiten. Die höchste Bestimmung, welche der Mensch in irdischen Verhältnissen erreichen kann, die, Gesetzgeber zu seyn, findet einen ihrer vorzüglichen Leitfäden in der Betriebsamkeit der Menschen gegebenen Tendenz, so wie in richtigen Grundsätzen von dem zweckmäßigern Gebrauch der Kräfte eines Staats und seiner einzelnen Bürger. Andererseits öffnet dieses Studium Dir den Weg *zu mehrern* Bestimmungen, Du möchtest die Deinigen nun einst im Cameral oder auswärtigem Department, oder auch auf Deiner eigenen Hufe suchen.[300]

Er konkretisiert die Studienpläne wiefolgt:

> Ich rechne für Halle etwa einen 2½ jährigen für Göttingen einen jährigen Aufenthalt. Die so genannten Brot-Collegia, worunter ich sämmtliche juristische verstehe, werden wohl wegen Abweichungen in den Theorien der Gesetze, vorzüglich in Halle zu hören seyn, da hingegen [ist] der Vortrag der Hülfswissenschaften in Göttingen vorzuziehen. Ich rech-

---

298 Vgl. Niklas Luhmann, Politik der Gesellschaft, S. 275–280.
299 Vgl. Foucault, Gouvernementalität II, S. 25–28.
300 Brief Hans von Schlitz an Achim von Arnim vom 14.03.1798 (WAA 30, 66–67, Herv. im Orig.).

ne zu den letztern Naturgeschichte, Physik, Chemie, Botanik, Technologie, Landwirthschafts-Lehre [...].[301]

Arnims Onkel Hans von Schlitz spricht in seinem Brief ein Verständnis von der Rolle der ‚polizeilichen' Verwaltung des Staates aus. Dieses Verständnis gründet sich jedoch auf ganz andere Prämissen, als dies noch rund hundert Jahre früher im souveränen ‚Staat' der Fall war. Nach wie vor gilt zwar die Kenntnis dessen, „was Menschenglück befördert", als Voraussetzung ‚polizeilicher' Interventionen, jedoch findet dieses Wissen seinen „Leitfaden in der Betriebsamkeit der Menschen gegebenen Tendenz". Darin spricht sich ein verändertes Bild der zweckmäßigen Einrichtung der Welt aus. Die durch die göttliche Vorsehung geschaffene und erhaltene Weltordnung wird auf den Menschen hin perspektiviert, und zwar dahingehend, dass sie so eingerichtet sei, dass das wechselseitige Zusammenspiel der verschiedenen Teile zu ihrem jeweils eigenen Vorteil diene. Argumentationen, die den Blick aufs Ganze richten und daraus die Ständegesellschaft normativ begründen wollen, treten zunehmend in den Hintergrund. Obwohl sein Schreiber adelig ist, findet sich dieser Gedanke bezeichnenderweise nicht mehr in dem zitierten Brief. Stattdessen wendet sich der Blick ins Detail, auf die „Kräfte eines Staats" und die „einzelnen Bürger". Die Ordnung des Ganzen begründet nicht mehr die rechte Stellung jedes Glieds. Vielmehr ergibt sich eine Ordnung, obwohl jedes einzelne Glied ohne Rücksicht aufs Ganze nur noch im Eigeninteresse handelt. Der Begriff ‚Kraft' macht deutlich, dass ein relationales Konzept angesetzt wird, dessen Wirkungen sich nicht schlicht als Betragssummation ergeben, sondern aus Wechselwirkungen im Sinne von Vektoraddition nach dem Kräfteparallelogramm.

> There are agents, individuals acting on their own behalf, but the global upshot happens behind their backs. It has a certain predictable form, because there are certain laws governing the way in which their myriad individual actions concatenate. This is an objectifying account, one which treats social events like other processes in nature, following laws of a similar sort.[302]

Wenn auch die einzelnen Elemente unkoordiniert agieren, so ist die Ordnung des Gesamtzusammenhangs dadurch gegeben, dass Gott ihr Handeln Gesetzen unterworfen hat. Nicht mehr Gott schafft die gesellschaftliche Ordnung nach seinem uneinsehbaren Plan, sondern nur noch ihre Voraussetzungen, die rational verstanden werden können. Wenn aber die Gesellschaft durch das Handeln von Individuen mit freiem Willen konstituiert ist, dann darf sie auch zu ihrem

---

301 WAA 30, 67.
302 Taylor, A Secular Age, S. 181. Vgl. dazu auch Foucault, Gouvernementalität I, S. 37 ff.

Besseren verändert werden.[303] Der ‚polizeiliche' Verwaltungsbeamte wird mithin als ‚Sozialtechnologe' in Entsprechung zum physikalisch geschulten Techniker entworfen.

> The engineer needs to know the laws of the domain he is going to work on, just as much as he needs a plan of what he is trying to achieve; indeed, the second can't be drawn up unless the first is known. And so this age also sees the beginnings of a new kind of objectifying social science [...].[304]

Die neue Prämisse heißt, die „Naturalität der Gesellschaft"[305] zu kennen und anzuerkennen. Sie gilt für die ‚polizeiliche' Gesellschaftssteuerung, die sie von der souveränen Machtausübung unterscheidet. Dabei sind gleichermaßen Kenntnisse der mechanischen wie der ‚sozialen' Seite der Produktionsabläufe verlangt.

An diese Ausbildung zum ‚Sozialtechnologen' denkt Arnims Onkel, wenn er davon spricht, dass er von Achim von Arnim erwartet, „mehreres, als die gewöhnlichen Cameralisten [zu] leisten, welche schon nach dem Sprichworte selten mehr, denn verdorbene Juristen" sind, und ihnen deshalb üblicherweise „die Hülfswissenschaften fremd sind, und ihre Theorie von Finanzen höchstens Preußische Kammer-Principien umfaßt". Er verspricht ihm von dem vorgeschlagenen Studium die „richtigsten Begriffe" zur Analyse und den „gar nicht zu verbrauchenden Stoff zu Beobachtungen, zu Erfahrungen". Wenn sich die neue ‚Polizei' als „Manager der Freiheit"[306] versteht, der die Einzelinteressen nur noch moderiert, dann schafft sie sich ein empirisches Wissen über das Individuum und über die Bevölkerung. Beide Male geht es um die Konstanten und die Variationsparameter, nicht um das Partikulare. Darum geht es bei der Sammlung von Fallgeschichten im Rahmen einer allgemeinen Anthropologie und der darauf spezialisierten Humanwissenschaften.[307] Das Wissen von der Bevölkerung gründet sich auf Statistik, die ‚normale' Abläufe zu extrapolieren versucht, um sich unter Zuhilfenahme der Wahrscheinlichkeitsrechnung auf Gefährdungen einzustellen.[308] Schnell wird sich erweisen, dass das hier skizzierte Verständnis die Steuermöglichkeiten der ‚Polizei' zu optimistisch eingeschätzt hat. Die ‚Polizei' wird sich in den ersten Jahrzehnten des 19. Jahrhun-

---

303 Vgl. Taylor, A Secular Age, S. 155 f.
304 Taylor, A Secular Age, S. 182. Vgl. dazu auch Foucault, Gouvernementalität I, S. 501 f.
305 Foucault, Gouvernementalität I, S. 502.
306 Foucault, Gouvernementalität I, S. 97.
307 Vgl. Foucault, Gouvernementalität I, S. 90 und 120.
308 Vgl. Foucault, Gouvernementalität I, S. 92 f. und 102 f.

derts weiter bescheiden und ihre Aufgaben auf einen Kernbereich beschränken, der der heutigen Polizei als Institution der inneren Sicherheit entspricht.

Der erste Schub der Selbstbegrenzung der ‚polizeilichen' Zuständigkeitsansprüche ergibt sich daraus, dass sie auch ländliche Gebiete stärker unter ihre Kontrolle nehmen will. Dabei wird schnell sichtbar, dass die souveräne ‚Polizei' ihren rationalen Entwurf für das bestmögliche Zusammenspiel aller Teile des ‚Staats' einseitig an Problemen der Stadt orientiert hat, die sich aus dem dichten Zusammenleben, der handwerklichen Fertigung und dem Verkauf ergeben hatten.[309] Durch das starke Bevölkerungswachstum und die Notwendigkeit der Steigerung der Agrarproduktion rücken jetzt das Land und vor allem die Produzenten von Nahrungsmitteln stärker in den Blick, und es stellt sich heraus, dass diese durch die Reglementierungen häufig benachteiligt worden sind. Wenn also die ‚Polizei' einen Ausgleich zwischen Stadt und Land sucht, sind nun eingehendere Kenntnisse der landwirtschaftlichen Produktionsbedingungen und deren Grenzen gefragt. Daraus wird verständlich, warum von Schlitz das ‚sozialtechnologische' Wissen ausgerechnet von den „Hülfswissenschaften" „Naturgeschichte, Physik, Chemie, Botanik, Technologie, Landwirthschafts-Lehre" erwartet.

Als bestes Mittel zum Interessenausgleich von Produktion und Handel kann sich bald das Vertrauen auf die Selbstregulation der Märkte und die ‚polizeiliche' Enthaltsamkeit von direkten Eingriffen in die ökonomischen Prozesse durchsetzen.[310] Wenn Arnims Onkel ihm „Reisen" als Kameralist ankündigt, scheint diese Überzeugung auf, die bereits an Handelsbeziehungen über größere Gebiete und wahrscheinlich auch Staatsgrenzen hinaus denkt.

Halle und Göttingen werden Arnim als Studienorte vorgeschlagen. Die Verwaltungsbeamtenausbildung durch Universitäten ist ein deutsches Spezifikum. Im Zuge der Reorganisation der deutschen Gebiete nach dem Dreißigjährigen Krieg strebten viele dieser Staaten danach, vom Feudalismus abzurücken und moderne Territorialstaaten nach Maßstäben der europäischen Großmächte zu werden.[311] Das Fehlen von geeignetem Verwaltungspersonal und die Gründung von staatlichen Bildungsanstalten gingen dabei ein spezifisches Ergänzungsverhältnis ein.

> In den deutschen Staaten entstand so neben den traditionellen, von Kirchen kontrollierten Bildungsanstalten ein dichtes Netz von Universitäten, Gymnasien und Akademien, die – vom Staat eingerichtet und über staatliche Examina kontrolliert – die Ausbildung

---

309 Vgl. Foucault, Gouvernementalität I, S. 481f.
310 Vgl. Foucault, Gouvernementalität I, S. 490–496.
311 Vgl. Foucault, Gouvernementalität I, S. 457f.

der Verwaltungsbeamten, Richter, Lehrer, Ingenieure und Ärzte übernahmen, welche der expandierende Fürstenstaat benötigte. Die Ausbildung war gleichzeitig anspruchsvoll und anwendungsbezogen. Modell war zunächst die (unter pietistischem Einfluss stehende) Universität Halle, an der seit 1727 Kameralistik, Ökonomie und Polizeiwesen unterrichtet wurden. Gegen 1750 übernehmen die Staatswissenschaften an der neuen Universität Göttingen diese Vorbildfunktion.[312]

Achim von Arnim sollte also nicht irgendwo Kameralistik studieren, sondern an den führenden Bildungsinstituten seiner Zeit.

In diesem Kapitel ist die Entwicklung vom absoluten ‚Staat', der Herrscher und Untertanen umfasst, zur Gegenüberstellung von politischer Verwaltung und Bevölkerung gezeigt worden. Die Perspektive ist dabei die der Politik. Die Komplementärperspektive vom ‚Volk' auf die Politik soll im folgenden Kapitel genauer in Blick genommen werden.

3.2.3.2 Nationalstaat oder Kulturnation: Öffentlichkeit

Um 1800 konstellieren sich – idealtypisch betrachtet – drei Versionen des Bezugs von Politik und ‚Gesellschaft', die sich jeweils am Primat eines der Bereiche *Wirtschaft, Politik* und *Öffentlichkeit* orientieren.[313] Nur im deutschen Fall kann ich kurz auf die historischen Gründe dafür eingehen.

Im antietatistischen Amerika wird sich eine primäre Orientierung an der Wirtschaft etablieren. Die Idee ist, den Einfluss der Politik im Innern möglichst weit zurückzunehmen, grenzwertig den ‚Staat' abzuschaffen und die Problemlösung gänzlich zu ‚vergesellschaften'. Die Durchsetzung von Interessen und komplementär die Lösung von Interessenkonflikten soll auf dem Markt geschehen. Wer zahlt, schafft an.

Mit der Französischen Revolution, in der sich die vormaligen Untertanen die politische Macht aneignen, ist eine zweite Version benannt. Die Interessen, die die souveräne Herrschaft mit dem Anspruch, im Namen des Volkes zu handeln, vertrat, waren zu den divergierenden Interessen in der Bevölkerung in deutliche Diskrepanz geraten. Daher stellt die Revolution nichts anderes dar als einen Versuch des Volks, die eigenen Interessen selbst zu vertreten.[314] Da aber die bestehenden politischen Institutionen die verschiedenen Einzelinteressen von Individuen nicht bündeln können, kommt es durch diese ‚Politisierung' der Gesellschaft zum Bürgerkrieg.

---

312 Bernhard Giesen, Die Intellektuellen und die Nation. Eine deutsche Achsenzeit, Frankfurt a. M. 1993, S. 112.
313 Vgl. Foucault, Gouvernementalität I, S. 510 ff.
314 Vgl. Luhmann, Politik der Gesellschaft, S. 333.

> The impossibility remarked by all historians of ‚bringing the Revolution to an end' came partly from this, that any particular expression of popular sovereignty could be challenged by some other, with substantial support. Part of the terrifying instability of the first years of the Revolution stemmed from this negative fact, that the shift from the legitimacy of dynastic rule to that of the nation had no agreed meaning in a broadly based social imaginary.[315]

Die Durchsetzung des neuen ‚Social Imaginary' und die Schaffung der institutionellen Voraussetzungen markiert die Begründung Frankreichs als ‚Staatsnation'.

Die dritte Version orientiert sich an der Öffentlichkeit als ‚Gesellschaft' und bezieht sie auf die Politik. Diesen Idealtypus mit den deutschen Verhältnissen zu identifizieren, ist wesentlich problematischer als im Falle der USA und Frankreichs. Zum einen ist das Modell Gesellschaft als Öffentlichkeit in den deutschen Gebieten nicht in dem Maße die unangefochtene Leitvorstellung, wie es für die jeweiligen Modelle in den anderen Staaten gilt. Auch die Primärorientierung an Marktprinzipien und die Bürgerherrschaft als Gesellschaftsmodelle sind durchaus ernstzunehmend diskutiert worden. Zum anderen lässt sich nicht die eine klare Vorstellung von ‚Öffentlichkeit' ausmachen. Der Grund dafür liegt in unterschiedlich ausgeprägten Vorstellungen von Freiheit und Selbstbestimmung. Wenn die politischen Institutionen ihr Gegenüber als Bevölkerung entwerfen und unterwerfen, so gestehen sie ihnen das zu, was Isaiah Berlin ‚negative Freiheit' genannt hat.[316] Damit ist die Abwesenheit von äußeren Handlungshindernissen gemeint. Die Öffentlichkeit dagegen verlangt nach Freiheit in einem anspruchsvolleren Sinn. Berlin nennt dies ‚positive Freiheit'. Sein Schüler Charles Taylor, der in seinem Aufsatz über Berlins bloße Gegenüberstellung hinausgeht und systematisch rekonstruiert, warum ‚negative Freiheit' zu wenig erscheint, erläutert die Vorstellung von ‚positiver Freiheit' folgendermaßen:

> For Freedom now involves my being able to recognize adequately my more important purposes [between contradicting, U. B.], and my being able to overcome or at least neutralize my motivational fetters, as well as my way being free of external obstacles. But clearly the first condition (and, I would argue, also the second) require me to have become something, to have achieved a certain condition of self-clairvoyance and self-understanding. I must be actually exercising self-understanding in order to be truly or fully free. I can no longer understand freedom just as an opportunity-concept [as the concept of negative liberty does].[317]

---

315 Taylor, A Secular Age, S. 199.
316 Vgl. Isaiah Berlin, Zwei Freiheitsbegriffe. In: Berlin, Freiheit. Vier Versuche, Frankfurt a. M. 2006, S. 197–256. Vgl. dazu auch Foucault, Gouvernementalität II, S. 68–72.
317 Charles Taylor, What's wrong with negative Liberty. In: Taylor, Philosophy and the Human Sciences, S. 211–229, S. 228 f.

Die Idee ist also nicht nur, im Rahmen der jeweils von der Politik vorgegebenen Freiheiten zu agieren, sondern über die Bedingungen von Freiheit selbst dauerhaft zu reflektieren. Die Öffentlichkeit versteht sich dabei allerdings nicht nur als einfache Reflexion, sondern immer schon als Reflexion über Reflexionen, die in wechselseitiger Korrektur danach streben, Denkschranken des Einzelnen einzureißen und vom Einzelnen nicht bedachte Freiheitsräume zu erschließen. Als beste Lösung für alle erscheint diejenige, die dem Wesen der Gesellschaft am angemessensten ist, ihrer Identität am authentischsten zu entsprechen weiß. Das bedeutet natürlich, dass die Gesellschaft immer wieder klären muss, wer sie eigentlich ist und wer sie sein will. Es geht also nicht nur um Selbstorganisation der Gesellschaft, sondern um Selbstorganisation nach selbstbestimmten Organisationsprinzipien. Im Hinausgehen über ein allein ‚negatives' Freiheitsverständnis erweist sich ‚positive Freiheit' als ein graduelles Konzept. So lassen sich verschiedene Spielarten des Gesellschaftsverständnisses finden. Selbst in einer idealtypischen Konstruktion müssen daher mindestens zwei Modelle unterschieden werden. Das erste Modell werde ich unter dem von Carl Schmitt geprägten Namen *Politische Romantik* besprechen. Das andere Modell ist jenes, auf das die Poetiken des ‚Sozialen' setzen. Für sie formiert sich die Gesellschaft als eigenständige Sphäre der *Zivilgesellschaft* jenseits von Politik und Wirtschaft.

Doch zunächst zur ‚Politischen Romantik'. Ausgehend von der Öffentlichkeit soll hier die Politik neu begründet werden. Die Öffentlichkeit gilt hier als Institution, die letztlich eine Neuformierung der Gesellschaft als politische Einheit gestalten soll. Das heißt, sie lehnt sich an das französische Modell an, sucht jedoch die Revolution und den Bürgerkrieg durch Reformmaßnahmen der Öffentlichkeit zu umgehen. Das ist die Denklinie, die nach der Romantik in den ‚Vormärz' führt. Sie ist von Carl Schmitt unter dem Namen ‚Politische Romantik' beschrieben worden. Entgegen meinem üblichen Verfahren, mich einzig an historischen Versammlungen und ihrem Selbstverständnis zu orientieren, ist hier eine Ausnahme angebracht. Schmitts Zusammenordnung von ähnlichen Positionen ist in der Ideengeschichte so prominent eingeführt, dass sie nicht übergangen werden kann.[318] Das Zentralproblem der ‚politischen Ro-

---

[318] Auffallend ist, dass Schmitts Name im Zusammenhang mit dem Schlagwort ‚Politische Romantik' in der Forschung meist nur anzitiert wird, eine dezidierte Auseinandersetzung mit seiner Position aber ausbleibt. Übliche Kritikpunkte sind: (1) seine allgemeinen Thesen über *die* Romantik, die sich aber vor allem auf einige wenige Texte von Novalis, Friedrich Schlegel und Adam Müller gründen, (2) seine Kategorisierung *der* Romantiker auf Basis seines Begriffs der ‚Politischen Romantik', die einerseits in vielen Punkten sehr heterogene Vertreter zusammenbringt, andererseits anhand weniger Kriterien Personen ausschließt, die viele andere mit guten Gründen zur Romantik zählen, und (3) seine antidemokratischen Position, die sich im

mantik' ist die Neubegründung der Politik dahingehend, wie der bisherige Regent mit Mitteln der Opposition abgelöst werden kann, bzw. wie ihm beigebracht werden kann, seine neue Rolle nicht mehr als Herrscher *über* die Bevölkerung, sondern als Herrscher *des* ‚Volks' zu sehen. Ihre Kritik bleibt von den Mächtigen deshalb ungehört, weil sie nicht nur keine Macht besitzt, ihre Forderungen zu untermauern, sondern sich (aus Sicht der Politik) auch in den unverständlichen Sprachen der Ohnmacht äußert. Das sind Moralisierung, Ästhetisierung und Theologisierung. Das Missverstehen dieser Sprachen durch die Politik veranschaulicht eine Anekdote sehr plastisch. Dem preußischen König Friedrich Wilhelm III. wurde der erste Teil von Novalis' Fragmenten „Glauben und Liebe" (1798) zu lesen gegeben, die eigentlich als Huldigung gedacht waren und in denen den hohen Erwartungen auf eine politische Neuordnung angesichts der Thronbesteigung Ausdruck gegeben wurde. Der König verstand sie aber in ihrer poetischen Ausdrucksweise nicht. Deshalb antwortete der Monarch in der Sprache der Macht und ließ den zweiten Teil von der Zensur unterdrücken.[319] – Carl Schmitt ergeht es in seiner Schrift wie dem preußischen König. Auch wenn seine Beobachtungen oft richtig sind, so nimmt er die ‚Politische Romantik' nicht in ihrer Eigenlogik wahr und artikuliert in seiner Kritik vor allem sein Unverständnis. Schmitt wirft den romantischen Vertretern der Öffentlichkeit einen „subjektivierte[n] Occasionalismus"[320] vor. Damit sind drei Kritikpunkte angesprochen.

Wenn die Öffentlichkeit sich das Gespräch, das Kunstwerk oder die christliche Gemeinde als Gesellschaftsmodell wählt, dann wird die gleiche Gesinnung aller Teile als Grundlage der Versammlung zum Ganzen bestimmt.

> Die Staatsauffassung der Romantik ruht in der von ihr angenommenen Natur des Menschen mit ihrer Verbindung von Natur und Geist und der Bestimmung des Menschen für die Gemeinschaft. Der [anzustrebende, U. B.] Staat stellt nicht eine Schöpfung des Verstandes dar, sondern ist ein von Anfang an gegebenes Band, das auf Glaube, Liebe und

---

Gewand einer historischen Studie vor allem zeitkritisch gegen die Weimarer Republik richtete. – Stefan Nienhaus, Politische Romantik. Nutzen und Missbrauch eines kulturhistorischen Begriffs. In: Auerochs, Petersdorff (Hg.), Einheit der Romantik?, S. 57–66 führt diese Kritikpunkte genauer aus und wendet sich zu Recht gegen eine Reaktivierung des Schmittschen Begriffs, indem man Veränderungen im Textkorpus vornimmt. Stärker systematisch und formalistisch gelesen, scheint mir ‚Politische Romantik' dagegen durchaus brauchbar zur Beschreibung einer bestimmten Diskursstrategie.
319 Vgl. Ulrich Scheuner, Der Beitrag der deutschen Romantik zur politischen Theorie, Opladen 1980, S. 46.
320 Carl Schmitt, Politische Romantik [1919], Berlin 1985, S. 19.

> Vaterlandsgesinnung beruht. [...] [D]ie Romantik [erblickt] das staatliche Band vor allem persönlich in Zuordnung und Empfindung [...].³²¹

Bald zeigt sich, dass die Öffentlichkeit als Reflexionsperspektive zwar Konsens anstrebt, es jedoch eher gelingt, diesen über das Abzulehnende herzustellen. Für das Anzustrebende sind Gewichtungskriterien von Argumenten selbst oft umstritten. Umgekehrt führt auch Arbeit an der Identität zu keinerlei unmittelbaren Handlungsdirektiven. Dennoch werden manche Vertreter, wie beispielsweise Joseph Görres einen auf Repräsentation gegründeten Verfassungsstaat anstreben. In weiten Kreisen der ‚politischen Romantiker' führt die Abwendung von der anfänglichen Begeisterung über die Französische Revolution in den Konservativismus. Man kann diesen als Bewegung zum Vorsubjektiven ansehen, was mithin den Subjektivismus und damit das Problem doppelter Kontingenz nur umgeht, aber nicht löst.

> Von dieser sehr persönlich gesehenen Grundlage des Staats aus führt der Weg, nachdem die ersten Eindrücke der französischen Revolution zurücktraten, folgerichtig zum Gedanken der ererbten Lebensform, der Monarchie, in der sich dies personale Element sichtbar ausprägt. In der Person des Königs und der Königin verkörpert sich für Novalis in seinen grundlegenden Fragmenten „Glaube und Liebe oder König und Königin" der Staat. [...] Daß die Romantik in ihrer späteren Ausprägung sich dem monarchischen Gedanken zuwandte, sich in ihren Anschauungen mit der Lehre des monarchischen Prinzips verband, an der starken Stellung des Herrschers festhielt, erscheint daher nicht als eine äußere Anpassung, sondern eine innere Entwicklung, die sich aus der Entfernung von den rationalistischen Überborden der französischen Revolution, aber auch aus dem von den Romantikern festgehaltenen Freiheitsgedanken ergab. Mit der stärkeren Versenkung in die Geschichte war die nach 1806 hervorgetretene Zuwendung der romantischen Autoren zu den bestehenden Einrichtungen ebenfalls verbunden. In einer tieferen Schicht als in der Hineinnahme der Zeitentwicklung wurzelt auch die bei Adam Müller entfaltete Vorstellung eines ständisch und korporativ gegliederten Staates. Sie leitet sich auch ab aus der grundlegenden Sicht der Einfügung des Menschen in die ihn umgebenden Bindungen [...].³²²

Carl Schmitt entwickelt seinen Vorwurf nach zwei Richtungen: Zum einen wirft er der ‚Politischen Romantik' vor, den Subjektivismus nicht überwinden und somit keine kollektiv bindenden Entscheidungen fällen zu können. „Die Wurzel der romantischen Erhabenheit ist die Unfähigkeit, sich zu entscheiden, das ‚höhere Dritte', von dem sie immer sprechen, nicht ein höheres, sondern ein

---

321 Scheuner, Beitrag, S. 32. – Vgl. zur Wahrnehmung aus Sicht des Königs weitergehend Thomas Stamm-Kuhlmann, König in Preußens großer Zeit. Friedrich Wilhelm III. Der Melancholiker auf dem Thron, Berlin 1992, S. 146–151.
322 Scheuner, Beitrag, S. 33.

anderes Drittes, d. h. immer der Ausweg vor dem Entweder-Oder."[323] Tatsächlich ist es nicht die Unfähigkeit, *sich* zu entscheiden, sondern die Unfähigkeit, zu entscheiden, die die Öffentlichkeit kennzeichnet, was sie aber auch zu ihrer spezifischen Qualität zu machen versteht, dergestalt, dass sie ihre Unfähigkeit nicht als Nicht-Können, sondern als Nicht-Müssen auslegt. In dieser Rolle ist es nur konsequent, die einzelnen Äußerungen in der Öffentlichkeit als subjektive Äußerungen stehen zu lassen und später dann Kollektivität auf etwas Vorsubjektivem wie der Standesordnung zu begründen. Durch seine einseitige Konzentration vor allem auf Adam Müller entgehen Schmitt außerdem Positionen wie diejenige Görres', die von seinem Vorwurf nicht tangiert würden. Nach der anderen Seite hin wirft Schmitt der ‚Politischen Romantik' vor, ihre Position mit der Zeit zu verändern.[324] Wie gezeigt wurde, folgt diese Entwicklung nicht allein als Anpassung an gewandelte Zeitverhältnisse, sondern besitzt auch eine innere Logik.

Im Begriff ‚Occasionalismus' kommen ein sachliches und ein zeitliches Moment zusammen.

> Die romantische Haltung wird am klarsten durch einen eigenartigen Begriff bezeichnet, den der *occasio*. Man kann ihn mit Vorstellungen wie Anlaß, Gelegenheit, vielleicht auch Zufall umschreiben. Aber seine eigentliche Bedeutung erhält er durch einen Gegensatz: er verneint den Begriff der *causa*, das heißt den Zwang einer berechenbaren Ursächlichkeit, dann aber auch jede Bindung an eine Norm. Es ist ein auflösender Begriff, denn alles, was dem Leben und dem Geschehen Konsequenz und Ordnung gibt – sei es die mechanische Berechenbarkeit des Ursächlichen, sei es ein zweckhafter oder ein normativer Zusammenhang –, ist mit der Vorstellung des bloß Occasionellen unvereinbar. Wo das Gelegentliche und das Zufällige zum Prinzip wird, entsteht eine große Überlegenheit über solche Bindungen.[325]

Für die Machthaber erscheint zu handeln der Weg der Machtausübung auf Grundlage kausaler und äußerlich vorgegebener, normativer Ordnungen. Insofern erscheint der Verweis darauf widersinnig, dass sich das ‚Volk' ohne äußere Lenkung selbstbestimmt selbstorganisiert. Ebenso wirkt die sich daran anschließende Forderung zur machtvollen Machtenthaltung, sprich, zur Selbstabschaffung der gegenwärtigen Politik, aus deren Sicht absurd. Die Paradoxie ist aber die konsequente Argumentation aus Sicht der Machtlosen, die sich ebenso paradox auf Basis ihrer Machtlosigkeit ermächtigen wollen. Wenn die gegenwärtig Mächtigen sich selbst entmachteten, wäre das eine Alternative zur Revolution und die Möglichkeit, die bisher Machtlosen an die Macht zu brin-

---

323 Schmitt, Politische Romantik, S. 120.
324 Vgl. Schmitt, Politische Romantik, S. 119.
325 Schmitt, Politische Romantik, S. 18.

gen. Wäre dieser Schritt erst gegangen, könnte die Selbstorganisation stimmig zur neuen Quelle der Macht werden. Carl Schmitt stolpert über diese Paradoxie, wenn er schreibt, „[d]er Romantiker [...] [hat] kein Interesse daran [...], die Welt in realitate zu ändern", stattdessen „überläßt er die äußern Dinge ihrer eignen Gesetzmäßigkeit" – eine Haltung, die er als eine „Art Quietismus" und „Passivität"[326] bezeichnet.

Der dritte Einwand betrifft den Zeitfokus. Der Bezugspunkt der Macht ist primär die Entscheidung im Hier und Jetzt. Demgegenüber wird den ‚Politischen Romantikern' von Schmitt vorgeworfen, dass sie „Möglichkeit als höchste Kategorie hinstell[en]" und „sie der Beschränktheit konkreter Wirklichkeit vor[ziehen]"[327]. Schmitt redet wenig später sogar von einer „ironischen Entwirklichung der Welt"[328]. Darin zeigt sich wieder sein Unverständnis für die Kritik der Macht, die sich komplementär auf die Vergangenheit als Vorbild und die Zukunft als Entwurf konzentriert oder ferne Länder als Alternative anführt. Es bleibt denen, die aktuell nicht die Macht besitzen, gar nichts anderes übrig, als sich auf die Potentialisierung der faktischen Entscheidungen zu konzentrieren, indem sie deren Kontingenz markieren.

Soviel zu Carl Schmitt und zur ‚Politischen Romantik'. Die andere Variante sieht die Öffentlichkeit als eigentlichen Träger der Gesellschaft. Diese Gesellschaft formiert sich als ‚Zivilgesellschaft' auf Basis gemeinsamer Teilhabe an einer Kultur. Die Öffentlichkeit stellt sich also der Politik gegenüber. Zwar ist eine spätere Verfassung der ‚Kulturnation', wie Friedrich Meinecke diese Vorstellung nennt, als Nationalstaat denkbar,[329] allein erwächst ein Gutteil der Attraktivität dieser Positionierung aus der Möglichkeit, dadurch Öffentlichkeit und Politik gegeneinander ausspielen zu können und die Kultur gegenüber der schnöden Realpolitik zu idealisieren. Norbert Elias schreibt dazu treffend:

> Der deutsche Begriff ‚Kultur', so kann man sagen, hatte im Kern eine apolitische oder vielleicht sogar antipolitische Stoßrichtung, die symptomatisch war für das wiederkehrende Gefühl deutscher Mittelklasse-Eliten, daß Politik und Staat den Bereich ihrer Unfreiheit und Demütigung, die Kultur den Bereich ihrer Freiheit und ihres Stolzes repräsentierte.[330]

---

326 Schmitt, Politische Romantik, S. 105.
327 Schmitt, Politische Romantik, S. 77.
328 Schmitt, Politische Romantik, S. 85.
329 Vgl. Friedrich Meinecke, Weltbürgertum und Nationalstaat. Studien zur Genesis des deutschen Nationalstaats [1907], München, Berlin 1915.
330 Norbert Elias, Studien über die Deutschen. Machtkämpfe und Habitusentwicklung im 19. und 20. Jahrhundert, Frankfurt a. M. 2005, S. 185 f.

Diese Denklinie führt ins ‚Biedermeier'.[331] Diese zweite Position ist vor allem kennzeichnend für die ‚Heidelberger Romantik'. Von daher kann ich hier auf weitere Ausführungen verzichten und sie der genaueren Untersuchung meiner Textanalyse an Achim von Arnims Poetik des ‚Sozialen' vorbehalten.

Betrachtet man sich einschlägige Textsammlungen zur ‚Politischen Romantik' fällt auf, dass die Texte fast alle aus den Jahren vor 1800 und nach 1806 stammen.[332] Das legt die Vermutung nahe, dass sowohl die Option für die Verbindung von Öffentlichkeit und Politik als auch die dagegen von geschichtlichen Konjunkturen und Zeitumständen plausibilisiert erscheint.[333] Zunächst ist zu bemerken, dass die ‚Politische Romantik' sich vor allem auf die preußische Politik bezieht.[334] Ihre erste Phase stellt daher eine Reaktion auf die Thronbesteigung Friedrich Wilhelms III. am 16. November 1797 dar. Der neue König wurde als Hoffnungsträger für die guten Ideen der Französischen Revolution gesehen, die als ‚Revolution von oben' unter Vermeidung bürgerkriegsähnlicher Zustände durchgesetzt werden sollten. Doch der König zauderte. Innenpolitisch scheute er die Beschneidung von Privilegien und verfolgte weitgehend eine Politik des Status quo. Außenpolitisch betrieb er eine Neutralitätspolitik in den Koalitionskriegen, die Preußen letztlich isolierte.[335] Im Regierungsstil dieses schwachen Königs ist die von der ‚Politischen Romantik' vorausgesetzte, deutliche Asymmetrie von Macht und Ohnmacht faktisch offenbar zu schwach ausgeprägt. Wenn auch aus einem ganz anderen Kalkül heraus, erfüllte Friedrich Wilhelm III. nämlich die geforderte machtvolle Machtenthaltung. Unwillentlich entzog er durch seinen zurückhaltenden Herrschaftsstil der ‚Politischen Romantik' ihre machtkritische Sprechposition. Im November 1806 sah sich der König gezwungen, seine Neutralitätspolitik gegenüber Frankreich aufzugeben und erlitt eine große Niederlage in der Schlacht von Jena und Auerstedt. Nach dem Frieden von Tilsit und der sich anschließen-

---

331 Und findet ihren Abschluss erst mit dem Verfassungspatriotismus im wiedervereinigten Deutschland. Vgl. zur Entwicklung, über die diskutiert wurde, ob es sich um einen ‚deutschen Sonderweg' handelt, Wolf Lepenies, Kultur und Politik. Deutsche Geschichten, München 2006.
332 Vgl. Gesellschaft und Staat im Spiegel deutscher Romantik, hg. von Jakob Baxa, Jena 1924; Einführung in die romantische Staatswissenschaft, hg. von Jakob Baxa, Jena 1931; Die politische Romantik in Deutschland. Eine Textsammlung, hg. von Klaus Peter, Stuttgart 1985. – Einen guten Überblick über die verschiedenen Positionen gibt Klaus Peter, History and Moral Imperatives. The Contradictions of Political Romanticism. In: Mahoney (Hg.), The Literature of German Romanticism, S. 191–208.
333 Vgl. allgemein dazu Kapitel 1.3.5 der vorliegenden Untersuchung.
334 Die besondere Position von Görres lässt sich teilweise damit begründen, dass für ihn Preußen nicht im selben Maße den Bezugspunkt für seine Äußerungen darstellt.
335 Vgl. dazu ausführlich Stamm-Kuhlmann, König in Preußens großer Zeit, S. 134–247.

den Phase der Preußischen Reformen war die alte Machtasymmetrie wiederhergestellt und die Sprechposition der ‚Politischen Romantik' wieder möglich. Sie begleitete die staatliche Modernisierung nun, indem sie auf Gefahren der Liberalisierung aufmerksam machte, indem sie die Freisetzung der Individuen anklagte.

Die andere Position, die sich an der ‚Zivilgesellschaft' orientiert, gewinnt in der Zwischenphase ihre Attraktivität. Da sich die Kritikposition nicht als Opposition zum Machtpol der Politik inszenieren ließ, blieb einzig eine Gegenposition zur Politik überhaupt, die entweder nicht will oder nicht kann, wie man will. Bezugspunkt ist nun auch nicht Preußen, sondern es sind die süddeutschen Staaten. Insofern ist es geradezu symptomatisch, dass Arnims Poetik des ‚Sozialen' ihre klarste Ausformulierung in Heidelberg fand. Nach dem Reichsdeputationshauptschluss von 1803 waren viele Reformen, die sich in Frankreich im Gefolge der Revolution ergeben hatten, in moderater Form bereits begonnen worden, so auch im Kurfürstentum Baden, zu welchem Heidelberg nun gehörte. Solche setzten in Preußen erst nach 1807 ein. Konkret ging es um den Abbau von Stratifikation in Recht und Wirtschaft und die zunehmenden Beteiligung des Volks an der Macht, wovon oben bereits ausführlich gehandelt wurde. Damit hatte sich ein Gutteil der republikanischen Kritik der frühen Phase der ‚Politischen Romantik' erübrigt. Auf der Agenda stand weniger das Modernisierungs- als das Integrationsproblem. Die territoriale Neuordnung, die sich aus der Entschädigung für linksrheinische Gebiete und die Säkularisation von Kirchenbesitz ergeben hatte, verlangte danach, die neu zusammengefügten Gebilde zu neuen Einheiten zu formen. Zu dieser inneren Heterogenität kam, dass sich das Heilige Römische Reich Deutscher Nation als übergreifende Einheit der Kleinstaaterei in Auflösung befand und nach der Schlacht von Austerlitz am 3. Dezember 1805 ja auch faktisch aufhörte zu existieren. Formell wurde das Reich dann am 28. Mai 1806 aufgelöst. Es ist nun gerade diese Übergangsperiode, in der sich die Kunst der Politik in diesen Bestrebungen überlegen fühlt, bis eine neue Einheit ab 1806 im Rheinbund und ab 1807 in Preußen wieder mit politischen Mitteln angestrebt wird.

Dass es zu diesen beiden Varianten einer Gegenüberstellung von Politik und Öffentlichkeit kommen kann, setzt die Emanzipation der Öffentlichkeit vom ‚Staat' voraus. Dazu ist das sich wandelnde Selbstverständnis der Öffentlichkeit zu verfolgen. Ich möchte diese Entwicklung idealtypisch in zwei Schritten nachzeichnen. Zunächst will ich die ‚aufklärerisch-patriotische' Öffentlichkeit betrachten, wie sie in der zweiten Hälfte des 18. Jahrhunderts gefunden werden kann, anschließend die ‚nationalistische' Öffentlichkeit, wie sie kennzeichnend für die Romantiker ist.

Die Wissenskultur der ‚patriotischen' Öffentlichkeit will ich im Folgenden am Beispiel von Johann Gottfried Herders *Stimmen der Völker in Lie-*

dern[336] (1778) und den sie begleitenden programmatischen Aufsätzen „Auszug aus einem Briefwechsel über Ossian und die Lieder der alten Völker"[337] (1773) und „Von der Ähnlichkeit der mittlern englischen und deutschen Dichtkunst, nebst verschiednem, das daraus folget"[338] (1777) charakterisieren. Ich wähle dieses Beispiel, weil Arnim sich im *Wunderhorn* direkt auf dieses Vorbild beziehen wird.[339] Damit veranschaulicht es die Vorläuferschaft, als es auch die romantische Weiterentwicklung der Ideen kontrastiert, auf die ich im Weiteren noch zu sprechen komme.[340]

Wer ist es, der in der aufklärerischen Öffentlichkeit spricht? – Da die Öffentlichkeit mit einem Allgemeinheitsanspruch auftritt, ergibt sich die Antwort auf die Frage von ihrem Ausschluss her. Dieser fällt gleich doppelt aus. Auf der einen Seite grenzt sie sich von den Herrschenden, auf der anderen Seite vom ungebildeten Volk ab. Beides wird Ambivalenzen hervorbringen. Im Gegensatz zu England, Frankreich oder den Niederlanden gründet sich die deutsche Öffentlichkeit nicht auf das Patriziat aus Handwerkern und Kaufleuten, sondern auf das Bildungsbürgertum. Die deutsche Kleinstaaterei hat mit ihrem umfassenden Verwaltungswesen eine Personengruppe hervorgebracht, die sich nicht auf Stand, sondern auf spezifische Bildung und individuelle Leistung gründet und lokal wenig verwurzelt ist, da sie Stellen dort annimmt, wo Bedarf ist.[341] Der Ostpreuße Herder, der zur Zeit der Abfassung der zu behandelnden Aufsätze zuerst in Bückeburg und später in Weimar als protestantischer Pfarrer sein Geld verdient, ist insofern ein typischer Vertreter.[342] Die Ingenieure, Juristen, Professoren, Pastoren, Lehrer oder Beamte der Staatsverwal-

---

[336] Johann Gottfried Herder, Werke in zehn Bänden, hg. von Martin Bollacher, Günter Arnold, Frankfurt a. M. 1985–2000, Bd. 3, S. 9–428. – Zur komplexen Entstehungsgeschichte vgl. den Kommentar S. 892–906.
[337] In: Herder, Werke, Bd. 2, S. 445–497.
[338] Herder, Werke, Bd. 2, S. 550–562.
[339] Ausdrücklich wird Herder in „Von Volksliedern" erwähnt. Vgl. FBA 6, 435. – Vgl. dazu auch Hans-Günther Thalheim, „Des Knaben Wunderhorn". In: Thalheim, Zur Literatur der Goethezeit, Berlin 1969, S. 273–321; Gerhard vom Hofe, Der Volksgedanke der Heidelberger Romantik und seine ideengeschichtlichen Voraussetzungen in der deutschen Literatur seit Herder. In: Strack (Hg.), Heidelberg im säkularen Aufbruch, S. 225–251.
[340] Vgl. dazu auch Hori, Das Wunderhorn, S. 109–143.
[341] Anfänglich setzte der etablierte Adel dem neuen Rekrutierungsverfahren noch Widerstand entgegen. Da aber im deutschsprachigen Raum viele Adelige verarmt waren und nicht über Hofämter verfügten, sahen sie sich gezwungen, den ‚bürgerlichen' Karriereweg zu gehen. Längerfristig führte dies zur Erosion der Opposition und zur allgemeinen Durchsetzung des neuen Besetzungsverfahrens.
[342] Vgl. dazu Otto Dann, Herder und die Deutsche Bewegung. In: Johann Gottfried Herder 1744–1803, hg. von Gerhard Sauder, Hamburg 1987, S. 308–340, bes. S. 316 ff.

tung bilden aufgrund ihres Beschäftigungsverhältnisses einen staatsnahen Stand. Das Verhältnis zur Obrigkeit ist nicht immer frei von inneren Widerständen. Diese distanzierte Nähe zur Macht drückt sich in der ‚patriotischen' Öffentlichkeit dergestalt aus, dass eine Position angestrebt wird, die sich oft an die vom ‚Staat' verfolgten Ziele anlagern kann, ihnen aber unmittelbar nicht in die Quere zu kommen versucht und keinesfalls Konkurrenz machen will. Auf der anderen Seite grenzen sich die Bildungsbürger von dem als beschränkt und rückwärtsgewandt empfundenen lokalen Bürgertum und den ungebildeten Unterschichten ab. Hier findet sich die distanzierte Nähe nun andersherum. Das Bildungsbürgertum ist mithin bestrebt, durch seinen Kommunikationsmodus die doppelte Abgrenzung zu vollziehen und auch zu inszenieren. Die Öffentlichkeit entsteht aus der Überwindung der lokalen Isolation der Bildungsbürger als Versammlung eines übergreifenderen Kollektivs.[343] Notwendig muss sich die Öffentlichkeit damit als Kommunikation unter Abwesenden verstehen. Charles Taylor bezeichnet den Raum der Öffentlichkeit als „metatopical"[344]. Damit meint er, dass sich jeder der vereinzelten Kommunikationszusammenhänge als Teil einer großen raumüberspannenden Diskussion versteht, sich daher auf Äußerungen Abwesender bezieht und darauf antwortet. Bernhard Giesen beschreibt die Möglichkeiten, aber auch die Probleme, die sich daraus ergeben:

> Im Unterschied zur geselligen Konversation unter Anwesenden, die durch Themenwechsel und Widerspruch die nötige Variation des Gesprächs erzeugt und sich über die einfache lokale Anwesenheit abgrenzt, greift die moralische Kommunikation grundsätzlich über die Anwesenden hinaus. Von ihr sind auch gerade Nicht-Anwesende betroffen, die dazugerechnet oder aber auch ausgegrenzt werden können. Ausgrenzen lassen sich vor allem Nicht-Anwesende; schließt man Anwesende aus, so riskiert man den allgemeinen Zusammenbruch des Gesprächs. Nur durch Verweis auf die Ausgegrenzten kann moralische Kommunikation ihren Teilnehmerkreis bestimmen, und erst durch die kontrafaktische Annahme der Gleichheit der Teilnehmer kann der moralische Diskurs auch jenseits der direkten Anwesenheit die labile Grenze zwischen innen und außen konstruieren. Faktische Heterogenität und moralische Gleichheit stehen dabei in einem kompensatorischen Verhältnis: Je differenzierter und heterogener die Gesellschaft, desto nachdrücklicher die Forderung nach Gleichheit.[345]

Der Thematisierungsmodus der aufklärerischen Öffentlichkeit ist normativ und zielt auf Konsens ab, basierend auf der gleichen Teilhabe an der Vernunft und Kultur. Der Fokus wird vom Faktischen weg gelenkt, hin auf ein anzustreben-

---

343 Vgl. Giesen, Die Intellektuellen und die Nation, S. 105–114.
344 Taylor, A Secular Age, S. 187
345 Giesen, Die Intellektuellen und die Nation, S. 118.

des Ideal. Gerade durch diese Kontrastierung gewinnt das Moralisieren seine Distanz, die die Einzelfälle (im doppelten Sinne des Wortes) übersehen kann. Umgekehrt schützt die Wendung zum Allgemeinen auch davor, sich auf konkrete Fragen der Umsetzbarkeit und komplexe Einzelfallprobleme im Detail einlassen zu müssen. Das Ideal wird im Namen des ‚Gemeinwohls‘, des ‚Vaterlands‘, des ‚Fortschritts‘ oder einer ‚Rückkehr zur Ursprünglichkeit‘ auf höherer Stufe vertreten. Diese Zukunftsorientierung führt dazu, dass die Beiträger sich gegenseitig zu überbieten versuchen und stets danach streben, etwas Neues zu sagen. Gleichzeitig kommt die ‚patriotische‘ Öffentlichkeit durch dieses Vorgehen idealerweise der konkreten Realpolitik nicht ins Gehege.

Auf der anderen Seite ist der Bezug zur Bevölkerung, in dessen Namen die Öffentlichkeit versucht zu sprechen, zu organisieren. Vorgetragene Ideale müssen sich legitimieren, als sie dem Wesen des ‚Volks‘ entsprechen. Zugleich wird aber Abstand zu den real existierenden niederen und ungebildeten Klassen gesucht, die diese Ideale kaum verkörpern. Die Konstruktion des ‚Volks‘ in Herders Liedsammlung ist ein gutes Beispiel dafür, diesen Zwiespalt zu lösen.[346] Die Strategie läuft darauf hinaus, das wahre, noch nicht korrumpierte Wesen des ‚Volkes‘ in der Vergangenheit zu suchen und es als wieder anzustrebendes Ideal für das ‚Volk‘ der Gegenwart zu propagieren. Auf der Grundlage des naturhaften Ursprünglichkeitsphantasmas des ‚Volks‘ strebt er danach, den dissoziativen Tendenzen des Übergangs zu funktionaler Differenzierung im Namen der Ganzheit der menschlichen Natur mit der Publikation seiner Volkslieder entgegenzuwirken.[347] Ein angenehmer Nebeneffekt der Rückdatierung des ‚Urvolks‘ in eine Zeit vor dem gegenwärtigen Territorialabsolutismus ist sicher, mit dessen politischen Ansprüchen auf seine Bevölkerung nicht in Konflikt zu geraten.

Wie bestimmt nun Herder konkret das ursprüngliche ‚Volk‘? – Zunächst bestimmt er es durch seinen Gegenbegriff, die kosmopolitischen „Buchgelehrten"[348]. Der Begriff des ‚Volks‘ wird identifiziert mit „unverdorbne[n] Kinder[n],

---

[346] Vgl. dazu Hermann Bausinger, Formen der ‚Volkspoesie‘, Berlin 1980, S. 11–30; Manfred Windfuhr, Herders Konzept der Volksliteratur. Ein Beitrag zur literarischen Mentalitätsforschung. In: Jahrbuch Deutsch als Fremdsprache, 6. Bde., 1980, S. 32–49; Gerhard Kurz, ‚Volkspoesie‘-Programme. In: Deutsche Literatur. Bd. 4 (1740–1786), hg. von Ralph-Rainer Wuthenow, Reinbek 1986, S. 254–260.
[347] Vgl. dazu Isaiah Berlin, Die Wurzeln der Romantik, Berlin 2004, S. 113–122.
[348] Herder, Werke, Bd. 2, S. 453. – Vgl. dazu Winfried Woesler, Die Idee der deutschen Nationalliteratur in der zweiten Hälfte des 18. Jahrhunderts. In: Nation und Literatur im Europa der Frühen Neuzeit. Akten des I. Internationalen Osnabrücker Kongresses zur Kulturgeschichte der Frühen Neuzeit, hg. von Klaus Garber, Tübingen 1989, S. 716–733.

Frauenzimmer[n], Leute[n] von gutem Naturverstande"³⁴⁹. Weiteres kann man über die Textgattungen erschließen, die er im Auge hat: Er nennt „Volkslieder, Provinziallieder, Bauernlieder"³⁵⁰, dann aber auch Balladen, Märchen, Kirchenlieder, Meistersang, Troubadourlieder und die „mittler[e] Ritterpoesie"³⁵¹. Herder zählt auch die Schöpfungen verschiedener Dichter, die aus dem Volksgut geschöpft haben sollen, dazu, darunter Homer, Geoffrey Chaucer, den Autor der mittelenglischen *Canterbury Tales*, William Shakespeare, Edmund Spenser, den Verfasser des auf Motiven der Artusdichtung beruhenden Epos *The Faerie Queene* von 1596, Ossian. In jüngerer Zeit sieht er selbst bei Friedrich Gottlieb Klopstock Tendenzen in diese Richtung. Alles in allem gewinnt man Schemen, wer das ‚Volk' sei, doch die Zugehörigkeitskriterien bleiben unscharf.

Genauso wenig wird klar, wann genau dieses ‚Volk' gelebt haben soll. Schon aus der Aufzählung oben wird deutlich, dass es kaum historisch präzise zu verorten ist. Herder beschwört nur immer wieder evokativ die ‚alte Zeit', wobei der Gegenbegriff wieder sehr viel deutlicher bezeichnet ist. Den Untergang der ‚Volks'-Kunst setzt er mit dem Aufkommen muttersprachlicher Gelehrtendichtung im Barock, namentlich bei Opitz, an und meint kritisch gegenüber der Gegenwart über Ossian: „[S]o was läßt sich in unserm Jahrhunderte nicht dichten!"³⁵²

Auch hinsichtlich der Textzeugen des ‚Volks' ist eine Figur des Entzugs zu konstatieren. Gegenüber der gepriesenen Unmittelbarkeit und der Authentizität des Selbstausdrucks erscheinen die Belege kaum greifbar und stark mediatisiert. Kennzeichnend für den Kultus des ‚Volks' war nämlich Mündlichkeit, was sie von der gegenwärtigen „Letternart"³⁵³ unterscheidet. Daraus ergibt sich ein Quellenproblem, aber Herder möchte die „lebenden Reste" unter den „lebendigen Völkern, denen unsre Sitten noch nicht völlig Sprache und Gebräuche haben nehmen können"³⁵⁴, aufspüren. Sie finden sich in „Nachbildung" und „Übersetzung"³⁵⁵, wobei diese „Nachbildung dem Original" nur „matt und schwach nach[kommt]"³⁵⁶. Daneben nennt er alte Textzeugen wie

---

349 Herder, Werke, Bd. 2, S. 473.
350 Herder, Werke, Bd. 2, S. 480.
351 Herder, Werke, Bd. 2, S. 551.
352 Herder, Werke, Bd. 2, S. 448. – Vgl. dazu näher Wolf Gerhard Schmidt, „Homer des Nordens" und „Mutter der Romantik". James Macphersons Ossian und seine Rezeption in der deutschsprachigen Literatur, 4 Bde., Berlin u. a. 2003/2004, Bd. 2, S. 642–722.
353 Herder, Werke, Bd. 2, S. 452.
354 Herder, Werke, Bd. 2, S. 458.
355 Herder, Werke, Bd. 2, S. 556.
356 Herder, Werke, Bd. 2, S. 459.

den handschriftlichen *Codex Manesse*, tendenziell bleibt aber die Herkunft seiner Lieder dunkel. In seinen Aufsätzen gibt er verschiedene Beispiele und versucht an deren Sprachgestaltung und der Konkretheit ihres Sujets Mündlichkeit und pragmatischen Sprechkontext nachzuzeichnen.

Herders Bestimmung der Kultur des ‚Volks' verfährt in einer Weise, die die Differenzkategorien klar benennt, für den Begriff selbst aber kaum Kriterien angibt. Mit den zitierten Illustrationen erzeugt er Evidenz, gleichzeitig bleibt das Referenzzentrum aber vage. Er verfolgt damit eine Doppelstrategie, die Franz-Josef Deiters die Simulation des ‚Volks' genannt hat.[357] Der Bezug zu einem historisch-empirischen ‚Urvolk' wird legitimatorisch zwar als „invented tradition"[358] hergestellt, in seinen Texten aber letztlich durch ein fiktives besseres ‚Volk' ersetzt. Herders ‚Volksdichter' nehmen dabei eine Doppelrolle ein. Von ihnen wird behauptet, dass ihr Werk eine Verdichtung des ‚Volksgutes' darstelle. Dadurch kann aber ihr Werk eben dieses ‚Volksgut' vertreten. Letztlich bleibt seine Auswahl deshalb weniger daran orientiert, ob die Lieder tatsächlich der Volksdichtung entsprungen, und mehr, ob sie dichterisch qualitätsvoll gestaltet sind. Ihre literarische Qualität erkennt Herder daran, ob sie sangbar sind, denn nur dann sind sie in der Lage, gemeinschaftsbildend im ‚Volk' zu wirken. Ferner hegt er die längerfristige Hoffnung, sie könnten zu neuer Dichtung anregen. Dennoch bemüht er sich intensiv darum, Texte ausfindig zu machen, die nicht nur den ästhetischen Kriterien genügen, sondern bei großzügiger Auslegung tatsächlich als ‚Volksdichtung' gelten können.

Die Simulation des ‚Volks' bei Herder veranschaulicht auch, dass zwar im Namen des ‚Volks' gesprochen wird, tatsächlich aber die faktische Teilhabe an der Öffentlichkeit ein Elitenphänomen ist. Die Vorstellung ist, dass es keine klare Trennung zwischen Autoren und Lesern gibt; mithin Autoren immer auch Leser und Leser prinzipiell auch Autoren sind oder sich zumindest an der mündlichen Fortsetzung der Öffentlichkeit und ihrer Diskursformen kompetent beteiligen können. Damit sind bereits mindestens 85 Prozent der Bevölkerung, die um 1770 noch Analphabeten waren, von vornherein ausgeschlossen.[359] In Herders Rollenverteilung von Autor und Publikum tauchen wieder die beiden Abgrenzungshorizonte auf.

---

[357] Franz-Josef Deiters, Das Volk als Autor? Der Ursprung einer kulturgeschichtlichen Fiktion im Werk Johann Gottfried Herders. In: Autorschaft. Positionen und Revisionen, hg. von Heinrich Detering, Stuttgart, Weimar 2002, S. 181–201, hier S. 197.
[358] Vgl. Eric Hobsbawm, Inventing Traditions. In: The Invention of Tradition, hg. von Hobsbawm, Terence Ranger, Cambridge u. a. 1983, S. 1–14.
[359] Vgl. Helmuth Kiesel, Paul Münch, Gesellschaft und Literatur im 18. Jahrhundert. Voraussetzungen und Entstehung des literarischen Markts in Deutschland, München 1977, S. 162 f.; Wehler, Deutsche Gesellschaftsgeschichte, S. 303–322.

> In seiner aufklärerischen Konzeption sieht sich Herder mithin einer doppelten Front gegenüber, nämlich der Autonomieästhetik einerseits [die sich für Fragen des Gemeinwesens nicht zuständig fühlt und sie gänzlich der Politik überlassen will, U. B.] und einer an Einfluß gewinnenden Unterhaltungskultur andererseits, die die Literatur aus der ihr zugedachten Funktion, als Basis der Verständigung über Fragen von öffentlichem Belang und Probleme politisch-moralischen Handelns zu dienen, herausdrängt und den Rezipienten zum kritiklosen Konsumenten degenerieren lässt.[360]

Bei Auflagenhöhen von 2.000 bis 3.000 Exemplaren für Bücher renommierter Autoren und Zeitschriftenauflagen von meist unter 2.000 darf man dementsprechend etwa ein Prozent der Bevölkerung zur Öffentlichkeit rechnen. Und das auch nur, weil sich durch die Weitergabe und den Verleih durch Lesegesellschaften und Leihbibliotheken die Leserschaft jedes einzelnen Druckerzeugnisses verzehnfachen konnte. Man darf die absolute Zahl dennoch nicht unterschätzen, nämlich rund 25.0000 Personen im deutschsprachigen Raum, die Anteil an der Öffentlichkeit nahmen.[361]

Die aufklärerische Öffentlichkeit versammelt sich als Gemeinschaft von ‚Patrioten'. ‚Patriot' ist man nicht durch Geburt, sondern durch Tugend und kulturelle Überzeugung. Dem Patriotismus gelingt es, die Spannung zwischen universalistischer Öffnung und partikularistischer Abschließung auszubalancieren, indem er Versammlungsformeln des Kosmopolitismus der frühen Aufklärung mit bürgerlicher Standesethik auf der einen Seite und pietistischen Denkformen auf der anderen Seite zu vermitteln in der Lage ist. In Verengung des universalistischen Denkmusters und der Ausweitung und Verallgemeinerung des partikularistischen Denkmusters kann er eine Versammlungsformel bereitstellen, die starken Inklusivismus mit Vertrauen unterstellender Vergemeinschaftung zu verbinden weiß. Damit gelingt es ihm, zugleich den engen lokalen Horizont des einzelnen Fürstenstaats jederzeit zu überschreiten, sich aber nicht im Allgemein-Menschlichen zu verlieren. Standen die Bindung an die Kultur eines Gemeinwesens und der Kosmopolitismus früher einander entgegen, so vermittelt der Patriotismus beides, indem er es als universelle Tugend ausgibt, sich an das jeweils eigene Gemeinwesen und dessen Kultur zu binden. Umgekehrt wird von jeder singulären Kultur verlangt, sich tolerant zu geben und nach Aufklärung und vernünftiger Organisation zu streben.[362]

---

360 Onno Frels, Literatur und Öffentlichkeit bei Herder. In: Zur Dichotomisierung von hoher und niedriger Literatur, hg. von Christa Bürger, Peter Bürger, Jochen Schulte-Sasse, Frankfurt a. M. 1982, S. 208–231, hier S. 218.
361 Vgl. Kiesel, Münch, Gesellschaft und Literatur im 18. Jahrhundert, S. 160; Rolf Engelsing, Der Bürger als Leser. Lesergeschichte in Deutschland 1500–1800, Stuttgart 1974, S. 216–295.
362 Vgl. Giesen, Die Intellektuellen und die Nation, S. 99 und 122–129.

,Volk' im Singular bezeichnet bei Herder sozialstrukturell die ‚einfachen Leute'. ‚Völker' im Plural sind für Herder verschiedene Nationen wie die Deutschen, die Skandinavier, die Skalden und auch verschiedene Stämme in Nordamerika.[363] Jedes einzelne dieser ‚Völker' gründet sich auf ein jeweils spezifisches ‚Volk'. Herders Sammlung des Liedguts des ‚Volkes' hat Vorbilder in Thomas Percys ‚collection of popular songs' mit dem Titel *Reliques of Ancient English Poetry* (1765/ ²1767) und der von James Macphersons angeblich nur herausgegebenen Zusammenstellung alter Bardengesänge *The Poems of Ossian* (1765). Wenn Herder in seine Sammlung auch andere Länder aufnimmt, so zeigt sich hier neben dem auf die eigene Nation bezogenen, patriotischen Interesse an deren sittlicher Verbesserung auch ein geschichtlich und kulturvergleichend dokumentierendes Interesse an anderen ‚Völkern'. Der Patriotismus erlaubt, so Giesen, „ganz unterschiedliche Einfärbungen", da

> die patriotische Tugend inhaltlich weitgehend unbestimmt bleibt. Der Patriot kann fromm oder eigennützig, kosmopolitisch oder national, republikanisch oder fürstentreu sein – entscheidend ist weniger die besondere Tugend, an die der Patriotismus sich anlehnt, als die moralische Emphase, mit der dieses geschieht. Die patriotische Codierung konstruiert kollektive Identität durch moralische Emphase und vergißt dabei die Heterogenität dessen, was emphatisch überhöht und vereint wird.[364]

Der Patriotismus ist mithin sowohl kompatibel für die Verallgemeinerung der utilitaristischen Standesethik und Leistungsorientierung des Bürgertums als allgemeinem Maßstab von Vernünftigkeit und mithin der Aufwertung jedes partikularen Interesses, wenn nur seine Bedeutung für das Allgemeine betont wird, als auch für das umgekehrte Verfahren. Dieses verwandelt sich Denkmuster pietistischer Innerlichkeit an und betont die Hingabe an das Vaterland, das die Rolle Gottes übernimmt, als höhere Bestimmung und Pflicht jedes Einzelnen.

Nachdem ich die aufklärerisch-patriotische Öffentlichkeit charakterisiert habe, behandle ich deren Differenzierungsprozesse um 1800. Die ‚nationalistische' Öffentlichkeit der Romantiker möchte ich an Friedrich Schlegels Aufsatz „Über die Unverständlichkeit" illustrieren. Damit ist ein für die Frühromantik prototypischer Text als weiterer Kontrast zu Arnim aufgemacht, dessen eigene Position ich hier nur systematisch umreiße, um den späteren Textanalysen nicht zu sehr vorzugreifen. Zugleich ist damit die Pluralität dieser Wissenskultur vor Augen gestellt.

---

363 Vgl. Wulf Koepke, Das Wort ‚Volk' im Sprachgebrauch Johann Gottfried Herders. In: Lessing-Yearbook, 19. Jg. (1987), S. 207–219.
364 Giesen, Die Intellektuellen und die Nation, S. 128.

Schlegel und Arnim reagieren auf dieselbe problematische Ausgangssituation. In seinem Weihnachtsbrief an Brentano von 1803 sieht sich Achim von Arnim in einer Schaffenskrise und ist enttäuscht darüber, wie schleppend sich der literarische Erfolg einstellen will. Dabei erinnert ihn das alles an seine Erfahrungen als Naturwissenschaftler.

> Sieh ich kann fast nichts denken, so geschieht es irgendwo, so daß wenn ich es schreibe es schon fast vergangen [ist]. So ging es mir schon frühe [sic!], aber recht auffallend so bald ich in das Allgemeine trat. Ich konnte fast nichts denken in der Physik, was die Leute aufnahmen und fassten, was nicht zu gleicher Zeit Ritter Schelling oder andere bekannt machten, ja viele Arbeiten habe ich zerrissen weil sie mir zuvorkamen, alles übrige was ich sagte ist bis jezt ungeachtet gedruckt von *niemand* beachtet worden. [...] Ich dachte damals, daß mein Wirken für die Physick unnüz wäre, für Büchermotten wollte ich nicht schreiben und was die Leute lesen mochten in mir, das lieferten ihnen andere [...].[365]

Wie konstellierte sich die Situation, in der sich Arnim glaubt? – Um 1800 kam es, wie gesagt, zu Differenzierungsprozessen der Öffentlichkeit. Die ‚patriotische' Öffentlichkeit hatte sich vor allem auf Personenkreise gegründet, die als Staatsbeamte ihr Geld verdienten, und einige wenige freie Schriftsteller. Dagegen entsteht um 1800 ein Überangebot an nunmehr noch besser ausgebildeten Experten für die Organisation des Gemeinwesens. Mit dieser Situation hatte Arnims Familie nicht gerechnet, als sie den Studenten der Kameralwissenschaften zuerst als späteren preußischen Beamten sah, und, als er sich den Naturwissenschaften stärker zuwandte, eine Karriere als Professor erwartete. Als er die Perspektive auf eine Karriere als Physiker aufgegeben hatte, bemühte er sich auf andere Weise im Staatsdienst unterzukommen. Das blieb allerdings erfolglos.

Dieser ‚Karrierestau' ist typisch für viele Akademiker um 1800.[366] Er kommt dadurch zustande, dass ein größeres Angebot an ausgebildeten Fachkräften einem verminderten Bedarf durch effizientere Organisation der Bürokratien gegenübersteht. In dieser Situation engagieren sich diese Akteure, die über ‚sozialtechnologische' Kenntnisse verfügen, vielfach in der Öffentlichkeit, weil sie ihr Wissen nicht in den Dienst der Politik stellen können. Die Artikulationsform ist damit nicht mehr die der ‚polizeilichen' Verordnungen, sondern die der Dichtung. Damit emanzipiert sich die ‚nationalistische' Öffentlichkeit von der Politik. Zwar ist die Öffentlichkeit gewachsen, doch stellt sie nicht ausreichend

---

[365] Brief Achim von Arnim an Clemens Brentano vom 24., 26., 27. 12. 1803 (WAA 31, 312–339, 315, Herv. im Orig).
[366] Vgl. Giesen, Die Intellektuellen und die Nation, S. 131.

Möglichkeiten zur Verfügung, als Schriftsteller und Journalisten vom Schreiben leben zu können, was sich auch daraus ergibt, dass sich die nicht eingestellten, ausgebildeten Staatsbeamten auf diesem Feld wieder Konkurrenz machen. So ergeht es auch Arnim. Sein Brief spricht die Probleme aus, die sich dabei ergaben, einen seinen Fähigkeiten und seinem Selbstwertgefühl entsprechenden Broterwerb zu finden.

Die Öffentlichkeit hatte sich nicht nur vergrößert, sondern auch hinsichtlich ihrer Gegenstandsbereiche differenziert, sodass es immer schwieriger wurde, in mehreren Bereichen eine besondere Kompetenz zu erreichen und auf der Höhe der Diskussion zu bleiben. Auch das wird bei Arnim deutlich. So nennt er seine Beiträge zur Physik, vielleicht zu selbstkritisch, „unnüz", ist mit der Qualität seiner literarischen Werke aber auch unzufrieden.

Der Gegenstandsdifferenzierung der Kommunikationszusammenhänge entspricht, dass sich Versammlungen mit eigenen ‚Experten' und komplementären Fachpublika um spezifische Themenfelder herausbilden. Daraus folgt ein erhöhter Innovationsdruck in jedem dieser Felder und zugleich eine Steigerung des Publikationsaufkommens insgesamt. Es mag sein, dass Arnim zu hohe Erwartungen hatte, auf jeden Fall aber beklagt er sich in seinem Brief über das zu geringe Publikumsinteresse – sowohl was seine Versuche als Physiker angeht, als auch die als junger Schriftsteller – und hat sogar Verständnis dafür, wenn seine Leserschaft in den Veröffentlichungen zu wenig Innovatives erkenne.

Arnims Selbstkritik unterliegt immer noch der Bewertungsfolie der aufklärerischen Öffentlichkeit. Deren Maßstäbe kann aber aufgrund der geschilderten Differenzierungsprozesse niemand mehr erfüllen. Notwendig muss Arnims Schreiben daher in die Krise kommen. Da sich die äußere Situation unmittelbar nicht ändern lässt, ergeben sich Lösungswege aus der Misere nur, indem sich die schöne Literatur auf ihre spezifischen Vermögen besinnt, ihren scheinbar marginalisierten Sprechort aufwertet und von dort her neue Ansprüche für ihre ‚soziale' Wirksamkeit formuliert.

Die Schriftsteller aus Arnims Generation nehmen für die schöne Literatur eine Sprechrolle ein, die später die des ‚Intellektuellen' genannt werden wird.[367] Sie verstehen ihre aktuelle gesellschaftliche Wirkungslosigkeit und ‚soziale' Entortung zunehmend als Freiheit zur handlungs- und verantwortungsentlasteten Reflexion. Insofern Texte verfasst werden, sind die Sprechakte aufgrund ihrer Medialität einem spezifischen Kontext enthoben. Das lässt ihre Aussagen allgemeiner werden, damit sie sich in unterschiedlichen Kontex-

---

367 Vgl. dazu Wolf Lepenies, Aufstieg und Fall der Intellektuellen in Europa, Frankfurt a. M., New York 1992.

ten rekontextualisieren lassen. Sie versprechen das große Ganze im Blick zu haben. Ferner beanspruchen die Wortmeldungen, etwas ‚Überzeitliches' zu vermitteln, da sie sich zu einem beliebigen Zeitpunkt nach der Niederschrift lesen lassen. Zuletzt gewinnt die Aussage monologische Qualitäten, als sie sich *nicht an* einen spezifischen Adressaten wendet, sondern *vor* einem anonymen und abwesenden Publikum gemacht wird.[368] In seiner Allgemeinheit beansprucht der Text gleichsam, nicht mehr Partikularinteressen zu verfolgen. Er nehme vielmehr einen Sprechort ein, der jenseits dieser Partikularinteressen liege und sie umfasse.[369] Äußerungen, die sich dagegen wehren, bloß subjektiv zu sein, müssen den Blick abwenden von der konkreten Situation im Hier und Jetzt. Sie müssen sich daher visionär im Namen einer transzendenten Wirklichkeit jenseits der Gegenwart geben.[370] Das entspricht auch dem Überlegenheitsanspruch der ‚Intellektuellen', mit dem sie sich auch gegenüber den stärker universalistischen Konzepten der Klassik abgrenzen wollen.

Diese Position lässt sich an Friedrich Schlegels Aufsatz „Über die Unverständlichkeit" ablesen, in dem er die ‚Unverständlichkeit' der Zeitschrift *Athenäum* als notwendig begründet.[371] In der Publikationsflut würde nur das Widerständige Aufmerksamkeit auf sich ziehen und Anlass zum Nachdenken geben, wie es gemeint sein könnte. Selbst recht ‚unverständlich' beginnt daher auch der Artikel:

> Einige Gegenstände des menschlichen Nachdenkens reizen, weil es so in ihnen liegt oder in uns, zu immer tieferem Nachdenken, und je mehr wir diesem Reize folgen und uns in sie verlieren, je mehr werden sie alle zu Einem Gegenstande, den wir, je nachdem wir ihn in uns oder außer uns suchen und finden, als Natur der Dinge oder als Bestimmung des Menschen charakterisieren. Andre Gegenstände würden niemals vielleicht unsre Aufmerksamkeit erregen können, wenn wir in heiliger Abgeschiedenheit jenem Gegenstand aller Gegenstände ausschließlich und einseitig unsre Betrachtung widmeten; wenn wir nicht mit Menschen im Verkehr ständen, aus deren gegenseitiger Mitteilung sich erst solche Verhältnisse und Verhältnisbegriffe erzeugen, die sich als Gegenstände des Nachdenkens bei genauerer Reflexion immer mehr vervielfältigen und verwickeln, also auch hierin den entgegengesetzten Gang befolgen.[372]

---

368 Vgl. Giesen, Die Intellektuellen und die Nation, S. 80 ff.
369 Vgl. dazu die Konzeption der ‚Neuen Mythologien' in Kapitel 3.2.2.2 der vorliegenden Untersuchung.
370 Vgl. dazu Arnims Aufwertung der ‚Ahndung' als Erkenntnisprinzip in Kapitel 3.2.1.1 der vorliegenden Untersuchung.
371 Vgl. dazu weiterführend Eckhard Schumacher, Ironie der Unverständlichkeit. Johann Georg Hamann, Friedrich Schlegel, Jacques Derrida, Paul de Man, Frankfurt a. M. 2000, S. 159–255.
372 Friedrich Schlegel, Über die Unverständlichkeit [1800]. In: Schlegel, Kritische Ausgabe seiner Werke, 35 Bd. in 4 Abt., hg. von Ernst Behler, München, Paderborn, Wien 1958 ff., 1.

In dem Zitat wird die Alltagsentlastetheit, die Reflexion ermöglicht, gegen die ‚Weltverfallenheit' der ‚natürlichen Einstellung' der Lebenswelt gestellt. Die erste Phase der Romantik nimmt fast immer das ‚Ich' als transzendentalen Grund zum Ausgangspunkt. Der individuellen Subjektivität liegt das ‚Absolute' oder ‚Göttliche' in jedem Einzelnen zugrunde, das aber auch das ‚Ding an sich' fundiert. Diese Vorstellung ruft Schlegel mit der Rede von der „Natur der Dinge oder [...] [der] Bestimmung des Menschen" auf.

Arnim nimmt eine andere Transzendenz zum Ausgangspunkt seiner Überlegungen, nämlich die Rede als Fürsprecher der deutschen Nation. Es fiel den ‚Intellektuellen' leicht, sich mit der Lage der Nation zu identifizieren, da sie ihnen einen Spiegel bot. Sie empfanden sich ja selbst als vereinzelt und marginalisiert, und so sahen sie auch jeden der deutschen Kleinstaaten. Für beide ist die Einheit der Nation die erhoffte Zukunft, die ihnen wieder Bedeutung gibt. Die Aufgabe der schönen Literatur der Romantik besteht darin, ein Problembewusstsein für die aktuelle Situation zu wecken und sie auf ihre eigentliche Bestimmung hin durchsichtig zu machen. Die Nation, die aktuell nur als Kontrast zur Gegenwart entworfen ist, soll erst noch verwirklicht werden.[373] In der Textauswahl von *Des Knaben Wunderhorn* wird durch die Konzentration auf allein als ‚deutsch' angesehene Texte der kulturvergleichende Aspekt wegfallen, den es bei Herder noch gab. Auch werden die Anstrengungen, das ‚Urvolk' historisch greifbar zu machen, im Vergleich zu Herder noch weiter zurückgenommen, sodass ein tatsächlich historisches Interesse gegenüber dem rein legitimatorischen Rückbezugsgestus deutlich abnimmt. Das zeigt sich auch nochmals daran, dass die Auswahl der Texte, die als ‚Volksdichtung' präsentiert werden, noch stärker nach rein ethisch-ästhetischen Maßstäben erfolgt,[374] sodass, was mit der historischen Konstruktion nur schwer zu vereinbaren ist, im *Wunderhorn* auch Texte aufgenommen sind, die in der Literaturwissenschaft heute als klassische Beispiele der ‚Gelehrtendichtung' gelten (z. B. Zincgref, Opitz, Balde, Dach etc.).

Dieses – zumindest dem Selbstverständnis nach – selbstgenügsame Sprechen steht in einem ambivalenten Verhältnis zum Anspruch auf gesellschaftliche Wirksamkeit, dem Anspruch nämlich, das ‚Soziale' versammeln zu wollen.

Abt., Bd. 2, S. 363–373, hier S. 363 [im Weiteren zit. als KSA Abteilung (röm.), Band (arab.), Seite].
373 Vgl. Giesen, Die Intellektuellen und die Nation, S. 142–146.
374 Zur gleichen Strategie vgl. Koschorke, Körperströme und Schriftverkehr, S. 449 f. und ausführlicher am Beispiel der Brüder Grimm Albrecht Koschorke, Kindermärchen. Liminalität der Biedermeierfamilie. In: Koschorke u. a., Vor der Familie. Grenzbedingungen einer modernen Institution, Konstanz 2010, S. 139–171, bes. S. 146–153.

Die Orientierung am Publikum steht dem Autonomiestreben diametral entgegen. Da sich nicht beides gleichermaßen erreichen lässt, spannt sich ein Kontinuum zwischen beiden Zielen auf, innerhalb dessen sich die romantischen ‚Intellektuellen' mit ihren Einlassungen unterschiedlich verorten. Publikumsorientierung bedeutet zunächst einmal, danach zu streben, von mehr oder weniger großen Teilen der Öffentlichkeit wahrgenommen zu werden. Applaus oder Kritik darf primär von anderen Künstlerkollegen, die gleichzeitig aber auch Konkurrenten sind, erwartet werden. Da ihre selbst beanspruchte Sonderrolle die ‚Intellektuellen' zwingt, sich vom Publikum abzusondern, sind den Konzessionen an die Machteliten und an den Literaturmarkt enge Grenzen gesetzt.

> Die Beziehung der Intellektuellen zu ihrem jeweiligen Publikum neigt dabei zu einer fundamentalen Asymmetrie: erst wenn die Intellektuellen – und sei es nur für einen Moment – einen Deutungsvorsprung, einen dem Publikum überlegenen Standpunkt für sich annehmen können, wird die typische Unterscheidung zwischen Intellektuellen und ihrem Publikum erzeugt; fehlt dieser Deutungsvorsprung, so bleibt die Deutung der Intellektuellen eine Äußerung neben anderen ebenso hörenswerten und ebenso gewichtigen Äußerungen. Führt andererseits der Deutungsvorsprung zur völligen Abschottung der Intellektuellen, so wird damit auch die Besonderheit der intellektuellen Kommunikation gefährdet: Intellektuelle müssen einem potentiellen Publikum etwas mitteilen, was dieses noch nicht weiß, aber möglicherweise sich zu eigen machen kann. Für sie gilt in besonderer Weise der Gegensatz von missionarischem Expansionsdrang und kultureller Schlichtung, von universalistischer Öffnung und partikularistischer Abschließung [...].
>
> Aus dieser Lage ergibt sich eine typische Ambivalenz. Einerseits klagen Intellektuelle über das Unverständnis des Publikums, das ihre Deutungen nicht oder nicht genügend zur Kenntnis nimmt oder gar ablehnt. Andererseits schafft gerade diese Ablehnung durch das Publikum aber jene typische Spannung, die sich als Deutungsvorsprung der intellektuellen Avantgarde auffassen läßt; in der Klage über das Publikum konstruiert der Intellektuelle erst die grundlegende Struktur, in der er seine Besonderheit als Intellektueller gewinnt. Umgekehrt ist die Übername der intellektuellen Deutungen durch ein breites Publikum immer auch eine Gefahr für die Distinktion der Intellektuellen.[375]

Dadurch, dass die romantischen ‚Intellektuellen' weitaus stärker als ihre ‚patriotischen' Vorläufer eine Sonderrolle für sich beanspruchen, steigt das Bedürfnis, sich dieser Identität ‚sozial' rückzuversichern. Daraus ergibt sich die starke Wertschätzung von Briefwechseln, Reisetätigkeit, geselligen Zusammenkünften und der Bildung von Vereinigungen, in denen man unter seinesgleichen bleibt.

Wie kann in und von der beanspruchten Allgemeinheit überhaupt gesprochen werden? – Angesichts der Spezialisierung verschiedener Versammlungen

---

[375] Giesen, Die Intellektuellen und die Nation, S. 73 f.

um einzelne Themen ist es unmöglich, sie als universelle Versiertheit des Künstlers realisieren zu wollen. Die Lösung liegt in einem Ebenenwechsel. Dadurch entziehen sich die ‚Intellektuellen' zum einen der Möglichkeit der sachlichen Kritik, zum anderen lässt sich so tatsächlich noch etwas im Allgemeinen Neues sagen. Die romantische Kunst gibt ihrer spezifischen Ausdrucksform auf diese Weise eine besondere gesellschaftliche Relevanz.[376] Die in der Frühromantik bevorzugte Variante nimmt ironisch Abstand zum Gesagten und verwendet verschiedene Verfremdungstechniken, um das Selbstverständliche kontingent zu setzen. Schlegel begründet die frühromantischen Zentralkonzepte des Fragments, das in seiner Unabgeschlossenheit zur sinnhaften Ergänzung herausfordert, und der Ironisierung als bewusst ‚unverständliche' Redeweisen. Im Originalton klingt das bei Schlegel so:

> Alle höchsten Wahrheiten jeder Art sind durchaus trivial und eben darum ist nichts notwendiger als sie immer neu, und wo möglich immer paradoxer auszudrücken, damit es nicht vergessen wird, daß sie noch da sind, und daß sie nie eigentlich ganz ausgesprochen werden können.[377]

Für Arnim und die zweite Romantikergeneration wird die umgekehrte Strategie bedeutsam. Sie versuchen, hinter der Aussage zu verschwinden. Daraus ergibt sich, dem Anspruch nach, ein immer weiterer Rückzug des Sprechersubjekts auf eine reine Vermittlerrolle und damit eine immer stärkere Hinwendung zur bloßen Herausgeberschaft der Selbstaussprache der Nation. Die Wende zur ‚Volksliteratur' darf mithin als Verfremdung in die entgegengesetzte Richtung gelten. Sie provoziert das schlechthin Selbstverständliche nicht durch seine Verkomplizierung, sondern durch den intensiven Eindruck der Ausdrucksformen einer elementareren, urtümlicheren und unmittelbareren Wirklichkeitserfahrung.[378] Bei beiden Varianten soll ein Vorgeschmack auf die Sprache einer zukünftigen deutschen Nation gegeben werden. Da es aber darum geht, in einer fragmentierten Gegenwart ein Problembewusstsein zu erzeugen, ist es unmöglich, dieses zukünftige Andere gefällig dem Heute anzuverwandeln und seine unerschöpfliche Identität anders als in seinem individuellen Ausdruck darzustellen. Die Ausdrucksgestalt muss im Jetzt daher notwendig widerständig sein und irritieren.[379]

---

[376] Vgl. Luhmann, Die Kunst der Gesellschaft, S. 36.
[377] KSA I, 2, 366.
[378] Vgl. Giesen, Die Intellektuellen und die Nation, S. 140 f. und 148 ff.
[379] Bereits in zwei Schülerschriften Arnims (WAA 1, 358–359 und WAA 1, 367–368) findet sich der hier zugrunde liegende Gedanke, dass Lesen nicht einfach passives Nachvollziehen sein kann, sondern ein aktives Mitwirken des Publikums zur Konstitution des Sinns notwendig ist.

Wenn die romantische Literatur sich ihrer Zeit voraus als Speerspitze des Fortschritts versteht, dann darf sie bei den meisten Zeitgenossen auf wenig Verständnis hoffen. Mit diesem Selbstverständnis, das ein Massenpublikum verachtet, rationalisiert die romantische Literatur, dass sie allenfalls einen sehr kleinen avantgardistischen Literaturmarkt ansprechen kann. Besonders symptomatisch sind Zeitschriftengründungen, die in sehr viel kleineren Auflagen als die wichtigen Aufklärungszeitschriften erschienen und meist nach kurzer Dauer aufgrund wirtschaftlichen Misserfolgs denn auch wieder eingingen.[380] Den Misserfolg antizipierend, scheint für Schlegel Angriff die beste Verteidigung zu sein. Das *Athenäum* will, im doppelten Sinne, Anstoß erregen.

> Das Beste dürfte wohl auch hier sein, es immer ärger zu machen; wenn das Ärgernis die größte Höhe erreicht hat, so reißt es und verschwindet, und kann das Verstehen dann sogleich seinen Anfang nehmen. Noch sind wir nicht weit genug mit dem Anstoßgeben gekommen: aber was nicht ist kann noch werden.[381]

Das pädagogische Prinzip heißt: Fördern durch Fordern. Schlegel verspricht, wer sich auf die schwierigen Texte einlässt, wird bald Übungseffekte bemerken können. Sein Ziel ist sehr elitär gedacht. Es geht ihm darum, die ganze Nation dadurch auf ein so hohes Niveau fortzubilden, dass das vormals ‚Unverständliche' ganz geläufig sein wird. Abstriche lässt er nicht zu, selbst wenn das Bildungsziel erst am „jüngsten Tage" oder sogar „niemals"[382] erreicht würde. Die Geschwindigkeit des Fortschritts läge schließlich am Leser. Genauso wenig ist Schlegel bereit, sich bei seinen Überlegungen am Bildungsstand des tatsächlichen Massenpublikums seiner Zeit zu orientieren. Die Möglichkeit, dass beim Publikum erst weitere Voraussetzungen zu schaffen sein könnten, damit es sich auf das scheinbar ‚Unverständliche' überhaupt erst einlässt und darüber nicht als bloße ‚Störung' hinweggeht, kommt ihm nicht in den Sinn. Wer nicht bereit ist, sich auf sein ambitioniertes Erziehungsprogramm einzulassen, den nennt er schlichtweg ‚unvernünftig'.

> Nun ist es ganz eigen an mir, daß ich den Unverstand durchaus nicht leiden kann, auch den Unverstand der Unverständigen, noch weniger aber den Unverstand der Verständigen. Daher hatte ich schon vor langer Zeit den Entschluß gefaßt, mich mit dem Leser in ein Gespräch über diese Materie zu versetzen, und vor seinen eignen Augen, gleichsam ihm ins Gesicht, einen andern neuen Leser nach meinem Sinne zu konstruieren, ja, wenn ich es nötig finden sollte, denselben sogar zu deduzieren.[383]

---
380 Vgl. Paul Hocks, Peter Schmidt, Literarische und politische Zeitschriften 1789–1805. Von der politischen Revolution zur Literaturrevolution, Stuttgart 1975.
381 KSA I, 2, 367.
382 KSA I, 2, 367.
383 KSA I, 2, 363.

Schlegel will keine Konzessionen machen und schließt somit den Großteil des zeitgenössischen Publikums, der nicht einmal das *Athenäum* bezogen hat, weil es wohl zu ‚unverständlich' war, von vornherein aus.

Arnim geht den umgekehrten Weg. Kommt das ‚Volk' nicht zum ‚Intellektuellen', muss der ‚Intellektuelle' zum ‚Volk' kommen. Die Publikation von *Des Knaben Wunderhorn* und der *Zeitung für Einsiedler*, die ‚Volksliteratur' drucken, müssen als Ausdruck dieser Strategie gelten. Ich werde später ausführlicher davon handeln.[384] Aber auch bei diesem Unterfangen ist eine Ausflucht im Falle des Scheiterns bereits angedacht. Wenn das gegenwärtige Publikum sich nicht auf die ‚Volksdichtung' einlässt, liegt deren ‚Unverständlichkeit' daran, dass das ‚Volk' sich bereits zu weit von seinen Ursprüngen entfernt hat.

3.3 Zwischenresümee

Bevor ich zu detaillierten Textanalysen Achim von Arnims übergehe, ist hier der Ort, den historischen Großrahmen und das methodologische Forschungsprogramm kurz zusammenzufassen.

Wenn das Wort ‚sozial' zuerst um 1800 als deutsches Wort auftaucht, dann, um einem eigenständigen, neuen Gegenstandsbereich einen Namen zu geben. Seit ‚Individuen' die Basiselemente für Entwürfe des menschlichen Miteinanders bilden, heißen deren Kardinalprobleme doppelte Kontingenz und Intersubjektivität. Die Frage ist, wie Menschen mit ihren unterschiedlichen Sichtweisen und Interessen eine Einheit bilden können. Oder anders formuliert: Kann es etwas diesseits oder jenseits der Subjektivitäten geben, was die Menschen eint? Antworten können entweder versuchen, diesen außersubjektiven Bereich genauer zu bestimmen, oder sie müssen erklären, wieso es trotz der multiplen Subjektivitäten etwas Verbindendes geben kann. Egal, welche Lösungsstrategie gewählt wird, ist das Problem zunehmend nicht mehr im Rahmen ontologischer Überlegungen überzeugend zu lösen. Man macht sich deshalb daran, das menschliche Zusammenleben als eigenlogischen Bereich anzuerkennen und zu studieren.

Das Leitproblem des ‚Sozialen', nämlich doppelte Kontingenz, muss weiter operationalisiert werden, um es in Texten untersuchen zu können. Zu diesem Zweck kann man fünf Fragen des ‚Sozialen' stellen. Theoretisch lassen sie sich begründen, indem man davon ausgeht, dass man das menschliche Miteinander beobachten kann, an dem man entweder beteiligt ist oder dem man von

---

384 Vgl. Kapitel 6 und 7 der vorliegenden Untersuchung.

außen zuschaut. Daraus leiten sich eine 1.-Person-Perspektive und eine 3.-Person-Perspektive ab. In jeder dieser beiden Perspektiven kann man interpersonelle, sachliche und zeitliche Bezüge noch genauer unterscheiden. Da interpersonelle Bezüge sich immer schon durch den Bezug des Beobachters zum Beobachteten ergeben, bleibt dieses immer mitlaufende Bezugsverhältnis der 1.-Person-Perspektive notwendig unthematisch, eben weil es als Deutungshorizont jeder der anderen Fragen vorausgesetzt ist und damit in die Beantwortung jeder der anderen Fragen mit eingeht. In einer Tabelle lassen sich die fünf Fragen des ‚Sozialen' folgendermaßen schematisieren:

Tab. 1: Die fünf Fragen des ‚Sozialen'.

	1.-Person-Perspektive	3.-Person-Perspektive
Sozialdimension	(individuelle Identität)	Individuum – Kollektiv
Sachdimension	Integration	Differenzierung
Zeitdimension	‚Soziale' Handlungsmuster	‚Sozialer' Wandel

Die Frage nach ‚Individuum und Kollektiv' bezieht sich darauf, wie sich Individualität mit dem Zusammenleben mit anderen, genauso individuellen Menschen verbinden lässt. Die Fragen nach ‚Integration' und ‚Differenzierung' bilden ein Komplementärpaar. Es geht spezifischer darum, was das zwischenmenschlich Verbindende sein könnte und umgekehrt, wie das, was als verbindend angesehen wird, dem Einzelnen genug Spielräume zur individuellen Ausgestaltung lassen kann. Auch die Fragen nach ‚Sozialen Handlungsmustern' und ‚Sozialem Wandel' entsprechen einander. Hier geht es darum, wie stark der Einzelne Einfluss auf die Gestaltung des Miteinander nehmen kann und wie weit er umgekehrt durch kollektive Mächte in seinen Handlungsspielräumen bestimmt ist.

Über das ‚Soziale' lässt sich nicht wie über jeden anderen Gegenstand sprechen, denn Äußerungen über den Gegenstand sind selbst immer gleich Teil des Gegenstandes. Dies kann man berücksichtigen, wenn man die fünf Fragen des ‚Sozialen' doppelt an die literarischen Quellen stellt, nämlich einmal in den Text ‚hinein' und einmal ‚hinaus'. Unter der Perspektive der Poetik des ‚Sozialen' ist also zu fragen, wie das ‚Soziale' im Text verhandelt wird, unter der Perspektive des ‚Sozialen' der Poetik, welchen Sprechort sich die schöne Literatur selbst innerhalb verschiedenster anderer Erscheinungen des ‚Sozialen' zuschreibt.

Vor diesem Hintergrund habe ich mit Bezug auf Bruno Latour und Charles Taylor das Methodenprogramm einer praxeologischen Diskursanalyse entworfen. Den Ausgangspunkt bieten zwei Beobachtungen. Zum einen die semantische Vagheit des Begriffs ‚sozial', die er bis heute besitzt, zum anderen die Einsicht, dass die Versammlung von Menschen zu einem Verbund dauerhafte Bemühungen um die Verbindung braucht, deren Aufwand sich auch an der Größe des Kollektivs bemisst, und ohne die es sonst wieder zerfällt. Methodisch lässt sich daraus dergestalt Gewinn schlagen, dass das ‚Soziale' als Metonymie für die jeweils eigenen Konzepte von Kollektiven gebraucht werden kann, die die historischen Texte präsentieren. Die Mobilisierung von begrifflichen und unbegrifflichen Konzepten, was ich ‚Versammlungsaktivitäten' nenne, muss dabei dann als Performanz begriffen werden. Der Autor – in diesem Fall Achim von Arnim – wird zugleich als in ein Diskursnetz eingebunden verstanden, arrangiert aber die Konzepte jeweils individuell und interveniert mit bestimmten perlokutionären Zielen – erfolgreich oder nicht erfolgreich – in einen spezifischen Sprechkontext mit einer eigenen medialen Formgebung. Nicht nur auf die Inhalte, sondern gerade auf die Darstellungsmittel, die Wahl bestimmter Kommunikationsplattformen und Medienkanäle, kurzum die Formatierung, die einen wesentlichen Beitrag dazu leistet, eine bestimmte Sprechsituation zu etablieren, richtet der praxeologische Ansatz ein besonderes Augenmerk. Die schöne Literatur wird mithin als eine besondere Form der Symbolpraxis verstanden, die dadurch gekennzeichnet ist, dass sie sich dessen in besonderem Maße bewusst ist. Daher sind Situationen, in denen die Performanz scheitert, für die Analyse besonders interessant, da dies Reflexionen darüber und Readaptionen hervorbringt.

Die besondere Rolle der schönen Literatur zur Versammlung des ‚Sozialen' kann mit dem Konzept der ‚Social Imaginaries' genauer bestimmt werden. ‚Social Imaginaries' bilden die unrefelektiert vorausgesetzten Kontexte, in denen das Alltagshandeln erst Sinn ergibt. Bei der Vermittlung dieser Kontexte kommt der schönen Literatur eine wichtige Rolle zu. Die schöne Literatur siedelt sich auf einer intermediären Ebene zwischen abstrakten Theorieentwürfen und dem unreflektierten Alltagsvollzug an. Sie übt dabei gleichermaßen eine Popularisierungsfunktion aus, wie sie auch veränderte Handlungsbedingungen in den gelehrten Diskurs zurückspeist. Dass ‚Social Imaginaries' ihre Vorstellungen nicht abstrakt, sondern an konkreten idealen Fällen veranschaulichen, zeigt ihre Orientierung an der Logik der Praxis. Im Gegensatz zu einsinnigen Regeln etabliert die unbegriffliche Darstellungsform in Bildern, Figuren und Geschichten immer eine Vielzahl von Bezügen und lässt sich nach mehreren Richtungen hin deuten. In der Veranschaulichung des Gelingens oder Scheiterns werden Möglichkeiten und Unmöglichkeiten aufgezeigt, was der Beschreibung neben dem deskriptiven zugleich ein normatives Moment einpflanzt. Die methodische Konsequenz daraus ist, literarische Texte immer unter mehreren Gesichtspunkten zu befragen, da es zwar sicherlich bestimmte Grundsatzprobleme des ‚Sozialen' gibt, die stärker im Zentrum eines Textes stehen als andere, jedoch immer ein Bündel an mehreren zusammenhängenden Fragen behandelt werden muss. Dabei ist zu berücksichtigen – und das darf nicht als Mangel angesehen werden, sondern muss vielmehr als Charakteristikum anerkannt werden –, dass die grundlegenden Vorstellungen vom ‚Sozialen' in literarischen Texten meist keineswegs systematisch ausgeführt werden, sondern oft unvollständig, teils vage und sogar in sich widersprüchlich formuliert bleiben.

Die literarische Symbolpraxis kann zu allen möglichen Zwecken eingesetzt werden. Um genauer zu bestimmen, wie ein Teil der schönen Literatur um 1800 sich der Versammlung des ‚Sozialen' widmen konnte, wurde im vorangegangenen Kapitel eine funktionalistische Bestimmung eines Dispositionsraums eingeführt, der im Weiteren historisch genauer präzisiert wurde. Mit dem Dispositionsraum wurde innerhalb der vielfältigen Funktionen, die die schöne Literatur um 1800 zu erfüllen beansprucht, die institutionell-epistemische Konstellation erkundet, von der es Arnim und einigen seiner Zeitgenossen schien, dass sie diese spezifische Funktion ermöglichen würde. Zugleich wurde die schöne Literatur auch abgegrenzt von anderen außerliterarischen Unternehmungen, die diese Funktion ebenfalls beanspruchten. Diese Funktionszuschreibung galt es mit einer ins Historische gewendeten Rezeptionsästhetik in den Textstrategien nachzuverfolgen, insofern sich die schöne Literatur dazu als eigenständige Wissenskultur mit spezifischem Wissensstil ausprägte.

Dazu wurden die drei in dieser Hinsicht wichtigsten Differenzierungsbewegungen um 1800 herausgegriffen. In drei Doppelkapiteln wurde im ersten Teil nachgezeichnet, wie sich eine Wissenskultur teilt, im zweiten, wie der Ausschluss an Erkenntniskräften und Funktionspotentialen mit der schönen Literatur konvergiert.

In einer ersten Variante der Geschichte wurde gezeigt, wie sich die Naturwissenschaften Ende des achtzehnten Jahrhunderts im deutschsprachigen Raum ausdifferenziert haben. Dabei ist eine Abscheidungsbewegung von allem Nicht-‚Objektiven' zu beobachten; zum einen von der Subjektivität der Beobachtung, zum anderen von den kosmologischen Spekulationen, die über das konkret Beobachtbare zu weit hinausgreifen. Diese naturwissenschaftlich diskreditierten Erkenntnisweisen greift die schöne Literatur auf, indem sie Gefühlserkenntnis und Urteilskraft – bei Arnim etwa im ‚Ahndungs'-Vermögen – aufwertet. Das führt dazu, dass die schöne Literatur ein Erkenntnisvermögen beanspruchen kann, aus Anzeichen deren kosmologische Bezüge im Ganzen zu erschließen. Damit kann der ‚poeta vates' rehabilitiert werden. Zukunftsvisionen der idealen Entwicklung der Natur und ihrer Verlängerung, der Geschichte, werden für die Kunst im Zeitalter der fragmentierenden Entfremdung möglich. Bei Arnim ist diese Erkenntnisfunktion der Dichtung allerdings skeptischer abgetönt als bei anderen, stärker einem transzendentalen Idealismus zugeneigten Zeitgenossen. Er akzentuiert vor allem den in der Wissenschaft verloren gegangenen Blick aufs Ganze und gesteht der Literatur durchaus zu, dass sie sich in ihren Zukunftsentwürfen trotz besten Wissens und Gewissens auch täuschen kann. Mithin vertritt die schöne Literatur für Arnim keine wissenschaftlichen Erkenntnissprüche, vielmehr sieht sich gerade als funktionales Komplement zur Naturwissenschaft.

Wenn der Kosmos ein großes Ganzes darstellt, dann müssen sich Bilder aus dem Bereich der Natur auch auf, in dieser Logik, analoge Strukturen des ‚Sozialen' anwenden lassen. Der Organismus und das Gleichgewicht stellen dabei um 1800 die prominentesten Bilder dieser Weltmodelle dar. Verschiedene Positionen hinsichtlich der möglichen Strukturidentität von Natur und ‚Sozialem' wurden am Beispiel Goethes, Arnims und Kleists prototypisch untersucht. In den *Wahlverwandtschaften* zeigt Goethe, dass Gleichgewichts-Modelle, die ihm als zu statisch und als Inbegriff der mathematisierenden Naturwissenschaft erscheinen, nicht zur Beschreibung von ‚Sozial'-Beziehungen taugen. Das soll aber keine Absage an ganzheitliches Denken bedeuten; Goethe bevorzugt nur organizistische Modelle für eine ästhetisierende Naturkunde, genauso wie für eine ‚Sozial'-Kunde. Arnim interessiert in dem frühen Text, den ich in diesem Zusammenhang besprochen habe, stärker noch die Begriffsebene als die Sachebene. Er wendet die Adäquanz der Beschreibung zurück auf eine Sprachkritik. Den unreflektierten Bildgebrauch im Bereich der Natur gegenüber dem kritisch reflektierten im Bereich des ‚Sozialen' nutzt der Text für eine epistemologische Unterscheidung zwischen Naturwissenschaften und schöner Literatur. Kleists frühe Texte veranschaulichen eine zunächst unproblematische Ausweitung naturwissenschaftlicher Modelle auf die Welt des ‚Sozialen'. Nach der Kant-Krise arbeitet er aber eine Position aus, in der er der schönen Literatur und den Naturwissenschaften epistemisch gleichberechtigt ihre jeweils eigenen Gleichgewichts-Modelle als produktive Heuristiken zugesteht. Beide bleiben indes inkommensurabel.

Das zweite Doppelkapitel wendet sich von der Natur als umfassendem Ganzen der Menschenkunde zu. Der erste Kapitelteil zeigt, wie die Kritische Philosophie Kants ihre Aussagen über das Überzeitliche im Menschen (das ‚Transzendentale') an einen Wissensstil bindet, der sich an der Beschreibung ewiger Formen in der Mathematik orientiert. Mit diesem Bestreben um ‚Verwissenschaftlichung' der Philosophie gelingt es, die Popularphilosophien innerhalb der philosophischen Wissenskulturen an den Rand zu drängen. Diese Theoretiker, die sich schon immer an empirischen Beobachtungen orientiert hatten und zur Verbreitung ihrer Klugheitslehren in einem eingängigen Stil schreiben, treffen sich mit einem erblühenden Interesse der Literatur an anthropologischen Fragen. Beide Seiten profitieren von der Zusammenkunft, die als empirische Menschenkunde neben der Transzendentalphilosophie eigenständige epistemische Ansprüche geltend macht. Die Literaturwissenschaft hat diese Konjunktion zwischen empirischer Menschenkunde und literarisierenden Schreibweisen unter dem Namen ‚Literarische Anthropologie' beschrieben. Für meine Fragestellung sind vier Problemhorizonte von besonderem Interesse: körpersemiotische und pädagogische Ansätze, zudem Bereiche des Kulturvergleichs verschiedener Völker, zuletzt historische Studien zum Ursprung und Ziel der Geschichte. Der letzte Punkt spielt hinüber in das Thema des zweiten Teils des Doppelkapitels.

Komplementär zum empirischen Wissen über den Menschen sondert die Kritische Philosophie Kants auch als zu spekulativ angesehene Überlegungen aus. Dazu gehören historische Spekulationen über das Wesen des Menschen im Naturzustand und den originären Gesellschaftsvertrag. Ich habe eine Linie von Hobbes bis Kant nachgezeichnet, die historiographische Ansprüche immer weiter zurücknimmt und den fiktiven Charakter der Ursprungserzählungen als bloßes Gedankenexperiment umgekehrt immer deutlicher eingesteht. Muss der Naturzustand wie bei Kant nur noch Vernunftansprüchen genügen, ist die Erzählung als historeographisches Legitimationsnarrativ nicht mehr zu gebrauchen und verliert ihre Begründungsfunktion. Gleichzeitig bietet die Möglichkeit, die Gesellschaft auf Basis von Fiktionen einen zu wollen, die Vorbedingung für die Formulierung von ‚Neuen Mythologien' in der romantischen Literatur. Als Mythen artikulieren sie sich in einem Stil, der idealerweise für alle Eigenlogiken der Funktionsbereiche der Gesellschaft anschlussfähig ist und daher beansprucht, in der Lage zu sein, das gemeinsame Fundament des ‚Sozialen', mithin die Einheit der Gesellschaft, darstellen zu können. Als Fiktionen, die nur mehr der ‚Vernunft' und ‚Freiheit' als dem Wesen des Menschen entsprechen wollen, sollen sie ein Spiegel der Gesellschaft sein, der in seiner Kritik zugleich die Veränderung der gegenwärtigen Misere zu einem Besseren anleiten möchte.

Die letzte Differenzierungsbewegung von Wissenskulturen betrifft die Entwicklung des absoluten ‚Staates'. Für ihn stellen die Untertanen noch eine reine Umweltbedingung dar. Bis zum Ende des achtzehnten Jahrhunderts fanden Entwicklungsprozesse statt, infolge der sich der ‚Staat' binnendifferenziert und dadurch letztlich auflöst in ‚Politik', ‚Wirtschaft' und ‚Recht'. Entsprechend emanzipiert sich auch deren Gegenüber, die Bevölkerung, als ‚Öffentlichkeit'. An der Situation um 1800 interessierte mich vor allem das Komplementärverhältnis von ‚Polizei' als politischem Exekutivorgan der Bevölkerungsverwaltung und der Öffentlichkeit und ihren Ansätzen zur ‚Selbstverwaltung'. Es konnte eine Doppelbewegung gezeigt werden. Zum einen erkennt die ‚Polizei' zunehmend die Bevölkerung als ein Gegenüber an, das kein statisches Objekt ist, sondern ein Eigenleben hat. Passend dazu entsteht um 1800 im Umkreis des Kameralismus und der Polizeiwissenschaft ein ‚sozialtechnologisches' Wissen, das mit potenzierter doppelter Kontingenz rechnet und auf dieser Basis neue Interventions- und Lenkungsstrategien entwickeln kann. Auf Seiten der Bevölkerung kann man parallel dazu den Wechsel der Trägerschichten der Öffentlichkeit beobachten. Dem absolutistischen ‚Staat' entsprach eine patriotische Öffentlichkeit. Sie war geprägt von Akteuren, die sich in direkten Abhängigkeitsverhältnissen von der Macht befanden und ihre Kritik deshalb vor allem moralisierend, allgemein und im Einklang mit der Wohlfahrt des Staates artikulierten. Um 1800 kam es zu einem Karrierestau von spezifisch ‚sozialtechnologisch' ausgebildeten Akteuren, die eigentlich eine Laufbahn im Staatsdienst anstrebten. Da diese ihnen vielfach versagt blieb, stellten sie ihre Kenntnisse und Fähigkeiten in den Dienst der Öffentlichkeit. Die ‚nationalistische' Öffentlichkeit bedient sich mit Moralisierung, Ästhetisierung und Theologisierung, wissensstilistisch gesehen Sprachen der Ohnmacht, denen es vor allem darum geht, Alternativen zur politischen Versammlung der Gegenwartsgesellschaft aufzuzeigen. Ihre Vertreter schwanken zwischen zwei Positionen: Unter dem Namen ‚Politische Romantik' wurden Positionen zusammengefasst, die die politische Macht aus der Opposition heraus übernehmen und die Macht ohne Revolution in die Hände des Volkes legen wollen. Davon unterscheiden lassen sich Positionen, die auf Deutschland als ‚Kulturnation' setzen. Sie sehen eine gemeinsame Kultur der politischen Fassung vorausgehend, setzen daher auf Selbstorganisation und wenden sich von der Politik ab.

Für die Formulierung einer Poetik des ‚Sozialen', wie ich sie hier bei Achim von Arnim in ihrer Genese nachzeichnen werde, kommen also, so kann man es prägnant zusammenfassen, drei Dispositionslagen zusammen. Der Anspruch auf bestimmte Vermögen führt dazu, sich die Fähigkeit zuzuschreiben, das ‚Soziale' versammeln zu können. Das ist erstens der Blick aufs Ganze und die Fähigkeit zu Zukunftsentwürfen, die sich von der gegebenen Situation ausgehend entwickeln lassen und dem Wesen des ‚Volkes' entsprechen. Zweitens sind es empirisches anthropologisches Wissen und Ausdrucksformen, die die Menschen unterhalb der Spezialisierung der gesellschaftlichen Funktionsbereiche ansprechen können. Und drittens handelt es sich um ‚sozialtechnologische' Fähigkeiten sowie ein Sprechort und Medienkanäle zu ihrer Anwendung in der Öffentlichkeit.

4 Hollin's Liebeleben (1800–1801)

Mit breitem Panoramablick ist das letzte Kapitel ideengeschichtlichen und institutionellen Entwicklungen nachgegangen, die wichtige Voraussetzungen dafür geschaffen haben, dass verschiedene Schriftsteller um 1800 der Macht des Wortes zutrauen, das ‚Soziale' versammeln zu können. Achim von Arnim tauchte hier im Kreise von Zeitgenossen immer wieder kurz auf, blieb aber einer unter vielen. Das Leitthema erfährt im Folgenden eine Fokussierung. Die Genese von Achim von Arnims Poetik des ‚Sozialen' wird in diesem und den folgenden Kapiteln en detail nachverfolgt werden.

Von Achim von Arnim haben sich bereits aus der Schülerzeit einige literarische Versuche erhalten, die die Forschung rückblickend auf seine spätere Dichterschaft hin gewürdigt hat.[1] Er selbst tut seine frühen Versuche aber als „Embryonen, die keinen Bogen füllten" ab, obwohl er davor „tausendmal mit der Poesie Buhlschaft getrieben"[2] haben will. Gegenüber seinen eigenen Werken ist Arnim auch später häufig sehr kritisch, was mit den großen Ambitionen zusammenhängt, die er mit seinem Werk verbindet. Sein erstes gedrucktes poetisches Werk stellt der kurze Briefroman *Hollin's Liebeleben* dar. Nach seinem Studienabschluss verwendete Arnim die Herbstmonate 1801 auf dem großmütterlichen Gut Zernikow darauf, das Werk zu verfassen. Danach brach er mit seinem Bruder zu einer Kavalierstour durch Europa auf. Sein Freund Stephan August Winkelmann, von dem bereits anlässlich Arnims naturwissenschaftlich-epistemologischer Kritik die Rede war,[3] redigierte das Werk und machte es für den Druck fertig. An Brentano, den er im Sommer 1801 in Göttingen kennengelernt hatte, schreibt er über seinen Erstling:

---

[1] Vgl. Heinz Härtl, Wann hat Arnim zu dichten angefangen? Ein Doppelblatt mit Briefkonzepten und Notizen. In: Das Goethe und Schiller-Archiv 1896–1996. Beiträge aus dem ältesten deutschen Literaturarchiv, hg. von Jochen Golz, Weimar, Köln, Wien 1996, S. 321–335; Sheila Dickson, Arnims Beschreibungen von Reisen in Brandenburg und Mecklenburg 1794–1795. In: Burwick, Härtl (Hg.), „Frische Jugend reich an hoffen", S. 31–42. – Auf dem Briefentwurf zu Achim von Arnim an Louise von Schlitz Ende Februar / Anfang März 1794 (WAA 30, 12–13, 13) findet sich ein kurzer fiktionaler Text des Dreizehnjährigen, der Topoi der Schauer- und Ritterliteratur nachahmt. In WAA 1, 398 wird von zwei Jugenddramen berichtet, die 1929 bei einer Auktion noch vorhanden waren, heute aber als verloren gelten. Eine Auswahl wichtiger und repräsentativer Schülerarbeiten finden sich in WAA 1 ediert und hervorragend kommentiert.
[2] Brief Achim von Arnims an Stephan August Winkelmann vom 24.09.1801 (WAA 30, 181–183, 181).
[3] Vgl. Kapitel 3.2.1.1 der vorliegenden Untersuchung. – Zum Einfluss Winkelmanns auf Arnims Poetik vgl. Härtl, Arnim und Goethe, S. 54 ff., bes. auch Fußnote 56 (S. 354 ff.).

Ich schämte mich vor Dir, weil Du ein strenger Richter bist; ich habe es Dir daher noch nicht geschrieben, daß ich vorigen Sommer gleich nach meiner Abreise von Göttingen in der Landeinsamkeit und im Trennungsschmerz einen Roman geschrieben habe. Er kommt bey Dieterich heraus, der Druck hat sich[,] ich weiß nicht warum, verzögert, er ist erst jetzt fertig geworden, der Findling heisst: Hollin's Liebeleben. Wenn du ihn siehst, so schreib mir doch etwas davon.[4]

Das Buch erschien im Sommer 1802. Es fand wenig Aufmerksamkeit. Die einzige Besprechung war ein Verriss.[5] Im November 1802 wendete er sich wieder an Brentano: „Für *mich* werde ich nie etwas Besseres schreiben, für *andere* nie etwas Schlechteres."[6] Dieser Ansicht blieb Arnim offenbar dauerhaft, denn 1810 integrierte er eine komprimierte Version des *Hollin* in seinen *Gräfin Dolores*-Roman.[7]

Hollin's Liebeleben versteht sich selbst als Auseinandersetzung mit Goethes *Die Leiden des jungen Werther*. Er reiht sich in eine Vielzahl sogenannter Wertheriaden ein.[8] Die Bezüge sind weniger in der Handlung zu suchen, als in der Auseinandersetzung mit den Problembereichen *Subjektivität*, *Authentizität* und *Individualität*[9] und der sie besonders zur Geltung bringenden Gattung Briefroman.[10] In seinen Überlegungen greift Arnim auch Positionen der jüngeren philosophischen Diskussion dieser Fragen auf. Unter diesem Gesichtspunkt ist das Werk relativ konventionell und vergleichbar mit ähnlichen Versuchen seiner Zeitgenossen. Die Frage nach der Freiheit des Subjekts und ihren gesellschaftli-

---

4 Brief Achim von Arnim an Clemens Brentano vom 17. 04. 1802 (WAA 31, 44–46, 45).
5 Die Rezension aus der „Neuen Allgemeine[n] Deutsche[n] Bibliothek", 82. Bd. (1803), S. 362 f. ist wieder abgedruckt in FA 1, 710.
6 Brief Achim von Arnim an Clemens Brentano vom 18. 11. 1802 (WAA 31, 142, 271, Herv. im Orig.).
7 Vgl. FA 1, 196–220. – Zum Umarbeitungsprozess vgl. Urs Büttner, Arnims Eintragungen in sein Handexemplar von „Hollin's Liebeleben". In: Neue Zeitung für Einsiedler, 8./9. Jg. (2008/2009), S. 87–92, bes. S. 91 f.
8 Vgl. als Überblick Georg Jäger, Die Leiden des alten und neuen Werther. Kommentare, Abbildungen, Materialien zu Goethes „Die Leiden des jungen Werthers" und Plenzdorfs „Neuen Leiden des jungen W", München 1984, zum *Hollin*-Roman dort S. 37 f.
9 Vgl. Wegmann, Diskurse der Empfindsamkeit, S. 19, 29, 40 und Koschorke, Körperströme und Schriftverkehr, S. 265. Beide betonen selbst die Bedeutung der Empfindsamkeit für die Entstehung der Konstitution des ‚Sozialen' auf Basis doppelter Kontingenz.
10 Vgl. dazu Günther A. Höfler, Erleben und Wissen. Zur Doppelgestalt der Liebe in Achim von Arnims Briefroman „Hollin's Liebeleben". In: Poetik des Briefromans: Wissens- und mediengeschichtliche Studien, hg. von Gideon Stiening, Robert Vellusig, Berlin, Boston, MA 2012, S. 261–278. – Grundsätzlich dazu Jutta Heinz, Wissen vom Menschen und Erzählen vom Einzelfall. Untersuchungen zum anthropologischen Roman der Spätaufklärung, Berlin, New York 1996, S. 239–301.

chen Bedingungen wird in den Figuren von *Hollin's Liebeleben* so durchgespielt, dass die Aporien verschiedener Ich- und Weltentwürfe hervorgetrieben werden. Zentral läuft die Textstrategie auf eine *Kritik des Subjektivismus* hinaus. Das Spezifische des Romans ergibt sich daraus, wie das Werk die vorformulierten Problemlagen aufnimmt, zuspitzt und teilweise bereits überwindet. Pointiert könnte man sagen: *Hollin's Liebeleben* ist ein romantischer Lösungsversuch aufklärerischer Fragestellungen. – Es ist nicht zu leisten, auch in diesem Kapitel solch breite Kontexte wie in dem vorangegangenen aufzuspannen und zugleich detaillierte Textanalysen zu betreiben. Ein kurzer Abriss, der die zentralen Problemkontexte anspricht, soll aber wenigstens eine grobe Einordnung des Werkes bieten, sodass in den Detailinterpretationen diskursive Querbezüge nur noch angedeutet werden müssen.

Systematisch ergeben sich folgende Schwierigkeiten: Die *Subjektivität* ist bedroht von der Gefahr des Nihilismus. Der Nihilismus zieht die sinnhafte Ordnung der Welt in Zweifel. Er entwickelte sich aus zwei Wurzeln.[11] Die erste Argumentationslinie zitiert *Hollin's Liebeleben* an, wenn der Roman mit dem Namen Spinoza eine Referenz auf den Pantheismusstreit ab 1785 macht. Spinozas Gotteslehre, wie sie durch Friedrich Heinrich Jacobi in seiner Streitschrift bekannt gemacht wurde, greift das Bild der großen Kette der Wesen auf und sieht die Welt (*natura naturata*) als Ausfluss des göttlichen Einen (*natura naturans*). Die Kritik machte sich an der Abwertung der Schöpfung gegenüber dem Einen bzw., umgekehrt gedacht, der materialistischen Deutung Gottes fest. Darüber hinaus wurde der kosmische Determinismus problematisiert, nach dem Gott den Gesetzen seiner Natur Untertan ist. Bei Spinoza selbst wurden die Konsequenzen dieses Gedankens noch weitergeführt, als von Jacobi referiert, nämlich, dass Gott mit seinem Ausfließen nichts erstrebt und folglich die Welt keine Zweckmäßigkeit besitzt, selbst wenn sie geordnet scheint.

Die zweite Wurzel des Nihilismus wurde prominent erst unmittelbar vor der Entstehung von Arnims Erstling im ‚Atheismusstreit' von 1799 gegen Fichtes *Wissenschaftslehre* philosophisch ausgearbeitet, war aber schon früher als Problem bekannt. Sie stellte eine Kritik am Idealismus dar, insofern dieser die Welterkenntnis subjektiviere. Wenn mithin keine Rückversicherung am tatsächlichen Sein der ‚Dinge an sich' mehr möglich sei, ließe sich die Annahme der sinnhaften Ordnung der Welt nicht mehr gegen den Vorwurf verteidigen, bloße Projektion zu sein. In Umkehrung des physikotheologischen Gottesbe-

---

11 Vgl. dazu Alexey Ponomarev, Der Nihilismus und seine Erfahrung in der Romantik. Das Problem des Nihilismus in der deutschen und russischen Romantik in kultur-komparatistischer Perspektive, Marburg 2010, S. 21–74.

weises liefe die idealistische Position letztlich auf eine Leugnung der Existenz Gottes hinaus.

Authentizität und *Individualität* hat die Empfindsamkeit aufs Engste miteinander verknüpft. Das verbindende Glied zwischen beiden Begriffen stellen Mediensysteme und Zeichen dar. Dadurch kommen aber vermittelnde Institutionen der Gesellschaft und die überindividuelle Sprachgemeinschaft ins Spiel. Die Empfindsamkeit arbeitete sich folglich daran ab, die Medienkanäle in einer Rhetorik der Unmittelbarkeit zu invisibilisieren und die Sprache wieder zu individualisieren. Die Kehrseite dieses Prozesses – und darauf hat die Kritik der Empfindsamkeit dann auch hingewiesen – besteht darin, dass sich eine Kommunikationssituation unter gesellschaftlich Isolierten herausbildet und die Artikulation der eigenen Einzigartigkeit in die Nähe des gänzlichen Sprachverlusts führt.

Diese drei problematischen Seiten werden in den Briefromanen nach dem *Werther* immer stärker herausgearbeitet. Einen Höhepunkt dieser Entwicklung stellt dabei Ludwig Tiecks *William Lovell* (1795/1796) dar.[12]

> Tiecks ‚Lovell' [wird] regelrecht zu einem ersten Katalog aller Erscheinungsformen eines aus subjektivem Idealismus geschöpften Ich-Stolzes wie einer nihilstischen Welt- und Ich-Verlorenheit, die sich dann in den nächsten zwanzig Jahren in der deutschen Literatur zur vollen Blüte entfalteten. [...] Aus solchem gespaltenen Bewußtsein ohne Mitte ergeben sich konsequent alle weiteren Symptome einer Ich-Krise: Ennui, Melancholie, Hedonismus, Handlungsunfähigkeit, Quietismus; das Gefühl der Herzensleerheit, der Marionettenexistenz und Komödiantenhaftigkeit, des Umgetriebenseins in einem Labyrinth und schließlich die Bedrohung durch den Wahnsinn. Alles das exponiert Tieck in seinem ‚Lovell'. [...] [Der Roman] ist ein Vorläufer romantischer Entwicklungsromane, unter denen Brentanos ‚Godwi' und Arnims ‚Hollins Liebeleben' [sic!] seine nächsten Verwandten darstellen.[13]

---

[12] Vgl. dazu Fritz Brüggemann, Die Ironie als entwicklungsgeschichtliches Moment. Ein Beitrag zur Vorgeschichte der deutschen Romantik, Jena 1909 [= Reprint: Darmstadt 1976]; Manfred Engel, Der Roman der Goethezeit, Stuttgart, Weimar 1993, Bd. 1 („Anfänge in Klassik und Frühromantik. Transzendentale Geschichten"), bes. S. 155 ff.; Markus Heilmann, Die Krise der Aufklärung als Krise des Erzählens, Stuttgart 1992.

[13] Schulz, Die Geschichte der deutschen Literatur, Bd. 1, S. 380 f. – Vgl. weiterführend zu *Lovell* im Kontext Walter Rehm, Experimentum Medietatis. Studien zur Geistes- und Literaturgeschichte des 19. Jahrhunderts, München 1947; Werner Kohlschmidt, Nihilismus der Romantik. In: Kohlschmidt, Form und Innerlichkeit. Beiträge zur Geschichte und Wirkung der deutschen Klassik und Romantik, München 1955, S. 157–176; Walter Weiss, Enttäuschter Pantheismus. Zur Weltgestaltung der Dichtung in der Restaurationszeit, Dornbirn 1962, bes. S. 13–58; Walter Hof, Pessimistisch-nihilistische Strömungen in der deutschen Literatur vom Sturm und Drang bis zum Jungen Deutschland, Tübingen 1970, bes. S. 1–93; Dieter Arendt, Der ‚poetische Nihilismus' in der Romantik, 2 Bde., Tübingen 1972; Walter Münz, Individuum und Symbol in Tiecks „William Lovell". Materialien zum frühromantischen Subjektivismus, Frankfurt a. M.

Arnim kannte viele der frühen Werke Tiecks, wenngleich auch nicht den *Lovell*, dafür aber den ersten Band des *Godwi*, als er seinen *Hollin* verfasste.[14] In seinem Roman bleibt er aber nicht bei der aporetischen Position seiner Vorläufer stehen, sondern geht darüber hinaus. *Hollin's Liebeleben* zielt auf eine Dekonstruktion des Subjekts ab, mit dem jedes Denken des ‚Sozialen' beginnen muss.[15] Dabei zeigt er sich beeinflusst von Johann Gottfried Herder, den die Forschung aufgrund von Überlegungen in diese Richtung bereits zum ‚Erfinder der Soziologie' erheben wollte.[16]

Arnim hatte bereits 1797 als Schüler Herders *Ideen zur Philosophie der Geschichte der Menschheit* gelesen.[17] Seine eigenen Lösungsansätze führen vielfach Herders Überlegungen fort. Wie Herder dort schreibt, stellt der Mensch den „erste[n] *Freigelassene*[n] der Schöpfung"[18] dar. Gegenüber den Tieren, die durch ihre Instinkte an eine bestimmte Umwelt angepasst sind, ist der Mensch weltoffen. Er verfügt über die Vernunft, die ihn an die Lebensbedingungen keiner Umgebung besonders anpasst und dadurch für jede Umgebung gleichermaßen anpassungsfähig macht.[19] Mithin muss er sich erst selbst bestimmen, sprich, seine eigene und die umgebende Natur sich erst durch Sprache und Kultur erschließen. „Der Mensch ist also zur Gesellschaft *geboren*"[20]. – Mit dieser Argumentationslinie entgeht Herder geschickt der sich abzeichnenden Problematik des Nihilismus. Zwar folgt er Spinoza darin, dass *„Gott* [...] *Alles*

1975; Sybille Gössl, Materialismus und Nihilismus. Studien zum deutschen Roman der Spätaufklärung, Würzburg 1987, bes. S. 133–227; Hans Esselborn, Der ‚Nihilismus' in Ludwig Tiecks „William Lovell". Ein Beitrag zur Gattungsfrage. In: Wirkendes Wort, 40. Jg. (1990), S. 4–22; Ponomarev, Der Nihilismus und seine Erfahrung in der Romantik, bes. S. 123–174. Zum Nihilismus bei Arnim vgl. Staengle, Achim von Arnims poetische Selbstbesinnung, S. 15–19, zu *Hollin's Liebeleben* S. 89–94.

14 Seit seiner Studienzeit kannte Arnim Tieck sehr gut und zeigt sich im Briefwechsel gut informiert über dessen neueste Werke. Arnim ließ ihm ein Exemplar des *Hollin* zugehen (Vgl. Brief Achim von Arnim an Heinrich Dieterich vom 17.08.1802 (WAA 31, 82–83, 83)), den *Lovell* las Arnim aber erst nach Abschluss des *Hollin* (Vgl. Brief Achim von Arnim an Clemens Brentano vermutl. Beginn des zweiten Drittels August 1802 (WAA 31, 76–81, 80)). Vom *Godwi* kannte Arnim beim Verfassen des *Hollin* dessen ersten Teil (Vgl. den Brief Achim von Arnim an Clemens Brentano vom 8. Dez. 1801 (WAA 30, 192–193, 192)). – Vgl. übergreifend dazu Roger Paulin, Armin und Tieck. In: Pape (Hg.), Armin und die Berliner Romantik, S. 171–179.
15 Vgl. dazu Nassehi, Der soziologische Diskurs der Moderne, S. 18 ff.
16 Vgl. G. A. Wells, Herder and After. A Study in the Development of Sociology, Den Haag 1959 und Ulrich Gaier, Metadisziplinäre Argumente und Verfahren Herders. Zum Beispiel: Die Erfindung der Soziologie. In: Herder-Yearbook, 1. Jg. (1992), S. 59–79.
17 Vgl. den Kommentar WAA 30, 331.
18 Herder, Werke, Bd. 6, S. 145 f. (Herv. im Orig.).
19 Vgl. Herder, Werke, Bd. 6, S. 129–149.
20 Herder, Werke, Bd. 6, S. 158 (Herv. im Orig.).

in seinen Werken"[21] ist, geht von einer ontologischen Kontinuität zwischen Natur und Gesellschaft aus, die unter denselben Gesetzen stehen, und gibt die Idee ihrer Zweckmäßigkeit an sich auf.[22] Dafür gewinnt er die Freiheit für die spezifische Entfaltung der Anlagen in jeder Ordnung der Schöpfung – vom Anorganischen bis hinauf zum Menschen. Als Instinkt und als Sprache führt Herder dann aber die Möglichkeit der zweckmäßigen Erschließung der Welt – jeweils bezogen auf bestimmte Lebensformen – wieder ein. Auf diese Weise entkommt er dem Nihilismusproblem zwar nicht ganz, rettet sich aber wenigstens subjektivistisch davor. Da er das menschliche Subjekt bereits natürlicherweise als vergesellschaftet betrachtet, entgeht er auf der anderen Seite auch dem Subjektivismusproblem.

Da *Hollin's Liebeleben* wenig bekannt ist, möchte ich hier einen kurzen Abriss des Inhalts geben. Achim von Arnim gibt sich als Herausgeber des Textkonvoluts eines verstorbenen Freundes aus. Dessen Identität wird nicht eindeutig klar, doch vermutlich handelt es sich um Frank. Diesem Rahmen folgt ein zweiter, in dem sich Odoardo an den Leser wendet und in einem gleichnishaften Bild eine Art Leseanweisung formuliert, die an dieser Stelle aber noch wenig aufschlussreich und eher verwirrend wirkt. Es folgt ein Briefwechsel zwischen Odoardo und Hollin, zwei Schulfreunden, die nun in unterschiedlichen Städten studieren. Odoardo wird am neuen Ort nicht recht heimisch. Er vermisst den Freund. Einige Zeit später wird er die Universität verlassen, um seinen kranken Vater zu pflegen. Hollin, der die Mehrzahl der Briefe verfasst hat, berichtet, wie er Anschluss in einer Verbindung findet. Bei einem Duell gegen eine andere Burschenschaft verletzt er Lenardo schwer, den er kurz zuvor kennengelernt hat und der ihm sympathisch ist. Mit großem Glück überlebt Lenardo, und während der Genesungszeit schließen er und Hollin Freundschaft. Der neue Freund will Hollin mit seiner Schwester Marie[23] bekanntmachen. Kurz vor der Begegnung will Hollin ihr ausweichen, geht dabei aber den falschen Weg und erhascht nun einen Blick auf sie, ohne selbst gesehen zu werden. Von da an muss er immerzu an sie denken. Um den Kopf frei zu bekommen, reist Hollin in die Einsamkeit des Harzes, nur um dort geradewegs wieder auf Marie zu treffen. Schnell finden sie als Liebende zusammen und erleben ihre Einheit bei einer mesmeristischen Sitzung und in der Natur, am Brocken, bei der Bielshöhle und an der Roßtrappe. Ihre Liebe muss geheim bleiben. Ja, sie können nicht einmal Briefe tauschen, denn die würden sie verraten. Erst wenn

---

21 Herder, Werke, Bd. 6, S. 17 (Herv. im Orig.).
22 Vgl. Herder, Werke, Bd. 6, S. 55.
23 Im Roman wird die Figur an verschiedenen Stellen sowohl „Marie" als auch „Maria" genannt.

Hollin eine angesehene gesellschaftliche Position erreicht hat, ist er heiratsfähig für Marie. Dann erst darf ihre Liebe öffentlich werden. Eben danach strebt er fortan. Er bricht sein Studium ab, um direkt beruflich zu reüssieren. Zu diesem Zweck geht er in die Hauptstadt. Fern seiner Geliebten kommt es zu Romanzen mit der Gräfin Irene, der Schauspielerin Hermine und der Tochter des Dichters Poleni, Bettine. Hollin liebt freilich allein Marie. Seine Seitensprünge grämen ihn so sehr, dass sich sein Geist verwirrt; später erkrankt er auch noch lebensbedrohlich. Gerade wieder gesundet, erhält er von Odoardo, der sich jetzt im Hause der Familie Lenardos aufhält, die Mitteilung, Marie solle an den Sohn eines Freundes ihres Vaters verheiratet werden. Gleichzeitig lädt ihn Lenardo ein. Seine Ankunft soll aber unbemerkt bleiben. Hollin soll als Überraschung den Mortimer in einer *Maria Stuart*-Aufführung geben. Hollin antwortet ihm, er sei Bergrat geworden, mithin in einer gesellschaftlichen Position, in der einer Hochzeit mit Marie nichts mehr im Wege steht, und deutet seine Zusage für die Theateraufführung an. Es folgt eine Nachschrift Franks zu den an den Herausgeber übersandten Briefen, einem Freund Hollins, der ihn aus der Stadt zu Maries Familie nach M. begleitete. Er berichtet von den tragischen Missverständnissen, die zu Hollins Selbstmord führen. Eine Nichte Maries, Beate, die wie Hollin in der Stadt B. wohnte, sich in Hollin verliebt hatte und von ihm zurückgewiesen worden war, hatte Marie aus Eifersucht von Hollins Amouren berichtet. Für Marie waren diese Nachrichten doppelt schlimm, denn sie sah nicht nur ihre große Liebe zerbrechen, ihr drohte auch, von der Gesellschaft verstoßen zu werden, wenn das Kind, das sie von Hollin erwartete, zur Welt komme. Hollins letzter Brief mit der frohen Kunde hatte sie überdies nicht erreicht. Als Hollin sie noch vor der Theateraufführung überraschend besucht, wird er von Marie bezichtigt, ein treuloser Verräter zu sein. Noch ehe Hollin alles aufklären und seine Liebe bekennen kann, muss er sich verstecken, weil Schritte nahen. Hollin kommt in den Sinn, dass nur Odoardo seine Liebschaften verraten haben könne, doch ist ihm nicht klar, warum sein treuer Freund ihn so hintergangen haben sollte. Die nahenden Schritte stammen von Odoardo, der Marie von Hollins Treue überzeugt und ihr dessen letzten Brief übergibt. Aus Freude fallen sich beide in die Arme, was Hollin unbemerkt beobachtet und als Liebesbeziehung zwischen Odoardo und Marie missdeutet. Hollin sieht in der Personenkonstellation des Schiller-Stücks, in dem Marie die Maria, Odoardo den Grafen Leicester und er selbst den Mortimer gibt, seine eigene Situation gespiegelt und identifiziert sich so sehr mit seiner Rolle, dass er Mortimers Selbstmord real vollzieht. Im Sterben wird er über seinen Irrtum aufgeklärt, ein Priester verheiratet ihn noch mit Marie. Sie stirbt wenig später bei einer Frühgeburt und wird neben ihm begraben. Odoardo geht ins Kloster und verliert Erinnerung und Verstand. Eine Beilage aus Odoardos Papieren, die die

Idealvita des Schweizer Bergforschers Horace Benedikt de Saussure schildert und Hollins Leben kontrastiert, schließt den Roman.

Die Frage nach dem ‚Sozialen' begegnet einem in Arnims Roman als die, laut Otto Dann, charakteristische „Spannung im romantischen Denken zwischen der Autonomie des seiner Freiheit und Ungebundenheit bewußten Individuums und der Sehnsucht nach dessen Einbindung in übergreifende gesellschaftliche Ordnungen und geschichtliche Zusammenhänge."[24] Ein Aufsatz Arnims von 1797 „Ueber Freyheit und Nothwendigkeit" führt diese Spannung direkt im Titel.[25] Es lohnt sich diesen Text als Vorentwurf dessen zu lesen, was in *Hollin's Liebeleben* mit poetischen Mitteln eingelöst und weiterverfolgt wird.[26] Arnim betont gleich zu Beginn, dass die Frage nach der „Freyheit, ihre[r] Möglichkeit und ihr[em] Wirklichseyn" kein rein theoretisches Problem darstellt.

> Ich binn [sic!] vielmehr überzeugt, daß die falsche Entwickelung dieses Begriffes vielmehr unbemerkt und furchtbar alle Bande der menschlichen Gesellschaft löset, jede Wurzel, jede nährende Ader vergifte, und dann nachdem sie alle theuern Bande zernagt hat, die uns an andre und an dies Leben fesseln, zu der Wegwerfung eines Guts den armen Verirrten treibt, welches er nicht mehr lieben, nicht mehr schätzen, nicht mehr ertragen kann.[27]

Damit verfolgt der Aufsatz eine doppelte Fragestellung: Zum einen geht es um den Fragenkomplex, ob der Mensch frei sei, falls ja, wie frei er sei und auf welchem Irrtum Meinungen beruhen, die dies bestreiten. Daran knüpft sich die Aufgabe, zu klären, wie eine Individual- und Sozialethik aussehen kann. Zum anderen stellt sich die Frage, wie der richtige Freiheitsbegriff den Menschen nahegebracht werden kann.

Der erste Teil des Aufsatzes widerlegt die Positionen des Fatalismus und des Determinismus, die als Handlungsgrundlage im Roman am Scheitern der Figuren Hollin und Odoardo durchgespielt werden.

> Der Fatalismus entstand aus dem Mißverstande, daß die Freyheit im Handeln die wahre Freyheit des Menschen sey, und eine Folge davon war, daß man durch die wahrgenommenen mannigfaltigen Bestimmungen und Einschränkungen derselben vermocht wurde, statt der Freyheit eine allgemeine Nothwendigkeit anzunehmen.[28]

---

24 Dann, Gruppenbildung und gesellschaftliche Organisierung, S. 177.
25 „Ueber Freyheit und Nothwendigkeit nebst einigen Bemerkungen über ein Moralsystem" (WAA 1, 254–262) und drei fragmentarische Vorstudien (WAA 1, 658–664). Ich greife auf die Fragmente dort zurück, wo parallele Formulierungen prägnanter ausfallen. – Vgl. zu philosophischen Einflüssen auf Arnims Argumentation Burwick, Dichtung und Malerei, S. 17–24.
26 Vgl. dazu Knaack, Nicht nur Poet, S. 10 f.
27 WAA 1, 254 f.
28 WAA 1, 255.

Die Berufung auf den Fatalismus scheint oft nur eine Ausrede zu sein, da „das Fatum an sich selbst Nichts [ist], oder keine Kraft [...]; sondern nur die Gesetze anzeigen soll, welchen unsere Handlungen in der Sinnenwelt unterworfen sind."[29] Eigene Trägheit wird damit genauso entschuldigt wie der Hang, sich unliebsamen Pflichten zu entziehen; dies wird kompensiert mit dem Vertrauen auf unverdientes Glück.

Der Determinismus setzt früher in der Kausalkette an. Er bezieht sich nicht auf die Handlungen selbst, sondern auf den Willen, der die Handlungen veranlasst. Man fand, dass sich der Wert einer freien Handlung nicht

> nach dem Einflusse der Handlung, sondern der Absicht des Handelnden bestimme, und daß dieser Werth bey unveränderter Absicht aber durch physische oder politische Gesetze veränderter Handlung stets derselbe bliebe. Man schloß daraus daß man ohne Rücksicht auf die Freyheit im Handlen die Freyheit des Willens annehmen müsse. [...] Was bedeutet wohl Freyheit anders, als das Gleichgewicht aller Gründe in unserem Verstande und die willkürliche Entscheidung zwischen denselben. Nun der Mensch aber stets dem mächtigsten Grunde, er ist daher nicht frey.[30]

In beiden Fällen ist der Mensch also unfrei: Sowohl, wenn die ‚Autorschaft' des Willens verloren geht, also die Entscheidung für bestimmte Beweggründe zufällig ist, weil dadurch der Nexus dieser Gründe zum Akteur verloren geht, als auch beim Verlust alternativer Handlungsmöglichkeiten, also wenn Gründe ungleich schwer wiegen.

Die fatalistischen Deterministen behaupten mit Bezug auf den Satz vom Grund, dass der Mensch einer Maschine gleiche und der Wille nur Teil einer Kausalkette sei.

> ‚Diese Gründe,' sagten sie, durch welche unser Wille bestimmt wird, mögen in uns oder ausser uns seyn, so sind sie im ersten Falle uns von der Natur gegeben, es sind Neigungen, oder im zweyten Falle wirken sie auf unsere Neigungen nach dem uns von der Natur ertheilten Verhältnisse derselben gegen einander; in beyden Fällen sind sie daher von unserer Einrichtung abhängig, diese gaben wir uns nicht, folglich sind wir nicht frey, sondern abhängig von Etwas, man nenne es Gottheit oder Zufall, welches uns diese Einrichtung gab. [...]'[31]

Moralgesetze sind dieser Argumentation zufolge bloße Konvention, im Naturzustand sei der Mensch amoralisch.

---

29 WAA 1, 261.
30 WAA 1, 658 f.
31 WAA 1, 256.

> Eine moralische Größe ist bloße Idee, Mörder und Menschenfreunden, treue Beschützer ihres Vaterlandes und Verräther, alle sind in einem Verstande höherer Art einander gleich; die menschliche Würde, oder das Wieviel eines jeden in der Reihe der Wesen, bestimmt allein die ihnen ertheilte geistige Fähigkeit. Selbst unter den Menschen ist der Begrif bloß Form des Uebereinkommens: dort kennt man kein Gesetz gegen Vatermörder, so unerhört ist das Laster, dort heisst es Pflicht die alten Väter noch lebend zu begraben; dort hält man den mit seiner Schwester Vermählten für verabscheuungswürdig allen Menschen, dort ist er dazu gezwungen. Man gehe weiter, und sehe die Menschen in ihrem natürlichen Zustande. Mit welchem Wohlgefallen erschlug jenes wilde Mädchen ihre Begleiterinn [sic!], weil sie ihr einige Früchte versagte, ohne Reue und Gewissensbisse; und trenne man einen Menschen ganz von der Gesellschaft, so würde er nicht einmal eine Vorstellung von allen den Pflichten haben, nach welchen die Menschen und die Menschheit zu schätzen pflegen.[32]

Dem hält Arnim einen Freiheitsbegriff entgegen, den in der Beilage zum Roman der Schweizer Bergforscher de Saussure verkörpern wird. Dem Fatalisten hält Arnim entgegen, dass der Wille Handlungen initiiere, dem Deterministen, dass es gar nicht wünschenswert wäre, wenn man nicht aus guten Gründen handelte. In seiner Kritik der fatalistischen Deterministen entwickelt er sein eigenes Moralsystem. Zunächst erklärt er den Naturzustand zur Fiktion. In einem zweiten Schritt rehabilitiert er das Handeln aus guten Gründen als Zustand der Freiheit. Um frei zu sein, genügt es, Stellung zu Gründen nehmen zu können, sich der Pflicht („Geduld, Mässigung, Selbstbeherrschung"[33]) unterwerfen zu können, statt nur blind den Neigungen zu folgen und, weitergehend, sich in seinem Leben um eine Stellung zu bemühen, in der man gute Gründe für sein Handeln hat. ‚Gut' ist dabei nicht allein auf die Begründung einer Handlung zu beziehen, sondern auch auf den Maßstab, ob die Gründe zur Vervollkommnung beitragen. So gesehen sind für ihn Individual- und Sozialethik untrennbar verschränkt.

> Ist denn ein einzelner Mensch im Stande der Natur; sind zwey, seit ihren ersten Lebensjahren in Wälder und in die Gesellschaft der Thiere versetzte, Mädchen ein Bild des ersten Zustandes des Menschengeschlechts? Aber sehet einen Jüngling und ein Mädchen, wie sie rein und vollkommen der bildenden Hand der Allmacht entschlüpfen; da stehen sie vor euch im Garten der Natur, ruhig und heiter wie der neu erschaffene Tag, tausend Gefühle durchströmen ihre Brust und jedes mehrt ihre Vollkommenheit. Das körperliche Bedürfniß vereinigte sie, und in ihrer ersten Umarmung erwachte das heilige Gefühl der Pflicht. Ich will es den Urtrieb (Instinkt) der Seele nennen, denn eben so nothwendig wie der Körper Nahrung so forderte die Seele Erfüllung der Pflichten. Vervollkommnung forderte er, denn Vervollkommnung erweckte ihn. Nicht eigene Vollkommenheit; beyde We-

---

[32] WAA 1, 256.
[33] WAA 1, 259.

sen trennen nicht mehr ihre Vollkommenheit, denn gegenseitig vervollkommneten sie sich. Ihre gemeinsame Vollkommenheit und die Vollkommenheit der, die Teile von ihnen, die von ihnen entsprossen sind, ist ihr Zweck. Es schliesst sich die Kette der Wesen – Du bist Mensch und ich binn [sic!] Mensch! deine Vervollkommnung ist mir Pflicht, aller verständiger Wesen Vollkommenheit zu befördern ist mein Zweck, ihn hat mir die Natur in hoher, idealistischer Schönheit vorgesteckt.[34]

Arnim führt diesen Gedanken weiter aus:

Da die Vervollkommnung aller vernünftiger Wesen (oder Selbstzweck) unser Zweck ist, und dieser Zweck in einem jeden erst entwickelt werden musste, so ist die Kenntniß der Mittel dazu oder die Kenntnis der Handlungen, welche diesen Zweck befördern, nicht nur den besonderen Umständen der Menschen oder ganzer Gesellschaften, sondern auch denen [sic!] besonderen Neigungen eines jeden unterworfen. Da nun die Richtigkeit der gemachten Erfahrung, und sein Gemüthszustand nicht ganz in seiner Gewalt steht, so ist auch die Ueberzeugung eines jeden von dem, was pflichtmäßig sey nicht ganz in seiner Gewalt steht [sic!], so ist auch die Ueberzeugung eines jeden von dem was Pflicht heisse, nicht ganz frey. Die Verschiedenheit dessen, was verschiedenen Gesellschaft<en> für Pflicht halten und achten, vermindert also nicht den Werth und Unwerth der Handlung, sie bleibt gleich pflichtmässig, nur ist sie in diesem Falle für den Handelnden allein vervollkommend [sic!]. So wird es dann dem Südseeinsulaner Pflicht den alten Vater zu verschütten, und die Regungen seines Herzens zu unterdrücken, Pflicht ist es, wenn der Irokese seinen gefangenen Feind opfert, und strafbar wird er, wenn er mit dem Gefühle der verletzten Pflicht, aber von den klagenden Tönen des Unglücklichen gerührt, ihm Leben und Freyheit schenkte; wenn er seine Handlung änderte, ohne seine Begriffe von Pflicht zu ändern. Aber nicht ewig sollten Vorurteile die Menschheit geisseln, sie sollte erzogen werden durch Zeit und Umstände, um endlich in allen Zonen die Mittel zur Vervollkommnung, das heilige Gebot in seiner ganzen Reinheit zu erkennen. Eben des wegen kann man auch eine tugendhaft<e> Handlung im Allgemeinen, nur das Beste nach unserer Kenntniß genannt werden, nicht das (absolut) Beste überhaupt.[35]

Arnim schließt mit dem Fazit: „*Der Mensch ist also frey, oder er hat die Fähigkeit das, nach seiner Kenntniß, Beste thun zu können, ohne es zu müssen.*"[36] In weiteren Aufsätzen präzisiert Arnim seine Vorstellungen über den Vervollkommnungsprozess; zentral ist dabei seine Abiturrede „Das Wandern der Künste und Wissenschaften" aus dem Jahr 1798.[37] Bei aller Hoffnung gibt er sich illusionslos und glaubt nicht an einen einfachen Fortschritt.

Zum einen sieht er die Gefahr, dass sich auf dem Höhepunkt der eigenen Vollkommenheit ein Partikularismus einschleicht. Der Fortschrittsprozess des

---

34 WAA 1, 257.
35 WAA 1, 257 f.
36 WAA 1, 259 (Herv. im Orig.).
37 WAA 1, 271–284. – Vgl. dazu auch „Uebergang von der Entwickelung der moralischen Natur zum Naturrechte, Umfang desselben" (WAA 1, 262–265).

Menschengeschlechts ist verlangsamt, weil nach dem Aufstieg in der Blütephase immer wieder der Partikularismus oder die Einseitigkeit den Verfall einleiten und erst andere an die erreichte Vollkommenheit anschließen können. Weil das Bemühen um die eigene, das um die gesellschaftliche und letztlich das um die weltbürgerliche Vervollkommnung nicht miteinander Schritt halten, kommt es zu Verwerfungen. Arnims Fortschrittskurve ist nicht linear, sondern zeigt ein Wellenmuster, das langsam ansteigt.

Zum anderen begreift er sein Zeitalter als noch weit entfernt von dem anzustrebenden weltbürgerlichen Zustand. Er sieht deutlich die Schwierigkeiten, die Menschen zur Mitwirkung auf die Vervollkommnung des Menschengeschlechts hin zu motivieren, ohne realistische Aussicht, diesen weltbürgerlichen Perfektionszustand jemals selbst erleben zu können. Momentan gelten ihm die Engländer und die Deutschen als Speerspitze des Fortschritts. Als treibende Kräfte zur Vervollkommnung begreift er die Moral und das Heldentum. Die moralische Selbstbildung versteht die Welt als „Werkstädte der Kunst"[38] – insofern stellt die Poesie ihre höchste Form dar. Altes und Neues muss dabei zu einer neuen Einheit verbunden werden, meint er, und wendet sich damit gegen Einseitigkeit im Sinne von bloßer Nachahmung der Alten und der Vorstellung von origineller Schöpfung ganz aus dem Genie. Dies ist die eher produktive Variante. Der Held hingegen zerstört durchaus gewalttätig und mit Blutvergießen, was sich überlebt hat, und gibt der Entwicklung von Neuem freien Raum.

Wenn es nicht nur darauf ankommt, ob der Mensch frei sei, sondern auch, dass er darum wissen müsse, stellt sich die Frage, wie ihm ein rechtes Freiheitsverständnis zu vermitteln sei. Der Aufsatz „Ueber Freyheit und Notwendigkeit" gliedert sich in zwei Teile. Im ersten werden die unterschiedlichen Freiheitsverständnisse diskutiert. Der zweite Abschnitt kritisiert den Formalismus der vorangegangenen Argumentation. Der Vorwurf an Kant, Mendelssohn, Hobbes und Mandeville, die namentlich genannt werden,[39] lautet, dass sie bloß abstrakte Systeme mit lebensfernen Begrifflichkeiten ersonnen hätten, es aber darauf ankäme, und hier greift Arnim Raumers Verteidigung der Popularphilosophie auf, die Ideen so zu vermitteln, dass die breite Leserschaft sie verstehen und zu ihrer Lebenswirklichkeit in Bezug setzen könne. Diese Kritik wird auch wissensstilistisch vollzogen, wenn nach den trockenen Deduktionen der Anfangspassage, eingeleitet von einem pathetischen Ausruf „O, ihr Denker!"[40], die eigene Position in freierer Diktion und weitaus anschaulicher vor-

---

38 WAA 1, 274.
39 Vgl. WAA 1, 261.
40 WAA 1, 257.

geführt wird. Die Stoßrichtung des Aufsatzes zielt mithin auf eine Weiterführung des popularphilosophischen Projektes, es nicht bei selbstgenügsamen Überlegungen akademischer Philosophie zu belassen, sondern sie als ‚Social Imaginary' wissensstilistisch umzuformatieren und als Grundlage für die Versammlung des ‚Sozialen' aufzubereiten.

4.1 Die Poetik des ‚Sozialen'

4.1.1 Vielstimmigkeit und Konsonanz (Individuum und Kollektiv)

Wie viele Briefromane ist auch *Hollin's Liebeleben* mehrstimmig angelegt.[41] Die Briefe und Aufzeichnungen des Hauptteils sind von Hollin, Odoardo und Lenardo verfasst, die Beilage mit der de Saussure-Biographie stammt „aus Odoardo's Papieren"[42]. Frank ist einzig als Redaktor und ein – dem eigentlichen Autor gleichnamiger – L. A. von Arnim als Herausgeber in den Roman eingebunden. Der Text erkundet nun, wie individuelle Perspektiven konvergieren und divergieren, indem er deren drei unterschiedliche Sichtweisen nebeneinander stellt und dadurch gegeneinander blendet. Narratologisch gesprochen geht es um das Problem multipler Fokalisierung. Wie in seinen naturwissenschaftlichen Aufsätzen zielt Arnim mit dieser Bespiegelung der Perspektiven nicht auf eine Auflösung der Wirklichkeit in Subjektivitäten, sondern auf eine letztlich übersubjektiv geteilte Ansicht.[43] Frank nimmt aus der Distanz des quasi unbeteiligten Beobachters, der auch noch aus dem Abstand von Jahren berichtet und den Überblick über verschiedene Sichtweisen hat,[44] die Rolle einer objektivierenden Instanz ein, die die unterschiedlichen Sichtweisen arrondierend zusammenführt. Der Roman stützt seinen Anspruch, indem er Franks kohärente Deutung des Geschehens nicht durch eine weitere Perspektive infrage stellt und die Einzelperspektiven der Protagonisten zu seiner konver-

---

41 Zum Konzept der Mehrstimmigkeit vgl. Michail M. Bachtin, Die Ästhetik des Wortes, Frankfurt a. M. 1979, S. 192 ff.
42 FA 1, 90.
43 Vgl. dazu grundsätzlich Anja Oesterhelt, Perspektive und Totaleindruck. Höhepunkte und Ende der Multiperspektivität in Christoph Martin Wielands „Aristipp" und Clemens Brentanos „Godwi", München 2010.
44 Frank beansprucht, die wahren Hintergründe des Selbstmordes aufzuzeigen, wenn er dem Herausgeber erklären will, was dieser allein aufgrund der Lektüre der Briefe „noch nicht begreifen" könne, und seinen Bericht absetzt vom dem, was „damals die öffentlichen Blätter nach falschen Gerüchten erzählten." (FA 1, 75).

gieren lässt.⁴⁵ Die Subjektivität seiner Darstellung dessen, was andere Figuren mutmaßlich dachten, ist weitergehend durch seine Zitate aus Hollins Aufzeichnungen rückversichert. Zu einer weiteren Objektivierung seiner Darstellung trägt auch bei, dass er die Zitate aus *Maria Stuart* fast wissenschaftlich aus seiner Schiller-Ausgabe nachweist.⁴⁶

Odoardo kritisiert Hollins Neigung zu „Schwärmerei in phantastischer Sehnsucht", die „in der Wirklichkeit, im Genusse bald erkaltet und trostlos [...] reuet."⁴⁷ Gleichzeitig lobt Frank Hollin für „die Leichtigkeit fremde Ansichten zu verstehen und zu prüfen"⁴⁸. Diese beiden Eigenschaften führt der Roman mehrfach vor. Hollin schwärmt Odoardo von seinem Eintritt in eine Burschenschaft vor:

> Ich bin in einer heimlich-öffentlichen Verbindung unsrer Landsleute aufgenommen. Es ist ein schöner Kreis, der sich mir eröffnet, auf mein Vaterland schon in den Frühjahren nützlich zu wirken, wo man gewöhnlich nur für sich emportreibt ohne andern Schatten zu geben. Unverkennbar ist es schwerer, den freien Jüngling zu leiten als den Mann, es ist leichter, den Enthusiasmus zu erregen als zu lenken, leichter zu revolutionieren als zu regieren, ich verkenne es auch nicht, daß die Eitelkeit vielen meines Alters als Führer vorzugehen, mich befeuert, aber wahrlich darum ist es nicht allein. Es regt sich in mir ein bestimmtes Gefühl, daß ich früh anfangen soll, die Schuld gegen das Vaterland abzutragen [...]. Meine Schulübungen im Fechten, worüber Du oft so ärgerlich wurdest, setzen mich in den Stand, es mit den meisten aufnehmen zu können. Hier werden auch die Angelegenheiten unserer Landsmannschaft besprochen, die jetzt in einem Kampfe gegen alle übrigen begriffen. Darin verwickelt ist ein gemeinschaftlicher Krieg gegen die Orden. [...] Wird es finster, so gehen wir gemeinschaftlich auf Abenteuer aus, man stellt uns nach, ohne uns zu erraten. Der Weihnachtsmarkt ist jetzt unser Tummelplatz. Er hat seinen alten Reiz auf mich nicht verloren. In den bunten Lichtschein zwischen den Gassen der kleinen Spielstadt, plötzlich außerhalb im Dunkeln, fast geblendet, ziehen wir fröhlich mit Kindern und Kindertrommeln, und mit kleinen Trommeten durch die Gassen der wirklichen Stadt, die uns zum Spiele dient; wir vermummen uns und spielen der Jugend und lachen des Alters, wo wir das Alter beweinen werden.⁴⁹

---

45 Andermatt, Verkümmertes Leben, S. 497 f. äußert aufgrund der Verschleierung der Person, durch die der Herausgeber in den Besitz der Briefe gekommen ist und Franks Distanz zum Geschehen, Zweifel an der Glaubwürdigkeit von Franks Nachschrift und mahnt dessen Subjektivität an. Letztlich muss er aber eingestehen, dass man keine Quelle hat, um Franks Glaubwürdigkeit weiter zu überprüfen. Ich hingegen werde zeigen, dass der Text nicht nur versucht, diesen Zweifel auszuräumen, sondern ihn gar nicht erst aufkommen zu lassen. Dass der Herausgeber die Herkunft der Briefe verschleiert, kann man auch als Distanzierung sehen, mit der er seine eigene Rolle marginalisieren will und jegliches Eigeninteresse präventiv abstreitet.
46 Vgl. dazu Kapitel 4.2.2 der vorliegenden Untersuchung.
47 FA 1, 71.
48 FA 1, 75.
49 FA 1, 16 f.

Odoardo hält Hollins Begeisterung seine sehr viel nüchternere Sicht der Dinge entgegen:

> Du bist jetzt wieder gar kriegerisch, da fändest Du hier gerade Deine Rechnung, alle Tage schlägt man sich, die besten Freunde so gar, wenn sie einander auch gar nicht böse sind, und wenn es wirklich hier Freundschaft gibt, wo die Gewohnheit mit einander zu essen, oder auszureiten, sie bildet, bindet und wieder auflöst. Das einzige Gute bei allen den Zweikämpfen scheint mir zu sein, daß alles ohne sonderlichen Schaden abgeht.[50]

Nachdem es im Duell gegen Lenardo dann auch zu größerem Schaden gekommen ist, wird Odoardo noch nachdrücklicher mit seiner Kritik:

> Die Herstellung Lenardo's hat Dich beruhigt. Aber sage, wie kann Dich ein Erfolg beruhigen, der nicht Dein Werk ist? Wenn Du ohne eignen Vorwurf einen Zweikampf eingehen kannst, wenn Du glaubst, er sei notwendig, wegen des Mangels unsrer Verfassungen, die gewisse Rechte nicht mit dem nötigen Nachdrucke schützen, so war Deine Verzweiflung über den Ausgang mehr als lächerlich, fühltest Du aber heimlich die Torheit jener angemaßten Rechte auf Ehre bei andern, so mußte der Vorwurf dauern, einerlei, ob Lenardo starb oder gesundete. Du willst Jünglinge leiten und verwickelst Dich selbst in solche Widersprüche, Du glaubst Klugheit genug für andre zu haben, und hast keine für Dich. Laß alles Leiten, Erziehen; das Beispiel erzieht besser als die Vorschrift, es hat doch keinen Wert und keine Dauer, wozu man andre hin betrügt.[51]

Das Lesepublikum wird in diesem Fall vermutlich Odoardos Ansichten teilen. Es ist aber keineswegs so, dass Odoardos Sichtweise nicht auch subjektiv wäre. Seine Kritik an Hollins Engagement in der Verbindung erwächst nicht zuletzt aus seinem Ausgeschlossenseins von solcher Gemeinschaft.[52] Er ist, anders als Hollin, der sehr schnell Vertrauen zu anderen fasst, konstitutiv nicht so gesellig veranlagt.[53] Daher besitzt die Freundschaft mit Hollin für ihn existenziellen

---

50 FA 1, 19.
51 FA 1, 26 f.
52 In seinem ersten Brief (FA 1, 13 f.) schwelgt er in Erinnerungen an die gemeinsame Schulzeit mit Hollin, die Schilderungen des Studentenlebens in zweiten Brief (FA 1, 18 f.) sind die eines außenstehenden Unbeteiligten. In seinem dritten Brief, den er schreibt, nachdem er die Universitätsstadt verlassen hat und seinen Vater pflegt, bekennt er: „Mein längerer Aufenthalt beweist mir wieder, daß mein Missvergnügen mehr in mir als außerhalb seinen Quell hat. Ich werde mit den stilleren, zurückgezogeneren Bewohnern bekannt" (FA 1, 27). Von Gemeinschaftserleben kann aber keine Rede sein. Jedes Gespräch endet im Disput.
53 Frank charakterisiert Hollin kontrastiv als „Kind des Glücks", der „eine gewisse Herrschaft, die er ohne Absicht über die Gemüter erwarb, [...] und jede Zeit mit Freunden und nützlichen Bekannten" verbrachte. Daher vermutete er nichts Böses und „traute jedem" (FA 1, 75). Odoardo dagegen zögert selbst im entscheidenden Moment, als er ahnt, dass Hollin beim Theaterspielen einem Missverständnis aufsitzt und Schlimmes passieren könnte, den Theaterrahmen zu durchbrechen: „Wäre Odoardo wie Hollin gewesen, schnelleren Entschlusses, ohne Furcht vor Aufsehen, Hollin wäre gerettet worden." (FA 1, 85). Er wird insgesamt als skeptischer und

Charakter.⁵⁴ So ist es leicht erklärlich, dass er auf Hollins Liebe zu Marie mit Eifersucht reagiert.⁵⁵ In seinem Brief an den Freund, der gerade von schwerer Krankheit genesen ist, mischt sich seine Skepsis mit Eifersucht:

> Noch bangt mich seit Deinem letzten Briefe, Du bist doch sicher ganz hergestellt? Hätte ich Dir wenigstens durch meine medizinische Kenntnis beistehen können, aber ich fühle es nur zu gut indem es das Leben des Freundes gilt, sie sind, wie alle Kenntnisse, Einbildungen ohne Grund, womit einander die Menschen die Zeit vertreiben. Du mußtest leben zur Freude Deiner Freunde! [...] Maria ist heiter, viele werben um sie, der Vater hat sie aber schon früh dem Sohne eines Universitätsfreundes versprochen. Ich brauche Dir die Hindernisse nicht aufzuzählen, die daraus Deiner Liebe entstehen, aber denke Dir das größte Hindernis, wenn auch alle diese überwunden würden, wenn Maria Dich, Du Marien aufhörtest zu lieben. Ich brauche Dich nicht an die Ausbrüche Deiner Leidenschaftlichkeit bei dem Lesen der ersten romantischen Dichtungen, der Ritterbücher zu erinnern, wie Du alle ihre Phantasien in das Leben einführtest, die Reihe von Jugendleiden, die sie Dir bereiteten, müssen sie frisch in Deinem Gedächtnisse bewahrt haben. Laß jetzt in den entscheidenden Jahren Deines Lebens nicht gleiche Schwärmerei in phantastischer Sehnsucht ein Band knüpfen, das in der Wirklichkeit, im Genusse bald erkaltet und trostlos Dich reuet. Es gibt Augenblicke der Reflexion, in denen gedrängt unser Leben vorüberzieht, wir glauben als kalte Zuschauer dabei zu stehen, manche Heimlichkeit über uns zu erfahren, aber dieselbe täuschende Gewalt lebt im Bilde wie in Dir. [...]. – Ist es nicht wunderbar, daß die Sphäre, in der Du unglücklich Dich fühlst, Dir günstig ist, daß Du nützlich darin wirken kannst, daß Du dagegen immer, wo Du heiter und beglückt Dich nanntest, durch Änderung, Umsturz, rasche Tat beunruhigtest. Du nennst das den unseligen Fluch des finstern Schicksals, der auf Dir ruht; ich sage, Du bist für das Leben noch nicht gereift, Du passest jetzt nur, wo Du nicht lebst, wo Du gelebt, da griffest Du gewaltsam ein in fremde Wirkungskreise. Laß in der Liebe dies eine treu gemeinte Warnung sein.⁵⁶

Der Roman geht differenziert damit um. Frank führt die gute Absicht Odoardos als Entschuldigung an, doch spricht er ihn nicht von einer Teilschuld frei. Man kann darin eine Kritik des empfindsamen Freundschaftskults sehen.⁵⁷

> Niemand kannte ihn [Hollin, U. B.] genauer als Odoardo, wenn ihn etwas bestimmen konnte, so war er es, gegen niemand war er so offen, niemand traute er so ohne Ein-

---

grüblerischer Charakter gezeichnet (FA 1, 29 f.). Andermatt tut ihm allerdings Unrecht, wenn er ihn einen „altklugen Mahner" (Verkümmertes Leben, S. 498) nennt. Lenardo beklagt sich einmal Hollin gegenüber über Odoardos Missmutigkeit und Ungeselligkeit (FA 1, 72 f.).

54 Nach Hollins Tod, an dem er sich eine Mitschuld geben muss, geht er ins Kloster (FA 1, 89). Das beinhaltet einerseits das Element der Reue, zugleich aber auch den Rückzug aus der Gesellschaft.
55 Vgl. Andermatt, Verkümmertes Leben, S. 299 f.
56 FA 1, 71 f.
57 Vgl. dazu Wegmann, Diskurse der Empfindsamkeit, S. 36

schränkung. Odoardo kannte Hollin's Liebe, er wußte, daß er günstige Umstände suchte, um sich mit ihr zu verbinden, er wußte nicht die Größe seiner Verbindlichkeit; dieses unselige Geheimnis bereitete ihnen Verderben. Marien war dadurch jede Verbindung mit ihrem Geliebten abgeschnitten, sie mußte sich gegen Odoardo in ihren Äußerungen über seinen Freund verbergen, in den Schranken der gewöhnlichsten Bekanntschaft halten. Odoardo nahm dies für Ernst, weil er den Grund ihrer Verstellung nicht absehen konnte, er glaubte sie dem Glücke seines Freundes nachteilig, zu kalt, eines dauernden Eindrucks unfähig, zu sehr der Meinung und den Schwächen ihres Vaters ergeben. Seinen Freund hielt er für unbeständig, er fürchtete seine Liebe werde im ersten Genusse, in der vollen Befriedigung erlöschen, alles Leben nachher ihm unschmackhaft werden. Maria stellte sich gegen ihn heiter, er schrieb es dem Freunde sogleich, auch dieses trug zu dem Unglücke bei.[58]

An der tragischen Verstrickung sind noch zwei weitere Figuren maßgeblich beteiligt. Auch Lenardo hatte keine bösen Absichten, als er Hollin zur Übernahme der Mortimer-Rolle überredete und so Heimlichtuerei und Missverständnisse erst ermöglichte. Gleichzeitig versuchte er, der lieber eine Komödie gespielt hätte, das gegen seinen Willen vom Vater verordnete Trauerspiel zu hintertreiben. Durch die Fehlbesetzung des Mortimer will er das Stück nunmehr ins Lächerliche kippen.[59] Als weitere Figur ist die zurückgewiesene Beate beteiligt, von der Marie schließlich vom ‚Liebeleben' Hollins in der fernen Hauptstadt erfährt.[60]

Hollin selbst ist nicht ganz unverantwortlich für sein Scheitern. Er erkennt nicht die Subjektivität seiner Sichtweise und sieht sie als transsubjektive per se an. Man kann ihn insofern egozentristisch nennen.[61] Mithin stellt sich für ihn gar nicht die Frage von Individuum und Gesellschaft. Franks Lob, Hollin habe die Fähigkeit, fremde Sichtweisen zu prüfen, ist zwar berechtigt, geht aber am eigentlichen Kern der Sache vorbei. Fremde Interessen versteht Hollin nur direkt auf seine eigenen Interessen bezogen; sie decken sich mit ihnen oder sie sind ihnen direkt entgegengesetzt. Ihm fehlt jedes Verständnis dafür, dass andere Interessen quer zu seinen liegen können, sie berühren, aber nicht in jeder Hinsicht mit ihnen konform gehen müssen.

In der Untersuchung des Falles geht es der Darstellung des Romans aber nicht so sehr darum, Schuldige auszumachen und Wertungen abzugeben. Vielmehr findet sich hier eine Analyse *der Eigendynamik des ‚sozialen' Zusammenwirkens verschiedener Individuen mit ihren unterschiedlichen Sichtweisen und Interessen.* Auf die Frage, wie die Subjektivitäten auf ein Gemeinsames hin

---

58 FA 1, 75 f.
59 Vgl. FA 1, 72 f. und dazu Andermatt, Verkümmertes Leben, S. 299.
60 Vgl. FA 1, 76 f.
61 Vgl. dazu Wegmann, Diskurse der Empfindsamkeit, S. 86.

überstiegen werden können, findet der Roman zwei Ansatzpunkte: Keine ‚unsichtbare Hand' wird die verschiedenen Akteursinteressen von allein zum ‚Sozialen' versammeln. Im Abstand von Jahren überschaut Frank die verschiedenen Perspektiven und führt sie zusammen. Ihm wird ersichtlich, wo die Missverständnisse lagen und wo sich die Akteure hätten koordinieren müssen. Man kann hierin die Hoffnung aus Arnims Aufsatz „Ueber Freyheit und Notwendigkeit" wiederfinden, dass der Prozess der Perspektivübernahme auf eine wechselseitige Angleichung zu einer gemeinsamen Perspektive zuläuft. Der zweite Gedanke besteht darin, dass keineswegs die Natur allein den Menschen den gemeinsamen Grund der Versammlung des ‚Sozialen' bieten kann, jedoch gemeinsame Kulturformen, und sei es nur eine Verbindung, die Akteure überindividuell zu koordinieren vermag.

Der erste Punkt wird aber im Roman dadurch relativiert, dass er sich nicht auf Ebene der Briefe, sondern auf der des Redaktors bewegt. Darüber hinaus finden sich beide Ideen auch in der Biographie, die von Odoardo verfasst sein soll. Will man hierin keinen Bruch in der Figurenperspektive sehen, so muss man argumentieren, dass Odoardo zwar abstrakt um diese Möglichkeiten wusste, offenbar aber nicht in der Lage war, sie in seinem eigenen ‚Leben' anzuwenden.

4.1.2 Veranlassung finden (Integration)

Fragt man nun nach der Integration, so ist zu untersuchen, wie sich individuelle Wünsche und Motivlagen mit gesellschaftlich bedingten Möglichkeiten und Anforderungen zusammenbringen lassen oder auch nicht. Arnim stellt in seinem Erstling Hollins Scheitern das beispielhafte Verhalten des Schweizer Bergforschers de Saussure gegenüber.[62] Mithin werden auch zwei Integrationsmodelle verglichen. Hollin hat die Idee, die Subjektivität auf ein Vor- und Überindividuelles hin zu überschreiten.[63] Da dieses im Namen der Natur reklamiert wird, scheint umgekehrt auch das ‚Soziale' in dieser Transzendenz aufgelöst bzw. darauf zurückgeführt. Da letztlich nicht nur unklar bleibt, wie die eigene Subjektivität – nicht nur subjektiv – überstiegen werden kann, stellt sich gar nicht erst die Frage, wie dies unter Bedingungen doppelter Kontingenz als ‚Sozial'-Modell praktizierbar sein soll. Im Endeffekt wird die Berufung auf die transzendete Natur entweder von subjektiven Vorstellungen ablenken oder diese werden auf diesem Wege als kollektiv reklamiert.

---

[62] Zum Stellenwert der Beilage vgl. Burwick, „Sein Leben ist groß", S. 52 f.
[63] Vgl. dazu Wegmann, Diskurse der Empfindsamkeit, S. 89.

De Saussure wird dagegen ein „Schöpfer der Kunst Veranlassung zu finden"[64] genannt. Er wird für seine Vermittlungsleistung gelobt, die sich an gegebenen Angeboten orientiert und auch Handlungshindernisse realistisch berücksichtigt, dabei jedoch stets in der Lage ist, seine Eigenheit nicht zu verleugnen und in seiner Aneignung, den Dingen ein eigenes Gepräge zu geben. So stellt die Beilage besonders das „Konzentrische beider Wirkungskreise" heraus, insofern es ihm glückte, dass ein „Höhere[s] [...] beide [Persönlichkeitsanteile] verband"[65], seine Existenz als Gelehrter und als Bürger. Nimmt man de Saussures Biographie zum Leitfaden, dann lassen sich mehrere Versammlungszonen des ‚Sozialen' ausmachen. Gelehrtenwelt und Bürgerwelt finden sich nochmals aufgeschlüsselt, wenn er als ausgezeichneter „Schriftsteller" genauso gelobt wird wie als „Bürger der politischen und gelehrten Welt, als Lehrer und Freund, als Gatte und Vater"[66].

Hollins *schriftstellerisches Werk* umfasst ein schmales, posthum herausgegebenes Bändchen, nämlich sein ‚Liebeleben'. Dazu bildet ein ganzes Regalbrett mit den Werken von de Saussure einen deutlichen Kontrast. Hollin hat zu Beginn des Romans ein Studium aufgenommen. Heinz Härtl hat darauf aufmerksam gemacht, dass wir, für einen Studenten überraschend, in seinen Briefen nie etwas über seine akademische Beschäftigung erfahren.[67] In der Tat deutet das darauf hin, dass Hollin kaum je ernsthaft seine wissenschaftlichen Studien betrieben hat. Bereits im ersten Brief an Odoardo erklärt er zudem: „Wissenschaft und wechselnd Leben buhlten um mich, da traten Philosophie und Poesie herbei, und Wissenschaft und Leben war verschwunden"[68]. Aber auch die Rolle des Literaten erfüllt er nicht, da er sich vor allem in Schwärmereien ergeht und einzig Selbstbespiegelungen in Briefen und Tagebüchern zu Papier bringt. Seine Schriften haben zunächst keinen gesellschaftlichen Ort. Erst seine späteren Herausgeber verhelfen ihnen zur Publikation. Von gesellschaftlicher Wirksamkeit als Schriftsteller zu Lebzeiten kann also keine Rede sein.

De Saussures Schaffen wird in der Beilage ausführlich geschildert und seine Hauptwerke werden aufgezählt. Der Bericht betont die Vielseitigkeit seiner

---

64 FA 1, 95.
65 FA 1, 90.
66 FA 1, 90 f.
67 Vgl. Heinz Härtl, Ludwig Achim von Arnims kleiner Roman „Hollin's Liebeleben". Zur Problematik seines poetischen Erstlings um 1800. In: Wissenschaftliche Zeitschrift der Martin-Luther-Universität Halle-Wittenberg. Gesellschafts- und Sprachwissenschaftliche Reihe, 18. Jg. (1969), H. 2, S. 171–181, hier S. 172.
68 FA 1, 15.

wissenschaftlichen Interessen, hebt aber auch hervor, dass er nicht nur Reisen jeweils als günstige Gelegenheit zu spezifischen Forschungen nutzte, sondern auch Unglücken und Schicksalsschlägen (ein Schlaganfall, der Verlust seines Vermögens, Niedergang des Vaterlandes) gute Seiten abgewinnen konnte und in dieser Situation, in der er zunächst nicht weiter forschen konnte, ältere Beobachtungen niederschrieb, die sonst liegen geblieben wären.[69]

Ein ähnliches Bild liefert der *politische Bereich*. Gleich zu Beginn des Romans berichtet Hollin von seinem Eintritt in eine Landsmannschaft und dem Duell mit Lenardo.[70] Wenn er damit die Absicht verbindet, sich nützlich in die Gemeinschaft einzubringen, so wird schnell deutlich, dass er diesem Anspruch mit nächtlichem Mummenschanz in der Stadt und fruchtlosen und überdies gefährlichen Duellen keineswegs genügt. Hollin begründet die Scharmützel damit, dass er glaubt: „Wir sind noch in dem Zustande des natürlichen Kriegs aller gegen alle"[71]. Daran ist zum einen verräterisch, dass er einen vorgesellschaftlichen Naturzustand ansetzt, womit er seinem Anspruch, sich für das Gemeinwesen engagieren zu wollen, selbst widerspricht. Zum anderen ist bezeichnend, dass mit diesem Rekurs die Situation im Horizont der allgemeinen Menschennatur begründet wird. Dass diese Kontextualisierung fragwürdig ist, macht die Hobbes-Referenz deutlich. Um 1800 konnte die anthropologische Staatsbegründung des englischen Philosophen kaum mehr überzeugen.

De Saussure setzt seine Fähigkeiten tatsächlich unmittelbar zum Wohl anderer ein. Er gebraucht sein rhetorisches Talent, etwa wenn er sich für die Aussetzung der Todesstrafe und die Freilassung eines Deserteurs einsetzt.[72] In reifen Jahren wird er Mitglied im Rat der Stadt Genf und setzt sich als Vorsteher einer Gesellschaft für Künste für den Technologietransfer von den Wissenschaften in die Wirtschaft ein.[73]

Odoardos Kritik an Hollins Engagement in der Verbindung habe ich bereits zitiert.[74] Die Einwände zielen darauf, dass er allein abstrakten Ideen und Vorstellungen über die menschliche Natur zugesteht, *erzieherisch* wirksam werden zu können. Ihm fehlt die Menschenbeobachtung und er sieht nicht, dass Lehren und Lernen immer ein wechselseitiger Prozess ist. Dagegen wird de Saussure nicht nur als großer akademischer Lehrer porträtiert, dessen Schüler wieder große Wissenschaftler werden, sondern seine Lehre wird als Lerngemeinschaft dargestellt, in der er auch selbst von seinen Schülern dazulernt:

---

69 Vgl. FA 1, 98.
70 Vgl. dazu Wegmann, Diskurse der Empfindsamkeit, S. 58 f.
71 FA 1, 17.
72 Vgl. FA 1, 94.
73 Vgl. FA 1, 96.
74 Vgl. FA 1, 27.

Das beste Lob seines Unterrichts sind seine Schüler (die beiden Pictet, Trembley, Prevost, L'Huillier, Argand, Odier, Butini, Vieusseux, Jurine, Vaucher u. a. m.). Einzig der Wahrheit geweiht nahm er mit Vergnügen die Gegenerinnerungen seiner Schüler auf, berichtigte sich, wo er im Irrtume sich glaubte und zeigte selbst öffentlich den Verbesserer an. Er lehrte viel, darum mußte er von allem lernen.[75]

Auch in puncto *Freundschaften* schneidet Hollin gegenüber de Saussure schlecht ab. Seine Bekanntschaften in der Verbindung bleiben, mit Ausnahme der zu Lenardo, ohne Namensnennung. Doch weder Lenardo noch Odoardo, geschweige denn seine späteren Liebesbeziehungen tragen zu Hollins gesellschaftlichem Fortkommen bei. Vielmehr führen sie zu Hollins Rückzug in die Einsamkeit.

Der Schweizer Bergforscher findet dagegen Freunde, die ihn seine vorteilhafte physische und geistige Ausstattung, seine Vielseitigkeit, seine Liebe zur Natur und sein Freiheitsstreben, worin er Hollin ähnelt, zur Entfaltung bringen lassen. Er hat „das hohe Glück, früh wahre Freundschaft erwidert zu finden" im Umgang mit „Picet, Jallabert, Bonnet [...] und Haller, [die] durch ihre Freundschaft und das Anregende der Geistesgröße [...] in ihm einen Kreis [bildeten], von der Natur und Philosophie zusammengesetzt, seiner wissenschaftlichen Ausbildung wie seinem Gefühle gleich erfreulich."[76] De Saussure gelingt es auch hier, persönliche und gesellschaftliche Interessen zu vermitteln.

Hollin und de Saussure geraten in dieselbe Situation, als sie heiraten wollen. Beide Male verweigert der Schwiegervater die Vermählung. Auf ganz unterschiedliche Weise verarbeitet jeder dieses Hindernis in seinem Lebensplan. Nachdem Maria schwanger ist, entscheidet sich Hollin gegen sein eigentliches Liebesideal dazu, „Mariens Namen [nun auch] mit dem meinen *öffentlich* vereint zu sehen"[77]. Er beschließt, einen bürgerlichen Beruf zu ergreifen, um dadurch als Ehemann akzeptabel zu sein. Michael Andermatt hat sehr schön herausgearbeitet, wie Hollin damit aber wieder seine gesellschaftliche Integration im Sinne des Anspruchs der Verknüpfung von Individual- und Sozialethik verfehlt.

> Unter [...] äußerem Zwang bricht er sein Studium ab —, mein Abschied von der Universität hat mich tiefer geschmerzt, als ich erwartete' [FA 1, 52] — und verzichtet damit auf die Beendigung seiner Ausbildung, die seine Fähigkeiten erst richtig zur Entfaltung hätte bringen können. [...] Die Berufsergreifung erfolgt nicht entsprechend eigener Fähigkeiten um der Sache willen, sondern als Mittel zum Zweck.

---

75 FA 1, 93.
76 FA 1, 92.
77 FA 1, 49 (Herv. U. B.).

Wie bei der einst bei Rousseau abgelehnten Vorstellung der Zweckehe,

> wo die Ehe ohne erotische Anziehung und ohne Liebe zum Zweck des familialen, beruflichen und politischen Fortkommens beschlossen wird, ergreift Hollin seinen Beruf ohne Freude oder Interesse an der Arbeit, allein zum Zweck in der Gesellschaft ‚Würde, Ansehen Geld' [FA 1, 74] zu erreichen, die er dann für seine Werbung bei Marias Vater einsetzten will [FA 1, 74]. [...] Während die Zweckehe die Liebe zum Handel degradiert, degradiert die Karriere die Arbeitskraft zum Buhlen. Das eine ersetzt das andre, das Eigentliche wird vom Ersatz usurpiert; als Karriere ersetzt und konkurrenziert der Beruf die Liebe, die Liebe als Mittel zum Zweck wiederum geht über in Geschäft und Handel.[78]

Über seine Arbeit berichtet Hollin bezeichnenderweise fast nichts. Obwohl ihm „die Tage verschleichen"[79], ist er offenbar erfolgreich in seiner Tätigkeit, sodass er sogar „Neid"[80] erregt. Damit integriert er sich nicht nur nicht nutzbringend in die Gesellschaft, sondern wirkt sogar unmittelbar desintegrativ.

Ganz anders reagiert der junge Genfer Philosophie-Professor. Er schlägt aus der Einschränkung in Liebesdingen Gewinn auf dem Feld der Wissenschaft – wodurch sich letztlich doch alles zum Guten wendet und er über diesen Umweg in den Hafen der Ehe findet.

> Noch kein Jahr war unter dieser Anstrengung verstrichen, als die Liebe zu einer Genferin, Albertine Amalie Boissier, und die Weigerung ihres Vaters sie zu vereinigen, leicht alle Blüten des jugendlichen Geistes zerstört hätte. [...] In diesem entscheidenden Wendepunkte seines Lebens war er gezwungen ein neues Studium anzufangen, die Logik öffentlich vorzutragen. Dieser Gegensatz einer unbefriedigten Sehnsucht mit der beschränktesten Befriedigung einer Formphilosophie wirkte vorteilhafter auf jene als auf diese; er verwandelte sie in Beobachtungen über Physiologie und Psychologie. Nach zwei trauervollen Jahren verband ihn die Ehe mit seiner Geliebten [...].[81]

Hollin stirbt, noch ehe er Vater wird. Und damit nicht genug, Mutter und Kind folgen ihm eine Woche später bei einer Frühgeburt nach. Der Familie de Saussure hingegen sind Nachkommen beschieden. Auch hier kann Hollins Gegenfigur selbst das Privateste öffentlich fruchtbar machen. Ein Sohn lernt die Fertigkeiten und Kenntnisse von seinem Vater und setzt dessen Forschungen später fort. Aber auch mittelbarer entfaltet de Saussure Wirkung. In Verallgemeinerung der *Erziehungsprinzipien* der eigenen Kinder entwirft er einen Plan zur Verbesserung der öffentlichen Jugenderziehung, deren Leitprinzipien darin be-

---

[78] Andermatt, Verkümmertes Leben, S. 300 f. Die Stellenangaben der Zitate sind auf die FA geändert.
[79] FA 1, 52.
[80] FA 1, 59.
[81] FA 1, 93.

stehen, zum einen Wissen nachzuvollziehen, statt es nur dem Lehrer nachzusagen, und zum anderen, aus den Kindern gute Patrioten zu machen.[82]

4.1.3 Die große Kette der Wesen (Differenzierung)

Integration und Differenzierung bilden zwei Seiten einer Medaille. Ausgehend von den Beobachtungen des vorherigen Kapitels, soll die Fragestellung nun von einer anderen Seite her aufgenommen werden. Der Roman präsentiert Hollins verfehltes und de Saussures rechtes Verständnis des Kosmos als ‚große Kette der Wesen'. In seiner berühmten ideengeschichtlichen Studie hat Lovejoy die Herkunft dieser Vorstellung im Platonismus und seine Transformationen durch die Jahrhunderte verfolgt. Die Kette vermittelt das göttliche Eine mit der Vielheit der Dinge der Welt. Das Eine oder, in idealistischer Diktion, das Absolute, birgt in sich das Ganze alles möglichen Seins. Es ist frei in seiner Selbstgenügsamkeit und Autarkie, zugleich gehört es zur Vollkommenheit des ewigen Einen, dass es jedes mögliche Sein aus sich notwendig hervorgehen lässt. In jeder Emanation ist das Eine anwesend, aber in unterschiedlichem Maße verwirklicht. Entsprechend ihrer Verwirklichungsgrade lässt sich alles Seiende in einer Kette oder Stufenleiter von der toten Natur bis zu Gott aufsteigend anordnen. Mit der Kette der Wesen ist ein Differenzierungsmodell formuliert, das die Vielfalt der Natur und der Gesellschaft in einem Kontinuum sieht, das auf Gott hin orientiert ist.[83] Einheit und Vielfalt sind in dem Bild der großen Kette der Wesen miteinander verschränkt. Die darin angelegte innere Spannung lässt sich in der Romantik nicht mehr zusammenhalten. An Hollin führt Arnims Roman eine Weltdeutung vor, die die Differenziertheit der Welt, wie sein Name schon ankündigt,[84] auf das Eine zurückführen will, an de Saussure eine Deutung, die in der Differenziertheit der Welt das Eine findet. Im Umkehrschluss bedeutet das, dass Hollin letztlich nicht in der Lage sein wird, die Differenziertheit der Vielfalt in ihrem Eigenwert anzuerkennen. Umgekehrt wird de Saussure sich mit einer Annäherung an das Eine begnügen müssen, ohne es letztlich als Ganzes erreichen zu können. Für die Konzeption des ‚Sozialen' heißt das, dass sich für Hollin in seiner radikalen Individualität das Problem doppelter Kontingenz nie stellen wird, sie dafür aber umso unerbittlicher zur Wirkung kommt und zu seinem Scheitern führt. Dagegen wird sich für de Saussure Individualität nie anders als unter den Bedingungen doppelter Kontingenz realisie-

---

82 Vgl. FA 1, 95 f.
83 Vgl. dazu Lovejoy, Die große Kette der Wesen, S. 37–86.
84 Vgl. griechisch hólos – ganz.

ren lassen, mithin immer schon ‚sozial' vermittelt erscheinen, obwohl es hier noch ontologisch formuliert wird.[85]

Epistemologisch gewendet, greift Arnim hier seine Aufwertung des ‚Ahndungs'-Vermögens auf, grenzt aber die produktive Erkenntniskraft gegenüber den bereits in der philosophischen Diskussion angesprochenen Gefahren der Schwärmerei und des Wahnsinns ab.

Das Eine ist selbstbezogen genügsam. Eine Position wie die Hollins, der sich auf den Standpunkt des Einen an sich zu stellen versucht, ist *kontemplativ* und *mystisch*.[86] Das bedeutet die Aufhebung von Zeit und Raum.

> Ists nicht ein andres Leben, was das Herz mir regt, den Busen hebt mit helleren Gefühlen, den frohen Atem leicht in Himmelslüften haucht? Es schwankt das Haus emporgetragen, das neue Licht zu schaun, bist du es nicht mein leichter Sinn, der wechselnd die Natur durch seine Arme leitet, umwirbelnd ihr Rad im schnellsten Schwung, dem alles froh sich unterwirft, um ihn den Sohn der niedern Erde zu erhöhn? Trennt mich ein Raum noch von dem Schönsten, ists nicht in mir, bin ich nicht ganz in ihm, gibts noch der Zeiten Dauer, ists nicht ein Augenblick, ists Ewigkeit? Ihr Gaukelspiele niederer Natur, ihr wundersam benannten Tugenden der Menschen, der höhern Harmonien Schattenbilder, verwandelt wie der Sonne hoher Weg vergrößernd bald, bald kleiner euch uns zeigt, vorschwebend jedem, der euch will erhaschen, verschwindend in dem höchsten Mittag, ich steig auf deinen Thron erhabne Harmonie, allseitig strahlt mir Licht entgegen, geeinigt ist mir die Natur, in allem Wandel steht ein ewig dauernd Leben fest. Ich bin der ewge Quell, das ewge Öl der holden Flamme, in der ich nicht verbrenne, nicht vergehe, in deren Licht ich reingebrannt des Kampfes Wonne schmecke, und hergestellt in der Erinnerung buhle: die süße Frucht ergetzt mich in den Blüten, in Früchten zeigt sich schon der Blüte ahndungsvolle Röte, es strecken schon die neuen Knospen eröffnend ihren Götterkelch dem Licht entgegen, und tausendfach strebt alles Leben in ewger Kette wirkend fort. Es hängt der Kranz sich an die Kränze, in sich vereint, an sich schon herrlich wie der Abendstern ist doch in ihrer Schar noch hellrer Glanz, noch höhere Liebe in den wunderbar verschlungenen Kreisen; nicht mehr ist Liebe nur dem Einen, in Allem ist sie und in Keinem.[87]

Die Erfahrung der Vereinigung mit dem Einen kann normalerweise *nicht in Sprache gefasst werden*, die immer schon distanzierend in ein Subjekt-Objekt-Verhältnis eintritt, hier aber handelt es sich der Idee nach um ein Selbstverhältnis des Einen. Über den rein negativen Unsagbarkeitstopos hinauszukommen, ist die Hoffnung, die an die schöne Literatur geknüpft wird. Das obige Zitat entstammt einem Notat Hollins, der nach seiner Absage an die Wissenschaft versucht, hier mit dichterischen Mitteln dem Einheitserleben Ausdruck zu verleihen.

---

85 Vgl. dazu Lovejoy, Die große Kette der Wesen, S. 365–375.
86 Vgl. dazu Ricklefs, Kunstthematik und Diskurskritik, S. 20–22.
87 FA 1, 48.

Der Schatten des Verschmelzungswunschs mit dem Einen ist einerseits als die Gefahr des Selbstverlusts als einzigartige Emanation und andererseits als bloß subjektive Einfühlung in das Eine als Einbildung angelegt. Im Kunstwerk kann das Einheitserleben möglicherweise auf Dauer gestellt werden, nicht jedoch im Leben des Dichters. Das muss Hollin schmerzlich erfahren, da es ihm nicht gelingt, seinem Erleben nachträglich eine sprachliche Form zu geben, ja, er seine Sprache verliert, weil er sich angesichts der Anforderungen der verschiedenen Gesellschaftssphären in Teile zersplittert empfindet, ohne ein Selbst zu sein. – Vor den Gefahren des Subjektivismus warnt Hollin der Naturwissenschaftler Odoardo. Auch Odoardo hegte diese Verschmelzungswünsche. Da sich aber die Einheit mit dem Einen immer wieder entzog, begann er zu zweifeln, ob die subjektive Einfühlung nicht ein bloßes Phantasiegebilde sei.[88] Er berichtet von zwei Freunden, die das Einheitsgefühl retteten, indem sie es vor ‚Realitätskontakt' schützten.[89] Odoardo ist melancholisch, denn er fasst die Möglichkeit ins Auge, dass die Welt ein sinnloses kausales Geschehen sein könnte. Er steht an der Schwelle, wo enttäuschter Pantheismus in Nihilismus umschlägt.[90]

---

[88] Vgl. dazu Wegmann, Diskurse der Empfindsamkeit, S. 88.
[89] Vgl. FA 1, 27 f. „Ich werde Dich am besten mit unsrer Gesellschaft durch die beiden, fast immer mit einander streitenden Pole, Santorin und Roland bekannt machen. Santorin, der mich einführte, ist ein Kosmopolit der besten Art, mit hundert großen Plänen beschäftigt ohne mehr dafür als jeder andre zu tun, doch wird ihm dadurch jede seiner Handlungen wichtig, jedes was auf ihn einwirkte bedeutend, was er mit Eifer ergriffen glaubt er sich allein eigen, was er in wissenschaftlicher Hinsicht sich eigen gemacht neu und eigentümlich, was man ihm sagt glaubt er entweder falsch, oder er hat es schon selbst gedacht; jedem Menschen möchte er nützen, wenigen ihretwegen, den meisten wegen des allgemeinen Besten; seine Freunde ausgenommen sieht er alle tief unter sich, zuweilen ist ihm, als ob er an sich selbst verzweifeln möchte, aber er wird es nie. Zu unsern wissenschaftlichen Unterredungen gibt er die meiste Veranlassung, bringt uns aber selten weiter, weil er sich die gänzliche Beendigung der Untersuchung nach ihren sämtlichen Verhältnissen zur gelegenen Zeit aufbewahrt. Er hat mehr Talent zur Poesie, mehr Liebe zur Philosophie, dieses und ein innerer Streit macht ihn oft traurig.
Wohltätiger ist Roland durch seine Melancholie meinem Herzen geworden, er lebt noch unbefangen in der Welt nach vielen verschlungenen Schicksalen, die er alle durch seine eigentümliche Ansicht der Dinge sich geschaffen hat. Die wirkliche Welt lebt ihm nur in der Beschreibung, er ist ein geborner Schriftsteller, ein doppelter Idealist, alles übrige läßt ihn völlig unempfindlich ungeachtet seiner Reizbarkeit. Selbst die Liebe ist ihm nur auf diesem Wege der Anschauung das Höchste, die Geliebte im Arme läßt ihn kalt: Er sagte mir, in dem ersten vollen Genusse der Liebe eines Mädchens habe er in sich ausgerufen: Ist das alles!" – Vgl dazu Hof, Pessimistisch-nihilistische Strömungen in der deutschen Literatur, S. 46.
[90] Vgl. dazu Hof, Pessimistisch-nihilistische Strömungen in der deutschen Literatur, S. 44 und 60.

> Es ist ein wundervoller Traum in mir eingeschlossen, der oft gewaltsam sich loszureißen strebt um in die Wirklichkeit vorzudringen. Ich nenne es die Welt der Bewegung als Gegenstück jenes allgemeinen Eindrucks äußerer Ruhe, den jeder Anblick der Natur in allen ihren verschiedenen Erscheinungen zurückläßt. Du wunderst Dich über diese Ruhe der Natur, der Du immer rege Tätigkeit in ihr ahndetest, aber prüfe Dich ob Dir nicht diese Tätigkeit in Deinem Empfinden und Hingeben liegt. Sollte ich Dir jetzt von meinem Garten schreiben, von dem Wechsel der Farben im Winde, von dem Klange der emporschwebenden Lerchen, alles würde sich regen und in mir leben, aber als ich ganz atmete, fühlte die Unendliche – konnte ich nicht so, konnte ich nie von ihr schreiben, Worte konnte ich nicht finden, das Einzelne nicht aussondern, ihr ganz gegeben, aufgelöst von ihr fühlte ich nur traurig jene Welt der Bewegung, der kreisenden Regsamkeit und des Bildens in mir, die es zum Werke nicht kommen läßt. Denk es Dir, Freund, wenn der Baum nur ein Spiel triebe mit seinen Blüten, warum mußten sie untergehen, die aus den Früchten doch wieder erstehen? Steht nicht alles in jedem kommenden Jahre auf der Stufe wie im vergangenen, ist nicht der fruchtende Gewitterregen ein Scherz der Sonne, nachdem sie lange alles verdörrt und ausgetrocknet? Auch die Gerüche erscheinen nur im Verschwinden und kommen doch wieder in den Veilchen. Ein Vogel raubt dem andern das Nest und keiner von beiden geht unter; manch Tiergeschlecht mag untergegangen sein, aber unter tausend neuen Gestalten, die täglich entdeckt werden, auch schon längst wiedererstanden. Aber nun denke Dir die schöne Freude eines Menschenlebens in diesem Sinne, wo jeder Ort bald Einöde, bald Marktplatz ist, alles der Bewegung wegen. Da ist es gar nicht mehr lächerlich, daß die Wege der Menschen in ihrer Krümmung sich selbst verdoppeln, daß der Sohn einreißt was der Vater bauete, die Steine hätten sonst lange Weile; fährt man doch die Wagen dann Sonntags spazieren, läßt den Schuhen die Füße vertreten und rühmt es in allen patriotischen Blättern, wer zur Übung der Geißel sie erduldet. Aber die Tugend des Federballs, der ewig fliegt und nie ruht, übertrifft ihn weit, und die Feuerräder, die sich wie angestochene Insekten um die Nadel bis zu ihrer Vernichtung drehen. Die Philosophen kommen dazu und beweisen, daß alle Bewegung der Bewegung wegen sei, daß keine anfange, keine aufhöre; beweisen, daß insbesondre die Güte und also das Dasein Gottes aus der Schnelligkeit der Bewegung der Weltkugel folge, die keine Kegelkugel durch die stärkste Menschenhand erreichen könne. Frägt sie aber einer, warum sie die Ruhe nicht gleichschätzten der Bewegung, die ihm doch viel mehr wäre, so versichert der eine, es fehle ihm an Liebe, der andere bezweifelt den Enthusiasmus, die übrigen nennen ihn einen Atheisten. Amen.[91]

Die Warnung vor dem Subjektivismus ist nicht unbegründet. Hollin litt ja bereits an Wahnvorstellungen, nachdem er Lenardo im Duell schwer verletzt hatte.[92] Nach der Trennung von Marie steigert er sich vollends in seine Einheitsvorstellungen hinein, ohne auf eine ‚sozial' geteilte Wirklichkeit in irgendeiner Art und Weise Rücksicht zu nehmen.[93]

---

91 FA 1, 29.
92 Vgl. FA 1, 19.
93 Vgl. Burwick, „Sein Leben ist groß", S. 77–86.

Komplementär zu seiner Orientierung am Standpunkt des Einen gilt Hollin die *Welt der Erscheinungen als leerer Schein*. Er wertet sie in ihrer Mannigfaltigkeit ab, um auf die Fülle des Einen durchzustoßen. Im Gespräch mit Lenardo über Rousseaus *La Nouvelle Héloïse* kritisiert Hollin den Freund, der

> mit der Julie ganz einverstanden [ist], daß die Ehe ohne Liebe sein müsse [...]. [I]ch versicherte ihm [dagegen, U. B.], daß mir keine andre wahre Ehe als der Bund der Liebe denkbar sei, daß die Liebe freudig alles bewilligen müsse, was sie mehr als die Freundschaft geben kann, daß aber ein Hingeben ohne Liebe, wie Klare und Julie ihren Männern die meisten Ehen <schildern>, die einzige, wahre unerlöschliche Schändung sei, daß die ganze Verbildung und Unnatur unsrer Zeit, ihre ganze geregelte Jämmerlichkeit dazu gehöre, mit dem Feuer der Haushaltung die Liebesfackel anzünden zu wollen. Woher sonst alles langweilige Elend der Weiber, alle sinnlosen Ausschweifungen der Männer und die feile Liebe?[94]

Bei Rousseau wird die Ehe Julies, die dem geliebten Hauslehrer Saint-Preux aufgrund der Standesschranken entsagt und den ihr freundschaftlich zugetanen Herrn von Wolmar heiratet, als glücklich geschildert. Genauso wird die Standesehe von Julies Cousine Clare positiv gewertet. Trotzdem gelten diese gesellschaftlich konventionalisierten Lebensgemeinschaften Hollin für wider die Natur. Er möchte eine Ehe einzig auf dem Gefühl der Liebe gründen. In der Liebe findet er dasselbe Einheitserlebnis, das er bisher nur in der Einsamkeit der Natur fand.

Hollins und Maries gemeinsame Liebesgeschichte beginnt mit einem Ausflug zusammen mit ihrer Familie auf den Brocken. In seiner naturalisierenden Einstellung versucht Hollin, Liebe allein auf ihr Empfinden zu reduzieren und auch nur auf Körperbasis zu behandeln. In der Folge ist Liebe in ihren sozialen Erscheinungsformen nur etwas Sekundäres.[95] Hollin schildert das erste Aufkeimen ihrer Liebe im Frühling quasi gleich einem Naturereignis, dem sich kein Leben widersetzen kann. Nicht überraschend ist dann das erste Zeichen, mit dem Marie ihre Sympathien für Hollin bekundet, ein naturhaftes Anzeichen für gleiches Empfinden: „Ich wurde wieder rot, auch Marie wurde es"[96]. Richtig finden die beiden bei einer mesmeristischen Sitzung zueinander:

> Lenardo klagte bald über Mangel an Lustigkeit, versicherte, es käme von der Ermattung der Frauen, die ich durchaus zu ihrer Herstellung magnetisieren müsse. Sie hatten davon viel gehört, ohne einen zu finden, der es konnte, Mutter und Tochter waren neugierig, es zu versuchen. Ich magnetisierte erst die Mutter, dann die Tochter. Du kannst es nicht

---

94 FA 1, 23.
95 Vgl. Andermatt, Verkümmertes Leben, S. 172 ff.
96 FA 1, 36.

begreifen, Odoardo, wenn Du es nie empfunden, das wundervolle Treiben des Bluts in der Nähe der Geliebten. Dies fühle ganz in allen seinen regellosen Pulsschlägen, und nun denke Dir dazu, wenn Du mit der ganzen Anspannung des geheimnisvollen Schwungs der magnetischen Bewegung über alle Schönheit zwischen Berührung und Nichtberührung mit dem Getast dahin schwebst. Du kennst den eigentümlichen schauerlichen Eindruck des Zwielichts, in dem alle bestimmte Gestaltung schwindet, die gedämpften Töne, deren Einzelne unverkennbar zusammenfließen, die übergehenden Töne, beim Aufziehen einer schwingenden Saite, den Übergang eines Lichtpunkts zu einem Lichtkreise im schnellen Umschwunge eines Feuerbrands, das sanfte fortwachsende Zusammenziehen, wenn zwei Magnete mit beiden Händen einander genähert werden, das innige Durchdringen des elektrischen Funkens von einem Arm zum andern, das alles denke Dir zu einer Erscheinung, in einem gemeinschaftlichen Punkte verbunden, und Du hast wenigstens etwas zur Annäherung, einen Gipsabdruck der lebenden Empfindung, die mit heiliger Wollust von außen nach innen und mit erneuerter Kraft von innen nach außen bis zu den stumpffesten Wurzelfasern alles Leben, Kindheit, Jugend, Alter, in den Genuß weniger Minuten zusammendrängt.

Marie wollte alle Einwirkung ableugnen, aber sie sprach wie eine Verklärte Anschauungen aus, die sie nimmer sonst gefaßt haben konnte. Wenn etwas daran wäre, meinte sie, so schiene es wohl darin zu liegen, daß unser Wesen nur in gewissem Sinne auf die Grenzen des Körpers eingeschränkt sei, daß es durch die ganze unendliche Kette seiner Bedingungen mit einem Körper verbunden in allen verteilt, besonders in der Luft, als der eigentlichen Werkstatt des Lebens, im schnellen Vorübergehen des befreundeten Lebens, das Verbinden des Getrennten, das Bild der Vereinigung alles Lebens erkennt.[97]

Hier wird das Empfinden von Hollin und Marie *ein* einziges – zumindest aus Hollins Perspektive. „Das Phantasma des Seelenverkehrs durchstößt die Vermitteltheit aller gesellschaftlichen Aktivitäten, indem es das Körperliche als Quelle der Kontingenz annihiliert."[98] Vermittlungsglied ist dabei ein gemeinsamer Geist, der den Kosmos durchströmt. Die Schilderung macht deutlich, dass es sich hier um eine Chiffrierung einer erotischen Verbindung handelt.[99] Der Brief drückt die körperliche Vereinigung dergestalt aus, dass er auch hier ihre sprachliche Unausdrückbarkeit betont: Nur einen „Gipsabdruck der lebendigen Empfindung" kann Hollin mit Worten wiedergeben.

---

[97] FA 1, 37 f.
[98] Koschorke, Körperströme und Schriftverkehr, S. 231 – Vgl. auch Wegmann, Diskurse der Empfindsamkeit, S. 84.
[99] Vgl dazu Lawrence O. Frye, Mesmerism and Masks. Images of Union in Achim von Arnim. In: Euphorion, 76. Bd. (1982), S. 82–99; Christian Drösch, Somnambule Schwärmerei und wunderbarer Magnetismus: Künstlerischer Somnambulismus und ähnlicher Phänomene Ludwig Achim von Arnims, Würzburg 2012, Kap. 2. – Der Mesmerismus beruht auf Vorstellungen einer Verbindung der Seelen in Abwesenheit des Körperlichen. Gerade deshalb ist es möglich, dass in dieser Technik eine erotisch-sexuelle Komponente der Verbindung zum Tragen kommt. Vgl. dazu Koschorke, Körperströme und Schriftverkehr, S. 101–112.

Jürgen Barkhoff und Michael Gamper haben gezeigt, wie eine elektrophysikalische Deutung zwischenmenschlicher Beziehungen, die Hollins Briefe durchzieht, in seiner Beschreibung der mesmeristischen Szene besonders deutlich wird.[100] In Arnims naturwissenschaftlichen Schriften spielt der Mesmerismus so gut wie keine Rolle. Gamper sieht in der Mesmerisierungsszene einen Versuch, das Naturwissen zu erweitern, wenn Arnim Gebiete, die der seriösen Wissenschaft unzugänglich sind, mit Mitteln der Dichtung ‚ahnden' will.[101] Dagegen betont Barkhoff, worin ich mich ihm anschließen will, dass es allein Hollin ist, der diese Deutungen gibt. Dass der Mesmerismus physikalisch für Arnim nicht ernst zu nehmen ist, belegen nicht nur verschiedene Zeugnisse, sondern im Roman auch die „gelehrte Erklärung" zu den Geschehnissen von Maries Vater, vor der Hollin einfach seine Ohren verschließt. Stattdessen hebt Hollin sein Weinglas und erklärt: „Das ist der eigentliche Magnetismus, dies aber ist das Zentral-Phänomen [...] [und] nahm alle volle[n] Flaschen unter den Arm"[102].

Auch das Einheitserleben zu zweit ist unaussprechlich.[103] Es hat zwei Seiten: Zum einen misstraut Hollin konventionalisierten Zeichensystemen, weil sie Missbrauch und Verstellung losgelöst vom Gefühl der Liebe erlauben, zum anderen wertet er ‚natürliche' Körperzeichen auf, die ihm als Anzeichen des Liebesgefühls gelten.[104] Dass dies keine tragfähige Lösung unter Bedingungen doppelter Kontingenz ist, zeigt der Roman deutlich.

Sich mit Marie abzustimmen, gelingt nur in abgeschiedener Zweisamkeit. Hollin vertraut auf natürliche Zeichen, auf Signaturen des Körpers. Ich habe oben das Beispiel des gleichzeitigen Errötens der Liebenden angeführt. Viel prominenter in dem Roman ist aber die Sprache der Augen:

> Marie zog mich deswegen [wegen seiner Flucht bei ihrer ersten Begegnung, U. B.] auf, aber ihre beredten Augen hatten mir längst alles vergeben. Welche wunderbare Sprache, ohne Doppelsinn, ohne Deutung der einzige vollkommne Ausdruck. Ich fühle sie jetzt ganz lebhaft wieder, die alte Verachtung aller Rede in meiner Jugend, wozu nützt sie in ihrer Armut, da ihr gerade für alles das, was man eigentlich nur mitteilen möchte aller Ausdruck gebricht. Durch ihren Blick sah ich tausend Schönheiten umher aufgeschlossen, die mir ohne sie ewig verborgen geblieben wären. Ich hörte kaum, daß der Rat mit

---

100 Barkhoff, Magnetische Fiktionen, S. 221–242 und Gamper, Elektropoeteologie, S. 221–242.
101 Burwick, „Sein Leben ist groß", S. 74–77, geht in ihrer Interpretation sogar noch weiter als Gamper und liest die ganze Figurenkonstellation auf der Matrix von Arnims Kräftemodell der Natur. Dagegen hat Specht, Fiktionen von der Einheit des Wissens, S. 38, Fußnote 31, den berechtigten Einwand gemacht, dass sich diese Lesart vom Text her nicht begründen lässt.
102 FA 1, 38.
103 Vgl. Wegmann, Diskurse der Empfindsamkeit, S. 46.
104 Vgl. dazu Wegmann, Diskurse der Empfindsamkeit, S. 47.

großem Fleiße ihre Beschreibung ausführte. Du hast recht Freund, es gehört die höchste Fühllosigkeit dazu, in einer schönen Gegend sie in Worten zu beschreiben, in dem regen Spiele der Eindrücke einen zu fesseln.[105]

Ein Blick als Zeichen ist sehr viel bedeutungsoffener als eine sprachliche Äußerung. Damit hängt zusammen, dass die Reichhaltigkeit seiner Bedeutung kaum mit Worten wiedergegeben werden kann. Andererseits macht ihn diese semantische Uneindeutigkeit gerade als Antwort in sehr unterschiedlichen Situationen passend. Weitergehend sind Körperausdrücke gerade wegen ihrer Polysemie dazu geeignet, zur Unterstellung gemeinsamen Erlebens beizutragen. Im Roman liest man einzig Hollins Schilderungen des symbiotischen Erlebens mit Marie im Harz. Hollin glaubt, dass Marie die Situation genau wie er erlebt habe. Für den Leser ist es nicht zu überprüfen, ob das stimmt, vermutlich aber würde ein Bericht Maries zeigen, dass sie die Szene nicht in völlig gleicher Weise erlebt hat.[106]

Während der räumlichen Trennung des Paars herrscht kein Kontakt, da Maries Eltern jeden direkten Briefwechsel verhindern. Die Schlussszenen bei Maries Familie führen komplementär das Misslingen von Hollins naturalem Zeichenkonzept vor. Als sich das Paar wiederbegegnet, ist die Situation von Missverstehen geprägt. Maries Liebe hat sich angesichts Hollins Treulosigkeit geradezu in Hass verwandelt.

> Er [Hollin, U. B.] sieht sie und stürzt sprachlos ihr in die Arme. Sie dreht sich unbewußt in dem Rachgefühle des Zorns von ihm weg und weint. Todesgeister ergreifen ihn, er fühlt unschuldig die Qualen eines Verdammten, halb erstickt ruft er: Maria, Du wendest Dich von mir, bist nicht mehr mein, nur ein Wort, ein Blick bei aller Liebe die uns einte, bei aller heilgen Treue, Du bist mein!
>
> Treue! Liebe! ruft sie, abgewandt mit der Bitterkeit der empörten Liebe, verräterischer Buhler, hast Du mit denen Worten Herminen, Irenen, Bettinen auch getäuscht, fort, ich hasse Dich![107]

Hollin will an das ‚sprachlose' Verstehen vergangener Tage anknüpfen, Marie antwortet ihm ebenso sprachlos, indem sie sich abwendet. Es gibt keinen verbindenden „Blick" mehr, kein verbindendes „Wort". Sie sieht nur noch Betrug

---

105 FA 1, 34 f. Weitere Belege zur Augen-Kommunikation: FA 1, 35, 40, 41, 45, 47, 79. – Vgl. dazu Katharina Weisrock, Götterblick und Zaubermacht. Auge, Blick und Wahrnehmung in Aufklärung und Romantik, Opladen 1990.
106 Vgl. Härtl, Arnim und Goethe, S. 174, erklärt nachdrücklich: „Hollins erlebte Augenblicke nun sind weniger Erlebnisse mit einem realen Menschen als mit einem Mädchen, das in seiner Schemenhaftigkeit unglaubhaft wirkt."
107 FA 1, 79.

und Lüge, Gerede mit dem er genauso auch „Herminen, Irenen, Bettinen auch getäuscht" hat. Es ist in der Logik des Romans konsequent, dass Hollin unterbrochen wird, als er das Missverständnis und seinen Verdacht gegen Odoardo aussprechen will, der ihn möglicherweise verleumdet haben könnte, weil er selbst Marie liebt. Es ist nicht der Vater, der die Begegnung unterbricht, sondern Odoardo, der ihr Missverständnis aufklärt und sie der Treue Hollins versichert. Hollin sieht Marie „mit Tränen der Reue" vor Glück *„sprachlos und bewußtlos in Odoardo's Armen"*[108]. Marie befindet sich jetzt wieder im „sprachlosen", ja sogar „bewußtlosen", rein fühlenden Einverständnis mit Hollin. Bezeichnenderweise missversteht er ihren Körperausdruck, was ihn letztlich in den Selbstmord treiben wird. In der Situation, in der sich Hollin und Marie nicht mehr sprachlich verständigen können, setzt sich ihr Nicht-Verstehen auch auf Ebene der Körpersprache fort. Seine Geringschätzung des Wortes gegenüber der geglaubten Authentizität des körperlichen Ausdrucks[109] verhindert, nochmals bei Marie und Odoardo anzufragen, wozu er ja durchaus die Möglichkeit gehabt hätte.[110]

In der Logik der großen Kette der Wesen muss sich Hollin selbst als Ausfluss des Einen verstehen. Er ist dadurch von einer dem Selbstverlust entgegengesetzten Gefahr bedroht. In der Mannigfaltigkeit glaubt er sich dann als einzigartige Realisation des Einen. Daher betont er seine Individualität nicht nur, sondern steigert sie zu einer *Hyperindividualität* und forciert seine Originalität, die er im Namen des Einen beansprucht. Gleich in seinem ersten Brief an Odoardo schreibt Hollin:

> Ringt nicht jedes Wesen nach seinem Gesetze, alles, vom Sonnenstäubchen an, nach Licht und Freiheit: die Keime durchbrechen die kalte Erdenrinde, und blühen und tragen Früchte nur in der freien Himmelsluft; die Vögelbrut im warmen Neste versucht noch flatternd aufzusteigen, und jubiliert hellklingend in den blauen Luft-Revieren, alles hebt sich, tanzt und springt empor im Frohgefühle des Lebens; die stummen Fische selbst im Sonnenschein verlassen ihr Element und schlagen sich empor, und rauschen über seine Fläche hin. Und wir, frei aufgerichtet zur Mittagssonne, die einzig ausgezeichnet vor aller Kreatur, den Himmel vor uns und unter uns die träge Weltkugel schauen, und sie in Luft, Wasser und Erde umkreisen, unmöglich sollen wir den hohen, belebenden Trieb, die Fülle der schwellenden Kraft und Freude eindämmen, von der höchsten Sprosse der Stufenleiter aller Wesen, auf welche die bildende Natur in der Anspannung aller Organisation

---

[108] FA 1, 80 (Herv. im Orig.).
[109] Vgl. dazu Hollins Schreibtafel FA 1, 81: „Buhlerin, Dein Vater sollte kommen, darum musste ich fort! Fort! Deiner Ruhe wegen? Du wartetest des Buhlen, Deine wollüstigen Tränen sollten mich täuschen? Worte hattet Ihr nicht [...]."
[110] Vgl. dazu Andermatt, Verkümmertes Leben, S. 178 f.

uns hob, aus dem Sammelpunkte alles Lebens uns herabstürzen, allen kühnen, dehnenden, ausbreitenden Geist im trägen Kleinmut des Bürgerlebens ersticken![111]

Komplementär dazu sucht er in anderen *nicht deren Besonderheit, sondern versteht sie vom Einen her*. Besonders kritisch wird diese Haltung mit Blick auf Liebesbeziehungen. Über das Trinkgelage bei der Verbindung berichtet Hollin:

> Selbst die Weiber ließen sich freundlich von den Unbekannten küssen – verbrüdert uns nicht alle menschliche Gestalt, ist nicht die Liebe frei und ist es nicht die eigentlichste Sympathie, das innerste Band der Menschen, alles liebevoll zu umfassen und in sich aufzunehmen?[112]

Auch in seiner Liebe zu Marie ist Hollin nie in der Lage, sich wirklich auf sie als Individuum einzulassen. Symptomatisch ist dafür schon ihre erste Begegnung, bei der er nur einen flüchtigen Blick auf sie erhaschen kann und schon vor Liebe zu brennen meint: „Ich habe sie bis zum Augenblick ihres Eintritts in die Mühle gesehen, aber will ich sie mir jetzt denken, sie kömmt mir jeden Augenblick anders vor. Ich frage mich wohl tausend Mal, ob sie groß oder klein, blond oder braun gewesen; ich bin neugierig sie zu sehen [...]."[113] Nachdem sie ein Paar geworden sind, versucht Hollin das Einheitserleben ihrer Liebe auf dem Brocken in einer Art Tagebuchnotiz in Worte zu fassen:

> Wir hatten das Ufer der Bude erreicht, alle Wunder der Natur umfingen uns, alles Heilige, die Schranken des Lebens öffneten sich, unser ewiger Bund wurde geschlossen. – Ich vermag es nicht auszusprechen, alle Herrlichkeit alle Seligkeit: sei Dir [Marie, U. B.] mein Wort das Schönste, Heiligste Deiner Gefühle und dieses nur Symbol des Höchsten, was Du ahndest, und so in unendlicher Reihe fort alles nur Symbol, Andeutung des Höhern, vielleicht geläng es Dir, den Himmel ihrer Liebe unkräftig so Dir vorzubilden, doch daß des Bildes Geist sich mit Dir eint, Du ganz in ihm er ganz in Dir wird neugeboren, vermagst Du nur im Doppelleben ihrer Liebe, wenn alle Einheit schwindet, zu erringen.
>
> Allen in Eins und Eins in Allem.
>
> Spinoza[114]

Es mag kaum ein beredteres Zeugnis dafür geben, dass Hollin in der Liebe zu Marie nur die Vereinigung mit dem ewigen Einen sucht. Mit dem Hinweis auf Spinoza bringt Hollin sein Empfinden auf eine prägnante Formel, die dem zeit-

---

111 FA 1, 15.
112 FA 1, 15 f.
113 FA 1, 26.
114 FA 1, 47.

genössischen Publikum eine einfache Einordnung seiner Denkwelt erlaubte. Marie selbst scheint hier aber bloß Anlass und Mittel zum Aufstieg zum Einen zu sein.[115] Wenig später lebt Hollin getrennt von Marie in der Stadt. Während dieser Zeit hat er, wie erwähnt, einige Liebschaften mit anderen Frauen; noch recht harmlos flirtet er und genießt mit Polenis Tochter Bettine die Natur, mit der Gräfin Irene, nur ins Morgenkleid gewandet, tauscht er Küsse, der Schauspielerin Hermine kommt er noch näher. Wenn Hollin das Eine in Marie liebt, kann er das Eine in Marie „in jeder Frau auf[suchen]"[116]. In dieser Logik kann er erklären:

> Ich nenne nicht Untreue, wo der Geist sich fleckenlos bewahrt, durch ihn wird jede Begierde edel oder niedrig, die einzige wahre Treue fordert, sein eigentliches Wesen unverändert der Geliebten zu bewahren; wer unschuldig sein Gemüt bewahrt, geht schuldlos aus der Buhlerin Armen.[117]

Hollin liebt in jeder Frau nur Marie, aber eben auch Marie in Gestalt jeder Frau. Er selbst nährt Zweifel an der Überzeugungskraft seiner Vorstellung vom ‚Spezialen', wenn jedes Mal Erinnerungen an Marie sein Tête à Tête beenden. Man darf sich fragen, ob nicht letztlich egoistische Motive Hollins hinter der Einheitsmetaphysik verschleiert werden. Alle drei Frauen gewähren ihm Ablenkung von seiner Langeweile, teilweise erotische Annehmlichkeiten und familiale Einbindung. Hollin hingegen hat keinerlei Absichten, sich ernsthaft auf eine Beziehung einzulassen. In diesem Sinne handelt es sich für Hollin um rein egoistische Interessensbefriedigung auf Kosten der Frauen.[118] Es ist eine Verharmlosung, wenn er die Beziehungen bloße „Freundschaft[en]"[119] nennt. Dadurch, dass Beate Marie von den Amouren Hollins berichtet, lässt sie Maries Vertrauen zu Hollin schwinden und trägt so ihren Teil zu dem Scheitern der Beziehung bei.

In seinem ersten Brief berichtet Hollin, den „innere[n] Ruf nach Freiheit"[120] vernommen zu haben. Es ist bezeichnend, dass dieser Ruf von innen kommt, wobei sich Freiheit doch immer auf Widerstände bezieht, die als nicht dem ‚Inneren' zugehörig betrachtet werden. Schon in dieser eigentümlichen

---

[115] Mehrfach schwören sich Hollin und Marie „ewige Liebe" (FA 1, 47). Bereits Lenardo (FA 1, 23) und Odoardo (FA 1, 50) warnen Hollin, dass diese Vorstellung die Liebe überfrachtet und oft nur so daher gesagt ist.
[116] FA 1, 51. Tatsächlich fällt ihm an Irene und Bettine sofort eine Ähnlichkeit zu Marie auf. Vgl. FA 1, 54 und 61.
[117] FA 1, 51.
[118] Vgl. Andermatt, Verkümmertes Leben, S. 294 ff. und S. 481 ff.
[119] FA 1, 54 und 70.
[120] FA 1, 15

Formulierung wird deutlich, dass Hollin sich mit der *absoluten Freiheit* des Einen identifiziert. Er erlebt sie, wenn er sich im Einklang mit der Natur zu befinden glaubt, und, in gesteigertem Maße, wenn er mit Marie zusammen ist.[121] Die stärkste Formulierung findet der daran geknüpfte Machtanspruch in folgender Briefstelle: „Ich verlor mich in dem Gedanken eines Menschengeschlechts, das alle jene Naturwirkungen, Erdbeben, Ungewitter, die jetzt über uns unabänderlich herrschen, sich unterworfen hätte, ich dachte: ob wohl je alle unsere Künste des Lebens dahin führen könnten!"[122] Es ist die Omnipotenzphantasie eines absoluten Ich. Sie wird ‚Wirklichkeit', wenn Hollin sich zum Beherrscher des Wetters stilisiert. Nach der Flucht vor Marie nach der ersten Begegnung und ihrem Wiedersehen auf dem Brocken, schreibt er: „Das war ganz gegen meinen berechneten Witterungskalender [‚der offenbar heiteres Wetter vorgesehen hatte, U. B.], die Verlegenheit ließ mich kaum zur Antwort kommen. [...] Hier schlug es nach allen Wetterseiten ein, meine Entschuldigungen drängten einander wie Regentropfen [...]."[123]

Die absolute Freiheit hat ihr Gegenstück im Fatalismus: „Nur im Tod ist Freiheit und jeder Tod ist für die Freiheit"[124], erklärt Hollin kurz vor seinem Selbstmord. Die Mannigfaltigkeit verdankt ihr So-Sein dem *kosmischen Determinismus*, mit dem alles notwendig aus dem Einen hervorgeht. Als Providenz gibt Gott jeder Emanation seine Richtung vor, bestraft aber auch, wenn man sich gegen ihn stellt.

> Jedes Wesen hat seine sympathetische Richtung, eine freischwebende Erscheinung in der Außenwelt, sie ist der geheime Zug nach dem der glückliche Spieler die Karte aus dem Haufen zieht, die Täuschung die uns warnt nicht aus dem Bette zu fallen, die besonders das Kind, den Trunkenen, den Wahnsinnigen gegen Gefahren schützt, und die Liebe ist ihre eigentliche Erscheinung, von der wir nicht wissen von wannen sie kam. Der schirmende Geist kehrt dann mit der Geliebten zu uns zurück, darum haben auch glücklich Liebende kein Glück im Spiele. Wer ihm ganz hingegeben folgt, strauchelt nicht, fällt nicht und braucht keinen Führer. [Hollin irrt nachts durch den Wald, weil er die Kutsche nicht genommen hat. U. B.] Es war alles wohlverdiente Strafe meines Ungehorsams gegen diesen himmlischen Zug, Strafe der falschen Höflichkeit, des Rats Anerbieten im Rübelande nicht angenommen zu haben, als Fünfter in seinem Wagen mitzureisen.[125]

Da aber die Vorsehung nach größtmöglicher Verwirklichung von Freiheit strebt, stellt der Niedergang einer Erscheinung nur den Durchgang für einen

---

[121] Vgl. FA 1, 37.
[122] FA 1, 40.
[123] FA 1, 34. Weitere Szenen, in denen Hollins Stimmung das Wetter regiert, finden sich: FA 1, 48, 56 f., 63, 84.
[124] FA 1, 61.
[125] FA 1, 43.

neuen Ausfluss des Einen dar. Die gesellschaftlichen Anforderungen betrachtet Hollin nun als Entfremdung von der Natur und beschließt, sich ihr entgegenzustellen. An Odoardo schreibt er:

> Glaub mir nur dies, die meisten Menschen sind Selbstmörder und Du gehörst zu den vielen, die es verachten, ihr Leben durch einen mächtigen Giftbecher zu enden, aber das Gift gierig in tausend kleinen Dosen verschlucken. Ich verdamme, ich verachte jene nicht, eben so wenig diese, es waltet ein mächtiges Schicksal über uns, in der Natur geht kein Leben unter, alles ersteht in erhöhter Organisation, aber keiner der noch Freundschaft, der Kraft zum Leben, Freude in der Natur fühlt, kann sich von allem gleichgültig trennen. Und ist nicht dieser Schmerz im Tode, dieses letzte unwillkürliche Ringen nach Leben, der Todeskrampf, das letzte kräftige Aufatmen, der Todesseufzer der eigentliche Abscheu der Natur, das Verdammungsurteil des Selbstmörders gegen seine Tat. Uns leitet das Zeitalter zum Selbstmorde, die meisten folgen und fallen darin und werden doch ehrlich begraben, wenn sie nur nicht Pistole oder Schwert brauchten; laß uns mutig und kräftig dem Strome der Zeit entgegenschwimmen, wer auch in dem Kampfe erliegt, stirbt für die Freiheit und lebt in ihr!¹²⁶

Seinen Selbstmord stilisiert Hollin nicht als Tat, sondern als Opfer des Naturprozesses. Es ist die Abtötung des Leibes zu reiner Geistwerdung.¹²⁷ Dabei überhöht er Marie gottesmuttergleich¹²⁸ zu einer Heiligen und stellt sich in einen heilsgeschichtlichen Kontext.¹²⁹

> Wohl dann, ich opfre mich! Auf ewig soll ich von euch scheiden? Noch ein Mal will ich ihn, den Saum des strahlenden Gewandes küssen, noch ein Mal streb ich fest mich an den Ring der Kette anzuschließen, der mit dem ewgen Zauber an sich reißt, das heilge Band der Allnatur, das Band des Lebens und des Todes zu erfassen [...].¹³⁰

Hollins Tod stellt ein Einverständnis mit dem kosmischen Naturlauf her mit dem Ziel der Transzendenz des irdischen Diesseits zu einem Aufgehen in der Freiheit des ewigen Einen. Ihn hält weder die Erklärung Odoardos, es sei alles ein Missverständnis gewesen, noch die Mahnung Maries, ihr gemeinsames

---

126 FA 1, 31.
127 Vgl. dazu Koschorke, Körperströme und Schriftverkehr, S. 144, 155 f. und Gerald Hartung, Über den Selbstmord. Eine Grenzbestimmung des anthropologischen Diskurses im 18. Jahrhundert. In: Der ganze Mensch. Anthropologie und Literatur um 18. Jahrhundert, hg. von Hans-Jürgen Schings, Stuttgart, Weimar 1994, S. 33–53.
128 Vgl. FA 1, 38, 44.
129 Vgl. FA 1, 63, 78 und 81.
130 FA 1, 83. – Der Roman macht die Hypertrophie dieser Sichtweise deutlich, wenn Frank in diesem Zusammenhang von einem „unnütz geopferten Leben[ ]" (FA 1, 88) spricht. Vgl. dazu Härtl, Ludwig Achim von Arnims kleiner Roman, S. 173 f.; Andermatt, Verkümmertes Leben, S. 404 ff.

Kind brauche seinen Vater. Im Sterben noch gibt er sich erhaben und tröstet seine Hinterbliebenen: „Bald sammelte er sich und schien über die Leidenschaften, Neigungen, über alle Verhängnisse der Menschen zu schweben, er sprach herrlich, [...] alle sagten, er habe sie getröstet, der das höchste Glück von Jahren auf Augenblicke sich verkürzt hatte [...]. Es war etwas Übermenschliches in seinem Troste." Ein herbeigeeilter Prediger, „ohne sich mit den bürgerlichen Gesetzen Umstände zu machen", vermählt Hollin und Marie, ehe dieser mit den Worten verscheidet: „der Liebe Leben – ewig!"[131]

In der Gestalt de Saussures zeigt der Roman die zweite Lesart der großen Kette der Wesen. Will man im *Hollin*-Roman eine Verarbeitung von Arnims naturwissenschaftlichen Überlegungen sehen, so ist hier der Ort. De Saussures Leben gleicht einer enzyklopädischen Unternehmung, wie es Arnim in seinem Meteorologie-Projekt entworfen hat.[132] Die zweite Lesart setzt Hollins Reduktionismus auf das Eine einen *Universalismus* entgegen. Die *Mannigfaltigkeit wird in ihrem Eigenrecht als sinnlich Gegebenes anerkannt.* So rückt das Eine in die Ferne, der man sich nur im Durchlaufen der Vielfalt der Erscheinungen anzunähern vermag.

In der Biographie werden de Saussures vielseitige Interessen gelobt. Dabei wird besonders herausgestellt, dass sie nicht fragmentiert nebeneinander stehen. Vielmehr ist es ihm stets gelungen, Bezüge herzustellen und die Einsichten zu einem Ganzen zu arrondieren: „Alles im Einzelnen ist gut, alles Verbunden ist groß"[133], schließt seine Lebensbeschreibung. Anders als Hollin entgeht er der Gefahr des Subjektivismus, indem er „in dem steten Wechsel des Äußern, die Veranlassung zur Spekulation such[te]"[134]. Das Sinnliche ist ihm aus der Sicht der Biographie nichts Sekundäres eines Ewigen, sondern es gilt ihm in seiner konkreten situativen und historischen Einzigartigkeit als konstitutiv für seine Erkenntnis.

> Man wundert sich wie in Saussure's Werken eine Menge von Untersuchungen an seine Reisen sich knüpfen, die eigentlich völlig unabhängig davon in der Ruhe gedacht und ausgeführt werden konnten; noch mehr wundert man sich aber, wenn Männer von gleich tätiger Kraft, unter eben so günstigen Umständen, in der Ruhe einer ununterbrochenen Nachforschung, sie nicht aufnahmen, weder anfingen noch beendigten. Der Grund scheint darin zu liegen, daß ein bestimmtes Fortrücken der Spekulation eine bestimmte äußere Veranlassung haben muß, nicht bloß in dem Sinne wie auch Dichterwerke erfrischend auf die Übung wissenschaftlicher Tätigkeit wirken, sondern viel unmittelbarer. Es

---

131 FA 1, 88.
132 Vgl. Kapitel 3.2.1.1 der vorliegenden Untersuchung.
133 FA 1, 99.
134 FA 1, 99.

war einmal unter den Gelehrten die Frage, ob der fallende Apfel, woran Newton zuerst das Verhältnis der Materien gegen einander klar geworden sein soll, jedem dieses Verhältnis entdeckt hätte? Aber *diesen* Apfel und *diesen* Fall und aus dem Standpunkte konnte nur *dieser* Newton ihn sehen.[135]

De Saussure gelingt es schließlich auch, diese Mannigfaltigkeit wissenschaftlich umfassend zu einer Einheit zu verbinden.

> [S]ein Hauptwerk über Hygrometrie ist nicht bloß in der Neuheit der Erfindung, welche eine Wissenschaft plötzlich anfing und in gewissem Sinne durch die Kraft der Begeisterung, die nur in der Erreichung ruht, beendigte, sondern als treffliche wissenschaftliche Darstellung unerreicht. Seine Reisen, man sollte glauben nur Bruchstücke verschiedener Untersuchungen, erscheinen doch der genaueren Beobachtung als etwas Beendigtes, es wird der Blick, der noch findet wo andere früher suchten, selbst den Unkundigen aufmuntern.[136]

Aber sein Universalismus ist sich zugleich seiner Grenzen bewusst. Bei allem enzyklopädischen Studium ist kein Erdenmensch in der Lage, auch nur die Erscheinungen eines begrenzten Gebietes in ihrem Zusammenhang zu verstehen. Es ist eine Spitze gegen die idealistischen Systeme des Absoluten, wenn es heißt:

> Daß er nie ein System der Geologie, ungeachtet dieses Reichtums an Beobachtungen, entworfen, beweist uns daß er wußte, *worauf* es in einem solchen Systeme ankomme, und noch nicht System genannt hätte, was gemeinhin so genannt wird. Die Zukunft, welche alles vereinigt was jetzt getrennt liegt, wird doch nur auf seinen Spuren dahin gelangen, und diese wird auf der höchsten Höhe sie noch nicht verlassen.[137]

Dieser *Zurücknahme der eigenen Person* steht Hollins Betonung seiner Einzigartigkeit entgegen. De Saussures Position komplementiert sich in dem steten Bestreben, *andere Perspektiven kennenzulernen*, wo Hollin die anderen zu austauschbaren Ausflüssen des Einen macht. Das Eine, so die zugrunde liegende Idee hier, muss intersubjektiv erkannt werden können. Damit ist es stets auf gesellschaftlich anerkannte Verfahren des Erkenntnisgewinns und konventionalisierte Zeichensysteme zur Vermittlung angewiesen.

An de Saussures wissenschaftlicher Arbeit wird besonders betont, dass er immer bereit war, von anderen zu lernen, andere Sichtweisen aber auch kritisch zu hinterfragen wusste.

---

135 FA 1, 95 (Herv. im Orig.).
136 FA 1, 97.
137 FA 1, 97 (Herv. im Orig.).

> Er gehörte zu den wenigen Schriftstellern, die nur schrieben wenn sie etwas Eignes mitteilen wollten und dessen ungeachtet zu denen Beobachtern, die jede neue Entdeckung auffassen und weiter verfolgen können, ohne das Alte in seinem Verhältnisse dazu zu übersehen. [...] Eine genauere Betrachtung verdient seine Streitschrift gegen de Lüc, Chiminello und Jean Baptiste, weil sie selbst von seinen Freunden verkannt worden. Sennebier nennt sie allzuheftig, aber wahrlich nicht zu heftig und nicht zu ruhig ist sie, sondern ganz wie jede wissenschaftliche Untersuchung sein sollte, durchaus rein von allem Persönlichen, aber durchaus ohne Schonung gegen jede Anmaßung und jeden Irrtum in der Sache. War er in der Untersuchung gegen andere streng, so war er gegen sich noch strenger; den fremden Irrtum besserte er oft ungenannt, den eignen verschwieg er nie. Seine geologischen Beobachtungen, der Hauptreiz seines Lebens, zeichnen sich bei ihrer Neuheit durch Unbefangenheit und Freiheit vom Hypothetischen aus.[138]

Was über sein Bildungsprogramm gesagt wird, gilt für sein ganzes Schaffen:

> Er sann darauf den Wurmstich aller neuern Kultur, die Trennung der Spekulation vom Leben, das Historische ohne Glauben, das Kennen ohne Wissen in seinem Ursprunge auszurotten, alles Wissen sollte jedem entstehen, keiner sollte kennen lernen was nun schon aus Herkommen ein Lehrer dem andern nachsprach, alle Kenntnis sollte bloß durch Anleitung, durch Anregung und Aufmunterung aus der Erfahrung selbst, aus ihrem Ganzen mit Bewußtsein herausgehoben, im unbefangenen jugendlichen Sinne hervorgehen. Dem Widerspruche setzte er Widerlegung entgegen, aber den Starrsinn konnte er nicht besiegen.[139]

In ähnlicher Weise wie zwischen Eigenem und Fremden findet de Saussure auch eine Vermittlungsposition, wo Hollin Freiheit und Determinismus absolut gegenüberstellt. *Freiheit* wird nun verstanden als *Einsicht in die Spielräume*, die die Gesetze der Natur und der Gesellschaft lassen. Da diese Erkenntnis einen *Progress* darstellt, wird Freiheit als kontinuierlicher Zuwachs verstanden.

> Früh trieb ihn nach den Bergen, nach dem Saleve besonders, an dessen Fuße er wohnte, eine heiße Sehnsucht, gleichsam ein Vorgefühl der neuen Welt, die ihm einst dort aufgehen sollte. Die erste Untersuchung bestimmt gewöhnlich schon die letzte, eben weil der einzelne Versuch, der erste einzelne Eingriff in das Universum nur in der Entwickelung des Ganzen sich ganz erklärt, nur in der Auffindung des großen Triebwerks das aufgehaltene Leben fortbewegt werden kann. Auch im längsten Leben, wer könnte die Natur ganz umfassen, darum ahndet, dichtet das Genie seinen Weg früher als es ihn sieht und ihm folgt, es weiß wohl, daß die Natur sich ihm früh oder nie offenbart, den Enthusiasmus anregt, daß die Natur auch im Dunkel der keimenden Gedanken nicht täuscht, sondern mit ihm im ewigen treuen Bunde steht.[140]

---

[138] FA 1, 97.
[139] FA 1, 96.
[140] FA 1, 91f.

Die ‚Ahndung' selbst steht hier im Einklang mit Arnims epistemologischen Studien im Vorfeld der Wissenschaft gleichsam als noch nicht begrifflich klares „Vorgefühl", wie es nur in der Dichtung legitim vorgetragen werden könnte. Ihre Erkenntniskraft begründet sich daraus, dass es dieselbe Natur im Erkenntnissubjekt ist, die Erkenntnisgegenstand werden soll. Um aber in den Modus wissenschaftlicher Beschreibung zu treten, wird sie rückgebunden an eine Experimentalpraxis. Die Analyse kommt einem Aufklärungsprozess gleich, dahingehend, dass die Einsicht in die Gesetze der Natur Freiheitsgrade bestimmen lassen. Über de Saussures Naturstudien heißt es weiter:

> Mächtiger zogen ihn wieder die Berge zu sich hin. Eine alte Sage hatte die unbekannten Gletscher von Chamouny als ein Feenland dargestellt, man nannte sie die behexten Berge und erzählte sich schreckliche Geschichten davon. Saussure eilte im zwanzigsten Jahre dahin, aber die versprochenen Wunder verwandeln sich ihm in Aufgaben seiner künftigen Beobachtungen, in merkwürdige Naturerscheinungen, die beschränkte, abergläubige Dichtung wurde ihm in eine dauernde Aussicht in das Innere der dichtenden Natur herrlich aufgelöst.[141]

Die Begrenztheit des Erkenntnisvermögens wird positiv gewendet, wenn der Erkenntnisfortschritt als solcher gelobt wird, der auch Nicht-Wissen markiert und folgenden Generationen die Voraussetzungen zur Weiterarbeit aufzeigt. Der Geschichtslauf erscheint als Bildungsfortschritt.

> Aber er beendigte noch mehr, indem er zeigte, wo angefangen werden sollte, den Punkt, wo er abgerufen, das Unaufgelöste des Problems, was ihm die Natur bei seiner Weihe aufgab, nicht bloß als Beistand dem beschränkteren Talente, das zwar Lücken zu füllen aber nicht zu finden versteht, sondern jedem wohltätig der auf einem weiten Wege gern Umwege vermeidet. Sein älterer Sohn nahm diesen Faden auf, in dessen Geiste sein biedrer Sinn und die Liebe zur Naturforschung sich vererbte. So konnte er heiter der Zeiten Fesseln entschwinden, das Gebildete erlischt, die Bildung nie.[142]

Ich möchte die lange und komplexe Argumentation im Hinblick auf die Differenzierungsthematik abschließend noch einmal rekapitulieren. Die Schwierigkeit liegt hier darin, dass das Bezugsmodell die Differenzierung des Einen sowohl in Natur als auch Gesellschaft darstellt. In diesem noch ontologisch gedachten Konzept, das in zwei Varianten ausgeführt wird, ist aber bereits ein genuin ‚sozial' gedachtes Differenzierungsmodell angelegt. An Hollins Lesart der großen Kette der Wesen werden die Aporien eines subjektiven Idealismus vorgeführt. Offenbar konnten Arnim die Versuche der idealistischen Philoso-

---

141 FA 1, 92.
142 FA 1, 98.

phen nicht überzeugen, im Ich einen transzendentalen Grund auszumachen, der die reine Subjektivität korrigiert und objektiviert. In Hollins Weltbild ist für das ‚Soziale' kein Platz, da es immer nur in einem ersten Schritt auf Natur und in einem zweiten Schritt auf das Eine zurückgeführt wird. Differenzierungen gelten immer als abgeleiteter Modus des Einen und werden nie in ihren Unterschiedlichkeiten, sondern immer nur auf ihre Gemeinsamkeiten hin betrachtet. Komplementär dazu bleibt der Subjekt-Entwurf im Solipsismus stecken.

Zwar operiert de Saussure mit demselben ontologischen Grundmodell der großen Kette der Wesen, doch ist in seiner Lesart zumindest ansatzweise Raum für ein Differenzierungsmodell des ‚Sozialen'. Zwar gelten auch hier nach wie vor die Natur und die ‚soziale' Welt als Ausfluss des Absoluten, allerdings hat der Reduktionismus eine entgegengesetzte Richtung. Gesellschaftlich geteilte Erkenntnispraxen, Sinnformen und Zeichensysteme bilden die Voraussetzungen für die Erkenntnis der Natur – und, noch stärker vermittelt, des Einen. Durch die verstärkte Orientierung am Empirischen als Eigenwert tritt die Frage nach Intersubjektivität in den Vordergrund. Ein ‚soziales' Differenzierungsmodell ist angedeutet, wo kulturelle Praxen und die Überlieferung von Wissensbeständen als Vermittlung zwischen den pluralen Subjektivitäten figurieren. Das Eine selbst rückt zugleich in weite Ferne und wird überlagert durch eine Epistemologie kollektiv geteilter Erkenntnis, für deren Gegenstand das Eine nur mehr den Horizont bildet. Nur als Zielhorizont taucht noch der Gedanke auf, dass im Erkenntnisprozess das Eine zu sich selbst kommt.

Da die Geschichte Hollins den Umfang der Beilage mit de Saussures Biographie um ein Vielfaches übertrifft, dominiert den Roman eindeutig die Kritik subjektivistischer Ontologien gegenüber den nur grob umrissenen Überlegungen zu einem in nuce ‚sozialen' Differenzierungsmodell.

4.1.4 Rollenspiele (‚Soziale' Handlungsmuster)

Die Idee, dass Menschen Rollen spielen, hatte um 1800 bereits eine lange Tradition von der Antike bis zum Theatrum mundi der frühen Neuzeit.[143] Vor dem

---

[143] Dieses Kapitel deckt sich in Teilen mit meinem Aufsatz Urs Büttner, Arnims Kritik an Rousseaus Rollenkonzept in „Hollin's Liebeleben" als Anfänge einer ‚sozial'-bewussten Denkweise. In: Neue Zeitung für Einsiedler, 6./7. Jg. (2006/2007), S. 7–19. – Vgl. zur Theatermetaphorik näher Ralf Konersmann, Die Metapher der Rolle und die Rolle der Metapher. In: Archiv für Begriffsgeschichte, 30. Bd. (1984/1985), S. 84–137; Bernhard Greiner, Art. ‚Welttheater'. In: Weimar, Fricke, Müller (Hg.), Reallexikon der deutschen Literaturwissenschaft, Bd. 3, S. 827–830.

Hintergrund der Frage nach den Möglichkeiten authentischer Darstellung der eigenen Individualität – angestoßen durch Rousseau und die Empfindsamkeit – gewinnt das Thema Ende des 18. Jahrhunderts ein neues Profil.[144] Man kann diese Ausführungen als Erweiterung der Problematik von natürlichen und konventionalisierten Zeichen verstehen. Es geht nun darum, wie sich Individualität mit kollektiv geteilten Sinnformen gestalten lässt oder auch nicht. Für das sich selbst darstellende Subjekt dreht es sich dabei um den Spielraum zwischen ‚sozialer‘ Vermittlung der eigenen Identität und der Erfahrung von Zwang durch gesellschaftliche Rollenmuster. Für das ‚Publikum‘ stellt sich die Frage, ob die Darstellung überzeugt.[145] In Arnims Roman werden kombinatorisch die vier sich ergebenden Möglichkeiten durchgespielt:

1. Der Handelnde findet sich in seiner Rolle wieder und das Publikum glaubt das ebenfalls.
2. Die Handelnde findet sich zwar in ihrer Rolle wieder, nur das Publikum glaubt es ihr nicht.
3. Der Handelnde empfindet sein Rollenspiel als nur gespielt, das Publikum aber durchschaut die Täuschung nicht und hält die Darstellung für echt.
4. Sowohl die Handelnde als auch das Publikum wissen, dass nur geschauspielert wird.

Bemerkenswert, aber kennzeichnend für Arnims Poetik des ‚Sozialen‘ wird sein, dass er – ähnlich wie sein Zeitgenosse Kleist – einen ungebrochenen Authentizitätsanspruch kritisiert und teilweise die ‚dissimulatio artis‘ rehabilitiert.[146]

Als Beispiel für *‚soziale‘ Muster, die individuellem Erleben authentische Gussformen bieten*, führt der Roman künstlerische Formen an. Hollin meint einmal zu Odoardo: „Du hast recht, mehr als Handschrift und Stirnmesser zeichnen uns die Bücher, die wir lieben, nach unsrer innern heimlichen Seite."[147] Arnims Bestreben zur Vereinigung der Künste zeigt sich bereits in diesem frühen Roman, wenn einmal Marie, ein anderes Mal Polenis Töchter ihrem Einheitsgefühl mit der Natur mit einem Lied aus Haydns *Schöpfung* authenti-

---

[144] Vgl. dazu Alexander Košenina, Anthropologie und Schauspielkunst. Studien zur ‚eloquentia corporis‘ im 18. Jahrhundert, Tübingen 1995.
[145] Vgl. dazu Wegmann, Diskurse der Empfindsamkeit, S. 48, und weiterführend Alois Hahn, Absichtliche Unabsichtlichkeit. In: Sozialer Sinn, 3. Jg. (2002), H.1, S. 37–58.
[146] Vgl. dazu Büttner, Arnims Kritik an Rousseaus Rollenkonzept, S. 7–11; Adam Soboczynski, Art. ‚Moralistik‘. In: Kleist Handbuch. Leben – Werk – Wirkung, hg. von Ingo Breuer, Stuttgart, Weimar 2009, S. 260–262.
[147] FA 1, 22.

schen Ausdruck verleihen.[148] In dem Einheitserleben der Bielshöhle tanzen Hollin und Marie, doch „nicht nach der Musik".

> Wer in der innern Freudigkeit tanzt wird nicht den Takt verlieren, und mehr nützt doch nicht die Dienstbarkeit der Musik, die tausendfach wiedertönende Melodie unsrer Tänze, von der die Menschen hingetrieben, wie von Furien in dem ungestörten Gefühle ihrer Ermattung gegeißelt, bis zum letzten durchreißenden Geigenstriche das schlagende Herzblut, den perlenden Schweiß, die geregelten Sprünge nach Herkommen und Zeitgeschmack auspressen, in dem Anblicke der bleichen, lauernden Schwindsucht alles Schöne des Mädchens, allen Reiz der Bewegung übersehen, die Hände beschuhen um nicht in dem Gefühle des weichen umschließenden Fleisches die Berührung der nahenden Ohnmacht, das Brennen der Füße zu verstecken, – und nun niedersinken ohne reden, ohne atmen zu können, und das Hüonshorn des Händeklatschens verfluchen, das sie zu dem erneuten Veitstanze aufruft.[149]

Neben diesen musikalischen Formen, dienen auch mehrfach literarische Texte zur Reflexion des eigenen Handelns. So gibt es etwa eine parallel zur berühmten Klopstock-Szene in Goethes *Werther* gebaute Tieck-Szene, in der beide ihr gleiches Erleben bekunden.[150] Über die Szene hinausweisend ist von Bedeutung, dass sie nicht lange vor ihrer Trennung spielt und es sich um Tiecks *Liebesgeschichte der schönen Magelone und des Grafen Peter von Provence* (1797) handelt, in der die Liebenden, im Gegensatz zum *Hollin*, nach vielen Wirren am Ende wieder zusammenfinden. Das Volkslied „Es ritten drei Reiter zum Tor hinaus"[151] singen Polenis Töchter, bevor Hollin Marie am Ende des Romans wiedersieht. Es wird später in *Des Knaben Wunderhorn* Eingang finden. Im Roman ist nur die erste Strophe abgedruckt, doch wird bei Lektüre des gesamten Liedes erst klar, warum Hollin zu Tränen gerührt ist, da der Text die Situation des Protagonisten spiegelt. Das Lied umkreist den Themenkomplex Liebe und Trennung und handelt von Treue, Ehe, Schwangerschaft, Tod. Genau das sind die Motive, die der Roman selbst in der Folge thematisch durchspielen wird. Der Fremdtext aber, der am prononciertesten in den Roman eingebracht wird, ist Schillers Drama *Maria Stuart*. Darauf möchte ich in Kap. 4.2.4 noch differenzierter eingehen. Die intertextuellen Referenzen verwendet

---

148 Vgl. FA 1, 40 und 60.
149 FA 1, 45. Der Roman kontrastiert diese Szene gleich im Anschluss mit Hollins Bericht von einer Tanzveranstaltung, bei der der Gastgeber „seine jungen Kinder hetzte, [... beim Tanzen] ihr Probe- oder Kunststück mit abzulegen", und die nicht-tanzenden Gäste aufforderte: „Tanzt doch, denkt ihr denn, daß ihr hier seid, euch zu amüsieren?" Hollin kommentiert dies beißend: „Wie doch die Menschen sich die Welt verstümpern, das fröhlichste Spiel, Scherz und Mutwillen in schwerfällige Arbeit sich umwandeln!"
150 FA 1, 41.
151 FA 1, 60.

der *Hollin*-Roman jedenfalls kaum rein identifikatorisch, sondern zur Differenzierung des eigenen Ansatzes.[152]

Die Ansicht, dass Handelnde *glauben, stimmig mit sich zu handeln, der Beobachter ihnen das aber nicht glaubt*, zeigt der Roman an vier Stellen. Einmal berichtet Odoardo über Gesellschaften in seiner Universitätsstadt, bei denen die jungen Herren, denen „die Liebe, wie jedes andere Gefühl [...] absurd" ist, nach „hergebrachten"[153] Mustern um die Gunst der Frauen balzen. Sie haben dabei Erfolg. Wer dagegen versucht, originell und authentisch zu sein, hat bei den Damen keine Chance.

Ein anderes Mal, ebenso gesellschaftskritisch, beschreibt nun Hollin eine Zusammenkunft in der Stadt im Hause des Barons Rüst beim Abschied der Gräfin Irene, wobei er die Selbstdarstellung ihrer drei Verehrer als Rollenspiel entlarvt und ihnen sein authentisches Verhalten gegenüberstellt.[154]

Am drastischsten wird das Problem anhand von Hollins Theaterspiel diskutiert. Dabei werden die oben in Beispielen positiv gezeichneten Möglichkeiten literarischer Muster jetzt auch kritisch beleuchtet.[155] Wenn Hollin „alles Treffende seiner Rolle" betont, weil er in Mortimers Situation seine eigene wie-

---

[152] Vgl. Roswitha und Frederick Burwick, „Hollin's Liebeleben". Achim von Arnim's Transmutation of Science into Literature. In: The Third Culture. Literature and Science, hg. von Elinor Shaffer, Berlin, New York, S. 103–152, hier S. 129.
[153] FA 1, 18.
[154] Vgl. FA 1, 64 f. „Espagne, ein junger Kammerherr, der sie [die Gräfin Irene, U. B.] aus Eitelkeit liebte und sich gern das Ansehen glücklicher Liebe durch eine gewisse bedeutende Verlegenheit gegeben hätte, verstummte zuerst beim Champagner. Der Wein brachte ihn zur Wahrheit und zum Verstande, er fühlte die getäuschte Hoffnung andre zu täuschen, die Rolle war ausgespielt, der Theaterkönig stieg herab von der Bühne, er galt sich selbst nichts mehr, weil er niemand mehr auf sich blicken sah.

Rema, ein junger talentvoller Dichter machte uns erst froh durch seine Laune, trank aber zur Erleuchtung etwas viel, in dieser Stimmung klang ihm bald der Abschied so traurig, die Gräfin schien ihm so liebevoll, er erglühte urplötzlich in neuer Liebe, er mußte seine Tränen zu verbergen in ein andres Zimmer flüchten. Er war nicht zu beklagen, ich weiß es, heute wird ihm seine Klage dramatisch, er wird sich der Held eines Trauerspiels – aber Rüst fühlte an diesem Abende nur den einen Gram, der sein Leben schon lange verzehrte, nicht stärker nicht schwächer als immer, aber wie das immerwährende Kopfweh an der Schwächung und Austrocknung aller Quellen des Lebens und der Freude, – den Gram hoffnungsloser Liebe."
[155] Das Problem wird bereits früher, als Hollin bei Poleni weilt, aus einer anderen Perspektive angeschnitten. Es geht dort nicht um Überidentifikation, sondern um Ich-Verlust im Spiegel von literarischen Mustern. Vgl. FA 1, 62: „Ich durchblätterte die Bücher und fand mehrere meiner Lieblinge. Aber sie paßten mir nicht, ich kannte sie nicht mehr, erschrocken darüber, noch mehr erschrocken über die Melodien, die mir durch den Kopf wogten, ergriff mich der Gedanke der Geistesverwirrung, das Schreckliche der vernünftigen Zwischenzeit, das Wunderbare des Übergangs von diesem Bewußtsein zum Wahnsinn [...]."

dererkennt, so macht der Roman hier auf die Gefahren aufmerksam, die durch den Distanzverlust zu einer Rolle auftauchen können. Er identifiziert sich so sehr mit dem unglücklichen Geliebten Maria Stuarts, dass er „[n]icht [mehr] sich gehörte [...] [und] eine höhere Macht über sich [fühlte], die ihn ergriff [...]."[156] Frank schreibt überwältigt: „Was ist alle Schauspielkunst gegen die schreckliche Wahrheit dieser Darstellung". In seiner „[u]nselige[n] Verblendung" verband er hier „Leben und Spiel"[157]. Er betont das starre Korsett der Rolle, aus dem die Aufführung dann keinen Ausweg mehr lässt.

Sehr gewitzt wird die Unterscheidung zwischen „Leben und Spiel" nochmals autoreflexiv im abschließenden Theaterstück *Maria Stuart* aufgeworfen. Mortimer und der von Odoardo gespielte Leicester sprechen mit Schillers Worten in der abschließenden Szene zueinander:

> Leicester: [...] Ich seh Euch zweierlei Gesichter zeigen
> An diesem Hofe – Eins darunter ist
> Notwendig falsch, doch welches ist das wahre?
> Mortimer: Es geht mir eben so mit Euch, Graf Leicester.[158]

Der Fall, dass *Figuren sich verstellen, nur sie dies aber wissen oder dies erst später anderen klar wird*, ist der häufigste. Die Situation wird mehrfach variiert. Der Tenor ist stets derselbe. Es geht um *Unaufrichtigkeit* und die *Entfremdung, die die Figur in ihrem Handeln erfährt*. Hollin beklagt sich über das Stadtleben mit „alle[m] frei scheinenden Zwang, [...] [der] überflüssige[n] Pracht und alle[n] zur Konservation der Konversation eingesalzene[n] Gespräche[n]"[159].

Der Roman ist jedoch differenzierter. Trotz aller Probleme sieht er auch die *produktiven* Seiten des ‚sozialen' Rollenhandelns. Hollin, der in der Stadt für seine Beförderung sorgen will, um Marie heiraten zu können, erkennt klar:

> Will ich auf Menschen wirken, muß ich Menschen kennen, nicht bloß den biedern Kreis der Jugend und des Landvolks, auch die kalte seelenlose Welt der höheren Stände muß ich fassen, die Welt des Sprechens ohne Denkkraft, des freudenleeren Scherzes, der Formen inhaltleere Form, des Lachens lächerliches Reich. Ich schaudere zurück – durchs Fegefeuer geht der Weg zum Himmel, zu Marien.[160]

Für die schwangere Marie ist es in diesem Sinne das kleinere Übel, „vor allen Bekannten die Hauptrollen mehrerer Schauspiele" aufzuführen und so „ihren Zustand [zu] verbergen"[161], als sich Schande und Verstoßung auszusetzen.

---

156 FA 1, 83.
157 FA 1, 86.
158 FA 1, 84.
159 FA 1, 53. – Vgl. dazu Wegmann, Diskurse der Empfindsamkeit, S. 60, 78.
160 FA 1, 53 f.
161 FA 1, 76.

Zuletzt möchte ich Szenen betrachten, die ein *Rollenspiel ganz offensichtlich als solches kenntlich machen wollen*. Dabei stellt sich jeweils die Frage, wem gegenüber das Rollenspiel als solches ausgewiesen wird. Die Spannung zwischen Rolle und wirklicher Person kann entweder *nur bei den Akteuren, bei den Akteuren und dem Publikum oder nur beim Publikum* angesiedelt werden. Der Roman präsentiert alle drei Möglichkeiten an unterschiedlichen Stellen. Hierbei ist die hellsichtige Phänomenologie der verschiedenen Effekte bemerkenswert.

Die erste Variante findet sich in jenem Brief Hollins, der Marie zu spät erreicht. Hier entwirft er seine Vorstellung der Aufführung von *Maria Stuart*, die als Liebesspiel ihr Raffinement daraus entwickelt, dass Schillers Figurenkonstellation von Mortimer und Maria Stuart gerade der zwischen Hollin und Marie entgegengesetzt wäre.

> Dich küssen in fremden Namen, aber Dich nicht mein nennen. Du wirst mich hart zurückstoßen, der süße Zwang in der herrlichen Aussicht wird mich fürchterlich beseelen, entzweien, in mir kämpfen; sei nur recht hart, zurückstoßend, weiches Herz, verbirg Dich im Königsschmucke, Du Schönste ohne Schmuck und Kleid, damit ich nicht taumle und des ganzen Lebens Wonne in der gedoppelten Liebe der Kunst und der Natur, allen zur Schau an mich reiße.[162]

Die Spannung zwischen Rolle und wirklicher Person läge hier zwischen den Akteuren und ihr Reiz gerade darin, dass sie vom Großteil des Publikums unbemerkt bliebe. Das *gemeinschaftsstiftende Geheimnis* der Liebenden, *der Nervenkitzel, in aller Öffentlichkeit die Heimlichkeit zu verstecken,* und der Spaß durch die *Ironisierung der Wirklichkeit im Spiel* konstituieren den Witz dieser Konstellation.

Anders ist es, wenn Publikum und Akteure in die Theatralität des Rollenspiels eingeweiht sind.[163] Dann gewinnt das Spiel die von allen geteilte Situationsdefinition *als* Spiel, mithin die einer *Realität sui generis*. Im Roman wird dies in einem Vergnügungsviertel durchgespielt. Die Leser erfahren darüber nur aus einem Brief Hollins, der sich in seiner Darstellung durchaus bemüht, die *Künstlichkeit* der Szene zu betonen. Die Szene spielt in Vauxhall, einer Kirmis, die nach dem Londoner Vergnügungsviertel benannt ist. Der Zugang zum Vauxhall erfordert die Passage durch „mehrere unreinliche Gänge". Das Vauxhall wird in seiner Illusion entlarvt, wenn berichtet wird, wie „der Mond und

---

162 FA 1, 74.
163 In dieser Szene ist das Lesepublikum des Romans weitgehend identisch mit dem Publikum im Text. Erst am Ende der Szene taucht auch ein quasi intradiegetisches Publikum auf, wenn die Feuerwehrleute sich über Herrn Hollins Kostüm wundern (Vgl. FA 1, 59).

das Sternlicht [...] so närrisch dem Lampenlichte durch[schienen]" und aus dem Bretterboden „zierlich geschnitzte Gebüsche mit angehängten gemachten Früchten emporwuchsen". Die Unwirklichkeit der Szenerie wird noch expliziter, wenn der Text, mehr verbindend als trennend, „des Lebens Bühne mit einem Theater [...] begrenzt"[164]. Hollin genießt den Aufenthalt, trinkt Wein und nickt weg. Er wird durch die Regentropfen eines Unwetters geweckt. Auf der Theaterbühne findet, gemäß dem Textbuch, gerade ein „doppeltes Gewitter" statt. Der Regen löst zwar das dramatische Spiel auf, sodass die Darsteller aus ihren Rollen fallen, doch wird das darauf folgende Durcheinander wieder mit einer Theatermetapher als „volle Bühne des gemeinen Lebens"[165] beschrieben. Die Schauspielerin Hermine, die hier nur mit ihrem Rollennamen genannt wird, verwechselt Hollin mit ihrem Geliebten, spricht ihn an, küsst ihn. Hollin, erst einmal überrumpelt, spielt das Spiel mit, sie spricht zu ihm mit Rollentexten. Ein Feuer entzündet sich zwischen ihnen, im tatsächlichen wie im übertragenen Sinne. Hollin hilft beim Löschen und rettet sie und ihre Kinder. Sie erkennt dabei seine wahre Identität, doch macht Hollins „Edelmut [...] [ihn] ihr jetzt schon werter als den Ungetreuen, für den sie [...] [ihn] gehalten, der sie in der Gefahr verlassen"[166] hat. An dieser Stelle wäre das Rollenspiel eigentlich beendet. Allerdings wird es jetzt als bewusstes Rollenspiel fortgeführt: Hermine nimmt Hollin mit zu sich,

> dann entledigte sie sich ohne falsche Scham ihrer durchnässten Kleider, ich musste ein Gleiches tun auf ihr Geheiß, da sie männliche Theaterkleider im Hause hatte. Sie hatte mir im Scherz altmodische Galakleider gegeben mit kurzen Ärmeln und langen Westenschößen. Es ward mir warm im Zimmer, unsre Unterredung immer einsilbiger, ich öffnete ein Fenster. Vor uns sahen wir in der Entfernung das flammende Haus, den roten Gegenschein am Himmel, die fernen Blitze, der Donner rollte noch dumpf, wir hörten das Gerassel der Sprützen, das wechselnde Lärmen der Menge, sie lehnte sich über mich, ich lag an ihrer Brust, ich hörte ihr schlagendes Herz, sie weinte über das Unglück jener armen Leute.[167]

Hollin will aufbrechen, um weiter zu helfen. Hermine fleht ihn an: „Jesus Maria, [...] du wirst mich doch in der Angst, in der Gefahr nicht verlassen, Jesus Maria, meine armen Kinder!"[168] „*Maria*", der Name seiner Geliebten, entreißt Hollin dem Spiel. Er will in seiner Darstellung seine Treue zu Marie trotz fremder weiblicher Versuchungen beteuern. Dazu inszeniert er das Vorgefallene als

---

164 FA 1, 56.
165 FA 1, 56.
166 FA 1, 58.
167 FA 1, 58.
168 FA 1, 58.

eine Art Theaterspiel. Dass die Liebesszenen verkleidet und wissentlich als Maskerade stattfanden, streicht gerade noch einmal die *Uneigentlichkeit ihres Als-ob* heraus.

Zu einer wirklichen Theateraufführung führt das dritte Fallbeispiel. Hier lässt sich ein Kippeffekt beobachten. Lenardo dachte sich die Aufführung von *Maria Stuart* ursprünglich ganz anders, als er Hollin zur Rolle des Mortimer überredete, die eigentlich er selbst spielen sollte.

> Ich soll den Mortimer machen, das heißt wahrhaftig machen, denn ich bin keiner, aus mir einen Mortimer machen, heißt am Lärchenspieße einen Hirsch braten, einen Frosch zum Ochsen ausblasen, einen Stein zu Brot machen. Diese Rolle übernimmst Du, kömmst den Tag der Aufführung an, hältst Dich bei mir versteckt und trittst dann zu aller Verwunderung auf, ich sehe Dich in dem zierlichen spanischen Kleide, Deine Stimme erfüllt das Haus, die Erde bebt, wo Du auftrittst, Dein Auge glüht; die Weiber unten seufzen bei sich, die Maria ist doch recht albern ihn abzuweisen und kömmt es endlich zum Erstechen, so weinen alle und möchten von Dir mit erstochen werden.[169]

Es ist bekannt, dass es ganz anders kommt.

> *Er [Hollin] durchsticht sich mit dem Dolch und fällt der Wache in die Arme.*
> Laut auf riefen alle Beifall, wir klatschten in der Begeisterung, riefen Bravo, da ruft einer aus der Wache, die ihn trägt: Jesus Maria! er zuckt fürchterlich und ist voll Blut! Entsetzen überfällt alle, lähmt alle [...].[170]

In einer realistischen Theaterdarstellung strebt ein Darsteller normalerweise danach, möglichst hinter seiner Rolle zu verschwinden. Hier werden zwei Varianten eines Effekts vorgeführt, der entsteht, wenn Person und Rolle in ein Spannungsverhältnis treten. Der Grundmechanismus des Effekts *zerstört die Illusion des Theaterspiels und erzeugt durch den Kontrast des Bruchs stärkere Authentizitätswirkungen der Person.* Am Anfang geht Lenardos Plan auf. Hollin *verzerrt* die Figur des Mortimer, indem er sie durch seine Persönlichkeit über die Anlage der Figur bei Schiller hinaus anreichert. Die Divergenz von Rollenträger und Rolle schwächt hier die Glaubwürdigkeit der Rolle. Würden mit Mortimer alle „mit erstochen werden" wollen, so sind alle „[ge]lähmt", als Hollin und nicht Mortimer in seinem Blut liegt. Hier wirkt derselbe Effekt in die andere Richtung. Rollenträger und Rolle konvergieren. Zuerst scheint es so, als würde das Publikum noch Beifall spenden, als habe der Rollenträger die Rolle gemäß ihrer Vorgaben ausgefüllt und die Theaterillusion so perfekt erfüllt, dass die Darstellung nahezu *authentisch* wirkt. Es handelt sich hier noch um eine

---

169 FA 1, 73.
170 FA 1, 87 (Herv. im Orig.).

Steigerung der anfänglich beschriebenen Wirkungsweise des Effekts. Als aber klar wird, dass nicht die Täuschung perfekt war, sondern der Schauspieler wirklich lebensgefährlich verletzt ist, implodiert das Theaterspiel. Der Effekt schlägt jetzt ins direkte Gegenteil um. Der Rolle ist alle Glaubwürdigkeit entzogen, denn die Lebensgefahr, in der Hollin schwebt, ist höchst real.

Arnim hat das Problem des Rollenhandelns konzise ausgearbeitet. Dabei zielt sein Interesse aber nicht allein auf dessen Schwierigkeiten, sondern er benennt auch seine Potentiale. Konstruktiv wird zuletzt sogar in de Saussure eine Lösung der Authentizitätsfrage im Rollenproblem angedeutet.

Der Schweizer ist in derselben Lage wie Hollin. Auch er darf seine Marie, die Albertine Amalie Boissier heißt, aufgrund seines Standes nicht heiraten. „In diesem entscheidenden Wendepunkt seines Lebens war er gezwungen ein neues Studium anzufangen, die Logik öffentlich vorzutragen." Die gegensätzliche Verbindung aus kühl rationaler Logik und der „unbefriedigten Sehnsucht" zu ihr „verwandelten" seine Lektionen in flammend vorgetragene „Beobachtungen über Physiologie und Psychologie"[171]. Gerade nicht in der einsamen Gelehrtenstube, sondern im öffentlichen Raum der akademischen Lehre gelingt die Verbindung.

> Senebier sagt, daß Jünglinge, welche dieses Studium als leer und unfreundlich sonst verachtet, mit Eifer ihn hörten – doch unglücklich der Schauspieler, dessen zerstörte Natur den aufgehaltenen Pulsschlag der Seele in jeder schmerzhaften Empfindung nicht darstellt, nicht nachspricht, sondern aus sich selbst hervorblicken lässt![172]

Was in diesen sehr dichten Zeilen formuliert ist, wird im Kontrast zu Hollin klar. Das unvermittelte Stichwort vom „unglücklich[en] [...] Schauspieler" stellt den Bezug her. Die problematischen Seiten des Rollenhandelns können mit ihren produktiven in der *individuellen Aneignung und Gestaltung von Rollen* verbunden werden. Das „Nachsprechen" darf nicht das Subjekt beherrschen, vielmehr muss das Subjekt die Rolle beherrschen.[173] Extremformen, die einseitig das individuelle oder das kollektive Element verabsolutieren, scheitern zwangsläufig, wie Hollin gezeigt hat.

---

171 FA 1, 93 f.
172 FA 1, 94.
173 Hollin schreibt dagegen, als er den Selbstmord endgültig beschließt: „Ha Kunst Du hast gesiegt!" (FA 1, 84). Vgl. dazu Burwick, „Sein Leben ist groß", S. 86; weiterführend Wegmann, Diskurse der Empfindsamkeit, S. 64.

4.1.5 Streben nach Fortschritt ('Sozialer' Wandel)

Ontologische Gesellschaftsvorstellungen, wie sie der Ständegesellschaft zugrunde lagen, verstanden deren Ordnung als etwas Gegebenes. In dieser ‚kategorischen' Weltvorstellung hatte jeder seinen Ort, den er besser oder schlechter ausfüllen konnte. Darin allein waren Entwicklungsmöglichkeiten für den Einzelnen umrissen; es ging für ihn nicht darum ‚er selbst' zu sein, sondern ‚das, zu sein, was in ihm steckt'. Die Welt galt als zweckmäßig von Gott eingerichtet. Sie begründete sich *final* von ihrer ersten Ursache her. ‚Sozialer' Wandel war in dieser Welt nicht vorgesehen, da Perfektionierung immer nur als weitere Entfaltung von ohnehin vorhandenen Anlagen der als statisch und ewig begriffenen Ordnung galt. Im Guten stellt dieses ‚Social Imaginary' eine sinnhafte Ordnung dar, im Schlechten wird das Theodizeeproblem drängend, also dass diese Ordnung vielen Menschen ungerecht scheint und deterministisch als Unfreiheit empfunden wird.

Unter diesem Problemdruck gewannen ‚Social Imaginaries' Auftrieb, die vom Individuum ausgingen und die Welt *kausal* beschrieben. Im Kausalen steckt ein dynamisches und ein hypothetisches Moment.

> Wie man das moderne Kausalgesetz auch formulieren mag, immer geht es darum, daß eine Veränderung eine andere Veränderung hervorrufen muß, und daß jede Veränderung eine sie veranlassende Veränderung hervorrufen muß. Eine Veränderung aber ist eine substanzumformende Leistung und kann selbst wieder nur auf eine entsprechende Leistung zurückgeführt werden. So entsteht für das moderne Kausaldenken [...], das Bild einer unendlichen Kausalkette oder eines unendlichen Kausalnetzes, bei dem ein Anstoß den andern hervorruft und so das Ganze in Bewegung hält. Die Substanz, im kategorischen Bereich das Entscheidende, der Grund von allem, muß dabei immer mehr an Bedeutung verlieren, immer mehr bloßes Substrat werden, der Anstoß, die an der Substanz sich vollziehende Veränderung, muß immer mehr an Bedeutung gewinnen.[174]

Ein hypothetisches Moment ergibt sich daraus, dass sich die konstatierte Faktizität im Kausaldenken in eine Regelhaftigkeit des (Immer-)Wenn-Dann verwandelt. Daraus eröffnet sich, positiv betrachtet, ein Möglichkeitsraum für Entwicklung, negativ betrachtet, ein vorgegebenes eng von Gesetzen umrissenes Feld von Notwendigkeit. Die Aufklärung über die kausalen Gesetzmäßigkeiten bedeutet insofern einen Freiheitsgewinn. Die Kehrseite des neueren ‚Social Imaginaries' besteht darin, dass sich die Wenn-Dann-Folgen ad infinitum immer weiter zurückverfolgen lassen, sie letztlich aber sinn- und grundlos bleiben.

---

[174] Hof, Pessimistisch-nihilistische Strömungen, S. 9.

Der *Hollin*-Roman ist in einer Übergangsphase entstanden zwischen dem ‚Social Imaginary' der alten Ständegesellschaft und einem neuen, das vor allem vom Bürgertum vertreten wurde und auf individueller Leistung beruht. Er untersucht die Frage, wie sich dem neueren ‚Social Imaginary' doch noch eine sinnhafte Zielperspektive geben lässt. Die Strategie besteht darin, zu erproben, ob sich die Mechanismen von Subjektivität und Dynamisierung der gesellschaftlichen Verhältnisse, die gerade die Erosion der älteren Vorstellung maßgeblich bewirkt haben, nicht umwenden lassen, um eine Sinnhaftigkeit des Tuns in größerem Rahmen zurückzugewinnen.[175] An Hollin und Odoardos Freunden Santorin und Roland wird gezeigt, dass rein subjektivistische Versuche scheitern müssen. Odoardo repräsentiert die nihilistische Perspektive, die sich aus dem reinen Kausalitätsdenken ergibt. Sein Modell ‚sozialen' Wandels wäre ein blinder Geschichtslauf ohne Ziel. An der Figur de Saussures wird ein Entwicklungsmodell entworfen, das die Sinnhaftigkeit des Tuns nicht darin fndet, dass die perfekte Gesellschaftsordnung tatsächlich erreicht wird, sondern, nach Vorbild von Goethes Faust, im Streben selbst.[176] Bei aller Betonung seiner internationalen Tätigkeit als Wissenschaftler zeigt sich, dass de Saussure jenseits seiner individuellen Erfolge gesellschaftlich kaum über die Grenzen seiner Heimatstadt Genf hinaus Wirksamkeit entfalten konnte. Das macht die Trägheit des ‚Sozialen' und auch die Begrenztheit der Möglichkeiten deutlich, individuell den Fortschritt vorantreiben zu können. Die Knappheit der Ausführungen zeigt zugleich, dass der Roman noch über wenig konkrete Überlegungen zum Wie des ‚sozialen' Wandels verfügt.

4.2 Das ‚Soziale' der Poetik

4.2.1 Wahrheit und Allgemeinheit (Kunst und Kollektiv)

Das Problem von Kunst und Kollektiv entsteht im Spannungsfeld zweier Bezugspunkte. Auf der einen Seite steht die Partikularität des Sprechorts des Künstlers in der Gesellschaft, für den er aber zugleich den höchsten Authentizitätsgrad und den größten Wahrheitswert beanspruchen kann. Auf der anderen Seite steht die Vielzahl der Stimmen, in denen sich das ‚Soziale' artikuliert. Jede Transzendenz des spezifischen Sprechortes auf diese Vielzahl hin ist nur um den Preis von Authentizität und Wahrheit zu haben. Innerhalb dieser Span-

---

175 Vgl. Hof, Pessimistisch-nihilistische Strömungen, S. 39.
176 Vgl. Hof, Pessimistisch-nihilistische Strömungen, S. 90–92.

nung bewegt sich die Komposition des *Hollin*-Romans, wie bei der Rekonstruktion seiner Entstehung und der Kritik durch seinen Verfasser im Briefwechsel deutlich wird. Zuerst sollte der Text „eine Art Trauerspiel werden, mit Erzählung und Briefen durchschnitten", danach dachte Arnim an „die erzählende Form", ehe er sie unter dem Einfluss von Goethes *Werther* als eine „ganz briefliche"[177] ausführte. Winkelmann rät er für die Redaktion: „[I]ch glaube, daß er eigentlich durch jede Weglassung, die du bestimst [sic!], gewinnen wird", was er im nächsten Satz sogleich auch wieder zurück nimmt: „[E]r ist mir durch manche seiner Fehler lieb und es würde mich kränken, wenn ich vieles darin vermisste"[178]. Schon kurz nach seinem Erscheinen bereut Arnim die ganze Anlage des Romans: „Der verdammte Werther und meine falsche Verehrung der Göthischen Formen hat mich damals verführt, das Beste aus dem Hollin wegzuschneiden."[179] In einem Brief an Brentano wird er konkreter.

> [D]er Stoff war gut und ich habe damals gerade daraus weggelassen was andre rühren könnte 1) Marien's Tagebuch und 2. die Voraus Beurtheilung des alten Schulrektors über Odoardo und Hollin, ferner 3) die Blätter aus dem Stammbuche eines alten Burschen 4, das Lied der drey rasenden Sänger [...].[180]

Das oben eröffnete Spannungsfeld bietet ein Raster, um Arnims Schwanken einzuordnen. Die Orientierung am *Werther* steht nicht allein für die Konzeption als Briefroman, sondern als Briefroman mit einem einzelnen dominierenden Briefeschreiber.[181] Arnim, so lässt sich die widersprüchliche Anweisung an Winkelmann lesen, sieht die große Lebensnähe des Romans zu Erlebnissen seines Verfassers als Qualität, die den Roman glaubwürdig macht,[182] aber auch als Manko, der Roman könnte zur rein biographischen Selbstbespiegelung wer-

---

177 Brief Achim von Arnim an Clemens Brentano vom 18.11.1802 (WAA 31, 140–148, 142).
178 Brief Achim von Arnim an Stephan Winkelmann vom 26.01.1802 (WAA 31, 12–17, 15).
179 Brief Achim von Arnim an Stephan August Winkelmann vom 08.11.1802 (WAA 31, 137–139, 138).
180 Brief Achim von Arnim an Clemens Brentano vom 18.11.1802 (WAA 31, 140–148, 141). Arnim schrieb Winkelmann in einem verloren gegangenen Brief, „daß mir seine Verbesserungen in der Vorrede und seine Auslassungen Verschlechterungen des [*Hollin*-]Romans schienen und die Druckfehler so schon genug drückten." (WAA 31, 144).
181 Vgl. Burwick, Burwick, „Hollin's Liebeleben", S. 110 „In the fictional part of the novel Hollin is given dominant centrality; all other characters are presented in relation to him, are seen through his perspective, and are developed exclusively through their connection to him."
182 Vgl. dazu den Brief Heinrich Dieterich an Achim von Arnim vom 01.02.1802 (WAA 31, 21–22) (Herv. im Orig.) „Mit Vergnügen haben ich und meine Frau dieses *Liebeleben* gelesen – und wir beide schwören Stein und Bein, daß du dieser *Hollin* in eigener Persohn [sic!] bist – ob wir recht haben, sollst du uns sagen wenn wir uns einmal wieder auf diesem Erdenrunde begegnen – daß hoffe ich bald geschehen mag!"

den.[183] Arnim hat also ein Verfahren, das die poetischen Texte entindivualisiert, zugleich aber die Eigenwertigkeit des Ausgangsmaterials bewahrt, zu diesem frühen Zeitpunkt noch nicht gefunden. Der ursprüngliche Dramenplan, als auch die späte Reue über die weggelassenen Passagen stehen eben für den Wunsch, den Roman polyphon zu arrangieren. Wie die Beispiele illustrieren, sollte es sich durchweg um ‚authentisches' Material handeln, von dem der Roman vorgeben konnte, er hätte es nur aufgefunden. – Was sichtbar wird, ist der doppelte Anspruch von Arnims Poetik des ‚Sozialen', der in *Hollin's Liebeleben* nur begrenzt eingelöst wurde. Der Wunsch besteht darin, der Vielzahl der Stimmen der Gesellschaft in der schönen Literatur einen Sprechort einzuräumen, diese zugleich aber möglichst realistisch und authentisch zu präsentieren.

4.2.2 Fußnoten (Integration)

In *Hollin's Liebeleben* wird in Fußnoten aus drei Werken seitengenau zitiert. Zum einen handelt es sich um Schillers *Maria Stuart* nach der gerade erst erschienenen Erstausgabe,[184] Die anderen beiden Werke, die als Quelle angegeben werden, sind die *Memoire historique sur la vie et les écrits de Horace Benedict Desaussure par Jean Senebier. A Genève an IX.* und der Aufsatz „Notice sur la vie et les ouvrages de Desaussure par Decandolle Decade philosoph. an 7. no. 15. p. 327–333."[185] Der historische Bergforscher de Saussure war erst 1799 gestorben, die Biographien damit noch druckfrisch. Die Fußnoten stellen den Höhepunkt der intertextuellen Vernetzung des Romans dar. Dabei verweist

---

183 Achim von Arnim hatte eine Liebesbeziehung zur Frau seines Verlegers Dieterich (Vgl. dazu den Kommentar in WAA 30, 636 ff.). Jener las den *Hollin* als Schlüsselroman und brachte Winkelmann dazu, weitere Passagen zu streichen, als dieser von sich aus vorhatte (Vgl. Brief Stephan August Winkelmann an Achim von Arnim vom 11. 01. 1802 (WAA 31, 4–6, 4)). So wurde noch nach dem Druck der Schmutztitel mit dem Motto „Gott ist die Liebe und wer in der Liebe bleibet, der bleibet in Gott und Gott in ihm. I. Ep. Johannes" (Vgl. FA 1, 703, korrigiert n. Büttner, Arnims Eintragungen, S. 88) aus den Exemplaren gerissen (Vgl. Achim von Arnim an Heinrich Dieterich vom 17. 08. 1802 (WAA 31, 82–83, 83). Arnim trug das Motto in seinem Handexemplar wieder handschriftlich ein, in einzelnen Exemplaren wurde der Schmutztitel nur unvollständig entfernt (Vgl. Kommentar in WAA 31, 568).
184 Friedrich Schiller, Maria Stuart. Ein Trauerspiel, Tübingen ¹1801. Die wenigen alternativen Ausgaben (Tübingen ²1801 und der Raubdruck „Neueste Ausgabe" Frankfurt a. M., Leipzig 1801), die infrage kämen, sind anders paginiert. Arnim erlaubt sich kleinere Abweichungen in der Schreibung gegenüber dem Originaltext, die inhaltlich aber keine Änderung bedeuten. – Die Fußnoten finden sich in FA 1, 82, 86 und 87.
185 FA 1, 90, Fußnote 1.

jede der beiden Werkgruppen auf einen unterschiedlichen Bezugspunkt des Textes.[186]

Roswitha Burwick hat ausführlich die verschiedenen literarischen Bezugstexte dargestellt, auf die sich der *Hollin*-Roman bezieht. Zu nennen sind hier neben Schiller, unter anderem Goethes *Werther*, *Faust* und *Wilhelm Meisters Lehrjahre*, Rousseaus *Émile* und *La nouvelle Héloïse*, Tiecks *Genoveva* sowie *Die schöne Magelone*.[187] Dabei fällt auf, dass die meisten Bezüge ganz explizit genannt werden, womit sich der Text deutlich in den literarischen Diskurs seiner Gegenwart einzuschreiben versucht.

Die Fußnoten, die die de Saussure-Biographien als Quellen angeben, verweisen auf eine Welt außerhalb des Textes. Wenn historische Figuren oder Ereignisse in den Text eingehen, hat der Beleg eine beglaubigende Funktion. Dadurch rücken die Erkenntnisse der schönen Literatur über die Versammlungslogiken des ‚Sozialen' in die Nähe von wissenschaftlichen Erkenntnisansprüchen. Vorbilder hat diese Verfahrensweise in den Anmerkungen, mit denen frühneuzeitliche Autoren den Wahrheitsanspruch ihrer Werke zu untermauern suchten; zugleich weist es voraus auf die Rolle, die historische Belege als Pendant zum naturwissenschaftlichen Beweis in den Geisteswissenschaften des 19. Jahrhunderts spielen werden.[188]

In den Roman ist jedoch nicht eine wörtliche Übersetzung der biographischen Vorlagentexte eingegangen. Die Darstellung der Biographie ist stark gerafft, verdichtet und zum Exempel verklärt.[189] Ein vergleichbares Verfahren findet sich auch beim Umgang mit eigenen Erlebnissen.

> Die Skala authentischer Erfahrungs-, Denk- und Gefühlsweisen, die Begegnung mit Menschen, die Einfluß nehmen, der Aufenthalt an Orten, die symbolträchtig werden, wird von Arnim bereits in seinem Erstlingswerk voll ausgespielt. Schauplatz des Geschehens ist Halle und Göttingen, wo er 1798–1801 studierte, Reichardts Gut Giebichenstein, das er 1799 besucht, das Harzgebirge mit der mittelalterlichen Stadt Goslar, der Brocken, die

---

[186] Vgl. dazu Uwe Wirth, Die Geburt des Autors aus dem Geist der Herausgeberfiktion. Editoriale Rahmung im Roman um 1800: Wieland, Goethe, Brentano, Jean Paul und E. T. A. Hoffmann, München 2008, S. 103 ff.
[187] Vgl. Burwick, „Sein Leben ist groß", S. 69–73.
[188] Vgl. dazu Anthony Grafton, Die tragischen Ursprünge der deutschen Fußnote, München 1998; Michael Cahn, Die Rhetorik der Wissenschaft im Medium der Typographie. Zum Beispiel die Fußnote. In: Räume des Wissens, hg. von Hans Rheinberger, Michael Hagner, Bettina Wahrig-Schmidt, Berlin 1997, S. 91–110 und Evelyn Eckstein, Fussnoten. Anmerkungen zu Poesie und Wissenschaft, Münster, Hamburg, London 2001, S. 49–103 und S. 159–165.
[189] Burwick, „Sein Leben ist groß", S. 87, Fußnote 36 verweist auf Handschriften im GSA Weimar, die Bruchstücke einer Übersetzung des Senebier-Textes darstellen und wohl Teil des ‚Meteorologie'-Projekts waren.

Bielshöhle, das Tal der Roßtrappe, wohin er im Frühjahr 1801 eine Fußwanderung unternommen hatte. In Poleni setzte er dem väterlichen Freund Johann Friedrich Reichardt ein Denkmal, in Rosalie Reichardts Tochter Louise, mit der ihn eine tiefe Freundschaft verband. Polenis Tochter Bettine ist Clemens Brentanos Schwester und spätere Frau Arnims, die er im Sommer 1802 in Frankfurt persönlich kennenlernte. Roland trägt offenbar Züge des jungen Brentano, Odoardo erinnert an Friedrich Raumer. Arnims Liebe zu Jeannette Dieterich, der Frau des Göttinger Verlegers, der den Druck des ‚Hollin' besorgte, wird durch die Wertherthematik verarbeitet. Damit verwoben ist der Selbstmord des Schulfreundes Goltz, den Arnim nie ganz vergessen konnte.[190]

Das biographische Material bietet aber auch hier nur den Ausgangspunkt. Rückblickend charakterisiert Arnim sein poetisches Verfahren dadurch, dass es ihm darum ging,

> all mein poetisches Talent darauf zu verwenden in eine erdichtete Geschichte allerley wahre Scenen einzuflechten. An dem Roman habe ich Talent verschwendet wie ein Weber, der künstlich ein changent Taft aus verschiedenem Aufzuge und Einschlage gemacht, aber es so hinlegt, daß es nur von einer Seite, also nur in einer Farbe gesehen werden kann.[191]

Die Parallelen zwischen de Saussures Integration in die Gesellschaft und der hier angedachten Integration der schönen Literatur in die Gesellschaft liegen auf der Hand. Beide Male geht es darum, das eigene Anliegen – im Rahmen der gegebenen Voraussetzungen – zu realisieren, sich die sich bietenden Möglichkeiten dabei aber eigenständig anzuverwandeln und sie zu gestalten. Wenn *Hollin's Liebeleben* das erste Werk in einer langen Reihe darstellt, die Achim von Arnim nur herausgegeben haben will, so ist hier der Ausgangspunkt für eine Tendenz zu sehen, die kollektiven Bedingungen der Produktion gegenüber der eigenen Leistung hervorzuheben und den Autor zunehmend als bloßen Arrangeur vorgefundenen Materials zurückzunehmen.

Zugleich ist bemerkenswert, dass es nicht erst der Literaturwissenschaftler die Einflüsse und Hintergründe des Entstehungsprozesses erst mühsam rekonstruieren muss, sondern der Roman sie selbst offen legt. In diesem Sinne kann man in der ausgewiesenen Intertextualität und den Fußnoten eine Verbindung von Philologie und Poesie sehen. Es handelt sich dabei jedoch nicht um eine bloß komplementäre Ergänzung, sondern die *Selbstphilologisierung ist integraler Teil der Poetisierung.*[192]

---

190 Burwick, „Sein Leben ist groß", S. 66 f.
191 Brief Achim von Arnim an Clemens Brentano vom 18.11.1802 (WAA 31, 140–148, 141)
192 Vgl. dazu Eckstein, Fussnoten, S. 176–181.

4.2.3 Nur schlechte Vorbilder (Differenzierung)

„Mein poetisches Gemächte ist ein Roman und zwar mit Tendenz"[193], erklärt Achim von Arnim über seinen Erstling. Diese Tendenz selbst macht der Roman aber nicht explizit. Der Text thematisiert nur mehrere Abgrenzungsfolien für die eigene Auffassung von der gesellschaftlichen Aufgabe der schönen Literatur. Er beschränkt sich indes nicht auf eine allein negative Bestimmung. Ohne dies eigens zu reflektieren, liefert der Text in seiner Verfahrensweise nämlich auch Ansätze zur wirkungsästhetischen Fundierung einer moraldidaktischen Funktion der schönen Literatur. Dabei nimmt der Text die Denkfigur der Beantwortung der entsprechenden Frage aus der Poetik des ‚Sozialen' auf. Wo dort das Eine in die Vielfalt ausfließt, steht hier der ‚Vollzug' der eigenen Poetik, der nicht selbst thematisch wird, zu dem die Darstellung der Vielheit anderer Poetiken aber gehört.

> Obwohl fast jede jugendliche Figur dichtet oder literarische Ambitionen hat, ist doch keine vorbildhaft gemeint. So lebt einem melancholischen Dichter ‚die wirkliche Welt (...) nur in der Beschreibung'. Einem jungen Theologen ist die genaue und poesiearme Abschilderung eines Sonnenaufgangs in strengen Hexametern wichtiger als ein Produkt poetischer Fantasie, für welche Anmaßung sich die Natur rächt, indem der Morgenwind das Gedicht unauffindbar entführt. Ein anderer junger Dichter ist jederzeit fähig, eine mißglückte Liebe in ein Trauerspiel umzusetzen.[194]

Nicht nur hinsichtlich der Poetik werden schlechte Vorbilder präsentiert, auch hinsichtlich des Publikumsbezugs. – Man darf es sich als reichlich skurril vorstellen, wenn Hollin in seiner Verbindung Dichterlesungen veranstaltet. „Zur Entschädigung für diese Abhaltungen [Kampfübungen, U. B.] müssen sie nachher alle meine Lieblingsdichter und Philosophen sich vorlesen lassen; die meisten finden schon Geschmack daran, die übrigen wollen wenigstens davon mit reden können."[195] Das scheint verlorene Liebesmüh. Noch verfehlter erscheint ihm aber Dichtung gänzlich ohne ein Publikum, oder umgekehrt, ein Dichter, der nicht mehr dichtet. Hollins dichterischer Versuch wird, wie er sich in der Einlage zeigt,[196] zum Ausdruck seiner „Geistesverwirrung" und des „Wahnsinn[s]"[197] erklärt. Der Text ist allein Selbstverständigung und hat kein Publikum im Sinn. Das andere Extrem ist Poleni, der politische Schriftsteller,

---

[193] Brief Achim von Arnims an Stephan August Winkelmann vom 24.09.1801 (WAA 30,181–183, 181).
[194] Härtl, Arnim und Goethe, S. 68.
[195] FA 1, 17
[196] Vgl. FA 1, 62 ff.
[197] FA 1, 62.

der bloß noch von den Meriten seiner Vergangenheit zehrt. „Er erfreut sich nach manchen Verfolgungen einer tätigen Ruhe in der Mitte seiner Kinder."[198] Mit diesen singt er zwar sehr schön den Schlusschor aus Haydns *Schöpfung* und ein altes deutsches Volkslied, schreibt aber ansonsten nichts Eigenständiges mehr.

Für Arnim selbst tritt beim *Hollin*-Roman an die Stelle einer Rezeptionstheorie der empirische Versuch: „Ich las meinen Roman einigen gutmüthigen Landfräuleins vor, die weinten dabei und ich glaubte, es sey mir alles gelungen."[199] An der Urteilsfähigkeit seines Testpublikums zweifelt Arnim später im Lichte der kritischen und weitgehend ausbleibenden Aufnahme seines Romans. Rückblickend meint er, vieles, „was mir an meinem Roman gefiel, [...] das ist nur für *mich* darin, es war eine Unvorsichtigkeit ihn so drucken zu lassen"[200].

4.2.4 Generatives Lesen (‚Soziale' Handlungsmuster)

„Jetzt zur Erzählung"[201], heißt es zu Beginn eines Briefs Hollins, doch kaum eine halbe Seite später wird die Erzählung bereits abgebrochen und schweift in eine ausführliche Figurencharakterisierung ab. Diese wird über eine halbe Seite ausgeführt, ehe wieder ein Einschub folgt: „Doch kein Wort weiter, ich merke, daß meine Beschreibungen so lang werden, wie die Definitionen mancher Philosophen."[202] Liest man diesen Kommentar weniger als Figurenrede denn als Selbstermahnung des Autors, dann findet man hier eine erste Version der Darstellungsmaxime von Arnims Überlegungen zum ‚Sozialen' der Poetik formuliert. Diese Lesart gewinnt ihr Profil im Kontext der vorgetragenen Kritik an Rousseaus und Schillers Konzeptionen der moraldidaktischen Funktion von schöner Literatur. Arnim vertritt die Position, dass die schöne Literatur ihren Beitrag zur Versammlung des ‚Sozialen' besser durch die Darstellung vorbildlicher Handlungsmuster in Fallgeschichten leisten kann als in Gestalt abstrakter Regeln. Dafür trägt er zunächst ein ästhetisches Argument vor; diese Vermittlungsform komme den wissensstilistischen Möglichkeiten der schönen Litera-

---

198 FA 1, 60.
199 Brief Achim von Arnims an Clemens Brentano vom 18.11.1802 (WAA 31, 140–148, 142).
200 Brief Achim von Arnims an Clemens Brentano vom 18.11.1802 (WAA 31, 141, Herv. im Orig.).
201 FA 1, 20.
202 FA 1, 21.

tur besonders entgegen. An der Darstellungsweise von *La nouvelle Héloise* lässt er Hollin bemängeln:

> In der Wissenschaft kann ich es wohl noch ertragen, wenn man mehr Worte als Gedanken findet, aber durchaus widersteht es mir im Leben, wenn mehr gute Vorsätze als gute Handlungen dargelegt werden. Die Lächerlichkeit der meisten Spieler in diesem Roman, dabei die Gedehntheit, die keine Spannung ist, dazu die verschrobenen Ideen aller über Liebe und Ehe, um welche die ganze Handlung sich dreht, rauben der wirklich poetischen Anlage des Ganzen, ungeachtet des schönen Gegensatzes der Charaktere und des ausgezeichneten Talents Rousseaus, Situationen zu erfinden, alles Interesse.[203]

In der Diskussion über den *Émile* wird dieses Argument wieder aufgegriffen und grundsätzlicher fundiert. Die Formulierung erinnert an Raumers Kritik der Prinzipienethik, nämlich, dass „das Beispiel [...] besser [erzieht] als die Vorschrift"[204]. Der Erfolg der konkreten Darstellung von Handlungsmustern in der Literatur stellt sich deshalb ein, weil sie der menschlichen Art zu handeln entgegenkommt. Menschliches Handeln orientiert sich an Bewährtem, muss diese Muster aber immer wieder kreativ variieren, um sie an die jeweils konkrete Situation anzupassen. Eine einsinnige Regel erweist sich demgegenüber als problematisch zur Handlungsanleitung, da sie der Autonomie zu wenig Spiel lässt.

> Welche widrige Rolle spielt der ewig geleitete und gefoppte Emil [sic!] beim Rousseau, zu dem selbst Sophie in der Liebe kein Zutrauen faßt, sondern sich lieber an den Herrn Hofmeister wendet. Die moralische Erziehung baut Kartenhäuser auf, die beim ersten Anstoße von Originalität zusammenstürzen.[205]

Die Argumentationslinie wird in der Diskussion um Schillers *Maria Stuart* fortgeführt. Lenardo möchte ein komödienhaftes Element in seine Aufführung des Königinnendramas einführen. Dabei geht es ihm darum, die Auffassung des mit seinem Vater befreundeten Ministers zu widerlegen, die Komödie sei das beste „Ausbildungsmittel junger Studierender"[206]. Dass die Aufführung scheitert, ist als Kritik an Schillers Dramenpoetik zu lesen. Dessen Konzeptionen sind hier aber so verkürzt aufgegriffen, dass sich nicht ermitteln lässt, worauf sich Arnim genau bezieht.[207] Dennoch lassen sich zwei zentrale Kritikpunkte

---

203 FA 1, 23 f.
204 FA 1, 27.
205 FA 1, 27.
206 FA 1, 72.
207 Vgl. dazu näher Lawrence O. Frye, Textstruktur und Kunstauffassung. Achim von Arnim und die Ästhetik Schillers. In: Literaturwissenschaftliches Jahrbuch, 25. Jg. (1984), S. 131–154 und Burwick, „Sein Leben ist groß", S. 72. – Die ästhetischen Briefe Schillers, auf die Frye sich

erkennen. Der erste zielt darauf, dass die ästhetischen Schriften die Sinnlichkeit nie in ihrem Eigenwert anerkennen. Die Paradoxierung der Sinnlichkeit unter dem Eindruck des Erhabenen, hervorgerufen durch das tragische Scheitern an empirischen Bedingungen, verweist auf die Transzendentalität der Freiheit. – Dagegen betont Arnim die konkrete Körperlichkeit der Darsteller bei der Aufführung. Das Sinnliche ist nicht bloß Verweis auf eine unsinnliche Idee, sondern führt Fälle vor, die, ohne auf etwas anderes verweisen zu müssen, den Erfolg und Misserfolg von Handlungsmustern rein empirisch vorführen.

Der zweite Kritikpunkt richtet sich gegen eine zu einfache Lesart der Schaubühne als moralischer Anstalt. Das Stück führt nicht schlicht Handlungsmuster auf, vor deren Nachahmung gewarnt wird bzw. die zur einfachen Nachahmung empfohlen werden, sondern soll Anlass zum Nachdenken geben.[208] Dafür wird nun ein wirkungsästhetisches Argument angeführt. Die Inszenierung will Schillers erhabene Konzeption ins Lächerliche kippen, da die Rollen Mortimers und Marias für Lenardo eine Verkehrung des tatsächlichen Verhältnisses zwischen Hollin und Marie darstellen. In der späteren Aufführung tritt aber der entgegengesetzte Fall ein, und für Hollin stellt die Figurenkonstellation schließlich die völlige Reduplikation seiner Beziehung zu Marie dar. Als Hollin auf offener Bühne Selbstmord begeht, „überfällt alle [ein Entsetzen], lähmt alle, nur Maria in dem glücklichen Wahne, alles sei zur Täuschung, wagt es hinzublicken."[209] Weder völlige Gleichheit, noch völlige Verschiedenheit bieten geeignete Vermittlungsweisen von Handlungsmustern. Im *Hollin*-Roman selbst wird sowohl die tragische Briefhandlung als auch die versöhnliche Beilage ernsthaft präsentiert. Dabei gelingt die Balance, sodass der Roman selbst ein Angebot ist, im Modus des Als-Ob Handlungsmuster für eine gelingende Versammlung des ‚Sozialen' einzuüben.[210]

Die Überlegungen zum Rollenspielen, die in Kapitel 4.1.4 erörtert wurden, finden nun ihre Fortsetzung in der Poetologie des Romans selbst und werden ihr fester Bestandteil bleiben. Andreas Kilcher hat dafür den treffenden Begriff des ‚generativen Lesens' geprägt. Aus frühromantischem Erbe übernahm Arnim Vorstellungen, die Produktion und Interpretation von Texten sehr eng auf-

---

vorwiegend bezieht, las Arnim allerdings erst 1803 (Vgl. Brief Achim von Arnim an Clemens Brentano vom 18.08.1803 (WAA 31, 277–285, 283)).
208 Vgl. in diesem Sinne bereits Arnims Schüleraufsatz „Noch ein Wort zu Schillers drey Folgestücken" (WAA 1, 367–368).
209 FA 1, 87
210 „[S]o hast du Schillern besiegt", kommentiert Brentano die Szene im Roman. (Vgl. Brief Clemens Brentano an Achim von Arnim von Mitte Dezember, vor dem 18.12.1802 (WAA 31, 158–166, 160).

einander beziehen. Der Zusammenhang ergibt sich daraus, dass beides in der unabschließbaren Auseinandersetzung mit der Tradition und Überlieferung stets ineinander übergeht. Daraus folgt die „Umfunktionierung des Lesens von einem rezeptiven zu einem produktiven, kollektiven und prozessualen Akt, der sich dem Schreiben annähert, [...] [und der] sich mit dem Begriff des ‚generativen Lesens' bezeichnen"[211] lässt. Nicht die Rekonstruktion ursprünglicher Bedeutungsintention steht dabei im Zentrum, sondern eigenständige Auseinandersetzung mit dem Text und, im Fall des Falles, dessen Fortführung. Diese Gedanken knüpfen an die Vorstellung von der Beteiligung des Publikums an der Sinnkonstitution an. Der Roman will seinem Publikum weder Geschichten erzählen, die als Handlungsmuster bloß appliziert werden müssen, um ein glückliches Leben und gesellschaftliche Integration zu ermöglichen, noch will er abstrakte Maximen vermitteln. Er liefert Beispiele, die in ihren Gemeinsamkeiten, aber auch Unterschieden das Publikum zur Reflexion anregen sollen, zur Reflexion auch darüber, wie die erzählte Geschichte mit der Geschichte der Leserin oder des Lesers zusammenhängt.[212] Arnim wird diese Überlegungen später im Rahmen der Spannung zwischen der Geschichtlichkeit des Textes und der der Rezeption weiter ausarbeiten.

4.2.5 Kausalität und Finalität (‚Sozialer' Wandel)

Das Problem von Kausalität und Finalität begegnet auch poetologisch. Ganz schematisch kann man sagen, dass sich im 18. Jahrhundert der ‚anthropologische' Roman als die ‚Geschichte eines Ich' (Blankenburg) ausgebildet hatte, in dem Ursachenforschung anhand eines Einzelfalls betrieben wurde. Seinen Gegenpart stellt der ‚philosophische Roman' dar, der sich vor allem auf die

---

[211] Andreas B. Kilcher, Philologie in unendlicher Potenz. Literarische Textverarbeitung bei Achim von Arnim. In: Scientia Poetica. Jahrbuch für Geschichte der Literatur und Wissenschaften, 8. Bd. (2004), S. 46–68, hier S. 47.

[212] Michael Gamper entwickelt aus der Magnetisierungsszene ein anderes poetologisches Programm. „Das Modell dynamistischer physikalischer Kraftübertragung, das Arnim in seinen wissenschaftlichen Arbeiten entwickelt hat, proliferiert sich damit in die literarische Zeichenübertragung. Dichtung wird in dieser Weise zu einem unterhalb der Bewusstseinsschwelle zugreifenden Medium menschlicher Interaktion, und Arnims Erstling präsentiert sich so als ein exploratives Unternehmen, das mögliche Konstellationen solcher Verhältnisse an seinen Figuren durchspielt, aber auch den Leser als Probanden gewinnen will." (Gamper, Elektropoetologie, S. 242). – Gamper sieht richtig, dass im magnetischen Verfahren ein poetologisches Modell steckt, allerdings handelt es sich dabei um die Poetologie des Dichters Hollin, keineswegs um die Arnims. Vgl. in diesem Sinne bereits Barkhoff, Magnetische Fiktionen, S. 170 f.

Idealisierung eines Lebenslaufs zielte. Wie Manfred Engel detailliert nachverfolgt hat, kommt es zum Ende des Jahrhunderts zu einer Überlagerung der beiden Romanmodelle.[213] Die Strategie besteht darin, einerseits mit der Genauigkeit des anthropologischen Romans die Figuren zu entwickeln, diese aber zugleich symbolisch zu überhöhen und in ihnen Allgemeineres, Vorbildliches und weniger Vorbildliches, zu zeigen. Das Verhältnis von Besonderem und Allgemeinem wird um 1800 mit verschiedenem Primat und in unterschiedlichen Verhältnissen angesetzt. In diesem Prozess situiert sich auch der *Hollin*-Roman.

Die Position im Briefteil und in der Beilage ist nicht ganz einheitlich, allerdings zeichnet sich eine Tendenz ab, die faktischen Möglichkeitsbedingungen vor der Verallgemeinerung zu betonen. Es ist daher kein Zufall, dass *Hollin's Liebeleben* in gewisser Hinsicht einer Experimentalordnung gleicht. Zwei Probanden, Hollin und de Saussure, die sich in ihrer Grundausstattung in vielen Punkten ähneln, werden auf ihrem Lebensweg begleitet. Es werden mehrere Stationen passiert, wobei es jeweils darum geht, die eigene Freiheit aktiv zu gestalten, zur eigenen Vervollkommung und, in letzter Konsequenz, zur Versammlung des ‚Sozialen' beizutragen. Die forcierte Parallelisierung der Figuren und Anforderungen macht deutlich, dass ‚Bildung' hier im Versuchsmodus untersucht wird.[214]

Soweit die Gemeinsamkeiten. Im Falle der Charaktere der Hollin-Handlung sind die Figuren zwar persönlicher und individueller gezeichnet, zugleich repräsentieren sie aber deutlich Typen aus dem Inventar der zeitgenössischen Literatur. Das wird nicht zuletzt an der komplizierten Verschachtelung der Editionslage deutlich, die die Herausgeberfiktion unterläuft und das Werk leicht als Werk des Autors Achim von Arnim kenntlich macht. Darüber hinaus zielt die Dreistufung der Edition auf eine Verallgemeinerung der Handlung. Die Vorrede Odoardos an den Leser lässt vermuten, dass dieser erste Anstalten gemacht hat, den Briefwechsel zu edieren, ehe er wahnsinnig wurde. Frank, ein Freund Hollins und Odoardos, hat das Projekt wieder aufgenommen. Er selbst starb aber, bevor er es publizieren konnte, was dann wiederum dessen Freund L. A. von Arnim übernahm.[215] Was sind die jeweiligen Motivationen? – Für den melancholisch veranlagten Odoardo spielen Erinnerungen generell eine wichtige Rolle.[216] In seiner Vorrede erklärt er dem Leser:

> Unser Zeitalter ist gleich arm an Liebe wie in der Liebe – die Jugend eilt und bald folgen ihr die süßen Erinnerungen. Mit den Gesängen seiner Liebe benährt der Jüngling die Blu-

---

213 Vgl. Manfred Engel, Der Roman der Goethezeit, bes. S. 227 ff.
214 Vgl. dazu Pethes, Zöglinge der Natur, S. 298–322.
215 Vgl. dazu den Kommentar in FA 1, 713.
216 So erzählt er z. B. ausführlich von der gemeinsamen Schulzeit mit Hollin. Vgl. FA 1, 13.

men eines empfundenen Frühlings, aber das Lied verhallt und die Zeugen seines Glücks verwelken. [...] [D]em verständigen Manne [sind sie aber] nicht deswegen allein heilig [...], weil sie Erinnerungen der unbemerkt verschwebenden Jugend sind. Der holde Traum muß ihm gegenwärtig bleiben und die Glut des Frühlings sich im glänzenden Sommer wieder erkennen. Dann erwacht zu einer neuen wundervollen Blüte im schönen Herbste der Fruchtbaum, breitet sich aus, und schattet freundlich. Bald welkt auch diese Blüte im Winterfroste, und es fliehen die wechselnden Farben – aber blütenreicher wird der helle blinkende Reif sich einspinnen. So verdrängen Blüten die Blüten und der Tod ist die schönste farbigste Blüte.[217]

Mit der Publikation wollte Odoardo etwas erreichen, was weder Hollin noch ihm selbst im Leben geglückt ist. In der verschriftlichten Erinnerung sollten vor allen die guten Absichten Hollins weitergegeben werden.[218] Wenn der Bezug zur Krise des Zeitalters hergestellt wird, so wird die Geschichte Hollins bereits etwas aus ihrer Singularität herausgehoben. Den zweiten Schritt in diese Richtung geht der Redaktor Frank. Er schreibt dem Herausgeber, der Hollin nicht mehr kennengelernt hat: „Du wirst viele der herzlichen Gefühle mit empfunden haben, aus denen das ganze Schicksal des unglücklichen Hollin zusammengewebt war, vielleicht hast Du ihn lieb gewonnen, wie er uns andern lieb war und wert war, die ihn lebend kannten."[219] Auf der einen Seite wird hier um Sympathie für den Protagonisten geworben, die sich auf ein allgemeineres Interesse an dem Charakter gründet, auf der anderen Seite findet man in der klassischen Metapher des ‚Webens' für die Dichtkunst die Fiktionalität des Textes angedeutet. Beides läuft auf eine weitere Ablösung vom ‚historischen' Hollin hinaus. Diese Bewegung setzt sich fort, wenn der Herausgeber, der das Buch zur „Verheimlichung des Verfassers" unter seinem „Namen drucken" ließ, damit nochmals größere Distanz zum ‚Geschehen' signalisiert. „[I]ch wünsche dem Leser alle Freude, die mir das Buch mit der Erinnerung an den Freund geschaffen"[220].

Die Beilage ist anders gelagert. Hier steht die Idealisierung des Vorbilds im Vordergrund. Dabei wird die Faktualität der historischen Figur de Saussure verstärkt eingetragen. So gibt die Lebensbeschreibung gleich zu Beginn die Quelle für die „Facta zu dieser Biographie"[221] an. Auch wenn die Leistungen

---

217 FA 1, 12.
218 Die Publikationsabsicht Odoardos ist bemerkenswert, da Hollin selbst kurz vor seinem Tod wünschte, Odoardo und Marie sollten „behüte[t] [...] vor jeder Erinnerung an mich" (FA 1, 85) bleiben.
219 FA 1, 75.
220 FA 1, 11.
221 FA 1, 90, Fußnote 1.

des Bergforschers in Gelehrtenkreisen bereits ihr „Andenken"[222] gefunden haben, so wird er als Vorbild darüber hinaus empfohlen. Es wird deutlich gemacht, dass solche Vielseitigkeit wie die des Genfer Forschers, die sich auch nicht ohne Hindernisse entfalten konnte, zwar selten ist, aber dennoch real möglich: „Das Beispiel jener [,die sich in ihrem Leben in einem einzelnen Wirkkreis entfalten, U. B.] mag den Einzelnen stärken, das Beispiel dieser [vielseitigen Männer wie de Saussure, U. B.] könnte allen fruchten, weil alle danach streben sollten."[223]

Die Aufgabe, die sich die schöne Literatur im Prozess ‚sozialen' Wandels zuschreibt, besteht darin, zum Fortschritt der Menschheit beizutragen. In der Erinnerung an die Möglichkeiten der Freiheitsentfaltung hat sie zugleich eine konservatorische Funktion, wie sie, indem sie Ideale formuliert, auch prospektiv wirkt. Umgekehrt zeigt sich aber, wie stark die Literatur abhängig ist von den Freiheiten, die ihr der gesamtgesellschaftliche Entwicklungsprozess aktuell bietet, und den Sinnformen, die er bereit stellt.

4.3 Zwischenresümee

In Achim von Arnims Erstlingsroman lässt sich bereits eine erste Fassung seiner Poetik des ‚Sozialen' erkennen. Wie die Textanalysen deutlich gemacht haben, sind dabei beide Perspektiven, die Poetik des ‚Sozialen und das ‚Soziale' der Poetik, klar auf einander bezogen. Die Antworten auf die fünf Fragen des ‚Sozialen' bilden einen Komplex, der Verweise und wechselseitige Anschlüsse anlegt. Zugleich wird aber auch ersichtlich, dass nicht alle Problemfelder gleich ausführlich ausgearbeitet sind.

Arnim knüpft im *Hollin* an seine Überlegungen aus seinen Schüleraufsätzen an, insofern er die Freiheit auszuwählen als Möglichkeit der Stellungnahme zu äußeren Gegebenheiten übernimmt und damit auch die Fähigkeit der Subjekte zu Irrtum und Verfehlung. Mit Blick auf die Stellung von *Individuum und Kollektiv* habe ich gezeigt, wie Arnim die Gattung Briefroman geschickt nutzt, um ein nicht-transzendentales Terrain zu erkunden, das inter- oder vorsubjektiv ist. Gegenüber der Subjektivität der Briefzeugnisse und Notate, die die individuellen und zugleich beschränkten Sichtweisen in konkreten Situationen präsentieren, überschaut der Herausgeber das Ganze. Anders als etwa Tieck im *Wilhelm Lovell*, wo ein Herausgeber ganz fehlt, knüpft Arnim an die

---

222 FA 1, 90.
223 FA 1, 90.

Instanz des posthumen Herausgebers im *Werther* an und gibt ihr zusätzliches Gewicht.[224] In *Hollin's Liebeleben* blendet Arnim die Polyperspektivik der Figuren und die objektivierende Metaperspektive gezielt gegeneinander. Konsequenterweise zeigt sich das ‚soziale' Zusammenspiel der Briefpartner keineswegs als zweckmäßige Ordnung. Darauf reagiert der Roman, wenn er als ersten Lösungsansatz zur Überwindung des Subjektivismus die Möglichkeit wechselseitiger Perspektivübernahme ins Spiel bringt. Vor dem Konvergenzhorizont, den die Metaperspektive der Herausgeber darstellt, führt der Briefteil aber die großen Hindernisse dieser Lösung vor. Die Beilage formuliert dagegen einen Hoffnungsblick, wie die eigene Perspektive sich mit denen der anderen vermitteln lässt. Den zweiten Lösungsansatz findet der Roman in der Kultur als etwas, das vorsubjektiv die Menschen verbindet.

Komplementär dazu problematisiert Arnim die Frage nach dem Gemeinsamen der Menschen unter dem Gesichtspunkt des ‚Sozialen' der Poetik. Der Roman hat die Metaperspektive der Herausgeber nicht weiter in Zweifel gezogen, der Autor aber begreift sie nun wieder als partikulare Sichtweise. Er fragt: Wie kann die schöne Literatur einen allgemeineren Blick auf die Gesellschaft werfen, obwohl sie nur eine bestimmte Perspektive einnehmen kann. Und umgekehrt: Wie kann die Vielfältigkeit der gesellschaftlichen Perspektiven, jede in ihrem eigenen Recht, unter einer Sichtweise veranschaulicht werden? – In *Hollin's Liebeleben* verfügt Arnim noch über kein poetologisch reflektiertes Verfahren, um diese Fragen zu beantworten. Das Ziel ist ihm jedoch klar: Die Dichtung soll vom begrenzten Subjektivismus seines Autors abgezogen und zu einer ‚realistischen' Darstellung der Perspektivenfülle der gesellschaftlichen Wirklichkeit werden. Von Herder übernimmt Arnim an dieser Stelle die Orientierung an der Fülle des Möglichen.

Authentizität hat die Empfindsamkeit immer als ‚Natürlichkeit' verstanden. Im Kapitel über *Integration* habe ich zwei Integrationsmodelle verglichen. Die Untauglichkeit des ersten Modells führt der Roman an Hollin vor, den Erfolg des zweiten am Schweizer Bergforscher de Saussure. Hollins Versuche, seine Subjektivität auf ein Vor- und Überindividuelles, das als ‚Natur' bestimmt wird, zu transzendieren, bleiben subjektiv. Es gelingt ihm keine Vermittlung von individuellen Interessen und gesellschaftlichen Gegebenheiten. De Saussure dagegen begreift die gesellschaftlichen Gegebenheiten gleichermaßen als Handlungshindernis wie auch als Möglichkeitsraum seiner Freiheit. Beide Mo-

---

[224] Vgl. dazu Karl Robert Mandelkow, Der Briefroman. Zum Problem der Polyperspektive im Epischen. In: Mandelkow, Orpheus und Machine. Acht literaturgeschichtliche Arbeiten, Heidelberg 1976, S. 13–22, S. 20 f. und Arata Takeda, Die Erfindung des Anderen. Zur Genese des fiktionalen Herausgebers im Briefroman des 18. Jahrhunderts, Würzburg 2008.

delle führt der Roman an einer Reihe von gesellschaftlichen Feldern vor. – Herders *Ideen* kann man gleichsam als theoretische Begründung dafür nehmen, was im Roman veranschaulicht wird. Der Mensch eignet sich die Natur nicht rein physiologisch an, wie sie sich an sich selbst gibt, sondern vermittelt durch sinnhafte Deutung.[225] Es gibt kein Zurück zur Natur. In der Kultur liegt damit gleichsam eine Selbsttranszendenz der Natur, wobei die Entfremdung von der Unmittelbarkeit der Preis für die menschliche Freiheit ist. „Je vielartiger der Organisation nach die Geschöpfe werden: desto unkenntlicher wird das, was man bei jenen den Keim nannte"[226].

Arnim greift de Saussures Integrationsmodell für seine Poetik auf. Poetologisch reflektiert er es im Darstellungsverfahren. Anders als im *Werther*, wo die Fußnoten des Herausgebers der Fiktionalität des Textes entgegenarbeiten, gebraucht Arnim sie gerade, um die Artifizialität des Werks auszustellen. Er vermerkt die Quellen, aus denen sein Text schöpft. Da sie alle kurz vor Arnims *Hollin* erschienen sind, verzeichnet der Roman im Gestus seiner Selbstphilologisierung seine gesellschaftlichen Entstehungsbedingungen. Zugleich betont er damit seinen Anspruch im literarischen Diskurs neben diese Texte treten zu wollen.

Die Frage nach der *Differenzierung* einer Einheit führt die Überlegungen zur Integration fort. Unter der Perspektive der Poetik des ‚Sozialen' wird das Problem anhand der Vorstellung von der ‚großen Kette der Wesen' diskutiert. Das ontologische Modell wird in Hollins Verständnis zur Grundlegung eines subjektivistischen Idealismus. Darin ist für das ‚Soziale' kein Platz, insofern er die Vielheit der Welt immer nur als abgeleiteten Modus des Einen begreift und im Solipsismus stecken bleibt. Für de Saussure bildet das Eine zwar noch den Bezugshorizont, er erhält sich aber die Vielheit in ihrer Verschiedenheit – womit er auf Herders Spuren wandelt. Das Problem der kulturellen Deutung als Vermittlung der Vielheit tritt bei ihm in den Vordergrund. Insofern gelingt es ihm, aus der ontologischen Vorstellung ein ‚Sozial'-Modell in nuce zu gewinnen.

Wieder orientiert sich Arnims Poetologie an de Saussure. Im *Hollin*-Roman wird die eigene poetologische Position nicht explizit formuliert, dagegen werden mehrere andere Dichtungsverständnisse offen kritisiert. Die Struktur ist analog zum Einen, das in die Vielheit emaniert, angelegt. Hier wird eine Poetik ‚vollzogen', zu der es gehört, verschiedene Möglichkeiten von Poetiken darzustellen.

---

[225] Vgl. Herder, Werke, Bd. 6, S. 89 und 180 ff.
[226] Herder, Werke, Bd. 6, S. 172.

Seine Individualität zu entfalten, das bedeutet, die eigenen einzigartigen Anlagen zu entwickeln. Insofern der Mensch bei Herder immer schon in gesellschaftliche Traditionen eingewoben ist, kann Individualität gar nicht im Kontrast zu Sozialität gedacht werden. Das sieht Arnim ähnlich, wie sich an seiner Behandlung der Frage nach ‚Sozialen' Handlungsmustern zeigt. Arnim beantwortet diese Frage, indem er verschiedene Varianten des Rollenspiels vorführt. Er zeigt, dass Intentionen der Subjekte und ein richtiges Verständnis beim ‚Publikum' auf kulturell geteilte Rollenmuster angewiesen sind. Jene stellen keinen starren Panzer dar, sondern bieten nur bestimmte Vorgaben, die durch die Akteure erst anverwandelt und ausgestaltet werden müssen.

Entsprechend läuft auch die Argumentation hinsichtlich des ‚Sozialen' der Poetik. Arnim lehnt sowohl eine Poetik ab, die bloß einsinnig theoretische Sätze anschaulich vorträgt, als auch eine, die das Empirische letztlich nur dazu gebraucht, um auf Transzendentales zu verweisen. Dagegen setzt der Roman einen Symbolbegriff, der anschaulich bleibt und sich dabei doch über sich hinaus auf Allgemeines bezieht. Komplementär dazu verlangt Arnim von seinen Lesern, an der Bedeutungskonstitution mitzuwirken und sich die Geschichten immer wieder neu anzueignen.

Die Frage nach ‚Sozialem' Wandel zielt darauf, wie sich Individualität zum eigenen und zum gesellschaftlichen Fortschritt entwickeln lässt. Herder gibt zu, dass der Prozess sehr langsam vor sich geht und sich auch keineswegs linear aufsteigend bewegt. Vielmehr ist für ihn der Niedergang Einzelner die notwendige Voraussetzung für das Erreichen einer höheren Entwicklungsstufe.[227] Als Ziel steuert der Prozess auf die Humanität zu, was eine möglichst vielgestaltige Entfaltung von Freiheit bedeutet.[228] Die Zukunft der Entwicklung lässt sich nicht voraussehen, auch nicht durch die Kunst.[229] – An diesem Punkt zeigen sich deutliche Abweichungen Arnims von Herder. *Hollin's Liebeleben* will erkunden, wo in einer Welt, deren Grundbedingungen von kollektiven Gegebenheiten bestimmt werden, Raum für das aktive Hinwirken von Individuen auf den Fortschritt der Gesellschaft bleibt. Wie bei Herder zeigt sich das ‚Soziale' allerdings als sehr träge. Ein Fortschritt dürfte also erst nach einen längeren Zeitraum sichtbar werden. Im Unterschied zu Herder erwartet Arnim allerdings nicht die Vielheit als Ziel des Fortschrittsprozesses, sondern eine Konvergenz zum Besten. Dabei glaubt er, die nächsten Entwicklungsschritte bereits ‚ahnden' zu können. Arnim wertet das alleinige Streben nach Fortschritt auf, da sich produktive Ergebnisse selten schnell einstellen.

---

[227] Vgl. Herder, Werke, Bd. 6, S. 169–177.
[228] Vgl. Herder, Werke, Bd. 6, S. 154.
[229] Vgl. Herder, Werke, Bd. 6, S. 191.

Indem Arnim seine Figuren in ihren konkreten Handlungsbedingungen schildert, sie aber zugleich auch als allgemeine Handlungstypen darstellt, kennzeichnet er die Aufgabe der schönen Literatur, am Fortschritt der Gesellschaft mitzuwirken. Sie soll gleichermaßen geglückte Handlungsmuster in der kollektiven Erinnerung bewahren, als auch Ideale formulieren, an denen sich die Strebensbemühungen orientieren können.

5 Arnims Bildungsreise (1801–1804)

Nach dem Abschluss des *Hollin*-Romans im Herbst 1801 brach Achim von Arnim mit seinem Bruder Carl zu der für junge Adelige üblichen Kavalierstour durch Europa auf.[1] – Viel lieber wäre er jedoch in die Südsee gereist. In Göttingen hatte er die von Johann Friedrich Blumenbach aufgebaute Sammlung von Reiseberichten kennengelernt,[2] die ihn offenbar in die Ferne lockte. Sein Onkel vereitelte den Plan, indem er ihm erklärte, dass diese Art der Reise nicht zum Bildungsprogramm eines jungen Adeligen gehöre, für den eine Karriere im preußischen Staat vorbestimmt sei.

> Für Dich besonders lieber L.[ouis] noch dass, wie Dein Reise Wagen freilich für die Sud^see^reise nicht brauchbar. Den Plan zu dieser entwarffst Du wohl vor Deiner Krankheit? Von dieser wiederhergestellt, bist Du es hoffentlich auch von diesem Gedanken, und erlaubst *dem Miethlinge* Mungo [Park, U. B.], der sich ein *kleines* Vermögen erwarb, welches er mit den Seinigen lieber ruhig in Schottland verzehren, als glänzende Anerbiethungen annehmen will, ein braver Mann zu seyn.[3]

Die Reise konnte seine Familie Achim von Arnim verbieten, das *kulturanthropologische Interesse* jedoch begleitete ihn auf seiner Europatour weiter, ja es wurde sein zentraler Erkenntnisgegenstand. Selbstredend, dass dies zu größeren Umstrukturierungen innerhalb seiner Poetik des ‚Sozialen' führen würde.

---

1 Vgl. dazu Ingrid Oesterle, Achim von Arnim und Paris. Zum Typus seiner Reise, Briefe und Theaterberichterstattung. In: Härtl, Schultz (Hg.), Die Erfahrung anderer Länder, S. 39–62, bes. S. 39–45. – Und übergreifend zu dieser Thematik: Reise und soziale Realität am Ende des 18. Jahrhunderts, hg. von Wolfgang Griep, Hans-Wolf Jäger, Heidelberg 1983; Reisen im 18. Jahrhundert. Neue Untersuchungen, hg. von Wolfgang Griep, Hans-Wolf Jäger, Heidelberg 1986; Rom – Paris – London. Erfahrungen und Selbsterfahrungen deutscher Schriftsteller und Künstler in fremden Metropolen, hg. von Conrad Wiedemann, Stuttgart 1988; Der Reisebericht. Die Entwicklung einer Gattung in der deutschen Literatur, hg. von Peter J. Brenner, Frankfurt a. M. 1989; Thomas Grosser, Reiseziel Frankreich. Deutsche Reiseliteratur vom Barock bis zur Französischen Revolution, Opladen 1989; Attilio Brilli, Als Reisen eine Kunst war. Vom Beginn des modernen Tourismus – die ‚Grand Tour', Berlin 1997; Cornelius Neutsch, Reisen um 1800. Reiseliteratur über Rheinland und Westfalen als Quelle einer sozial- und wirtschaftsgeschichtlichen Reiseforschung, St. Katharinen 1990, bes. S. 7–125; Mathis Leibetseder, Die Kavalierstour. Adlige Erziehungsreisen im 17. und 18. Jahrhundert, Köln, Weimar, Wien 2004.
2 Vgl. dazu WAA 30, 513 f.; Hans Plischke, Johann Friedrich Blumenbachs Einfluß auf die Entdeckungsreisen seiner Zeit, Göttingen 1937 und Gundolf Krüger, „ …etwas von dem Ueberfluße ausländischer Natürlicher Merkwürdigkeiten" – Johann Friedrich Blumenbach, England und die frühe Göttinger Völkerkunde. In: „Eine Welt allein ist nicht genug". Großbritannien, Hannover und Göttingen, hg. von Elmar Mittler, Göttingen 2005, S. 202–220.
3 Brief Hans von Schlitz an Achim von Arnim vom 31. 01. 1801 (WAA 30, 145–148, 148, Herv. im Orig.).

Anfang November 1801 reisten die Arnim-Brüder über Wiepersdorf nach Dresden, wo sie sich drei Wochen aufhielten. Um einige Höflichkeitsbesuche bei Hof und bei Bekannten seiner Familie kam Achim nicht herum, den größten Teil seiner Zeit verwendete er aber auf die Besichtigung der Kunstschätze der Stadt, beschäftigte sich mit Literatur und traf sich mit seinem Bekannten Ludwig Tieck. Von dort ging es über Freiberg im Harz und Prag weiter nach Regensburg, wo er Anfang Dezember bei der Familie seines Onkels Hans von Schlitz ankam, von dem der oben zitierte Brief stammt. Nach Weihnachten und dem Jahreswechsel setzte er erst Ende Januar seine Reise über München nach Wien fort. In Briefen berichtet er vom Stadtleben und wieder dem Besuch einer Reihe von Kunstsammlungen, daneben von der beeindruckenden Natur am nahe Wiens gelegenen Kahlenberg. Hier begann Achim mit den Arbeiten an dem Buch, das sich später zu *Ariel's Offenbarungen* (publiziert 1804)[4] entwickeln sollte. Schon im April verließ Achim Österreich wieder und traf nach einem zweiten München-Aufenthalt Anfang Juni in Frankfurt am Main bei den Brentanos ein. Bei diesem Besuch begegnete er seiner späteren Frau Bettina Brentano zum ersten Mal. Die Freunde Achim und Clemens reisten zusammen weiter und unternahmen gemeinsam die später immer wieder als Gründungsmythos ihrer Freundschaft beschworene Rheinfahrt.[5]

Von Juli bis Dezember 1802 hielten sich die Arnim-Brüder in der Schweiz auf. Dort herrschte eine gärende politische Stimmung. Das Land befand sich infolge des Zweiten Koalitionskriegs in einer gesellschaftlichen Umbruchssituation. In „Aloys und Rose" (publiziert 1803)[6] reflektiert Achim darüber.

Nächste Reisestation war Paris, wo er sich von Februar bis Juni aufhielt. Dort hatte er Kontakte zu Friedrich Schlegel und dem ‚Intellektuellenzirkel' um diesen. Seine Gedanken zum Theaterleben der französischen Hauptstadt legte Achim in den „Erzählungen von Schauspielen" (publiziert 1803)[7] nieder. Eine Begegnung mit Napoleon Bonaparte schürte Achims antifranzösische Haltung

---

[4] Die FA druckt nur eine Auswahl aus *Ariel's Offenbarungen*. Dies wird folgendermaßen begründet: „Die aus dem Zusammenhang herausgelösten Texte, die als mehr oder weniger eigenständige Gedichte angesehen werden können, sprechen in der sinnlich-geistigen Unmittelbarkeit der Wortebene für sich." (FA 5, 1050 f.) – Dem ist zu nachdrücklich widersprechen. Die Auswahl scheint willkürlich nach Geschmack des Herausgebers getroffen zu sein. Durch die Auslassungen werden der innere Zusammenhang der Texte und auch die poetischen Absichten des Werkes nicht mehr klar. Ich zitiere daher nach der Ausgabe Jacob Minors, Weimar 1912 unter der Sigle *AO*.

[5] Vgl. den Kommentar WAA 31, 526 f. und Schwinn, Kommunikationsmedium Freundschaft, S. 60–74.

[6] FA 3, 11–49.

[7] FA 6, 129–167.

weiter.⁸ Es war wegen der Kampfhandlungen des Dritten Koalitionskriegs kurzzeitig unklar, ob die Arnims ihre Reise wie geplant fortsetzen könnten oder vorzeitig heimkehren müssten.⁹

Ende Juni oder Anfang Juli 1803 konnten die Brüder dann aber doch nach England übersetzen und nahmen in London Quartier. Dort hatten sie vor allem Kontakt zu Diplomatenkreisen. Nach einem Landaufenthalt in Tooting, das heute zum ‚Greater London' gehört, wo Achim sein Englisch aufbessern wollte, folgte eine dreimonatige Reise durch Wales und Schottland¹⁰, deren Stationen im Detail unbekannt sind. Von Ende Dezember an hielten sich die Arnims wieder in London auf. Jetzt lernte Achim das dortige Theatermilieu besser kennen. Die für Mai 1804 geplante Rückkehr nach Preußen verschob sich auf August, weil Achim lebensgefährlich an einer Leberentzündung erkrankt war. Mit etwas über einem Jahr zählt Achim von Arnims Englandaufenthalt mit zu den längsten aller deutschen Romantiker.¹¹

Die Quellenbasis zu Arnims Reisezeit ist äußerst disparat. Ich konzentriere mich auf die oben genannten größeren Werke. Daneben haben sich eine große Anzahl Briefe und ein Reisenotizbuch erhalten. Um später auch werkübergreifend meine Fragestellung verfolgen zu können, will ich die einzelnen, oft wenig bekannten Schriften hier wieder kurz charakterisieren.

„Aloys und Rose" gestaltet die Konfliktlage in der Schweiz zur Zeit von Arnims Besuch. Frankreich hatte 1798 die revolutionären Kräfte in der Schweiz gegen die Alte Eidgenossenschaft unterstützt. In dieser Auseinandersetzung hatten die Väter von Aloys und Rose im Heer der ‚Patrioten' zusammen auf Seiten Frankreichs gekämpft. Um ihre enge Verbundenheit zu festigen, beschlossen sie, ihre Kinder miteinander zu verheiraten. Der Aufstand war erfolgreich und es kam zur Gründung der Helvetischen Republik nach dem Vorbild des französischen Einheitsstaats. Diese stand jedoch in starker Abhängigkeit von Frankreich und war für zeitgenössische Beobachter schwer einzuschätzen;¹² mit neuen Freiheitsrechten waren auch neue Repressionen einhergegangen. Innerhalb dieser Körperschaft kam es in den Jahren von 1799 bis 1803 zu

---

8 Vgl. Brief Clemens Brentano an Achim von Arnim, verfasst Mitte Februar 1803 (WAA 31, 185–193, 190).
9 Vgl. Brief Achim von Arnim an Madame de Staël vom 14.05.1803 (WAA 31, 247–249, 247).
10 Vgl. dazu Margaret D. Howie, Achim von Arnim and Scotland. In: The Modern Language Review, 17. Jg. (1922), H. 2, S. 157–164.
11 Vgl. Christoph Wingertszahn, Arnim in England. In: Härtl, Schultz (Hg.), Die Erfahrung anderer Länder, S. 81–101, hier S. 85.
12 Vgl. dazu näher Heinz Härtl, Ludwig Achim von Arnims frühe Erzählung Aloys und Rose. In: Wissenschaftliche Zeitschrift der Universität Halle-Wittenberg. Gesellschafts- und Sprachwissenschaftliche Reihe, 19. Jg. (1970), H. 5, S. 59–68, hier S. 59 ff.

Konflikten zwischen den ‚Unitariern', die für einen Zentralstaat nach französischem Vorbild eintraten, und den ‚Föderalisten', die sich eine Wiederherstellung der alten Kantone wünschten. Besonders zugespitzt hatte sich der Konflikt im Kanton Wallis, in dem die Erzählung spielt. Nach einem vorgeblichen Rückzug der französischen Truppen im Zuge innenpolitischen Streitigkeiten, hatte Napoleon 1801 für einen Staatsstreich gesorgt, der den Kanton formal zur unabhängigen Republik, de facto aber zu französisch besetztem Gebiet gemacht hatte. Während Aloys' Vater auf Seiten der ‚Unitarier' bleibt, wechselt Roses Vater in dieser Situation auf die Seite der ‚Föderalisten'. Roses Vater sieht sich getäuscht und sinnt auf Rache. Er schmiedet einen Plan: Aloys soll sich in Rose verlieben und dann abgewiesen werden. Doch die Liebe entwickelt eine Eigendynamik und nicht nur Aloys, auch Rose verliebt sich. Sie erkennen ihr gemeinsames Interesse für alte Bücher und Poesie. Als Roses Vater bemerkt, dass sein Plan nicht aufgegangen ist, versucht er, jeglichen Kontakt der beiden zu unterbinden. Sie kommunizieren fortan verschlüsselt in Form von bearbeiteten Gedichtabschriften. Rose bringt den Geliebten dazu, einen aus Rache geschmiedeten Mordplan an ihrem Vater aufzugeben und abzureisen. Kurzzeitig denkt Aloys über die Verwirklichung ihrer Liebe in einer rousseauistischen Naturutopie nach, entsagt dann aber ihrer Liebesbeziehung und engagiert sich, Wilhelm Tells Vorbild folgend, in der Freiheitsbewegung. Als Rose später aus materiellen Gründen einen Gemsenjäger heiraten soll, träumt sie von Aloys, der, nachdem er wichtige Siege gegen die ‚Unitarier' errungen hat, auf der Feste Aarburg eingekerkert ist und gefoltert wird. Hier trifft sich Arnims Geschichte mit der des historischen Freiheitshelden Aloys Reding.[13] Rose singt ein Lied, in dem sie schildert, wie sie ihn befreit und dabei als Personifikation der Liebe stirbt. Die Erzählung endet 1802, zu dem Zeitpunkt also, als Arnim sie verfasst hat.

Ein weiteres Werk, auf das ich mich stützen will, sind die „Erzählungen von Schauspielen". Ursprünglich waren sie als Teil von *Ariel's Offenbarungen* vorgesehen.[14] Arnim entschied sich dann aber dafür, sie separat in Friedrich

---

13 Vgl. Härtl, Ludwig Achim von Arnims frühe Erzählung Aloys und Rose, S. 63.
14 Vgl. dazu den Brief Achim von Arnim an Clemens Brentano vom 05.05.1803 (WAA 31, 229–235, 231 und dazu den Kommentar WAA 31, 731 ff.): „Du must dich nicht wundern über die Menge Titel meiner Werke, das Trauerspiel, das Lustspiel (Sängerfest auf der Wartburg) und das Lehrgedicht Heymars Dichterschule stehen sämtlich im ersten Theile des Ariel, der ganz leise wie jedes Bewustseyn auf A. B. C. Schulbänken der Tanzkunst anfängt. In Schlegel's Europa wirst du im dritten Stücke einen langen Dialog aus dem zweyten Theile finden, Schlegel war sehr damit zufrieden, er ist darin noch ganz Tänzer und über die Tanzkunst ist da manches gesagt; ferner habe ich zum zweyten Theile ein Trauerspiel Faust nach allen Haupttheilen geschrieben, es ist das Gymnasium des Tänzers, das Trauerspiel ist durchweg mit gereimten Chören aber nicht im Style der Alten, sondern wie im Liederstyle, der Teufel allein

Schlegels *Europa* zu veröffentlichen. Roswitha Burwick zählt den Text zu den wichtigsten Reflexionen Arnims über Ästhetik und nennt ihn in einem Atemzug mit dem „Volkslieder"-Aufsatz.[15] Seiner Gestalt nach gehört er zur Gattung des poetischen Kunstgesprächs. Beteiligt sind ein Schreiber, eine Kranke, eine Gesunde, ein Weltfreund und der Erzähler. Es geht um drei Fragestellungen: einmal um die Erziehung des Menschengeschlechts durch die Kunst, dann um die Umwandlung und geistige Wiedergeburt der Gesellschaft aus einer kranken Gegenwart, zuletzt um die Entwicklung eines Mythos der Natur- und Menschheitsgeschichte.

Das übergreifende Hauptwerk der Reisezeit aber sind *Ariel's Offenbarungen*. Auch wenn die ersten Entwürfe auf das Frühjahr 1802 in Wien zurückgehen, fand das Werk erst im Herbst 1803 seinen Abschluss. Es besteht aus drei Teilen: „Das Heldenlied von Herrmann und seinen Kindern" (AO, 3–142), „Heymar's Dichterschule" (AO, 143–217) und „Das Sängerfest auf Wartburg" (AO, 218–276). Ein Brief der Malerin Kryoline an ihre Freundin, die Musikerin Kyane, eingeschoben am Ende des zweiten Teils (AO, 198–217), gibt Aufschluss über den angeblichen Zusammenhang der verschiedenen Texte, die sie ihr übersendet. Die ersten beiden Texte habe sie von ihrer Gastwirtin erworben, das Nachspiel dem Dienstmädchen entrissen, da es ihr bei dem Kauf unterschlagen worden sei. Die Dichtungen stammten von einem reisenden Tänzer, der mit seinen Schülern unter dem Namen ‚Ariel' oder ‚Heymar' im selben Gasthof wie sie logiert habe. Um seine Zeche zu begleichen, habe er das Schriftenbündel an die Wirtin veräußert. Bei der Lektüre wird ihr klar, dass der Unbekannte, den sie nie zu Gesicht bekommen hat, etwas für sie empfunden haben müsse, war er doch wohl der Absender der Blumengrüße der vergangenen Wochen. Es folgen Bildgedichte zu Zeichnungen aus ihrer Mappe, zu denen sich der Dichter heimlich in ihrer Kammer Zugang verschafft haben muss. Das Heldenlied stellt ein „ewig wechselndes Liederspiel"[16] dar, wozu der erste Gesang des zweiten Teils eine Erläuterung Heymars sein soll, gefolgt von Erläuterungen der Schüler, die ihren Lehrer überbieten wollen. Das Nachspiel stellt ein Komplement zum ersten Teil dar.

Der erste Teil versteht sich als eigenständige Auseinandersetzung mit dem Gegenstand und den poetischen Verfahren von Schillers *Braut von Messina*.[17]

---

redet wie die griechischen Chöre, ich denke den zweyten Theil in England auf dem Lande zu schreiben […]." – Der Faust-Teil wurde in der hier angedachten Form wohl nicht ausgeführt.
15 Roswitha Burwick, Arnims „Erzählungen von Schauspielen". In: Härtl, Schultz (Hg.), Die Erfahrung anderer Länder, S. 63–80, hier S. 67 f.
16 Brief Achim von Arnim an Clemens Brentano vom 14. bis 23.09.1802 (WAA 31, 104–116, 113).
17 Vgl. Brief Clemens Brentano an Achim von Arnim vom 30.04.1803 (WAA 31, 214–226, 217).

Im Heldenlied lebt Odin mit seiner Familie in karger Gegend unter Hirten, seit er von Inkar überfallen und vertrieben worden ist. Mit einer Hirtin hat er zwei Kinder, Heymdal und Freya, die inzestuös zusammenleben. Nur der Bruder empfindet dies als Sünde, die Schwester dagegen als völlig naturgemäß. Herrmann, Odins Sohn aus einer früheren Beziehung, der in der alten Heimat aufgewachsen ist, hat seinen Vater inzwischen an Herzog Inkar blutig gerächt und gelangt nun durch Zufall in das Hirtenreich. Dort verliebt er sich unwissend in seine Halbschwester Freya und will sie zur Frau. Die tragischen Verstrickungen und Verwandtschaftsbande klären sich aber im Laufe der Handlung auf. Das alte Geschlecht Odins tritt komplett ab und geht in die Druidenhöhle zum Sterben. Inkars Tochter Aslauga, die dessen Hofsänger Heymar in seiner Laute vor dem Wüten des jungen Herrmann gerettet hat, wird neue Fürstin über Odins und Inkars Reich. Arnim legt dem Mythos in einem Nachspiel eine geschichtsphilosophische Deutung bei. Mit dem Untergang des alten Geschlechts tritt jetzt die Poesie die Macht an und läutet ein neues Zeitalter der Kunst und Liebe ein.

Der zweite Teil „Heymar's Dichtschule" gliedert sich nochmals in den „Unterricht nach Gemählden und Erzählungen" (AO, 143–174) und die „Anwendung zu Gemählden und Erzählungen von seinen Schülern" (AO, 175–217). In den Gedichten werden die zentralen Themen des ersten Teils wie Liebe, Ehe, Rache, Natur, Patriotismus und das wiedergefundene Paradies wieder aufgegriffen und umspielt. Diese Ideen werden nun poetologisch gewendet. Während Heymar eine Poetik des heroischen Prophetendichters entwirft, die mit dessen Martyrium endet, üben seine Schüler daran deutliche Kritik. Beide Hälften sind weitgehend parallel gebaut und haben dieselben Gedichttitel. Anstelle des Selbstopfers des Dichters steht bei den Schülern der Versuch, aus ihrer Kritik ein positives Fazit zu ziehen und ihrer alternativen Poetik nun auch konkrete Gestalt zu geben.

Dies soll der dritte Teil einlösen. Er stellt nach eigenem Anspruch eine „Parodie meines Trauerspiels"[18], also des ersten Teils, dar. Immer wieder unterbrochen von poetologisch reflektierenden Einschüben des Dichters werden zentrale Wendungen des Mythos aufgegriffen. Vögel spielen Szenen, die die Motivik aufnehmen, oder tragen Lieder vor, die sich die Vorlage anverwandeln. So singen Taube und Schwan eingangs zwei Lieder (AO, 234–242), in denen Liebende aufgrund ihrer gegensätzlichen Naturen nicht miteinander vereint werden: „In unserm Lied sey Lieb' und Tod verbunden, / Denn die Natur ver-

---

18 Brief Achim von Arnim an Clemens Brentano vom 17. 02, 01. 03. und 07. 03. 1803 (WAA 31, 200–207, 205).

biethet unsern Bund"[19]. Man kann darin eine Anspielung auf den Inzest-Komplex sehen. Das Thema des „verlorenen Paradies[es]"[20] und des Selbstopfers wird anschließend in einer Episode aufgegriffen, die Mozarts *Zauberflöte* anzitiert. Der Rabe fängt als Papageno verkleidet die anderen Vögel in einem Vogelbauer, um sie der Königin der Nacht zu verkaufen. Die Nachtigall will sich opfern, wenn er die anderen Vögel frei lässt (AO, 248–256). Zuletzt wird die tragische Familiengeschichte des Geschlechts Odins und das Anbrechen des poetischen Zeitalters mit Aslauga als Persiflage auf Kotzebues Rührstück *Menschenhaß und Reue* verhandelt (AO, 258–270). Nachdem Jungfer Taube und Junggeselle Schwan verheiratet sind, bringt der Dichter ein Schwanenkind. Der junge Schwan will sich schon erklären, dass das Kind aus einer früheren Beziehung von ihm stammen müsse, da erkennt sein Vater, der alte Schwan, in dem Kind sein eigenes Kind. Als Frau Nachtigall, die alte Liebe des jungen Schwans, auftaucht, bekennt dieser sich zur Taube. Um die Situation glücklich zu lösen, heiratet der alte Schwan am Schluss die Nachtigall.

Brentano hat an *Ariel* freundlich Kritik geübt und schreibt Arnim „nicht ohne ein pedagogisches Intreße":

> Lieber Achim du thust deinen Versen zu wenig Innhalt [sic!], Winkelmann thut seinen zu viel Inhalt, und ich thue zu wenig Inhalt in meine Verse. Mit dir reden, ohne mit dir zu sein, ist eben so wunderlich als deine Verse in deiner Abwesenheit zu lesen, begreifst du deine *Sujectivitaet*, du bist äußerst Liebenswürdig, weil deine [sic!] Wille nur Muthwille ist, dein Leben aber der Muth und der Wille Gottes. *Du* sprichst dich nie aus, das ganze Leben um dich spricht dich aus, deine Versen sprechen sie nie aus, wer sollte sie nun aussprechen? Das Ganze Leben um sie – aber dazu müsten sie *objectiver* sein, sie sind aber keine unmittelbare [sic!] Gedichte, sondern du dich unaussprechender bist ihr Mittel und so muß man dich kennen um sie zu lieben.[21]

Brentano schrieb dem Freund nichts völlig Neues. Arnim selbst war sich unsicher über die Qualität des Werks. Hielt er im September 1802 das Trauerspiel noch für „bey weiten [sic!] das Beste was ich geschrieben"[22] habe, so meinte er bereits im November 1802: „[Ü]ber mein Trauerspiel wage ich nicht zu urtheilen"[23]. Ihm ist seine Bestimmung zum Dichter klar, zugleich sieht er sich immer noch in einem Entwicklungsprozess. In der Umsetzung glückt ihm noch

---

19 AO, 241.
20 AO, 255.
21 Brief Clemens Brentano an Achim von Arnim, verfasst zwischen 03. und 07. 08. 1802 (WAA 31, 70–73, 70 f., Herv. im Orig.).
22 Brief Achim von Arnim an Clemens Brentano, verfasst vom 14. bis zum 23. 09. 1802 (WAA 31, 104–116, 113).
23 Brief Achim von Arnim an Clemens Brentano vom 18. 11. 1802 (WAA 31, 140–148, 141).

nicht alles in der Weise, wie er es sich wünscht.[24] – Diese Selbsteinschätzung scheint mir ein realistisches Urteil zu sein und hier liegt sicher auch der Grund, warum dieses, aber auch die anderen Werke dieser Frühphase in der Forschung vergleichsweise wenig Aufmerksamkeit gefunden haben. Man kann es unumwunden zugeben: Die Texte sind oft nicht leicht zu verstehen und manches bleibt kryptisch. Mag die Machart auch nicht immer völlig überzeugen, so möchte ich versuchen zu zeigen, dass der Anspruch der Texte ihre Lektüre dennoch lohnend macht und sich gerade auf der Inhaltsebene äußerst interessante Gedanken finden lassen, die teilweise aber erst im Kontext weiterer Aufzeichnungen deutlich werden.

Vom Umfang her ist die Mehrzahl der Dokumente, die ich heranziehen will, was man gewöhnlich ‚biographische' Quellen nennen würde. Darunter zählen eine Reihe von Briefen und Arnims Reisetagebuch[25]. Indes scheint die Trennung zwischen den zwei Quellensorten hier nicht sinnvoll zu sein. In den Briefen gehen der künstlerische Gestaltungswille bei faktualen Beschreibungen und von Erlebnissen inspirierte Vorstudien für Dichtungen so stark ineinander über, dass sie kaum mehr trennbar sind. Das wird augenfällig, wenn Arnim einmal das fiktive „Wellenblinkerburg bey Genf"[26] als den Ort nennt, von dem aus er seinen Brief absendet, wenn er in seinen Reiseschilderungen deutlich auf die zeitgenössische Schweiz- und Paris-Topik Bezug nimmt[27] oder sich fragt, „ob nicht einzelne Verse aus dem Trauerspiel mit Aeusserungen meiner Briefe sich zusammenfügen lassen"[28]. Als er Brentano vom Tod seines Vaters

---

[24] „Der Zweifel gattet sich gern mit meiner Faulheit und er führt mich ein Paar Tage in den Irrgarten der Gesellschaften; aber sitze ich dann wieder in der Stille meiner Einsamkeit vor dem Papiere, so entfaltet sich mir einen bessere Welt, kein Wort will mir genügen sie darzustellen, sie senkt sich herab vom Wirbel des Hauptes nach der Feder und hier steht sie plötzlich still wie ein Kristall der nicht über die Fläche seiner Auflösung heraus trit, da fühle ich daß wenn ich erst die Mutter^lauge von mir gegossen, daß auch ein Kristall wird bleiben, fest und dauernd. – Was der ist, beurtheile nicht aus meinem Roman, auch nicht aus meinem Trauerspiele, sondern aus meinem Heldengedicht über die Schweiz, die mir dieser Zeit Thränen Gebete und schlaflose Nächte gekostet hat. Ich war einmal fest entschlossen meinen Arm ihr an zu biethen und des wegen schon bis Lausanne, mein Leben ist ihr doch geweiht und ich will singen, bis alle Saiten meiner Leyer springen. So will ich. Ariels Offenbahrungen sollen dir gefallen." (Brief Achim von Arnim an Clemens Brentano vom 18.11.1802 (WAA 31, 140–148, 142)).
[25] Das Reisetagebuch ist bisher nicht publiziert und befindet sich im Freien Deutschen Hochstift in Frankfurt am Main. Daher werde ich ausführlicher als gewöhnlich daraus zitieren.
[26] Brief Achim von Arnim an Clemens Brentano, verfasst vom 14. bis 23.09.1802 (WAA 31, 104–116, 104).
[27] Vgl. Oesterle, Achim von Arnim und Paris, S. 46 f.
[28] Brief Achim von Arnim an Clemens Brentano, verfasst vom 14. bis 23.09.1802 (WAA 31, 104–116, 114).

berichtet, werden Fiktion und Faktualität sogar so stark vermengt, dass der Freund ihn fragen muss: „[S]age mir, *ist dein Vater wirklich gestorben* wie dein Brief spricht, oder ist dies Allegorie"[29]? Heinz Härtl schreibt dazu in der Einleitung zu seinem Kommentar der Briefe: „Die zwischen den Freunden gewechselten Briefe sind nicht lediglich spontane Niederschriften eines emphatischen Lebensgefühls. Vielmehr durchdringen sich in ihnen Authentizität und Fiktionalisierung, die Episteln haben Mitteilungs- und Kunstcharakter in einem." Er geht soweit, sie als „eine indirekte Gegen- und Komplementärkorrespondenz zum etwa gleichzeitigen Goethe-Schiller-Briefwechsel" zu sehen, da es den Partnern „eher darauf ankam, mittels ihrer Briefe große Kunst statt großer Briefkunst zu produzieren"[30]. Härtl verweist dabei auf die vielen Konzepte für Briefe und Exzerpte aus abgesandten Briefen.

Die bisher unveröffentlichten Aufzeichnungen aus seiner Reisezeit sind noch weniger Erlebnisbericht im eigentlichen Sinne als ethnographisches Schreiben und Denktagebuch. Unterteilt sind die 120 Blatt des kleinen, in grünes Leder gebundenen Notizbuches in „Thatenbuch", „Pläne", „Sprüche", „Szenen", „Sprache", noch einmal „Sprüche", „Lebende Kunst", nach einigen freien Seiten nochmal „Lebende Kunst", zuletzt in „Unter Negern" und „Unter den Engländern". Die Einteilung in Rubriken macht deutlich, dass nicht eine strenge Chronologie das Ordnungsprinzip der Aufzeichnungen darstellt, sondern ein systematisches Interesse. Die schnell hingeworfenen und oft schwer lesbaren Bleistiftnotizen versammeln meist nicht direkt miteinander zusammenhängend Beobachtungen, Aphorismen, theoretische Entwürfe und Ideen für poetische Werke. In späteren dichterischen und publizistischen Werken hat Arnim oft auf Passagen aus den Briefen oder dem Notizbuch zurückgegriffen. Wenn ich diese Texte daher gleichberechtigt neben ausdrücklich poetischen Texten heranziehen werde, ist einzig zu beachten, dass es wichtig sein kann, welchen Adressaten Arnim mit seinen Äußerungen im Sinn hatte – ob er sich also in der privaten Offenheit eines Briefs oder Notizbuches äußert oder publizistisch. So heterogen das Quellenmaterial auch zunächst scheinen mag, zeigen sich bei systematischer Zusammenstellung von Belegstellen deutliche Zusammenhänge und ein konsequenter Gebrauch der Denkfiguren.

---

[29] Brief Clemens Brentano an Achim von Arnim vom 03.04.1804 (WAA 31, 368–371, 368, Herv. im Orig.).
[30] Vgl. Kommentar WAA 31, 414 und ausführlich Schwinn, Kommunikationsmedium Freundschaft. – Weiterführend dazu Karl Heinz Bohrer, Der romantische Brief. Die Entstehung ästhetischer Subjektivität, München, Wien 1987.

5.1 Die Poetik des ‚Sozialen'

5.1.1 Vom Individualismus zum Holismus (Individuum und Kollektiv)

Den Ausgangspunkt, um das Verhältnis von Individuum und Kollektiv zu bestimmen, nahm die Briefhandlung von *Hollin's Liebeleben* bei einem Primat der Individuen. Deren Versammlung stellte mithin ein abgeleitetes Konzept dar. Wechselseitige Perspektivübernahmen und gemeinsame Kulturformen boten die Ansätze, auf die sich die Subjektivitäten hin transzendieren lassen. Eine andere Option hätte darin bestanden, ein Kollektiv-Konzept an den Anfang zu stellen und Subjektivität von da aus zu bestimmen. Dieser Ausgangspunkt muss das Problem doppelter Kontingenz in irgendeiner Weise als bereits gelöst voraussetzen. Er findet sich bald in den Aufzeichnungen der Reisejahre, wenn Arnim beginnt, sich näher mit dem ‚Volk' und der Nation zu beschäftigen.

In diesem Kapitel möchte ich an dem ersten poetischen Werk nach dem *Hollin*, der kleinen Schweizer Novelle „Aloys und Rose", eine erste Version von Arnims Neuansatz skizzieren. In einem ersten Abschnitt meines Argumentationsganges möchte ich begründen, warum sich Arnims Vorstellungen des ‚Sozialen' gerade in dieser Weise entwickeln und diesen begrifflichen Ausdruck finden. In einem zweiten Abschnitt will ich untersuchen, wie Arnim sich jetzt mit dem Problem doppelter Kontingenz beschäftigt. Dabei geht es mir zunächst um einen ersten Entwurf. Es wird sich zeigen, dass Arnim in diesem ersten Ansatz, die Fragestellung von der Seite des Kollektivs aufzunehmen, noch auf große Schwierigkeiten stößt. Da die Lösung des Problems Denkschritte in späteren Werken voraussetzt, die andere Fragen des ‚Sozialen' berühren, will ich hier nicht schon vorgreifen. Der Weiterentwicklung der Kollektiv-Konzepte widme ich mich in den entsprechenden Folgekapiteln.

Betrachtet man den *Hollin*-Roman, so scheint auf den ersten Blick kaum etwas auf die weitere Entwicklung zu dem kollektivistischen Ansatz hinzudeuten. Will man die Gründe für diese Denkbewegung nicht oder nicht allein auf externe Einflüsse zurückführen, dann müssen sie immanent in den dortigen Vorstellungen vom ‚Sozialen' gesucht werden. Im Rahmen der Poetik des ‚Sozialen' fällt auf, dass die Fragen nach Integration und ‚Sozialen' Handlungsmustern, die von einer 1.-Person-Perspektive aus entwickelt sind, sehr viel genauer ausgearbeitet sind als die Fragen aus der 3.-Person-Perspektive. Wo der Roman das Verhältnis von Individuum und Kollektiv bestimmt, gelingt es ihm nicht, eine klare Vorstellung des Kollektivs zu gewinnen: Hinsichtlich der Frage nach Differenzierung nimmt der Roman Zuflucht zu dem ontologischen Modell der ‚großen Kette der Wesen'. In puncto ‚Sozialer' Wandel zeigen sich große Schwierigkeiten, den überindividuellen Fortschritt vom Individuum her zu denken. In all diesen Punkten finden sich zwar Ansätze, aber die Ausarbeitung gerät ins Stocken. – Ein Vergleich mit den Ausführungen zum ‚Sozialen' der Poetik dagegen zeigt hier vergleichsweise ausführlichere Überlegungen zu denselben Fragen aus der 3.-Person-Perspektive. Lösungen für Hollins Probleme, die in Gestalt der de Saussure-Figur noch schemenhaft bleiben, finden sich aus der Perspektive des ‚Sozialen' der Poetik bereits wesentlich durchdachter. Durchweg erweist sich die Kunst als ‚soziale' Ausdrucksform nur noch recht lose an ein Autorsubjekt gebunden und keineswegs mehr allein darauf rückführbar. Wie ich gezeigt habe, unternimmt Arnim verschiedene Anstrengungen, die kollektiven Entstehungsbedingungen des Romans im Text anzuzeigen. Betrachtet man also die Überlegungen zur Poetik des ‚Sozialen' in Kontrast zu denen zum ‚Sozialen' der Poetik, dann wird deutlich, dass der oberflächliche erste Eindruck trügt. In dem Roman sind offenbar zwei Richtungen angelegt, von denen aus die Versammlungsbewegung gedacht werden kann. Diese Spannung wird produktiv, da sie die weitere Entwicklung von Arnims Denken vorantreibt. Vielleicht hätte es auch andere Wege der Weiterentwicklung gegeben, doch scheint die Ausweitung der leistungsfähigeren Vorstellung die einfachste und konsequenteste Option gewesen zu sein. Sie besteht eben darin, das ‚Soziale' vom Subjekt als Ausgangspunkt zu lösen und stattdessen mit einem Kollektiv-Konzept zu beginnen, wie es in der ‚Kunst' bereits entwickelt wurde, und dies auf das Ganze des ‚Sozialen' auszuweiten. Als erste Aufgabe stellt sich dann, vom Kollektiv aus die Subjektivität zurückzugewinnen. Das hat natürlich Rückwirkungen auf die Beantwortung aller Fragen des ‚Sozialen'. Als Beleg für die Richtigkeit dieser Argumentation kann man ansehen, dass der Wechsel des Ausgangspunkts zu einer umfassenderen Ausarbeitung der Fragen aus der 3.-Person-Perspektive in der Poetik des ‚Sozialen' führen wird. Doch dazu später genauer.[31]

Der Neuansatz zeigt sich bereits in der Form; die ganze Gestaltung arbeitet dem Primat des Kollektiven zu. Die Schweizer Liebesgeschichte ähnelt dem *Hollin*-Roman zwar noch darin, dass sich die Erzählung wieder als eine von Achim von Arnim herausgegebene Quellensammlung gibt.[32] Der große Unterschied besteht nun aber darin, dass dieses Mal die Narration sehr viel stärker durch eine einheitsstiftende Erzählerfigur mediatisiert wird. Ein Ich schildert seine Gespräche mit Rose, die wiederum ihre Geschichte mit Aloys erzählt. Dazwischen sind Briefe, Gedicht- und Liedeinlagen wiedergegeben. Das Textar-

---

31 Vgl. folglich Kapitel 5.1.3 und 5.1.5 der vorliegenden Untersuchung.
32 Zur Gattungsfrage vgl. Ariane Ludwig, Fließende Übergänge. Achim von Arnims „Aloys und Rose" zwischen Poesie und Geschichte. In: Pape (Hg.), Romantische Metaphorik des Fließens, S. 71–84.

rangement nimmt die plurale Subjektivität zurück. Die vielen Einschübe von Texten ‚fremder Verfasser' unterstützen weiter diese Tendenz, da sie bereits in ganz bestimmten Lesarten eingesetzt werden. Missverständnisse aufgrund verschiedener Sichtweisen bleiben zwar nicht aus, sind aber gegenüber dem vorherigen Roman sehr zurückgenommen und keineswegs mehr das zentrale Thema. Die Kontrastfolien anderer ‚Nationen', die die gerade gewonnene Einheitsformel wieder infrage stellten, bleiben ohne Kontur. Die ursprünglich fremdsprachigen Einlagen werden in Übersetzungen dargeboten, versehen bloß mit Hinweisen auf eine französische bzw. eine englische Melodievorlage.[33] Es bleibt beim Verweis auf andere Sprachen, ohne dass diese in ihrer Eigenheit genauer bestimmt würden und eine Vergleichsperspektive entwickelt würde.

In „Aloys und Rose" greift Arnim die Überlegungen zu gemeinsamen Kulturmustern aus dem *Hollin*-Roman auf und führt sie fort. Gleich zu Beginn seiner Aufzeichnungen teilt der reisende Ich-Erzähler seine Empfindungen von Fremdheit mit: „Die Welt meiner Gedanken ist jenseits geblieben, im lieben deutschen Vaterlande, hier ist der Tag nicht mehr Tag, das Grün nicht mehr Grün."[34] Die Aussage reflektiert nicht allein seine Befindlichkeit, sondern ist gleichermaßen ganz wörtlich zu verstehen. Die *Sprache erscheint hier als der Subjektivität vorgelagerte Bestimmungsgröße*, die das Denken prägt. Interessant daran ist, dass das politische Gebilde ‚Vaterland' ihr gegenüber nur sekundär und abgeleitet erscheint. Entsprechende Überlegungen hatte Arnim bereits bei Herder finden können.[35] Systematisch ergibt sich daraus eine Annäherung von Individuum und Kollektiv, insofern beide Konzepte stärker ineinander verschränkt gedacht werden als bisher.

Im *Hollin*-Roman finden sich viele intertextuelle Referenzen, die der Roman auch deutlich ausweist. Er zeigt damit offen seine literaturgeschichtlichen Voraussetzungen. Diese Denkfigur überträgt, oder besser gesagt, erweitert Arnim nun auf seine Konzeption von Subjektivität. Er sieht sie jetzt als immer schon durch ein *historisches Quasi-Apriori* bestimmt an.[36] Das hat theorieästhetisch eine weitere Reduktion des Ausmaßes an doppelter Kontingenz zur Folge,

---

33 Vgl. FA 3, 22 f. und 38.
34 FA 3, 11. – Vgl. dazu auch Arnims Schilderungen seiner eigenen Fremdheitserfahrungen in der Schweiz an seine Tante. Brief Achim von Arnim an Louise von Schlitz, verfasst vermutlich Anfang/Mitte Juli 1802 (WAA 31, 52–57, 53).
35 Vgl. Gerhard Kaiser, Pietismus und Patriotismus im literarischen Deutschland. Ein Beitrag zum Problem der Säkularisation, Frankfurt a. M. 1973, S. 180.
36 ‚Quasi-Aprioris' bezeichnen Voraussetzungen von Subjektivität, die aber nicht transzendental im Sinne Kants sind.

was bedeutet, dass sich Individuum und Kollektiv noch weiter annähern. Für die Subjekte heißt das, dass sie alle deutlicher durch ihre geschichtliche Situation geprägt erscheinen, als bisher angenommen.[37] Das meint in der Begrifflichkeit von Arnims Abiturrede weniger ‚Freiheit' und mehr ‚Notwendigkeit'. Genau diese Sichtweise entwickelt er in „Aloys und Rose". Als kollektive Mächte, die in Roses Leben eingreifen, nennt der Text den „Arm des Stromes, der mein Vaterland verwüstet"[38], die „Schrecknisse der Zeit"[39], die „Revolution"[40] und das „allgemeine[ ] Schicksal[ ]"[41]. Arnims Erklärungen zur Durchdringung der Subjekte mit kollektiven Kräften bleiben hier bei bloßen Ansätzen. Eine wichtige Konstituente scheint Abstammung und Geburt zu sein. Ganz unmittelbar ist die Familienzugehörigkeit von großer Bedeutung, wenn es heißt, Rose „hatte sein [ihres Vaters, U. B.] eigentümlicher Wille stets in der Gewalt"[42] gehabt. Abstrakter gilt dies aber auch für die Nation. So bezeichnet sich der Ich-Erzähler als „Zweig aus dem großen Stamme"[43] der Deutschen. Geburt allein stellt aber noch nicht zwangsläufig den Zusammenhang her, wie die Geschichte der Väter zeigt, die beide als Schweizer auf unterschiedlichen Seiten kämpfen. Eine zentrale Determinante, sieht Arnim hellsichtig, ist die ökonomische Lage. Als Roses Familie am Ende verarmt, soll sie einen Gemsenjäger heiraten, mit dem sie nichts verbindet.[44] Der Besitz beeinflusst Subjekte aber auch in größerem Maßstab. So gibt Rose das Beispiel des „eigentümlichen Dünkel[s] der Waatländer gegen die deutschen Schweizer, der aus ihrer Abhängigkeit hervorging, bei ihrem größern Wohlstande und [der] dadurch hervorgebrachten allgemeinen Bildung gesellschaftlicher Verhältnisse"[45].

Symmetrisch zur stärkeren Kollektivierung der Subjektivität ergibt sich aber auch eine stärkere Subjektivierung des Kollektivs. Mithin erscheint die Historie jetzt weniger als losgelöstes Geschehen, sondern muss stärker von dem zwar kleinen, aber nicht unwesentlichen Beitrag jedes Einzelnen her gedacht werden. Durch den Übergang vom individualistischen zum holistischen Ansatz der Konzeption des ‚Sozialen' neigt Arnim dazu, die Macht des Kollektiven sehr hoch anzusetzen. Den individuellen Spielräumen der Gestaltung kommt daher in „Aloys und Rose" ein recht geringer Stellenwert zu, weitaus

---

37 So auch Knaack, Nicht nur Poet, S. 11 f.
38 FA 3, 14.
39 FA 3, 15.
40 FA 3, 15.
41 FA 3, 43.
42 FA 3, 16.
43 FA 3, 17.
44 FA 3, 41.
45 FA 3, 16.

geringer als noch in seiner Abiturrede. Er sieht sie aber bereits in seinem Neuansatz, wo sich weitere Spielräume ergeben könnten. Später wird er die Spielräume mit einer differenzierteren Ausarbeitung des Konzepts vom ‚Sozialen' auch wieder größer annehmen. Dies zeigt sich besonders an den Stellen, an denen das kulturelle und das historische Quasi-Apriori in ein Wechselverhältnis treten. Das wird zum einen deutlich dort, wo der Bezug zwischen *Abstammung* und *Sprache* thematisiert wird, zum andern, wo es um *materielle Grundlagen* und *Werthaltungen* geht. Ohne das Verhältnis der zwei Quasi-Aprioris im ersten Fall hier bereits klar zu bestimmen, lässt der Text den reisenden Ich-Erzähler erklären: „Die letzten deutschen Alpner verstand ich weniger als die französischen Walliser, – und doch verstand ich erstere besser"[46]. Hier wird über einen Bezug im Sinne einer Affinität zwischen Herkunft und ‚naturgemäßer' Sprache nachgedacht. Diesen Gedanken verfolgt der Text am Beispiel Roses weiter, die als Deutschschweizerin im französischsprachigen Lausanne aufgewachsen ist. Ihr waren dort die „französische Sprache und Sitten [...] natürlich"[47]. Als sie nach Zürich zu einer Verwandten kam, lernte sie die deutsche Sprache.

> [E]s war mir, als würde ich neugeboren in meiner Sprache, alte Gewohnheiten erschienen mir anders, Atheneis [ihre Freundin, U. B.] und meine Mutter lernte ich andres lieben, meine Briefe schwärmten, und ich konnte die vorherige Zeit nicht begreifen. Lavater war es, der alle diese Veränderungen in mir hervorbrachte.[48]

Der Name „Lavater" steht hier für Schweizer Patriotendichtung. Die Begriffe „neugeboren" und „schwärmen" entstammen dem pietistischen Vokabular, das die Patriotendichtung im Namen einer Heiligung der Nation säkularisiert hat. Damit verbunden ist eine bestimmte Sprachvorstellung, die hier anklingt. Ihre deutsche Abkunft bestimmt Roses Wesen, daher erkennt sie diese Sprache als ihr wesensgemäß. Da die deutsche Sprache ihrer Natur angemessener ist, weil sie urtümlicher ist, vermag Rose darin ihr Inneres authentischer und umfassender auszudrücken.[49] Sie bemerkt weiter über die Deutschschweizer: „Ihre Gedanken sind als wenn ich mir selbst die Kirschen aus einem Zweige pflücke, sie hangen noch fest daran, sind aber auch frisch, wie keine andre, oder uralte Weisheitssprichwörter für das tätige Leben."[50] Was in *Hollin's Liebeleben* als Problem authentischen Selbstausdrucks vom Subjekt ausgehend

---

46 FA 3, 11.
47 FA 3, 15.
48 FA 3, 17.
49 Vgl. dazu Kaiser, Pietismus und Patriotismus, S. 115 und 186 ff.
50 FA 3, 17.

diskutiert wurde, wird hier nun von den Kulturmustern her adressiert. – Soweit ist festzuhalten, dass es Affinitäten zwischen den beiden Quasi-Apriois gibt, sie sich aber nicht umstandslos miteinander verrechnen lassen. Der genaue Zusammenhang der beiden Differenzierungsprinzipien bleibt eine offene Frage, die im Weiteren zu klären sein wird.[51] Hier liegen aber offenbar gewisse Spielräume für die Subjekte. Das wird insbesondere daran ersichtlich, dass zwar dem Deutschen eine Priorität eingeräumt wird, dies aber keineswegs zu einer Herabwürdigung der frankophonen Kultur führt, sondern diese gleichzeitig in ihrem Eigenrecht anerkannt wird. Diese Betonung der Pluralität verweist zurück auf Überlegungen aus der Abiturrede. So einfach wie dort stellt sich das Problem jetzt aber nicht mehr dar. Die patriotische Priorisierung verlangt danach, den Status von ‚Fremdkulturen' genauer zu klären – ein Problem, das Arnim hier noch nicht lösen kann, und dem er deshalb durch die formale Gestaltung aus dem Weg zu gehen versucht.

Hinsichtlich der materiellen Bedingungen und Werthaltungen sieht Arnim ebenfalls kein Determinationsverhältnis. Im Gegenteil, er gesteht den Subjekten ein davon weitgehend unabhängiges Urteilsvermögen zu, wie es in Formulierungen anklingt, in denen der Ich-Erzähler mit Rose mitfühlt: „Sie berühren da eine Seite, die jedem anschwingt, dessen Herz für Freiheit schlägt"[52], oder die unitarische Anhängerschaft von Roses Vater mit „Kriegsehre und Kriegsdienste[n]"[53] begründet wird.

Subjektivität, um dies noch einmal zusammenzufassen, scheint in diesen Passagen sehr stark fundiert zu sein in der Sprach- und Kulturgebundenheit des Denkens einerseits und dem geschichtlichen Kontext andererseits, vor allem in Gestalt von Abstammung, ökonomischer Situation und Wertbindung. Die gesellschaftlichen Kräfte stehen aber noch sehr additiv nebeneinander und sind teilweise nur blass konturiert, doch umzirkeln sie durch ihre Leitvariablen eine Vorstellung des ‚Sozialen', die sich an die Begriffe ‚Volk' und ‚Nation' knüpfen wird.

Der Neuansatz, und damit die weitere Ausarbeitung der Kollektivkonzepte, stellt für Arnim eine große Herausforderung dar. Wie fragil der Umbau ist, zeigt sich daran, dass er anfangs versucht, durch sein Textarrangement die Kollektivkonzepte vor ‚störender Subjektivität' zu schützen. Das führt dann aber im Weiteren zu großen Schwierigkeiten nach dem Wechsel des Ausgangspunkts zum Kollektivbegriff, von dort her seinen ursprünglichen Anfangsbegriff des

---

51 Vgl. dazu Kapitel 5.1.3 der vorliegenden Untersuchung.
52 FA 3, 14.
53 FA 3, 15.

Subjekts zurückzugewinnen. Die Individualität der Subjektivität droht ihm regelrecht zu entgleiten. – Diesem Problem stellt sich Arnim in der Folge.

5.1.2 Stände und Nationen (Integration)

In der Poetik des ‚Sozialen' des *Hollin*-Romans bedeutete, sich zu integrieren, ‚Veranlassung zu finden'. Der Freiheitsraum des Handelns war dort von individuellen Fähigkeiten und äußeren Gegebenheiten her entworfen. Die Fragerichtung ging vom Einzelsubjekt aus. Mit der Verschiebung des Ausgangspunkts hin zum Kollektiv muss Arnim die Integrationsfrage notwendig umformulieren. Integration bedeutet jetzt wechselseitige Integration. Das glückende Zusammenspiel der Subjekte bildet nun den Fragehorizont.[54] Daran anknüpfend akzeptiert er nicht mehr so fraglos, was ihm früher als ‚Gegebenheiten' galt. Er überlegt, ob alles wirklich so unabänderlich ist. Natürliche Voraussetzungen genauso wie Standeszugehörigkeit und Nationalitäten gewinnen als wichtigste Bestimmungsgrößen des ‚Sozialen' nun zentrale Bedeutung für Arnim. Im *Hollin* hatten sie nur den Hintergrund der Handlung gebildet und waren dort noch wenig ausgearbeitet. Der ‚Sozialtechnologe' in Arnim zeigt sich jetzt deutlicher. Seine Überlegungen während der Reisezeit machen sich konkret an Beobachtungen fest. Zwar hatte Preußen im Zweiten Koalitionskrieg (1799–1802) seine Neutralität gewahrt und wird sich auch am Dritten Koalitionskrieg (1805) nicht beteiligen, doch gibt das Gefühl der Bedrohung seines Heimatlandes durch Napoleon den Fragehorizont vor. Die deutsche Nation ist stark verstreut und obendrein gespalten in viele Stände und andere Interessensgruppen – also weit entfernt davon, eine Einheit darzustellen. Was kann also getan werden, damit sie sich aus dieser Misere befreit und gegen Napoleon erstarkt? Dieser Frage geht Arnim in einem ersten Schritt nach, wenn er an anderen *Nationen* die Dynamik des Zugleich von Einheit und Vielheit analysiert. Er macht Beobachtungen in der Schweiz, Frankreich und England und formuliert Gedanken zum Problem immer stärkerer Differenzierung. Wie kann eine Nation versammelt werden, die in der Lage ist, die Vielfältigkeit der Deutschen zu einer Einheit zu integrieren, ohne die Reichhaltigkeit ihrer heterogenen Fähigkeiten zu nivellieren? Auf seiner Suche nach Antworten kommt er zunächst auf die mögliche Führungsrolle des *Adels* zu sprechen. Ferner macht er sich Gedanken, wie sich der Aufstieg der unteren Klassen befördern ließe. Diese Überlegungen führen zu einem Konzept von *Erziehung und Volksbildung*. Letztlich

---

[54] Vgl. dazu Kaiser, Pietismus und Patriotismus, S. 110.

geht es bei beiden Ansätzen darum, die ganze Nation auf einen einheitlichen sittlichen Stand zu bringen.

Die Insellage Englands definiert, in Arnims Sichtweise, deutlicher als bei den Staaten Kontinentaleuropas ein zusammenhängendes Gebiet. Innerhalb dieses einheitlichen Territoriums zeigt sich die Gesellschaft aber als ein höchst heterogenes Nebeneinander verschiedenster Lebensverhältnisse.

> Es ist wunderbar wie wir durch diese Stufen der Bildung, die zugleich Stufen der Gesellschaft [darstellen,] von dem Hochland bis London übergehen. Was ist für ein Unterschied in Wohnung[,] Nahrung[,] Geräth zwischen den Hochländern und den ersten Bewohnern einer isolirten Insel, alles schaffen sie sich selbst, alles ist auf der ersten Stufe der Erfindung. In London [hingegen ist] der Einzelne das Millionglied <?> der Thätigkeit die zu seiner Erhaltung mitwirkt. Jene bauen sich selbst eine Hütte, hier baut ein Engländer eine Straße für Tausende.<?> Beyde haben nur das gemein, ihre Erhaltung[;] [sie] wird beyden gleich schwer gemacht.[55]

Obwohl sich die materiellen Lebensbedingungen vom Land im Vergleich mit der Stadt deutlich verbessert haben, scheinen die ‚sozialen' Verhältnisse unverändert bedrückend. Dass die Lage dauerhaft schlecht ist, liegt an der großen *Ungleichheit* der Vermögensverhältnisse.

> Ein Haupthindernis durch ganz England ist die Erstgeburt, welche das Landeigenthum immer mehr vergrößert, mithin die Regierung des Landes in wenige Hände legt, da sonst das Nationaleigenthum auf dem natürligen Wege mit dem Anwachsen der Nation wie im Strom gespalten, mit der Verminderung wieder vereinigt hätten. Durch jenen großen Besitz vermindern sich, was beynahe eben den Nuzen hätte, die kleinen Pachtungen, die Nation versinkt in den Zustand des Tagelohns, das Land wird ein Arbeitshaus, wo die Bewohner noch froh seyn können, wenn Besitzthum nach Howard zu ihrem Vortheil errichtet[.][56]

Die Menschen sind dadurch gezwungen, sich auf ihre eigenen unmittelbaren Lebensbedürfnisse zu konzentrieren. „[S]tatt ihr Leben über die Nachwelt zu verlängern, [...] [werden ihre] Absichten immer kurzsichtiger"[57]. Wenn sich jeder nur um sich kümmert und keiner mehr um das Gemeinwohl, droht die Gesellschaft innerhalb der räumlichen Einheit zu dissoziieren. Arnim entwirft ein Gegenbild, wie sich der Zerfall vermeiden ließe.

> Es ist nur eine Art wie die Welt noch einmal neu aus Gottes Hand erwachen kann in ruhiger Stärke, wenn Wehr und Nehr und Lehrstand sich wieder verbinden wenn der

---

55 FDH B 69, 15 f.
56 FDH B 69, 17.
57 FDH B 69, 14.

> Kaufmann nicht Gülden allein sondern auch Feinde zählt, der Lehrstand die Feinde mit dem Schwerdte unterrichtet und der Wehrstand aufhört in Friedenszeiten nichts zu thun[.][58]

Dafür ist es aber in manchem Fall bereits zu spät. An der Schweiz hatte Arnim eine Zersplitterung in kleinere Einheiten bereits beobachten können.

> Daß die Schweiz nur groß war solange es sich noch mit Deutschland verbunden glaubte zeigt die Geschichte, was Deutschland in seiner innern Verfassung mit ihm verbunden hätte werden können läst sich nur vermuthen. Warum aber jenes. Weil in der Wechselwirkung mit einem grösseren Ganzen auch die einzelnen Cantone sich nicht von einander getrennt hätten, weil sie einander zum Bestehen gebraucht. Weil ihre wahre Nationalität eine reichere Ausbildung erhalten, dahingegen ihre Sprache sich jezt von aller geschriebenen immer mehr entfernt hat. Weil sie ihre Kriegsdienste dann nicht für das Geld allein gethan und keinen Fremden, also weder den Eigennuz ohne Vaterland noch die Fremdigkeit ohne Ausbildung in ihr Vaterland zurückgebracht hätten[.] Weil dann eine Grenze ihres Lands immer gedeckt, ihre Bedürfnisse ihnen sicher zugeführt worden wären.[59]

Die Aufspaltung kann sich aber nicht nur nach innen bewegen, sondern auch nach außen. Arnim interpretiert vor diesem Hintergrund nicht nur Napoleons kriegerische Imperialpolitik, sondern auch Englands Kriegsbeteiligung.

> Es muß jedes Volk um verträglig seyn zu können einen gewissen Raum zu seiner Ausdehnung haben, sonst sprengt es wie einen Keil die übrigen oder wird gespalten, darum die Nothwendigkeit der Kolonien, darum wäre Deutschland wenn es vereinigt [wäre] ohne Kolonien gefährlig. Durch den Krieg ist Frankreich dieser Anwendung überfließender Menschenströme [im Innern, U. B.] beraubt, wie es auch komme, bey längrer Dauer des Krieges muß es entweder spalten, oder gespalten werden. In England wird ungeachtet des Handels die Last der Taxen auf den Schultern der Aermeren immer drückender und diese Aermeren haben sich freywillig Waffen gegeben es hat die Macht diese Last abzuschütteln, wenn es auch den Willen bekäme. Der Verlust des Geldes für das Ausland wäre groß, was aber aus der Auflösung dieser verwickelten aller menschligen Verbindung entstehen würde ist schwer zu errathen, das aber ist gewiß, die Hälfte der Bewohner würde dann ein neues Vaterland sich suchen müssen, des unmittelbaren Bedürfnisses wegen.[60]

Will man den Gang der Argumentation soweit zusammenfassen, dann verschärfen sich ökonomische Ungleichheit und alleinige Orientierung an individuellem Nutzen wechselseitig. Dadurch kommt es längerfristig zur Hyperdifferenzierung, sei es in Form innerer Aufsplitterung oder räumlicher Expansion.

---

58 FDH B 69, 50 f.
59 FDH B 69, 167 f.
60 FDH B 69, 20 f.

Das Ziel für die Versammlung der deutschen Nation muss also heißen, es gar nicht so weit kommen zu lassen und ein Mitwirken aller an der Versammlung des ‚Sozialen' zu erreichen. Eine besondere Vorreiterrolle kommt dabei dem Adel zu.[61]

Die besondere Rolle des Adels reflektiert eine Ballade Ariels, die sich im zweiten Teil von „Heymar's Dichtschule" findet.[62] Ein Graf verliebt sich in eine Fischerstochter, heiratet sie und bekommt mit ihr zwei Kinder. Die Brüder des Grafen haben große Bedenken gegenüber einer die Standesgrenzen überwindenden Ehe. Die Zweifel nähren sich nicht aus Missgunst oder Neid, sondern aus der Frage, ob Menschen solch unterschiedlicher Herkunft die Fortsetzung der Adelslinie zukunftsweisend leisten können oder ob eine solche Ehe nicht zwangsläufig in den Verfall führt. Der Graf lässt sich auf eine Probe ein, indem er die Ehe mit der Fischerstochter unter dem Vorwand löst, er hätte nun eine Adelige als angemessenere Braut gefunden. Er nimmt ihr die gemeinsamen Kinder weg und degradiert sie zu seiner Magd. Sie muss an den Hochzeitsvorbereitungen mitwirken. Ihre Tränen und ihr Treueschwur rühren den Grafen und er löst die Täuschung auf. Nun sind auch die Brüder von der Tragfähigkeit dieser auf Liebe gegründeten Beziehung überzeugt und erkennen den erstgeborenen Sohn als legitimen Erben an. Die Begründung, die einer der Brüder dafür gibt, ist bemerkenswert. Er erklärt der alten, neuen Frau Graf:

> ‚[...] Nie hätt' ich euch geduldet auf dem Thron,
> Wenn ich nicht euer treues Dulden,
> Und seine Tugend erst erkannt,
> Ihr habt bezahlt des Blutes Schulden,
> Und seyd an Adel reich erkannt.'[63]

Man muss Arnims Vorstellungen über den ‚Adel' kennen, um zu begreifen, wie Tugend blaues Blut ersetzen können soll. Er begründet die Vorrangstellung des Adels naturalistisch aus seiner kräftigeren Natur und Veredelung:

> Der lebendigste Mensch scheint wohl der edelste zu seyn, auch scheint daraus der Adel entstanden zu seyn, die Sorgfalt die sie auf die Erhaltung und Vergrösserung ihrer Familien gesetzt, hat diesen edleren Baum erhalten und verbreitet, ja das Recht der ersten Nacht in Frankreich war in dieser Rücksicht sehr weise. Also nur da wo kein Unterschied mehr

---

61 Zu Arnims Haltung zur ‚Adeligkeit' vgl. Knaack, Nicht nur Poet, S. 13 f. und Portmann-Tinguely, Romantik und Krieg, S. 166 ff. Als Überblick vgl. Jochen Strobel, Eine Kulturpoetik des Adels in der Romantik. Verhandlungen zwischen ‚Adeligkeit' und Literatur um 1800. Berlin, New York 2010, S. 382–391.
62 AO, 178–185.
63 AO, 185 (Strophenzählung getilgt).

statt findet ist es gut und natürlig den Adel abzuschaffen, man kann sagen dies war in Frankreich, in einigen Theilen von Deutschland hat er auf diese Art so ganz das Auszeichnende verloren, daß er eigentlig nur in der Verfassung und Rechten etwas gilt. Der Adel muß nie als eine blos künstlige Einrichtung aus der Idee angesehen werden, er kommt vom Blut, er ist eine veredelte Rasse.[64]

Es ist bemerkenswert, wie stark Arnim den bloß legitimatorischen Rückgang auf ein edles Geschlecht kritisiert. Worauf es ihm ankommt, ist ‚soziale' Führungsqualität.[65] Das ist es, was seiner Meinung nach in dieser Krisenzeit für eine Besserung gebraucht wird, und von daher ist auch verständlich, wie Tugendhaftigkeit als Ersatzvoraussetzung fungieren kann. Da er vorrangig auf die gesellschaftliche Wirksamkeit aus ist, muss die eigentümliche naturale Substantialisierung (‚Blut', ‚Rasse') zu diesem Zeitpunkt noch primär als Emphase verstanden werden. Sie hat die Funktion eines Rückfragens auf Vor-‚Soziales' als quasi-transzendentale Absicherung ‚sozialer' Sachverhalte, ein Denkmuster, das man in dieser Phase Arnims mehrfach finden kann.[66] Die vorrangige Gegenwartsbezogenheit seines Interesses tritt in weiteren Äußerungen noch deutlicher zutage. Im folgenden Eintrag aus dem Reisenotizbuch kontrastiert er auf Rousseaus Spuren die Führungsrolle des Adels in einer Art Schilderung des ursprünglichen ‚Naturzustandes' in Schottland mit der Gegenwart und macht Vorschläge, wie der Adel seiner Vorrangstellung unter gegenwärtigen Bedingungen wieder gerecht werden kann und soll. Es geht mithin allgemeiner um die Frage, wie die Ungleichheit, die aus der Differenzierung erwächst, produktiv gestaltet werden kann. Für Arnim heißt das Ziel dabei größtmögliche Verwirklichung der Freiheit aller Stände.

[W]er Gefühl für Lebendigkeit [hat,] wird nicht tiefer schaudern, als wenn er sieht was Schotische Hochlande waren, was sie worden und werden. Ohne Erdbeben ist der Wald in Torf untergegangen, Stein und Hayde so weit das Auge reicht[.] Hohe Kirchen und Schlösser sind nur in ihren Trümmern, die Bewohner in Maulwurfshügeln aus freyer That zur armen Abhängigkeit versunken oder verjagt aus dem Lande, was sie höher als Hungertod achten. Adel was Du erlitten in Frankreich, wenn Du es so verdient wie hier, dir wäre viel Nachsicht geworden, wer dessen fähig, wird hier Wuth gegen den Adel empfangen. Führet nicht edlen Adel an. Auch die Schweiz hat ihren Untergang verdient durch Unterdrückung eines Theils ihrer Bürger, England alles Unglück durch die Katoliken in Irland, denn eben an die [sic!] rächt die Freyheit sich am härtesten, die selbst ihrer Gaben sich erfreuen, andern sie versagen. Und der Adel war hier in einer andern Lage dem Ursprunge nach als im übrigen Europa, nicht Uebermacht, sondern Wille aller erhob den

---

64 FDH B 69, 26 f.
65 Vgl. dazu Anderson, Die Erfindung der Nation, S. 90 und Kaiser, Pietismus und Patriotismus, S. 88, 97 und 227.
66 Vgl. auch Kapitel 5.1.3 der vorliegenden Untersuchung.

ersten des Bluts zum Anführer, sie ehren noch jezt ihren Herren als Blutsverwandten. Jeder Klan bewohnte damals seinen eigenen Berghang, die Weiden und Jagd waren gemein, der Ackerbau unbedeutend, Noth befriedigte der nächste Nachbar. Nach dem lezten Aufruhr für ihren Blutsverwandten Stuart, wo ein kleiner Theil beynahe England eroberte wurden die Waffen abgenommen, ihre Ehre verkümmert, ihr Gesang schwieg. Die Anführer nach alter Sitte fanden keine Freunde mehr in der alten Heymath, in den Städten fanden sie ein andres Leben, Geldnoth und kalten Rath. Sie erklärten ein Gebiet für ihr Eigenthum, wovon sie doch nur Vorsteher gewesen waren was der ganze Stamm mit seinem Blute theuer gegen Picten Sachsen und Dänen beschüzt und erobert hatte. Ihr Stamm bemerkte das nicht denn sie hatten ihren Stammherren immer als den ersten in der Welt behandelt. Aber das politische Daseyn dieser Könige hatte aufgehört, die Regierung hätte die Sorge für ihre Untertanen übernehmen müssen, aber die Bedrückten schiken keine Abgeordnete ins Parlament, ihr Adel ist einzeln darin und für ein England ist Schotland fast noch bis heutigerzeit wie eine unfruchtbare Kolonie, die ihm mehr oder weniger tragen kann[.] Dem Adel war jezt ein tapferer Arms nichts mehr werth, ein arbeitender war an vielen Orten nicht zu brauchen, wegen des Bodens. Da fanden sie es vortheilhafter Schafe statt der Rinder einzuführen, so wurden diese tapferen Leute von Schafen vertrieben. Oder sie legten auch größere Pachtungen an oder Lustgärten, das machte viele überflüssig, und eben weil Ueberfluß mußten die übrigen bezahlen, um bleiben zu dürfen. Nach Amerika zog mit ihnen die Freyheit. Die Englischen Fabriken freuten sich indessen der vielen Wolle, sie dachten nicht an einen Krieg wo keine Wolle sondern Tapferkeit ihren Reichthum beschüzen sollte. Aber eben diese Tugend der Hochlande wurde ihnen ein neues Uebel, gleich gut als Soldaten und Matrosen wurden ihnen jährlig die jüngsten stärksten Leute dazu entzogen, Altersschwäche mußte nun wieder arbeiten. Doch der Krieg ist wie das Kornwerfen, jeder kommt an seine Stelle, Hülsen und fremde Körner sondern sich ab, man scheint endlich aufmerksamer auf die festen Stüzen des Staats zu werden, die von keinem Einfuhrverbote in fremden Lande abhängig [...] [.] Was kann aber Landwirthschaft, was können Fabriken für einen andern Zweck haben, als die Nothwendigkeiten des Lebens ohne Noth allen Bewohnern der Erde zu verschaffen, mithin das Paradies, was die Natur nur einem Menschenpaare wird, allen durch Kunst wieder zu erwerben. Und ist dazu hier nur der erste Schrit gethan? Wohl der erste denn man hat thätig in beyden gewirkt, der zweyte Schrit des Erkenntnisses, sey es in Güte und Gewalt scheint nur durch den Krieg verzögert. Ja selbst jene Entfernung des Adels von seinem alten Sinn, die Unterthanen sich in Liebe verbunden zu glauben, diese Herabwürdigung des Menschen zur bloßen Waare, wird ihnen ihren Werth zeigen. Die Neigung bindet sie nicht mehr, sondern das Gesez, wohl denn so widmen sie ihre Neigung dem Gesez und bilden es aus nach bestem Vermögen, das giebt ihnen einen idealen Zweck, und befreyet sie so für eine künftige gleich edle Wirksamkeit in der Wirkligkeit, denn das ist nur Ideal was einmal wirksam werden kann.[67]

Arnim sieht in neuerer Zeit eine Ablösung des Adels vom Volk, dem er entstammt, dem er seine Führerschaft verdankt und umgekehrt fürsorglich verpflichtet sein sollte. Adel und Volk sind zunehmend nur noch durch ihre Standesverhältnisse rein äußerlich aufeinander bezogen. Indem der Adel nur mehr

---

[67] FDH B 69, 11 17.

Eigeninteressen und wirtschaftliche Kalküle verfolge, stürze er das Volk gleich doppelt in die Misere. Nicht nur, dass er in seiner politischen Wirksamkeit nicht das Wohl und die Wohlfahrt des Volkes befördere, nein, er schwäche sie geradezu willentlich durch die ‚Enclosures' und die Industrialisierung.[68] Gerade in Zeiten des Krieges zeige sich, dass Wirtschaftsmacht patriotischen Zusammenhalt nicht ersetzen könne. Eine Rückkehr in den Naturzustand sei nicht möglich. Auf einen neuen Paradieszustand hin zu streben, müsse daher nicht durch die Rückkehr zu persönlichen Bindungen, sondern, der neuen Zeit angemessen, durch die unpersönliche Kraft des Gesetzes erwirkt werden. Der Plan ist getragen von der Hoffnung, durch die Vergrößerung der Freiheiten den Patriotismus zu stärken. Das Engagement der verschiedenen Stände soll die Bevölkerung als Ganzheit wieder zusammenbringen. Die wechselseitige Integration aller führe zu einer Versammlung, innerhalb der jeder Einzelne wisse, dass er zum Ganzen beiträgt. Dezidiert sieht Arnim darin nicht nur einen Ansatz für jedes einzelne Duodezfürstentum, sondern für die ganze Nation.[69]

Arnim verfolgt noch einen weiteren Gedankenstrang, um die Nation wieder in eine Aufstiegsbewegung zu bringen. Die unterschiedlichen Potentiale der verschiedenen Stände sollen synergetisch einander nützen. In einem Brief aus London formuliert er die Idee, an deren Verwirklichung er seit längerem schon mit Brentano arbeitet.

> Es ist ein ewiges Gesez, wo eine Duplicität versinkt zusammen, da erhebt sich aus der Uebersätigung der einen eine höhere. So fielen die Amerikanisch englischen Colonien als reife Früchte vom Baume, vergebens wollte der Mutterstamm sie ersticken, sie brachten eine neue Methode des Besitzes in die Welt. Die Franzosen, wie in allen ihren Bemühungen, wollten sie nachmachen ohne zu verstehen. Die Neger in *St Domingo* verstanden sie besser und machten sich frey. Daß Europa dadurch in einem bestimmten Sinken sich befindet lehrt der Augenschein. Der Türke verliert sein Ansehen in Asien und Afrika, England kann seine Kolonien nur so lange bewahren, als es [sic!] sie es selbst zugeben. Europa sinkt bis es in der Vereinigung beyder Methoden der Gleichheit mit dem Adel (unter

---

[68] Vgl. dazu Rolf Peter Sieferle, Fortschrittsfeinde? Opposition gegen Technik und Industrie von der Romantik bis zur Gegenwart, München 1984, S. 42–56.

[69] Dabei ist ihm klar, dass die niedrigen Adeligen selbst wiederum in Abhängigkeitsverhältnissen zu den regierenden Fürsten stehen. Vgl. dazu FDH B 69, 46: „Die Leute sprechen oft von dem schädligen Feudalsysteme der Ritterzeit, während sie den jezigen Zustand meinen, sie sollten aber bedenken, daß es gar nicht mehr existirt, sondern daß ein Hauptglied darin der Adel von den Fürsten unterdrückt ist in der Ausübung seiner Pflichten gegen die Unterthanen, die ihm dafür leibeigen. Jedes Dorf war sonst in demselben Verhältnisse wie ein Staat, viele kleinere waren freilich enger verbündet unter gewissen Fürsten wie Sachsen z. B. mit dem Kaiser, und die Europäischen Staaten wieder enger unter einander verbündet sind als mit den Afrikanischen. Daß endlich zu der Zeit der Adel die Rittersporn verdient, jezt vererbt wird."

seinen Verschiedenen Namen sey es durch Geld oder Ansehn) sich über alle erhebt, wenn es statt herabzuziehen den Adel so viele wie dessen fähig zum Adel herauf bringt. Also vom gemeinsten Volke geht jedes Wirken auf die Zeit an, in Rücksicht des Besizes. Daß aber hier eine Aenderung nothwendig, zeigt der allgemeine drückende Mangel, die Armuth über ganz Europa verbreitet. Ob sie es auf die Niebelungen hören wird od[er] auf Homer weiß ich nicht, daß es aber an Doktor Luther denkt, weiß ich. Tieck hat aus den Volksbüchern vornehme Bücher gemacht, ich möchte vornehme Bücher zu Volksbüchern machen.[70]

In diesen Zeilen versucht Arnim die Lage der gegenwärtigen Weltpolitik zu beschreiben. Dabei greift er auf Denkfiguren aus der Elektrophysik zurück.[71] Er beschreibt Abhängigkeitsverhältnisse als „Duplizität", als eine polare Spannung zwischen zwei Ladungszuständen, die einander nach außen hin aber neutralisieren. Schwächelt eine Seite, was er bei den Kolonialmächten sieht, dann wird das Gefüge auch nach außen polar („Uebersätigung") und konstituiert die ‚Spannungs'-Bezüge zwischen den Nationen gänzlich neu. Dadurch entsteht zwischen den Bezügen eine äußerlich wieder ausbalancierte Ordnung. Den imaginären Hintergrund bilden hierbei Gleichgewichts-Modelle.[72] Indirekt ist zu erschließen, dass Arnim in dieser Dynamik eine beständige Erweiterung der Freiheit sieht. Die „neue Methode des Besitzes" meint die Abschaffung von Geburtsständen und das Bemühen, gesellschaftliche Rechte und Pflichten in ein nach prinzipiellen Gleichheitsvorstellungen der Menschen ausgeglichenes Verhältnis zu bringen. Das hatte die „Declaration of Independence" 1771 proklamiert, die Französische Revolution 1789 zu erreichen versucht und dafür hatten schließlich die Sklaven auf Haiti 1791 gekämpft. Da die meisten europäischen Staaten diesen Entwicklungen hinterherhinken, haben sie Nachholbedarf. Unter der Voraussetzung, dass der Adel seiner Verpflichtung zur Beförderung der allgemeinen Wohlfahrt als Führer nicht nachkommt und somit keine Legitimation für seine Vorrangstellung hat, gibt es auch keinen Grund mehr für die Ständedifferenzierung. So lautet sein Alternativplan nicht, eine Minimallösung allgemeiner Gleichheit zu erreichen. In diesem Sinne kritisiert er die revolutionären Bewegungen für die Abschaffung der Adelsprivilegien („Geld", „Ansehen"). Vielmehr strebt er danach, die Nation auf das Veredelungsmaß zu führen, das der Adel eigentlich verkörpern sollte.

Wie kann dies gelingen? Folgt man Arnims naturalistischer Begründung des edlen Adels ein Stückchen weiter, erfährt man, dass er das Künstlertum

---

70 Briefkonzept Achim von Arnim an Clemens Brentano, verfasst vermutlich zwischen Ende März und Ende April 1804 (WAA 31, 362–365, 363, Herv. im Orig.).
71 Vgl. Kapitel 3.2.1.1 der vorliegenden Untersuchung.
72 Vgl. Kapitel 3.2.1.2 der vorliegenden Untersuchung.

als eine höhere Form von Adel zu begründen versucht. Er bedauert: „Es ist sehr traurig daß der Versuch den Alchemisten nicht gelungen[,] Menschen in einem Glase zu machen, man könnte doch besser achtgeben, wie sie geriethen[.]"[73] Er ist deshalb auf Vergleiche und Spekulationen angewiesen, welchem Endziel der Veredelungsprozess des Adels zustrebt.

> Die Natur geht in der Liebe offenbar beym Menschen dieser Veredlung [zum Adel, U. B.] entgegen, die das Schönste zum Ziel hat, so wie die Thiere eigentlich nur das Stärkste achten z. B. beym Rindvieh bey den Hünern. Es wäre die Frage ob Hausthiere nicht auch Schönheit unterscheiden lernen bey Hunden und Pferden scheint etwas der Art statt zu finden. Vielleicht giebt es noch eine Stufe wo innere Schönheit entscheidet, wie die Amazone wünschte von Alexander ein Kind zu haben, so könnte jezt wünschen eine Frau von Göthe als Dichter ein Kind zu haben, grosse Künstler zeugen immer Kinder der Liebe.[74]

Daher kann Poesie als das Medium fungieren, das die höchste Stufe natürlicher Entwicklung zum Maßstab für alle macht, zugleich aber hebt sie durch *Volksbildung* alle Stände eines Volkes auf dieses Niveau und versammelt sie dadurch zur Einheit.

> Aller Mangel kommt von der ungleichen Erziehung. Und wiederum daß alle Erziehung mehr oder weniger mangelhaft kommt von dieser ungleichen Art [der Stände, U. B.]. Nicht daß ich unter gleicher Erziehung eine spartanische verstehe, sondern nur unter möglig gleichen Gewöhnungen die Beschäftigung mag seyn welche sie wolle. Zimmer der Kaiser waren sonst wie jezt Zimmer von Pächtern, zu jener Zeit verstand der Kaiser Poesie und der Pächter, jezt versteht sie keiner von beyden[75].

Wenn Arnim bereits im Januar 1803 in einem Atemzug zwei Buchpläne nennt, nämlich „ein Werk über das Französische Krieg<swesen>" und „über die Aendrung der wissenschaftlichen Anstalten in Preussen"[76], scheint dies zunächst überraschend, weil ihre innere Zusammengehörigkeit nicht offensichtlich ist. Ihre Beziehung zueinander erschließt sich erst vor dem Hintergrund des Zusammenhangs von organischer Integration (wofür bei Arnim, wie ich noch zeigen werde, das französische Kriegswesen stand)[77] und Bildung. Konkrete Ausführungen zur Umsetzung der Volksbildung hatte Arnim schon früh, nämlich im Juli 1802, formuliert:

---

[73] FDH B 69, 26.
[74] FDH B 69, 27 f.
[75] FDH B 69, 5.
[76] Brief Achim von Arnim an Clemens Brentano, verfasst letztes Drittel Januar 1803 (WAA 31, 173–183, 177).
[77] Vgl. Kapitel 5.1.3 der vorliegenden Untersuchung.

Die erste Ausführung des grossen Plans ist die Errichtung einer Sprach Sing und Musikschule, es wird dazu ein einsames schönes wohlfeiles Bergland, ein Schloß an einem großen Wasserfall gewählt oder eine Insel. Die Kosten dazu trägt eine andre gleich nützlige Einrichtung. So wie Tieck sehr glücklich kühn und in grossem Sinne den Weg einschlug die sogenannte gebildete Welt zu bilden, indem er ihr die echte allgemeine Dichtung aller Völker und aller Stände, die Volksbücher näher rückte, so wollen wir im umgekehrten Wege die unter jenen höheren Ständen verlauteten und verhallten Töne der Poesie dem Volke zu führen, Göthe soll ihm so lieb werden wie der Keiser Octavianus [von Tieck, U. B.] es uns geworden, mit einem Worte die Anlage einer Druckerey für das Volk, von Keisern und Königen begünstigt, ist genau mit dieser Schule verbunden oder kann ihr selbst noch vorgehen. Die einfachsten Melodieen von Schulz, Reichard, Mozart u. a. werden durch eine neuerfundene Notenbezeichnung mit den Liedern unter das Volk gebracht, allmählig bekommt es Sinn und Stimme für höhere wunderbare Melodieen. Dies befördert insbesondere die Schule in der Bildung guter Bänkelsänger für das Land und die kleineren Städte und für die niedern Stände in den grösseren Städten. Die Sänger legen Herbergen an und versammeln sich zu einem Volksschauspiel auch zu Puppentheatern, sie erhalten für beyde den nöthigen Unterricht und eine Auswahl guter Stücke, auch nimmt die Gesellschaft wenn es möglich [ist,] alle kleinen Städte in Pacht, um sie jährlich für eine gewissen [sic!] Zeit durch eine fliegende Schauspielergesellschaft zu beleben und zu erbauen. Es werden neue, einfache und nicht soleicht wie Geigen verstimmbare musikalische Instrumente erfunden und eingeführt, die Sprache von allen Zischlauten befreyet (statt ch wird ein h gesetzt kein s und z an das Ende eines Wortes) die ihren hohen Wohlklang zum Gesang stören, es werden die verschiedenen deutschen Dialekte auf ein allgemeines Urdeutsch zurückgeführt. Das bald von allen Völkern der Erde angenommen und dadurch der erste Schritt zum Universalreiche und zum ewigen Frieden gemacht wird, zu dem wir alle uns sehnen. Dies hebt durch die erzeugte allgemeine gleiche Bildung allen Unterschied der Stände der Wurzel auf, denn die Aenderungen [Text bricht ab][78].

In diesen wenigen Zeilen reißt Arnim viele Gedanken an, die Übergänge zu anderen Fragen des ‚Sozialen' markieren, und deshalb erst in weiteren Kapiteln genauer ausgeführt werden sollen. Dazu gehören unter anderem die Verbindung verschiedener Künste[79]. Hier will ich dies einstweilen so hinnehmen und schlicht als Mittel bzw. Zielsetzung begreifen, ohne genauer nach dem Wie zu fragen, denn dies berührt nicht die Frage der Integration. Abstrakt könnte man Arnims Plan zur Integration nun als das Hinwirken auf *Entdifferenzierung als komplexere Form der Ausdifferenzierung* charakterisieren. Obgleich diese dritte Stufe des Geschichtsfortschritts noch fern liegt (sein Unternehmen ist bloß der „erste Schritt zum Universalreiche und zum ewigen Frieden"), benennt er konkrete Maßnahmen zur allgemeinen und gleichen Teilhabe an einer gemeinsamen Kultur. Erstens möchte er durch seine Kunstschule direkt Volks-

---

[78] Briefkonzept Achim von Arnim an Clemens Brentano vom 09. 07. 1802 (WAA 31, 57–60, 59).
[79] Vgl. Kapitel 5.2.1 der vorliegenden Untersuchung.

künstler ausbilden, die dann in einem weiteren Schritt wiederum mittelbar das Volk ausbilden.[80] Zweitens will er die genuinen Potentiale der Volkskunst selbst stärken (die „verhallten Töne der Poesie dem Volke zu führen"). Dies trifft sich mit seinem dritten Vorhaben, einer Art ‚didaktischen Reduktion', nämlich einerseits die Kunstformen des Volkes („Puppenspiel"[81], „Volksschauspiel") für die Vermittlung höherer Theaterstücke in Dienst zu nehmen und umgekehrt den Gebrauch höherer Kunstmittel zu erleichtern („Volksdruckerey"[82], die Lieder großer Komponisten durch „eine neuerfundene Notenbezeichnung" popularisieren, Erfindung und Einführung „nicht soleicht wie Geigen verstimmbare[r] musikalische[r] Instrumente").[83] Letztes Mittel ist eine Sprachreform, die zu einer gemeinsamen Ausdrucksweise, einem „Urdeutsch", führen soll.[84] Dass er sagt, dies werde „bald von allen Völkern der Erde angenommen", ist hier im Argumentationszusammenhang eher seinem Gleichheitsstreben geschuldet als Ausdruck von Imperialismus.

---

80 Vgl. Kapitel 5.2.5 der vorliegenden Untersuchung.
81 Vgl. dazu FDH B 69, 9 „Gegen das Kartenspiel an öffentligen Orten sollten billig Geseze seyn, denn es ist nun einmal nicht zu vermeiden daß es um Geld und Betrug dabey. Dagegen sollten Puppenspiel, Tanz, Ringen, Wettrennen, Schifferstechen auf alle Art aufgemuntert werden.
Pupenspiele von den Thaten der edlen Preußen."
82 Vgl. dazu den Briefentwurf Achim von Arnim an Clemens Brentano vom 04./05. 04. 1803 (WAA 31, 210–211, 210) „Der grosse Plan, meine Lebenshoffnung und Luftbild, hat sich mir heute um eine Gebürgshöhe näher zur Erde gelassen. Hier [in Paris, U. B.] wohnt seit eilf Jahren einer meiner Landsleute, der Graf Schlaberndorf, der einen grossen Theil seines Vermögens auf eine glückige Verbesserung der Stereotypenkunst verwendet, ein Mann der wie ein Adler aus der Höhe das kleinste genau erkennt und im Kleinsten wie eine Pflanze das Mitwirken zum Allgemeinen wahrnimmt; ein Mann wie er seyn muß, der sich dem Wirken ganz hingiebt, sich willig im Zeugen vernichtet, im Leuchten verbrennet; ein heilger Mann, in dem sich Idealität und Realität durchdringen, ein Fantast und ein schlichter Praktiker in gleichen hoher Bedeutung und einem Kreise. Er hat mich gern und ich sehe ihn oft; endlich fasste ich Zutrauen ihm von der allgemeinen Volksbücherdruckerey für Deutschland, schonen Heilgen und Helden, diese mit untergeschobenen Namen der neusten Geschichte von den ziehenden Sängern und Schauspielern zu sprechen, er ergriff alles mit Freude – ich bin überzeugt, wenn es zur Ausführung kommt, würde er mehr als wir leisten er kehrt vielleicht bald nach Deutschland zurück, denn er kennt mehr die Welt, er ist durch grosse Schule gegangen."
83 Vgl. Kapitel 5.2.3 der vorliegenden Untersuchung.
84 Vgl. Kaiser, Pietismus und Patriotismus, S. 196 und Kapitel 5.2.4 der vorliegenden Untersuchung. – In seinem Reisetagebuch treibt Arnim in der Schweiz Dialektstudien. Vgl. FDH B 69, 81–87.

5.1.3 Genealogie und Patriotismus (Differenzierung)

Während die Frage nach Integration darauf zielt, wie sich Vielheit zu einer Einheit versammeln lässt, setzt die Frage nach Differenzierung umgekehrt an. Es gilt die Annahme, dass die Vielfalt je schon immer aus einem gemeinsamen Grund hervorgeht. Will man den Gegensatz auf einfache Formeln bringen, kann man vielleicht von ‚Einheit bei Vielfalt' und ‚Vielfalt bei Einheit' sprechen. Während die Frage nach Integration die Spielräume der Freiheit erkundet hat, richtet sich die Frage nach Differenzierung auf das Verhältnis zu dem, was jenseits dieser Möglichkeiten als unabänderlich Gegebenes bleibt – was unmittelbar mit der Nation als Versammlungskonzept des ‚Sozialen' zusammenhängt. Benedict Anderson formuliert prägnant: „[Es] findet sich in allem ‚Natürlichen' immer ein Element des ‚Nicht-bewußt-Gewählten'. So kommt es, daß Nation-Sein der Hautfarbe, dem Geschlecht, der Herkunft und der Zeit, in der man geboren wird, nahe steht – all dem also, was nicht zu ändern ist."[85] An *Hollin's Liebeleben* hatte ich an dieser Stelle bereits das Bild der ‚großen Kette der Wesen' diskutiert. Dabei waren zwei Lesarten sichtbar geworden. Hollin hatte die Erscheinungen als Ausfluss des Einen gegenüber dem Einen selbst abgewertet. De Saussure dagegen hatte die Emanationen in ihrem eigenen Wert betont und den Fluchthorizont des Einen marginalisiert. Diese zweite Linie ist es, die Arnim auf den Spuren Herders weiterverfolgt.[86] Er rückt dabei aber etwas von der Position de Saussures ab, da er den Rückbezug der Vielheit auf einen gemeinsamen Grund stärker machen möchte. Wie gezeigt, stellt nach Herder die Natur den unmittelbaren Ausfluss des Einen dar. Dieser Prozess schreitet aber voran, sodass die Natur in Gestalt des Menschen in ein Selbstverhältnis tritt und so die verschiedenen Kulturen entstehen. Daraus ergibt sich die Problemlage, die ich in Kapitel 5.1.1 schon im Zusammenhang mit Arnims Weg vom Individualismus zum Holismus skizziert habe.

Es gibt nämlich zwei Versammlungen, die als gemeinsamer Grund der Vielheit infrage kommen. Das eine stellt das Kollektiv einer Geburtsgemeinschaft dar, das andere einer Kulturgemeinschaft. Eine Entscheidung für die Geburtsgemeinschaft hätte den Vorteil, dass es sich um eine biologische Einheit handelt, die in dem Sinne definitiver ist, da sie keine Wahlmöglichkeit bildet. Dieser determinierende Zug hat aber auch seine Schattenseiten. Die Sprach- und Kulturgemeinschaft stellt keine so klaren Partizipationsbedingungen und ist daher inklusivistischer. Das macht sie zum flexibleren Konzept. Wie sich zei-

---

[85] Benedict Anderson, Die Erfindung der Nation. Zur Karriere eines folgenreichen Konzepts, Frankfurt a. M., New York 2005, S. 144.
[86] Vgl. dazu Kaiser, Pietismus und Patriotismus, S. 143–150 und 160.

gen wird, trifft Arnim für die Einheitsformel der Nation keine Entweder-Oder-Entscheidung.

In einem ersten Schritt will ich zeigen, wie Arnim Abstammung und Teilhabe an einer Kultur als Einheitsformeln in ein Wechselverhältnis bringt. Abweichung in einem der Prinzipien und Kontinuität in dem anderen erzeugen Fortentwicklung und erhalten gleichzeitig die Identität der Genealogie. In einem zweiten Schritt folge ich Arnims genauerer Bestimmung des Prinzips kultureller Teilhabe. Arnim zufolge genügt nicht allein die Teilhabe, sondern erst die Identifikation bringt ein Engagement hervor, das die Anlagen der Einheit nicht in Hyperdifferenzierung zersplittern lässt, sondern zu einer organischen Versammlung führt. Schließlich entwickelt Arnim eine ‚Ökonomie der Gabe', in der er Konstellationen durchspielt, in denen sich beide Einheitsprinzipien in die Quere kommen. Daraus geht eine Differenzierungsvorstellung hervor, die als Kern beider Prinzipien das Vertrauen auf das Eine der Nation offenlegt.

Arnims Überlegungen zur Differenzierung materialisieren sich zunächst an konkreten Beobachtungen der Stadtrepublik Genf, mithin der Wirkungsstätte de Saussures. Arnim lobt, dass dort „sehr Ausgezeichnetes für Wissenschaft [und] Kunst geleistet" wurde, und denkt sicherlich an Rousseau, wenn er erklärt, „daß die französische Revoluzion zwar keineswegs da ausgegangen, aber alles was hohe und reine Zwecke war daher empfangen [sic!]" hat. Anerkennende Worte hat er auch für die „Geistesfreyheit" und die liberale Haltung im Bezug auf private Belange. Nun fragt er sich, „warum solche Früchte an einem so gewöhnlichen Baume"[87] wachsen. – Die Ursache sieht er in dem anregenden Klima, das sich durch das „wunderbare Durchdringen aller neueren Völker in diesem kleinen Staate" ergibt.

> Ungeachtet Französisch die Nationalsprache, so ist doch ein steter Andrang von Deutschen von Italienern dahin unter den höheren Ständen hat die Handelsverbindung und die Gegend viele Engländer hingezogen. Das giebt den Genfern nicht nur eine eigenthümliche reichere Gesichtsbildung deutschen Ernst und französische lebendige Äusserung, italienische Heftigkeit und englischen klaren Sinn.[88]

Bei allem Nutzen des Pluralismus taucht auf der anderen Seite die Frage auf, was denn dann eigentlich noch spezifisch die Genfer Identität ausmache. Ar-

---

87 FDH B 69, 129.
88 FDH B 69, 130. – In ähnlicher Weise schreibt Arnim später auch aus Südengland: „Hier wird einem das Glück der Seeleute recht deutlich. Wie viel stärker sie leben in allen Elementen, weil sie mit dem wildesten vertraut sind. Sie bewahren nur das Edle ihres Nationalcharakters nicht die störrige Einseitigkeit auf diesem allgemeinen Boden aller Nationen, über die sich mancher gern Herr nennt, der darin untergeht." (Brief Achim von Arnim vermutlich an Clemens Brentano, verfasst im zweiten Drittel August 1803 (WAA 31, 275–276, 276).

nim glaubt nicht, dass die Einheit des Kollektivs allein durch die Verfassung hervorgebracht werden könne, da sie ja selbst nur wieder Ausdruck der liberalen und pluralen Öffentlichkeit sei. Deshalb prüft er die klassische Alternative zur Zusammengehörigkeit qua Gemeinsamkeit einer Kultur, nämlich die qua gemeinsamer Abstammung. Auch damit allein ist Arnim nicht ganz glücklich. Er glaubt schlicht nicht, dass „sich durch blosse Ehe diese Verbindung hervorbringen"[89] lässt, solange die Angehörigen verschiedener Nationen unter sich bleiben und heiraten. Hier befürchtet er kulturelle Stagnation. Wenn er versucht, beide Prinzipien zu verbinden, dann will er auf ein Modell hinaus, das zugleich auf Kontinuität und Wandel aus ist.[90]

> Es ist ein herrlicher Zug in allen Nationen, daß Fremde die Liebe der Weiber sehr leicht gewinnen [...]. Mögen wir die Engländer langweilige Liebhaber finden, die deutschen Frauen unterhalten sie sehr gut. Die Mohrin zieht einen schwächligen Europäer ihrem riesenhaften Schwarzen vor und der Europäer nachdem er aller europäischer Schönheit überdrüssig findet bey einer Mohrin neuen Reiz. Die Spanierin sagt *noi amano il carne bianco*, das ist es aber nicht allein, dieses verschiedene Ideal der Form welches im Weibe zu einer höheren Einheit sich erhebt es ist mehr noch das verschiedene Ideal der Bewegung der Aeusserung. Ich habe die Meinung daß Weiber durch Gedanken geschwängert werden können, und daß in den treusten Ehen oft die meisten unehelichen Kinder Gewöhnlig wenn eine Frau sich in einen dritten verliebt, wird sie von ihrem Mann schwanger. Die Möglichkeit dieser Gedankenschwängerung entschuldigt Ehen einseitiger Liebe.[91]

Dementsprechend spricht Arnim über eine „Gedankenschwängerung der Genfer". Naturaliter ist das kaum vorstellbar, dennoch handelt es in systematischer Hinsicht um eine interessante Metapher. Die beiden Einheitsprinzipien werden darin nämlich nicht exklusiv behandelt, sondern in ein produktives Wechselspiel gebracht. Während Abweichung im einen Prinzip Progress erzeugt, sichert das andere Kontinuität und Identität. An zentraler Stelle steht hier das „Weib[]" als „höhere[] Einheit", im Sinne eines Kreuzungspunkts von biologischem und kulturellem Einheitsprinzip. Wenn es in den „treusten Ehen oft die meisten unehelichen Kinder" gibt, so mischt der Ehebruch biologisch neue Samen in das Volk. Da die Kinder aber in der Kultur der Ehepartner sozialisiert werden, steht zu erwarten, dass sie sich mit ihrem ‚Vater'-Land identifizieren werden.[92] Aber Arnim denkt auch an den umgekehrten Fall: „[W]enn eine Frau

---

[89] FDH B 69, 130.
[90] Vgl. dazu Kaiser, Pietismus und Patriotismus, S. 215
[91] FDH B 69, 131 f. (Herv. im Orig.)
[92] Vgl. dazu Koschorke, Körperströme und Schriftverkehr, S. 131: „In der traditionalen Ordnung waren die zwischenmenschlichen Verhältnisse auf der Basis von Abstammung und Blutszugehörigkeit organisiert. Die Lehre von den Lebensgeistern, die in den Körpersäften enthalten sind und bei der Zeugung an die künftige Generation weitergegeben werden, mag für sie so etwas wie eine Reproduktionsmythologie dargestellt haben. Das 18. Jahrhundert bringt eine

sich in einen dritten verliebt, [...] [wird] sie von ihrem Mann schwanger". Hier ist die biologische Abkunft erhalten. Allerdings besteht die Anziehungskraft des Fremden offenbar nicht nur rein physisch und aus Exotismus, sondern impliziert ein gewisses Sich-Einlassen auf deren Kultur. Arnim beschreibt dies an den Genferinnen:

> [N]irgend war man mit franz. Literatur so vertraut mit England Italien so bekannt, nirgend waren die Wissenschaften so rein ins Leben übergegangen, daß Frauen ohne die mindeste Sucht darin zu glänzen, gründlig von allem unterrichtet waren so viele die ohne Ruhmsucht für ihre Aeltern abschrieben in Kupfer stachen zeichneten wie andere weibliche Arbeiten, dabey solange sie unverheirathet mit einer ausgezeichneten Zurückgezogenheit.[93]

So sehr die Fügung ‚Gedankenschwangerschaft' auf den ersten Blick paradox oder als fauler Kompromiss erscheinen mag, so brillant ist die Idee, lässt man sich genauer auf sie ein. Da sie versucht, beide Einheitsprinzipien zu verbinden, vermeidet sie einerseits viele Probleme, die sich aus einer konsequenten Fixierung auf nur ein Prinzip ergeben. Zum anderen entwickelt sie ein dynamisches Modell, das für Überlegungen zu Innovation und ‚Sozialem' Wandel offen ist, was ja innerhalb des individualistischen Ansatzes im *Hollin* noch konzeptionelle Schwierigkeiten aufwarf.

Eine gemeinsame Kultur mag Grundlage für Integrationsprozesse sein. Arnim ist das aber noch zu wenig. Er erlebt zu viel Streit und disparates Nebeneinander, als dass ihm das genügen würde. Daher ist über bloße Teilhabe hinaus *Identifikation* mit und *Engagement* für das Vaterland für wahren Zusammenhalt nötig. Aperçuhaft notiert er: „Daß [sic!] heißt nicht Patriotismus, daß man alles lobt was im Lande geschieht, sondern daß man alles thut, damit es gelobt werden könne."[94]

Durch die Vorfahren gehört man immer schon dem Kollektiv einer nationalen Geburtsgemeinschaft an. Das stellt soweit kein Problem dar. Aber woher soll dagegen der Patriotismus kommen? Diese Frage lässt Arnim grübeln. Am Beispiel des französischen Militärs denkt er darüber näher nach. Der Soldat ist ein anderer Kreuzungspunkt der zwei Einheitsformeln, weil nationale Zugehö-

---

tiefgreifende Auflösung der Sippenbildung mit sich. Die Menschen treten aus dem Rahmen großverwandtschaftlicher und korporativer Strukturen heraus in eine mobile Welt lockerer, in ihrer jeweiligen Reichweite begrenzter Gruppenassoziationen. Infolge ihrer sich wandelnden Gründungsmodalitäten wird auch die Kernfamilie zu einem Ort genuin persönlicher Beziehungserfahrung. Die Kohäsionskräfte, die in ihrem Innern wirken, sind nun weniger kognatischer als emotionaler Natur, und damit ändern sich zugleich die subjektiven Einsätze, die das einerseits distanzierte, andererseits verdichtete Gewebe der Beziehung mit Leben erfüllen."
93 FDH B 69, 132 f.
94 FDH B 69, 6.

rigkeit im Krieg zu einer Sache von Leben und Tod wird. Da beide Prinzipien in gewisser Weise unabhängig voneinander sind, wird ihr Zusammenhang zur Fragestellung. Wieder in seinem Reisetagebuch heißt es:

> Die Zeit der Löhnsoldaten [sic!] ist aber vorbey, die Menschen haben gelernt was ein Vaterland, diese Liebe läßt sich nicht besolden, sie muß verdient werden. Welche Regierung thut aber etwas dafür? Freywillig müsten jezt alle bewaffnet seyn, wenn wirklich solche Liebe statt fände, wenn nicht das Glück und die Ruhe der meisten jezt auf Streit gegründet.[95]

Arnim rätselt nun darüber, warum in manchen Ländern der Patriotismus verbreitet ist, während er anderswo fehlt. Die Ursachen der Vaterlandsliebe findet er bisher noch nicht überzeugend erklärt. Die Behauptung einer „spielende[n] Philosophie", der Patriotismus sei identisch mit einem Glückszustand, leuchtet ihm nicht ein. Genauso wenig zeigt er sich zufrieden mit einer Gleichgewichts-Theorie der „ernsten Philosophie". Ihr zufolge befinden sich die meisten Staaten erst einmal in einem neutralen Zustand in Bezug auf ihre Anrainer. „Eine überwiegende Liebe" lädt den Staat positiv auf, was im Inneren eine Kohäsion erzeugen soll, „welcher der Streit nichts anhaben kann". Das widerspricht Arnims Beobachtungen.

> [E]ben darum weil die Staaten so lange nur auf blosse Verhältnisse gedacht was sie das Gleichgewicht der Staaten nannten, so sollten sie nun einmal auf ihre innere Erhaltung durch sich denken, denn eben dieser Krieg zeigt es, daß für dieses Gleichgewicht kein Mann in das Feld rückt, wer nicht mit den Haaren dahingezogen.[96]

Die Wurzel des Problems scheint im Untersuchungsgegenstand zu liegen. Es gibt einfach keinen Staat, den nur Patrioten bewohnen. Möchte man also ein solches Kollektiv richtig studieren, braucht man eine Versammlung, die sich wirklich durch Vaterlandsliebe integriert. Eine solche Versammlung findet Arnim im französischen Militär. In einem Briefentwurf aus Lyon stellt Arnim dieses als mustergültig dar, weil es sich nicht aus gedungenen Söldnern zusammensetzt.

> Es ist eine Freude in der französischen Armee von jedem zu hören, wie von seiner Brigade, also wie von ihm das Schicksal der Schlacht abgehangen. So muß es sein! Einen Soldatenhaufen zur Maschine machen ist lächerlich. Jede Maschine ist auf immer verdorben, wenn ein Rad heraus geschlagen, und das begegnet das [sic!] zu weilen den Soldaten mit den Kanonenkugeln, eine Maschine wäre zerstört aber ein organischer Körper zieht sich zusammen vertheilt die Arbeit auf die gesunden Glieder und ist bald geheilt. Und

---

95 FDH B 69, 21 f.
96 FDH B 69, 22 f.

> die französische Armee war ein Ganzes, Offiziere und Soldaten waren nicht durch ewige Gesetz[e] geschieden, hier war Freyheit Gleichheit und die Herrschaft des Gesetzes, wovon man eigentlich im Innern des Landes nur sprach. Jeder strebte empor, weil jeder durch Tapferkeit und Geist emporkommen konnten [sic!]. Ihre Unteroffiziere sind nicht Gefangenwärter [sic!], jeder wuste wofür er stritt wo sein Vaterland war, zu Hause erwartete ihn Gefängniß und Tod, im Felde Ehre und Ansehen, der Unteroffizier muste der geschickteste und bravste seyn, war sein Offizier todt so freute er sich der Gelegenheit sich auszuzeichnen und emporzukommen, war er selbst todt, so freute sich der ältere nach ihm, sich auszuzeichnen und ihm nachzurücken. Es waren nichts als fröhlige Erben, deren Erbschaft im Feindesland lag. Man nehme aus einem Staate viermalhunderttausend Mann aus allen Klassen, löse ihre Familienbande, gebe ihnen ihre Frauen mit, reisse sie von Arbeit und allen bürgerlichen Verhältnissen los, ihre Fahne sey ihr Herrscher, ihr Schwerdt, ihr Grobschmidt und man hat in physischer und geistiger Hinsicht alle Kräfte um die Welt zu erobern. Was dem Frieden nachtheilig, befördert den Krieg, Mord Gewalt, innerer Krieg, Spiel Ausschweifung und schlechte Haushaltung alles führt zu Gleichgültigkeit im Tode, wer einmal raubt kümmert sich nicht mehr ums sparen und sollte es mit dem Leben anders seyn als mit dem Gelde. Dasselbe möchte ich von den Beschwerden sagen, sie geben eine gewisse Wuth, die oft für Enthusiasmus gilt. Die Nordam[eri]k[aner] hungern absichtlich vor der Schlacht, die Franzosen musten oft hungern.[97]

In diesen Zeilen formuliert Arnim jetzt klar die Voraussetzungen und Ursachen des Patriotismus. Bedingung der Möglichkeit ist die Auflösung eines starren ständischen ‚Sozial'-Gefüges zugunsten einer auf Fähigkeiten und Leistungen bezogenen ‚sozialen' Mobilität. Nur unter dieser Vorbedingung ist die Identifikation mit einem größeren Ganzen möglich, das Partikularinteressen transzendiert.[98] So können Konflikte im Inneren ausgeschaltet werden. Das neue Ganze beschreibt er im Bild des Organismus. Die einzelnen Glieder sind dabei in ihrer Verschiedenheit funktional, doch gleichberechtigt auf die Totalität bezogen. Die innere Zweckmäßigkeit entsteht, vom Subjekt her gedacht, durch je individuelle Identifikation mit dem Ganzen der Nation, was zugleich bedeutet, rein egoistische Motive hintanzustellen.[99]

---

[97] Briefentwurf Achim von Arnim an Hans von Schlitz vom 20.12.1802 (WAA 31, 168 f.).
[98] Vgl. dazu auch FDH B 69, 169, wo sich nochmals das am französischen Beispiel formulierte Ideal kontrastiert findet: „Wie Europa jezt steht ist der Soldatenstand ohne Offiziere von Adel jeder Art der Bedrückung der Bürger fähig, denn er ist selbst in sich eine Bedrückung. Die Soldaten sind den Offizieren zu blindem Gehorsam unterworfen, wenn nun auch die Offiziere das dem ersten im Heere oder im Staate, so muß wenn er will alles Recht aufhören. Die alte Lehnverfassung war für den Krieg gemacht, die neue Gleichheit für den Frieden, sonderbar ist es daß die leztere dem Krieg vortheilhafter gewesen als dem Frieden, sonderbar daß jene vortheilhafter für Frieden als für Krieg wurde (der Krieg lag mehr auf den Schultern der Grossen, im Frieden schüzte sich der Widerstand der verschiedenen Stände.)"
[99] Vgl. dazu Anderson, Die Erfindung der Nation, S. 145; Kaiser, Pietismus und Patriotismus, S. 58 und S. 67–70 und Portmann-Tinguely, Romantik und Krieg, S. 209–212.

Derselbe Gedanke war bereits im Zusammenhang der Überlegungen zur Integration begegnet, aber man kann auch noch weiter zurückgehen, denn prinzipiell handelt es sich um eine Weiterentwicklung von Arnims Überlegungen zum Rollenhandeln in *Hollin's Liebeleben*.[100] Dort war, im Rahmen des älteren ‚Sozial'-Konzepts, geglückter Selbstausdruck als die Anverwandlung und Interpretation von kollektiven Ausdrucksmustern verstanden worden. Dieser Gedanke wird nun, vom Primat der Versammlung ausgehend, als Antizipation der Rezeption, mithin allgemeiner als das Mitbedenken der Anderen und ihrer Interessen gefasst.

Soweit zu den Voraussetzungen. Dass die Nation und ihr Wohl diesen eminenten Stellenwert einnehmen kann, hängt mit ihrer nahezu *sakralen Verehrung* zusammen. Die Denkfigur der Transzendierung des diesseitigen Lebens zugunsten von Erlösung und ewigem Heil im Jenseits findet sich hier deutlich übertragen auf die Ehre im Kampf für das Vaterland, notfalls um den Preis des eigenen Todes.[101] Die Heiligkeit der Nation, die in der Rede vom „Enthusiasmus" bereits anklingt, spricht Arnim auch direkt aus. So beschäftigt er sich wenige Zeilen später mit dem Fortwirken des Patriotismus bei den heimgekehrten Soldaten, die nun wieder ihren bürgerlichen Berufen nachgehen: „Man merkt von ihrem alten Soldatenstande nichts als die fortdauernden Gebete an ihre beyden Gottheiten *s-e* und *b.e.*"[102] Wer die zwei Gottheiten sind, konnte die Forschung bisher zwar nicht entschlüsseln, gleichwohl macht der Kontext klar, dass es sich um militärische Begriffe handeln muss. In der Folge setzt Arnim den Patriotismus der Gesellschaft deutlich gegen die egoistischen Machtspiele im Staat ab. Das ‚Soziale' ist für ihn eine eigene Größe gegenüber dem ‚Politischen'.

Das Bild vom Organismus stellt die Brücke dar, den durch die neue Religion des Patriotismus geeinten ‚Sozial'-Verbund auf die Kunst zu beziehen. Es handelt sich mehr um eine Intuition, denn die Begründung fehlt hier noch weitgehend und die Anknüpfung bleibt recht assoziativ. Ausgangspunkt bildet ein Vergleich des Heeres als Kunstgebilde mit der Formation des Tanzes als elementarste aller Kunstformen:[103] „Von der wahren Kriegskunst ein Wort zu sprechen, so ist sie der wahre Tanz, in ihr alle Kunst und ausser ihr keine. Daß ich hier nicht von Pelotonfeuer rede versteht sich von selbst. Nein ohne jene Kriegskunst ist alle Taktik umsonst, wie uns das die österreichischen Heere

---

100 Vgl. Kapitel 4.1.4 der vorliegenden Untersuchung.
101 Vgl. dazu Kaiser, Pietismus und Patriotismus, S. 119 f.
102 Briefentwurf Achim von Arnim an Clemens Brentano, verfasst zwischen 12. 01. und letztem Januar-Drittel 1803 (WAA 31, 169–170, 169).
103 Vgl. dazu weiter Kapitel 5.2.1 der vorliegenden Untersuchung.

zeigten."[104] Es folgt eine unerwartete Wendung, denn offenbar befördert nicht allein Taktik die Zusammenordnung, sondern auch patriotische Kunst: „Lebende allgemeine Kunst verbreitet und eure Heere sind tapfer gegen den Feind und nützlig im Frieden."[105] Dabei ist es nicht der einzelne Künstler, der in der Lage ist, das ‚Soziale' zu versammeln, sondern die Teilhabe des Volkes an seinen kulturellen Wurzeln. So wie beim Tanz jeder ersetzbar ist, der den Tanz kennt, so verhält es sich auch bei einem organisch verbundenen Militär. Einzig bedarf es einer Situation für das gelingende Zusammenspiel, bei der das ganze Volk sich in einem angeregten Zustand befindet, um seine Potentiale entfalten zu können. Wie man sich das im Einzelnen vorstellen soll, bleibt an dieser Stelle dunkel.

> [D]ie lebende Kunst, die jedem gehört, weil alle sie haben, keiner wird es der Welt für einen Verlust anrechnen, wenn er stirbt, da er doch ein guter Tänzer in Gesellschaften. Völker sind wie das Blut des heiligen Januarius, es wird ihr Talent nur einmal flüssig, vergeht der Augenblick ungesehen und ungenuzt, so weiss die Geschichte nichts mehr von ihnen [.][106]

Soweit zum Patriotismus allein. So einfach, wie Arnim sich das Zusammenspiel von Abstammung und Vaterlandsliebe in der oben besprochenen Passage vorgestellt hat, erweist es sich bei näherem Hinsehen dann doch nicht. Die bloß metaphorische Rede von ‚Gedankenschwangerschaft' hätte bereits hellhörig machen können, dass hier vielleicht zu schnell über konzeptionelle Probleme hinweggegangen wurde. Das merkt auch Arnim, als er die eheliche Verbindung zweier Familien genauer untersucht. Er knüpft dabei an Überlegungen aus dem *Hollin* an. Hier hatte er gezeigt, dass selbst Liebesbeziehungen, soweit sie ‚sozial' sein wollen, sich nicht allein auf Gefühle gründen können, sondern der kulturellen Vermittlung bedürfen.[107]

Gleich in „Aloys und Rose" werden Liebe und Patriotismus gegeneinander gestellt – dabei bleibt es aber, und die Erzählung schließt aporetisch. Da Rose Aloys entsagt, glückt keine Verbindung der beiden Prinzipien. Am Ende in ihrem Traum, wenn sie Aloys rettet, identifiziert Rose beide Prinzipien einfach miteinander, ohne auf ihre Unterschiede einzugehen. Der Text löst das Problem zweimal auf, anstatt eine Vermittlung zu suchen. Zwar wird auch das Problem der Rache präludiert, eine Lösung findet es indes erst in *Ariels Offenbarungen*. Eine Racheverpflichtung figuriert als ein Fall, in dem die beiden Einheits-

---

104 FDH B 69, 175.
105 FDH B 69, 175.
106 FDH B 69, 175.
107 Vgl. Kapitel 4.1.4 der vorliegenden Untersuchung.

prinzipien in Spannung treten können. Das Thema taucht zum ersten Mal bei Roses Vater auf, dergestalt, dass ein Treuebruch Rache fordert, um die Ordnung der Gerechtigkeit wieder herzustellen.[108] Das zweite Mal begegnet es, wenn Aloys, hin- und hergerissen zwischen der Racheverpflichtung aus Patriotismus und der Liebe zu Rose, das Selbstopfer erwägt.[109] Zuletzt wird dieser Gedanke aber wieder aufgelöst, wenn Rose sich aus Patriotismus für Aloys bei dessen Rettung selbst opfert, in der Gewissheit, dass ihr Tod wieder „[g]erechte Nachwelt rächt"[110]. Man kann erkennen, dass der Fragenkomplex Arnim beschäftigt, er ihn aber zu diesem Zeitpunkt noch nicht genau durchdrungen hat.

Im ersten Teil von *Ariels Offenbarungen* geht er die Probleme erneut an. Vieles erscheint dabei als nochmalige Variation über dieselben Themen der bisherigen Ausführungen. Er entledigt sich hier jedes realhistorischen Hintergrundes und fokussiert sich im Medium des Mythos systematisch auf die Fragestellung.[111] Sein Interesse nimmt deutlich eine quasi-apriorische Frageperspektive im Sinne seines kulturanthropologischen Interesses an, wenn er dabei den Komplex Integration in Konzepten wie Natur-/Gesellschaftszustand, Inzest, Opfer und Rache etc. bedenkt. Er bleibt dabei freilich im Denkhorizont seiner Zeit verhaftet, gleichwohl zeigt sich bereits hier, warum diese Themen auch in der späteren anthropologischen Diskussion zentrale Problemkomplexe bleiben werden.

Arnim geht die Differenzierungsfrage hier viel grundsätzlicher an als zuvor. Nicht die Buntheit und Komplexität der Stadtrepublik Genf ist jetzt der Forschungsgegenstand, sondern eine einzige Familie in der Einöde. Freya repräsentiert das Leben im Rousseauschen Naturzustand. Es ist eine Welt, in der alles Geschehen ein großer kosmisch geordneter Naturzusammenhang ist, dessen Teil auch die Menschen und Götter sind. In seinem Reisetagebuch erläutert Arnim Freyas Lebensweise:

> [D]ie Idylle stellt das Gemüth in den einzelnen Zuständen des Gefühls dar, wo es fühlt, wo es in lebendiger Wechselwirkung milde ist ohne davon bezwungen zu werden, ohne es bezwingen zu wollen es schwebt über das alles, das ist was wir Naturstand oder wie andre veredelten Naturstand nennen können, die Bedürfnisse werden da ein Spiel und das unmenschliche wie das Uebermenschliche hat da keinen Plaz. Diese übermenschliche Schamhaftigkeitsicht hat also da keinen Plaz.[112]

---

108 Vgl. FA 3, 16.
109 Vgl. FA 3, 23 ff.
110 FA 3, 44.
111 Der ursprünglicher Titel des Heldenlieds war „Blutschuld". Vgl. Brief Achim von Arnim an Clemens Brentano vom 14. bis 23.09.1802 (WAA 31, 104–116, 113).
112 FDH B 69, 170.

Liebe erscheint hier konsequenterweise als Prinzip, das auch das Pflanzenreich durchwirkt,[113] und das Böse nimmt die Gestalt von Naturmächten an. Rückblickend auf ihre naturhafte Unschuld reflektiert Freya später: „Das Böse sah ich sonst allein in andern Wesen, / Im Feuer brennen und im Wasser drücken; Jetzt fürchte, fliehe ich die bösen Menschen."[114] Im Naturzustand bedeutet Moral, sich allein von seiner Natur, dem „eigne[n] Wille[n]" leiten zu lassen. Wenn das Naturgesetz alles regelt, braucht es „kein Gesetz und kein[en] Vertrag". Wo es keinen Privatbesitz gibt, kommt „kein Tag / [, der] Zur Sklaverey die Menschen je vereinte"[115]. Kehrseite der großen Einheit und Ungeschiedenheit ist, dass allgemeine Verwandtschaft herrscht: „Von Adam, Eva alle her, / Sind wir im Ursprung selbst durch's Blut verbunden."[116] Inzestuöse Blutsbande sind daher vorprogrammiert – sie werden aber zunächst als nichts Unnatürliches angesehen. Arnim porträtiert ein defizientes Differenzierungsmodell: Auf der einen Seite fehlt die kulturelle Integration, auf der anderen Seite lässt der stete genealogische Rückbezug auf die eigene Familie keinen Raum für Dynamik und Progress durch neues Blut. Odin, Freyas Vater, bemerkt treffend: „Denn von den Vätern müssen wir Verderben, / Der Unthat Schuld und alle Krankheit erben."[117] So einfach ist es mit der biologischen Integration also offenbar doch nicht – hier zeigt sich eine mögliche Schwierigkeit von zentraler Bedeutung.

Mit Heymdal, ihrem Bruder, führt Freya, wie erwähnt, eine inzestuöse Beziehung. Heymdal bekennt: „Unbekannt sind ihr / Gesetze, wissend hab' ich sie verletzet, / Weil anders die Natur und anders das Gesetz mir sprach, das unvergeßliche!"[118] Mit diesen Worten wird das *Inzestverbot* statuiert und zugleich der Gesellschaftszustand eingeführt. Für sich allein genommen, führt das Inszesttabu genealogisch notwendig zur Ausrottung der eigenen Sippe, da es die biologische Reproduktion unterbindet. Das gilt, solange es nur eine, nicht sehr verzweigte Familie gibt. Dieser biologisch wirkenden Stoppregel steht als dynamisches kulturelles Prinzip der Auslöschung die *Racheverpflichtung* zur Seite, die wieder und wieder neues Töten fordert. Hier sind jedoch bereits zwei oder mehrere Geschlechter vorausgesetzt, die sich wechselseitig ausrotten. Herrmann nun repräsentiert den Gesellschaftszustand als Kriegszustand. Er kommt in Waffenmontur aus dem Krieg, der der Rache an Inkar entsprang.[119] Er wird als Frauenheld gekennzeichnet, dem es nur um egoistische

---

113 Vgl. AO, 22 f.
114 AO, 41.
115 AO, 9.
116 AO, 10.
117 AO, 15.
118 AO, 68.
119 Vgl. AO, 30 ff.

Lustbefriedigung geht.¹²⁰ Nun macht er in seiner Liebe zu Freya einen Wandel durch, in dem die Vision einer produktiven Lösung aufleuchtet. Er sucht eine echte Beziehung und legt seine Waffen ab.¹²¹

Die Verbindung zwischen Herrmann und Freya wird letztlich nicht zustande kommen. Gerade dadurch eröffnet sie ein Spannungsfeld, innerhalb dessen der Text die Einheit einer Versammlung als *Verbindung und als Grenze des Eigenen und des Fremden* in seiner ganzen Vielschichtigkeit verhandeln kann. Arnim selbst erklärt in seinem Reisetagebuch:

> In Herman [sic!] sind freilig viel echt komische Züge, aber ganz untergeordnet, der Inhalt ist das Wertheste, was den Menschen in gesellschaftliche Verbindung giebt in den wichtigsten Umstürzen eines allgemeinen Umsturzes, es zeigt den Weg der Rettung und der Gefahr, von einem Standpunkte der ein Stündchen davon liegt, wo wir also ohne Gefahr zusehen.¹²²

In der Distanz des Mythos kann Arnim die extremen Randbereiche der Thematik, Inzestverbot und Rache, ausloten. Dabei entwirft er eine Topologie dieses Bereichs. Es sind immer zwei Varianten denkbar: solche, die im Eigenen bleiben, und solche, die den Fremden mit einbeziehen. Hier gibt es wiederum destruktive und konstruktive Lösungen, insgesamt also vier mögliche Strukturen. In einer *Ökonomie der Gabe* werden die verschiedenen Bezüge ausgearbeitet:¹²³

Als Herrmann erkennt, dass Freya, die er heiraten will, seine Halbschwester ist und er Inkar aus Rache für seinen Vater getötet hat, obwohl sich jetzt herausstellt, dass sein Vater Odin noch lebt,¹²⁴ beendet er die doppelte Schuldverstrickung, indem er sich selbst opfert. Er geht in die todbringende Druiden-

---

120 Vgl. AO, 27 ff.
121 Vgl. AO, 81.
122 FDH B 69, 170 f.
123 Bei Achim von Arnim trägt die Denkfigur und der Konzeptzusammenhang, den ich im Folgenden herausarbeiten möchte, noch keinen spezifischen Namen. Später wurden verschiedene Varianten dieser Idee in der Sozialtheorie, woher ich meine Begrifflichkeit beziehe, dann unter dem Namen der ‚Gabe' diskutiert. Eingeführt wurde der Begriff von Marcel Mauss, Die Gabe. Form und Funktion des Austauschs in archaischen Gesellschaften [1924], Frankfurt a. M. 2009. Daran suchten im 20. Jahrhundert eine Reihe weiterer Theoretiker (Lévi-Strauss, Derrida u. a.) Anschluss. Vgl. Iris Därmann, Theorien der Gabe zur Einführung, Hamburg 2010. Zur Rache im Zusammenhang der Gabenökonomie vgl. Axel T. Paul, Die Rache und das Rätsel der Gabe. In: Leviathan. Berliner Zeitschrift für Sozialwissenschaft, 33. Jg. (2005), H. 2, S. 240–256. Zu Varianten der Konzepts der ‚Gabe' bei Brentano vgl. Gabe, Tausch, Verwandlung. Übertragungsökonomien im Werk Clemens Brentanos, hg. von Ulrike Landfester, Ralf Simon, Würzburg 2009.
124 Vgl. AO, 113.

höhle.¹²⁵ Damit sühnt er die Schuld gegen die Übertretung des Inzestverbots. Zugleich setzt er einen Schlusspunkt im Rachesystem. Nicht nur gleicht er den ungerechtfertigten Tötungsakt an Inkar aus, er rächt (in der Logik des Systems) diesen Tod auch an sich selbst. Bezugsinstanz dabei sind weit mehr die gesellschaftlichen Institutionen selbst als unmittelbar die Mitglieder einer Genealogie. Das *Selbstopfer* bleibt freilich eine destruktive Lösung, die allein im eigenen Bereich verharrt.

Dieses *Opfer* kann auch auf der Seite des Fremden erbracht werden. Ist der letzte Spross einer Lineage getötet, kommt das Rachesystem ebenfalls zum Stillstand. Dann allerdings schlägt, im Falle von nur zwei Familien, die Gewalt des Inzesttabus in der Sphäre des Eigenen voll durch. Dies wird ex negativo dadurch thematisiert, dass das Kind Aslauga, die letzte Erbin Inkars, nicht auch noch getötet wird, was ein Leichtes wäre. Vielmehr tritt das inzestuöse Geschlecht Odins ab, opfert sich und übergibt Aslauga die Macht.¹²⁶ Damit kann sie, frei von all den schuldhaften Verstrickungen der Vergangenheit neu beginnen.

Der Text zeigt auch konstruktive Lösungswege. Das Inzesttabu muss dazu um generative Mechanismen ergänzt werden, die es zur Voraussetzung für eine Ausweitung der biologischen Reproduktion über die Grenzen des eigenen Clans hinaus machen. Komplementär geht es darum, inhibitorische Mechanismen zu finden, die die Rachespirale abbrechen und einen Ausgleich in anderer Form suchen.

Bereits bevor Herrmann von seiner schuldlos schuldhaften Verstrickung erfährt und sich selbst tötet, bricht er die Rachespirale von seiner Seite ab und *verzichtet darauf, seine Ansprüche geltend zu machen*. Frieden gilt ihm als höherer Wert als Recht. Wenn er zurücksteht, beschenkt er seine Feinde genauso wie sich selbst.¹²⁷

Die andere konstruktive Variante, die ein produktives Verhältnis mit dem Fremden begründet, ist der *Frauentausch*. Wenn Herrmann Heymdal, der ihm bewaffnet entgegentritt, zunächst gefangen nehmen lässt,¹²⁸ zeigt sich ganz deutlich, dass das Geschlecht der Feinde, nämlich das Freyas, zugleich das potentieller Heiratspartnerinnen ist. Wäre die Hochzeit zwischen Herrmann und Freya zustande gekommen, hätte dies zugleich die Grenze zwischen dem Eigenen und dem Fremden überbrückt und ein neues Geschlecht begründet.¹²⁹

---

125 Vgl. AO, 128.
126 Vgl. AO, 126 f.
127 Vgl. AO, 56 f.
128 Vgl. AO, 36.
129 Wenn Herrmann zu Freya sagt: „Es fließt in mir ein teures Bruderblut" (AO, 40), kann die Stelle doppelt verstanden werden. Einerseits im metaphorischen Sinne, dass Herrmann an

Im Kern der produktiven Ansätze, wie Arnim sie zeichnet, steckt aber keine Vertragstheorie nach aufklärerischem Vorbild, gebaut auf individuellem Nutzenkalkül. Stattdessen geht es um Überlegungen, die um *Vertrauen* als zentrales Versammlungsprinzip kreisen.[130] Nachdem sich Herrmann in Freya verliebt hat, möchte er, dass sie nicht nur zum „Dank"[131] bei ihm bleibt, weil er im Austausch dafür ihren Bruder Heymdal freilässt, sondern er will ihr Vertrauen. Herrmann gelingt es, den Eindruck seiner Feindseligkeit zu zerstreuen, indem er sich an Freya in ihrer Sprache wendet, einer Sprache, die durch expressive Naturbilder gekennzeichnet ist. Er verspricht ihr das Ende des Kriegszustandes, der sich zugleich als ein organisch aufeinander abgestimmter Zusammenhang darstellt: „Ich sah nur Tod, den Krieg auf aller Spur, / In dir fühl ich den Reitz der Allnatur; / Zur Siegerbeute werde goldner Friede"[132]. Lange sinniert er über den neuen Zustand, den er schließlich als „Lebenstanz[ ]"[133] charakterisiert. Die Gleichsetzung von organismusgleich integriertem ‚Sozial'-Zusammenhang und Tanz fand sich bereits in seinem Reisetagebuch.[134] Neu ist an dieser Stelle, dass er wechselseitiges Vertrauen der Individuen als entscheidende Voraussetzung für die Herausbildung der Versammlung des ‚Sozialen' begreift.

Vertrauen ist jedoch selbst ein voraussetzungsreiches Prinzip. Arnim zieht eine Summe seiner Ökonomie der Gabe: Am Anfang muss immer ein Geschenk gemacht werden. Dieser erste Akt vollzieht sich unabhängig von Vorbedingungen an das Gegenüber, zugleich provoziert er eine entsprechende Gegengabe. Spürte Freya diesen Druck nicht, wäre sie nicht so unsicher wie anfänglich gegenüber Herrmann: „Wie mild und gut und lieb du jetzt mir scheinest, / O wüßt ich nur, daß du es wahrhaft meinest"[135]. Nach weiterem Werben kann er

---

die Stelle des Bruders treten und dessen Funktion nun als Mitglied einer ursprünglich anderen Familie einnehmen will, andererseits literal als Vorausdeutung auf das an dieser Stelle noch nicht enthüllte Geschwisterverhältnis des Paares. Das Motiv wiederholt sich, als Herrmann Heymdal als „Bruder" (AO, 45) anspricht. – Wenn die Beziehungen des neuen Geschlechts immer wieder in die Begrifflichkeit verwandtschaftlicher Beziehungen übersetzt werden, weist dies bereits voraus darauf, dass dieses neue Geschlecht keine Zukunft hat, da die qualitative Andersartigkeit des ersten Beziehungstyps nie wirklich zum Tragen kommt. So möchte Herrmann letztlich auch noch, nachdem das Halbgeschwisterverhältnis mit Freya aufgedeckt ist, die Hochzeit mit ihr (AO, 116).
130 Vgl. dazu Tanja Gloyna, „Treue". Zur Geschichte des Begriffs. In: Archiv für Begriffsgeschichte, 41. Bd. (1999), S. 64–85.
131 AO, 41.
132 AO, 42.
133 AO, 43.
134 Vgl. dazu Kapitel 5.2.1 der vorliegenden Untersuchung.
135 AO, 43.

sie für sich einnehmen: „Du traust dem Guten ganz, [...] und lächest / mir Zutrau'n aus dem hellen Aug entgegen."[136] Als Heymdal sie dann nochmals warnen will: „Halt ein, – geh fort, – er täuschet, – traue nicht"[137], beschwichtigt sie ihn: „[T]raue ihm, er hat den Sinn geändert, / Und lebt mit uns verträglich in der Hütte."[138]

Im Vergleich mit dem *Hollin*-Roman findet sich hier eine qualitative Weiterentwicklung des Liebes-Konzepts. An Hollin hat Arnim gezeigt, dass der Rückgang auf einen nicht ‚sozial' gedachten Naturzustand nicht die Grundlage für eine dauerhafte Bindung zwischen zwei Partnern sein kann. Die Paarbeziehung de Saussures mit Albertine Amalie Boissier stellt kaum ein echtes Gegenkonzept dar und wird ja auch nur beiläufig erwähnt. Jetzt bietet Arnim zu dieser Frage ein positives Konzept an. Wechselseitiges Vertrauen bedeutet nicht das Verschmelzen und die Auflösung verschiedener Subjektivitäten in einem größeren Ganzen, sondern gerade im Gegenteil die Bewahrung ihrer Unterschiedlichkeit.[139] Es fungiert als *Interdependenzunterbrecher doppelter Kontingenz*. Der Gewinn für beide Seiten stellt generalisierte Erwartungssicherheit dar und damit Entkopplung des eigenen Handelns von spezifischen Voraussetzungen, die das Gegenüber bereitstellen muss. Der Friedenszustand ist Grundlage für die Entwicklung komplexerer Versammlungen des ‚Sozialen'. Das hatte Arnim bereits am Organismus-Bild der französischen Armee vorgeführt und in der Ökonomie der Gabe ausführlicher konturiert. Umgekehrt beinhaltet Vertrauen auch ein *Verpflichtungsverhältnis*. Dies bezieht sich konkret auf jeden Einzelnen in einer Verbindung, fordert aber auch die Identifikation mit der Gemeinschaft insgesamt. Dabei schwingt eine religiöse Note mit. Vertrauen bedeutet *Glaube* an die Versammlung. Daher lassen sich leicht Bezüge zu Arnims Überlegungen zur Heiligung der Nation herstellen.[140]

Arnims Überlegungen am Familienverband Odins wollen nicht nur in ihrer Konkretheit gelesen werden, sie sollen zugleich auch als Gründungsmythos für die deutsche Nation fungieren. Das wird deutlich, wenn die Denkfigur des Vertrauens amplifiziert wird. Herrmann will Heymdal freilassen, sofern dieser ihm sagt, wo seine Eltern sind. Darauf entgegnet ihm Heymdal: „Du Deutscher

---

136 AO, 43.
137 AO, 44.
138 AO, 45.
139 Vgl. dazu auch den Brief Achim von Arnim an Clemens Brentano vom 20.09.1804 (WAA 31, 383–385, 384) „[E]s ist eine höhere Durchdringung als Liebe und die Liebe hat nur darin ihren Werth, Vertrauen ist die höchste Leidenschaft und die höchste That zugleich, so daß Leiden und Schaffen darin als That sich figurirt."
140 Vgl. dazu auch Kaiser, Pietismus und Patriotismus, S. 79.

selbst, kannst so den Deutschen fragen? / Nie kauft der Deutsche durch Verrath die Freyheit, / Frey will er leben, aber er kann sterben."[141] Hier vermischen sich zwei Argumentationsebenen. Die Loyalität zur eigenen Sippe wird abgebildet auf eine Bestimmung des Nationalcharakters der Deutschen. Dadurch wird es möglich, diesem Treueverhältnis die quasi-religiöse Konnotation mitzugeben.[142] Patriotismus stellt den neuen Glauben für eine Zeit dar, in der die Macht der alten Götter im Niedergang begriffen ist.[143] Das ist die geschichtstheologische Lesart, die Arnim seinem Mythos von Odins Geschlecht beilegt. So verschließt Aslauga am Ende die Druidenhöhle, in die Odins Geschlecht eingegangen ist, und begreift dies zugleich als Stiftungsakt der neuen Gemeinschaft der Deutschen gegen das „neue Rom" Frankreich.

> *Aslauga.* Geschlossen ist die Höhle, so der Frieden,
> Der ewig die Geschlechter hat geschieden,
> Es muß der Tod des Herrmannsstamms betrüben,
> Doch denkt, daß große That nie todt geblieben,
> Daß Enkel noch des ersten Herrmann Schlacht erfreue,
> Um sich in später Zeit am neuen Rom erneure.
> *Alle* [v. a. Herrmanns Heer, das jetzt Aslauga untersteht, U. B.]. Treue![144]

An dieser Stelle verknüpft Arnim das biologisch-genealogische Einheitsprinzip mit dem der kulturellen Teilhabe. Dies ist eine Fortführung der Überlegungen zur ‚Gedankenschwangerschaft'. Dort hatte Arnim in einem einfacheren Modell darüber nachgedacht, wie bei aller Kontinuität Erneuerung möglich sei. In seinen Ausführungen zum französischen Militär hatte er selbst vorgeführt, wie man von anderen Nationen lernen kann, ohne den eigenen Patriotismus zu verletzen. In „Aloys und Rose" schließlich problematisiert Arnim den Patriotismus, indem er ihn mit Liebesbanden in Konflikt setzt und das Problem der Rache einführt. Den Gedanken biologischer Erneuerung hatte er dann in seiner Ökonomie der Gabe ausführlich weiterentwickelt. Nun führt er beide Integrationsprinzipien zusammen: Vertrauen bildet ihren gemeinsamen Grund.

Zieht man diese Linie weiter aus bis zurück auf das Bild der ‚großen Kette der Wesen', dann erkennt man eine Bewegung, die die ‚Nation' und ‚Gott' überblendet und als das Eine auffasst.[145] Mit anderen Worten: Arnim hierarchisiert die beiden Einheitsformeln von Natur und Kultur nicht, sondern bezieht beide

---

141 AO, 37.
142 Vgl. dazu auch den Chor der Krieger Herrmanns (AO, 31 f.).
143 Vgl. AO, 9 ff.
144 AO, 129.
145 Vgl. dazu Kaiser, Pietismus und Patriotismus, S. 123.

zurück auf einen gemeinsamen Urgrund, die heilige Nation. Zum einen kommen dadurch die beiden Differenzierungskonzepte in ein Wechselspiel, das die Dynamik hervorbringen kann, derer es zur Versammlung des ‚Sozialen' bedarf. Zum anderen stellt er mit dem Konzept ‚Vertrauen' eine Relation ins Zentrum seiner Überlegungen, wodurch die Spannung zwischen Einheit und Vielheit nach keiner der beiden Seiten einseitig aufgelöst wird, sondern vielmehr sich beide Pole wechselseitig bedingen.[146]

Gerade wenn das Herrmannsgeschlecht in direkter Linie ausgelöscht wird, ist es umso bedeutender, dass es als genealogische Begründung so stark gemacht wird. Biologische Kontinuität scheint nicht das Entscheidende zu sein, eher die Identifikation mit einer bestimmten Herkunft. Abkunft impliziert aber immer schon bestimmte Wertmaßstäbe und Ansichten, wie hier beispielsweise die Opposition zu Frankreich. Herkunft meint zugleich eine Verpflichtung gegenüber einer Kultur, Kultur umgekehrt vermittelt eine Tradition der Vorfahren.

Arnims Vorstellungen zur Differenzierung in dieser Entwicklungsphase finden aber ihre höchste Verdichtung im Nachspiel zum „Heldenlied von Herrmann und seinen Kindern". Stammvater Herrmann, „der Befreyer der Deutschen", wie das Personenverzeichnis den Germanenhelden der Varusschlacht nennt, und seine Frau Tusnelda treten auf.[147] Sie hatten einst ein Kind, „[a]ber die Alten segneten nicht den Erstling der Liebe"[148], denn sie wollten, dass Herrmann weiter kämpft. Hier nun kommt Freya mit Odin und einem anderen Kind ins Spiel. Das neue Kind fungiert offenbar als Substitut für das von Herrmann und Tusnelda. Damit trägt es den Ursprung des *Deutschtums* direkt in sich, darüber hinaus rückt aber auch Odin an die Stelle des Stammvaters Herrmann. Am wahrscheinlichsten ist aber, dass der Herrmann des vorigen Stücks der tatsächliche Vater des Kindes ist. Die Irminsäule, bei der die Szene spielt, klärt die wahren Verhältnisse auf. Das Nachspiel ordnet das Geschehen in kos-

---

146 Vgl. Kaiser, Pietismus und Patriotismus, S. 213.
147 Vgl. zur Rezeption des Herrmann-Mythos an neuerer Literatur nur Werner M. Doyé, Arminius. In: Deutsche Erinnerungsorte. 3 Bde., hg. von Etienne François, Hagen Schulze, München 2001, Bd. 3, S. 587–602; Arminius und die Varusschlacht. Geschichte, Mythos, Literatur, hg. von Rainer Wiegels, München, Wien, Zürich 2003; Volker Losemann, Arminius. In: Mythos Europa. Schlüsselfiguren der Imagination. Das 19. Jahrhundert, hg. von Betsy van Schlun, Michael Neumann, Regensburg 2008, S. 98–119; Herrmans Schlachten. Zur Literaturgeschichte eines nationalen Mythos, hg. von Martina Wagner-Egelhaaf, Bielefeld 2008; Klaus Kösters, Mythos Arminius. Die Varusschlacht und ihre Folgen, Münster 2009; Herfried Münkler, Die Deutschen und ihre Mythen, Berlin 2009, S. 149–163.
148 AO, 135.

mologische Bezüge ein,[149] in denen der Weltenbaum der Säule Odin als Zentralgottheit konnotiert. Damit wird das Kind auch zum *Kosmologiesymbol*. Indem sich die Säule dann aber in eine leuchtende Harfe verwandelt,[150] gewinnt das Kind zudem Qualitäten eines *Poesiesymbols* und stellt Bezüge zu Aslauga und ihrem kommenden Reich her. Zugleich identifiziert die Säule Odin mit Irmin = Armin = Herrmann. Im mythologischen Wissen des frühen 19. Jahrhunderts war ‚Irmin' einerseits ein Beiname Odins, zugleich gab es die Vorstellung eines eigenständigen Kriegsgottes dieses Namens.[151] Daher ist der Herrmann des ersten Teils in der Odinsfigur mit konnotiert.[152] Die Bedeutungshäufung geht aber noch weiter. Der Gedanke von Herrmanns Vaterschaft wird dahingehend erweitert, als Odins Rolle als ‚Adoptivvater' ikonologisch mit dem schlafenden Josef von Nazareth[153] identifiziert wird, womit dem Kind eine christologische Qualität zugeschrieben wird.[154] Das Kind wird zum Stifter einer *neuen Religion*.

5.1.4 Die Überwindung der Schwärmerei (‚Soziale' Handlungsmuster)

In *Hollin's Liebeleben* hatte Arnim Überlegungen zum Rollenspiel angestellt. Sein Fazit war dort, dass gelingende Performanz gleichermaßen vorgeprägter Kulturmuster wie individueller Interpretation bedürfe. Glückensbedingungen stellten sowohl die Entäußerung des Subjekts als auch die authentische Wirkung auf Zuschauer dar. Innerhalb dieses Problemkomplexes spielten künstlerische Vorlagen eine wichtige Rolle. Auf der einen Seite galten künstlerische Ausdrucksformen als der Paradefall für authentische Entäußerung, auf der anderen Seite erwies sich gerade auch das Theaterspiel als uneigentliches Spre-

---

149 Vgl. AO, 137 f.
150 Vgl. AO, 138.
151 Vgl. Art. ‚Irminsul'. In: Rudolf Simek, Lexikon der germanischen Mythologie, Stuttgart 2006, S. 222–224.
152 Wenn der Stammvater Herrmann durch Odin ersetzt wird, der wiederum den Herrmann des ersten Teils ersetzt, um eine Genealogie des Kindes zu begründen, ist es konsequent, dass Herrmann sowohl Stammvater Herrmann (AO, 112), als auch Odin (AO, 113) als seine Vorfahren ansehen kann.
153 Vgl. AO, 136. – Vgl. dazu Redaktion LCI, Art. ‚Josephszweifel'. In: Lexikon der christlichen Ikonographie, hg. von Engelbert Kirschbaum, Freiburg i. Br. 1994, Bd. 2, Sp. 434 f. Vgl. weiterführend Albrecht Koschorke, Die Heilige Familie und ihre Folgen. Ein Versuch, Frankfurt a. M. 2001.
154 Dieses Bild ist durch christlich-eschatologische Motivbezüge vorbereitet (z. B. AO, 16 ff. und 72).

chen par excellence. Auf dieses Spannungsfeld fokussiert Arnim jetzt in „Aloys und Rose". Die kleine Schweizer-Novelle erweist sich mithin als eine Art Lese-Schule. Die Handlungssequenzen, die sich in ihrem Anteil am Gesamttext mit den vielen Texteinlagen fast die Waage halten, gehen der Frage nach, wie Empfindungen und Erleben in Texten ihren Ausdruck finden können. Mit Aloys und Rose stehen wieder zwei Schwärmer-Figuren im Zentrum der Handlung. Während anhand von Aloys die an Hollin aufgezeigten Aporien der Empfindsamkeit noch einmal zugespitzt werden, steht Rose für die Entwicklung hin zu einer produktiven Literaturaneignung. Dabei überblendet Arnim die empfindsame Lektüre mit nationalpatriotisch-erbaulichen Lektürepraxen, die beide gleichermaßen säkularisierte Varianten pietistischer Vorbilder sind.

In Kap. 5.1.1 habe ich bereits davon berichtet, dass sich Rose, nachdem sie die deutsche Sprache in Zürich gelernt hat, wie ‚neugeboren' fühlt. Da das Deutsche ihrem natürlichen Wesen qua Abstammung entspricht, folgt hieraus, dass sie in diesem Medium authentisch ihre innersten Empfindungen äußern kann. Rose entsagt fortan ihrer „Eitelkeit"[155], sprich, strategischem Handeln, das ihr jetzt unaufrichtig scheint, und ist betrübt, wenn andere sie nachahmen. Sie möchte im Sinne des empfindsamen Humanismus „allen andern gleich werden"[156]. Von Zürich aus macht Rose eine Bootsfahrt zur Insel Ufenau.

Aloys hält dort an Ulrich von Huttens Grab Wache, ein lateinisches Buch von ihm lesend, als Rose ihm das erste Mal begegnet. Allgemein wird über ihn berichtet, dass er „sehr einsam unter Büchern lebte, seit die Revolution es unmöglich machte, daß er angestellt wurde"[157]. Hier werden prima vista die Signaturen einer Gelehrsamkeitskultur anzitiert, die durch ihre Vereinzelung immer von der ‚Grüblerkrankheit' bedroht ist. Sie changiert gleichsam bereits zur empfindsamen Lektüre. Aloys identifiziert sich so sehr mit dem Humanisten Hutten, dass es Rose später scheint, „er sei selbst der tapfere Befreier"[158]. Ulrich von Hutten wurde im 18. und 19. Jahrhundert als Vorreiter einer Einigung der deutschen Nation gesehen.[159] Aloys spiegelt seine eigene Situation in der Huttens, der „das Bessere nur lehren [konnte], und nichts tun fürs deutsche Vaterland, hier starb er verlassen von allen, sein ganzer Reichtum eine

---

[155] Über Athenais heißt es, „sie schmeichelte allen meinen Eitelkeiten" (FA 3, 15), und über Roses Vater: „Diese Rache gefiel ihm so sehr, daß er sie [Stolz und Verächtlichkeit, U. B.] meiner Eitelkeit als erlaubt einredete" (FA 3, 16).
[156] FA 3, 17.
[157] FA 3, 17.
[158] FA 3, 18 f.
[159] Vgl. Franz Rueb, Der hinkende Schmiedgott Vulkan. Ulrich von Hutten 1488–1523, Zürich 1988, S. 278–283.

Feder, aus der sein Geist in ewiger Begeisterung über die Welt hinrauschte."[160] Auf der einen Seite scheint Hutten also durch seine völlige Ohnmacht gekennzeichnet, auf der anderen Seite haben für Aloys einige Zeilen besondere Bedeutung, in denen der Humanist seinen nachhaltigen Einfluss erklärt: „[A]us mir selbst holte ich den Anfang meines Wirkens. [...] [D]aß mein Volk dann mächtig gewachsen, das geschahe durch mich."[161]

Symptomatisch an der schwärmerischen Rezeption ist die Unausgewogenheit zwischen depressivem Hilflosigkeitsgefühl, das gerade vorherrscht, und manischer Omnipotenz. Als Aloys Rose begegnet, reagiert er abgewandt und wirkt in sich gekehrt. Sie beschreibt ihn später als „kalt"[162], der klassischen Temperierung des Melancholikers, und „in Gefühl verloren"[163]. Er scheint sie kaum zu sehen und weiß kein richtiges Gespräch mit ihr anzufangen.

Nachdem Aloys und Rose zusammengefunden haben, tauschen sie eine Reihe von Briefen aus. Inhalt der Briefe sind Auszüge aus alten Büchern, die sie zunächst aus gemeinsamer Vorliebe für diese Art von Texten wählen, später, als Roses Vater die Verbindung untersagt, als eine Art Geheimkommunikation.[164] Wenn sie die Briefe lesen, folgen sie dabei den Mustern identifikatorischer Lektüre.[165] Dabei treiben sie die ohnehin schon hohen Anforderungen für glückende Kommunikation, die die Empfindsamkeit stellt, noch weiter in die Höhe. Im Gegensatz zum empfindsamen Brief schütten sie, der Idee nach, nicht unmittelbar ihr Herz mit unverwechselbaren Worten auf dem Papier aus, sondern vermitteln diesen Ausdruck mithilfe von fremden und dazu noch sehr alten Texten. Zwei Problemfelder treten im Laufe ihres Briefwechsels zutage: das der Seelengemeinschaft und das des Sinn-Überschusses eines fremden Textes.

Die Empfindsamkeit kennt als einziges ‚Sozial'-Modell echter Gemeinschaft das Kollektiv der Seelen. Die Vorstellung dabei ist, dass beide genau gleich empfinden und erleben müssten.[166] Liest man die Deutungen der Briefe durch Rose, so ist man als Leser der Novelle überrascht, was sie als Aloys' Mitteilungsabsicht in den Texten gefunden haben will. Das muss aber als Beleg dafür gelten, dass im Sinne des Textes diese Seelengemeinschaft zwischen Aloys und

---

160 FA 3, 18.
161 FA 3, 18.
162 FA 3, 18.
163 FA 3, 19.
164 Vgl. dazu Kaiser, Pietismus und Patriotismus, S. 72 und 181 ff. und Koschorke, Körperströme und Schriftkultur, S. 157–167 und 181 f.
165 Vgl. dazu Kaiser, Patriotismus und Pietismus, S. 8.
166 Vgl. Kaiser, Patriotismus und Pietismus, S. 211.

Rose zeitweise wirklich zustande gekommen scheint. Vergleicht man dann aber die Gemütslagen der Liebenden, wird schnell klar, dass dies erwartungsgemäß eher die Ausnahme ist.[167] Kurz bevor er sich von ihr trennt, schreibt Aloys auch explizit: „[I]ch [...] fühle nun, daß ich dich nicht kenne. Du bist mir eine Jungfrau und nichts weiter, du lachst in Gesellschaften und wenn du mich siehst wirst du traurig, ich aber bin traurig allein und in Gesellschaft, nur wenn ich dich sehe werd' ich froh."[168]

Welch gleichnishafte Lesarten der alten Texte die Liebenden doch hervorbringen können, ist verwunderlich. Das Wort ‚Gleichnis' sagt aber ex negativo bereits, dass ein Text neben vielen Gleichen auch vieles singulär in sich birgt. Rose spricht das an, wenn sie Aloys um Erklärungen zu einem Text bittet, den sie nicht gänzlich verstehe.[169] Damit macht sie deutlich, dass ein Text eben nicht das reine Empfinden übermittelt.[170] Genau das ist der Punkt, den Aloys übergeht, wenn er die alten Texte wie individuell angefertigte Briefe liest. Zum Problem wird es, wenn das Nicht-Identische des Textes auf den Leser, der sich mit dem Text identifiziert, zurückwirkt. Dies geschieht dort, wo Aloys sich, ähnlich wie Hollin, nun mit Tell so sehr identifiziert, dass er übersieht, dass sein eigener Freiheitskampf unter ganz anderen historischen Vorzeichen stattfindet, und vergisst, das mythische Vorbild den geänderten Zeitumständen anzupassen.[171] Aloys erklärt: „Sie ist aus diese Zeit, aber sie soll wieder kehren [...]. Fluch allem Neuen."[172] Hat Rose Recht mit ihrem Traum am Ende der Novelle, in dem sie Aloys in Gefangenschaft sieht, dann kann man schließen, dass Aloys' Art der Lektüre offenbar zum Scheitern führen musste.[173]

Nach ihrer Trennung von Aloys gelobt Rose, „ihn nie zu heuraten [sic!]". Sie wollte sich ihm gleichsam „der Tugend opfern"[174] und auf der gegnerischen Seite Soldat werden. Eine Verletzung und andere ungünstige Umstände machen den Plan letztlich zunichte. Sie ist desillusioniert und befindet sich in einer wirtschaftlich und politisch prekären Situation. Sie bereut zwar ihr Verhalten, sieht aber keinen Ausweg. Ihre Schwärmerei ist weitgehend gewi-

---

167 Wenn Rose von Aloys' Stimmungsschwankungen berichtet, so impliziert dies, dass beide nicht gleich empfinden. Vgl. etwa „*Rose*: Ich hatte ihm vorgeworfen, warum er nicht lustig werde, wie ich wieder geworden" (FA 3, 23). Rose sendet Aloys zur Abreise ein Lied mit dem Titel „Rat zur Reise an einen Trauernden" (FA 3, 27).
168 FA 3, 31.
169 Vgl. FA 3, 28.
170 Vgl. dazu Koschorke, Körperströme und Schriftverkehr, S. 287 f. und 380–401.
171 Vgl. Koschorke, Körperströme und Schriftverkehr, S. 422 ff.
172 FA 3, 36.
173 Vgl. dazu Koschorke, Körperströme und Schriftverkehr, S. 216 f.
174 FA 3, 40.

chen, bei ihrer ersten Begegnung mit dem Ich-Erzähler wirkt sie schwermütig. Bei einer zweiten Begegnung wirkt Rose auf den Ich-Erzähler „ruhig" und weniger betrübt. Sie kann die Situation akzeptieren und meint sogar, nach einer Hochzeit mit dem Gemsenjäger könne sie „ruhiger an Aloys denken"[175]. Doch pötzlich bricht das Gefühl aus ihr heraus: Sie singt keine alten Lieder mehr nach, sondern textet ihr eigenes Lied.[176] Als sie dorthin zurückkehrt, wo Aloys ihr beim Abschied schrieb: „[D]u bist meine Heilige geworden, und ich will für dich kämpfen, von dir kommt meine heilige Stärke"[177], gelingt es ihr nun, eine Geschichte zu erzählen, in der sie zusammen finden. Rose befreit Aloys aus seinem Elend, sodass er nun den Schweizer Freiheitskampf anführen kann und opfert sich als seine Braut. Das Kind ihrer Vermählung ist die Freiheit. Der Ich-Erzähler kommentiert dies: „Es waren nachtönende Anklänge von Aloys in einem ihm sehr unähnlichen Gemüte."[178] Rose hat sich in der Ballade, die sie singt, Aloys' patriotisches Ideal eigenständig angeeignet.

Worin unterscheidet sich nun Roses Ballade am Schluss der Geschichte von den Briefen, die sie mit Aloys tauscht? – Der Briefwechsel zeigt die Muster ‚ritueller Kommunikation'.[179] Riten wiederholen feststehende Ausdrucksformen, die nicht verändert werden dürfen. Die Ausdrucksformen gelten als überzeitlich gültig und verständlich. In ritueller Rede heften sich die Empfindungen unmittelbar und ohne reflektorische Distanzierung an diese vorgeprägten Formeln. Im Sinne einer Handlung ‚vollzieht' sich die Empfindung im Sprechakt. Als Ausdrucksmittel dienen ‚heilige' Texte, als welche hier die Buchauszüge aus der ‚guten alten Zeit' den Liebenden gelten dürfen. Die Performanz ist dabei als Teilhabe am Heiligen ohne mediale Distanz anzusehen. Das Heilige ist im Wort präsent. Das rituelle Sprechen erfüllt eine Entlastungsfunktion, da es für neue Situationen bekannte und unumstrittene Handlungsmuster bereitstellt. Wie die Erzählung ausführt, bringt diese Starrheit aber auch Probleme mit sich. Was sie fordert und in Roses Schlussballade einlöst, ist eine Hermeneutik und Kritik des Überlieferten. In der Ballade erzählt sie ihr Ideal allegorisch aus.[180] Das heißt, sie reflektiert ihre Empfindungen und Wünsche und repräsentiert sie sprachlich. Distanznahme und Interpretation bewirken dabei eine qualitative Transformation. Arnim wiederholt hier die Grundidee aus dem

---

[175] FA 3, 40.
[176] Vgl. dazu Koschorke, Körperströme und Schriftverkehr, S. 132 f.
[177] FA 3, 38.
[178] FA 3, 43.
[179] Ich übernehme den Begriff von Frank, Der kommende Gott, S. 83 ff. – Vgl. dazu weiter auch Wolfgang Braungart, Ritual und Literatur, Tübingen 1996.
[180] Zu Arnims ‚Allegorie'-Begriff vgl. Kapitel 5.2.4 der vorliegenden Untersuchung.

Hollin-Roman in einer kunstspezifischen Variante. Rose übernimmt nicht einfach vorgeprägte Muster, sondern verwandelt sie sich eigenständig und mit Rücksicht auf ihre Situation an. Wenn sie dabei auf überliefertes Material aus ‚heiligen' Texten (z. B. den Tell-Mythos) zurückgreift, partizipiert sie mit ihrem Handlungsentwurf an dessen Unantastbarkeit und legitimiert so ihr Ideal normativ.

Darin steckt, poetologisch gesehen, eine doppelte Wendung, die Konsequenz der Umstellung der Poetik des ‚Sozialen' auf den holistischen Ausgangspunkt ist. Wenn Arnim in einem Briefentwurf schreibt, „daß eine gewaltige Dichtung durch die ganze Natur weht, [die] bald als Geschichte bald als Naturereigniß hervortrit [sic!], die der Dichter nur in einzelnen Wiederklängen aufzufassen braucht um ins tiefste Gemüth mit unendliger Klarheit zu dringen"[181], dann gewinnt der Subjektivismus des Schwärmers vor diesem Hintergrund eine neue Qualität. Der Subjektivismus schneidet sich nämlich von der Emanation des Einen ab,[182] quasi als verfrühte Rückkehr des Einen in sich selbst, anstatt an seiner Vervielfältigung zu partizipieren und den Prozess fruchtbar voranzutreiben. Das bedeutet natürlich auf der anderen Seite eine massive Zurücknahme der Autorvorstellung.[183]

Dagegen bietet Arnim aber gleich ein Korrektiv an. Zwar ist der Poet im strengen Sinne immer nur ein Nachdichter oder Übersetzer, allerdings eröffnet dieser schwache Autorbegriff dadurch die Möglichkeit, die Rezipientenrolle aufzuwerten und prinzipiell jeden Rezipienten als Poeten zu verstehen – und ‚Poet' darf man hier im weiten Sinne von Poiesis des ‚Sozialen' lesen. Ulfert Ricklefs fasst pointiert zusammen: „Das neue Paradigma setzt Akzente, die den Bereich des Inszenierten universell ausweiten, vor allem aber Performanz als ‚Seinbewegung' in jeder Dynamik und Selbstentfaltung am Werk sehen. Das Ontologische wurde durch Dynamistisches ersetzt, die Subjekt-Welt (Objekt)-Opposition durch mediale Teilhabe."[184]

5.1.5 Der Bruch mit der Vergangenheit (‚Sozialer' Wandel)

Die Prämissen von Arnims Geschichtsdenken, wie er sie in seinen Schülerschriften und im *Hollin*-Roman entwickelt hat, erfahren während seiner Reise-

---

181 Briefentwurf Achim von Arnim an Louise von Schlitz, verfasst vermutlich zwischen Anfang und Mitte Juli 1802 (WAA 31, 52–57, hier 54).
182 Vgl. dazu Kapitel 5.1.5 der vorliegenden Untersuchung.
183 Vgl. dazu Kapitel 5.2.2 der vorliegenden Untersuchung.
184 Ulfert Ricklefs, Das „Wunderhorn" im Licht von Arnims Kunstprogramm und Poesieverständnis. In: Pape (Hg.), Das „Wunderhorn" und die Heidelberger Romantik, S. 147–194, hier S. 150.

jahre entscheidende Modifikationen und Erweiterungen. An der Figur de Saussures wurde im *Hollin* der langsame Fortschritt des Menschengeschlechts zur Vervollkommnung, im Sinne der Ausbreitung von Freiheit und allgemeiner Humanität, idealiter vorgeführt. Indem der Einzelne seine Anlagen entfaltet, kann er die allgemeine Entwicklung vorantreiben, indem er sich in den Dienst dieses Prozesses stellt. Das Ziel liegt freilich noch in weiter Ferne, sodass der Einzelne nicht auf direkten Erfolg seiner Bemühungen hoffen darf – jedenfalls nicht in großem Maßstab. Wenn Arnim nun den Ausgangspunkt vom Einzelsubjekt hin zum Primat der Versammlung verlegt, tritt das Handeln zurück und der Entwicklungslogik von kollektiven Prozessen, die vorher einfach zugrunde gelegt wurde, wird größere Aufmerksamkeit zuteil.

Meine Darstellung gliedert sich in drei Schritte: Während vorher die Gegenwart als kurzer Abschnitt eines großen, einförmigen Prozesses abgeleitet wurde, gewinnt sie nun eine genauere Ausarbeitung. Indem Arnim sie als krisenhaften Wendepunkt in der Geschichte bestimmt, unterteilt er die Geschichte gleichsam in drei Entwicklungsstufen. Die Ursachen für die Krise der Gegenwart müssen in der Vergangenheit liegen. In einem zweiten Schritt werde ich deshalb Arnims Überlegungen zur Vergangenheit und den Veränderungen, die bis zur Gegenwart stattgefunden haben, nachvollziehen. Zuletzt bespreche ich Arnims Andeutungen zur Lösung der aktuellen Misere.

Zu Beginn seiner Reise berichtet Arnim noch ganz im Sinn der früheren Schriften:

> München hat mir viel Freude gemacht, es weht ein wohlthätiger Geist in allem Thum [sic!], alles wird hier noch und treibt und wächst wie in der Natur, noch ist kein todter Stillstand im Schlechten, alles sehnt sich nach etwas höherem und findet es, indem es danach strebt. [...] [D]as Neue und das Alte streitet herrlich mit einander und beschränkt sich wohlthätig. Alles wie in einer gehenden Uhr bewegt sich rasch im Innern und kaum sieht man den Zeiger vorwärts vorrücken, aber er rückt doch fort.[185]

Diese positive Sichtweise erfährt mit der Zeit eine deutliche Eintrübung. Etwas über ein Jahr nach dem Münchner Brief scheint die Entwicklung augenscheinlich zu stagnieren. Dennoch versucht Arnim, seine Fortschrittserzählung mit Hilfskonstruktionen weiter zu behaupten.

> Es ist aber in unserm Volke ein allgemeines Sehnen zum Höheren, aber es geht ihm wie Leuten, die stark wachsen, sie sind während der Zeit verdammt schwach und träge. Aber um Gottes willen muß man sie mit keiner schweren Arbeit nieder drücken, sondern mit

---

[185] Briefkonzept Achim von Arnim an Clemens Brentano vom 04.05.1802 (WWA 31, 46).

leichtem Scherz ermuntern. Alle Perioden des Lebens, des Hoffens und Strebens haben sich verkürzt [...].[186]

Ein Vierteljahr später blickt er der Krise bereits offen ins Auge. Er verabschiedet sich in seinem letzten Pariser Brief von Brentano mit den Worten: „Lebe lichte wenn du kannst in dieser finstern Zeit."[187]

Das Geschichtsbild am Anfang dieser Entwicklung war noch in großem Maßstab entworfen. Je deutlicher ihm aber die Gegenwart, gemessen am idealen Endzustand, nicht mehr nur als defizienter Zustand erscheint, sondern er die Annahme des Vervollkommnungsprozesses überhaupt infrage stellt, desto mehr fokussiert sich seine Perspektive auf diesen kleinen Ausschnitt. Die Gegenwart erscheint immer deutlicher als *Endzeit*, in der sich das zukünftige Schicksal entscheidet.[188] Erst durch diese Perspektivenverschiebung ergibt sich in der Geschichte, wie Georg Braungart bemerkt hat, eine Dreiteilung.[189] Der Fortschrittsglaube muss nämlich irgendein ‚goldenes Zeitalter' in der Vergangenheit voraussetzen, an dem sich die optimistische Geschichtsdeutung bewährt hat und von dem her sie sich begründet. Das zweite und dritte Briefzitat geben die Deutungsoptionen des Modells für die Gegenwart vor. Wenn die aktuelle Situation hinter den Erwartungen zurückbleibt, die die Annahme von der prinzipiell kontinuierlichen Progression voraussagt, dann lässt sich im besseren Fall die Hoffnung auf eine Art Kompensation nähren. Dass sich die Probleme aktuell verschärfen, erscheint so als Voraussetzung für einen großen Sprung in der Fortschrittsbewegung, wahrscheinlich sogar im Sinne einer Beschleunigung der Entwicklung, sodass die Fortschrittskurve auf längere Sicht ihre durchschnittliche Steigung nicht verändern würde. Im schlechteren Falle aber stellen die aktuellen Niedergangserscheinungen den Anfang vom Ende dar. Die Ursache der Misere bringt Arnim in dem zweiten bereits zitierten Brief klar auf den Punkt:

[I]st das nicht die traurige Erfahrung unsrer Zeit, dieses Zerstören vor der Geburt, dieses Herabsetzen der Vergangenheit. So macht es nicht die Natur, sie zeugt und bildet, aber die alte Form zerbricht sie erst wenn die neue ganz ausgebrannt: Ja die Alten in ihren Tempeln zerschlugen nicht ihre alten unförmlichen Götterbilder, aber sie stellten die schö-

---

[186] Brief Achim von Arnim an Clemens Brentano vom 17.02. und 01.03. und 07.03.1803 (WWA 31, 200–207, 206).
[187] Brief Achim von Arnim an Clemens Brentano vom 14.06.1803 (WAA 31, 256–260, 260).
[188] Vgl. dazu Kaiser, Pietismus und Patriotismus, S. 49 und 170 ff.
[189] Vgl. Georg Braungart, Krisenbewusstsein und Utopie in Literatur und Philosophie 1800–1900. In: Der Engel und die siebte Posaune ... Endzeitvorstellungen in Geschichte und Literatur, hg. von Stefan Krimm, Ursula Triller, München 2000, S. 159–185, bes. 166–170.

neren daneben und die Kunst geht wie die Schlangen, sie zieht sich in sich zurück um einen weiten Sprung zu thun.[190]

All die Symptome der Krise, die ich in den vorangegangenen Kapiteln referiert habe, liegen darin begründet, dass die Gegenwart ihre Bindungen an die Tradition aufgegeben hat, ohne einen funktionalen Ersatz dafür bieten zu können. Dadurch erodierten offenbar die Versammlungsbewegungen des ‚Sozialen'. Es droht ein „Umsturz von ganz Europa [...], zu dem sich alles bis in den geheimsten Winkeln anschickt"[191], wie es an anderer Stelle im selben Brief heißt. Es ist nicht zufällig, dass Arnim gerade die Religion und die Kunst beispielhaft anführt, stellen sie doch die wichtigsten Versammlungskräfte des ‚Sozialen' dar und sind umgekehrt am schwersten von der Krise getroffen. – Ich möchte mich im Folgenden allein auf die Religion konzentrieren, da für die Kunst ein eigenes Kapitel unter der Perspektive des ‚Sozialen' der Poetik reserviert ist.[192]

Warum muss echter Fortschritt an alte Traditionen anknüpfen? – Für Arnim gibt es einen Grundbestand ewiger Wahrheit, wobei der Glaube daran die Menschen immer verbunden hat. Diese ewigen Wahrheiten nahmen im Laufe der Menschheitsgeschichte die Gestalt verschiedener Religionen an, wurden den jeweiligen Lebensverhältnissen angepasst und um temporäre Wahrheiten ergänzt. Von dieser Vorstellung her ist es einsichtig, wieso Arnim die christliche Heilsgeschichte mit antiker und nordischer Mythologie genauso wie mit volkstümlichen Legenden parallelisieren und sogar überblenden kann.[193] In diesem Sinne notiert er in seinem Reisetagebuch:

> Die einzige wahre Vielgötterey ist die Annahme einer verschiedenen Wahrheit einer verschiedenen Schönheit, was man [als irrige Annahme, U. B.] bey der Schlaf[f]heit unsrer Zeit häufig erscheinen [findet], [aber] nur das ist der wahre Glaube an einen einigen Gott, der aus allen spricht, welcher ein allgemein Wahres und Schönes in seiner Brust offenbart fühlt.[194]

Die jeweilige Aneignung der Tradition ist also deshalb wichtig, damit die kontinuierliche Überlieferung des Einen und Ewigen nicht abbricht. Konsequent er-

---

190 Brief Achim von Arnim an Clemens Brentano vom 17. 02 und 01. und 07. 03. 1803 (WWA 31, 200–207, 204 f.).
191 Brief Achim von Arnim an Clemens Brentano vom 17. 02 und 01. und 07. 03. 1803 (WWA 31, 200–207, 206).
192 Vgl. Kapitel 5.2.5 der vorliegenden Untersuchung.
193 Vgl. dazu etwa Kapitel 5.1.3 der vorliegenden Untersuchung. – Im dritten Konzept zu einem Brief an Clemens Brentano, verfasst vermutlich zwischen Ende März und Ende April 1804 (WAA 31, 362–365, 363 ff.), stellt Arnim Überlegungen zum inneren Zusammenhang der verschiedenen Erscheinungsformen der Religion an, die allerdings häufig vage und opak bleiben.
194 FDH B 69, 51 f.

gibt sich aus dieser Vorstellung als Ziel der Geschichte die Universalisierung des Glaubens an die ewigen Wahrheiten und zugleich die Reduktion der Glaubensinhalte auf ihre überzeitliche und translokale Essenz.[195] Der Abbruch der Überlieferung der Traditionen schlich sich langsam in den Ablösungsprozess der verschiedenen Religionen ein:

> Es verdiente eine genauere Untersuchung wieviel früher jede Religion schon aufgehört ehe sie von einer andern verdrängt worden. In Aegypten wahren schon früher innere Streitigkeiten gegen die Priester gewesen, in Rom lachten sich schon zu Ciceros Zeit die Auguren an, die Dichtung des Nordens über den Fall der alten Götter scheint selbst so etwas anzudeuten, gewiss ist es mit den Druiden wo in Britannien eine Veränderung vorgegangen. Schon vor der Reformazion hatte der Wunderglaube in der christligen Kirche sehr aufgehört, die Mertyrer und Büssenden. Der Reformazionseifer ist ganz erloschen, wie lange wird daher noch der Protestantismus bestehen, die junge Saat wird jezt groß und die alten abgenagten verdorrten Fichtenstämme sinken. Doch behält der gemeine Geist immer eine sonderbare Achtung für die leere Form, die er nicht hat so lange sie einen Inhalt hatte. Als die Verschiedenheit der Stände noch ganz in seiner Wesenheit vorhanden, war keine solche Trennung und Förmlichkeit unter ihnen, als da sich der Unterschied aufhob. Vielleicht flüchtet sich in die Form, was im Wesen nicht mehr Plaz hat, wo keine Tugend entsteht Höfligkeit, wo keine Traube eine wilde Rebe [.][196]

In Bezug auf die Reformation führt Arnim genauer aus, was er darunter versteht, dass die Religion vom „Wesen" zur „Form" wurde. – Ein mittelalterlicher Mönch führte sein Leben gänzlich in der Zeiterfahrung, die Charles Taylor „higher times"[197] genannt hat. Gegenüber der modernen Vorstellung, dass alle Zeit säkular und gleichrangig ist,[198] herrschte im Mittelalter die Vorstellung einer Hierarchie der Zeiten. Für die Nicht-Kleriker bestanden diese ‚higher times' in den Festtagen und Passageriten. Arnim spricht von Phasen des

> Uebergang[s] sey es vom Leben zum Tode oder von einer Stufe zur andern, etwa von der Kindheit zur Männligkeit. Jenes stellt sich besonders schön in vielen Helden der Ritterzeit dar, die für ihr Leben ein Kloster sich wählten, ein reifer Samen der aus seinen Kapseln

---

[195] Vgl. dazu Kaiser, Pietismus und Patriotismus, S. 161.
[196] FDH B 69, 148 f. Eine ausgearbeitete Fassung der Überlegungen findet sich in FA 6, 180–183, bes. 180 f.
[197] Taylor, A Secular Age, S. 54. „,Secular', as we all know, comes from ‚saeculum', a century or age. When it begins to be used as one term in an opposition, like secular/regular clergy; or being in the saeculum, as against in religion (that is, some monastic order), the original meaning is being drawn on in a very specific way. People who are in the saeculum are embedded in ordinary time, they are living the life of ordinary time; as against those who have turned away from this in order to live closer to eternity. This word is thus used for ordinary against higher time." (Ebd.).
[198] Vgl. dazu Anderson, Die Erfindung der Nation, S. 30 ff.

zur Erde springt, in der er bald keimen soll. Jüngere Mönche die isolirt von der Welt waren die meisten grossen Männer, die Welt ist ein schlecht übermaltes Gemälde des Meisters sobald diese überliegende Farbe abgetrennt wird treten Freundschaft Liebe und Zutrauen hervor, das Gemüth sieht sie in einer festen Grupe und das Umherstäuben der Gedanken reiht sich daran wie negativen und positiven Blumen. Das Mönchssystem ist eine freywillige Contraction für eine Expansion, Künstler bedürfen ihrer nur zu sehr um ihr Erdenwallen zu erheben. Die Fasten der Katolischen Religion, so wie einige andere Feste geben solch ein übergehendes Mönchsleben.[199]

Die Erfahrungen, von denen Arnim hier berichtet, lassen sich systematisch in zwei Punkten fassen. Die ‚higher times' zeichnen sich mit Blick auf das Heilige dadurch aus, dass sie das lineare Zeitverständnis verlassen und in eine Art zyklische Zeitvorstellung eintreten; so wiederholt der jährliche christliche Festkalender zentrale Stationen des Lebens Jesu. Im Ritus kann es dadurch zu einer Simultanität mit dem Gründungsmoment und erneuter Teilhabe an seiner Kraft kommen. An Pfingsten etwa wird nicht nur der Aussendung des Heiligen Geistes gedacht, sondern durch die Feier des Festtags wird der Geist vielmehr erneut ausgesandt.[200] Diese Festtage waren, wie Taylor sagt, das Erlebnis von „carnal Parusia"[201], also ein bereits gegenwärtiger Vorgeschmack auf die Verwirklichung von Gottes Reich am Ende der Zeit. Die zugrunde liegende Idee besteht darin, dass

> [O]rder binds a primitive chaos, which is both its enemy but also the source of all energy, including that of order. The binding has to capture that energy, and in the supreme moments of founding it does this. But the years of routine crush this force and drain it; so that order itself can only survive through periodical renewal, in which the forces of chaos are first unleashed anew, and then brought into a new founding of order. As though the effort to maintain order against chaos could not but in the end weaken, tire, unless this order were replunged into the primal energies of chaos to emerge with renewed strength.[202]

Unter dem Gesichtspunkt des Profanen setzten die außeralltäglichen Zeiten alle gesellschaftlichen Unterschiede außer Kraft. Das Gemeinschaftserlebnis der ‚higher times' basierte auf der Intuition, dass „beyond the way we relate to each other through our diversified coded roles, we also are a community of manysided human beings, fundamentally equal, who are associated together."[203]

---

199 FDH B 69, 116 f.
200 Vgl. Taylor, A Secular Age, S. 55 ff.
201 Taylor, A Secular Age, S. 47.
202 Taylor, A Secular Age, S. 46 f.
203 Taylor, A Secular Age, S. 49.

Wenn Arnim sich nun in Richtung Gegenwart bewegt, so findet er „diesen Gedanken, der dem alten zu Grunde lag [...] [,] durch die Zeit so wunderbar verändert."[204] Dass „wunderbar" hier keinesfalls positiv gemeint ist, machen seine weiteren Ausführungen deutlich. In der Reformation kulminiert eine bereits länger angelegte Entwicklung, die die Vorstellung der ‚higher times' aufgab, und die auch die Gegenreformation nicht aufhalten konnte.[205] Als Folge davon rückte die Zeit der Ursprünge und ihr vergemeinschaftendes Energiepotential in unerreichbare Ferne, und die außeralltäglichen Formen eines in besonderer Intensität Gott gewidmeten Lebens gingen zurück, in Arnims Diktion das ‚Wesen' der Religion. Komplementär dazu wurde der ganze Zeitenlauf als säkulare Geschichte beschreibbar.[206] Die Religion büßte größtenteils ihre Erbauungsfunktion ein und verwissenschaftlichte sich zur historisch arbeitenden Theologie. Die Lebensführung wurde systematisiert, die Religion wurde also ‚Form'. Die protestantischen Ethiken schrieben das gesamte Leben, gerade in seiner Alltäglichkeit und eben nicht nur in den ‚higher times', als immerwährenden Gottesdienst vor, da sich gerade daran die Erwähltheit zeige. Die Idee war, dass Gott die Menschen bereits bei ihrer Geburt für die Errettung oder eben die ewige Verdammnis vorherbestimmt hat und Erfolg im Leben auf die Erwählung schließen lasse. Mit der Verinnerlichung der Religion war jeder auf sich allein gestellt, wenn es um die Errettung durch die göttliche Gnade ging. Da sich Religiosität nicht mehr in den kollektiven althergebrachten Riten zeigte und die Kirche für die Erwählung nichts mehr tun konnte, ergab sich hier der Bruch mit der versammelnden Kraft des Ewigen, der das Ausgangsproblem darstellte.

Der Wandel der Zeitvorstellung hat, wie Arnim hellsichtig erkennt, nicht nur Folgen für die Ausübung der Religion. Aus dem Säkularisierungsprozess ergaben sich auch Konsequenzen für das Naturbild und die Vorstellungen des ‚Sozialen'.[207] Eindringlich beschreibt Arnim, wie die moderne Zeitordnung den kosmischen Rhythmus der Natur, den die alte Ordnung mit ihren Festtagen begleitete, aus dem Takt gebracht hat. Natur und menschliches Handeln sind nicht mehr synchronisiert, sondern folgen ihren jeweils eigenen Zeiten und Logiken. In der Welt ist immer weniger Raum für Wunder. Nachdem die Vor-

---

[204] FDH B 69, 116.
[205] In der späteren Fassung des Texts ergänzt Arnim: „Die Reaktion konnte so wenig wirken, daß jetzt eigentlich die Römische Kirche ihrem größten Teile nach protestantisch" (FA 6, 181).
[206] Christian Meier, Odilo Engels, Horst Günther, Reinhart Koselleck, Art. ‚Geschichte'. In: Brunner, Conze, Koselleck (Hg.), Geschichtliche Grundbegriffe, Bd. 2, S. 593–717, bes. S. 647–717.
[207] Vgl. Taylor, A Secular Age, S. 25.

stellung der kosmischen Einheit zerbrochen ist, verliert die Natur zunehmend ihre Lesbarkeit im Hinblick auf den Schöpfungsplan und wird zu einem profanen Bereich, der immer stärker technisch zugänglich ist.[208]

Im Bereich des ‚Sozialen' führten die Veränderungen der Zeitvorstellung zum einen zu einer Veränderung der Kommunikationskultur, zum anderen zur Aufwertung der Arbeit als Integrationsprinzip der Versammlungsbewegungen.[209] – Im Mittelalter besaß die Predigt eine zentrale Rolle für die fortdauernde Interpretation der heiligen Schriften und des gelehrten Wissens sowie deren volkssprachliche Vermittlung für das in der Regel nicht schriftkundige Volk. Mündlichkeit war ebenfalls die zentrale Form der Überlieferung der volkstümlichen Traditionen. In beiden Fällen handelt es sich um Kommunikation unter Anwesenden. Die Reformation nun schrieb sich ‚sola scriptura' auf die Fahnen. Durch die Möglichkeiten des Buchdrucks, der Übersetzung der Heiligen Schrift in die Volkssprache und Alphabetisierungskampagnen verminderte sich die Bedeutung von Vermittlern des Glaubens.[210] Der einzelne Gläubige war in zunehmendem Maße in der Lage, die Bibel selbst lesen zu können. Die Vereinzelung des Lesers und die Kommunikation durch Schrift (auch in profanen Zusammenhängen) entsprachen sich. Zugleich führte die Aufwertung der Volkssprache als Schriftsprache zu Vereinheitlichungen. Wenn es aber eine einheitliche Schriftsprache gibt, erscheinen Varietäten der gesprochenen Sprache dadurch deutlich markiert.

In der mittelalterlichen Gesellschaft waren die Armen eingebunden, da sie den Wohlhabenderen die Möglichkeit boten, durch gute Gaben nicht nur den Bedürftigen etwas Gutes zu tun, sondern zugleich auch etwas für ihr eigenes Seelenheil. Der Wegfall der Möglichkeit, etwas für die eigene Erlösung am Ende der Zeit tun zu können, wie es die Reformation lehrte, traf zusammen mit Entwicklungen, das ‚Soziale' als Gemeinschaft von Arbeitenden zu versammeln. Dieses Verständnis des Kollektivs sorgte keineswegs dafür, dass die Armen ein Auskommen fanden. Vielmehr trug es zur weiteren Verschlechterung von deren Lebensbedingungen bei. Denselben Vorstellungen entstammte die Austreibung der Volksfeste. Der Karneval etwa stellte sich unter dem Gesichtspunkt seiner Produktivität als unnützes Treiben dar, das sogar noch die Betriebsamkeit der gesellschaftlichen Ordnung gefährdet. Deshalb bekämpften ihn vor allem puritanische Gruppierungen der Reformation.[211]

---

208 Vgl. Blumenberg, Lesbarkeit der Welt, S. 193.
209 Vgl. dazu Gerhard Dohrn-van Rossum, Die Geschichte der Stunde. Uhren und moderne Zeitordnungen, München 1992, S. 372–414.
210 Vgl. Anderson, Die Erfindung der Nation, S. 26 f.
211 Vgl. Taylor, A Secular Age, S. 109 f.

Bereits im fünfzehnten Jahrhundert

> [a] new series of poor laws is adopted, whose principle is sharply to distinguish those who are capable of work from those who genuinely have no recourse but charity. The former are expelled or put to work, for very low pay, and often in stringent conditions. The incapable poor are to be given relief, but again in highly controlled conditions, which often ended up involving confinement in institutions which in some ways resembled prisons. Efforts were also made to rehabilitate the children of beggars, to teach them a trade, to make them useful and industrious members of society.[212]

Im Bereich des ‚Sozialen' lassen sich die Entwicklungen auf den Nenner bringen, dass das *vereinzelte Individuum* zum Grundelement der ‚Social Imaginaries' wurde.

All diese Beobachtungen spricht Arnim in einer Passage seines Reisetagebuchs an:

> Traurig ist es wie die Gottheit der Tage und Monden das Individuale verliert Sonntag und Sonnabend sind unter den Vornehmen dasselbe wie jeder andre Tag, Feuer macht im Winter ihnen Sommer, Eis im Sommer und künstlige Zimmer Winter kein Tag kein Monat wird vollendet, alles fliest ineinander über selbst Tag und Nacht, jenen hängen sie mit Laden zu diese erhellen sie zu Tag. Was kann anders aus diesen zerstörten Perioden der Natur entstehen als der Weltuntergang wie können die Pflanzen noch schlafen und blühen zur rechten Zeit, wenn alle Umstände verändert werden. Ich sage nicht daß dies so weit schon getrieben, aber es wäre doch möglig Und schon dieser Mangel an Zutrauen ist Folge des unnatürlgen Lebens. Die Natur giebt uns keinen Credit, wenn wir bankerut machen. Der Protestantismus ist mitten in seiner Bahn stehen geblieben sowohl in der Kirche wie in der Staatsverfassung, das zeigt auffallend die halben Mittel welche die deutschen Staaten in allen ihren Verhältnissen angewandt. Der ältere Einfluss der Geistligkeit ist gestürzt, aber kein andrer an die Stelle gesezt, daher der Mangel an innerer oder religiöser Verbindung in den Völkern. Daß unsre Prediger nicht sprechen von der Lage des Landes und seinen Lasten es sey denn bey ausserordentligem Befehl, wenn ein Prinz geboren werden soll oder ein Krieg angefangen oder ein Hurenedikt herausgekommen, daß sie nicht sprechen von Wissenschaft Kunst Gewerbe von neuen oder alten grossen Thaten im Hause und im Feld sondern allein von einer Reihe grosser Thaten reden, die zwar heilig sind wie irgend das Höchste in der Welt, die aber Jesus nach seiner Weisheit vielleicht gethan und dann der Vergessenheit übergeben, wenn er dadurch die Ausschliessung alles übrigen Grossen nothwendig gemeint, das ist freilig jezt nothwendig, weil diese Prediger wenn sie etwas davon *wissen* und *fühlen* es nicht nothwendig *wissen* oder *fühlen* müssen, sondern ein Ueberfluss an Weisheit haben, den kein Consistorium fordert. Aber dann sollten wenigstens die andern Geistlichen in jedem dieser Fächer, ich meine die mit Begeisterung darin wirken und denken nicht in so vieler Hinsicht von den Volkskanzeln ausgeschlossen seyn. Mündlige Mittheilung findet einmal fast gar nicht statt, selbst die Sprache zeigt recht wie getrennt die Stände, Schriften wirken nur langsam durch Vermit-

---

212 Taylor, A Secular Age, S. 108.

telung, oft wird dieser Weg durch Censur versperrt. Die Armuth welche nothwendig Folge der Bedrückung ist, denn kein freyes Volk fühlt sich arm oder es erwirbt was ihm fehlt indem es die Kunst sich aneignet, die ihm Bedürfniss, die Armuth versperrt der Kunst den Weg statt ihn zu bahnen wie sonst geschieht. Es ist eine verzweifelte Lage eben weil sie zweifelhaft richtig.[213]

Diese hingeworfenen Notizen sind deshalb faszinierend, weil sie zugleich unglaublich hellsichtig die oben dargestellten Entwicklungen und ihren Zusammenhang erkennen, sie gleichsam aber noch sehr assoziativ und wenig systematisch ausgearbeitet sind, sodass hier eine Überlegung Arnims in einem sehr frühen Entwicklungsstadium greifbar wird, die integral zentrale Momente seiner Vorstellungen vom ‚Sozialen‘ verknüpft. Es handelt sich um eine Vorstufe, die Problemzonen umkreist, aber von regelhaften Zusammenhängen, die eine zuverlässige Prognostik erlauben, noch weit entfernt ist. Charakteristisch dafür ist, dass Arnim auf der einen Seite die Krise der Gegenwart gleich als „Weltuntergang" deutet, auf der anderen Seite aber sofort nachschiebt: „Ich sage nicht daß dies so weit schon getrieben, aber es wäre doch möglich". Die Unsicherheit des Textes setzt sich fort, wenn Arnim sich fragt, ob es nicht auch Entwicklungen gebe, die dieser Diagnose entgegenstünden. Zum einen sieht er in der Freimaurerei tatsächlich Ansätze, die alte religiöse Gemeinschaft zu restituieren. So notiert er an einer Stelle: „Die geheimen Orden haben offenbar eine höhere Bedeutung, es liegt darin die Anlage einer stets schaffenden Religion."[214] Anderswo schreibt er über die Freimaurerei: „Wir können sagen, sie ist die Religion der neueren Zeit denn was bezeichnet Religion, eine Begeisterung die keiner erklären kann der nicht von ihr ergriffen, so äussert sie sich im Einzelnen. Wenn sie aber Gesellschaft wird von mehreren, so bezeichnen sie gemeinschaftliche Feyer."[215] Zum anderen gibt er die Traditionen des Volkes nicht völlig verloren: „[D]as Wesen flüchtet sich in die Form um sein Symbol zu bewahren zur künftigen Wiedererweckung."[216]

Freilich ist er sich dessen bewusst, dass die Freimaurerei kein Massenphänomen ist. Auch ist der Weg, den ‚Formen‘ wieder ihr ‚Wesen‘ einzuhauchen, noch nicht gefunden. Es ist wenig überraschend, dass Arnim, selbst wenn er bereits Ideen hat und an verschiedenen Projekten arbeitet, zu diesem Zeitpunkt noch keine wirkliche Lösung anbieten kann. An Brentano schreibt er im Januar

---

213 FDH B 69, 117–120 (Herv. im Orig.).
214 FDH B 69, 41.
215 FDH B 69, 150 f.
216 FA 6, 181.

1803: „Ich könnte gewaltige Plane [sic!] machen, wenn nicht alle Plane so gewaltig weit von der Ausführung wären."[217]

5.2 Das ‚Soziale' der Poetik

5.2.1 ‚Tanzen' (Kunst und Kollektiv)

Die Frage nach dem Verhältnis von Individuum und Kollektiv stellt sich unter dem Gesichtspunkt des ‚Sozialen' der Poetik dahingehend, wie sich Vielfalt zugleich als Einheit darstellen lässt. Man kann daher durchaus sagen, dass die Umstellung des ganzen ‚Sozial'-Modells auf einen holistischen Ansatz im Bereich der Poetik des ‚Sozialen' dort nur ‚nachgeholt' hat, was unter der Perspektive des ‚Sozialen' der Poetik bereits im *Hollin* erreicht war. Daher steht Arnim zu Beginn seiner Reisejahre unter beiden Perspektiven vor derselben Ausgangslage, die das Grundproblem in seinen Augen nicht angemessen lösen kann. In Kapitel 5.1.1 konnte ich zeigen, dass Arnim in „Aloys und Rose" die Individualität der Figuren fast gänzlich in der Kollektivität auflöst. Das ist prinzipiell auch der Tenor von Arnims retrospektiver Selbstkritik des *Hollin*-Romans. Wie ich in Kapitel 4.2.1 ausgeführt habe, fürchtete er, dass die Individualität seiner Figuren fast gänzlich in der Subjektivität ihres biographistisch schreibenden Autors aufgelöst wird. Wie berechtigt seine Kritik ist, kann man sich fragen, wenn man sieht, wie das Autorsubjekt im *Hollin* entworfen wurde. Wenn es nurmehr als ‚Herausgeber' auftritt, ist es deutlich in seiner Subjektivität zurückgenommen und von kollektiven Voraussetzungen bestimmt.[218]

Arnim muss irgendwann auch selbst aufgefallen sein, dass seine Überlegungen zum Autorsubjekt sich in vielerlei Hinsicht mit denen zu geglücktem Rollenspielen treffen. Faszinierend daran sind weniger die Denkfiguren, die sich in ähnlicher Weise, wenngleich oft etwas anders akzentuiert, auch bei vielen Zeitgenossen finden lassen,[219] als vielmehr der Fakt, dass man hier Arnims Denkweg so minutiös verfolgen kann.

Zu Beginn der „Erzählungen von Schauspielen" kämpft sich Arnim noch an der Denkfigur des Teils und des Ganzen ab, mit dem Ziel, deren Zusammen-

---

[217] Brief Achim von Arnim an Clemens Brentano, verfasst im letzten Januar-Drittel 1803 (WAA 31, 173–183, 173).
[218] Vgl. Kapitel 4.2.2 der vorliegenden Untersuchung.
[219] Der ‚Tanz' ist in der gesamten klassisch-romantischen Epoche eines der wichtigsten Bilder. Vgl. dazu Luhmann, Die Kunst der Gesellschaft, S. 289 und Matala de Mazza, Der verfasste Körper, S. 18 ff.

hang zu begründen, um letztlich aber in Paradoxien des Zirkels von deren wechselseitiger Begründung hängen zu bleiben.[220] Dann kommt die Rede auf den Tanz. Das Bild ist deshalb interessant, weil Arnim diese Kunst als sehr elementar ansieht. Sie ist noch nah an der reinen, noch gar nicht künstlerischen Körperbewegung, die kaum mehr als der „Übergang einer Stellung in eine andere" ist. Die Figur der Gesunden interpretiert das Bild zunächst noch ganz in dem Sinne, dass beim Tanz kollektive Kräfte die Individuen gänzlich durchwirken und nahezu determinativ steuern: „[W]ir Tänzer [sind] wie die springenden Sandkörner oder fliegenden Papierchen". Dem Erzähler gefällt das Bild, aber er erklärt, dass es so einfach nicht wäre. Aus der Musik ergibt sich nicht automatisch die Bewegung. „Ton und Bewegung stehen noch in einem andern Verhältnisse als man glaubt, jener ist kein bloßer Taktschläger"[221]. Die Bewegung des Körpers stellt mithin eine eigenständige Anverwandlung der Musik dar. Von Seiten des Individuums fällt damit die Unterscheidung zwischen Individuum und Versammlung weg, da individuelle Interpretation und vorgeprägte Kulturmuster in der Performanz untrennbar ineinander verschlungen sind. Dieser Gedanke lässt sich natürlich leicht in größerem Maßstab fortführen. So nämlich, wie sich im einzelnen Körper Individuum und Kollektiv verbinden, so formen die Körper vieler Tanzender selbst wieder ein organisches Gebilde.

> [J]eder achtet deswegen im Gesellschaftstanz nicht bloß auf sich, sondern auf das Ganze, wählt gute Mittänzer aus, bestimmt strenge die Folge der Bewegungen, den Zuschauern macht er nicht bloß als Zeichen von Lustigkeit oder Kraft Freude, sondern als schönes Ganze schließt man Kreise von Bänken um ihn, daß jeder ihn ganz und genau sehen könnte.[222]

Die Unterscheidung ebnet die Argumentation des Texts aber auch von Seite der kollektiven Muster her ein – mit einer durchaus raffinierten Pointe. Da der Tanz so elementar ist, stecken in ihm die Anlagen für alle anderen Künste. „Keineswegs ist [...] das Lyrische, Dramatische und Epische des Tanzes schon gründlich unterschieden". Das Lyrische liegt in der rhythmischen Gliederung der Figuren, das Dramatische im Aufführungscharakter und das Epische in der Folge der Ausdrucksgestalten. Da der Tanz so elementar ist, findet er sich

---

220 Vgl. FA 6, 157 f.
221 FA 6, 160.
222 FA 6, 157 f. Diesen Gedanken hatte Arnim in Beobachtungen am französischen Heer ausgeführt, die sich leider nicht zeitlich in Bezug zu diesen Ausführungen setzen lassen. Vgl. Kapitel 5.1.3 der vorliegenden Untersuchung.

selbst in einer Zeit, die für die Kunst so finster ist wie die Gegenwart, als lebendige Kunst. Über die Tanzkunst in Frankreich sinniert der Erzähler:

> Ich würde sie in dem Punkte ihrer Bildung glauben, wie die Dichtkunst zur Zeit der ersten Homeriden. Sie fangen an, die Tradition und Fabeln, die Nationaltänze der verschiedenen Völker, die verschiedenen Bewegungen und Stellungen aufzureihen an eigentümlichen Erfindungen. Noch ist es kein Ganzes, kein Epos, höchstens nur Episoden eines künftigen Ganzen […].[223]

Weitverbreitetem, individuellem Tanzen entspräche „ein einzelner Homer [,] [der] in sich alle Dichtungen der Vorzeit [ge]sammelt"[224] hätte, sie dann aber zu einem eigenen großen Werk verschmelzen würde. Das ist wieder die Denkfigur, die Individuelles und Kollektives in Eins zusammenführt. Das Subjekt wird in seiner Performanz zum Schauplatz einer Interpretation vorhandener kollektiver Muster. Gegenwartskritisch erklärt der Erzähler, „[ü]berhaupt tanzt man noch zu sehr mit den Füßen", und antwortet der Gesunden auf ihre Frage, „womit man denn sonst tanzen" solle:

> Mit dem ganzen Körper, als ein Kunstganzes. Wo noch einzelne Stellungen gemacht und festgehalten werden als etwas Ausgezeichnetes, da ist noch keine allgemeine durchgeführte individuelle schöne Stellung, wie in einer Stadt noch keine Bildung ist, wo man die Gebildeten an den Fingern aufzählen kann.[225]

Mit der Attributfügung „*allgemeine* durchgeführte *individuelle* schöne Stellung" arbeitet Arnim regelrecht gegen die Sprache an, die trennen will, was er als Einheit denkt. Die Pointe, die sich daraus ergibt, ist, dass als ‚Kunstganzes' im Tänzer Autor und Werk kaum mehr unterscheidbar werden. Das bedeutet aber jetzt nicht mehr wie zuvor, dass das Werk im Autor aufzugehen droht, sondern dass sich zwei gleichberechtigte Elemente in ihrer Verschiedenheit zu einer neuen Einheit verbinden. Den Tänzer oder die Tänzerin nicht als ‚Rezipienten' vorgeprägter Tanzschritte anzusehen, fällt leicht. Wenn im Tanz aber die Anlage zu allen anderen Kunstformen liegt, so muss dies prinzipiell auch für alle anderen Kunstformen gelten. Arnim treibt hier seine Überlegungen zum ‚generativen Lesen' zu letzter Konsequenz und universalisiert sie für alle Kunstformen.[226] Das hat aber komplementär auch die Folge, dass der ‚Produzenten'-Begriff fällt. Der Produzent eines Kunstwerks ist demnach nicht nur immer auch schon Rezipient, sondern jeder Rezipient ist immer auch Produ-

---

[223] FA 6, 159.
[224] FA 6, 160.
[225] FA 6, 160.
[226] Vgl. Kapitel 4.2.4 der vorliegenden Untersuchung.

zent – wenn man die Idee des ‚Kunstganzen' in diesen ihr eigentlich unangemessenen Unterscheidungen beschreiben will. Jeder Mensch ist, zumindest potentiell, ein Künstler.[227]

In diesem Sinne erweist sich die schöne Literatur als spezifische Form einer allgemeinen Vorstellung der Poiesis des ‚Sozialen', dessen Paradigma sie gleichzeitig darstellt. Arnim erkennt sie als performativ. Subjektivität wird immer schon kollektiv fundiert verstanden, umgekehrt werden kollektiv vorgeprägte Muster mit Spielräumen und Leerstellen konzipiert, die immer ihrer Aneignung, Ausdeutung und Aktualisierung durch Performanzen der Akteure bedürfen. Für Versammlungsbewegungen des ‚Sozialen' ist die Partizipation jedes Einzelnen wichtig, selbst wenn der eigene Beitrag dem Einzelnen nur marginal vorkommen mag und fast nach einer Selbstbewegung des ‚Sozialen' scheint.

5.2.2 Textur (Integration)

Achim von Arnims Werke bewegen sich während seiner Reisezeit deutlich auf die Form einer Enzyklopädie zu, ohne diesen letzten Schritt tatsächlich schon zu gehen. Das wird vor allem an *Ariel's Offenbarungen* deutlich, die im Umfang weit hinter ihrer ursprünglichen Konzeption zurückbleiben. Das Schreibparadigma entwickelt sich hin zu dem, was Andreas Kilcher eine ‚Textur' genannt hat – der Text wird also als ein ‚Gewebe' aus Überlieferungsfäden verstanden, das keine Hierarchie kennt, sondern eigenlogische Muster und mehrdimensionale Verknüpfungen herstellt und sich fortspinnen lässt.[228] Diese Entwicklung möchte ich nun genauer beschreiben.

Dass der *Hollin*-Roman in einer Reihe von literarischen Referenzen offenlegt, von welchen Voraussetzungen her er verfasst wurde, habe ich die ‚Selbstphilologisierung des Textes' genannt. Der Text unterscheidet dabei eine Ebene der ‚Quellen' von einer Ebene der ‚Herausgeber' als deren erste Leser. Gleichsam problematisiert er diese Unterscheidung bereits, wenn er die Herausgeber zu Kommentatoren des Textes macht. Dabei wird deutlich, dass sich im Text Rezeption und Produktion angenähert haben. In den Folgewerken ebnet Arnim die Unterscheidung immer weiter ein. Zugleich entgrenzt er sie, wodurch sich der einzelne Text als Sequenz innerhalb einer Kette von ineinander verschachtelten, produktiven Rezeptionsvorgängen versteht und eine Fortsetzung in ei-

---

227 Vgl. Kapitel 5.2.2 der vorliegenden Untersuchung.
228 Vgl. Andreas B. Kilcher, Mathesis und Poiesis. Die Enzyklopädik der Literatur 1600–2000, München 2003, S. 323–328.

ner eigenen Aneignung durch das Lesepublikum anzulegen versucht.[229] In vielerlei Hinsicht ist damit eine parallele Entwicklung zu den Überlegungen im Komplementärkapitel der Poetik des ‚Sozialen' eingeschlagen, zugleich handelt es sich um Präzisierungen zur Idee des ‚Kunstganzen'. Ziel der Bewegung ist die wechselseitige Integration des ‚Sozialen' im Medium der schönen Literatur als gemeinsames Fortschreiben von Texten.

„Aloys und Rose" gibt sich auf den ersten Blick noch ganz ähnlich wie der *Hollin* als Aufzeichnungen „[a]us dem Tagebuche eines hipochondrischen Reisenden, herausgegeben von Achim von Arnim"[230] aus. Im Unterschied zum Vorläufer ist hier aber die Unterscheidung zwischen zitierter Quelle und eigenem Text fast ganz zurückgenommen. Weil den beiden Hauptfiguren der Kontakt verboten ist, schicken sie sich heimlich alte Lieder. Häufig geben sie sogar deren Quelle an.[231] In gewisser Weise kann man davon sprechen, dass die Figuren die Lieder selbst ‚herausgeben'. Bereits das Kompilieren tritt in ein produktives Verhältnis zum Ausgangsmaterial. Aloys schickt Rose alte Bücher „nach eigner Auswahl, wobei er einzelne bedeutende Stellen frei nachgebildet hinein legte."[232] Die Idee ist, dass Absender und Empfänger mithilfe der Texte die eigentlich gemeinte Aussage codieren und decodieren können. Retrospektiv kann man hier die Vorstellung angelegt sehen, in ‚Volksliteratur' eine neue Form von ‚Unverständlichkeit' zu finden. Als Briefwechsel treten die Quellen bereits in das Verhältnis eines wechselseitigen Kommentars. Insofern ist auch hier Rezeption und produktive Aneignung miteinander verschränkt.

Diese Ebene wird überlagert durch deutende Kommentare der Briefpartner. Dort tritt das zusätzliche Problem auf, dass die Texte keineswegs so einsinnig sind, wie ursprünglich unterstellt. Sie lassen verschiedene Lesarten zu, die oft zu Missverständnissen führen. Das stellt die Unterscheidung zwischen Produktion und Rezeption weiter infrage. Rose zeigt dem Ich-Erzähler die Briefe und erklärt ihm, wie sie und Aloys die Briefe damals mutmaßlich verstanden haben. Der Ich-Erzähler, der dem Redaktor Frank im *Hollin*-Roman entspricht, schreibt die Briefe ab und dokumentiert das Gespräch in einer Art Dialogform in seinem Tagebuch. Dieses Tagebuch hat aber Briefcharakter, ist mithin auch wieder performativ, und adressiert sich mehrmals an ein Gegenüber. Diese

---

[229] Vgl. dazu auch Detlef Kremer, Ingenium und Intertext. Die Quelle als psychosemiotischer Motor in der Literatur der Romantik. In: „Quelle". Zwischen Ursprung und Konstrukt. Ein Leitbegriff in der Diskussion, hg. von Thomas Rathmann, Nikolaus Wegmann, Berlin 2004, S. 241–256, bes. S. 251 ff.
[230] FA 3, 11.
[231] Vgl. FA 3, 22 f. und 31.
[232] FA 3, 21.

nochmalige Rahmung bedeutet abermals ein Verhältnis produktiver Rezeption, da auch der Ich-Erzähler wieder deutet. Dem Ich-Erzähler des Tagebuchs ist ein Herausgeber „Achim von Arnim" vorgeschaltet.

Wenn es auf den ersten Blick so scheint, als griffe hier die anfängliche Unterscheidung wieder und die ‚Herausgabe' beschränke sich auf reine Rezeption, verflüchtigt sich dieser Eindruck, legt man die Werksausgabe aus der Hand und geht auf den Erstdruck zurück. Der kurze Text war in zwei Folgen in den *Französischen Miszellen* veröffentlicht worden. Die Aufspaltung des Textes sowie eine kurze kommentierende Fußnote der Zeitschriftenherausgeberin unter dem Titel, in der sie den für diese Zeitschrift ungewöhnlichen Beitrag „in einem so originellen Geiste und mit sovieler Poesie behandelten Gegenstand"[233] rechtfertigt, unterläuft die Herausgeberfiktion. „Achim von Arnim" ist nicht bloßer Sammler von Quellen und auch nicht die letzte Instanz hinsichtlich des Arrangements des Textes. Wurde die Unterscheidung von Rezeption und Produktion im Text dadurch verwischt, dass die produktiven Seiten der Rezeption herausgestrichen wurden, so scheint hier stärker die rezeptive Seite von literarischer Textproduktion betont. Zusammenfassend lässt sich festhalten, dass „Aloys und Rose" die Unterscheidung zwischen Rezeption und Produktion nahezu einebnet. Der Schritt, der hier offen bleibt, ist der, auch die Leser wieder zu Dichtern zu machen. Darum wird sich Arnim im Weiteren bemühen.

Könnte bei „Aloys und Rose" noch der Einwand kommen, dass die redaktionellen Eingriffe der Zeitschriftenherausgeberin einen von Arnim keinesfalls beabsichtigten Teil der Textstrategie darstellen, so fügen sie sich doch bruchlos in sein Wirkungskalkül. Mehr noch, Achim von Arnim greift die Kommentarpraxis eigenständig in den „Erzählungen von Schauspielen" auf. Dieser Text wurde, wie bereits erwähnt, erstmals in Friedrich Schlegels *Europa* publiziert. Schlegel nun stellt Arnims Text eine „Vorerinnerung des Herausgebers" voran. Er kritisiert Arnim auf mehreren Ebenen: Zunächst dafür, dass er sich nicht beschränkt, „Facta und Resultate"[234] mitzuteilen. Schlegel hatte sich keinen Text gewünscht, der wertet, erst recht keinen, der eine Zukunftsperspektive entwickelt und eine „Auflösung der Publizistik ins Poetische"[235] betreibt. Um dies zu kompensieren, gibt Schlegel der „Vorerinnerung" eine Liste der bespro-

---

233 Hier zitiert nach FA 3, 1032, wo die Anmerkung vom Bezugstext getrennt abgedruckt ist, was den Leseeindruck der Erstpublikation verhindert.
234 Friedrich Schlegel, Vorerinnerung des Herausgebers [zu: „Erzählungen von Schauspielen"]. In: Europa. Eine Zeitschrift [= Reprint: Darmstadt 1963], 2. Bd. (1803), H. 1, S. 140–146, hier S. 140.
235 Oesterle, Achim von Arnim und Paris, S. 62.

chenen Theater bei. Alsdann kritisiert er die ästhetischen Beurteilung. In Frankreich sei das Theater nur als „äußerst merkwürdiges complicirtes und wichtiges Mittel und Problem einer sehr vervollkommneten ‚Polizei' zu betrachten, eine in ihrer Art einzig zusammengesetzte Volksmenge zu beschäftigen und unsichtbar zu lenken."[236] Demgegenüber habe Arnim das „französische Drama und Theater hier nur aus dem, jeden Deutschen so natürlichen Standpunkte des Kunstsinns betrachtet"[237]. Trotzdem lässt sich Schlegel auch auf die ästhetische Betrachtung ein und bemängelt wieder Arnims Vorstellungen, vor allem dessen Aufwertung des Tanzes als Schlüsselkunst für die gesellschaftliche Erneuerung, steht doch diese Kunstform für ihn ganz am unteren Ende der Hierarchie der Künste. – Die „Vorerinnerung" zeigt, dass Schlegel Arnims in den „Erzählungen" niedergelegte Version seiner Poetik in vielen Punkten nicht verstanden hat und darüber hinaus, dass beide Poetiken in zentralen Ansichten deutlich auseinander laufen.[238] Interessant ist dabei, wie Arnim auf die „Vorerinnerung" reagiert hat. Er erwidert sie in einer „Anmerkung des Schreibers" am Ende seines Textes. Ironisch rügt der Schreiber den Erzähler, dass dieser es versäumt habe, sich auf das Nützliche eingelassen zu haben. Roswitha Burwick führt dazu aus:

> Er weist auf zwei Kompendien hin, in denen man alle aufgeführten Stücke, Schauspieler und Poeten fände, ein Seitenhieb auf die von Schlegel mitgeteilte Liste der Theater und der dort gespielten Stücke. Und wieder ist es Ironie, wenn der Schreiber das von ihm dokumentierte Gespräch mit einer Reihe von Gedichten Ariels schließt, die er in seiner Beflissenheit und Genauigkeit nicht weglassen darf.[239]

Vorderhand nimmt der Text also Schlegels Wunsch ernst, sich an ‚Facta' zu halten, unterläuft diese Bewegung aber sogleich wieder, wenn er der Dokumentation ‚Ficta', nämlich Gedichte, zugesellt. Und damit nicht genug: Durch die Anmerkungen inkorporiert Arnim den Schlegel-Text in die „Erzählungen von Schauspielen". Dadurch werden auch die „Erzählungen" wieder zu einem Korpus von Texten verschiedener Verfasser, die sich wechselseitig bespiegeln und kommentieren. Das ist eigentlich der Regelfall in Arnims Herausgeberpoetik – und es passt auch in die bisherige Entwicklung, dass die ‚Quellen' zunehmend unabhängiger voneinander werden.[240]

---

[236] Schlegel, Vorerinnerung, S. 141 f.
[237] Schlegel, Vorerinnerung, S. 142.
[238] Vgl. zu den Divergenzen zwischen Arnims und Fr. Schlegels Poetik im Detail: Oesterle, Achim von Arnim und Paris, S. 49–60 und Burwick, Arnims „Erzählungen von Schauspielen", S. 61–69.
[239] Burwick, Arnims „Erzählungen von Schauspielen", S. 79.
[240] Dass Arnims Text versehentlich anonym publiziert wurde und seine Verfasserschaft erst im nächsten Heft der „Europa" – und dann auch noch falsch – nachgetragen wurde (Vgl.

Dennoch stellt sich Arnim auf seinen Publikationsort ein. Während seine früheren Texte sich ‚Quellen' hauptsächlich affirmativ angeeignet hatten, wechselt er nun vornehmlich in ein kritisches Register. Nichtsdestotrotz finden sich auch hier noch drei visionäre Momente ‚produktiver Rezeption' in affirmativer Hinsicht eingesprengt. Die „Erzählungen von Schauspielen" erweisen sich in gewisser Weise als das ästhetische Pendant zu Arnims Überlegungen zur Führungsrolle der edlen Menschen bei der moralischen Erneuerung der Nation. Beide Male stellt eine Elite den Ausgangspunkt der Überlegungen dar, und nur im Bezug darauf wird das Volk bestimmt. Als eigenständiger Akteur wird das Volk noch nicht anerkannt. Während Arnim unter dem Gesichtspunkt der Poetik des ‚Sozialen' *über* den Adel geschrieben hatte, schreibt er hier *als* ‚Geistesaristokrat'.[241] Als Beitrag zur ‚Intellektuellenzeitschrift' *Europa* führen die Figuren einen Diskurs, der sich auch wieder an Intellektuelle richtet, allerdings bereits über ‚Volkskultur'. Der Text erschließt sich nicht leicht, ist im Schlegelschen Sinne bewusst ‚unverständlich'[242] – und ironischerweise missversteht Schlegel ihn ja sogar selbst. Der Gedanke aus „Aloys und Rose" von der Untrennbarkeit von Rezeption und Produktion ist hier weiter getrieben. Die Figuren nehmen in ihren Äußerungen auf aktuelle Theaterstücke Bezug und ein Schreiber notiert mit. Schlegel kommentiert die Überlegungen der Figuren, und der Schreiber kommentiert wieder Schlegel. Dies alles freilich in der Hoffnung, dass das Lesepublikum diese Kommentarkette weiter fortsetzt.

Auch zu Arnims Überlegungen zur ‚Volksbildung' in der Poetik des ‚Sozialen' gibt es Parallelen. Sie geben die weitere Entwicklung seines poetischen Schaffens vor. Die „Erzählungen" sind, wie der Name schon sagt, undramatisch – sie haben keine Handlung. Dennoch könnte man sie leicht aufführen; ihrer ganzen Form nach sind sie theatralisch (Dialog, verschiedene Figuren und zumindest die aus ihrer Rede erschließbaren Regieanweisungen). Soll der nächste Schritt zur tatsächlichen Aufführung gehen, dann muss die Rede *über* Handlung sich *in* Handlung wandeln. Zugleich ist ein Medienwechsel notwendig, soll das Volk vom Gegenstand zum Adressaten des Textes werden.[243] Damit ist ein neues Konzept von ‚Unverständlichkeit' gefragt, welches bereits das ungebildete Volk zur produktiven Rezeption anregt.

Europa, Bd. 2, (1803), H.2, o. P. [nach S. 148]), wirkt in diesem Zusammenhang besonders ironisch.
241 Vgl. Kapitel 5.1.2 der vorliegenden Untersuchung. – Vgl. zum Begriff der ‚Geistesaristokratie' Max Weber, Wissenschaft als Beruf. In: Weber, Gesammelte Aufsätze zur Wissenschaftslehre, Tübingen 1985, S. 582–613, bes. S. 587.
242 Vgl. dazu Kapitel 3.2.3.2 der vorliegenden Untersuchung.
243 Vgl. dazu Kapitel 5.2.3 der vorliegenden Untersuchung.

Diese beiden Entwicklungsschritte versucht Arnim in *Ariel's Offenbarungen* zu gehen – sie gelingen ihm aber dort noch nicht ganz. Auf der Titelseite firmiert „L. A. von Arnim" als Herausgeber des ersten Teilbuchs des „Roman[s]". Der eigentliche Verfasser zieht sich hier gänzlich auf die Rolle des Vermittlers zurück. Von Arnim ist keine Fortsetzung des Werks überliefert, die Offenheit und prinzipielle Erweiterbarkeit ist hier aber angelegt. Mit seinen Vorläuferwerken teilt *Ariel's Offenbarungen*, dass wieder mehrere heterogene ‚Quellen' durch einen ‚Editionsbericht' zusammengehalten und zueinander ins Verhältnis gesetzt werden. Die Bezüge sind nun aber sehr viel komplexer. Ein Brief der Malerin Kryoline an ihre Freundin Kryane gibt Auskunft über die ‚Provenienz' der Texte. Der Brief zitiert Auszüge aus einer ebenfalls briefähnlichen Aufzeichnung Ariels. Dieser kommentiert darin das Trauerspiel und die Dichterschule. Ariel prätendiert, nicht der Autor des Trauerspiels zu sein. In einer Art philologischer Textkritik weist er Vorlagen aus der Volksdichtung für einzelne Passagen des Werks mit seitengenauen Zitaten aus tatsächlichen kulturanthropologischen Publikationen nach und liefert Belege für die Historizität der berichteten Geschehnisse.[244] Der Text scheint aber bis zu seiner gegenwärtigen Gestalt mehrere Bearbeitungsgänge durchlaufen zu haben:

> Alle Poesien wurden und werden noch unter den Hirtenvölkern abgesungen, darum scheint das ganze Heldenlied für die musikalische Begleitung gedichtet, also ungefähr das zu seyn, was gewöhnlich eine Oper genannt wird. Doch scheint es mir wahrscheinlich, daß die Eintheilung in Aufzüge von einer späteren Hand sey.[245]

Das würde die „Bemerkung über die wahrscheinliche Bedeutung des Gedichts"[246], die am Ende des trauerspielhaften Heldenliedes steht und die Ereignisse nun nicht historisch, sondern geschichtsphilosophisch interpretiert, einer späteren Bearbeitungsschicht zuordnen. Es bleiben aber Ungereimtheiten. Im Heldenlied tritt bereits ein Hofsänger des Herzogs Inkar mit dem Namen Heymar auf. Die Dichterschule gibt sich als Dichtung Heymars, der am Ende des Textes stirbt, und seiner Schüler aus, worunter sich ein Schüler „Ariel" befindet. Nun behauptet Ariels Kommentar, dass „Heymar der Sänger [...] offenbar neu" ist und der zweite Teil „eine Art von Erläuterung über das Heldenlied"[247]. Kurz vorher hatte aber Kryoline nachgewiesen, dass „Ariel" der Autor des ersten Abschnitts der Dichterschule sei: „ob er Ariel oder Heymar heißt,

---

244 Vgl. AO, 206 ff.
245 AO, 207.
246 AO, 142.
247 AO, 205.

muß ich unentschieden lassen"[248]. Deshalb sind Zweifel an „Ariels" Behauptungen geboten.[249]

Diese Zweifel steigern sich, liest man den Text im Zusammenhang mit Arnims Ossian-Rezeption. Wolf Gerhard Schmidt hat gezeigt, wie das Heldengedicht nicht nur Formulierungen, topische Muster und Stilelemente von Ossian übernimmt, sondern auch den Plot, dass „dem Niedergang der heroischen Welt [...] das Zeitalter der Kunst folgt"[250]. Daher liegt es nahe, dass Arnim auch im poetischen Verfahren von Macpherson beeinflusst wurde. Ihm war durchaus bewusst, dass es sich bei Ossians Gesängen um eine Fälschung handelt. Dem Verfahren produktiver Rezeption gibt er einen ironischen Anstrich, wenn er hier die philologische Authentifizierung Ossians durch Hugh Blair parodiert, die ja die Fälschung Macphersons erst glücken ließ.[251] Die Verspottung philologischer Akribie ist aber nicht bloßer Scherz, sie zeigt, dass für Arnim vor allem die poetische Qualität von Texten zählt und literaturgeschichtliche Fragen bloß zweitrangig sind.

Ich möchte nun zur nächst höheren Ebene der verschachtelten Kompilation aufsteigen, nämlich zu Kryoline. Sie ist nicht nur Autorin des Briefs, in dem sie aus Ariels Text zitiert, sie ist auch noch auf andere Weise im Rezeptionsverbund zwischengeschaltet. Sie hat die Gemälde abgezeichnet, die den Bildgedichten der Dichterschule zugrunde liegen. Zugleich aber steht auch ein Brief von ihr, in dem sie die Zusammenhänge der Teile erläutert, nicht am Anfang der Sammlung, sondern ist erst nach dem zweiten Teil eingeschoben. Weiter gibt sie offen zu, Teile des Textkonvoluts, die sie persönlich betreffen, ausgelassen zu haben.[252] Obwohl es sich bei den Einschüben um Prosatexte handelt, fallen sie aufgrund ihres Anredecharakters wenig unter den übrigen Texten für die Bühne auf. Überhaupt erlaubt die größere Heterogenität der als *Ariel's Offenbarungen* zusammengestellten Texte Kryoline, die Unterschiede zwischen ‚herausgegebenen Texten' und ‚Kommentaren' in dieser ‚Edition' weitgehend zu überspielen. Als gleichberechtigte ‚Quellen' rücken sie damit nahezu auf

---

248 AO, 198.
249 Sandra Pott, Poetiken. Poetologische Lyrik, Poetik und Ästhetik von Novalis bis Rilke, Berlin, New York 2004, S. 58, übergeht dieses Problem, da sie sich geschickt aus der Affäre zieht, indem sie die Figuren gleichen Namens einfach durchnummeriert, anstatt dem Identitätsproblem nachzugehen.
250 Wolf Gerhard Schmidt, Der Sammler, der Dichter und die verlorene Jugend. Arnims Poetik im Kontext seiner Beschäftigung mit Macphersons „Ossian". In: Dickson, Pape (Hg.), Romantische Identitätskonstruktionen, S. 247–269, hier S. 249.
251 Pott, Poetiken, S. 87, deutet den Paratext als Parodie des gelehrten Dichterkommentars. Auch in dieser Deutung hätte der Text dieselbe ironische Funktion.
252 Vgl. AO, 204.

dieselbe Textebene. ‚Rezeption' und ‚Produktion' gleichen sich damit bereits in der Textanlage aneinander an.

Die drei größeren Teile – das mythische Trauerspiel, die Bildgedichte und der Maskenumzug – geben sich zwar vorderhand als Bühnentexte, wären tatsächlich aber nur schwer aufführbar.[253] Das Trauerspiel und der Maskenzug schreiben häufige Szenenwechsel vor und setzen eine anspruchsvolle Theatertechnik voraus. Manche der vorgeschriebenen Gemütsbewegungen sind kaum darstellbar, an mehreren Stellen wird Musik erwartet, ohne dass Noten beigegeben oder zumindest nähere Angaben für eine Aufführung gemacht wären. Die Bildgedichte geben die Bilder nur mit ihrem Hängungsort an. In diesem Sinne handelt es sich, zumindest unter zeitgenössischen Aufführungsbedingungen, um ein Lesedrama.[254] Der Schritt zum Volk als Adressaten ist also halben Wegs gemacht.

Prinzipiell gibt es zwei Varianten ‚produktiver Rezeption'. Sie unterscheiden sich in ihrer Haltung zu den Vorlagen, da sie entweder kritisch oder affirmativ angeeignet werden. Selten lassen sie sich aber in Reinform finden, sodass Einzeltexte bei Arnim nur eher dem einen oder dem anderen Modus zugeordnet werden können. In „Aloys und Rose" dominiert eindeutig die affirmative Aneignung alter Quellen, zugleich nimmt der Text seine ‚Unverständlichkeit' im Schlegelschen Sinne zurück. Die „Erzählungen von Schauspielen" gebrauchen beide Modi gleichberechtigt nebeneinander. Wenn sie die Pariser Theaterlandschaft kritisch reflektieren, nehmen sie den ‚unverständlichen' Stil auf, daneben gibt es aber drei Visionen, die eine alternative Kunstauffassung nicht nur an Beispielen diskursiv entwickeln, sondern regelrecht deren Erfahrung in den Text tragen.

Von den drei bühnenhaften Texten in *Ariel's Offenbarungen* sind die ersten beiden Teile eher dem affirmativen Aneignungsmodus zuzuordnen, während der dritte Teil sich stärker in den Bahnen ‚dunklen' Schreibens bewegt. „Das Heldenlied" greift auf verschiedene Elemente nordischer und christlicher Mythen zurück. Damit sind vorgeblich mündliche Traditionen angeeignet. Das Trauerspiel verwandelt sie sich sehr eigenständig an und stellt eine synkretisti-

---

[253] Vgl. dazu weiter Lothar Ehrlich, Ludwig Achim von Arnim als Dramatiker. Ein Beitrag zur Geschichte des romantischen Dramas, [Diss. masch.] Halle 1970, S. 61–76. – Keine der neueren Arbeiten zum romantischen Drama berücksichtigt *Ariel's Offenbarungen*. Vgl. dazu den Forschungsüberblick von Lothar Ehrlich, Ludwig Achim von Arnim als Dramatiker. In: Achim von Arnim und sein Kreis. Zur Forschung im letzten Jahrzehnt. FS Heinz Härtl, hg. von Steffen Dietzsch, Ariane Ludwig, Berlin, New York 2010, S. 37–56.
[254] In AO, 204 und 216 f., berichtet Kyroline davon, wie Bewohner des Gasthauses Textteile lesen. Mithin simuliert der Text hier seine Lektüre.

sche ‚Bricolage'[255] dar. Der zweite Text, „Heymar's Dichterschule", gibt seine Quellen an, bei denen es sich um Bilder handelt. Die ‚Bearbeitung' zu Gedichten vollzieht nicht nur einen Medienwechsel, sondern arrangiert Bildvorlagen aus verschiedenen Zeiten und Galerien zu einem Zyklus. Der Zyklus setzt die Bilder nicht nur in Bezug zueinander, sondern deutet sie im Hinblick auf die Gegenwart. Der dritte Teil, das „Sängerfest auf Wartburg", ist ein satirisches Spiel, das die bereits in den „Erzählungen" erwähnte *Zauberflöte* und ein Stück Kotzebues als Negativbeispiele mit seinen eigenen Ansprüchen an das Theater als kritische Institution dissonant engführt. Mithin handelt es sich vor allem um eine Problematisierung des Gegenwartstheaters. – Dass Arnim der ersten Strategie hier doppelt so viel Raum wie der zweiten bietet, gibt bereits die Leitlinie für die Zukunft vor. Arnim wird die Gegenwartskritik weiter zurückfahren und sich noch stärker der Erneuerung von Traditionselementen widmen. Brentano als einer seiner ersten Leser bestärkt ihn in dieser Ausrichtung:

> [D]ein Buch [...] ist vortreflich an Gehalt, und Zufällig an Gestalt, einige Lieder sind mir mit das Schönste in der Poesie, was ich kenne, das Drama von Herrmann [sic!] hat einige ganz klaßisch vollendete Stellen, hie und da aber etwas fremdartiges, waß sich in der Totalempfindung ausscheidet, die Gedichte über Gemählde sind unstreitig das vorzüglichste, und als Lehrgedichte durchaus originell mit ihnen kannst du von jedem Herzen, vor jeder Empfindung, jeder Schule, jeder Kritick beweißen, daß du von Gott zur Poesie berufen bist. [...] Beinah ganz unverständlich, dennoch hie und da aüßerst [sic!] interessant ist das Sangerfest zu Wartburg, aber es bleibt dunckel, wie es der alte Krieg zu Wartburg noch ist.[256]

5.2.3 Ein Problembewusstsein stiften (Differenzierung)

Beide eben besprochenen Aneignungsmodi erprobt Arnim als Heilmittel für die Krise der Gegenwart. Sie zielen darauf, dass die Individuen ihre Hyperdifferenzierung als solche wahrnehmen. Der Weg über die kritische Aneignung verfolgt den Gedanken, dass die Kunst erst einmal ein Bewusstsein für die Misere der Gegenwart schaffen muss, indem sie die Ideenleere der Gegenwartskunst, die die Menschen nicht mehr eint, zum Thema einer kritischen Kunst macht. Das Bewusstsein jedes Einzelnen, zu wenig mit den anderen gemein zu haben, könnte eine erste neue Gemeinsamkeit bilden, von wo aus sich Versammlungsbewegungen initiieren lassen könnten. Die affirmative Aneignung geht direkter vor und will Ansätze, die das ‚Soziale' auf Basis eines gemeinsamen Glaubens

---

255 Vgl. zum Begriff Claude Lévi-Strauss, Das wilde Denken, Frankfurt a. M. 1968, S. 29–36.
256 Brief Clemens Brentano an Achim von Arnim vom 23.5.1804 (WWA 31, 378–379, hier 378).

unmittelbar wieder versammeln, sichtbar machen und verstärken. Da der kritische Ansatz sich geradewegs auf das Problem der Differenzierung bezieht, werde ich ihn im Folgenden behandeln. Die Darstellung des affirmativen Ansatzes in ‚sozialtechnologischer' Funktion, auf den sich Arnim zunehmend konzentrieren wird, der aber stärker prospektiv gedacht ist, verschiebe ich deshalb auf Kap. 5.2.5.

Derjenige „hätte [...] das höchste geleistet, der alle Künste neu zu dem Dienst des Ewigen einigte"[257], lässt Arnim den Erzähler in den „Erzählungen von Schauspielen" verkünden. Damit ist der Maßstab zur Untersuchung von Differenzierungsbewegungen gesetzt. Er nimmt die zentrale Idee zur Differenzierungsthematik aus dem Komplementärkapitel der Poetik des ‚Sozialen' wieder auf, dass Glaube und Vertrauen das Bindeglied zwischen den Vielen und dem Einen bilden muss, um das Verhältnis auszubalancieren. Mithin ist wieder eine Variante des Bildes der ‚großen Kette der Wesen' fundierend und das Säkularisierungsnarrativ leitend.[258] Betrachtet man die Gegenwart, so nehmen die Künste nicht mehr die zentrale Stellung im Kultus bei der Versammlung des ‚Sozialen' ein, ja, sie sind selbst individualisiert. Dadurch sind sie für Arnim in ihrem innersten Wesen tot. Wie aber können sie wieder auferstehen zu einer ‚lebendigen Kunst'?

> Es kann viel in einer Kunst gearbeitet werden, und sie ist doch nicht lebend, gewöhnlich sind dann alle Bemühungen ein Rückschritt; alle Fortschritte geschehen nur im Ganzen eines Volks, und nicht im Einzelnen, der Einzelne drückt sie nur aus, wo aber etwas im Volke geschieht, und im Einzelnen vereinigt sich darstellt, da ist eine lebende Kunst.[259]

An Leitfaden dieses Mottos nimmt Arnim die Untersuchung aus *Hollin's Liebeleben* wieder auf. Dort hatte er verschiedene Formen verfehlter Kunstausübung vorgeführt. Insofern er jetzt stärker Ursachenforschung treibt, geht es ihm nicht mehr um eine bloße Bestandsaufnahme, er fragt vielmehr gezielt nach der Hyperdifferenzierung der Künste und nach ihrem Bezug zum ewigen Einen.

An der Stelle, an der er auf die Hyperdifferenzierung der Künste in der Gegenwart zu sprechen kommt, trägt der Erzähler eine gleichnishafte Geschichte von Diogenes von Abdera vor: „Er sah dort verzerrte Götterbilder auf dem Markte. [...] Er fragte nach dem Maler und wie man so ungeschickt sein könne, wenn man sich der Kunst widmete. Da antwortete ihm einer seiner Freunde lächelnd: Der Maler sei wohl unterrichtet in seiner Kunst, aber er tue

---

257 FA 6, 156 f.
258 Vgl. dazu die Kapitel 5.1.5 und 5.2.5 der vorliegenden Untersuchung.
259 FA 6, 157.

das dem Volke zu gefallen, das ihn sonst nicht bezahlen würde."²⁶⁰ Das Problem scheint also nicht neu. Schon damals zeigten sich offenbar Bruchlinien in einem einheitlichen Kultus, der Kunst und Religion verband, durch das Eindringen des Kommerzes. Zum zeitgeschichtlichen Hintergrund ist zu wissen, dass Napoleon die großen, ehemals königlichen Theater aufgelöst und eine strikte Zensur eingeführt hatte. Die vielen kleinen Theater, die in der Folge aufblühten, lieferten sich einen Kampf um die Gunst des Publikums, indem sie alle Arten von Unterhaltung anboten. Sie bedienten ein Publikum, das durch die Revolution Spektakel gewöhnt und auf immer weitere Steigerung aus war.

> [S]o sahen viele Pariser, täglich an abwechselnde Schauspiele gewöhnt, die ganze Revolution wie ein Schauspiel an, das nun einmal so sein müsse, das seine Helden, seine Schreckenskatastrophe haben müsse. Nur daraus läßt es sich erklären, daß unzählige Männer von Mut ruhig zusahen, die wohl gewünscht hätten, daß es anders gegangen wäre und daß man endlich glaubte, es müsse ein Ende haben, ohne mehr zu wissen, warum?²⁶¹

Arnims Erzähler beobachtet, dass auch in der Gegenwart Theaterstücke nicht mehr „im Ganzen, sondern immer nach einzelnen Versen beurteilt"²⁶² werden. An dieser Erwartungshaltung des Publikums orientieren sich die Schauspieler, wenn sie darauf bedacht sind, sich individuell in Szene zu setzen, ohne dabei die Konsistenz ihrer Figur und, noch weniger, die des ganzen Stückes im Auge zu haben. Damit wird aber der Text zum bloßen Mittel, ja, zur „eigentlich bloße[n] Nebensache"²⁶³. Dicht- und Schauspielkunst sind keineswegs mehr gleichberechtigt. Die Publikumserwartung und die Inszenierungen steigern wechselseitig ihre Zerstückelungstendenz der Einheit und unterwerfen die Kunst zunehmend den Gesetzen des Marktes. Dieser Entwicklung können die Autoren der Stücke kaum etwas entgegensetzen. Entweder beugen sie sich dem Trend, indem sie ihre Stücke bereits daraufhin schreiben, „den Ruhm des Augenblicks der wahren Würdigkeit"²⁶⁴ zu opfern. Oder die Theater sabotieren Stücke, die auf Nachwirkung angelegt sind, indem sie sie sich effekthascherisch zurechtlegen oder ihre schnelle Absetzung erreichen. Ganz so schlimm wie in Frankreich scheint die Lage in deutschen Landen indes nicht zu sein, was als kleiner Hoffnungsschimmer zu werten ist.

> Bei den französischen Schauspieldichtern war es fast immer der Fall, daß sie ihre Haupteinnahme von der Aufführung erhielten, sie haben an jeder durch ganz Frankreich einen

---

260 FA 6, 133.
261 FA 6, 150.
262 FA 6, 130.
263 FA 6, 131.
264 FA 6, 133.

> gewissen Anteil, dahingegen der Buchhändler für den ersten Abdruck ihnen sehr wenig gibt. Daß die Kunst überhaupt nach Brod und Ruf geht, sind die eigentlichen Fesseln des Prometheus, aber die Fesseln sind bei uns nicht so drückend in der Gewalt des Publikums, einer Stadt oder gar eines Mannes, da nur ganz schlechte oder berühmte Dichter ihre Werke den Theatern verkaufen [...].[265]

Dennoch lässt sich als erstes Problem der Gegenwartsentwicklung festhalten, dass die Orientierung an Effekt und schnellem Gewinn das Ganze des Kunstwerks zersplittert. Daher ist es nicht in der Lage, auf den Fortschritt der Kunst und mithin des ‚Sozialen' hinzuwirken.

An Göttern fehlt es nicht in den Theaterstücken der französischen Klassik, allein, es scheint sich um bloße Götzen zu handeln. Der Erzähler versteht nicht, wie man auf die „Ähnlichkeit zwischen den Franzosen und den Griechen"[266] kommen kann, wenn überhaupt, dann finde sich „bei den Römern [...] etwas nähere Nationalähnlichkeit"[267]. Aber selbst das verfehle den Nationalgeist. Statt sich das antike Pantheon zum Vorbild zu nehmen, müssten die Franzosen bei eigenen Traditionen Anschluss suchen, um einen ihnen gemäßen Kultus zu restituieren. Das Theater beginge den gleichen Fehler wie die Revolution, „eine Verfassung geben zu wollen[,] ohne den Geist des Volkes zu fassen."[268] Das betrifft vor allem die Götter- und Heldentragödien. Was das Problem noch schlimmer macht, ist, dass die Theaterdichter in ihren Bearbeitungen antiker Stoffe diese ihres religiösen Kerns entkleiden,[269] eine Tendenz, die dann von den Theatern selbst weiter verstärkt wird.[270]

---

265 FA 6, 133 f.
266 FA 6, 136. Vgl. auch die ähnlichen Beobachtungen zur Oper in FA 6, 156: „Die Oper ist wirklich jetzt im allgemeinen das Lieblingsschauspiel der Franzosen, viel tragen dazu Dekorationen bei, die gewöhnlich beklatscht werden, der Tanz und das oft vortreffliche Spiel der Sänger. Ich möchte es ihre Kirche nennen, sie zeigen viel Andacht darin, besonders für die Religion der Griechen, ungeachtet diese oft sehr ekelhaft durch neuere Dichtungen entstellt wird. Das Volk der Hauptstadt neigt sich sehr zur Religion Kronions, wohingegen wohl schwerlich die Herstellung eines öffentlichen Cultus etwas wirken kann, der zur Zeit seiner Bildung freilich alle Kunst zu seiner Verherrlichung aufnahm, aber späterhin nicht for<t>geschritten ist mit der Kunst und jetzt, wegen späterer Meinungen, selbst wegen der Kosten bei der allgemeinen Kargheit für öffentliches Wohl, sich nicht aneignen kann."
267 FA 6, 137.
268 FA 6, 137 f.
269 Vgl. FA 6, 137. Über Racines *Phedre* heißt es hier: „Was ist sie weiter, als der verstümperte Hyppolitus des Euripides, wo Racine die griechische Natur und Religion verwischt, der Phedre nur die Glut der Liebe gegeben, und den Haß verschmähter Liebe genommen, dem eigentlichen Charakter des Hyppolitus durch eine schwache Liebe zu Aricia entstellt, die schönsten Szenen zwischen dem sterbenden Sohn und dem Vater weggelassen und was soll ich mehr sagen, ist das nicht genug!"
270 Vgl. FA 6, 141.

Ähnlich sieht der Erzähler das Problem auch bei der Komödie gelagert, denn „[n]ichts ist so national wie das Komische"[271]. Statt zeitgemäß zu wirken, scheint sie ihm steif und verzopft; man sieht immer noch „alte Charaktere, Sitten und Stände pathetisch über das Theater schreiten."[272] Damit bringe man das Volk eher in eine distanzierte Beobachterrolle und langweile es zudem. Fesseln könne man es, wenn man die künstliche Trennung zwischen Tragödie und Komödie aufhebe, da das Zeitalter weder rein tragisch, noch rein komisch sei. – Mithin lässt sich das zweite Problem also darin sehen, dass das Theater das Volk gar nicht zu einer Einheit versammelt, sei es weil es den Bezug zum Ewigen nicht adäquat herstellt oder weil es nicht vergemeinschaftend wirkt.

Diese beiden problematischen Entwicklungen gelten ihm als „Erbsünde"[273] der neueren Kunst. Das Gespräch macht sich im Weiteren auf die Suche nach neuen „Pfingstfeste[n]"[274], die ein erster Schritt zum Wiedergewinn der Einheit sein könnten. Im deutschsprachigen Raum wird der Erzähler fündig.

> Wir haben nur zwei Volkstheater. Eins in Wien in der Sprache im Stile der unteren Volksklasse; wir finden manche Ausbeute dort, aber so stark versetzt, daß ein ungeheures Feuer und viel bleierne Geduld zum kupellieren [Abscheiden des Edelmetalls im Verhüttungsprozess, U. B.] erfordert würde; das andre zu Weimar, im Geiste der Gebildetsten und da scheint man alle Kraft erst im Altertum zusammenziehen zu wollen, um dem Lustspiele einen neueren weiteren Aufschwung zu geben. Wir haben schöne Hoffnungen, aber vielmehr als Hoffnungen haben wir doch nicht;[275]

Das weitere Gespräch durchmustert die übrige Theaterlandschaft und kommt zu einer sehr düsteren Gegenwartsdiagnose.

5.2.4 ‚Allegorie' (‚Soziale' Handlungsmuster)

Arnim wendet sich gegen die klassische Aufwertung des ‚Symbols', das momenthaftes Hervortreten der Totalität des Sinns an sich selbst verspricht, und setzt stattdessen auf die ‚Allegorie'. In ihr indiziert sich das Zeichen als Zeichen, indem es auf vergangene Bedeutungsschichten verweist und diese in Kontrast zur Gegenwart bringt. Er steht damit Überlegungen der Frühromantik

---

[271] FA 6, 140.
[272] FA 6, 139.
[273] FA 6, 139.
[274] FA 6, 143.
[275] FA 6, 141. Vgl. dazu Edi Spoglianti, Arnims Plan eines nationalen Volkstheaters. In: Burwick, Härtl (Hg.), „Frische Jugend reich an Hoffen", S. 189–200 und Stefan Schreiber, Arnims Idee einer Volksdramatik. In: Strack (Hg.), 200 Jahre Heidelberger Romantik, S. 225–244.

nahe, die die Allegorie als allmähliche, zugleich Fragment bleibende Annäherung an das Absolute sahen. Er gibt diesem Gedanken aber eine eigene Wendung.[276]

Anhand von *Hollin's Liebeleben* habe ich im entsprechenden Unterkapitel Arnims Überlegungen zum ‚generativen Lesen' dargelegt. Insofern die Perspektive des ‚Sozialen' der Poetik die Produktionsseite adressiert, lautete die Fragestellung in diesem Zusammenhang, wie einem solchen Rezeptionsmodus Vorschub geleistet werden könne. In *Hollin's Liebeleben* lautete Arnims Fazit, dass der Text nicht schlichte Beispiele zur Nachahmung bzw. gerade nicht zur Nachahmung anbieten, sondern zur Reflexion auf Gemeinsamkeiten und Unterschiede anregen solle. Diese Ideen differenziert Arnim während seiner Reisezeit weiter. Das Parallelkapitel unter der Perspektive der Poetik des ‚Sozialen' hatte auf Arnims Gedanken zur Rezeption der Rolle der schönen Literatur fokussiert und die Weiterführung früherer Überlegungen nachgezeichnet. Hier soll es nun darum gehen, wie Arnim seine Grundidee dezidiert auf Textstrategien hin präzisiert. Daraus ergibt sich eine Akzentverschiebung in seiner Fragestellung. Ging es im *Hollin* um die Rezeptionshaltung gegenüber jeweils einzelnen bestimmten Handlungsmustern, so nimmt er jetzt auch stärker das Zusammenspiel, die Ergänzung und das Neuarrangement von Handlungsmustern mit Bezug auf vorgeprägte Formen in den Blick.

In seinem Reisetagebuch erklärt Arnim programmatisch:

> Alle Trauerspiele überhaupt jedes Schauspiel, was mehr als Gelegenheitstück für eine Zeit oder ein Volk werden soll, muß historisch und allegorisch seyn. Allegorie ist die Moral in ihrem höchsten Standpunkte, Historie oder Wahrheit ist einerley, die ewige Schönheit liegt in beyden, wie zwey Leute in Chiffern ein Geheimniß unbewust bewahren können, das ihnen erst klar wird, wenn sie daraus zusammensezen, eigentlig ist das Schachspiel nichts andres, wenn es ohne vorausbestimmten Plan gespielt wird, so ist aber jedes Spiel. Hieraus läst sich erst der hohe Werth der Göthischen Stücke Egmont Tasso Faust der Tieckischen Genovefa aller Schakespearischen, überhaupt aller Stücke die auf Religion Beziehung haben erklären, denn die Religion ist selbst nicht weiter in ihrer Darstellung als diese Schönheit anerkannt, während sie entstehen haben selbst die höchsten Religionen Irrlehren geheissen und Thorheiten. Aber darin zeigen sie eben ihre neue Würde daß lauter Widerspruch und stilles Verbreiten sie begleiten.[277]

---

276 Vgl. Anselm Haverkamp, Bettina Menke, Art. ‚Allegorie'. In: Barck u. a. (Hg.), Ästhetische Grundbegriffe, Bd. 1, S. 49–104, bes. S. 90 und Gerhard Kurz, Metapher, Allegorie, Symbol, Göttingen 2009, S. 30–69. – Zur Allegorie bei Arnim vgl. weiterführend Horst Meixner, Romantischer Figuralismus. Kritische Studien zu Romanen von Arnim, Eichendorff und Hoffmann, Frankfurt a. M. 1971, S. 59–76 und Christoph Wingertszahn, Ambiguität und Ambivalenz im erzählerischen Werk Achims von Arnim. Mit einem Anhang unbekannter Texte aus Arnims Nachlaß, St. Ingbert 1990, S. 65–84.
277 FDH B 69, 134 f.

Die Passage ist kurz, aber sehr dicht. Die Schwierigkeit, Arnims Ausführungen zu folgen, ergibt sich daraus, dass der Bezugspunkt sich im Laufe dieser Textpassage stetig verschiebt. Arnim umkreist eine zentrale Idee, vollführt dabei aber zugleich eine begriffliche Entgrenzung, weil ihm immer mehr Beispiele einfallen. Zuerst ist die Rede von „alle[n] Trauerspielen", gleich darauf geht es um „überhaupt jedes Schauspiel, was mehr als Gelegenheitstück [...] werden soll", dann spricht er über das „Schachspiel, wenn es ohne vorausbestimmten Plan gespielt wird," zuletzt über „jedes Spiel." Was er erst nur an der dichterischen Form beobachtet, amplifiziert er zum allgemeinen Paradigma der Poiesis des ‚Sozialen' überhaupt.

Die Denkbewegung ist eine ähnliche wie bei Arnims früherer Generalisierung der Überlegungen zum Rollenspiel. In der zitierten Passage wird er sich aber viel grundlegender darüber klar, was den einenden Kern dieses Paradigmas ausmacht. In all den konkreten Erscheinungen der Spiele manifestiert sich ein Allgemeines. Das gilt aber nicht in gleichem Maße für jedes Spiel. Obwohl jedes Theaterstück notwendig eine „Historie oder Wahrheit" enthält, so scheinen diejenigen besser, deren allgemeine Aussage auf einer abstrakteren Ebene liegt. Diesen Gedanken konturiert er am Beispiel des Schachspiels. Beim Schach können die Figuren innerhalb streng begrenzter Möglichkeiten völlig frei auf dem Brett bewegt werden. Darin sieht Arnim eine Parallele zur Interpretation von Theaterrollen. Nach einem „vorausbestimmten Plan" zu spielen, reduziert die Möglichkeiten einsinnig, bleibt bei den vorgeprägten Mustern stehen. Dabei erlaubt ihre Kombinatorik aber große Freiheitsgrade, der Anlage nach also ein hohes Maß an Allgemeinheit. Diesen Gedanken nimmt Arnim auf, wenn er von „zwey Leute[n], [die] in Chiffern ein Geheimniß unbewust bewahren können, das ihnen erst klar wird, wenn sie daraus zusammensezen," spricht. Der einzelne Text legt einen bestimmten Sinn nahe; in eine wechselseitige Kontextbeziehung gebracht, fördern die Texte weitere Lesarten hervor und können so ein Geheimnis offenbaren. Es besteht in ihrem verbindenden Allgemeinen als Tertium comparationis. Das Allgemeine im Konkreten identifiziert Arnim mit der „ewige[n] Schönheit"; das Allgemeine ist das Ewige, seine jeweilige Erscheinungsform die Schönheit. Mit dieser Bestimmung bezieht Arnim diese Überlegung auf seinen großen Geschichtsentwurf. Trotz des prinzipiell weiter bestehenden Anspruchs, grundsätzliche Überlegungen über das ‚Soziale' anzustellen, spricht er im Weiteren nur spezifisch über die schöne Literatur. Arnim führt die „Göthischen Stücke Egmont Tasso Faust [... die] Tieckische[] Genovefa alle[] Schakespearischen" Stücke als Beispiele dafür an, in denen sich das Ewige in besonderem Maße konkret manifestiert hat.

Nun kommt eine überraschende Wendung, wenn er diese, als besonders gelungen geltenden Stücke dadurch kennzeichnet, dass sie „auf [die] Religion

Beziehung habe[n]". Er begründet das damit, dass diese Stücke genauso wie neue Religionen zu Anfang hochgradig umstritten gewesen seien, sie mit der Zeit aber immer populärer wurden. Arnim behauptet nun, dass es sich nicht um parallele Erscheinungen auf dem Felde der Kunst und der Religion handle. Vielmehr ummantle die Schönheit einen religiösen Kern, zu dem die Rezeption erst langsam, und sich dessen meist nicht bewusst, durchdringen konnte. Er ist sich im Klaren darüber, dass diese Ansicht in seiner Gegenwart keineswegs selbstverständlich ist, im Gegenteil, dass „die Religion [...] selbst nicht weiter in ihrer Darstellung als diese Schönheit anerkannt" sei. Ohne dass er dies explizit sagt, könnte er schließen, dass sich die Identität von gelungener Kunst und Religion gerade darin ausdrückt, dass sie nicht anerkannt wird. Arnim begründet seine These an dieser Stelle nicht. Ordnet man sie aber in den Zusammenhang seiner weiteren Überlegungen ein, so gewinnt sie ihre Plausibilität. All den genannten Stücken ist der für Arnim so wichtige Rückbezug auf Überliefertes zu eigen; sie haben vorgefundene Stoffe für ihre Gegenwart wirkungsvoll aufbereitet.[278]

Diese zwei Momente hat Arnim auch immer als kennzeichnend für die Religion gehalten. Im Zuge der Säkularisierung nahm nicht nur der gemeinschaftliche Gottesdienst ab, sondern auch die echte Begeisterung des Publikums bei Theateraufführungen. Auf individualisierte Rezipienten müssen Aktionen, die das ‚Soziale' als Gemeinschaft im alten Stil versammeln wollen, natürlich zunächst befremdlich wirken. Das Versprechen, oder vielleicht sollte man besser von der Hoffnung reden, die Arnim daran knüpft, besteht darin, dass diese Versammlungsaktivitäten glücken werden. Die schöne Literatur wird hier zum Teil der Versammlungsaktivitäten hin zu echter Gemeinschaft, die sich, wie Arnim gezeigt hat, auf Glaube und Vertrauen stützen muss.[279]

---

[278] Shakespeare fällt etwas aus dem übrigen Korpus heraus. Spätestens seit der Sturm-und-Drang-Dichtung wurde er aber in seiner ‚Aktualität' erkannt. Arnim würde ihn in diese Argumentationslinie eingliedern, indem er entweder annähme, dass die ‚Gegenwärtigkeit' von Shakespeares Werken bis heute andauert oder dass er ein ‚unzeitgemäßer' Dichter gewesen wäre, der eigentlich seiner Zeit voraus war. – Interessant ist in diesem Kontext mit Blick auf die *Ariel*-Dichtung folgende Notiz aus Arnims Reisenotizbuch: „Schakespeares Sturm ist eines der frühesten Geistligen Lieder für die Religion der Kunst, Hin sind meine Zaubereyen was von Kraft mir bleibt ist mein sagt Prospero im Epiloge, das Höchste was Künstler und Kunstbaute am Schlusse eines Werks sagen können. Zu dieser Allegorie sind die Masken unendlich zierlig vertheilt, das verlorne Herzogthum, welches den Künstler auf eine wüste Insel treibt die er herrlig belebt und durch die er sein Reich wieder erlangt und schöner wiedererlangt, weil er in dem Wunderbaren (Miranda) und dem Geliebten (Ferdinand) seine Fortdauer sieht. Da ist sein dritter Gedanke das Grab und die Begeisterung (Ariel) soll nur dahin ihn bringen dann will er sie frey lassen (lezte Scene)." (FDH B 69, 126)

[279] Vgl. Kapitel 5.1.3 der vorliegenden Untersuchung.

Ausgehend von diesen Prämissen kommt er zum Kern seiner Überlegungen: „Allegorie ist die Moral in ihrem höchsten Standpunkte". Dieser Tropus soll also den zentralen Hebel darstellen, mit dem die schöne Literatur auf die Versammlung des ‚Sozialen' hinwirken will. Die Auszeichnung der Allegorie bedeutet eine konsequente Weiterführung von Arnims Ideen zum ‚generativen Lesen'. Allegorische Figuren zeichnen sich nämlich dadurch aus, dass sie entpsychologisiert viele Spielräume für die Leser eröffnen. Wenn Allegorien sich das Vorgeführte aus dem Schatz der Überlieferung eigenständig anverwandeln, zwingen sie zur kontextualisierenden Deutung, zugleich aber reflektieren sie in ihrer Abstraktheit ihre Artifizialität und bauen jedem Illusionismus vor.

Tatsächlich kann man in den Werken der Reisezeit eine starke Tendenz zur Allegorisierung von Figuren erkennen. In der Rückschau will Arnim bereits mit dem *Hollin* ein „allegorische[s] Mährchen"[280] geschrieben haben. Ob das plausibel ist, sei dahin gestellt. In „Aloys und Rose" kann man den Übergang zur Allegorese aber zweifelsohne deutlich erkennen.[281] Waren die Figuren anfänglich noch deutlich persönlich charakterisiert, so werden sie im Laufe der Geschichte immer stärker entindividualisiert und mit literarischen Traditionselementen, allem voran dem Tell-Mythos, aufgeladen. Spätestens in Roses Traum gewinnt das „Heldengedicht über die Schweiz"[282] Dimensionen mythischen Zuschnitts. Die zwei Titelfiguren verkörpern zunehmend allegorisch bestimmte Positionen im Freiheitskampf der Schweiz. Die Entwicklungslinie setzt sich in den „Erzählungen von Schauspielen" fort. Hier werden die Rollen nur noch als die Gesunde, die Kranke, der Weltfreund, der Schreiber und der Erzähler benannt. In *Ariel's Offenbarungen* spezifiziert sich die Darstellung allgemeiner Muster, insofern neben allegorischen Figuren (vor allem im „Heldenlied") nun auch Typen (vor allem in der „Dichterschule" und dem „Sängerfest auf Wartburg") auftreten. Mithin stellt für Arnim die ‚Neue Mythologie' nur einen Spezialfall von Allegorese dar. Die Entpsychologisierung wird dabei in den beiden letztgenannten Werken durch den Übergang vom Erzähltext zu Lyrik und Drama begünstigt.

Wenn Arnim die Gattungsmischung verschiedener Einzeltexte, unter denen sich kein einziger klassischer Erzähltext findet, dennoch ‚Roman' nennt, ist dies erklärungsbedürftig.[283] Arnim nimmt damit die Tradition des Lehrge-

---

280 Brief Achim von Arnim an Clemens Brentano vom 24., 26. und 27.12.1803 (WAA 31, 312–339, 315).
281 Vgl. Ricklefs, Kunstthematik und Diskurskritik, S. 85 ff.
282 Brief Achim von Arnim an Clemens Brentano vom 18.11.1802 (WAA 31, 140–148, 142).
283 Vgl. dazu auch Ricklefs, Kunstthematik und Diskurskritik, S. 62.

dichts auf, die sich vor allem an den Namen Lukrez knüpft,[284] um sein Vorhaben einzulösen, die Sprache der Natur wieder verständlicher zu machen, mithin dem Ewigen konkret Gestalt zu verleihen.[285] Das macht er ganz programmatisch. *Ariel's Offenbarungen* stellt er ein Motto voran, das, wie er selbst angibt, aus dem Abschnitt über die Luft in Lukrez' *De rerum naturae* (5. Buch, Verse 279 f.) entlehnt ist. Es lautet: „Haud igitur cessat gigni de rebus et in res / Recidere assidue, quoniam fluere omnia constat"[286]. Bei Lukrez' Text handelt es sich um ein Lehrgedicht über die Natur. Versteht man das Zitat als Parallelisierungsversuch, dann ‚handeln' auch *Ariel's Offenbarungen* vom Lauf der Natur und ihrem inneren Zusammenhang. Die Pointe der lateinischen Verse besteht darin, dass im ersten Satz das eigens genannte Subjekt ausgespart ist („cessat"). Auch wenn klar ist, dass es sich um die Luft handelt, so ist es doch möglich, den Satz verschieden zu kontextualisieren. Im Sinne von Lukrez ist hier von ‚aer' als Naturmacht die Rede. Als Zitat in dichterischem Kontext kann hier aber durchaus auch der ‚Lufthauch des poetischen Sprechens' verstanden werden. Diese Lesart kann man dadurch weiter stützen, dass vom selbstschöpferischen Potential der Luft („gigni de rebus"), aber auch ihrer Abhängigkeit vom Stoff („in res recidere") gesprochen wird. Der poetische Lufthauch lässt sich auch personifizieren und man kann ‚Ariel' als Subjekt einsetzen. In der mystischen Tradition der jüdisch-christlichen Religionen galt der Erzengel ‚Ariel' als ein schöpferischer Luftgeist, in Shakespeares *The Tempest* diente er dem Zauberer-Dichter Prospero. Das „omnia" im letzten Vers bringt die naturalistische, die theologische und die poetische Konnotationsebene der Luft zusammen, indem ein kosmischer Zusammenhang eröffnet wird.

Arnims Überlegungen zur Allegorie im Reisetagebuch wählen dichterische Fälle zum Paradigma, dagegen hält die ganze Textpassage den Anspruch aufrecht, grundsätzliche Überlegungen über das ‚Soziale' anzustellen. Zu überlegen wäre, welche Implikationen die ‚Allegorie' als Antwort auf die Frage nach ‚Sozialen' Handlungsmustern allgemein enthält. Grundsätzlich würde das ‚Spiel' dadurch zur Leitmetapher des ‚Social Imaginary'. Das passte gut zu Arnims Vorstellungen der Notwendigkeit, Subjektivität mit vorgeprägten Kulturmustern und Regularien zu vereinbaren. Mithin würde sich auch der ‚Tanz' gut unter diesen sehr weiten ‚Spiel'-Begriff subsumieren lassen. Für die Traditionselemente bedeutete dies, dass sie ein hohes Maß an Allgemeinheit und Flexibilität aufweisen müssten. Dadurch würden sie kombinierbar. Von der Kombina-

---

[284] Vgl. Kapitel 5.1.2 der vorliegenden Untersuchung und dazu Kilcher, Mathesis und Poiesis, S. 49–62.
[285] Vgl. dazu Kaiser, Pietismus und Patriotismus, S. 190
[286] AO, o. P. [Titelblatt].

torik ließen sich leicht Bezüge zu Arnims stärkerer Beachtung kollektiver Veränderungsprozesse und Geschichtlichkeit herstellen. So weit ist er aber in den Reisejahren noch nicht.

5.2.5 „Der Geist läßt sich nicht durch einen beschwören" (‚Sozialer' Wandel)

Das Ende der Zeit ist nahe. Es hilft nichts, bloß über die Misere zu klagen. Stattdessen muss das Ziel heißen, auf verschiedensten Tätigkeitsfeldern dem Kommen des paradiesischen Endzustands vorzuarbeiten. Auch die schöne Literatur kann dazu beitragen. Die spezifischen Aufgaben des Dichters erläutert Arnim Brentano Mitte 1802 in einem Brief, worin er eine poetische Lebensaussicht entwirft. Unter den vielen Möglichkeiten, Gottes Reich zu verwirklichen,

> sollen [die Dichter, U. B.] für die übrige Menschheit arbeiten, daß sie [die anderen Berufstätigen] den Zweck ihres Lebens nichts verfehlen, daß jene [die Berufstätigen] für ihre Arbeit einen poetischen Genuß finden, nicht Langeweile mit Langeweile einkaufen, nicht umsonst für die Unsterblichkeit als Helden sterben, sondern durch den Eintrit [sic!] in das höhere Leben die Unsterblichkeit in einem Augenblicke der Begeisterung fühlen. Wer sich Poet nennt in diesem Sinne der ist nicht stolz, er weiht sich dadurch der höchsten Tugend und Aufopferung, er will dienen nachdem er geherrscht hat, er will nun arbeiten da er hätte spielen können, er beschränkt das Spiel seines Lebens indem er es einem Zwecke unterordnet, er ist ein echter Märtirer und Einsiedler, er betet und kasteit sich für andre, er stirbt damit sie das Leben haben, er ist der demüthige Petrus, der die Himmelsschlüssel hat aber nicht eingeht, sondern an der Thür harret der Kommenden um ihnen den Weg zu weisen und die Thür zu öffnen. – Dieses freywillige Cölibat, diese freye Entfernung vom Himmelreiche, dieses Auslaufen aus dem sichern Haven [sic!] auf das stürmische Meer fordert die ganze Selbstopferung des [römischen Feldherrn U. B.] Regulus, der aus dem Schooße der Liebe zu den wilden Feinden seiner Ruhe zurückkehren [sic! und sich für sein Vaterland opferte], wie Curtius [der sich ebenfalls für sein Vaterland opferte, U. B.] stürzen wir uns dabey in den Abgrund den bösen Geistern geweiht um die guten Geister zu befreien – aber sie sey unser diese That, ich fühle dazu den Muth und überschwengliche Eingebung. Siehe Dichtkunst und Musick, zu ihnen scheint der grosse Baum der Poesie seine grösten ausgebreiteten Aeste zu verbinden, sie sind beyde auf einander gepropft so daß derselben Aeste hier in rothen Rosen der Dichtkunst mit vielen Rosenkönigen erblüht, dort in weissen Rosen der Musick. Dieser Baum blüth ewig fort in der allgemeinen Geschichte aber der Sturm in allen dem gewaltsamen Drängen reist die meisten schnell von ihm fort und die Rosen hauchen ihren Duft aus und sie riechen ihn nicht im Sturme und früh werden die Rosen vom Sturme entblättert. Unsre Arbeit sey den Sturm der Vernichtung abzuhalten bis sie ihren Samen ausgestreut, Kozebueschen Mehlthau, Lafontainschen Honigthau von ihnen abzuhalten, den de<r> <früh auf eine Art> von kalten Reif der Schlegelschen Kritik [sic!] nur gegen die kritischen vor der Blüte durchstechenden Insekten hinzuwenden, den brennenden Samumwind aus [Jakob] Böhmens's Morgenröthe ihnen erst in dem vollen Sommer ihres Lebens zuströmen. Wir be-

schränken unsre Wirksamkeit in der Hauptsache auf Dichtkunst und Musick um etwas Grosses zu wirken, doch ist die Einwirkung auf keinen Zweig der Kunst aufgegeben, auch wird diese Einwirkung in dem Gedeihen des ganzen Stammes bald sichtbar werden. – Die Sprache der Dichtkunst, die Sprache der Musick stärker und wohl^gefälliger und enger einander verbunden herzustellen, um dem Dichter wie dem Musiker die innere Sprache der Natur verständlicher und hörbar zu machen dieses ist klärlich der erste Standpunkt unserer Bemühungen.[287]

Diese Selbstbestimmung der Literatur fundiert sich in einer Paradoxie. Der Literatur wird zunächst eine heteronome Bestimmung zugeschrieben. Die Aufgabe der Dichter und, wie später deutlich wird, allgemein aller Künstler, besteht darin, den anderen gesellschaftlichen Tätigkeiten Bedeutsamkeit zu geben. Insofern der Dichter offenbar Einsicht darein hat, was den Weg zum Guten bahnt und was nicht, soll er versuchen, zum Positiven hin lenkend auf den Gang der gesellschaftlichen Entwicklung Einfluss zu nehmen. Das gelingt, wenn die Künstler die Menschen für deren Tätigkeit begeistern, indem sie ihnen ihre gesellschaftliche Relevanz deutlich machen. In dieser Sichtweise wird jede prosaische Tätigkeit grenzwertig zum Heldendienst. Diese heteronome Bestimmung der Kunst untermauert Arnim aber nach der selbstbezüglichen Logik autonomer Kunst. Deshalb wird die Begründung auch notwendig zirkulär. Sprich, die Kunst kann am besten ihre künstlerische Funktion als Kunst mit Mitteln der Kunst ausüben, indem sie deren genuine Potentiale ausspielt. Das wird sie aber unter gegebenen Voraussetzungen kaum vollgültig können. Oftmals wird die Aufgabe des Künstlers nämlich darin bestehen, weniger unmittelbar künstlerisch am Kommen des neuen Paradieses mitzuwirken, als den wahrscheinlich vielfach vergeblichen Kampf gegen Abirrungen aufzunehmen, die von diesem Ziel wegführen. Arnim bleibt hier reichlich unkonkret im Metaphorischen: Der Künstler soll wie ein guter Gärtner das Florieren der Kunst befördern, indem er die zarten Pflänzchen des Ewigen in der Kunst vor Wetter und Insekten schützt und ihre erneute Aussaat unterstützt. Es ist eine Tätigkeit, die sich mit den Gefährdungen der guten Entwicklung auseinandersetzt und sich daran aufreibt. Das meint Arnim, wenn er den Künstler als Märtyrer beschreibt, der sich für den Dienst am Höheren zugunsten des Vaterlandes opfern muss.[288] Damit ist gleichermaßen eine deutliche Absage an eine allein selbstbezügliche Kunst wie an bloße Unterhaltung formuliert.

---

[287] Briefkonzept Achim von Arnim an Clemens Brentano vom 09.07.1802 (WAA 31, 57–60, 58–59). Ich zitiere nach dem Briefkonzept, das sich inhaltlich mit den entsprechenden Passagen des Brief (WAA 31, 60–66, 64–66) deckt, aber in den Formulierungen prägnanter ist. Zu den Anspielungen auf die römischen Patrioten vgl. den Kommentar in WAA 31, 537.
[288] Vgl. dazu Kaiser, Pietismus und Patriotismus, S. 121.

Das Problem von Kausalität und Finalität, das an entsprechender Stelle im Kapitel über den *Hollin*-Roman aufgetaucht war, begegnet auch hier wieder. So klar das Ziel ist, so unklar ist der Weg. Nur ein halbes Jahr nach dem eben zitierten Brief schreibt Arnim an Brentano ganz niedergeschlagen in einem weiteren Brief: „Weiß ich denn etwas von der Zukunft, mag ich denn etwas davon wissen?" Die Prophetenrolle des Dichters, die in dem oben zitierten Brief angedacht wurde, scheint unter gegenwärtigen Bedingungen nicht realisierbar. Wer so im Zweifel über seine Offenbarung ist, könnte sich niemals für sie als Märtyrer opfern. „[I]ch fühle mich fremd in meiner Heimath,"[289] eröffnet er mit Blick auf seine baldige Heimkehr nach Deutschland. Mit seiner Dichtung wird er kein großes Publikum erreichen können. Arnim macht sich keine Illusionen über den Geschmack der Massen, das zeigen die bereits behandelten Texte. Zwar ist es ein übliches Prophetenschicksal, kein Gehör zu finden, aber diese Selbstvertröstung scheint für Arnim keine Option, da die schöne Literatur doch tatsächlich etwas bewegen soll. Die Situation ist zu ernst. Mit einem radikalen Auftreten wäre es vielleicht möglich, Aufmerksamkeit zu gewinnen, allein wäre es auch nicht zielführend. „[G]ieb dem Archimedes einen festen Punkt ausser der Erde und er hebt sie weit hinaus über die Bahnen, der Nachbarwelten. – Der feste Punkt – nenne ihn Rom oder Ruhm, Freyheit oder heiliges Grab, wer den Hebel anzusetzen weiß, stürzt alles um, aber er begräbt sich unter den Trümmern und zieht alles mit sich hinab."

In dieser scheinbar ausweglosen Situation kommen Arnim zwei Ideen, sein ursprüngliches Projekt vielleicht doch noch retten zu können. Zum einen greift er einen Gedanken seines Freundes Brentano auf: „Du hast mich eine grosse Weisheit gelehrt ‚man muß dichten um nicht das Leben in seiner schlechtesten Gestalt zu sehen' ich habe das gefühlt bei dem tonlosen Gewühl, worin ich mich seit zwey Monaten herumtreibe." Arnim will nicht resignieren. Auch wenn die schöne Literatur im Moment wenig erreichen kann, so soll sie doch eine optimistische Perspektive vertreten und weiter auf das Kommen des Reich Gottes hin schreiben. Die andere Idee Arnims besteht darin, einen Vermittlungsschritt mehr anzusetzen.[290] Nicht die Literatur, die Arnim und Brentano selbst schreiben, soll mit prophetischem Gestus auftreten, sondern sie soll Gehör bei zukünftigen Dichter-Sehern finden. Arnim kleidet diesen Gedanken in das Gewand eines Wunschbildes: „Nun denke Dir, wir wohnten [in] Avignon gegenüber an dem Ufer der Rhone am Berge im gewesenen Kloster, wie Petrak sängen wir alle Liebe alle Freude alle Trauer, und keiner verstände uns, aber

---

[289] Brief Achim von Arnim an Clemens Brentano, verfasst im letzten Januar-Drittel 1803 (WAA 31, 173–183, 173).
[290] Vgl. dazu Koschorke, Körperströme und Schriftverkehr, S. 248.

unsre Schüler sendeten wir aus und sie kämen ins Vaterland wie Propheten."[291] – Diese beiden Briefe umzirkeln den Raum, innerhalb dessen Arnim einen Sprechort für die Dichtung in der aktuellen geschichtlichen Situation sucht.

„Aloys und Rose" artikuliert die Ratlosigkeit, wie angesichts der ausweglosen Situation der Gegenwart eine entscheidende Wendung in der Geschichte herbeizuführen sei. Der Text endet mit zwei Schlüssen, zwischen denen eine Lücke klafft. Rose hat dem Ich-Erzähler ihr Leben bis zur gegenwärtigen Situation erzählt. Von Aloys getrennt, soll sie, um ihren Lebensunterhalt zu sichern, einen gewalttätigen Gemsenjäger heiraten, den sie nicht liebt. Es ist fast eine narratologische Reflexion, die Armin an dieser Stelle als Dialog einschiebt: „*Rose* Hätten Sie wohl dieses Ende vermutet? / *Ich* Also *das* ist das Ende? – Aber es ist wohl noch *ein* Anfang möglich? / *Rose* Für mich nicht."[292] Diesem Ende wird ein zweites nachgetragen. „Ach, schrie sie [Rose, U. B.] auf einmal heftig [...]. Verzeihen Sie, fuhr sie leise fort, ich habe nur selten solch einen Augenblick des Schmerzes, aber dann ist er auch mächtiger als ich. Ich denke gewöhnlich an ihn [Aloys, U. B.], und mache mir seine Geschichte [...]."[293] In der Nacht hatte sie geträumt, dass Aloys im Krieg gefangen genommen worden sei. Da bricht es aus ihr heraus, „endlich begann sie schnell, als wenn sie lange gesonnen und plötzlich es ihr in die Seele drängte, in immer steigender Melodie [sang] sie ein Lied"[294]. In ihrem Lied schildert sie, wie sie Aloys befreit und sich heroisch für ihn opfert.

Auf der Ebene der Handlung bleibt der Doppelschluss aporetisch. Mit prophetischer Inbrunst vorgetragene Kunst kann die unmögliche Heldentat nicht ersetzen. Die Kunst bleibt hier letztlich eskapistisch und kann nicht an die Stelle politischer Lösungen treten. Auf Ebene des Herausgebers findet sich aber Arnims von Brentano übernommene Idee, ‚man muß dichten um nicht das Leben in seiner schlechtesten Gestalt zu sehen' aus dem zweiten Brief. Selbst wenn es für Rose tatsächlich nur das Ende mit dem Gemsenjäger gibt, so darf sich ein Kunstwerk nicht damit zufrieden geben. Es muss im Scheitern der Figur verdeutlichen, dass dies in ähnlichen Umständen nicht zwangsläufig so kommen muss, sondern dass immer Hoffnung auf ein anderes Ende besteht.[295] Vielleicht mag ja die kleine Erzählung „Aloys und Rose" den Heroismus im Schweizer Freiheitskampf befeuern.

---

291 Brief von Achim von Arnim an Clemens Brentano, verfasst im letzten Januar-Drittel 1803 (WAA 31, 173–183, 174).
292 FA 3, 40 (Herv. im Orig.).
293 FA 3, 42.
294 FA 3, 43.
295 Vgl. dazu Staengle, Achim von Arnims poetische Selbstbesinnung, S. 55–59.

Die „Erzählungen von Schauspielen" nehmen das Thema wieder auf, formulieren es aber in einer entschieden veränderten Fassung. Der Erzähler lobt die Deutschen dafür, dass sich bei ihnen im Gegensatz zu den Franzosen noch „Glauben" an die Kunst und „Ehrfurcht" vor ihr finden und dass sie „den Dichter als Propheten ansehen, von dem sie stets zu lernen [bereit sind, U. B.], den sie nur selten in den Kleinigkeiten des jetzigen Weltlaufs zu belehren haben."[296] Die Gesunde stellt sein Lob infrage, die Kranke widerspricht ihm gleich. Damit ist das zentrale Problem des Textes angeschnitten. Arnim ist noch nicht so verzweifelt, allein auf Prophetenschüler zu hoffen, vielmehr untersucht er in seinem Text, welche Möglichkeiten zur Restitution der Rolle des Dichterpropheten es doch noch geben kann.[297]

Der Erzähler scheint auf die Linie der Gesunden und der Kranken einzuschwenken. Er beklagt: „[D]ie Trägheit unserer Schauspieler schreitet zu Gott, wie wenige sind darunter, die, wie jeder für sein Geschäft tut, gleich Kriegern fröhlich ihr Leben daran setzen, und ein paar Jahre längeres Anschaun gegen eine Ewigkeit des Wirkens gering achten [...]." Nun ist es interessant, wie diese Passage fortgeführt wird, denn hier entwickelt Arnim eine erste Vorstellung, wie die Heroen- und Prophetenpoetik gerettet werden soll, wenn sie nicht mehr selbstverständlich plausibel ist. Ein weiteres Ziel dabei ist es, den Hiatus, der sich in „Aloys und Rose" aufgetan hat, zu schließen.

Die Idee läuft darauf hinaus, dass die Kunst über die Kritik hinaus Ansätze in der Wirklichkeit sichtbar macht, die zu einem produktiven Fortschritt der Gesellschaft beitragen und auf eine Rettung zusteuern.[298] Diese Momente stellen aber zugleich das Fortleben des Ewigen dar, dessen Überlieferungsstränge vielfach gekappt wurden, aber eben, und das gilt es zu zeigen, nicht vollständig. Arnim deutet Brentanos bereits zitierten Rat ‚man muß dichten um nicht das Leben in seiner schlechtesten Gestalt zu sehen', indem er eine utopische Perspektive der Kunst verwirft und sie an die konkrete Realität bindet. Der Text inszeniert nicht nur ‚Visionen', er möchte als Publikation, die selbst zur Dichtung wird, im Ganzen eine solche ‚Vision' sein. Es ist nichts anderes als das ‚Ahndungs'-Vermögen, was hier an zentraler Stelle in die Poetik eingetragen wird. Die oben zitierte Passage wird folgendermaßen vom Erzähler fortgeführt:

---

[296] FA 6, 134.
[297] Oesterle, Achim von Arnim und Paris, S. 61, erkennt völlig richtig, dass der Propheten-Poetik in den „Erzählungen" widersprochen wird. Dennoch erklärt sie im nächsten Satz, ohne den Widerspruch zu erklären: „[G]leichwohl folgen die ‚Erzählungen' diesem Konzept des Dichterberufs [als Propheten, U. B.] und bekräftigen es durch ihre ästhetische Argumentationsweise."
[298] Vgl. Kapitel 5.2.3 der vorliegenden Untersuchung.

> [I]ch kannte einen deutschen Schauspieler, der in diesem Sinne lebte, und er wird ewig leben, es war Fleck in Berlin.
> *Die Kranke.* Sage mir ohne Vorliebe, gibt es in Paris eine höhere Darstellung, als Flecks Wallenstein?
> *Der Schreiber.* Nein, wahrhaftig nicht!
> *Erzähler.* Ich glaube der Schreiber hat Recht, und der Eifer macht mir Freude und Wärme, die mich nun nach Jahren noch bei seiner Erinnerung überfliegt, ist mir die feste Versicherung einer ewig in uns fortlebenden Kunst.
> *Die Kranke.* Drücktest du mir eben die Hand?
> *Erzähler.* Ich nicht.
> *Die Kranke.* Es war mir wohl nur ein Traum, der mit bunten Lichtflammen vor meinem Auge spielte.[299]

Wenn selbst der nüchterne Schreiber von den Worten des Erzählers begeistert ist, wie intensiv reagiert dann erst die schwärmerische Kranke! Zwischen ihr und dem Erzähler scheint sich eine Verbindung zu ergeben, die der einer mesmeristischen Séance gleicht. – Gleich diesem Abschnitt gibt es noch zwei weitere. Wie Roswitha Burwick ausführt, tritt

> [d]er zweite visionäre Moment [...] bei der Besprechung von Raphaels ‚Transfiguration' ein, eines Gemäldes, das Arnim stets als Inbegriff höchsten Kunstschaffens betrachtete. So meint der Erzähler, daß die Darstellung der Transfiguration des Körperlichen in das Geistige in solcher Vollendung gelungen sei, daß er nie Gefahr laufe, die das Bild umgebende Wirklichkeit mit dem in der Kunst dargestellten Ideal zu verwechseln. Im Augenblick dieser Erkenntnis vollzieht sich aber nun das Umgekehrte, denn die ihn umgebende Welt verklärt sich nun und wird damit zum lebenden und erlebten Kunstwerk, das nicht von einem Menschen sondern vom göttlichen Geiste geschaffen, den Prozeß vergegenwärtigt, in dem ein menschlicher Organismus, von Liebe bewegt, ‚Kunst' in sich aufnimmt und damit selbst zum lebenden Kunstwerk wird.[300]

Der Schreiber, der die gesamten „Erzählungen" mit protokolliert, kapituliert an dieser Stelle. Er ist nicht in der Lage, das Erleben des Erzählers in nüchternen Worten festzuhalten. Der Erzähler und die Kranke versuchen hier, die Erscheinungsformen des Ewigen in ihrer apokalyptischen Gegenwart wieder sichtbar zu machen. Die Kranke verkündet verzückt: „O ich bin willig krank, um Zeugnis abzulegen von der Wahrheit [...]. [Der Apokalyptiker, U. B.] Johannes hat uns das alles verkündet, er überzeugt selbst den ungläubigen Schreiber, der scheu nicht umzublicken wagt, weil Engelsflügel über ihm rauschen und eine fremde Hand seine Feder führt." Traurig fügt sie an: „Und mich will keiner verstehen." Der Erzähler versucht sie aufzumuntern: „Ich verstehe dich

---

299 FA 6, 135 f.
300 Burwick, Arnims „Erzählungen von Schauspielen", S. 76 f. Die besprochene Stelle findet sich in FA 6, 150 f.

mit ganzer Seele, aber es gibt ein Inneres in allen Wesen, was nur in der Flamme des Blitzes heraustritt wie eine unendliche Tiefe"[301].

Die dritte Szene beginnt mit einer längeren Rede des Erzählers darüber, wie sich im antiken Griechenland alle Künste im Namen der Religion verbanden und dadurch das Volk einten. Ansätze dazu sieht er auch in der Gegenwart; sie fallen zwar bescheiden in ihrer Qualität aus, aber der Erzähler möchte sie aufgrund ihrer Absicht würdigen und fordert dazu auf, sie weiter zu fördern.[302] Wieder zeigt sich die Kranke erleuchtet bei den Schilderungen des Erzählers. Rückbezogen auf die „Erzählungen" selbst heißt das, dass sie für sich auch einen solchen Dienst an der guten Sache beanspruchen dürfen, selbst wenn ihre Wirkung gering bleibt. – Festzuhalten bleibt indes, dass es Arnim in den „Erzählungen" nicht gelingt, über das Problem hinwegzukommen, seinen Propheten zu einer größeren Hörerschaft zu verhelfen. Letztlich bewegt er sich immer noch in den üblichen Selbstrechtfertigungsformeln von Propheten – diese arbeitet er allerdings auf höchst originelle Weise aus.

Die Konzeption der Rolle dichterischen Sprechens, wie sie hier angedeutet wurde, wird in seiner geschichtlichen Tragweite erst durchsichtig, wenn man die Körpermetaphorik stärker betrachtet. Die Kranke, die den aktuellen Zustand der Gesellschaft verkörpert, berichtet von „eigentümlichen Gesichtsbildungen, die mir unwillkürlich aus dem stillen Dunkel vorschweben, [...] verliere ich mich [darin], so verliere ich auch mein Fieber."[303] Arnim nimmt hier die Rolle des Traums in „Aloys und Rose" auf und entwickelt ihn weiter. Was vordergründig vielleicht krank und dem Wahnsinn nahe scheint, erweist sich genau besehen gerade als heilsam. In einer kranken Welt stellt sich das scheinbar ‚Kranke' gerade als Heilmittel heraus. Dieser Grundgedanke wird nochmals variiert; Impfungen funktionieren physiologisch genau auf dieselbe Art und Weise. Diese Idee bezieht Arnim zurück auf die Gesellschaft: Die gleiche Wirkung, die Impfungen für die Volksgesundheit haben, haben auch Impfkampagnen im Sinne einer Aufklärung des Volksbewusstseins. Indem es gelingt, etwas scheinbar Widersinniges, nämlich die absichtliche Infektion, plausibel zu machen, wächst die Aufgeklärtheit der Bevölkerung. Die Kunst wirkt idealerweise genauso als eine Art Therapie. Ihre ‚sozialtechnologischen' Maßnahmen werden vom Erzähler als eine Art Impfung[304] beschrieben:

---

301 FA 6, 151.
302 Vgl. FA 6, 156 f.
303 FA 6, 129.
304 Vgl. dazu Ansteckung. Zur Körperlichkeit eines ästhetischen Prinzips, hg. von Mirjam Schaub, Nicola Suthor, München 2005; Johannes Türk, Die Immunität der Literatur. Frankfurt a. M. 2011; Propfen, Impfen, Transplantieren, hg. von Uwe Wirth, Berlin 2011; Cornelia Zumbusch, Die Immunität der Klassik, Berlin 2011.

> Sollte ich eine Vermutung wagen, so soll sie [die Gesellschaft, U. B.] durch ihre Plagen die Notwendigkeit der Kunst den Ungebildeten eben so fühlbar machen, wie die Pocken das Studium der Arzneikunde über die Erde verbreitet haben, die medizinische Beobachtung hat nun in wenigen Jahren durch Einimpfung diese vertrieben, es muß der treuen Kunst und ihren höheren Spielen bald gelungen jene Gesellschaften und ihre leeren Spiele von der Welt zu verbannen.[305]

Die Kunst soll also gezielt die Missstände der Gesellschaft aufdecken und die Selbstheilungskräfte aktivieren.

Ich möchte nun zu *Ariel's Offenbarungen* kommen. Dort finden die Überlegungen zum prophetischen Sprechen des Dichters ihre differenzierteste Ausarbeitung. Gleichzeitig erweist es sich als das Werk, das am schwersten zu interpretieren ist. Die Schwierigkeiten liegen zum einen darin, dass das Werk mit einer verschachtelten Struktur arbeitet, wodurch vorgetragene Positionen immer wieder eingeklammert werden, zum andern darin, dass die verschiedenen Teile von unterschiedlichen Richtungen her auf eine zentrale Argumentationslinie zusteuern. Von daher lässt sich ein roter Faden, der sich durch das Buch zieht, zwar durchaus verfolgen, allerdings können nicht alle Ungereimtheiten stimmig aufgelöst werden. Ich werde vom Mittelteil ausgehen und danach die Flügelteile untersuchen, dabei zuerst das „Heldengedicht" am Anfang und dann das „Sängerfest" am Ende des Buchs besprechen.

Der Mittelteil bildet die Achse, die die beiden Außenteile poetologisch ins Verhältnis setzt. Er besteht aus zwei Abteilungen. Die erste Abteilung, „Unterricht nach Gemählden und Erzählungen", wird Heymar zugeschrieben, die zweite Abteilung, „Anwendungen", seinen Schülern. Die fünfzehn Gedichte Heymars sind zum größten Teil Bildgedichte[306] nach Gemälden des 16. bis 18. Jahrhunderts, nur drei folgen erzählenden Texten, eines Louis Camões, einem portugiesischen Dichter des 16. Jahrhunderts, eines der Mythe von Arist und Eunom und eines dem Phaëton-Mythos. Es geht dabei weniger darum, die Vorlagen nachzuschöpfen, als vielmehr darum, ausgehend von ihnen über die

---

[305] FA 6, 158.
[306] Zum Bildgedicht in der Romantik übergreifend vgl. Gisbert Kranz, Das Bildgedicht. Theorie – Lexikon – Bibliographie. 3 Bde., Köln u. a. 1981 und 1987; Karl Pestalozzi, Das Bildgedicht. In: Beschreibungskunst – Kunstbeschreibung. Ekphrasis von der Antike bis zur Gegenwart. hg. von Gottfried Boehm, Helmut Pfotenhauer, München 1995, S. 569–591. – Zu Arnims kritischen Bezug auf A. W. Schlegel vgl. Pott, Poetiken, S. 75 f., und ausführlicher Sandra Pott, Poetics of the Picture. August Wilhelm Schlegel and Achim von Arnim. In: Images of Words. Literary Representations of pictorial Themes, hg. von Rüdiger Görner, München u. a. 2005, S. 76–90; außerdem Stefan Nienhaus, Dichteransichten. Anmerkungen zu zwei Bildgedichten Arnims. In: Burwick, Härtl (Hg.), „Frische Jugend, reich an Hoffen", S 181–188, S. 184 f.

Dichterrolle zu reflektieren.³⁰⁷ Wie Sandra Pott überzeugend nachgewiesen hat, ahmen

> Bild und Text [...] nicht nur die vierzehn Stationen eines Kreuzwegs nach, sondern gehen im Ausgang des ersten Teils der Dichterschule sogar in die christliche Thematik über. Die Stationen des Dichters bilden seinen ‚Dienst an der Kunst' ab und fordern von ihm, sich und sein (ohnehin nur illusionäres) Leben für die Kunst zu opfern. Konsequenterweise stirbt der idealistische Dichter Heymar am Schluß seines Martyriums einen ruhmvollen Tod.³⁰⁸

Die ersten drei Gedichte des Zyklus exponieren drei Grundtypen der Dichterexistenz: den heldischen Sänger heiliger Dichtung, den Liebesdichter und den erfolglosen schlechten Sänger. Für den Misserfolg benennen die Folgegedichte als äußere Gründe mangelndes Talent oder schlechte gesellschaftliche Bedingungen, als persönliche Gründe das Scheitern an Höherem, das die Dichtung darstellen will. In „Dichterleben" entwickelt Heymar die Lehre, dass der wahre Dichter nicht im Erfolg und seiner Erhörung, sondern gerade im irdischen Scheitern dem Idealen besonders nahe komme und sich für das Ewige opfern solle: „Durcheilt die Zeitlichkeit, die Ewigkeit ist lang."³⁰⁹ Der Gedichtzyklus orientiert sich in der „Dichteraussicht" nun weg von der antiken Mythologie und wendet sich mit eschatologischer Perspektive der christlichen Lehre zu. Auf Erden ist das neue Paradies nicht zu gewinnen, der Blick geht voraus auf Gottes Reich und wird zurückgewendet auf die ‚Ahndung' des Göttlichen im Diesseits: „[U]nser Blick erträgt nicht volles Licht, / Wir senken ihn zur Erdenblüth', bis wir zum Licht erblühen."³¹⁰

Ob man dieses Paradies wie Stefan Nienhaus³¹¹ als ungebrochen religiös oder wie Sandra Pott³¹² als kunstreligiös säkularisiert verstehen soll, lässt sich vom Text her nicht klar entscheiden – muss aber auch nicht entschieden werden. Die beiden Schlussgedichte ziehen die letzte Konsequenz aus der Jenseitsorientierung: Opfer, bis hin zum Selbstopfer, gewinnen ihren Sinn als Blutzeugenschaft. Im Einklang mit den Überlegungen aus Arnims erstem Brief geben die Heldentaten und ihr dichterischer Preis sich wechselseitig Bedeutung. Über die Dichter heißt es: „Aus der Sprache saugen sie die Kräfte, / Sprache hat

---

307 Vgl. Kapitel 5.2.4 der vorliegenden Untersuchung.
308 Pott, Poetiken, S. 61. Die Einzelinterpretationen des Zyklus findet sich ebd., S. 63–85.
309 AO, 156.
310 AO, 164.
311 Vgl. Nienhaus, Dichteraussicht, S. 187 f.
312 vgl. Pott, Poetiken, S. 79–83.

der Held geschaffen."[313] Der Heldenpreis geht soweit, den Gefallenen unter die Götter zu versetzen:

> Euren Tod verwandeln wir in Leben,
> Und der bösen Menschen Fallen
> Wird mit Kraft dem Guten schallen,
> Wird zu uns ihn rein ertönend heben.[314]

Weiter heißt es:

> Neu beleben ihn [den Geopferten, U. B.] die Geister,
> Zu den Göttern zieht er, reis't er,
> Zu den Göttern hat er uns versetzet.
>
> Denn wer Künste rein und tief empfindet,
> Hat den Himmel sich erliebet;
> Wer in Unschuld Künste übet,
> Hat als Gott den Weg dahin verkündet.[315]

Der Prophetenseher selbst nähert sich der Heldenrolle an, wenn er bei seiner Mission zum Märtyrer wird. Visionen des ewigen Reichs nach der Zeit zu verkünden, übersteigt nämlich das Menschenmögliche.

> Mit Vollglanz strömte ihm das Lied vom Munde,
> Er gab der Welt von künft'gen Welten Kunde.
>
> Nur sein eig'nes Schicksal blieb ihm stets verborgen,
> Weil alle, die im Schicksalsrade stehen,
> Bekannt mit fremder Freud' und fremden Sorgen,
> Nie sehen, was mit fremder Freud' und fremden Sorgen,
> Nie sehen, was ihr Fuß bedeckt beym Drehen;
> So konnt' er frey mit seinem Leben spielen,
> Gar selten treffen und nach Vielem zielen.[316]

Der Text findet ein schönes Bild für das Wagnis; der Dichter bittet Apoll,

> [d]en Sonnenwagen einen Tag zu fahren,
> Der Tage heimlich Wirken zu erfahren.

---

[313] AO, 166.
[314] AO, 167.
[315] AO, 169.
[316] AO, 170.

> Dann wird Unreichbares mich nicht mehr reitzen,
> Ich werde wissen, was die Welten geben[.]³¹⁷

Trotz Apollons Warnung, „Du hast nur Menschenkraft – dich treibt Verderben, / Die Rosse [des Sonnenwagens, U. B.] sind zu wild – du müsstest sterben!"³¹⁸, geht der Dichter, und das ist eine Metapher für seine poetische Tätigkeit, dieses Wagnis ein – und kommt dabei um. Dennoch, es hat sich gelohnt:

> So mag des Dichters Hoffnung ihn betrügen,
> Das Leben hin zur dunklen Erde ziehen,
> Die heil'ge Ahndung ihn lügen,
> Was ihn erhebt, wird nicht im Tode fliehen:
> Ein Hochzeitslied ward ihm sein Erdenleben,
> das Brautbett wird der Todestraum ihm weben.³¹⁹

Hat er sein Leben auch für das Ewige geopfert, so wirkt er durch seine poetischen Schöpfungen weiter. Wie jeder wahre Prophet schien er dem Volk zunächst ‚unverständlich' im Schlegelschen Sinne, aber es geht gar nicht anders: Von Propheten entsteht immer der Eindruck, dass sie „Sänger aus der Fremde [sind], / Wahnsinn scheinen ihre Lieder"³²⁰. Wenn sie zuletzt aber doch Gehör finden – und davon geht das Gedicht nun aus, ohne das Wie zu klären –, versammeln sie das ‚Soziale' zur „ewige[n] Gemeinde" und bringen das Eschaton ganz nah:

> Was die Völker führt, beherrscht und bindet,
> Ist ein Nachhall unsrer Lieder,
> Unser Wort verhallt nie wieder,
> Wetterleuchten Kühlung hat verkündet.³²¹

Es ist zu kurz gegriffen, wie Roger Paulin die Lehre Heymars mit der Arnims gleichzusetzen.³²² Paulin übersieht, dass die „Anwendung" durch Heymars Schüler ein einziger Widerspruch zu dessen Lehre ist. Sandra Pott schreibt: „Der Dichter Heymar hat sein Martyrium durchlitten, doch seine Schüler zeigen – mit unterschiedlichen Schwerpunkten und in Abstufungen – wie schwer es ihnen fällt, dieses idealistische und märtyrerhafte Ideal für die eigene Praxis zu akzeptieren."³²³

---

317 AO, 171.
318 AO, 171.
319 AO, 174.
320 AO, 166.
321 AO, 165.
322 Vgl. Paulin, Der historische und poetologische Ort.
323 Pott, Poetiken, S. 85.

Im zweiten Gedichtzyklus tragen zehn von elf Gedichten die gleichen Titel wie die Gedichte des ersten Teils. Die Schüler nehmen die prophetischen Lehren Heymars auf und kommentieren sie.[324] Neben verschiedenen kleineren Umakzentuierungen und satirischen Zwischenstücken wird nun vor allem Heymars Dichterbild kritisiert. So wendet sich der Jude Rabuni, nicht minder extrem als sein Lehrer, gegen dessen Parallelisierung von Heldengesang und Heldentat und gegen die Aufwertung des Sterbens als hehre Tat: „Es ist viel leichter Thaten singen, als vollbringen, / Das Sterben will dem Menschen einmahl nur gelingen."[325] Die Dichterschülerin Pauline zeigt, dass die Orientierung am Jenseits notwendig mit einer Abwertung des Diesseits einhergeht. Leidtragende sind die Angehörigen des Dichters, die er in seiner geistigen Ehelosigkeit der mutmaßlich letzten Tage vernachlässigt. Was ist, wenn sich die Parusie verzögert, fragt der Grieche Iliades in seinem Gedicht „Dichteraussicht". Darin sinniert ein „alte[r] Dichter":

> Ich konnte einstmals fliegen,
> Wohl auf dem weiten Meer,
> Es wollte mich betrügen,
> Ich thu' es nun nicht mehr.[326]

Alles scheint plötzlich sinnlos und der Dichter traut sich, nachdem er sich zuvor überschätzt hat, jetzt gar nichts mehr zu.

Sandra Pott plädiert im Resümee ihrer detaillierten Interpretation der Gedichte mit Nachdruck dafür, sich nicht allein an Heymars Teil der „Dichterschule" zu halten, sondern sie als Doppelzyklus in seiner Polarität ernst zu nehmen.

> Während der erste Gesang noch durch die zu poetologischem Zweck säkularisierte Kreuzweg-Motivik zusammengehalten ist, eine klare und differenzierende Aussage zugunsten eines idealistischen Dichterbildes formuliert, zerfällt der zweite Gesang in nüchterne und wirklichkeits-orientierte Aperçus der kritischen Dichterschüler einerseits, in geselligen Spaß und überzogene Persiflage andererseits. Die Dichterschüler halten Gegenmittel für die Lehre Heymars bereit und argumentieren menschlich, poesie- und sozialkritisch [...]. Aber sie gelangen nicht zu einer eigenen Lehre; in der Kunst suchen sie ‚Wahrheit'. Nur zu oft geben sich die ‚Trinkbrüder' dabei mit dem Scherz zufrieden.[327]

Ihre Darstellung kontrastiert die beiden Teile besonders deutlich. Dabei versteht Pott den Schülerteil vom Maßstab der strengen Komposition des ersten

---

[324] Vgl. dazu die Übersicht über die Komposition der Zyklen Pott, Poetiken, S. 58 f.
[325] AO, 190.
[326] AO, 196.
[327] Pott, Poetiken, S. 89.

Teils her, der eine klare Poetik entwickelt, vor allem als dessen Gegenteil, nämlich allein als heterogenes Konglomerat, „farcenhaften Unfug"[328] und als rein poetologische Kritik, die noch keinen eigenen Standpunkt zu formulieren vermag. Die Prophetenpoetik des ersten Teils ist somit infrage gestellt, die Schüler liefern aber keine Alternative. Von daher kommt sie zu dem Schluss, dass

> Arnim das Dichten und die Kunst schlechthin [zelebriere] – als experimentelle Praktiken einer intimen Gesellschaft junger Dichter, die um eine eigene durchaus idealistische und formenreich, aber zugleich moralische, wirklichkeitsnahe, spielerische und natürliche Poetik ringen. Sie tasten die Grenzen der ‚Poesie der Poesie' ab.[329]

Im Lichte der eingangs zitierten Briefe Arnims, kann ich diese Interpretation nicht ganz teilen. Ich stütze mich dabei vor allem auf eine andere Einschätzung der Schülertexte. Bereits seit „Aloys und Rose" erscheint ein Prophetenideal, das hier nochmals in aller Ausführlichkeit dargestellt wird, als immer weniger kompatibel mit der Wirklichkeit. Wie ich gezeigt habe, arbeitet sich Arnim deshalb an den Ideen des ‚man muß dichten um nicht das Leben in seiner schlechtesten Gestalt zu sehen' und der Prophetenschüler ab, modifiziert und konkretisiert sie. Die ‚Lehre', wenn man so will, von Heymars Schülern besteht darin, dass es keine Propheten kraft persönlicher Berufung mehr geben kann – wobei gerade das nach Max Weber den Propheten kennzeichnet.[330] Das steht im Einklang mit Arnims Säkularisierungsnarrativ, in dem sich die Religion weitgehend veralltäglicht hat.[331] Das heißt aber nicht automatisch, dass jeder ‚Prophet' gleich ein Scharlatan wäre. Vielmehr wendet sich der Prophetengestus in eine Sprechrolle, die an bestimmte Geltungsansprüche und spezifische Ausdrucksmodi gekoppelt ist. Daher ergeben sich die eigentlichen Konsequenzen nicht im Bezug auf eine selbstbezügliche Kritik der Möglichkeiten und Grenzen einer ‚Poesie der Poesie', sondern auf die Poetik des ‚Sozialen'. Arnim ist sich jetzt klar geworden über die ‚sozialtechnologischen' Möglichkeiten und Unmöglichkeiten, auf ein Kommen der Zeitenwende hinzuwirken.[332] Propheten werden jetzt ‚machbar' – was eigentlich eine contradictio in adiecto ist. Die Verkündigung qua Rolle hat einen eigenen Namen, nämlich den des ‚*Priesters*', und genau dahin verschiebt sich Arnims Dichterverständnis.[333] Der Priester un-

---

328 Pott, Poetiken, S. 89.
329 Pott, Poetiken, S. 90.
330 Vgl. Max Weber, Wirtschaft und Gesellschaft. Grundriss der verstehenden Soziologie, Tübingen 1980, S. 268 f.
331 Vgl. Kapitel 5.1.5 der vorliegenden Untersuchung.
332 Zu den Möglichkeiten und Grenzen vgl. Kapitel 6.1.5 der vorliegenden Untersuchung.
333 Vgl. dazu Kaiser, Pietismus und Patriotismus, S. 198.

terscheidet sich vom Propheten vor allem dadurch, dass er keine neue Lehre verbreitet, sondern mit erlernbaren Verfahren überlieferte Lehren aktualisiert. Der Prophet offenbart etwas Neues, der Priester erneuert die Offenbarung. Dann aber ist die Verkündigung bloß noch als Sprechrolle nichts Exklusives mehr, mithin wird sie ‚demokratisiert'. Damit pluralisieren sich mögliche Heilslehren. Sie lassen sich nicht mehr vollständig in Deckung miteinander bringen, dennoch kann jede einzelne ihre eigene Berechtigung besitzen. Prinzipiell greift Arnim hier die protestantische Vorstellung des Priestertums aller Gläubigen auf. Das führt keineswegs zur Beliebigkeit, denn die Priesterrolle gibt in ihrer eschatologischen Orientierung viele Handlungsmuster strikt vor, nur gibt es jetzt nicht mehr den einen Königsweg.[334] In diesen Überlegungen verbindet Arnim seine Gedanken zu den Prophetenschülern mit solchen zur moralischen Führerschaft der Geistesaristokratie.[335]

Vom Streit der Poetiken im Mittelteil auf das „Heldenlied" zu blicken, stellt die Interpretation vor Schwierigkeiten. Sie ergeben sich daraus, dass Ariel auf der einen Seite der Autor der Propheten-Poetik sein soll, auf der anderen Seite löst bereits das „Heldengedicht", das mutmaßlich dieser Poetik verpflichtet ist, diese nicht ein. Was die Leser darüber hinaus durch die Redaktorin Kryoline über den Dichter Ariel erfahren, ist noch weniger dazu angetan, ihn als überzeugenden Vertreter der Propheten-Poetik anzusehen. Sehr viel eher scheint Ariel auf der Linie der Kritik zu liegen, die seine Schüler äußern. Ich denke, dass es schwierig ist, beide Seiten der Ariel-Figur in einer Interpretation zu verbinden.[336] Von daher belasse ich es dabei, diese Spannung zwischen Ariel als Poetologen im zweiten Teil und Ariel als Dichter zu konstatieren und widme mich im Weiteren dem Dichter Ariel. Von ihm möchte ich zeigen, dass er seine Dichterrolle nur noch im eben vorgetragenen Sinne als Priester wahrnimmt und eben nicht mehr als Prophet.

Ich möchte im Weiteren verschiedene Bausteine der eben skizzierten Priester-Rolle zusammentragen.[337] *Ariel's Offenbarungen* berichtet von zwei ver-

---

334 Das spiegelt sich auch in der Disparität der Positionen in *Ariel's Offenbarungen* wieder.
335 Vgl. dazu Kapitel 5.2.2 der vorliegenden Untersuchung.
336 Prinzipiell gibt es zwei mögliche Lösungsansätze. Zum einen lässt sich Ariel als glaubwürdiger Propheten-Dichter ansehen. Dazu müsste man den Akzent bei der Interpretation des „Heldenlieds" weg von der Geschichte des Odins-Geschlechts, hin zu Aslauga verschieben. Zudem müsste man die nur von Kryoline überlieferten Informationen über das Leben Ariels bezweifeln. Zum anderen könnte die Interpretation umgekehrt darauf bestehen, dass Ariel in der Dichtschule durchweg ‚Heymar' nur als Rolle spielt, quasi um eine Folie zu präsentieren, gegen die sich die Poetik der Schüler dann absetzen kann. – Beide Interpretationsansätze ließen sich vom Text her nur schwer begründen und können daher nicht überzeugen.
337 Arnim positioniert sich hier gegen kunstreligiöse Positionen der Frühromantik (Schlegel, Novalis), die eine neue Offenbarung (eine ‚neue Bibel') für notwendig erachteten. Das Selbst-

schiedenen Rezeptionen des „Heldengedichts". Zu den ersten Lesern des „Heldenliedes" zählen Ariels Wirtin, ihre Mägde und ein Schulmeister. Sie lesen das Stück offenbar als Rührstück, wie es sich im zeitgenössischen Theater großen Erfolgs erfreute. Das Genre war vor allem an den Dichternamen Kotzebues geknüpft. Unter Tränen „seufzte der Schulmeister, man sollte es nicht glauben, daß es so schlechte Menschen geben könne, wie den Herrn Heymdal, seine unschuldige Jungfer Schwester so unglücklich zu machen! Sie, gerechter Mann, sagen sie, wo dieser Schändliche hauset, auf daß wir ihn strafen." Die Bewertung dieser Lektüre ist ambivalent. Sie ist natürlich völlig verfehlt im Sinne einer Programmatik der neuen Mythologie, wie sie der Propheten-Poetik entspräche. Da diese aber textimmanent fragwürdig bleibt, kommt einem Kommentar Bedeutung zu. Die Schlussbemerkung löst nämlich allgemeine Heiterkeit aus und Kryoline, die die Szene berichtet, erkennt, dass „Thränen bey den Menschen eine Erleichterung sind, wie das Lachen von etwas, was sie nicht aussprechen können"[338]. Ihre Beobachtung zur Rolle gemeinsamen Empfindens ist treffend und geht in die Richtung von Arnims Überlegungen. Dagegen ist ihre Wertung mit Vorsicht zu genießen. Die „flache[ ] Kryoline"[339] nämlich, wie sie Arnim selbst charakterisiert, ist diejenige, die Ariel die Rolle des Dichter-Propheten ohne zu zweifeln zuschreibt und am Ende gar mit ihrem eigenen Kunstschaffen, von seinem Geist inspiriert, seine Nachfolge antreten will. Es gibt Textsignale, die Kryolines Position in ein kritisches Licht setzen. So bemerkt Kryoline, als sie ihr Zimmer bezieht, auf ihrem Bettzeug eine Stickerei, die Josua und Kaleb zeigt.[340] Sie denkt nicht weiter über die beiden Figuren nach. In alttestamentarischer Tradition stehen die beiden Namen für das Vertrauen auf die Verheißung, das am Ende belohnt wird. Arnims Text stellt aber deutlich die Frage, ob das grenzenlose Vertrauen Kyrolines nicht bloß naives und blindes Vertrauen ist. Sandra Pott bemerkt richtig eine Warnung im Text, sich als Mensch mit göttlichen Mächten einzulassen.[341] Das hätte Kryoline an ihrer These von der Propheten-Poetik zweifeln lassen sollen. Weiter hätte sie

---

opfer wurde dabei als Beglaubigungsstrategie diskutiert, ungeklärt blieb die Frage, wie die neue Offenbarung den Traditionsbestand ersetzen und doch nicht bloß ergänzen könnte. Arnim will keine neue Offenbarung, sondern eine Neuauslegung der Tradition. Vgl. dazu Auerochs, Die Entstehung der Kunstreligion, S. 469 und S. 492–497. Vgl. zu Arnims Position weiterführend Nicholas Saul, „Prediger aus der neuen romantischen Clique". Zur Interaktion von Romantik und Homiletik um 1800, Würzburg 1999.
338 AO, 204.
339 Brief Achim von Arnim an Stephan August Winkelmann vom 08.11.1802 (WAA 31, 137–139).
340 Vgl. AO, 201.
341 Vgl. Pott, Poetiken, S. 88.

eine Episode, die sie von Ariel berichtet, stutzig machen sollen. Ariel erlaubt sich mit seinem Jünger Adolf einen „wunderbare[n] Spaß".

> Er [Ariel] saß mit seinen Trinkbrüdern bis gegen Mitternacht, da hat sich der eine vermessen, sie nennen ihn Adolf, nach der Klosterkirche zu gehen, etwas abzulesen und dann heim zu kehren. [...] Ariel ließ ihn gehen, und schlich selbst von einer andern Seite auf die Kanzel. Als jener hinein kommt und lesen will, ruft er ihm drohend von der Kanzel zu: Heilige Orte und das dunkle Geisterreich nicht muthwillig zu versuchen! Adolf lief davon und rief ihm zu: Wenn du da bist, brauch ich nicht hier zu seyn. Ariel glaubte sich verrathen, aber Adolf erzählte sehr ernsthaft bey seiner Rückkehr, auf der Kanzel steht ein ewig schreyender Prediger, und die andern ließen ihn dabei.[342]

Die Episode schließt nicht direkt aus, dass Ariel auch ernsthafte Absichten verfolgt, jedoch bleibt die Beurteilung der Szene zwiespältig. Ariel treibt nämlich durchaus ein ironisches Spiel mit der Prophetenrolle. Er ‚macht' im obigen Sinne den Propheten. Die Ironisierung streicht den Prophetengestus keineswegs durch, sie reflektiert aber, welche Geltungsansprüche an prophetischem Sprechen hängen. Das „Heldenlied" ist durchaus ernst gemeint in seinen transzendental-anthropologischen Überlegungen und der Hoffnung auf das Anbrechen eines neuen Zeitalters der Kunst.[343] Allein, das Geschehen des Mythos lässt sich weder als historisches Ereignis verorten[344] noch als alte Glaubenswahrheit auffassen.[345]

Anders als die Frühromantiker, die eine Erneuerung der alten Mythologie initiieren wollten, handelt das „Heldenlied" in *Ariel's Offenbarungen* von Göttern im Exil – und zwar in einem vollkommen anderen Sinn als später bei Heine. Arnims Text will an alte vorchristliche Götterlehren wieder anschließen und von dort aus ein kommendes Reich der Kunst vorbereiten. Gleichzeitig aber gibt er sich völlig illusionslos über die kulturelle Randexistenz dieser Götter, wenn er sie im Exil ansiedelt. Und er weiß genau, dass ihr altes Reich nicht einfach wiederkehren kann. Wie Ulfert Ricklefs gezeigt hat, knüpft der Text nur sehr lose an die Überlieferungen zu den entsprechenden Göttern an.[346] Die Götter im Exil sind gegenwartsdiagnostisch entworfen. Daher ist es konsequent, wenn sich der Mythos nicht, wie es eigentlich gattungskonstitutiv ist, unreflektiert als Mythos gibt, sondern reflektiert als Überlegungen in mythischer Denkweise. Zu dieser bewussten Artifizialität passt auch, dass nordische und christliche Mythologeme munter bricolagiert werden.

---

[342] AO, 199 f. (Herv. im Orig.).
[343] Vgl. Kapitel 5.1.3 der vorliegenden Untersuchung.
[344] Vgl. Kapitel 5.1.2 der vorliegenden Untersuchung.
[345] Vgl. AO, 205.
[346] Vgl. Ricklefs, Kunstthematik und Diskurskritik, S. 37–39.

Im zweiten Abschnitt treten die Propheten-Poetik Ariels und die Kritik seiner Schüler in ein Verhältnis, das man als Offenbarung und Kommentar nicht treffend beschreibt, da beide ‚Offenbarungen' nicht hierarchisch, sondern gleichgeordnet auftreten. Die Tendenz zur Verwischung von Offenbarung und Kommentar zu sich wechselseitig kommentierenden Offenbarungen wird auf der Ebene der Gesamtkomposition des Textes fortgeführt.[347] Der Titel „Offenbarungen" spielt deutlich auf die apokalyptische Literatur der Bibel an. Dort ist eine übliche Konstellation ein Seher, dem ein ‚Angelus interpres' zugesellt wird, der ihm seine Visionen deutet. So kann man es etwa in den Büchern Sacharja, Daniel oder der Apokalypse des Johannes finden. Diese Konstellation bricht Arnim ironisch, indem er die Rollenverteilung umkehrt. Neben vielen anderen Konnotationen schwingt im Namen Ariel, der ja eigentlich der Seher sein soll, auch der des gleichnamigen Engels mit.[348] Diese Konnotation aktualisiert der Text, wenn Ariel für Kryoline ein flüchtiges Wesen bleibt. Die eigentliche ‚Interpretin' hat ihn bezeichnenderweise nie zu Gesicht bekommen, erklärt aber mit Bestimmtheit: „[E]r ist ganz Idee und wunderschön, sein dunkles Haar in ringelnden Locken. Er scheint nicht leichtsinnig, er scheint ein leichter Geist, der über das Schicksal des Menschen zweifelnd besorgt ist."[349] Nicht nur die erste Aussage ist widersprüchlich, auch an der zweiten lassen sich, wie ich gezeigt habe, Zweifel anmelden. Der Text stellt Ariel als Propheten wie auch Kryoline als seine befähigte Interpretin in diesen Rollen infrage.

Der dritte Teil, das „Sängerfest auf Wartburg", schließt an diesen Entwicklungsstand der Poetik an, verlagert aber die Statik der ersten beiden Teile nochmals deutlich. Deshalb nimmt dieser Teil in der Gesamtarchitektur von *Ariel's Offenbarungen* eine fundamentale Position ein. Die Verlagerung der Statik bringt manch interessante Effekte hervor, destabilisiert aber auch den Gesamtbau des Werks, sodass mitunter die Tragfähigkeit gefährdet wird. Arnim will sehr viel auf einmal, wenn er im dritten Teil eine aus der Kritik der Schüler hervorgegangene Poetik einsetzen und diese zugleich umsetzen will. Ein Blick auf die Rezeption lässt Zweifel daran aufkommen, dass ihm dieses sehr ambitionierte Vorhaben wirklich in allen Konsequenzen gelungen ist.[350] Innerhalb dieses Teils geraten nämlich Programmatik und Umsetzung bisweilen in Widerspruch. Hinzu kommt noch, dass die Textstrategien, die darauf hinwirken

---

347 Vgl. Kapitel 5.2.2 der vorliegenden Untersuchung.
348 Vgl. Art. ‚Ariel'. In: Dictionary of Angels. Including the Fallen Angels, hg. von Gustav Davidson, New York, London 1967, S. 54.
349 AO, 200.
350 Vgl. dazu die Zusammenstellung zur Rezeption in AO, 284–289.

sollen, den Bezug der einzelnen Großteile zu verschieben, nicht immer geglückt sind.

Ich will mich im Folgenden allein auf den überzeugendsten Teil der Komposition konzentrieren, nämlich das poetologische Programm, das innerhalb des dritten Teils vorgetragen wird. Die Passagen, die der zeitgenössischen Literaturkritik gewidmet sind, lasse ich aus. Angesichts des Scheiterns der Propheten-Poetik Heymars lässt Arnim eine Dichter-Figur noch einmal ganz grundsätzlich die Möglichkeiten zeitlicher Orientierung der schönen Literatur durchspielen. Am Ende seines Liedes gibt der Dichter eine allegorische Deutung im Sinne einer poetologischen Lesart:

> Der Ritter war des Dichters Sinn,
> Sein Roß die Phatasieen [sic!],
> Es reitet träumend auf ihn hin,
> Bis gold'ne Wolken ziehen.
>
> Die gold'nen Wolken stören ihn
> In seinen frohen Träumen,
> Denn höret recht, was ihm erschien
> Bey jenen Weidenbäumen.
>
> Die Alte war die alte Zeit,
> Die man nun längst vergessen,
> Ihr Wunderpfennig ihn erfreut,
> Er stahl ihn ihr vermessen.
>
> Er will des Herrmann Schattenreich
> Durch diesen Pfennig schauen,
> Die alten Tempel auch zugleich
> Hier wieder auferbauen.
>
> Er küßte ihn recht wohl drey Mal drey,
> Da hat ihn kühn umfangen,
> Die Gegenwart so hold, so frey,
> Genuß in dem Verlangen.
>
> Doch trauert er beym Morgenlicht,
> Daß bey der Hähne Schreyen
> Der volle Ton vom Nachtgesicht
> Sich nimmer will erneuen.
>
> Der alten Zeit war er nicht treu,
> Er hat sie wohl betrogen,
> Die Gegenwart war ihm nicht treu,
> Ihr Bild hat ihn betrogen.[351]

---

[351] AO, 228 f.

Der Dichter erklärt also, dass es wohl möglich wäre, sich der ‚alten Zeit' und ihren Glaubenslehren historisch anzunähern, sie aber unverändert in die Gegenwart zu transferieren zu wollen, muss an den veränderten Bedingungen heute scheitern. Zugleich bleibt die alleinige Orientierung an der Gegenwart den Erfordernissen des Augenblicks verhaftet. Wenig zielführend ist auch eine Poetik, die ihre Bedeutsamkeit ausschließlich rückwirkend aus der Zukunft bezieht. – Die Alternative zur einseitigen Orientierung an einer der Zeitekstasen bildet ihre Verknotung. Ein Progress ergibt sich, wie ich bereits verschiedentlich ausgeführt habe, für Arnim daraus, dass das Erbe der ‚alten Zeit' nach Bedingungen der Gegenwart wieder angeeignet und dabei mit Blick auf eine erhoffte Zukunft aktualisiert wird. Eben das will der dritte Teil der *Offenbarungen* vorführen.

Das „Sängerfest auf Wartburg" will gleichermaßen ein „Nachspiel zur ersten Aufführung von Herrmann und seinen Kindern" wie auch ein „Schlußgedicht zu Heymar's Dichterschule"[352] sein. Damit bewegt sich der dritte Teil zugleich auf derselben Ebene wie der übrige Text, aber auch auf einer poetologischen Metaebene zu diesen Texten. Als Komplement zum ersten Teil sorgt er für ein Wechselverhältnis der beiden Teile, insofern sich Vor- und Nachspiel jetzt kommentieren und im Sinne der Verbindung von Tragödie und Komödie bereichern,[353] die Gesamtkomposition des Buchs also bunter gestalten. Folgt man dem Parallelaufbau von Heymars Poetik und der Schülerpoetik im zweiten Teil, so steht der dritte Teil in der Schülerpoetik dort, wo bei Heymar der Märtyrertod stand. Von daher erweist er sich auf einer Metaebene als Versuch, die Kritik der Schüler Heymars positiv zu wenden und ihrer Poetik Gestalt zu verleihen. Da der Textteil auf zwei Ebenen fungieren will, beansprucht er nichts weniger als die gescheiterte Propheten-Poetik Heymars und ihr Produkt, das Trauerspiel, im dreifachen Sinne aufzuheben. Das Sängerfest entgrenzt sich, indem es retrospektiv die ersten beiden Teile in gewisser Weise zu Binnenaufführungen in sich macht.[354]

Warum wählt Arnim gerade ein Sängerfest mit Binneneinlagen als Rahmen? – In einem Brief an Brentano schreibt er über seinen „Lieblingsgedanke[n]", nämlich die Idee, dass die Versammlungen von Geheimgesellschaften das Modell bilden könnten, um die ganze Nation wieder zusammenzubringen.[355]

---

352 AO, 218.
353 Vgl. dazu Kapitel 5.2.3 der vorliegenden Untersuchung.
354 Mit der Herausgeberpoetik Kryolines verfolgt der Text zwar, wie gezeigt, ähnliche Absichten, sie liegen aber auf einer höheren Ebene und lassen sich mit der hier vorgetragenen Poetik nicht völlig in Deckung bringen.
355 Vgl. Kapitel 5.1.5 der vorliegenden Untersuchung.

> Die Versammlungen, wenn welche zusammenkommen, werden auf dem Brocken gehalten in der Nacht des ersten Mays, jeder lagert sich bey irgend einer Landstrasse der Kunst, um den Nothleidenden aufzuhelfen, die Theaterkritiken und Recensionsanstalten kommen in unsre Gewalt. – Aber hol mich der Teufel, ich will keine Recensionen schreiben. – Dagegen werden olympische Spiele und Sängerfeste alle zwey Jahre auf Wartburg gefeiert, ich habe ein Lustspiel dieses Namens als Vorläufer geschrieben [...] und eine Dichterherberge eingerichtet, wo Verse als Papiergeld angenommen und Speise und Trank dafür gereicht wird [...].[356]

Das Ziel ist, die Trennung von Amüsierbetrieb und Publikum aufzuheben und dem „Volke die Poesie zurück"[357] zu geben. Doch selbst diese Sängerfeste sind nicht ganz von der Gefahr ausgenommen, zur bloßen Unterhaltung zu verkommen. Einmal beklagt sich Arnims Dichter darüber, wie die Vögel sein Stück ganz anders als vorgesehen gespielt haben: „Mein ganzes Stück ist nun zerstört"[358]. Das zeigt aber umgekehrt, dass der Dichter sich im Klaren darüber ist, dass er zwar einen Anstoß geben kann, die Versammlung des ‚Sozialen' aber eigendynamisch geschehen muss. Eindringlich beschwört er die Entscheidungssituation, die die Gegenwart darstellt:

> Die Menschen steh'n an einem Scheidewege;
> Der eine Weg voll Kraft und wilder Fülle;
> Der andre eben, wie ein stiller Wille!
> So lassen Zweifel uns am Gränzgehege.
>
> Die Ruhe lockt, es lockt die weiche Stille,
> Die meisten gehen fort auf eb'nem Wege,
> Doch wird der Thaten Wunsch in ihnen rege,
> Daß Spiel und Tanz ihr ödes Herz erfülle.
>
> Erst dann erscheint der Schwachheit Kette ihnen,
> Gebroch'ne Kraft, ein hoffnungsloses Sinnen,
> Die Kunst ist nur zu ihrer Qual erschienen.
>
> Doch kann der Taube Lied kein Mensch entrinnen,
> Begeistrung reißt den Schleyer ab von ihnen,
> Doch kann sie Freyheit ihnen nicht gewinnen.
>
> [...]

---

[356] Brief Achim von Arnim an Clemens Brentano vom 17. 02., 01. 03. und 07. 03. 1803 (WAA 31, 200–207, 205 f.).
[357] Brief Achim von Arnim an Clemens Brentano vom 17. 02., 01. 03. und 07. 03. 1803 (WAA 31, 200–207, 206).
[358] AO, 253.

> Wer sich nicht traut, die Wolken zu durchdringen,
> Wird nie im blauen Glanz die Himmel sehen,
> Der Zuversicht kann nur das Werk gelingen.
>
> Daß morgen scheint die Sonne von der Höhe,
> Wenn heute mit dem Glanz die Wolken ringen,
> Die Ahndung sagt's – Es wird geschehen![359]

Im Vergleich mit der anfangs referierten Position erweist sich nun am Ende des Kapitels die Aufgabe, die die Poesie im Prozess des ‚Sozialen Wandels' übernehmen soll, deutlich verändert. Sie lässt sich dennoch als Fortentwicklung der Ausgangsüberlegungen verstehen. Der Gedanke ‚man muß dichten um nicht das Leben in seiner schlechtesten Gestalt zu sehen' hält sich historisierend abgetönt durch. Ein Vogelchor formuliert die verwandelte Gestalt der Ausgangsidee prägnant als Wunsch: „[G]ebe /Vergessenheit / und neu belebe / Vergangenheit"[360]. Die Dichtung soll nach wie vor, selbst in schwieriger Zeit, eine Zukunftsvision eröffnen. Die Weiterentwicklung besteht darin, dass der Bezugspunkt dabei ein ‚goldenes Zeitalter' in der Vergangenheit darstellt, das aber allein gegenwartsbezogen angeeignet werden soll. In ihrer Eigenberechtigung interessiert die Vergangenheit nicht. Das gilt inhaltlich wie formal; an anderer Stelle schreibt Arnim von der Aufgabe der Poesie, dass sie die „Erfindung und Prophetische Kritick [sic!] des künftigen Lieds, das Erinnerung, oder Wiedersehen sei."[361] Im Laufe der Zeit gibt Arnim der poetischen Anverwandlung und Weiterverarbeitung der Vorlagen immer mehr Rechte. Am Ende dieser Entwicklung steht die offen eingestandene Fiktionalität des Vogelspiels: „So lasset euch denn willig auch betrügen, / Allegorisch vergangen Zeiten lügen, / Die schöne Zeit, wo jeder Dichter verstand [...]."[362] Die Verkündigung der schönen Literatur verzichtet jetzt ganz auf religiöse Rückversicherung. Dennoch nimmt sie deren Denkmuster säkularisiert auf und knüpft sich an deren überlieferte Aussageformen.

Auch die Idee der Propheten-Schüler hat sich gehalten und weiterentwickelt. Es ist kein Zufall, dass die Wartburg den Schauplatz des dritten Teils von *Ariels Offenbarungen* bildet. Hier überkreuzen sich zwei Traditionslinien, an die Arnim wieder anschließen will.[363] Dabei wird er sie überblenden und zu

---

359 AO, 256 f.
360 AO, 245.
361 Brief Achim von Arnim an Clemens Brentano, verfasst vermutlich zwischen 03. 08. und 07. 08. 1802 (WAA 31, 70–73, 72).
362 AO, 233.
363 Vgl. dazu Etienne François, Die Wartburg. In: François, Schulze (Hg.), Deutsche Erinnerungsorte, Bd. 2, S. 154–170 und Herfried Münkler, Die Deutschen und ihre Mythen, Berlin 2009, S. 301–328.

etwas Neuem verschmelzen. Die Wartburg ist zum einen der Ort des berühmten mittelalterlichen Sängerwettstreits, zum anderen der Ort, an dem Martin Luther die Bibel in die deutsche Volkssprache übertragen hat. Davon ausgehend verstand der Protestantismus die christliche Gemeinde als Gemeinschaft von ‚Begeisterten', unter denen es keine privilegierten Propheten oder Priester mehr gebe. Im Sinne der ‚Demokratisierung' der Prophetenrolle sieht Arnim nun die Gemeinsamkeit zwischen der Versammlung der Sänger und der protestantischen Gemeinde darin, dass es sich beide Male um Versammlungsaktivitäten von Gleichberechtigten handelt, die aber umgekehrt auch davon abhängig sind, dass jeder seinen Beitrag dazu leistet. Es gibt keine Professionellen und kein passives Publikum. Am Wettstreit der Sänger wird die Idee des wechselseitigen Vorantreibens zum kulturellen Fortschritt deutlicher als an der Gemeinde. Den verbindenden ‚Geist' der Versammlungen macht die Aufarbeitung gemeinsamer Traditionen und deren Performanz aus. Arnims Sängerfest will diese Versammlungsweisen zur Einigung der Kulturnation wiederbeleben. Die erste Aufführung des Sängerfests, dessen Handlung am 1. Mai spielen soll, findet angeblich am Geburtstag des Erlösers Jesus Christus statt.[364] Daran wird deutlich, dass Arnim nicht davor zurückschreckt, sich beide Traditionen für die Gegenwart sehr frei anzuverwandeln. Will man seinem Selbstverständnis folgen, sollte man nicht von ‚Kulturalisierung' des Mittelalters und ‚Säkularisierung' christlicher Vorstellungen sprechen; das sind nämlich genau die Entwicklungen, denen Arnim entgegentreten will. Er würde das, was vorderhand als Synthese scheint, als Konzentration des Ewigen aus seinen verschiedenen geschichtlichen Erscheinungsformen verstehen. Dieses Konzentrat will er der Gegenwart ‚einimpfen', um den Geschichtsprozess wieder auf den ins Stocken geratenen, ja, vom Stillstand bedrohten Universalisierungs- und Reinigungsprozess des Ewigen einzulenken. Und den Anfang dieser Impfkampagne soll die Aufführung von *Ariel's Offenbarungen* bilden. In diesem Sinne lässt Arnim seinen Dichter verkünden:

> In diesen Mayentagen zum Sängerfeste,
> Ladet der Herold nach seiner Art auf's beste
> Alle edle Singevögel
> [...]
> Zum Wettgesang nach Wartburg ein.
> [...]
> Wo unser starker deutscher Mann [Luther, U. B.]
> Traf milden Schutz in seinem Bann,
> Und uns das heil'ge Buch gegeben,

---

[364] Vgl. AO, 218.

> Wodurch wir alle nun freudig leben.
> Da lass't euch denn recht innig rühren
> Mit klingen Flügel Begeisterung führen:
> Gedenket der großen Vergangenheit,
> Der Teutschen in ihrer Gottseligkeit
> In ihrer Kraft und tiefem Beginnen,
> In ihrem süßen Mayen-Minnen! –
> Das mag uns lehren den festen Willen,
> Das Höchste kann die Sehnsucht stillen;
> Und wer im Herzen will das Schöne,
> Daß den ein Schein vom Himmel kröne.
> Doch wie nur in der Strahlen Verein
> Erscheint der himmlischen Sonne Schein
> So denke jeder, daß nur im Verbinden
> Sich lasse prophetisch die Zukunft verkünden:
> Denn eine Schwalbe macht noch keinen Sommer.
> So war der heil'gen Sänger Zeit,
> So war der Barden Zeit,
> So war der Minnesänger Zeit,
> So war der Meistersänger Zeit,
> So war der Kirchensänger Zeit!
> Die Zeiten werden durch Eintracht erneu't
> Der Geist läßt sich nicht durch einen beschwören,
> Doch kann er die Stimme der Völker hören,
> Dann wird er gern bey uns einkehren! –[365]

5.3 Zwischenresümee

In *Hollin's Liebeleben* wird die Konzeption des ‚Sozialen' von zwei verschiedenen Ausgangspunkten her entwickelt. Die Poetik des ‚Sozialen' geht dort von einem Primat des Individuums aus, während die Perspektive des ‚Sozialen' der Poetik die Kunst stärker überindividuell entwickelt und ihren Primat beim Kollektiv nimmt. Damit setzt sie dann das Problem doppelter Kontingenz als gelöst voraus. Da der erste, individualistische Ansatz Schwierigkeiten aufweist, kommt es zu einer Verschiebung in Arnims Denken während seiner Reisezeit. Die Schwierigkeiten liegen darin, die Fragen aus der 3.-Person-Perspektive zu beantworten, also die Frage nach dem Verhältnis von Individuum und Kollektiv, die Frage nach Differenzierung und die Frage nach ‚Sozialem' Wandel. Arnim universalisiert den zweiten, holistischen Ansatz und legt durchgängig den Ausgangspunkt auf das Kollektiv.

---

[365] AO, 231–233. Vgl. dazu auch 229 f.

Daraus ergibt sich unter der Fragestellung von *Individuum und Kollektiv* der Versuch, die Individuen von ihrer Versammlung her zu denken. Diese Unternehmung steuert darauf zu, die Subjektivität zu kollektivieren, umgekehrt aber auch das Kollektiv zu subjektivieren. Weder die eine, noch die andere Bewegung glückt Arnim zu Anfang seiner Reisezeit in überzeugender Weise. Ich habe „Aloys und Rose" daher als einen ersten Versuch in diese Richtung gelesen, um die im Laufe der Reisezeit und der weiteren Unterkapitel noch zu lösenden Probleme aufzuzeigen. Innerhalb des holistischen Ansatzes bilden Sprache und Kultur, genauso aber die Geschichte, in Gestalt von Abstammung und materieller Situation, die beiden Quasi-Aprioris der Subjektivität. Beide Größen tauchen nebeneinander auf, können aber noch nicht in ihrem Wechselspiel bestimmt werden. Arnim räumt zwar der aposteriorischen Subjektivität Spielräume ein, tendiert jedoch anfänglich noch dazu, den Einfluss der kollektiven Mächte sehr hoch anzusetzen. Dadurch droht ihm die Subjektivität regelrecht zu entgleiten. Das wird auch daran deutlich, dass sich in diesem ersten Werk des Untersuchungszeitraums noch kaum Überlegungen zur Subjektivierung der Kollektivität finden lassen.

Das Komplementärkapitel zu *Kunst und Kollektiv* widmet sich den „Erzählungen von Schauspielen". In diesem Text gelingt Arnim mit dem Bild des ‚Tanzes' gleich eine doppelte Vermittlung. Zum einen entwickelt er daran ein ‚Sozial'-Modell, das Einseitigkeiten vermeidet und Subjektivität und Kollektivität ineinander verschlungen denkt. Vorgeprägte Muster und deren individuelle Interpretation sind in der Aufführung untrennbar miteinander verbunden. Das gilt für die einzelnen Tänzer ebenso wie für das Zusammenspiel als organisches Ganzes. Zum anderen stellt der Tanz für Arnim eine elementare Kunstform dar. Sie ist einerseits verwandt mit jeglicher Form von Körperbewegung überhaupt, zum anderen sind in ihr alle höheren Kunstformen bereits angelegt. Mithin wird der Tanz zum Paradigma der Poiesis des ‚Sozialen' überhaupt. Das heißt, dass die Versammlung des ‚Sozialen' nun als je schon immer artifiziell und performativ aufgefasst wird, und die höheren Künste nur einen spezifischen Sonderfall davon darstellen. Diese Konzeption des ‚Sozialen' hat zur Folge, dass die Unterscheidung zwischen Künstler und Publikum zumindest potentiell eingeebnet wird. Als Teil des ‚Kunstganzen' nimmt jeder prinzipiell beide Rollen zugleich wahr.

Im Kapitel zur *Integration* unter der Perspektive der Poetik des ‚Sozialen' untersucht Arnim die Gefahr der Hyperdifferenzierung in seiner Gegenwart am Beispiel verschiedener Länder. Sein Fazit lautet, dass ökonomische Ungleichheit und das Verfolgen nurmehr individueller Nutzenkalküle sich wechselseitig verstärken und zur Auflösung von ‚Nationen' führen, die sich noch in irgendeiner Weise zur Einheit integriert verstehen können. Das Ziel heißt für die deutsche Nation, diesen Entwicklungen vorzubeugen und darauf hinzustreben, dass jeder bei seinem Handeln die Einheit des Ganzen mit im Blick behält, zugleich aber größtmögliche Freiheiten besitzt. Der Adel verdankt seine Herrschaft seiner besonderen Veredelung. Jedoch kann nicht die Abkunft seine Macht begründen, sondern einzig seine moralische Vorrangstellung. Da der Adel dem Volk seine Führungsrolle verdankt, ist er in besonderer Weise dem Wohl des Ganzen verpflichtet. Füllt der Adel diese Rolle nicht mehr aus, so ist er als Stand abzuschaffen. Das moralische Ideal aber, das der Adel eigentlich verfolgen sollte, sollte dann demokratisiert werden. Arnim kritisiert an den Revolutionen, dass sie Freiheit auf Gleichheit gründeten, die sich am kleinsten gemeinsamen Nenner orientiert. Stattdessen möchte er, dass Gleichheit am höchsten Niveau ausgerichtet ist, nämlich dem, das eigentlich der Adel repräsentieren sollte. Insofern der Veredelungsprozess in der Natur auf die Ausbildung eines besonderen Sinnes für Schönheit zuläuft, kann umgekehrt Schönheit als vorzügliches Mittel auf dem Weg der Vervollkommnung angesehen werden. Mithin nimmt der Künstler die Rolle des Geistesaristokraten ein. Um die Nation wieder zu einer Einheit zu integrieren, kommt daher der Kunst eine ausgezeichnete Aufgabe zu. Dem Volk soll die Sprache der Natur, von der es entfremdet ist, wieder verständlich gemacht werden, wozu alle Künste wieder vereinigt werden müssen. Um das Volk in diesem Sinne zu bilden, schlägt Arnim vier Maßnahmen vor: ‚Volkskünstler' ausbilden, die dann die Kunst im Volk weiter verbreiten, die ‚Volkskunst' zum Volk zurückbringen und ihre Potentiale stärken. Weiter sollen Kunstformen des ‚Volkes' zu ihrer Popularisierung in höherer Kunst aufgegriffen werden. Genauso aber soll, drittens, höhere Kunst für das Volk vereinfacht werden. Zuletzt sieht er eine Sprachreform vor, die die Dialekte auf das ‚Urdeutsch' zurückführt, als Sprache der Natur, zu der hin am Ende der Zeit alle anderen Sprachen konvergieren werden. Die Integrationsstrategie für die deutsche Nation, die hier sichtbar wird, heißt: Entdifferenzierung als höhere Form der Ausdifferenzierung.

Integration unter der Perspektive des ‚Sozialen' der Poetik bedeutet für Arnim zunehmend, mit seinem Werk den eben projektierten Maßnahmenkatalog selbst umzusetzen. Zunächst ist eine ganz deutliche Entwicklung sichtbar, die im Sinne des ‚Kunstganzen' die Unterscheidung zwischen Produktion und Rezeption auflöst und das Kunstwerk als eine Sequenz in einer Kette von produktiven Rezeptionsvorgängen inszeniert, die sich idealiter bei den Lesern fortsetzt. In *Ariel's Offenbarungen* will Arnim nicht mehr nur über das Volk sprechen, sondern zum Volk. Der Text gibt sich als enzyklopädisch angelegtes Lehrgedicht über die Natur, will mithin die Sprache der Natur wieder hörbar machen. Das gelingt ihm nur bedingt. Er erprobt in den verschiedenen Teilen unterschiedliche Verfahren, eine neue Art von ‚Unverständlichkeit' zu entwickeln, die tatsächlich beim Volk auf offene Ohren stößt.

Die Frage nach *Differenzierung* in der Poetik des ‚Sozialen' geht der Möglichkeit von Vielheit bei Einheit nach. Sie erkundet die vorsubjektiven Gegebenheiten und nimmt somit die Thematik aus dem Kapitel über Individuum und Kollektiv wieder auf. Es geht nun um das Verhältnis von Geburtsgemeinschaft und Kulturgemeinschaft. Arnim zeigt, dass beide Kollektiv-Konzepte zwar das Dach für eine Versammlung bereitstellen können, aber nicht automatisch eine Versammlung hervorbringen. Beide verlangen die Identifikation des Einzelnen mit dieser Gemeinschaft. Hier taucht der Gedanke auf, dass eine Gemeinschaft, in der der Einzelne wie beim Tanzen das Zusammenspiel des Ganzen mit im Auge hat, den Glauben an die heilige Nation voraussetzt. Die Versammlungskraft beider Einheitsformeln ist fundiert im Vertrauen auf und im Glauben an die Werthaftigkeit der Einheit. Vertrauen bedeutet zunächst ein voraussetzungsloses Geschenk an den Anderen, verpflichtet diesen aber dadurch zur Gegengabe. Mithin wird zugleich die Interdependenz doppelter Kontingenz unterbrochen und Reziprozität erzeugt. Beide Einheitsformeln im Wechselspiel ermöglichen Kontinuität und Dynamik, wenn in einem Prinzip Fremdes hinzukommt, das andere aber stringent weitergeführt wird. Daher verweisen beide Prinzipien aufeinander und sind nicht zu trennen. Mit Treu und Glaube wird Differenzierung nun aus einem relationalen Konzept heraus begründet, das Einheit und Vielheit nicht einseitig auflöst, sondern ins Verhältnis setzt. Zuletzt gibt Arnim diesen systematischen Überlegungen noch eine spezifische Wendung, indem er sie auf die Wiederkehr des Glaubens an die deutsche Nation durch die Kunst hin ausrichtet.

Die Kunst hat selbst Teil an der Hyperdifferenzierungsentwicklung der Gegenwart, diagnostiziert Arnim unter dem Gesichtspunkt der Differenzierung des ‚Sozialen' der Poetik. Das ist dann der Fall, wenn die Kunst nur noch kommerzielle Interessen verfolgt und das Publikum sich nur noch für Spektakel interessiert. Dabei kommt die Orientierung am Wohl des Ganzen der Nation und in der Folge ein quasi-religiöser Dienst am Kultus abhanden. Auf dem Weg zu einer Wiedervereinigung aller Künste als Dienst am Ewigen setzt Arnim auf zwei Strategien. Zum einen hofft er darauf, dass Ansätze erstarken, die die Inhaltsleere und Überkommenheit der Gegenwartskunst vor Augen führen. Ziel ist es, den durch die Hyperdifferenzierung vereinzelten Individuen diese Vereinzelung als Problem deutlich zu machen, was schon eine erste Gemeinsamkeit wäre, von wo aus sich vielleicht eine organische Einheit in nationalreligiösem Geiste entwickeln ließe. Dieses Problembewusstsein zu schaffen, kann aber nur der erste Schritt sein. Arnim empfiehlt gleichzeitig Ansätze, die die Fortüberlieferung der Tradition, in Arnims Diktion des ‚Ewigen', in die Gegenwart pflegen, hervorzuheben und zu unterstützen. Die Misere der Gegenwart wird auch dadurch deutlich, aber viel indirekter. Mit diesem zweiten Ansatz wäre ein weitergehender Schritt zu einer neu erstandenen nationalen Glaubensgemeinschaft unternommen als mit dem ersten.

Im Kapitel zu ‚Sozialen' Handlungsmustern präsentiert Arnim seine Überlegung zur universellen Poiesis des ‚Sozialen' als produktive Rezeption und Performanz nochmals spezifisch zugeschnitten auf künstlerische Vorlagen. Da er das Rollenhandeln stärker auf das Bild der ‚großen Kette der Wesen' bezieht, transformiert er dabei zugleich das Bild. Der Akzent verschiebt sich noch stärker als bisher vom Sein in verschiedenem Verwirklichungsgrad auf das Werden. Wenn das, was vorher als Erscheinung gedacht wurde, nun als Performanz aufgefasst wird, überführt Arnim die Einheits-Vielheits-Dichotomie in die Vorstellung medialer Teilhabe. Die künstlerische Performanz gewinnt innerhalb dieser Vorstellung ihren besonderen Stellenwert dadurch, dass sie das Ewige besonders reichhaltig selbst dort noch zum Ausdruck bringt, wo der Ursprung in weiter Ferne liegt und alles in Buntheit zersplittert scheint.

Aus der Perspektive des ‚Sozialen' der Poetik stellt sich die Frage nach ‚Sozialen' Handlungsmustern dergestalt, welche künstlerischen Vorlagen für eine Performanz lebendiger Kunst besonders geeignet scheinen. Für die Konzeption des Zusammenhangs von Vorlage und Interpretation kommt dem Bezugsverhältnis der Allegorie nun ein besonderer Stellenwert zu. Zwei Ideen sind dabei für ihn entscheidend. Zum einen hält er Vorlagen, die in ihrer Konkretheit besonders allgemein bleiben, mithin allegorisch sind, deshalb für besonders geeignet, da sie genuin besonders große Freiräume für die Anverwandlung und ihre Kombinationsmöglichkeit bereitstellen. Zum anderen sind die besonders geeigneten Vorlagen dadurch gekennzeichnet, dass sie einen außergewöhnlich intensiven Bezug zur Tradition herstellen. Indem in der konkreten Schönheit die Allgemeinheit des Ewigen frisch vermittelt wird, füllt die Kunst, wenn sie allegorisch wird, eine quasi-religiöse Funktion im Dienst an der Nation aus, gerade weil sie sich durch dieses Bezugsverhältnis der Differenz zwischen Ewigkeit und Jetzt-Zeit nachhaltig bewusst ist.

Das Kapitel zum ‚Sozialen' Wandel bringt zwei Phänomene miteinander in Zusammenhang: den Abbruch der Überlieferung des Ewigen und die Individualisierung der Menschen. Die Entzauberung der Welt ließ gemeinsam begangene heilige Zeiten verschwinden, enthierarchisierte somit die Zeit und führte zu einem immerwährenden Gottesdienst in Gestalt der Systematisierung der Lebensführung. Da Religion zunehmend zur Privatsache wurde, geriet die Weitergabe kollektiver Traditionsbestände in Gefahr. Das ist für den Fortschrittsprozess fatal. Für Arnim gibt es nämlich einen Grundbestand ewiger Wahrheit, die sich, angepasst an die jeweiligen Lebensbedingungen, in Gestalt verschiedener Religionen manifestiert. Weiter nimmt er an, dass es zwischen diesen partikularen Erscheinungsformen des Ewigen eine Konvergenzbewegung im

Laufe der Geschichte gibt, die durch eine Reinigung vom Spezifischen auf eine Universalisierung des Ewigen zuläuft, aus der die ewige Wahrheit am Ende der Zeit wieder als Ganzheit hervorgehen wird. Der weitgehende Abbruch der Überlieferung des Ewigen ist Ursache der Misere der Gegenwart, in der die einzelnen Menschen immer weiter zerstreut werden, sodass die Versammlung des ‚Sozialen' immer prekärer wird. Arnim sucht nach Ansätzen für neue Gemeinschaften, die dieser Tendenz entgegenwirken. Ein positives Beispiel für Vereinigungen findet er in den Freimaurerbünden.

Deren Vorbild greift Arnim auf und wendet es im Rahmen seiner Überlegungen zum ‚Sozialen' der Poetik ins Künstlerische. Von den beiden Ideen, durch die Kunst erst ein Problembewusstsein für das gegenwärtige Elend zu erzeugen und noch bestehende Überlieferungszusammenhänge des Ewigen hervortreten zu lassen und zu fördern, tritt die zweite zunehmend deutlicher hervor. *Ariel's Offenbarungen* spezifizieren das Modell produktiver Rezeption auf die nationalreligiöse Versammlungsfunktion der Kunst hin. Das Versammlungsmodell stellt eine Gemeinschaft von Begeisterten dar, in der nach protestantischem Vorbild kein Unterschied mehr zwischen Pfarrer und Gemeinde herrscht. Konkret versucht Arnim diese Idee umzusetzen, indem er sich bemüht, im *Ariel* das Theaterpublikum in die nationalreligiöse Gemeinde auf der Bühne mit einzuschließen. Zugleich stellt Arnim klar, dass die Wiederaneignung von Traditionen nicht an deren historischer Eigentümlichkeit interessiert ist, sondern einzig an ihrer ästhetisch-religiösen Vergemeinschaftungsqualität, wobei die Erscheinungsgestalt für die Gegenwart adaptiert werden muss.

Innerhalb der gezeigten Weiterentwicklung von Arnims Denken lassen sich zwei gegenläufige Tendenzen ausmachen, die aber interessanterweise auf dasselbe Ziel zusteuern. Die Universalisierung des holistischen Ansatzes über die Kunst hinaus auf das ganze ‚Soziale' führt dazu, dass Arnim genuin ästhetische Konzepte amplifiziert, um allgemeine Prinzipien im Rahmen einer Poiesis des ‚Sozialen' zu beschreiben. Zu denken ist hierbei vor allem an den ‚Tanz' und die ‚Allegorie'. Die vordergründige Gegenbewegung hierzu besteht darin, dass Arnim seinen Fokus verengt und nicht mehr so stark jede Erscheinungsform der Versammlung des ‚Sozialen' in den Blick nimmt, sondern spezifisch nach der Rolle der Kunst innerhalb dieser Bewegungen fragt. Das führt dazu, dass Arnim sich für die konkreten Auswirkungen der Säkularisierung auf die Künste interessiert. Gleichsam präzisiert er seine Lösungsansätze auf die Fragen des ‚Sozialen' dahingehend, dass er sie konkreter auf Textstrategien hin zuschneidet. Während er beispielsweise im *Hollin* noch ganz grundsätzlich die Frage nach dem Spielen von Rollen angegangen war, konzentriert er sich während der Reisezeit nur noch auf künstlerische Rollenmuster.

Beide Entwicklungen laufen auf eine Konvergenz der Sichtweisen hinaus. Deshalb stößt eine Heuristik, die zwischen der Lesart der Poetik des ‚Sozialen' und dem ‚Sozialen' der Poetik unterscheidet, langsam an ihre Grenzen. Schon mit Blick auf die Reisejahre hat sich die Unterscheidung manchmal bereits als unscharf erwiesen, ließ sich aber gerade noch halten. Für die weiteren zu untersuchenden Texte ist die Unterscheidung aber nicht weiter fruchtbar. Gemäß meines methodischen Prinzips, die Rekonstruktion der Denkbewegung von der Logik des historischen Materials anleiten zu lassen, werde ich deshalb die Doppelperspektive in Kap. 6 aufgeben, oder richtiger gesagt, beide Perspektiven in Eins fassen. Ich unterscheide daher im Folgenden nicht mehr zwischen der Poetik des ‚Sozialen' und dem ‚Sozialen' der Poetik, sondern betrachte die Poetik des ‚Sozialen' als Teil der universellen Poiesis des ‚Sozialen'.

6 Des Knaben Wunderhorn I (1805–1806)

Bereits 1801, als Arnim Winkelmann zum ersten Mal von seinem *Hollin*-Roman berichtet, spricht er von Volksmärchen und alten Liedern.[1] Das Interesse für diese Gegenstände wurde durch Brentanos Einfluss geweckt oder zumindest vertieft. In die Werke aus Arnims Reisezeit und eine Reihe von Liedeinlagen in Brentanos *Godwi*-Roman gingen die Funde einer umfangreichen Sammeltätigkeit ‚alter Dichtung' ein, von der im Briefwechsel immer wieder die Rede ist. Die Sammelaktivitäten zielten aber letztlich auf eine eigenständige Veröffentlichung. Fast im Monatsrhythmus tauchen in den Briefen Editions- und Publikationspläne auf, die sich zerschlagen, verworfen oder miteinander identifiziert werden.

Einigermaßen konstant hält sich seit Brentanos Brief vom 30. April 1803 der Plan für eine Gemeinschaftspublikation eigener Lyrik[2] unter dem Arbeitstitel „Lieder der Liederbrüder"[3]. Zurück aus England übersendet Arnim Brentano am 12. August 1804 aus Düsseldorf seine „ersten Worte aus dem alten reinen Deutschlande"[4]. Brentano und seine Frau Sophie Mereau, die im November 1803 geheiratet hatten, sind zu diesem Zeitpunkt gerade mit ihrem Umzug nach Heidelberg befasst. In den Herbstmonaten des Jahres 1804 verfasst Arnim den ursprünglich für das Liederbrüder-Projekt als Vorwort gedachten Essay „Von Volksliedern",[5] der Anfang 1805 in einer gekürzten Version in Reichardts *Berlinischer Musikalischer Zeitung* erscheint.[6] In dem Essay ist auffälligerweise von eigener Lyrik keine Rede. Noch im Herbst 1804 besucht Brentano, gewissermaßen als Flucht vor Eheschwierigkeiten und einer Schaffenskrise, Arnim in Berlin und bleibt bis zum Jahresende. Obwohl sich beide gut verstehen, gelingt es ihnen in dieser Zeit nicht, etwas Konkretes zu produzieren. Dort reift wohl aber der Plan zum *Wunderhorn* heran, den Brentano Mitte Februar 1805 bereits in

---

[1] Vgl. Brief Achim von Arnim an Stephan August Winkelmann vom 24.09.1801 (WAA 30, 181–183, 182).
[2] Vgl. Brief Clemens Brentano an Achim von Arnim vom 30.04.1803 (WAA 31, 214–226, 225).
[3] Vgl. Brief Achim von Arnim an Clemens Brentano vom 05.05.1803 (WAA 31, 229–234, 229, Herv. getilgt).
[4] Brief Achim von Arnim an Clemens Brentano vom 12.8.1802 (WAA 31, 380).
[5] Vgl. Brief Achim von Arnim an Clemens Brentano, verfasst kurz vor Mitte April 1805 (WAA 32.1, 44–49, 48): „Mein Aufsatz über Volkslieder wird Dir gefallen, er enthält zum Schluß eine Aufforderung [zum Nationalpatriotismus, U. B.] der Art nur ganz allgemein, wie Du sie in deinem Briefe erwähnst, ich dachte ihn als Vorrede unsrer Liederbrüder für meinen Antheil, als Entschuldigung und Rechtfertigung meiner geringen Gaben, als Aufforderung der Leser uns zu belehren mit dem was sie wissen und wir nicht."
[6] Wiederabgedruckt in FA 6, 168–178. Vgl. dazu auch den Kommentar in FA 6, 1135 f.

einem Brief formulieren kann.[7] Immer wieder hat Brentano Arnim nach Heidelberg zu locken versucht, im April stimmt nun auch Brentanos Frau in diesen Tenor mit ein. Keck schreibt sie ihm:

> Ich habe also Ihren Brief mit großer Lust gelesen u vermiße nur etwas darinn. Es ist, daß Sie gar nicht des Kommens gedenken. Solten Sie andres Sinnes geworden sein? es wäre nicht recht! Denn nach Heidelberg müßten Sie ja doch, das liegt in Ihrem Leben u also warum nicht jezt? Ich würde gar nicht glauben können, daß es Frühling u Sommer sei, wenn Sie nicht hier wären! Den Mai gebe ich Ihnen noch Zeit u zwar gern, aber dann hofe ich Sie mit zwei Leben zu begrüßen, oder ich werde nur halb zu leben glauben.[8]

Sie hat schließlich Erfolg und Arnim reist tatsächlich im Mai nach Heidelberg, wo er zum Monatsende ankommt. Während nur zweieinhalb Monaten gelingt es Arnim und Brentano, die zusammengetragene ‚Volksdichtung‘[9] zu einer Anthologie zusammenzufügen. Erst in dieser Zeit fällt auch der Titel *Des Knaben Wunderhorn* zum ersten Mal in einem Brief Brentanos.[10] Das Korrekturlesen und die Endredaktion übernimmt Arnim ab Mitte August in Frankfurt, während Brentano in Wiesbaden zur Kur weilt.

Im Oktober 1805 erscheint bei Zimmer in Heidelberg der erste Band des Liederbuchs mit der Jahreszahl 1806. Von den „Liedern der Liederbrüder" ist zwar noch weiter nach 1806 die Rede, allein dabei bleibt es auch.[11] – In *Des Knaben Wunderhorn* verbindet sich der Plan einer Gemeinschaftspublikation mit dem einer Neuedition alter deutscher Texte.

Dieses Kapitel widme ich allein dem ersten Band von *Des Knaben Wunderhorn*, weil sich bis zur Publikation der Folgebände, vor allem als Reaktion auf die veränderten Zeitumstände, größere Verschiebungen innerhalb des Projekts ergeben werden, die eigens zu beschreiben sind. Wenn ich mich dabei dennoch auch auf Texte der Folgebände bzw. aus deren Umkreis beziehe, dann mit Blick auf poetologische Überlegungen und Verfahren, die sich durchgehalten haben. Ich behandle das *Wunderhorn*-Projekt in diesem Sinne heuristisch als eine Einheit. Das legitimieren die Texte von ihrer Stringenz und Kohärenz her. Meine Lektüre stellt das *Wunderhorn* vor allem in den Zusammenhang von Arnims Poetik.[12] Rechtfertigen lässt sich dieses Vorgehen dadurch, dass die pro-

---

7 Vgl. Kapitel 6.1.1 der vorliegenden Untersuchung.
8 Brief Sophie Brentano an Achim von Arnim vom 24.04.1805 (WAA 32.1, 50).
9 Vgl. dazu Kapitel 3.2.3.2 der vorliegenden Untersuchung.
10 Vgl. Brief Clemens Brentano an Friedrich Karl von Savigny von Ende Juni/Anfang Juli 1805 (FBA 31, 439–441, 441).
11 Vgl. dazu Ricklefs, Das „Wunderhorn", S. 177–190.
12 Zur Entwicklung von Brentanos Poetik zum *Wunderhorn* vgl. Hartwig Schultz, Von Jena nach Heidelberg. Die Entfaltung von Brentanos Poetik. In: Clemens Brentano 1778–1842. Zum 150. Todestag, hg. von Schultz, Bern u. a. 1993, S. 11–30, bes. S.15 ff.

grammatischen Texte, sowohl die Widmungsvorrede als auch der als Nachwort eingegangene Aufsatz „Von Volksliedern", aus Arnims Feder stammen, zudem die redaktionelle Arbeit vor allem in seinen Händen lag. Brentano zeigte sich mit der großen Linie der dort entworfenen Poetik einverstanden.[13] In Detailfragen aber setzte Brentano andere Akzente, die er aber durchaus in das Gemeinschaftswerk mit einbrachte. Dieser Umstand ist zum guten Teil verantwortlich für die heterogene Gestalt des Werks als Ganzes. Daher ist es wichtig, trotz der primären Orientierung an Arnim auch Brentanos Anteil entsprechend zu würdigen.

In den Jahren 1805 bis 1808 rücken die Poetiken Arnims und Brentanos weiter auseinander. Während sich Arnims Poetik von den Positionen des ersten *Wunderhorn*-Bandes entfernt und die Folgebände nicht mehr gänzlich der Poetik entsprechen, die sich in alleine verfassten Werken aus derselben Zeit niederschlägt, bleibt Brentano stärker der Poetik des ersten *Wunderhorn*-Bandes treu. Man tut Brentano daher kein Unrecht, wenn man kleinere Verschiebungen zu den Folgebänden auslässt. Das letzte Kapitel, ein Ausblick, konzentriert sich daher allein auf Arnims Poetik und die Verschiebungen zu den Bänden zwei und drei.

---

13 Wenige Wochen vor der preußischen Niederlage von Jena und Auerstedt bekundet Brentano sein Einverständnis mit Arnim. Vgl. Brief Clemens Brentano an Achim von Arnim, vermutlich verfasst zwischen 10.10.1806 und Ende Oktober 1806 (WAA 32.1, 350–351, 350 f.) „[L]ieber Arnim, heiliger Patriot [...]. Ich glaube es könnte dir nichts so herrlich gelingen, als ein Plan zu VolksEinheit, und eine stille würkende Gesellschaft dafür, die Sache müßte sich leise anspinnen und nach und nach mächtig alles in sich ziehen und laut werden, dein teutscher Sinn könnte nicht göttlicher mächtiger wirken, als in der Erfindung eines geheimen Plans in deinem Vaterland eine mächtige Nation zu bilden, die leben, siegen, und sterben könnte. Ich fordere dich auf als dein Vertrauter Freund, der dein Herz kennt, lege nach und nach deine Gesinnungen hierüber schriftlich nieder und lasse sie sich anhäufen [sic!] biß du gegenseitig abwiegend, sie zu einem gleichfaßerigen einstarken Plan zu einem solchen Unternehmen, ordnen kannst. Deine Volksliedditirambe [,Von Volksliedern', U. B.] ist ja voll vulkanischer Explosion solcher frommen Wünsche, wenn du etwas darüber ausgearbeitet, so lege es meiner Bedächtigkeit vor, ich bin fest entschloßen, mit meinen besten Gedanken mit dir darüber zu denken. Wenn wir dann etwas tüchtiges zussammen [sic!] gedacht haben, wollen wir auch den scharfsinnigen herrlichen Savigny zu Rathe ziehen, der uns vortreffliche Sachen dazu sagen wird, und dann beginnst du nach und nach deine besseren Freunde ernsthaft dazu zugewinnen, und das ganze wird immer in mehr Gemüthern lebendig, und muß sich manichfaltig einzeln würkend zu einem Ganzen organisieren, wir können wenigstens Versichert [sic!] sein mit Weisheit und gemäßigtem Enthusiasm totalwürkender als das Noth und Hülfsbüchlein zu werden, dessen Titel wenigstens bald verächtlich werden muß. Um alles in der Welt, eine deine [sic!] vielen Pläne zum Besten und Schönsten, in diesem einzigen Großen, und mache mich theilhaftig deines Vertrauens hierin, ich will mit ganzer Seele mitwirken, mit ganzen Schweigen und Bedacht. Das heiße, Frankreich den Krieg erklärt."

6.1 Die Poiesis des ‚Sozialen'

6.1.1 Zwei Liederbücher (Individuum – Kunst – Kollektiv)

Bisher hat Arnim viel darüber reflektiert, wie die deutsche Nation sich wieder versammeln und welchen Beitrag die Kunst dazu leisten könne; allein der Schritt zur Umsetzung der Entwürfe war ihm kaum geglückt. Von ihrer Textpragmatik her waren seine früheren Publikationen wenig dazu angetan, Versammlungsbewegungen unmittelbar zu initiieren. Durch ihre mediale Distribution waren sie zudem nur einem sehr kleinen, elitären Publikum vorbehalten. Das sollte sich mit *Des Knaben Wunderhorn* ändern.[14]

Diese Gemeinschaftspublikation von Arnim und Brentano will zu Aufführungen anleiten, in denen sich das ‚Soziale' als Nation versammelt. Aus Arnims Sicht könnte man sagen: Die Erkenntnisse der Poetik des ‚Sozialen' sollen jetzt für das ‚Soziale' der Poetik fruchtbar gemacht werden. Drei Grundideen, die Arnim während seiner Reisezeit entwickelt hat, finden sich hier konzeptionell wieder. Produktionsästhetisch ist der Gedanke grundlegend, dass es sich bei jeglichen Formen der Versammlung um eine Poiesis des ‚Sozialen' handelt. Bilden auch künstlerische Versammlungsaktivitäten das Paradigma, so handelt es sich dabei gleichwohl nur um eine spezifische Erscheinungsform von Versammlungsaktivitäten. Mit dieser Konzeption nähert Arnim die Kunst lebensweltlichen Vollzügen des Alltags stark an. Der zweite Gedanke, der sich unmittelbar daran anschließen lässt, besteht darin, die Versammlung des ‚Sozialen' als Aufführung von vorgeprägten Mustern zu denken. Subjektivität und Kollektivität sind dabei untrennbar ineinander verschlungen gedacht. Zudem koordinieren die Muster verschiedene Akteure idealerweise zu einem organisierten Großgebilde. Beide Überlegungen hatte Arnim früher anhand des Tanzens und der Allegorie erläutert. Wenn im *Wunderhorn* jetzt Lieder die Versammlungsmuster bilden, ist die eingeschlagene Denkbewegung fortgeführt. Vielleicht kann man die ‚Volkslieder' als Versuch ansehen, beide Konzepte zu

---

14 Erfolg ist eine Frage des Maßstabs. Gemessen an allen vorherigen Publikationen ihrer Herausgeber besaß das *Wunderhorn* die größte Wirkung, selbst wenn diese weit hinter den Hoffnungen ihrer Herausgeber zurückblieb. Auch nach allgemeinen Maßstäben der Zeit war die Publikation sicherlich kein Bestseller. Das *Wunderhorn* wurde mitnichten vom ‚Volk' gelesen, sondern weitgehend von ‚Intellektuellen' und Künstlern, gleichwohl erlangte der Titel größere Bekanntheit und prägte für spätere Generationen nachhaltig die Vorstellung von der Gattung ‚Volkslied'. Vgl. dazu Heinz Rölleke, „Des Knaben Wunderhorn" – eine romantische Liedersammlung. Produktion – Distribution – Rezeption, und Günter Häntzschel, „Des Knaben Wunderhorn" im Kontext der Anthologien des 19. Jahrhunderts, beide in: Pape (Hg.), Das „Wunderhorn" und die Heidelberger Romantik, S. 3–19, hier S. 8 ff. bzw. S. 49–58.

kombinieren, da hier Körperbeherrschung und die kognitiv reflektierte Anverwandlung von Sinnmustern zu einem gleich gewichteten Zusammenspiel zusammengeführt werden. In der Kombination von Wort- und Singkunst ist zudem ein höheres Kunstniveau erreicht als beim Tanzen oder in der Allegorese allein, zugleich sind die Lieder als Kunstform auch alltagstauglicher. Diesen Überlegungen korrespondiert rezeptionsästhetisch die Fortentwicklung eines dritten Gedankens. Seit seinen dichterischen Anfängen erwartet Arnim ein Mitwirken der Leser bei der Sinnkonstitution der Texte. Das bedeutete für die Texte eine paradoxe Sprechsituation, denn sie wollten zugleich von den Lesern aufgenommen werden. Dabei wollen sie es ihnen aber nicht zu leicht machen. Emphatische ‚Unverständlichkeit' heißt das Problem. In *Des Knaben Wunderhorn* verabschiedet sich Arnim zunehmend von einer Konzeption von ‚Unverständlichkeit' im Schlegelschen Sinne und findet im ‚Volkston' ein eigenes Konzept, das bei der Eingängigkeit der Texte Konzessionen zugunsten einer erwarteten größeren Rezeption macht, ohne die Widerständigkeit ganz aufzugeben.[15]

Der *Wunderhorn*-Editor Heinz Rölleke nennt das Werk „ohne ein dezidiertes Vorbild"[16]. Indem er die Einzigartigkeit von dessen Ästhetik betont und der Abgrenzungsrhetorik seiner Herausgeber blindlings folgt, entgeht ihm, wie sehr Arnim und Brentano medientechnisch und publikationsstrategisch von anderen Anthologien gelernt haben.[17] Nicht zufällig bezieht sich Brentano, als er gegenüber Arnim zum ersten Mal den Plan zur später *Wunderhorn* genannten Liedsammlung äußert, auf das *Mildheimische Liederbuch*.

> Ich habe dir und Reichard [sic!] einen Vorschlag zu machen, bei dem ihr mich nur nicht ausschließen müßt, nehmlich ein Wohlfeiles Volksliederbuch zu unternehmen, welches das platte oft unendlich gemeine Mildheimische Lieder buch [sic!] unnötig mache, wenn wir zum Anfang nur ein hundert Lieder, die den gewöhnlichen Bedingungen des jezzigen Volksliedes entsprechen, beisammen haben [...]. [D]ie Klage über das mildheimische ist allgemein, [...] ich bin versichert, es wäre viel mit zu würken, äußre [sic!] dich darüber mir ist der Gedanke lieb.[18]

Arnim antwortet ihm darauf postwendend:

> Ueber das Volksliederbuch denke ich sind wir lange einig, nicht ohne Dich und mit keinem andern als Dir möchte ich es herausgeben. Meinen Aufsaz [sic!] über Volkslieder

---

15 Vgl. dazu Kapitel 3.2.3.2 und 5.2.2 der vorliegenden Untersuchung.
16 Rölleke, „Des Knaben Wunderhorn" – eine romantische Liedersammlung, S. 3.
17 So auch Konrad Feilchenfeldt, Zur Entstehung der romantischen Liedersammlung aus der Verseinlage im Roman der Jahrhundertwende 1800. „Des Knaben Wunderhorn" als Beispiel. In: Pape (Hg.), Das „Wunderhorn und die Heidelberger Romantik, S. 21–33, hier S. 30.
18 Brief Clemens Brentano an Achim von Arnim vom 15.02.1805 (WAA 32.1, 18–26, 22 f.).

würde ich Dir gern für das Journal schicken, nur hat Reichardt einen Auszug daraus schon für seine musikalische Zeitung gemacht und drucken lassen; in jedem Falle sollst Du eine Abschrift haben, Du magst machen damit, was Du willst, – nur Eins wird ausgenommen, die verkehrte Druckerey. Ich sammle fleissig an Liedern, das Mildheimische Liederbuch ist zwar im Gan^zen schlecht, kann uns aber im Einzelnen manches Brauchbare liefern, wir müssen es machen wie mit Miniaturpinseln, aus tausend nur eines und aus dem neuen tausend der Art wiederum nur eines. Reichardt hat über zwölf andere Lieder von mir komponirt, die Du alle nicht kennst, ich habe noch manches ins Reine geschrieben und denke bey meiner Anwesenheit in Heidelberg soll die Confrontation der *Lieder der Lieder*brüder keinen Aufenthalt finden, sondern sogleich in der weiten Welt sich Dach und Fach suchen. Dazu bewahre Deine herrligen Melodieen, die mir, ich gestehe Dir, mehr Freude machen als alles andre [...]. [G]laube mir, Reichardt kennt den Geschmack der *Welt*. [...] Du wirst doch endlig finden, daß er zu den wenigen Musikern gehört, deren Arbeit wenig abgerundet durch die Zeit, wie das mit allen Liedern geschehen muß echtes Volklied werden kann. [...] – In diesen Tagen fange ich die Guitarre an, es treibt mich mächtig dazu, wie lange der Trieb gedauert, das höre an meinem Spiel in Heidelberg. Heideday Juch hey sasa[19]

Ich möchte dieses Kapitel als einen Vergleich zwischen dem *Mildheimischen Liederbuch* und *Des Knaben Wunderhorn* anlegen. Nicht nur erscheint das *Wunderhorn* dadurch in seinen zeitgenössischen Kontext eingebettet, auch seine Spezifika treten deutlicher hervor. Dabei orientiere ich mich hier vor allem an der Rezeptionssteuerung durch programmatische Paratexte und Medienstrategien. Fragen der Genese bleiben dagegen weitgehend außen vor.

Das *Mildheimische Liederbuch* und das *Wunderhorn* sind beides Anthologien. Dabei benennt ersteres allerdings klar die redaktionellen Eingriffe, vor allem im Sinne moralischer Zensur. Hier heißt es schon auf dem Titelblatt: „Gesammelt für Freunde erlaubter Fröhlichkeit und ächter Tugend, die den Kopf nicht hängen lässt / von Rudolph Zacharias Becker"[20]. Das *Wunderhorn* gibt sich da sehr viel zurückhaltender: „Alte deutsche Lieder / L. Achim v. Arnim. Clemens Brentano."[21]. Die Herausgeber inszenieren sich als nahezu unbeteiligt, erst auf dem Schmutztitel wird ein Verb „gesammelt von" nachgeschoben.[22] Auch scheint vorderhand das einzige Auswahlkriterium darin zu bestehen, dass die Lieder ‚alt' sind – was immer das genau heißen mag. Das *Mildheimische Liederbuch* macht von vornherein klar, dass Becker der ‚Absender' moralischer Lehren ist. Dagegen erscheint das *Wunderhorn* als eine seltsame Sendung, die eine frühere Zeit direkt und unmittelbar der Gegenwart übermit-

---

[19] Brief Achim von Arnim an Clemens Brentano, vermutlich vom 26./27. 02. 1805 (WAA 32.1, 24–29, 27 f.) (Herv. im Orig.).
[20] Rudolph Zacharias Becker, Mildheimisches Liederbuch, Gotha ³1801, o. P. [Titelblatt].
[21] FBA 6, o. P. [Titelblatt].
[22] Dieser ist nicht in der FBA 6 wiederabgedruckt.

teln will, wobei die beiden Herausgeber nur sehr zaghaft ihre Beteiligung einräumen.[23] Die Angaben, die sich über das Zielpublikum aus der Titelei erschließen lassen, fallen in beiden Fällen noch dürftiger aus. Bei Becker geben die Epitheta immerhin einen Hinweis. Dass eigens betont werden muss, dass sich das Liederbuch an „Freunde *erlaubter* Fröhlichkeit" richtet, legt nahe, dass hier Nachholbedarf besteht und es bisher oft unkultiviert zugeht. Dass „Freunde [...] ächter Tugend, *die den Kopf nicht hängen lässt*"[24] angesprochen werden sollen, lässt vermuten, dass selbst das avisierte tugendhafte Publikum dazu wahrscheinlich allen Grund hätte. Becker hat also ein Liederbuch herausgegeben, das sich vor allem an die einfachen Leute wendet. Demgegenüber gibt das *Wunderhorn* zunächst überhaupt keine Hinweise. Die Unspezifität darf vielleicht als Allgemeinheit des Adressatenkreises interpretiert werden.

Die Volksaufklärung wollte das Zeitalter der Aufklärung zu einem gänzlich aufgeklärten Zeitalter machen. Sie wollte die Aufklärung hinaustragen bis zu den Arbeitern, Bauern, Bediensteten und Soldaten – kurz, bis zu den unmündigen einfachen Leuten. Die Landbewohner, die um 1800 noch drei Viertel der Bevölkerung stellten, führten bis dato ein Leben mit wenigen Rechten, einförmig und, etwa im Gegensatz zu Handwerkern, ohne viel Austausch mit anderen Ständen und anderen Orten. Einzige Bildungsquelle war der Mehrheit die Kirche, die in den Augen vieler Aufklärer jedoch genauso viel Aberglauben wie rechte Sittlichkeit vermittelte. Unter einer ganzen Reihe von Publikationen mit volksaufklärerischer Absicht war eben jenes *Mildheimische Liederbuch* von Rudolph Zacharias Becker die erfolgreichste. Es hat seit 1799 bereits drei Auflagen erlebt, bevor Brentano und Arnim ihm Konkurrenz machen wollen, und sollte sich mit einem Raubdruck 1804 und sieben weiteren regulären Auflagen bis 1837 als echter Longseller erweisen. Becker gab bereits mehrere patriotische Zeitschriften heraus. Das Liederbuch war als deren Ergänzung gedacht. Die Gattung des Liedes scheint Becker, wie bereits anderen Volksaufklärern zuvor, besonders geeignet, um als ‚verzuckerte Pille' moralische Lehren und Klugheitswissen im ‚Volk' zu verbreiten. Die Hebung der Volksbildung auf ein einheitliches Wissensniveau zielt zugleich darauf ab, den Fortschritt voranzutreiben und die ‚Nation' als Einheit zu versammeln.[25]

---

23 Vgl. weiter dazu Kapitel 6.1.5 der vorliegenden Untersuchung.
24 Herv. U. B.
25 Vgl. dazu näher Reinhart Siegert, Volksbildung im 18. Jahrhundert. In: Handbuch der deutschen Bildungsgeschichte, hg. von Notker Hammerstein, Ulrich Herrmann, München 2005, Bd. 2 („Vom späten 17. Jahrhundert bis zur Neuordnung Deutschlands um 1800"), S. 443–483 und Ursula Tölle, Rudolph Zacharias Becker – Versuche der Volksaufklärung im 18. Jahrhundert in Deutschland, Münster, New York 1994.

Diese Ziele sind wahrscheinlich der Punkt, an dem Arnim und Brentano noch am ehesten mit Becker übereinstimmen. Dagegen lehnen sie die Erniedrigung der Dichtung zum reinen Trägermedium für moralische Lehren ab. Bildungsfortschritt verstehen sie nicht als die Übernahme vorgegebener Klugheitsregeln, die als moralisierender Oktroy oft an den tatsächlichen Bedürfnissen vorbeigehen. Sie setzen auf ein Konzept ästhetischer Selbstbildung und unmittelbarer Anleitung zur Versammlung. Ausgerechnet in dem von Becker herausgegebenen *Reichs-Anzeiger* erklärt Arnim zur eigenen Publikation im Dezember 1805:

> Wären die deutschen Völker in einem eigenen Geiste verbunden, sie bedürften dieser gedruckten Sammlungen nicht, die mündliche Ueberlieferung machte sie überflüssig; aber eben jetzt, wo der Rhein einen schönen Theil unsres alten Landes los löst vom alten Stamme, andere Gegenden in kurzsichtiger Klugheit sich vereinzeln, da wird es nothwendig, das zu bewahren und aufmunternd auf das zu wirken, was noch übrig ist, es in Lebenslust zu erhalten und zu verbinden.[26]

Welche Arten von Wissen vermitteln die Liederbücher? – Der Herausgeber des Reprints Günter Häntzschel nennt das *Mildheimische Liederbuch* treffend „eine Enzyklopädie der für den Landmann notwendigen Kenntnisse."[27] Der erweiterte Titel verspricht denn auch selbst, dass sich in dem Buch „alle Dinge in der Welt und alle Umstände des menschlichen Lebens, die man besingen kann"[28], finden lassen werden. Das Inhaltsverzeichnis der Ausgabe von 1803 untergliedert drei Teile: „Die Herrlichkeit der Welt und aller Geschöpfe Gottes. Die der Mensch um sich siehet höret und genießet. Nr. 1–105", „Der Mensch, dessen Natur, Lebenszweck, Eigenschaften, Tugenden, und Laster, verschiedenen Geschlechter und Stufen des Alters. 106–307", „Der Mensch in Gesellschaft mit seines Gleichen, als Freund und Lebensgefährte, Staatsbürger und Zunftgenosse, bis zum Grabe. 308–518"[29]. In systematischer Weise wird hier die ganze Schöpfungstheologie einer naturrechtlichen Weltordnung, aufsteigend von der Natur über das Menschsein, von der privaten Sphäre des Hauses bis in die Öffentlichkeit des gesellschaftlichen Lebens in Lieder übersetzt. Hinsichtlich der Zeitordnung beschreibt das *Mildheimische Liederbuch* eine Zwischenstel-

---

26 FBA 8, 347.
27 Günter Häntzschel, Nachwort. In: Rudolph Zacharias Becker, Mildheimisches Liederbuch, Gotha [7]1815 [= Reprint Stuttgart 1971], S. 1*–42*, S. 6*.
28 Becker, Mildheimisches Liederbuch, [3]1801, o. P. [Titel].
29 Becker, Mildheimisches Liederbuch, [3]1801, S. o. P. [III] – VI. – Spätere Auflagen vermehren die Liederzahl von 518 auf 800 Lieder und untergliedern mit einem vierten Teil genauer zwischen der privaten und der öffentlichen Sphäre. Zur Veränderung der Liedauswahl vgl. Häntzschel, Nachwort, S. 14*ff.

lung im Enthierarchisierungsprozess der Zeit, hin zu säkularer Zeit. Zyklische Zeitordnungen nimmt die Sammlung als wiederkehrenden Tageslauf, abgedeckt durch „Morgenlieder" (Nr. 47–52), „Mittagslieder" (Nr. 53–57), „Abendlieder" (Nr. 58–65) und den Jahreslauf, unter den Rubriken „Der Frühling" (Nr. 66–76), „Der Sommer" (Nr. 77–79), „Der Herbst" (Nr. 80–82), „Der Winter" (Nr. 83–90) und schließlich „Der Wechsel der Jahreszeiten" (Nr. 91–95) und „Schluß und Anfang des Jahres" (Nr. 97–99), auf. Dabei wird auf säkularen Kategorien der zyklischen Zeit abgestellt, die kompatibel mit der Organisation von Arbeitsprozessen sind, was auch ganz explizit gemacht wird, wenn „Arbeitsamkeit und Fleiß" (Nr. 136–139) gelehrt wird. Überwölbt wird die zyklische Zeit durch die Abfolge des Lebenslaufs, wie sie sich in den Kategorien „Die Stufen der menschlichen Lebens-Alter" (S. 201), „Die Kindheit" (Nr. 202–222), „Die Jugend" (Nr. 226–234), „Der Ehestand" (Nr. 271–295) und „Das Greisenalter" (Nr. 296–307) zeigen. Insgesamt lässt sich festhalten, dass das *Mildheimische Liederbuch* eine starke Tendenz dazu hat, die zyklische Zeit in die lineare einzubinden und sie so zu enthierarchisieren.

Das *Liederbuch* operationalisiert ein komplettes ‚Social Imaginary', das eine Ständegesellschaft mit neuzeitlicher Arbeitsrationalität begründet. Fast so, als hätte er bereits Charles Taylors Begriffsbestimmung gekannt, schreibt Becker programmatisch in seinem „Versuch über die Aufklärung des Landmannes": „Wahre menschliche Aufklärung kann also wohl nichts anderes seyn, als die *richtige Einsicht der Verhältnisse der Dinge gegen unsere Bestimmung*, oder welches eben so viel ist: gegen unsere wahre *menschliche* Glückseeligkeit."[30] Und fährt fort: Sie besteht „bey dem einzelnen Menschen in der *richtigen Kenntniß seines persönlichen Wirkungskreises in seiner wahren Verbindung mit dem Ganzen, dessen Theil er ist.*"[31] Die Vollständigkeitsvorstellung des aufklärerischen Liederbuchs bestimmt sich von der Ganzheit des ‚Sozialen' her und Becker geht bereitwillig ästhetische Kompromisse ein, um sie umfassend abdecken zu können.

Wenn Arnim und Brentano ankündigen, „ein gewisses Ganze[s] des Volksgesangs" in ihrem Buch zusammentragen zu wollen, dann wird ein nicht minder enzyklopädischer Anspruch deutlich. Freilich könne „diese Sammlung" die Materie „keineswegs erschöpfend" behandeln, „aber doch so umfassend und reich", dass es möglich ist, „eine Auswahl des beßten in jeder Gattung zu lie-

---

[30] Rudolph Zacharias Becker, Versuch über die Aufklärung des Landmannes nebst Ankündigung eines für ihn bestimmten Handbuchs, Dessau, Leipzig 1785 [= Reprint: Stuttgart 2001], S. 21 (Herv. im Orig.).
[31] Becker, Versuch über die Aufklärung des Landmannes, S. 23 (Herv. im Orig.).

fern"[32]. Mithin will auch des *Knaben Wunderhorn* ein ‚Social Imaginary' vermitteln, jedoch ein anderes als Becker. Die Lieder sollen „ohne Zote"[33] sein, mithin sind allzu private Gegenstandsbereiche ausgenommen. Das *Wunderhorn* will, in diesem Sinne noch ganz der Aufklärungstradition verpflichtet, „erfreuen" und „belehren"[34]. Wenn vor allem Lieder gefragt sind, „welche in der Kunstsprache mit dem Namen Romanze, Ballade bezeichnet, das ist, in welchen irgend eine Begebenheit dargestellt wird"[35], sollen also narrativische Muster vorgegeben werden, die wieder handlungsleitend werden können. Die Anordnung der Lieder folgt keiner eindimensionalen Systematik, sie stehen vielmehr gleichberechtigt nebeneinander.[36] Dass sich darin ein Versammlungsmodell des ‚Sozialen' ausdrückt, das nicht mehr der Ständegesellschaft folgt, wird nochmals deutlich, wenn an den Liedern betont wird, dass sie „an keinen Stand, an keine Zeit – nur an das deutsche Volk im Ganzen gebunden"[37] sind.

Auch in einer Briefstelle wird dieser Gedanke ausformuliert, wenn Brentano über das geplante Liederbuch an Arnim schreibt: „[E]s muß so eingerichtet sein, daß kein Alter davon ausgeschlossen ist". Es sollen darin „Geistliche, Handwerks, Tagewerks, Tageszeits, Jahreszeits, und Scherzlieder"[38] vereint werden. Mithin will *Des Knaben Wunderhorn* nicht das Liederbuch des einfachen ‚Volkes', sondern des ganzen deutschen ‚Volkes' werden.

Die Zeitordnung des *Wunderhorns* ist ungleich komplizierter als beim *Mildheimischen Liederbuch*. Um seine Logik zu begreifen, muss man das Werk als Ganzes mitsamt seiner Widmungsvorrede an Goethe und dem abschließenden programmatischen Aufsatz Arnims „Von Volksliedern" betrachten.[39]

---

32 FBA 8, 344.
33 Brief Clemens Brentano an Achim von Arnim vom 15. 02. 1805 (WAA 32.1, 18–26, 22).
34 FBA 8, 344. – Zur faktischen Auswahl vgl. den Überblick bei Armin Schlechter, Ediertes und nicht ediertes „Wunderhorn"-Material. Zu den Primärquellen von „Des Knaben Wunderhorn". In: Strack (Hg.), 220 Jahre Wunderhorn, S. 101–118.
35 FBA 8, 351. Dass Arnim und Brentano ganz systematisch diese Gattungen gesucht haben, zeigt ein Brief. „Ich bitte dich überhaubt dir aus Blankenbergs Zusäzzen zu Sulzers Theorie, unter den Artikeln Lied, Erzählung, Heldengedicht *ect.* [sic!] die Journale zu merken, in welchen mancherlei Lieder und Anderes Altes zerstreut steht sie dir hie und da zu borgen oder kaufen und etwa von Frohreich in ein Buch zusammenschreiben zu lassen." Brief Clemens Brentano an Achim von Arnim am 26. 12. 1804 (WAA 31, 396–397, 397).
36 Vgl. weiter dazu Kapitel 6.1.4 der vorliegenden Untersuchung.
37 FBA 8, 345
38 Brief Clemens Brentano an Achim von Arnim vom 15. 02. 1805 (WAA 32.1, 18–26, 22).
39 Vgl. dazu auch Feilchenfeldt, Zur Entstehung der romantischen Liedersammlung, S. 24 und 28 ff., der seiner Interpretation von zyklischer und linearer Zeit allerdings eine andere Wendung gibt.

Die Vorrede übernimmt einen Schwank aus dem bewusst ohne Autornennung Jörg Wickrams zitierten *Rollwagenbüchlein*, das als ‚Volksroman' angesehenen wurde. Ein Sänger Grünenwald kann seine Zeche und Logis nicht bezahlen. Er verspricht dem Wirt bei seinem nächsten Besuch zu bezahlen. Der Wirt will sichergehen, nicht um seine Einkünfte geprellt zu werden, und verlangt vom Sänger, dass er ihm seinen Mantel verpfändet. Über diese Begebenheit dichtet Grünenwald ein Lied, in dem er ein Mitglied des Handelshauses der Fugger bittet, für seine Ausgaben aufzukommen. Der Fugger, dem er das Lied vorträgt, erbarmt sich seiner und löst den Mantel aus. Wind kommt auf, der den Mantel tanzen lässt, und dem Wirt die Fenster eindrückt. Die Erzählung schließt mit einer doppelten Subscriptio: „darum Kunst nimmer zu verachten ist" und

> Wir sprechen aus der Seele des armen Grünenwald, das öffentliche Urtheil ist wohl ein kümmerlicher Wirth, dem unsre Namen als Mantel dieser übelangeschriebenen Lieder die Schuld nicht decken möchten. Das Glück des armen Singers, der Wille des reichen Fuker geben uns Hoffnung, in Eurer Exzellenz Beifall ausgelöst zu werden.
> L. A. von Arnim C. Brentano[40]

Die Vorrede bildet eine Zeitschwelle, die sich an den gleichmäßig verstreichenden Zeitlauf der Säkularordnung der Gegenwart der Publikation anlagert, insofern sie einen alten Text mit der auf die unmittelbare Gegenwart bezogenen Widmung an Goethe kontrastiert.[41] Gleichsam aber konstituiert sie in dem Tertium comparationis, ‚darum Kunst nimmer zu verachten ist', eine im Sinne der linearen Zeit überzeitliche oder unzeitliche Ebene. Wie die Schwierigkeiten, diese Ebene zu beschreiben, zeigen, handelt es sich dabei um etwas, das in der linearen Zeitvorstellung eigentlich nicht vorgesehen ist. Im Sinne der älteren hierarchischen Zeitvorstellung aber gälte diese überzeitliche oder unzeitliche Aussage als etwas Ewiges, das sich in seinen Wiederholungen im Sinne von ‚higher times' wiederholt. Die Publikation des *Wunderhorns* wäre in diesem Sinne dann weniger eine Wiederholung des Schwankes selbst, der als Gründungsmythos vielleicht eher ungeeignet scheint, als vielmehr die Wiederholung einer Grundkonstellation, die sich auch schon bereits in diesem Schwank gezeigt hat. Die Vorrede fordert also die lineare Zeitordnung heraus und bricht sie dadurch auf, hin auf eine Restitutierung zyklischer, hierarchischer Zeitmodelle. Der Liedteil bringt unterschiedslos Lieder aus sehr unterschiedlichen Zeiten zusammen, die weitergehend von sehr unterschiedlichen Lebenssituationen handeln. Dadurch spannt er einen überzeitlichen, oder, besser gesagt, ewi-

---

40 FBA 6, 7.
41 Vgl. dazu Härtl, Arnim und Goethe, S. 104 f.

gen Zeitraum auf und arbeitet darauf zu, in der Aufführung erneut eine ‚higher time' einzusetzen.

„Von Volksliedern" am Schluss des *Wunderhorns* bildet erneut eine Zeitschwelle. Komplementär zum Buchanfang geht es nun darum, die ewige Zeit der ‚Volkslieder' in die säkulare Zeitordnung zu übersetzen, um Anschlussfähigkeit zu erreichen. Leitend für den Text ist dabei wieder das dreistufige Geschichtsmodell. Der Aufsatz „Von Volksliedern" beginnt ebenfalls mit einer Widmung, dieses Mal an den Herrn Kapellmeister Reichardt, der für seine Verdienste um das ‚Volkslied' in der Gegenwart gelobt wird. An dessen Bestrebungen knüpft der Text selbst an. In der uneigentlichen Sprache der linearen Zeitordnung der Gegenwart versucht „L. Achim von Arnim", von der ewigen Zeit der Ursprünge des ‚Volkslieds' zu berichten und einen Ausblick auf die erhoffte neue ewige Zeit der ‚Volkslieder' zu geben. „Ich führe Ihnen manche Beobachtung vor, aus *verschiedenen Zeiten*, aus verschiedenen Gegenden, alle einig in dem Glauben, daß nur Volkslieder erhört werden, daß alles andre vom Ohre *aller Zeit* überhört wird."[42] Mit diesem Satz wird die Spannung der beiden Zeitordnungen direkt angesprochen. Auf der einen Seite wird die überzeitliche Zeitordnung der ‚Volkslieder' aufgenommen, in der die Lieder der Sammlung unabhängig von ihrer verschiedenen Entstehungszeit ein einheitliches Zeitkontinuum bilden. Auf der anderen Seite wird die unzeitliche Zeit nicht in ihren genuinen Begriffen und Vorstellungen präsentiert, sondern in Ausdrücke der linearen Zeit der Gegenwart übersetzt. Seinen nicht von der Gegenwart korrumpierten Sprechort, von dem er für die ‚Volkslieder' sprechen kann, rechtfertigt „Ludwig Achim von Arnim" im nächsten Satz: „[V]iele werden es [was er zu sagen hat, U. B.] mir nie glauben, denn jeglicher muß selbst im Schweis seines Angesichts den *Kreis der Zeit* um und um bis zum *Anfange* in sich durchlaufen, ehe er weiß, wie es mit ihr steht und wie mit ihm!"[43] Seinen Sprechort im Namen der ewigen Zeit umschreibt er dabei notgedrungen wieder in der Sprache der linearen Zeit. Auffällig für den Fortgang des Textes ist ein starker Kontrast, der zwischen „Jetzt" und „Damals" aufgemacht wird.[44] Ein durch einen Gedankenstrich abgeteilter Einschnitt zwischen zwei Absätzen folgt. Die Zeitdifferenz der Gegenüberstellung füllt der Part nach dem Einschnitt auf, indem er die Verfallsgeschichte der ‚Volkslieder' erzählt, die das „Damals" mit dem „Jetzt" verbindet.[45] In der Gegenwart angelangt, entwickelt der Essay eine Zukunftsvision. Dazu greift er Bilder der ewigen Zeit auf, die in linearer Zeitlogik

---

42 FBA 6, 406 (Herv. U. B.).
43 FBA 6, 406 (Herv. U. B.).
44 Vgl. FBA 6, 406–409.
45 Vgl. FBA 6, 409–424.

zyklisch scheint; das Eschaton wird beschrieben wie ein „Sonntag nach sieben Werktagen"[46] oder ein „neue[r] Frühling"[47]. Ausgehend von positiven Tendenzen der Gegenwart erzählt „Von Volksliedern" die erhoffte Fortsetzung der Geschichte weiter in die Zukunft als Umkehrung des Dekadenznarrativs. Am Ende mündet sie in die Wiederkunft der ewigen Zeit:

> Was da lebt und wird und worin das Leben haftet, das ist doch *weder von heute, noch von gestern*, es *war* und *wird* und *wird seyn*, verlieren kann es sich *nie*, denn es *ist*, aber entfallen kann es für lange Zeit, oft wenn wir es brauchen, recht eifrig ihm nachsinnen und denken. Es giebt eine *Zukunft* und eine *Vergangenheit* des Geistes, wie es eine *Gegenwart* des Geistes giebt, und ohne jene, wer hat diese?[48]

Was als Entwicklung in der linearen Zeit schien, entpuppt sich als Persistenz des Ewigen durch die Geschichte hindurch. Bewusst destruiert der Text hier nochmals die Sequenzialität der Zeitordnung der Gegenwart, indem er die Zeitekstasen in Eins fallen lässt. – Bei aller Hoffnung, soweit, dass die ewige Zeit des ‚Volkslebens' und der ‚Volkslieder' bereits wieder etabliert wäre, ist die Entwicklung keineswegs. Der Text ist am Schluss im Sinne linearer Zeit genau datiert. Allein der Moment der Wendung der Geschichte zum Positiven scheint nah.

1787 hatte Becker in der von ihm herausgegebenen *Deutschen Zeitung* einen Aufruf gestartet, ihm Lieder für das spätere *Mildheimische Liederbuch* einzusenden. Darin macht er bereits präzise wissensstilistische Vorgaben, welche Formatierung er sich für das sittliche Praxiswissen wünscht:

> Diese Volkslieder sollen nähmlich 1) möglichst deutlich und faßlich seyn: dürfen also keine Anspielungen auf Dinge und Begriffe, die außer dem Gesichtskreis des Volkes liegen, keine Mythologie, keine personificierten Abstracta, nichts von der süßen Natur, vom keuschen Mond und dergl. enthalten, und sollen gleichwohl so bilderreich und so edel und erhaben in Gedanken und Ausdruck seyn, als es möglich ist. [...] 3) Es darf kein unsittlicher Scherz, auch nicht die entfernteste Zweydeutigkeit und kein gar zu platter oder plumper Ausdruck gebraucht werden. [...] 6) Die Lieder müssen durchaus so kurz seyn, als nur möglich. Kurze Zeilen, kurze Strophen und so wenig Strophen, als es der Gegenstand zuläßt. Dabey richtige, wohlklingende und leicht zu behaltende Reime.[49]

---

46 FBA 6, 425.
47 FBA 6, 426.
48 FBA 6, 444 f. (Herv. U. B.).
49 [Rudolph Zacharias Becker], An die Leser. In: Deutsche Zeitung für die Jugend und ihre Freunde, oder moralische Schilderungen der Menschen, Sitten und Staaten in unserer Zeit, 4. Jg. (1787), 49. Stück, S. 403–410, hier S. 406–408. – Vgl. zum Stilideal der Deutlichkeit weiter Häntzel, Nachwort, S. 25*ff.

Eingängigkeit und Einprägsamkeit heißen die Maximen dieser Ausdrucksökonomie. Die Vermittlungsstrategie setzt sich in der Gestaltung des Trägermediums fort. Auch medientechnisch orientiert sich das *Mildheimische Liederbuch* an Vertrautem:

> Äußerlich paßt sich die erste Ausgabe des ‚Mildheimischen Liederbuchs' von 1799 [die weitgehend mit den Auflagen bis 1803 identisch ist, U. B.] [...] dem Buch an, das der Landmann neben der Bibel und dem Kalender zu besitzen und zu lesen gewohnt war: dem Kirchengesangbuch. Hier wie dort sind die Seiten in zwei Spalten aufgeteilt, in beiden ist der Liedertext fortlaufend, nicht in Strophen gesetzt. Auch die strenge Ein- und Unterteilung des Inhaltsverzeichnisses [...] lehnt sich an die Rubrizierung der evangelischen Gesangbücher an. Wie sich die Theologie des 18. Jahrhunderts auf die moralische und nützliche Seite verlagert, so folgten die Gesangbücher in ihrer Anordnung meist nicht mehr dem Kirchenjahr, sondern suchten im Zuge des Pragmatismus möglichst vielen Situationen des täglichen Lebens und möglichst vielen Personengruppen entgegenzukommen.[50]

Der Anspruch der im *Wunderhorn* gesammelten Volkslieder ist ein gänzlich anderer als der, glatt und einfach verständlich sein zu wollen. Zugleich aber wünschen sich seine Herausgeber denselben Erfolg wie das *Mildheimische Liederbuch*, das sie ersetzen wollen. Während seiner Reisezeit hatte Arnim nach einer zu Schlegel alternativen Textstrategie für emphatische ‚Unverständlichkeit' gesucht, die ein größeres Publikum anspricht. Band 1 des *Wunderhorns* zeigt den Übergang zum ‚Volkston' als deren neue Konzeption. Er ist deshalb als Werk des Übergangs anzusehen, weil „Von Volksliedern", der älteste Text, noch relativ stark von der Schlegelschen Konzeption geprägt ist, das Vorwort sich dagegen schon relativ nah an der neuen eigenen Konzeption bewegt, die dann in den ‚Volksliedern' gefunden ist. In Band 2 und 3 werden sich keine der Schlegelschen Konzeption verpflichteten Texte mehr finden.

Der programmatische Aufsatz Arnims war auch der Text, an dem sich die Rezensenten am heftigsten gestoßen haben. Das Schlegelsche Konzept von ‚Unverständlichkeit' hat etwa ein Kritiker der Zeitschrift *Aurora* in dem Text nicht recht verstanden, der die Abhandlung „sehr verworren[ ]"[51], ja, geradezu „toll und heillos"[52] nannte. Er wundere sich, so heißt es weiter, „daß derjenige, der sich darin für Volkspoesie eifert, selbst die verschrobenste, überkünstelte Sprache führt"[53], die er offenbar aus Unverständnis des poetischen Kalküls „in einem sonderbaren Contrast"[54] zu den Liedern sah.

---

50 Häntzschel, Nachwort, S. 11*. Spätere Auflagen sind geringfügig größer.
51 FBA 9.3, 732.
52 FBA 9.3, 733.
53 FBA 9.3, 732.
54 FBA 9.3, 731.

Mithin ist Konrad Feilchenfeldt zuzustimmen, der für die Unterschiede von *Mildheimischem Liederbuch* und *Wunderhorn* Einflüsse aus der Poetik des romantischen Romans, konkret dem *Godwi* und *Ariel's Offenbarungen*, in Anschlag bringt, dergestalt, dass die Anthologie sich als ins Hypertrophe gesteigerte Verseinlage verstehen lässt, die von zwei Rahmenteilen gesäumt ist, die selbst wiederum Liedeinlagen haben und in denen eine Handlung bis nahe am Verschwinden zurückgenommen ist.[55]

An der Vorrede sind im hiesigen Kontext zwei Punkte bemerkenswert: das Textverfahren und die publikationspolitische Verortung. Mit seinem allegorisierenden Verfahren bildet die Vorrede eine Leseschule für die Lieder, die unmittelbar darauf folgen. Wichtig an der Allegorie ist die Interpretationsleistung der Leser, die sich dabei der historischen Differenz zwischen der ‚alten' Zeit der Lieder und ihrer eigenen Gegenwart bewusst werden. Publikationspolitisch gelingt mit diesem Vorwort ein Spagat. Mit der ersten Subscriptio geben die Herausgeber dem ‚Volk' als impliziertem Leser ein Motto für die Rezeption vor. Gleichzeitig versuchen sie aber, indem sie Goethe als Protegé der Sammlung gewinnen wollen,[56] auch die Anerkennung der literarischen Avantgarden zu finden. Sie greifen dabei bewusst die elitäre Rhetorik der Avantgarden auf, um das Projekt gegen einen möglichen Misserfolg präventiv abzusichern.

Vorne, noch vor dem Inhaltsverzeichnis findet sich im *Mildheimischen Liederbuch* der Auflagen bis 1801 folgende „Nachricht":

> Der Preis dieses *Liederbuches* ist in allen Buchhandlungen 6 gl. sächs. Geld oder 27 Kr. rhn.
> Die dazu gehörigen *Melodien für das Clavier* kosten 1 Rthlr 18 gr. säch. oder 3 Fl. 9 Kr. rhn.
> Eben so viel kosten auch die *Melodien* 3stimmig ausgesetzt *für 2 Violinen und Baß*.
> Wer eine Anzahl Exemplare zusammen kaufen will, und sich deshalb unmittelbar an die *Beckersche Buchhandlung in Gotha* wendet, erhält einen billigen Nachlaß von diesen Preisen.[57]

---

[55] Vgl. Feilchenfeldt, Zur Entstehung der romantischen Liedersammlung, S. 21–26.
[56] Dies gelingt auch tatsächlich und Goethe bespricht das *Wunderhorn* in einer lobenden Rezension (vgl. Johann Wolfgang von Goethe: [Rezension]. In: Goethe, Sämtliche Werke. Briefe, Tagebücher und Gespräche, Bd. 19, S. 253–267. – Vgl. dazu Härtl, Arnim und Goethe, S. 93–96 und 174–178 und Hartmut Fröschle, Goethes Verhältnis zur Romantik, Würzburg 2002, S. 325–350, Walter Pape, „keineswegs unmittelbar und augenblicklich aus dem Boden entsprungen". Goethes „Wunderhorn"-Rezeption und sein Konzept des Naturpoeten und der Improvisation. In: Pape (Hg.), Das „Wunderhorn" und die Heidelberger Romantik, S. 225–238 und Hori, Das Wunderhorn, S. 143–150; Matthias Buschmeier, Poesie und Philologie in der Goethe-Zeit, S. 203–221.
[57] Becker, Mildheimisches Liederbuch, ³1801, o. P. [III] (Herv. im Orig.).

Am Ende des Buchs steht zusätzlich ein „Verzeichnis der Bücher, welche in der Beckerschen Buchhandlung in Gotha verlegt und in Menge zu haben sind."[58] – Aufgrund des billigen Druckverfahrens ist der Preis des *Liederbuches* recht günstig,[59] und die zitierten Zeilen legen prinzipiell eine Preisbindung fest. Dadurch ist es für den breiten Adressatenkreis, an den es sich richtet, auch erschwinglich. Die Rahmung durch die kommerziellen Paratexte weist das *Liederbuch* als Teil eines Medienverbundsystems aus, das durchgängig derselben Diskursstrategie folgt.[60] Dazu gehören zum einen Noten, aber, wie aus dem „Verzeichnis" hervorgeht, auch das *Noth- und Hülfsbüchlein*. In eine unterhaltsame, aber deutlich lehrhafte Dorfgeschichte verpackt wird dort prinzipiell das gleiche Wissen vermittelt wie im *Liederbuch*. „Mehrfach werden in der fiktiven Dorfgeschichte bei besonderen Anlässen Lieder, die im ‚Mildheimischen Liederbuch' stehen, gesungen. Becker exerziert also seinen Lesern den rechten Gebrauch, den er durchzusetzen wünscht, gleichsam vor."[61] Er selbst charakterisiert den Zusammenhang der beiden Publikationen in einer Selbstrezension des *Liederbuchs* folgendermaßen:

> Mein Wunsch bey diesem Unternehmen war, nicht bloß, daß mein Volksbuch [das Noth- und Hülfsbüchlein, U. B.] fleißig gekauft und gelesen werden möchte; sondern, dessen möglichst zahlreiche Leser sollten das darin enthaltene Gedankensystem, mit den aus demselben fließenden Gesinnungen, wirklich auffassen und zu dem ihrigen machen. Ich glaubte daher dem Buche, das man immer nur in der Schule oder in bestimmten Stunden der Ruhe und Sammlung lesen würde, einen Freund beizugeben, der die Leser auch bey ihren Berufsgeschäften, im fröhlichen Kreise von Freunden, bey der Betrachtung der Schönheiten der Natur und dem Genuß jeder guten Gabe Gottes, – bey wichtigen Epochen des häuslichen und bürgerlichen Lebens, – kurz in jeder Lage, wo das Gemüth zur Aufnahme von Empfindungen und Gesinnungen erweicht ist, an die Hauptlehren jenes Systems erinnerte, und ihren Blick bey Arbeit und Ruhe, Genuß und Entbehrung, Vergnügen und Schmerz auf das im Noth- und H.B. aufgestellte höchste Ziel unsers Daseyns hinlenkte. Die Stelle des Freundes soll das Mildheimische Liederbuch vertreten, und wird es, seiner mir wohl bewußten Mängel ungeachtet, thun; wenn es nicht allein eben so sehr verbreitet wird, wie das Noth- und Hülfsbüchlein, sondern wenn die Klassen, für die es bestimmt ist, die Lieder auch wirklich singen, und das teutsche Volk sich dadurch jeder Art durch Gesang Luft zu machen.[62]

---

58 Becker, Mildheimisches Liederbuch, ³1801, o. P. [nach S. 330] (Herv. im Orig.).
59 Vgl. Häntzschel, Nachwort, S. 29*.
60 Vgl. dazu Reinhart Siegert, Aufklärung und Volkslektüre. Exemplarisch dargestellt an Rudolph Zacharias Becker und seinem „Noth- und Hülfsbüchlein", Frankfurt a. M. 1978, S. 797 ff.
61 Häntzschel, Nachwort, S. 12*.
62 Rudolph Zacharias Becker, Selbstrezension. In: National-Zeitung der Teutschen, 4. Jg. (1799), 39. Stück, Sp. 841–853, hier Sp. 849, zit. n. Häntzschel, Nachwort, S. 7* f.

Becker denkt also an eine Verinnerlichung der moralischen Lieder durch Auswendiglernen, sodass jeder sie sich in der entsprechenden Situation vor sich hersagen oder für sich singen kann. Die Notenausgaben der Liedbegleitungen, für die Becker namhafte Komponisten wie die größten Vertreter der ‚Zweiten Berliner Liederschule', Johann Friedrich Reichardt, Johann Abraham Peter Schulz, Carl Friedrich Zelter, den Singspielkomponisten Johann Adam Hiller, aber auch Wolfgang Amadeus Mozart, Carl Ditters von Dittersdorf oder Joseph Benda gewinnen konnte, zeigen aber auch, dass der Herausgeber mit seinem *Liederbuch* zum Singen in geselligem Kreis anregen will. Interessant ist dabei, dass er in dem bereits zitierten Aufruf von 1787 noch ausdrücklich erklärte, „Kirchen-Melodien dürfen nicht gebraucht werden"[63]. In den späteren Notenbeigaben werden die weltlichen Texte nun jedoch aber durchaus mit ‚Kirchen-Melodien' unterlegt. Die Säkularisierung des Kirchengesangbuchs durch das *Mildheimische Liederbuch* geht noch weiter. Auch die Formen des gemeinschaftlichen Singens in der Gemeinde beerbt es, indem es die Andacht ersetzt und letztlich privatisiert.

In der Buchhändleranzeige werden die Kosten für den ersten Band des *Wunderhorns* mit dem „Preis auf Postpapier 3 Thlr, 4 gr. oder 4 fl. 45 kr. auf franz. Druckp. 2 Thlr. 12 gr. oder 3 fl. 45 kr."[64] angegeben. Der Idee nach hätte es für breite Käuferkreise erschwinglich sein sollen. Faktisch war es aber viel zu teuer für den Großteil des avisierten Publikums.[65] Unerfahren mit den Gesetzen des kommerziellen Büchermarkts hatten Arnim und Brentano das *Wunderhorn* als Buchkunstwerk eigener Art zu aufwändig produzieren lassen. Das fängt bei den schönen Titelkupfern der Einzelbände an,[66] deren Pendant bei den frühen Auflagen des *Mildheimischen Liederbuchs* fehlt, setzt sich darin fort, kurzerhand die nur als ein Band geplante Fortsetzung auf zwei Bände auszuweiten, macht sich weiter in der großzügig mit Platz verfahrenden Freistellung der einzelnen Lieder fest und hört bei der ungleich besseren Papierqualität und dem Einband auf. Die historische Ausgabe des *Wunderhorns* erweckt schon haptisch einen völlig anderen Eindruck als die des *Mildheimischen Liederbuchs*. Arnim entschuldigt die strikte Auswahl von Liedern in einer Buchhandelsanzeige mit Blick auf den Umfang des *Wunderhorns*. Er und Bren-

---

63 [Becker], An die Leser, S. 408.
64 FBA 8, 346.
65 Selbst für einen Pfarrer war das *Wunderhorn* unerschwinglich. – Vgl. dazu den Brief Clemens Brentano an Achim von Arnim, verfasst zwischen dem 15.02. und 20.02.1806 (WAA 32.1, 147–154, 149).
66 Vgl. dazu Hori, Das Wunderhorn.

tano hätten das Buch „durch keinen zu theuern Preis dem Besitze größerer Menge und der Leihbibliotheken [...] entziehen"[67] wollen.

Im ersten, eingangs zitierten brieflichen Werkplan ist länger die Rede von Vertonungen. Tatsächlich war das *Wunderhorn* mit separaten Melodiebänden geplant. In einem Zirkular zur Einsendung von ‚Volksliedern' äußern die Herausgeber die Hoffnung, dass „von manchen [der Lieder, U. B.] die vortreffliche Melodie mitgewonnen werden"[68] könne. In diese Richtung deutet weiter, dass der Komponist Reichardt gleich von Beginn an als Mitarbeiter an dem Projekt genannt wird. Obwohl im Umkreis des *Wunderhorns* Vertonungen entstanden, wurde der Plan einer Notenausgabe aus verschiedenen Gründen nicht verwirklicht.[69] Dennoch sollte man sich den fehlenden Musikband hinzudenken oder wenigstens seine Kompensationsversuche im Text würdigen, möchte man die kalkulierte medienästhetische Strategie rekonstruieren.

Im Hinblick auf die erwünschte Art der Benutzung des Liederbuchs heißt es: „[S]ie werden nicht bloß gelesen, sie werden behalten und nachgesungen werden".[70] Ähnlich wie bei Becker geht es auch den romantischen Autoren

---

[67] FBA 8, 355.
[68] FBA 8, 351.
[69] Brentano hatte wohl das Gefühl, dass Reichardts Mitwirkung dem Projekt förderlich wäre, gleichermaßen war sein Verhältnis zu Arnims väterlichem Freund von Animositäten geprägt. Das führte letztlich dazu, dass Reichardt sich zurückhielt und bloß als Widmungsträger des Aufsatzes „Von Volksliedern" im Buch präsent ist. Hinzu kam, dass Arnim und Brentano, die bereits so viel um einen einheitlichen ‚Ton' der Texte gestritten hatten, sich nicht mehr über die angemessene Art und Weise einigen konnten, wie diese ‚volksliedhaft' zu vertonen seien. Aber selbst wenn ihnen das gelungen wäre, hätte die einheitliche Vertonung der Lieder die Abstimmungsprobleme nochmals potenziert. Weiter waren die Herausgeber offenbar mit der eigentlichen Aufgabe überfordert, da beide zwar, wie in Arnims Brief angedeutet, auf der Gitarre spielen, aber keine Noten lesen konnten. Zuletzt war das Notenstechen sehr teuer, sodass es fraglich gewesen wäre, ob der Verlag sich auf dieses finanzielle Risiko eingelassen hätte – zumal das *Wunderhorn* ja, wie sich schnell herausstellte, alles andere als ein Bestseller war. Vgl. dazu Renate Moering, Arnims künstlerische Zusammenarbeit mit Johann Friedrich Reichardt und Louise Reichardt. Mit unbekannten Vertonungen und Briefen. In: Burwick, Fischer (Hg.), Neue Tendenzen der Arnimforschung, S. 198–288 und Renate Moering, Castor und Pollux. Arnim und Brentano in ihren Projekten mit Reichardt. In: Johann Friedrich Reichardt und die Literatur. Komponieren, Korrespondieren, Publizieren, hg. von Walter Salmen, Hildesheim, Zürich, New York 2003, S. 431–452; Antje Tumat, „In diesem Schein des Bekannten liegt das ganze Geheimnis des Volkstons". Die Dichtung der Heidelberger Romantik in der Musik. In: Strack (Hg.), 200 Jahre Heidelberger Romantik, S. 161–182, hier S. 162f. – Vgl. weiter Jörg Krämer, „Eine Singschule der Poesie"? Musikalität und Medialität in „Des Knaben Wunderhorn". In: Tumat (Hg.), Von Volkston und Romantik, S. 61–94, der die interessante These vertritt, dass gerade das Fehlen von vorgegebenen Melodien entscheidend zum Erfolg des *Wunderhorns* in der späteren musikalischen Rezeption beigetragen hat.
[70] FBA 8, 343.

um Verinnerlichung und das Auswendiglernen der Lieder. Während dies beim *Mildheimischen Liederbuch* aber das zentrale Ziel zu sein scheint, gibt die strikte Entgegensetzung von Schriftlichkeit und Mündlichkeit der Zielsetzung des *Wunderhorns* eine etwas andere Wendung. Das Druckerzeugnis erscheint als reiner Zwischenspeicher.[71] Worauf es vielmehr ankommt – und weshalb die Merkmale mündlichen Sprachausdrucks durchaus bewahrt werden sollen – ist die Performanz der Lieder. Denkt man an das Vorbild des Kirchengesangbuchs haben die Herausgeber wohl gemeinsames Singen als ideale Aufführungsweise im Sinn.

Sowohl das *Mildheimische Liederbuch* als auch *Des Knaben Wunderhorn* wollen die Nachfolge der Kirchengesangbücher in einer zunehmend säkularisierten Gesellschaft antreten. Während aber Beckers Sammlung die Säkularisierung prinzipiell fortführt, indem sie Religion in profane Moral überführt, orientieren sich Arnim und Brentano zwar an einem säkularisierten Publikum, wollen dieses aber zur Religion zurückführen. Das *Wunderhorn* soll das „Erbau-

---

71 Vgl. dazu den Brief Achim von Arnim an Clemens Brentano vom 12.02.1808 (Freundschaftsbriefe 2, 497–501, 498 f.). Arnim erläutert darin, wie wenigstens mit der Rhythmisierung der Texte der Performanz vorgearbeitet werden soll, wenn schon kein Melodienband des *Wunderhorns* erscheint: „Wo ein Lied nicht gesungen, sondern vorgelesen wird, wie das bey Liedern ohne Melodie nothwendig der Fall seyn muß, *die überhaupt als Gesang nur durch Gesang nicht durchs Drucken sich fortpflanzen* <–> das entschuldigt alles viele Singen was dir unangenehm <–> ist ein Versehen gegen Metrum viel unangenehmer als die Aufhebung des stossenden kurzen Tanzrithmus in einem längeren, sehr viele werden gar nicht mit dem Vorlesen solcher schlechtmetrischen Gedichte fertig, auch giebt es noch bis jetzt keine öffentlich angestellte Vorleser der Volkslieder. Das war der Grund meines Bemühens z. B. im Bayrischen Hiesel den Rithmus aufzuheben mit der Aufhebung des Dialektes; da er dir aber lieb war und rein durchgeführt auch recht schön sich macht, so war es mir ganz recht mit grösserer Bemühung ihn in den Rithmus zurückzubringen, ungeachtet noch jetzt nach den zweymaligen Ueberarbeitung<en> von uns beyden noch manche fatale Stelle darin ist, die man erst wissen muß um zu wissen wie sie gelesen werden soll. Zu meiner Beruhigung endlich finde ich unter allen von Dir bearbeiteten Liedern, Trinkliedern kein einziges, wo du jene schwierigere rithmische Bewegung nachgeahmt hättest, sondern du hast dich mit den gewöhnlichen Rithmen, so wie ich begnügt nur einzelne Freyheit mit Dactylen u. a. genommen, die ich zuweilen aus einer Art Altgläubigkeit zu vermeiden und auszuglätten suchte ungeachtet sie wohl eigentlich nicht Fehler sind[.]" (Herv. U. B.). – Vgl. weiterführend dazu Wolfgang Braungart, „Aus den Kehlen der ältesten Müttergens". Über Kitsch und Trivialität, populäre Kultur und Elitekultur, Mündlichkeit und Schriftlichkeit in der Volksballade, besonders bei Herder und Goethe. In: Jahrbuch für Volksliedforschung, 41. Jg. (1996), S. 11–32, bes. S. 19 ff.; Koschorke, Körperströme und Schriftverkehr, S. 291–304, 415 f. und 427 und Detlef Kremer, „grellste Verkettungen von Altem und Neuem". Die Präsenz der Stimme und das Archiv der Schrift bei Achim von Arnim. In: Pape (Hg.), Das „Wunderhorn" und die Heidelberger Romantik, S. 195–206.

ungsbuch"[72] einer ästhetisch erneuerten Religiosität sein, die sich zu einer „unsichtbaren Kirche der Kunst"[73] beim Lobpreis von Gott Vaterland versammeln soll.[74]

6.1.2 Die „Selbstentleibung Deutschlands" (Integration)

Wie bereits während seiner Reisezeit verfolgt Arnim auch in „Von Volksliedern" die, nach seinem Dafürhalten, gefährliche Hyperdifferenzierung der deutschen ‚Nation', die immer schwerer als Einheit zu versammeln ist und sich in verstreute Individuen aufzulösen droht.[75] Die Folie für seine Überlegungen bildet eine organisch integrierte Ständegesellschaft der ‚alten' Zeit. Wenn er seine Gegenwart mit dieser Idealgesellschaft engführt, macht er eine doppelte Buchführung auf: Wo genau klaffen Bild und Wirklichkeit auseinander?

Zunächst ist auf den Status der ‚alten' Zeit genauer einzugehen. Sie lässt sich bei Arnim noch weniger als in Herders ‚Volkslied'-Aufsätzen an historisch greifbare Eckdaten binden, sondern fungiert einzig als Kontrast und kritischer Gegenentwurf, somit als Heuristik zur Krisendiagnose der Gegenwart. Den Vergangenheitsbezug beschreibt Arnim verräumlicht als Entdeckungsfahrt, doch er warnt noch vor dem Lichten der Anker: „Die Erde ist umschifft, wir haben kein heimliches Grauen mehr vor dem Weltende, es liegt fest und sicher vor uns, wie unser Tod"[76]. Stattdessen geht es ihm darum,

> ein sehr allgemeines Verhältnis zur früheren Geschichte im Grund [zu] legen. Denken wir dem nach, auf dem dunklen schwankenden Schiffe der Gedanken, dann sehen wir uns um nach den Wunderblumen, nach den Wasserlilien, was die fernen Küsten umgab, da sehen wir nur eine Stelle erleuchtet, dahin sieht des Steuermanns Auge, es ist die Windrose, sie schwebet fest und wandellos und führt uns wohl weit weg![77]

Die Windrose ist hier ein ambivalentes Bild: Auf der einen Seite gewährt der Kompass sichere Fahrt, auf der anderen Seite wird er, auch wenn er sich in ein

---

[72] Brief Clemens Brentano an Achim von Arnim vom 01.06 und 14.06.1806 (WAA 32.1, 247–255, 251).
[73] Brief Clemens Brentano an Achim von Arnim vom 20.08.1806 (WAA 32.1, 302–303, 302).
[74] Vgl. dazu Kaiser, Pietismus und Patriotismus, S. 101 f.
[75] Dieses und das Folgekapitel gehen in größeren Teilen auf den Aufsatz zurück Urs Büttner, Bilder der Gemeinschaft. Achim von Arnims Einberufung der Nation in „Des Knaben Wunderhorn". In: Gemeinschaft in der Literatur. Zur Aktualität poetisch-politischer Interventionen, hg. von Margot Brink, Sylvia Pritsch, Würzburg 2013, S. 63–75.
[76] FBA 6, 414.
[77] FBA 6, 414.

noch so florales Gewand kleidet, nie den exotischen Reiz der „Wunderblumen" verströmen. Der Bezug zur Vergangenheit zeigt sich hier als melancholische Trauer über die Entzauberung der Welt. So gibt Arnim als Reiseziele konsequenterweise auch zwei Utopien an: einmal das „feste Fundament [...] unter den Wellen, die alten Straßen und Plätze der versunkenen Stadt"[78]. Es handelt sich hierbei nicht nur um eines der bekanntesten ätiologischen Sagenmotive, sondern, weiter zurückreichend, auch um eine Umschrift des Mythos von Atlantis. Bereits bei Platon steht Atlantis für die ideale Polis, zugleich für das Andere Athens, und es ist unwiederbringlich verloren.[79] Auch das zweite Reiseziel liegt in der Welt des antiken Mythos – und ist ebenso verloren. Wie die „schiffenden Argonauten" zum Königs Aietes in Kolchis fuhren, meint Arnim, suchten auch „wir [...] alle etwas Höheres, das goldne Flies, das allen gehört, was der Reichthum unsres ganzen Volkes [ist], was seine eigene innere lebendige Kunst gebildet, das Gewebe langer Zeit und mächtiger Kräfte"[80]. Arnim gebraucht hier die alte Stoff-Metapher des Textes. – In beiden Zielen spricht sich ein Streben nach der idealen Gesellschaftsform und der entsprechenden Kunstform aus. Zugleich macht Arnim aber deutlich, dass es keine Rückkehr in die Vergangenheit geben kann, sondern die Gegenwart dieses Wunschbild auf eine der heutigen Zeit entsprechende Weise gewinnen muss.[81] Matthias Buschmeier schreibt pointiert über Arnim: „Poesie ist für ihn kein verlorener Weltzustand, sondern stets zu aktualisierende Möglichkeit eines andern Weltverhältnisses des Menschen, dem er sich auch der widrigen Umstände zum Trotz nur zuwenden muß."[82]

Die Gegenwart ist weit entfernt von dieser idealen Gesellschaftsform. Diagnostisch schreibt Arnim in einer Doppelformulierung vom „Verfall des Volks"[83] und vom „gänzliche[n] Erlöschen [des ‚Volkslieds'] in vielen Gegenden"[84]. Das ‚Volkslied' ist dabei der Indikator für den Stand der gesellschaftlichen Differenzierung. Es eignet sich deshalb besonders dazu, weil es in der ‚alten Zeit' einen integralen Anteil an verschiedensten Erscheinungsweisen der Poiesis des ‚Sozialen' hatte und somit auch abhängig ist von Entwicklungen auf unterschiedlichsten, in der Gegenwart getrennten Feldern des ‚Sozialen'. Darauf gründet

---

[78] FBA 6, 410.
[79] Vgl. Pierre Vidal-Naquet, Atlantis. Geschichte eines Traums, München 2006.
[80] FBA 6, 441.
[81] Vgl. dazu Blumenberg, Die Lesbarkeit der Welt, S. 169 ff.
[82] Matthias Buschmeier, Theo-Philologie. Ludwig Achim von Arnims „Von Volksliedern". In: Sprache und Literatur, 40. Jg. (2009), S. 77–92, hier S. 80.
[83] FBA 6, 429.
[84] FBA 6, 417.

dann auch die Hoffnung, mit dem ‚Volkslied' auf viele Felder des ‚Sozialen' rückwirken zu können.

Was er während seiner Reisezeit nur schemenhaft beschreiben konnte,[85] umreißt Arnim in „Von Volksliedern" klar als Entwicklungslinien, die zu der Misere der Gegenwart geführt haben.[86] Einen Ursprung sieht er in den *asketischen Reformbewegungen der Religion*. Indem sie sinnlichkeitsfeindlich auf eine stärkere Selbstbezüglichkeit der Religion und Hinwendung zur individuellen Spiritualität gedrungen haben, schwächten sie den gemeinsamen Glauben wie auch die gemeinschaftsbildende und ständeübergreifende integrative Kraft von Ritus und Brauchtum heiliger Zeiten. Arnim erinnert sich, noch in seiner Kindheit öfter ‚volkshafte' Kirchenlieder gehört zu haben als heutige Kinder.

Weiter macht er die *Ökonomisierung von Arbeitswelt und Kultur* verantwortlich, eine Logik der Zweckrationalität etabliert zu haben. Mit ihr verbreitete sich Armut in den unteren Ständen und Entfremdung von den Arbeitsprozessen. Die Disziplinargesellschaft vermittelt nur Wissen zur unmittelbaren Nutzanwendung. Zugleich beschränkt sie die Zeit für Muße, um Erfahrungen zu sammeln, sich zu bilden und fremde Länder kennenzulernen, und verfolgt ‚Taugenichtse' und ‚fahrendes Volk'.

> Das Wandern der Handwerker wird beschränkt, wenigstens verkümmert, der Kriegsdienst in fremdem Lande hört ganz auf, den Studenten sucht man ihre Weisheit allenthalben im Vaterlande auszumitteln und zwingt sie voraus darin zu bleiben, während es gerade das höchste Verdienst freyer Jahre, das Fremde in ganzer Kraft zu empfangen, das Einheimische damit auszugleichen.[87]

Diese Reisezeiten sind es aber gerade, die mit ihren vielen neuen Eindrücken neue ‚Volkslieder' entstehen ließen und den Gesang durch seine Kraft, in der Fremde zu verbinden, lebendig hielten. Arnim setzt in diesen wenigen Zeilen seine Überlegungen aus seiner eigenen Reisezeit voraus. Damals hatte er den Fortschritt von Kulturen daran gekoppelt, dass das Eigene bewahrt werden muss und gleichsam die Auseinandersetzung mit und Aneignung von Elementen fremder Kulturen notwendig ist.[88] Wenn es immer weniger ‚Auszeiten' gibt und es zu vermindertem Kulturaustausch kommt, dann hat das Folgen. In al-

---

85 Vgl. Kapitel 5.1.5 der vorliegenden Untersuchung.
86 Vgl. dazu auch Ulfert Ricklefs, Geschichte, Volk, Verfassung und das Recht der Gegenwart: Achim von Arnim. In: Volk – Nation – Europa. Zur Romantisierung und Entromantisierung politischer Begriffe, hg. von Alexander von Bormann, Würzburg 1998, S. 65–104, bes. S. 68–82 und Nitschke, Utopie und Krieg, S. 128–137.
87 FBA 6, 421.
88 Vgl. Kapitel 5.1.3 der vorliegenden Untersuchung.

len Ständen sinkt das kulturelle Niveau und das Zusammengehörigkeitsgefühl leidet.

Auch die Kunst ist keineswegs ausgenommen von den Entwicklungen zur Hyperdifferenzierung.[89] Mit der Kapitalisierung begründet sich direkt die Erosion der Volkstraditionen, indem ein Unterhaltungs- und Amüsierbetrieb die gewachsenen Institutionen zunehmend ersetzt. Eine selbst erzeugte Sucht nach neuen, flüchtigen Sensationen stillt jener immer nur kurzzeitig, und schlimmer noch, er verschlingt bestehende Traditionen. Überlieferte ‚Volkslieder' präsentiert die Unterhaltungsindustrie mit kommerziellem Interesse oder sie schafft gleich neue künstliche ‚Volkslieder' und erfundene ‚Volksfeste'. Dies bleibt im ‚Volk' natürlich ohne nachhaltige Wirksamkeit im Sinne von vergemeinschaftender Traditionsbildung. Insofern Kunstkonsum zu einem Geschäft wird, bildet sich ein Kritikwesen aus und wird zu einer Distinktionsstrategie der verschiedenen „Klassen der bürgerlichen Gesellschaft"[90].

Als letzte Entwicklungstendenz spricht Arnim von der *Trennung von Politik und Gesellschaft*. Es gibt nicht mehr ihre Einheit im ‚Staat'. Die Politik hat sich längst als eigenlogischer und professionalisierter Funktionsbereich ausdifferenziert. Arnim beklagt, dass mit der Zeit „die Regierungen alle Achtung, alles Vertrauen zum Einzelnen" verloren hätten und nur in willkürlicher Auswahl Meinungen aus dem Volk hörten. Das führte dazu, dass, „[w]em der Zufall zu einer wirksamen Stelle verhalf, dem glaubte man einen solchen vollständigen Volksverstand angetauft, daß sich das ganze Volk in ihm ausspreche", mit dem Resultat, dass „[d]as Volk [...] dahin [kam], die Gesetze, wie Sturmwind, oder irgend eine andere unmenschliche Gewalt zu betrachten, wogegen Waffnen, oder Verkriechen, oder Verzweifeln diente."[91]

Wenn nun der „Staat nicht mehr für die Einwohner, sondern [nurmehr] als Idee vorhanden"[92] ist, so wird verständlich, warum sich kein patriotisches Engagement für die Nation regt. Gerade im Verteidigungsfall zeigt sich die politische Hoffnung als trügerisch, „viele zusammen könnten etwas werden, was kein Einzelner darunter zu seyn brauche." Die Politik macht sich ein völlig falsches Bild von der Gesellschaft, die sich längst, genauso wie sie selbst, zu einer eigenlogischen Größe des ‚Sozialen' entwickelt hat:

> [S]o sollte sich kein einzelner Krieger bilden, sie wurden zur Ruhe und zum nährenden Leben eingepfercht, sie musten dem ewigen Streite gegen die Barbaren entsagen. Man

---

89 Vgl. Kapitel 5.2.3 der vorliegenden Untersuchung.
90 FBA 6, 411. – Vgl. dazu Härtl, Arnim und Goethe, S. 106.
91 FBA 6, 417 f.
92 FBA 6, 415.

wollte keinen Krieger, doch wollte man Kriegsheere, man wollte Geistlichkeit, aber keinen einzelnen Geist. So wurde das Thätige und Poetische im Lehr- und Wehrstande allmählig aufgehoben, wo nicht die allmächtige Noth alle Kräfte lüftete, nur der Nährstand konnte nicht so unumschränkt vernichtet werden, nähren muste sich doch jeder, so kümmerlich es seyn mochte. Darum finden wir auch das neuere Volkslied, wo es sich entwickelt, diesem angeschlossen in mäßiger Liebe, Gewerb- und Handelsklagen, Wetterwechsel und gepflügtem Frühling. Aber so wenig die Glieder ohne den Magen, so wenig war der Magen ohne die andern Glieder in jener uralten Fabel, auch der Nährstand wurde enger, freudeleerer, bedürftiger, befangener in dem Herkommen [...].[93]

In dieser Situation ist es besonders fatal, wenn mit dem Organismus-Bild die gegenwärtige Versammlung des ‚Sozialen', oder besser die Verstreuung des ‚Sozialen', von der Politik weiterhin als ‚Staat' beschrieben wird.[94] Das Organismus-Bild ist nämlich doppelt ungeeignet, da es von Prämissen ausgeht, die nicht mehr gegeben sind, und dadurch konzeptionell gar nicht in der Lage ist, die aktuelle Krise adäquat beschreiben zu können. Das führt dazu, dass die Probleme geradezu verdeckt werden. Lösungsansätze sind zwar innerhalb des Bildes schlüssig, weil sie aber an der Realität vorbeigehen, machen sie die Situation nur noch schlimmer. Der Organismus definiert im Sinne einer Petitio principii das Integrationsproblem nämlich weg, wenn er den Einzelnen als Glied des Volkskörpers versteht und zugleich als Verkörperung, und nicht nur als Stellvertretung, des ganzen Kollektivs ansieht.[95] Individuum und Kollektiv werden damit imaginär wechselseitig austauschbar und müssen ineinander verschlungen gedacht werden. Für die Versammlung des ‚Sozialen' in der ‚alten' Zeit war diese Prämisse des Bildes gegeben, für eine ‚neue' Zeit erhofft sich Arnim diesen Zusammenhalt auch wieder, wenngleich in anderer Gestalt. Das Integrationskonzept des Organismus im Sinn der ‚alten' Zeit glaubt die Individuen in ihrer Heterogenität zweckmäßig zu einer gemeinschaftlichen Ganzheit verbunden. Die Hierarchie der Stände wird dabei als wechselseitige komplementäre Ergänzungsleistung verstanden. Dieses innere Zusammenspiel der Organe jedoch ist prekär. Charles Taylor spricht davon, dass dieses Bild des Körpers zwar prinzipiell davon ausgeht, „society as having a ‚normal' order, which tended to maintain itself over time" anzusehen, doch ist immer die Gefahr gleich mit einkalkuliert, dass die Selbsterhaltungsbewegung abirrt und so das Gemeinwesen

---

93 FBA 6, 418. – Dass sich bei der einfachen Landbevölkerung noch Relikte der ‚Volkstätigkeit' gehalten haben, erklärt, warum Arnim ihr diese zentrale Rolle bei der Wiedervergemeinschaftung einräumt.
94 Zu undifferenziert liest Matala de Mazza, Der verfaßte Körper, S. 352–354, das Organismus-Bild in Arnims Aufsatz.
95 Vgl. dazu Kaiser, Pietismus und Patriotismus, S. 80 ff.

could be threatened by certain developments, which taken beyond a certain point could precipitate a slide towards destruction, civil strife, or the utter loss of the proper form. We can see this as an understanding of society very analogous to our understanding ourselves as organism in terms of the key concepts of health and sickness.[96]

Der ‚Staat' der ‚alten' Zeit war davon ausgegangen, dass die Körperschaft bei der Verwirklichung ihrer Idee von selbst auf ihre Perfektion hinstrebt. In der Neuzeit aber wurden Zweckursachen fragwürdig und daher die Auffassung vertreten, der Mensch solle bei der Perfektionierung der Gesellschaft mitwirken. Die geeigneten Mittel dazu schienen Disziplinierung und Anleitung zur Systematisierung der Lebensführung. Das sind genau die Entwicklungen, auf die Arnim den Verlust der organischen Integration zurückführt. Auch wenn weiterhin die organizistische Sprache verwendet wird, ist für die Politik eigentlich viel eher ein Verständnis der Gesellschaft handlungsleitend, für das man bald viel passender das Bild der ‚Maschine' verwendet hat, bei der der Herrscher einzig die Rolle eines ‚Sozialingenieurs' innehat, der die Verhaltensweisen der gleichartig abgerichteten Untertanen vorauszusagen weiß und gelegentlich nachjustieren muss.[97]

Die Politik der Gegenwart verwendet aber weiter das Organismus-Bild und diagnostiziert folglich den aktuellen Krankheitsfall. Wenn Krankheitsmetaphern des ‚Volkskörpers' Arnims Text durchziehen, so wählt er eine indirekte Beschreibungsform. Er folgt sensibel der Sprechweise der Politik, um sie von innen heraus zu dekonstruieren. Arnim versucht zu zeigen, dass das Organismus-Bild nicht mehr geeignet ist, die Individuen in deren Selbstverständnis plausibel als Teil einer gesetzten Ganzheit zu begründen. Vielmehr zerfällt es in das Postulat der Idee und die empirische Auflösung in kleinere Einzelelemente. Arnim sieht den fortwährenden Gebrauch des unangemessenen Organismus-Bildes durch diejenigen, die sich als ‚Haupt' verstehen, gerade als Ausdruck der Krise. Statt die Dissoziationserscheinungen zu erkennen und ursächlich zu therapieren, behandeln die Regierungen nur deren Symptome und wirken damit sogar den Selbstheilungskräften entgegen.

> Die Regierungen glaubten es ihre Pflicht diesen Jammer [des Volkes über das Nachlassen der ‚Volkstätigkeit', U. B.] zu stillen, statt ihn in sich ausgehen zu lassen, aber sie waren demselben Zeitgeiste unterworfen, statt einer höheren Tätigkeit machten sie gegenthätige (antipoetische) Bemühungen, das Fieber sollte sich schwächer zeigen, indem sie die gesammte Kraft des Körpers minderten, von dem Zwecke des Fiebers hatten sie keine Vorstellung, es war ihnen ein Mißverhältniß weiter nichts.[98]

---

96 Taylor, A Secular Age, S. 182.
97 Vgl. Taylor, A Secular Age, S. 114 ff.
98 FBA 6, 415.

Das ‚Volkslied' selbst klagt über seinen eigenen Niedergang, die Politik tritt dem Niedergang aber nicht entgegen, sondern befördert ihn geradezu, indem sie mit den Klagen auch das ‚Volkslied' selbst abstellt. Dadurch aber kommt es zu einer sich selbst verstärkenden Abwärtsspirale, sowohl für die ‚Volkstätigkeit' als auch für die Politik. Es ist nicht ohne Ironie, wenn Arnim von der „Selbstentleibung von Deutschland"[99] spricht. Auf diese Formel bringt er nicht nur in der Logik des Organismus-Bildes die verfehlte Therapie der Politik, sondern formuliert zugleich von außerhalb das Ende organischer Integration als ‚Social Imaginary' auf der Realebene.

6.1.3 Die Wiedergeburt Deutschlands (Differenzierung)

Da weder auf die Religion noch auf die Wirtschaft und schon gar nicht auf die Politik zu hoffen ist, das ‚Volk' wieder zu einer nationalen Einheit versammeln zu können, versucht es *Des Knaben Wunderhorn* selbst. Kaum mehr verbundene Individuen stellen den Ausgangspunkt dar, eine organische Gemeinschaft das Ziel. Arnim und Brentano gehen nicht gleich aufs Ganze. Zunächst wählen sie die bürgerliche Öffentlichkeit als Bezugspunkt. Die Öffentlichkeit stellt eine bereits institutionalisierte Versammlung mit einem kollektiv geteilten Gemeinschaftskonzept und etablierten Kommunikationsplattformen dar, wenngleich sie natürlich weit davon entfernt ist, die ganze Gesellschaft einzuschließen. Die Medienstrategie des *Wunderhorns* versucht, die Prinzipien der Öffentlichkeit aufzugreifen, sie zu modifizieren und letztlich diese transformierte Öffentlichkeit zur Gemeinschaft der deutschen ‚Kulturnation' zu entwickeln. Das ist ein ambitionierter Plan.

Die Öffentlichkeit versteht sich als *selbstorganisiert* und gründet sich daher auf das liberale Leitbild des *Gleichgewichts*.[100] Dieses Bildprogramm erweist sich für Arnim als attraktiv, weil es ein Differenzierungskonzept nach *innen* und *außen* bereit stellt. Aber nicht das allein. Das Gleichgewicht hält Arnim für die adäquatere Beschreibung der gegenwärtigen Situation als das Organismus-Bild im Gebrauch der Politik.

Nach innen versteht sich die Öffentlichkeit als Einheit, bei der sich die verschiedenen Positionen wechselseitig relationieren. Die Beiträge antworten aufeinander und gewinnen so ihre spezifische Stellung. Ohne die Spannungen im Innern zu lösen, erscheint das Gleichgewicht nach außen neutral als Einheit. Genau diesen Perspektivwechsel vom Einzelnen zum differenzierten Gan-

---

[99] FBA 6, 415.
[100] Vgl. weiterführend dazu Kapitel 3.2.1.2 und 3.2.3.2 der vorliegenden Untersuchung.

zen vollzieht Arnim in seinen Überlegungen. Das Dialogische tritt gegenüber der gemeinsamen Performanz zurück. Den Ausgangspunkt für die angedachte Entwicklung bilden Individuen oder Gruppierungen, die sich, wie grundsätzlich in der Öffentlichkeit, nicht nur einseitig und selbstbezogen abgrenzen, sondern in einem wechselseitigen Bezugsverhältnis zueinander stehen. Arnim erläutert dies am Beispiel der Regionaldialekte auf dem Theater. – Die gehobenen Klassen schließen die Dialekte von der Bühne aus, um sich von den Possenspielen des Volkstheaters abzugrenzen. „Beschränkung ist aber das Tugendprincip der Schwachheit, das Allgemeine verdammet sie, darum kann das Ueberschwengliche nie von ihr gefordert werden"[101], erklärt er. Wieder im Anschluss an Überlegungen aus seiner Reisezeit setzt Arnim den Darstellern des bürgerlichen Theaters den Volkskünstler entgegen – und Volkskünstler kann prinzipiell jeder werden. Der Volkskünstler hat erkannt, „wie er gestellt, und [dass] einer [...] dem andern nothwendig"[102] ist. Deshalb sind ihm „die Dialekte Tonarten, er vernachläßigt keine, wenn er gleich nur in einer sich selbst vorgezeichnet finden kann." Das Gespräch wird dezidiert als Vorbild genannt, wo Arnim beschreibt, wie gegenseitiger Austausch sich mit einem eigenen festen Standpunkt verbinden lässt. Alle können „einander in Volksliedern begegnen, wie Lustkähne, die eben erst vom gemeinschaftlichen Gespräche im Dunkeln auseinander treiben, bald wieder zusammen, sich gleich wieder verstehen durch Aneignen und Weiterstreben, wenn auch in jedem das Gespräch sich anders gewendet."[103] Diese Wechselbeziehung ist aber noch kein Gleichgewicht. Hier nun kommt der entscheidende Unterschied zwischen Liedern und Redebeiträgen zum Tragen. Beim gemeinsamen Singen lassen sich wenige einzelne Stimmen unterscheiden und heraushören. Je mehr Kehlen aber mit einstimmen, desto mehr entsteht der Höreindruck eines vielstimmigen Chores: „Jeder kann da, was sonst nur wenigen aus eigner Kraft verliehen, mächtig in das Herz der Welt rufen, er sammelt sein zerstreutes Volk, wie es auch getrennt durch Sprache, Staatsvorurtheile, Religionsirrthümer und müßige Neuigkeit, singend zu einer neuen Zeit unter seiner Fahne."[104] Arnim setzt also auf eine doppelte Dynamik: Je mehr Gegensätze die Gemeinschaft in sich aufnimmt, umso geringer gelten sie bezogen auf den Einzelnen und die Ganzheit. Der Einzelne kann sich mehr und mehr, gleich allen anderen, als Deutscher fühlen, dennoch zählt jede einzelne Stimme.[105] Der Chor erklingt als Klangganzes und

---

[101] FBA 6, 411.
[102] FBA 6, 441.
[103] FBA 6, 412.
[104] FBA 6, 441.
[105] Vgl. dazu Kaiser, Pietismus und Patriotismus, S. 93 f.

übertönt einzelne Misstöne. Die nationale Einheit, die hier entworfen ist, gründet sich auf dem Gleichgewichts-Bild.

Nach außen erweist sich das Gleichgewicht als relativ offen und leicht erweiterbar. Darauf kommt es Arnim gerade an. Die Öffentlichkeit hatte sich als Kommunikation unter Abwesenden verstanden und musste daher den einzelnen Beitrag als Teilnahme an einem raumübergreifenden Gesprächszusammenhang imaginieren.[106] An diese Vorstellung schließt Arnim in „Von Volksliedern" an und gibt der Idee einen nationalpatriotischen Anstrich, wenn er den Rhein als *den* deutschen Strom zur Metapher der Sangesgemeinschaft macht.[107] *Des Knaben Wunderhorn* will das Gesangbuch der wieder versammelten deutschen Nation werden. Wo immer Volkslieder gesungen werden, ist dies ein Beitrag zur Formierung dieses raumübergreifenden Ganzen: Wie

> die Quellen des Rheins hinunter [klingen], dann immer neuen Quellen und Tönen verbunden, vom lustigen Neckar angerauscht, ein mächtiger Strom, der von Mainz mit dem weinfröhlichen singenden Mayn verbunden, nur geschieden von ihm durch Farbe, doppelstimmig die vergangene Zeit in heutiger Frische umschlingt,[108]

so soll sich auch das deutsche Volk zu einem „wechselnden, lauten und stillen Gedanken-Chore verbinden"[109].

Hat Arnim die deutsche Nation gedanklich einmal soweit versammelt, bedient er sich einer Bildlogik, die symmetrisch zur paradoxen Selbstausräumungsfigur des Organismus verfährt. Der Organismus hatte sich in seiner Hyperdifferenzierung in Individuen aufgelöst, die die Einheitsformel nicht mehr zu integrieren vermochte. Arnim hat nun folgende Idee: Sind die Individuen einmal in das Relationsgefüge eines Gleichgewichts gebracht, das alle Gegensätze ausgleicht, können sie sich wieder als Einheit verstehen. Diese Einheit, so ist seine Hoffnung, wird als so enger Zusammenhalt wahrgenommen werden, dass die einzelnen Menschen sich wieder als Teil einer organischen Gemeinschaft verstehen können. Er schreibt:

> Wo Deutschland sich wiedergebiert, wer kann es sagen, wer es in sich trägt, der fühlt es mächtig sich regen. – Als wenn ein schweres Fieber sich löst in Durst [...] , so scheint in

---

106 Vgl. Koschorke, Körperströme und Schriftverkehr, S. 121 und 187 f.
107 Vgl. dazu Mythos Rhein. Zur Kulturgeschichte eines Stromes, hg. von Gertrude Cepl-Kaufmann, Antje Johanning, Darmstadt 2003, bes. S. 80–97; Alexander Honold, Der Rhein. Poetik eines Stroms zwischen Elementarisierung und Domestifikation. In: Anglia, 126. Jg. (2008), H. 2, S. 330–344; Münkler, Die Deutschen und ihre Mythen, S. 389–410.
108 FBA 4, 434 f.
109 FBA 4, 435.

diesen Liedern die Gesundheit künftiger Zeit uns zu begrüßen. [...] In diesem Gefühle einer lebenden Kunst in uns wird gesund, was sonst krank wäre [...].[110]

Der neue Organismus, den Arnim projektiert, ist ein anderer als der Organismus der ‚alten' Zeit, dessen Verlust er beklagt hat. Wenn Arnim nun auf das Gleichgewichts-Bild als ‚Social Imaginary' zurückgreift, drückt sich hierin der Versuch aus, nicht bloß der Vergangenheit hinterherzutrauern, sondern die neuen Zustände anzuerkennen. Nur wenn die Dichtung von einer realistischen Einschätzung der Gegenwart ausgeht, ist sie in der Lage, zu ihrer Verbesserung beizutragen. Vom Gleichgewichts-Bild übernimmt der neue Organismus den Gedanken, dass jeder eigenverantwortlich einen spezifischen Beitrag zum Ganzen leisten muss und dementsprechend das Ganze sich als Einheit nur versammeln kann, wenn es seine Differenzierung selbstorganisiert. In seinen Reiseaufzeichnungen hatte Arnim das französische Militär bewundert und mit einer Tanzformation verglichen, weil es ein selbstorganisiertes organisches Ganzes bildet. Wenn er jetzt die singende Nation als ebenso selbstorganisiert denkt, dann stellt er sich eine Nation vor, die in der Lage sein wird, Napoleons Armeen zu trotzen.[111]

6.1.4 Eine Volksenzyklopädie (‚Soziale' Handlungsmuster)

Im Anschluss an Arnims Überlegungen während seiner Reisezeit präsentiert nun *Des Knaben Wunderhorn* Zeugnisse einer lebenden Kunst. Als ‚Volkslieder' machen sie eine Zeitdifferenz zur Gegenwart auf und bleiben abstrakt genug, sodass ein eigenständiger Aneignungsprozess in der Rezeption vor jede Umsetzung in konkrete Handlungsvollzüge treten muss.[112] In Arnims Begrifflichkeit sollen die ‚Volkslieder' als ‚Allegorien' fungieren. Der Anspruch des *Wunderhorns* ist es, in Gestalt von ‚Volksliedern' Handlungsmuster für jeden Bereich des Lebens anzubieten. In diesem Sinne kann man die Anthologie als ‚Enzyklopädie' ansehen. Ich möchte in diesem Kapitel zeigen, dass diese Bezeichnung, die ich in Kap. 6.1.1 eher beiläufig eingeführt habe, keineswegs von heute an das Werk herangetragen ist, sondern in der Gestaltung des Werks selbst verwirklicht ist und daher seinem Selbstverständnis entspricht. Man sollte, um der Eigenheit des Werks gerecht zu werden, präzisieren, dass es sich um eine ‚Volksenzyklopädie' dreht, da es sich um eine sehr spezifische Variante roman-

---

110 FBA 6, 437.
111 Vgl. Kapitel 5.1.3 der vorliegenden Untersuchung und FBA 6, 425.
112 Vgl. Koschorke, Körperströme und Schriftverkehr, S. 189.

tischer Enzyklopädik handelt. Selbst wenn der Begriff von den Herausgebern so nicht gebraucht wird, glaube ich doch, die Vorstellung als ihren konzeptionellen und methodischen Minimalkonsens nachweisen zu können, obgleich beide im Detail durchaus verschiedene Ansichten vertraten. Ich wende mich damit gegen die Ansicht des *Wunderhorn*-Editors Heinz Rölleke, der glaubt, „weder in der Konzeption noch in der praktischen Durchführung [...] des ‚Wunderhorn' [...] ein einziges und in sich widerspruchsfreies Programm zu erkennen."[113]

Die Idee der ‚Volksenzyklopädie' ist nicht abwegig, hatte doch Brentano bereits im *Godwi* und Arnim in seinem ‚Meteorologie'-Projekt wie auch in *Ariel's Offenbarungen* mit enzyklopädischen Schreibweisen experimentiert.[114] Um die These zu plausibilisieren, möchte ich *Des Knaben Wunderhorn* vor der Folie eines anderen romantischen Enzyklopädie-Entwurfs lesen.[115] Friedrich Schlegels Überlegungen, die bloßer Plan geblieben sind, ähneln nämlich in vielfacher Hinsicht dem, was im *Wunderhorn* umgesetzt wurde.[116] Da es natürlich auch entscheidende Unterschiede gibt und es sich bei Schlegels Notaten um eine Nachlasspublikationen handelt, lässt sich eine unmittelbare Auseinandersetzung der beiden Heidelberger Romantiker mit Schlegels Gedanken nicht nachweisen. Unwahrscheinlich ist sie dennoch nicht. So gehörte Brentano zu seinem Jenaer Kreis und Arnim hatte ihn in Paris besucht.

---

113 Rölleke, „Des Knaben Wunderhorn", S. 6.
114 Vgl. Kapitel 3.2.1.1 und 5.2.2 der vorliegenden Untersuchung.
115 Neben Friedrich Schlegel verbindet die Literaturgeschichte vor allem den Namen Novalis mit romantischen Enzyklopädie-Projekten. Novalis schätzen beide *Wunderhorn*-Herausgeber nicht sonderlich. Seine Überlegungen, die erst posthum publiziert wurden, kannten sie wahrscheinlich nicht und der Entwurf ist zudem konzeptionell deutlich anders gelagert als das *Wunderhorn*. Deshalb möchte ich ihn als Bezugspunkt ausschließen.
116 Vgl. zu Schlegels Enzyklopädie-Projekt Ulrich Dierse, Enzyklopädie. Zur Geschichte eines philosophischen und wissenschaftlichen Begriffs, Bonn 1977, S. 129–139; Helmut Schanze, Romantik und Aufklärung. Untersuchungen zu Friedrich Schlegel und Novalis, Nürnberg ²1976, S. 139–150; John Neubauer, Symbolismus und symbolische Logik. Die Idee der Ars combinatoria in der Entwicklung der modernen Dichtung, München 1978, S. 84–87; Ernst Behler, Schlegels Enzyklopädie der literarische Wissenschaften im Unterschied zu Hegels Enzyklopädie der philosophischen Wissenschaften. In: Behler, Studien zur Romantik und zur idealistischen Philosophie, Paderborn 1988, Bd. 1, S. 236–263; Helmut Schanze, Friedrich Schlegels „Kölner Enzyklopädie". Zur enzyklopädischen Begründung der literarischen Methode in Philosophie und Literaturtheorie. In: Athenäum, 3. Jg. (1993), S. 259–271; Kilcher, Mathesis und Poiesis, S. 58–62, 97–100, 416–431; Winfried Menninghaus, Vom enzyklopädischen Prinzip romantischer Poesie. In: Vom Weltbuch bis zum World Wide Web – Enzyklopädische Literaturen. hg. von Waltraut Wiethölter, Frauke Berndt, Stephan Kammer, Heidelberg 2005, S. 149–164.

Jede Enzyklopädie muss drei Prinzipien jeweils nach außen und nach innen hin bestimmen: *Auswahl, Darstellung* und *Vermittlungsweise*.[117] – Im Unterschied etwa zu einer additiven Liste und jeder anderen Form von Sammlung beansprucht eine Enzyklopädie, eine Totalität, ein ganzes Weltbild, verbunden darzustellen. Paradoxerweise muss diese Ganzheit ihrerseits erst ausgewählt und abgeteilt werden. Die romantischen Enzyklopädien sind durch einen Überbietungsgestus gegenüber Diderots und D'Alemberts *Encyclopédie* einerseits und Fichtes *Wissenschaftslehre* andererseits gekennzeichnet. Findet sich dort das wissenschaftliche und logisch deduzierbare Wissen, so erscheint diese Auswahl defizitär, da praktisches Wissen konkreter Lebensvollzüge und metaphysische Sinnstiftung fehlen. Ist nun das Ziel der Frühromantiker, durch ‚Poetisierung' dem abstrakten und vor allem wissenschaftlichen Wissen seine Lebendigkeit zurückzugeben, so nimmt sich das *Wunderhorn* als Gegenentwurf zu allen szientifizierenden Unternehmungen überhaupt aus. Es beansprucht zwar deren umfassendste Darstellungsform, die Enzyklopädie, steht aber in der Wahl von Liedern als Lemmata, mit dem Interesse am „Glauben" und „Wissen des Volkes"[118], in klarer Opposition dazu.

Immanent muss die Enzyklopädie nochmals auswählen. Schon von Beginn an dringt Arnim auf die Exklusivität original deutschsprachiger Texte.[119] Er verfolgt mit dem Projekt ein nationalistisches Interesse, das auf die Einigung der deutschen Lande zielt. Daher widersetzt er sich auch Brentanos Plan, „einen Band für Süddeutschland, und einen für Norddeutschland" herauszugeben, weil, wie dieser meinte, „beide sich in ihren Gesängen nothwendig trennen"[120]. Brentano hatte diesen Vorschlag gemacht, da er, ähnlich wie zuvor Herder mit seinen *Stimmen der Völker,* ein stärker kulturanthropologisch-dokumentarisches Interesse verfolgt als Arnim. Liest man den Briefwechsel der Jahre 1805 bis 1808 zwischen Arnim und Brentano, tauschen sie sich darin immer wieder seitenlang über Bücherkäufe, Abschriften und zugegangenes Material aus. Die zwei Herausgeber konnten also aus einem reichen Fundus für ihre Sammlung schöpfen. Die Auswahl erfolgt dabei, wie auch schon bei Herder, weniger nach Herkunft, als nach Textqualität. Wenn Arnim schreibt, „jedes hundertjährige Lied des Volkes [taugt] entweder im Sinn oder in Melodie, ge-

---

[117] Vgl. Waltraut Wiethölter, Frauke Berndt, Stephan Kammer, Zum Doppelleben der Enzyklopädik – eine historisch-systematische Skizze. In: Wiethölter, Berndt, Kammer (Hg.), Vom Weltbuch bis zum World Wide Web, S. 1–52.
[118] FBA 6, 441.
[119] Vgl. Brief Achim von Arnim an Clemens Brenano vom 16.12., 17.12. und 20.12.1805 (WAA 32.1, 104–106, 105).
[120] Brief Clemens Brentano an Achim von Arnim vom 15.02.1805 (WAA 32.1, 18–23, 22).

wöhnlich in beidem"[121], nennt er damit die Auswahlkriterien. Zudem spielen persönliche Präferenzen der Herausgeber eine gewisse Rolle.[122]

Zwischen dem Totalitätsanspruch der Enzyklopädie und der tatsächlichen Auswahl besteht eine Spannung. Die frühromantische Lösung hieß, den Einzeleintrag als ‚Fragment' zu verstehen, der, indem er seine Unabgeschlossenheit mit indiziert, auf die Ganzheit als Fiktion verweist und sich in unendlicher Annäherung auf sie zubewegt, ohne sie je verwirklichen zu können.

Arnim und Brentano kehren diese Denkfigur im *Wunderhorn* um. Das Titelkupfer des zweiten Bandes stellt im Vordergrund ein Füllhorn und im Hintergrund das Heidelberger Schloss dar. Das Schloss ist aber keine Ruine mehr, sondern wiederhergestellt.[123] Es wird also eine Ganzheit gezeigt. Genauso betrachten die Editoren ihre Tätigkeit an jedem einzelnen Text als ‚Restaurierungsarbeit'. Jedes Lied soll eben kein ‚Fragment' sein, sondern bereits eine Ganzheit. Im Sinne des organischen Verkörperungsmodells werden somit das einzelne Lied und die ganze Sammlung metonymisch vertauschbar. Als Totalität verweist die *Wunderhorn*-Sammlung so auf die Fragmentiertheit der Gesellschaftsordnung und bietet ein eschatologisches Gegenbild.

Hinsichtlich der *Darstellungsweise* steht jede Enzyklopädie zunächst vor der Frage, ob sie originalgetreu dokumentiert oder systematisierend paraphrasiert, mit anderen Worten: exemplarisch verfährt oder generative Muster zeigt. Die Methode der Enzyklopädik bestand für Friedrich Schlegel darin, beides zu verbinden. Der Methode gibt er den Namen ‚Philologie'. „φλ[Philologie] = Enzyklop[ädie]"[124] notiert er 1797. Die ‚Philologie' besteht aus ‚Hermeneutik' und ‚Kritik'. Es geht zunächst darum, das vorgefundene Material zu verstehen – und das im Zweifelsfall auch besser als sein Verfasser. ‚Kritik' heißt dann zweierlei, nämlich einmal im Sinne eines ästhetischen Urteils auswählen, in einem

---

[121] FBA 6, 410.
[122] Arnim schätzte protestantische Kirchenlieder, Brentano bevorzugte katholische Gesänge und hatte eine besondere Vorliebe für mittelalterliche und barocke Dichtungen. Häufig aber scheinen bloße Geschmacksurteile entscheidend gewesen zu sein und die Redaktion reichlich unkoordiniert vonstatten gegangen zu sein. So beschwert sich Arnim einmal über *Des Knaben Wunderhorn*: „Ich vermisse in der Sammlung zwey Lieder, das Frankfurter und das andre von dem Räuber, der vor seinen sieben Knechten vorbeymarschirt, du scheinst sie herausgenommen zu haben, weil sie Dir nicht gefallen; ich begreifs nur nicht, warum Du mit solcher Heimlichkeit darin verfahren, da ich fast nie Umstände gemacht, etwas der Art deinem Urtheile aufzuopfern, selbst wenn ich viel sicherer von dem Werthe einer Artbeit überzeugt war, als von diesen beyden, die ich nie besonders hoch geachtet habe." (Brief Achim von Arnim an Clemens Brentano vom 25.01.1808 (Freundschaftsbriefe 2, 475–479, 476)).
[123] FBA 7, o. P. [vor S. 3].
[124] KSA II, 16, 69.

zweiten Sinne aber auch, das Verstandene auf den Begriff zu bringen. Damit kann das Dokumentierende gemeint sein, weitergehend aber auch, die Produktionsregeln zu durchschauen und den Text fortzuschreiben. Hier sind dann die Übergänge zur eigentlichen Poesie fließend. Das Fortsetzen und Umschreiben läuft auf ein kombinatorisches Verfahren hinaus. Unter dem Vorzeichen gleicher Produktionsregeln kann divergentes Material zusammengefügt werden, zugleich kann der Text prinzipiell unendlich weitergesponnen werden. Dies gilt für die Mikroebene des Einzeleintrags ebenso wie für die Enzyklopädie als Ganzes.

Des Knaben Wunderhorn ist, wie bereits erwähnt, das einzige realisierte Projekt aus einer Vielzahl ähnlicher Pläne, die Arnim und Brentano entwarfen und so gut wie nie ausführten. Einer dieser Pläne war der einer „fortlaufende[n] Zeitschrift für deutsche *Volkssage*". Die Vorgehensweise wäre dieselbe gewesen wie schließlich beim *Wunderhorn*. Ein Zirkular sollte im ganzen deutschsprachigen Raum zu Einsendungen auffordern. „[A]lles Eingesandte[ ] wird geordnet, der Stiel und der Styl werden weggeworfen, und die Sache so kurz gesagt, als der Artikel eines Wörterbuchs, so oft eine gehörige Anzahl da ist wird ein Band wohlfeil gedruckt"[125]. Hier finden wir bereits ein ‚philologisches' Verfahren im Sinne Schlegels. Es unterscheidet sich aber von dem später im *Wunderhorn* tatsächlich praktizierten, insofern bei dem Zeitschriftenplan ‚Kritik' nur bedeutete, etwas auf den Begriff zu bringen, im *Wunderhorn* allerdings zusätzlich ein generatives Fortschreiben mit eingeschlossen wird.[126]

Das generative Fortschreiben stellt eines der methodischen Leitprinzipien bei der Verfertigung von *Des Knaben Wunderhorn* dar. Ausgangspunkt für Arnim und Brentano bilden fast immer ältere Vorlagen, quasi als Selbstausdruck des ‚Volks'. Diese eignen sie sich an, indem sie kürzen, verschiedene Texte zusammenfügen oder selbst Neues hinzufügen. Dabei gibt es eine Tendenz, die Lieder exemplarischer zu gestalten und zugleich die verschiedenen Teile unter einem gemeinsamen Stil zu einer Einheit zu verschmelzen. Im Detail zeigen sich aber auch in der Bearbeitungsweise wieder die divergenten Interessenlagen der zwei Herausgeber.[127] Arnim ist stärker auf Gegenwartswirkung bedacht und verhindert deshalb Brentanos Plan, dem *Wunderhorn* noch einen Kom-

---

[125] Brief Clemens Brentano an Achim von Arnim vom 02.04.1805 (WAA 32.1, 35–40, 37, Herv. im Orig.). „Stiel" meint (wie bei Früchten, die man essen will) das Unnütze. Vgl. Grimm (Hg.), Deutsches Wörterbuch, Bd. 18, Sp. 2831–2842, Sp. 2835.
[126] Prägnant bringt Arnim das Verfahren der „Wunderhorn"-Edition auf den Punkt, das darin besteht, dass ganz im Sinne der ‚Philologie' „Kunstwerke gefunden, erfunden und höher verstanden werden" (FBA 6, 425).
[127] Vgl. dazu auch Kapitel 6.1.5 der vorliegenden Untersuchung.

mentarband hinzuzufügen, den die Brüder Grimm besorgen wollten.[128] Umgekehrt kritisiert dieser ihn aus seinem dokumentarischen Interesse heraus, dass er ohne Rücksicht auf Epochen verschiedene Texte zusammenkompiliere.[129] – Das kombinatorische Verfahren zeigt sich weitergehend darin, dass Arnim kurzerhand Texte Brentanos, an denen er Anstoß nimmt, bearbeitet und häufig ergänzt.[130] Auf der Ebene des Buches erlaubte die Unabgeschlossenheit des Enzyklopädiekonzepts, nur im Erfolgsfall den ersten *Wunderhorn*-Band fortzusetzen.

Inhärent begegnet einem die Frage dergestalt, wie Kohärenz und Ordnung gestiftet wird. Friedrich Schlegel strebte für seine ‚Fragmente' eine möglichst heterogene Gattungsmischung an. Damit wollte er der Varietät und Vielgestalt des Lebendigen möglichst nahe kommen. Insofern die Unterschiedlichkeit doch aufeinander bezogen ist, stellt der ‚Organismus' den Prototyp dieses Zusammenhangs dar. Das Gegenkonzept sah er im ‚System' als einer logischen oder alphabetischen Sortierung, die einen festen Ort zuweist, anstatt im Fluss beweglich zu bleiben. Schlegel sah die Fragmentenzyklopädie durch ‚Witz' organisiert, da die Einzeltexte in mannigfachen Analogiebezügen immer auf andere Texte verweisen.

> Was sind nun eigentlich diese Fragmente? [...] In wiefern können sie, obwohl Fragmente, dennoch als ein Ganzes betrachtet werden? Nicht ängstlich auf jedes einzelne gesehen, ob es unter diese Benennung gehören könne oder nicht, sondern auf die Masse und den Geist des Ganzen, darf man wohl dreist sagen: die darin vorherrschende Geisteskraft ist der Witz; ihr Werth besteht darin, daß sie das Selbstdenken nicht nur sehr energisch erregen, sondern auch auf eine sehr universelle Weise; und ihre, ungeachtet der Verschiedenheit der Materie, dennoch sichtbare Einheit liegt in der scheinbar formlosen Form [...].[131]

Es ist dann Aufgabe des ‚gewitzten' Lesers, diese multiplen Bezüge zu aktualisieren und selbst die Kohärenz zu stiften. Zur Steigerung der Bezüge hieß die Maxime: „[D]ie höchste Ordnung ist denn doch nur die des Chaos"[132].

Wenn Friedrich Strack ohne einen Gedanken an ‚Enzyklopädik' über das *Wunderhorn* bemerkt, dass „die Gedichte der Sammlung – auch wenn sie keine

---

[128] Vgl. FBA 8, 367.
[129] Brief Clemens Brentano an Achim von Arnim, verfasst kurz nach dem 25.01.1808 (Freundschaftsbriefe 2, 482–485, 484) – Vgl. dazu auch den Brief Clemens Brentano an Achim von Arnim vom 15.02.1806 (Freundschaftsbriefe 1, 339–347, 339 f.).
[130] Quasi legitimatorisch liest sich das in „Von Volksliedern" so: „Kritik [im Sinne eines ästhetischen Urteils, U. B.] ist dann ganz unmöglich, es giebt nur Bessermachen und Anerkennen, nichts ganz Schlechtes" (FBA 6, 423).
[131] KSA I, 3, 81.
[132] KSA I, 2, 313.

systematische Ordnung erkennen lassen – [...] vielfach thematisch miteinander verwoben"[133] sind, so wird schon hieran deutlich, dass diese frühromantischen Konzeptionen die Grundlage für die Überlegungen von Arnim und Brentano bilden. Sie zeigt sich in ihren Auseinandersetzungen über deren konkrete Handhabung. Zwischen den beiden Herausgebern war die Werthierarchie zwischen möglichst originalgetreuer Überlieferung und Kohärenzstiftung des Einzelliedes ungeklärt. Brentano tendierte dazu, gerade die Sprünge und Unmotiviertheit inhaltlicher Wendungen als charakteristisch für ihre ‚Volkstümlichkeit' anzusehen, während Arnim bestrebt war, in seinen Bearbeitungen dichtere Zusammenhänge der Einzellieder zu schaffen. Dieses ungelöste Problem findet in der Sammlung dergestalt seinen Niederschlag, als mehrfach Lieder ausgehend von derselben Vorlage doppelt, nämlich einmal in Arnims und einmal in Brentanos Version, aufgenommen sind.[134]

Das gleiche Problem wiederholt sich, wenn es um die Anordnung der einzelnen Lieder geht. Die Drucklegung des dritten *Wunderhorn*-Bandes hatte bereits begonnen und viele Nachträge führten zu einer zunehmend willkürlichen Anordnung. Arnims Wille zur Ordnung muss bestrebt gewesen sein, doch irgendwie eine Systematik in die überwältigende Materialflut zu bringen.[135] Anders lässt sich die etwas hilflos wirkende „Uebersicht des Inhalts einiger Lieder" am Ende des dritten Bandes, die „Geistliche Lieder", „Handwerkslieder, „Historische Romanzen", „Liebeslieder", „Trinklieder" und „Kriegslieder" unterscheidet, kaum verstehen. Sie berücksichtigt nämlich nur den zweiten und dritten Band und bleibt dabei doch unvollständig.[136] Brentano, der sich in einem Brief bei Arnim über die Anordnung beklagt, forderte ihn hingegen zur entgegengesetzten Strategie auf: „[M]ische, mische [!]"[137] Hellsichtig sah er,

---

133 Friedrich Strack, Arnim, Brentano und das Wunderhorn. In: Manger, Hofe (Hg.), Heidelberg im poetischen Augenblick, S. 121–151, hier S. 129.
134 Vgl. Rölleke, „Des Knaben Wunderhorn", S. 14 f.
135 Immer wieder betont Arnim in Briefen die Wichtigkeit der spezifischen Anordnung der Lieder: „[F]reue Dich aber über die Ordnung, die ich gemacht habe, sie hat mir Kopfzerbrechen gemacht [...]." (Brief Achim von Arnim an Clemens Brentano vom 18.02.1808 (Freundschaftsbriefe 2, 501–505, 503). Und: „Der dritte Theil des Wunderhorns ist bis zu den Kinderliedern fertig, ich habe zwey Register gemacht, eins nach Anfängen, das andere nach Inhaltsrubriken." (Brief Achim von Arnim an Clemens Brentano vom 15.08.1808 (Freundschaftsbriefe 2, 537–538, 537 f.)).
136 FBA 8, 237.
137 Brief Clemens Brentano an Achim von Arnim, verfasst kurz nach dem 01.03.1808 (Freundschaftsbriefe 2, 517). Dass Brentanos Rat ebenso einem Kalkül folgt, zeigt sich daran, wie er nachdrücklich gegenüber Arnim erklärt: „[D]rucke die Lieder, wie ich sie geordnet [...]." (Brief Clemens Brentano an Achim von Arnim vom 12.02.1808 (Freundschaftsbriefe 2, 495–497, 496)).

dass die multiplen Bezüge der Lieder untereinander sich unter keinem einfachen Raster subsumieren lassen und Arnim in seiner Panikreaktion einem zeitweiligen Selbstmissverständnis der Organisationsprinzipien aufsäße. Brentanos Strategie wäre daher gewesen, in die Offensive zu gehen und das ‚Chaos' zu vertiefen, auch auf die Gefahr hin, dass Rezensionen dies wieder kritisieren würden.[138] – Poetologisch gesprochen geht es bei den Konflikten um die Frage, inwieweit die Sammlung in ihrer Darstellungslogik die verworrene Mannigfaltigkeit der Gesänge und ihre zusammenhangslosen und vermischten Anlässe in der imaginierten Lebenswelt des ‚Volks' nachahmen solle, und inwieweit eine Buchpublikation Systematisierung und ordnende Eingriffe von Dichterhand im Interesse leichterer Rezeption verlange.

Zuletzt ist zu klären, wie die *Vermittlungsweise* der Enzyklopädie sein soll, und welche Medien dafür zur Datenverarbeitung genutzt werden. Friedrich Schlegels Zielsetzung bei seinem Enzyklopädie-Projekt war in einem emphatischen Sinn ‚Bildung' der Gesellschaft, insofern die poetisierte Wissenschaft seiner Unternehmung prinzipiell die Form des Lehrgedichts annehmen sollte. In dieser Form hatte sie einen Beitrag zu einer ‚Neuen Mythologie' darstellen sollen. In seiner „Rede über die Mythologie" (1800) spricht er über die Entwicklung der Poesie als ursprünglich enzyklopädische Einheit allen Wissens:

> Soll die Kraft der Begeisterung auch in der Poesie sich immerfort einzeln versplittern und wenn sie sich müde gekämpft hat gegen das widrige Element, endlich einsam verstummen? [...] Es fehlt, behaupte ich, unsrer Poesie an einem Mittelpunkt, wie es die Mythologie für die der Alten war, und alles Wesentliche, worin die moderne Dichtkunst der antiken nachsteht, läßt sich in die Worte zusammenfassen: Wir haben keine Mythologie. Aber setze ich hinzu, wir sind nahe daran eine zu erhalten, oder vielmehr es wird Zeit, daß wir ernsthaft dazu mitwirken sollen, eine hervorzubringen.[139]

Das begriffliche Wissen der Gegenwart soll in die Symbol- und Bildsprache des mythischen Denkens rückübersetzt und in einen metaphysisch-kosmologischen Entwurf eingebunden werden. Damit geht es zugleich um Wissensvermittlung als auch um Sinnstiftung.

> Und was ist jede schöne Mythologie anders als ein hieroglyphischer Ausdruck der umgebenden Natur in dieser Verklärung von Fantasie und Liebe?
> Einen großen Vorzug hat die Mythologie. Was sonst das Bewußtsein ewig flieht, ist hier dennoch sinnlich geistig zu schauen, und festgehalten, wie die Seele in dem umgebenden Leibe, durch den sie in unser Auge schimmert, zu unserm Ohre spricht.[140]

---

[138] Vgl. die anonyme Rezension in der *Allgemeinen Literatur-Zeitung* vom 18. 2. 1807, Sp. 329–335.
[139] KSA I, 2, 312.
[140] KSA I, 2, 318.

Arnim und Brentano verfolgen eine ähnliche Absicht. Wenn es ebenfalls ihr Ziel ist, das Ewige in seinen möglichst unverfälschten Erscheinungsformen wieder vernehmbar zu machen und damit die entfremdeten und versprengten Individuen zu bilden und erneut zu versammeln, dann ist das Wissensformat der Wahl aber doch ein anderes. ‚Volkslieder' scheinen ihnen als Medienformat wirkungsvoller als die Formulierung einer ‚Neuen Mythologie', um ein breites Publikum zu erreichen.[141] Von den Medienstrategien habe ich im Kap. 6.1.1 ausführlich gehandelt. Während Arnim aber auch in der konkreten Umsetzung seinen programmatischen Entwürfen folgt, die ich dort besprochen habe, sieht das für Brentano anders aus. Aus nationalpatriotischem Interesse achtet Arnim penibel auf die moralische Eignung der Lieder als positives oder negatives Vorbild. Brentanos stärker dokumentarisch-völkerkundlicher Ansatz wird dort sichtbar, wo sich im *Wunderhorn* auch einige Lieder mit derben Ausdrücken oder sexuellen Anzüglichkeiten finden lassen.[142]

---

[141] Vgl. dazu Fabian Lampart, The Turn to History and the ‚Volk'. Brentano, Arnim, and the Grimm Brothers. In: Mahoney (Hg.), The Literature of German Romanticism, S. 170–208, hier S. 181 f.: „The ‚Wunderhorn' songs treat archetypical structures of life in pre-modern society – that could be one approach of summing up the contents of the 723 ‚Volkslieder' of the collection. Gerhard Schulz names as recurrent motives [sic!] birth, childhood, love marriage, matrimony, and death, but there are also scenes from pre-industrial working life, historical ballads, and songs with a religious background about death and redemption. If there is something of a leitmotif behind the hundreds of songs of the ‚Wunderhorn', it can be described, in the words of Schulz, as the cycle of being within a small family. There is no logical structure in the succession of the songs, but behind the heterogeneity of the individual pieces, the reader can discover fragments of a universal narration in the lives of the people. By describing and varying the basic stages in the life of the small family, the collection comprises a mosaic image of the life of the ‚Volk'. This simple life of the people shows some qualities important to the Romantics, who lived in a time of insecurity and historical contingency, were in search of stable values, and preferred long-term gradual development to revolution. The life represented in ‚Des Knaben Wunderhorn' is regular and constant, and moves in the cyclical rhythms of nature. This implies that there are still traces of an utopian and original life not yet contaminated by the degenerating impulses of political movements and modernization. There are several songs on the ‚Wunderhorn' that allude to the ideal of the ‚Volk' still far from the destructive influence of historical processes. Marriages or other celebrations are opportunities for discovering the original and natural humanity still vivid among the people. [...] At the same time, the ‚Wunderhorn' by no means idealizes a past not yet destroyed by the problems of the modern present. The reality shown in the songs is imperfect and problematic, and the individuals do not live in a paradise. Yet, they try to resolve their problems and defend their way of life as free individuals comprising a part of a natural community."
[142] Vgl. Rölleke, „Des Knaben Wunderhorn", S. 15–17.

6.1.5 Die Aussendung des Geistes vorbereiten („Sozialer Wandel')

Während im *Hollin* die Macht des Einzelnen, im geschichtlichen Prozess des ‚Sozialen' Wandels entscheidend einzugreifen, recht gering angesetzt wurde, hatte Arnim während seiner Reisejahre intensiv mögliche Spielräume erkundet. Seine Haltung in dieser Frage erweist sich in „Von Volksliedern" als ambivalent. Auf der einen Seite betont er jetzt wieder stärker die Macht kollektiver Geschehnisse, auf der anderen Seite scheinen ihm die gefundenen Spielräume nicht auszureichen und er wünscht sich die Geschichte noch gestaltbarer.[143] Die erste Ansicht zeugt vielleicht von Realismus angesichts der damaligen politischen Situation, die zweite muss Arnim einnehmen, glaubt er, mit dem *Wunderhorn* tatsächlich etwas erreichen zu können.

Arnim datiert seinen programmatischen Aufsatz „Von Volksliedern" auf „Berlin im Januar 1805"[144], der Band 1 von *Des Knaben Wunderhorn* trägt auf dem Titelkupfer die Angabe „Heidelberg bey Mohr u. Zimmer. [/] Frankfurt bey J. & B. Mohr 1806."[145] Damit ist das historische Spannungsfeld umrissen, in das die Publikation des ersten Bandes intervenieren will. ‚Berlin' steht für das Versagen der Politik, die nationale Einheit der Deutschen zu stiften. Mehrfach spricht Arnims Text von Krieg und Kriegsliedern, einmal sogar von „Hannöverschen Flüchtlingen"[146]. Im Sinne der Neutralitätspolitik wagte der preußische König Friedrich Wilhelm III. nicht, der französischen Expansionsbewegung militärisch Einhalt zu gebieten, was sich am Fall der Besetzung Hannovers durch Napoleon konkret zuspitzte.[147] Arnim wünscht sich hier eine militärische Intervention Preußens und, in einem zweiten Schritt, die deutsche Nation vereint gegen Frankreich zu mobilisieren. Zugleich hegt er schon Anfang 1805 keine große Hoffnung mehr, dass dies geschehen werde, eine Hoffnung, die sich im Oktober 1806 mit der Niederlage von Jena und Auerstedt, endgültig zerschlug. – ‚Heidelberg' dagegen steht für die Macht der Dichtung, die Nation zu einigen. Durch Napoleons Neuordnung Südwestdeutschlands war Baden zu einem erheblich vergrößerten Mittelstaat geworden. Dieser stand zwar einerseits unter direkterem Zugriff Frankreichs, gleichzeitig wurden dort aber umfangreichere Freiheitsrechte als etwa in Preußen gewährt, und in einem Modernisierungsschub florierte die Stadt wieder. Diese Blütezeit wurde vor allem durch die Reform der Universität hervorgebracht, die dadurch zu einem Sinn-

---

143 Vgl. dazu auch Nitschke, Utopie und Krieg, S. 81 ff.
144 FBA 6, 442.
145 FBA 6, o. P. [3].
146 FBA 6, 426.
147 Vgl. Stamm-Kuhlmann, König in Preußens großer Zeit, S. 180–247.

bild kultureller Erneuerung wurde.[148] Erschienen ist das *Wunderhorn* bei Mohr und Zimmer, der als Universitätsverlag neu gegründet worden war.[149]

Dass sich die Gegenwart für Arnim als Endzeit und der Krieg als jüngstes Gericht darstellt, macht er in einem Brief deutlich. Es geht jetzt um alles.

> Nicht daß ich den Krieg überhaupt für unser Land fürchte, es muß sich zeigen, ob es Kraft zu leben hat, sonst fort ausgewischt, fort mit uns, nur jezt in diesem blinden Zutrauen unsrer Regierung auf Bonapartes wiederholte Versicherungen, die Armeen zerstreut, ich brachte eine schreckliche Nacht zu, die Vorstellungen verwandelten sich, [...] es floß ein Zutrauen in meine Seele und [ich] sehe ruhig dem Ende der Welt zu, wo der Antichrist die ganze Welt nach seiner Pfeife tanzen läst und das Häuflein der Gerechten nicht bezwingen kann![150]

So gesehen wird der Interventionscharakter des *Wunderhorns* erst im Rahmen von Arnims Geschichtsbild verständlich. Dieses deutet er in „Von Volksliedern" aber nur schemenhaft an, sodass es kaum verwunderlich ist, dass manche Formulierungen den Lesern unklar bleiben mussten. Arnims Überlegungen zu verstehen, setzt voraus, dass man annimmt, dass das Ewige in der ‚alten' Zeit, als der ‚Volksgesang' die Menschen verband, noch besonders rein präsent war. In der Gegenwart haben sich nur noch Spuren des Ewigen in den Relikten von ‚Volksliedern' erhalten. Die entscheidende Frage ist jetzt, wie die dritte Stufe im Geschichtsmodell erreicht werden kann, in der das Ewige erneut konzentriert erscheint und das ‚Volk' wieder eine Einheit bildet. Wenn der ganze Geschichtsprozess die Emanation des Einen als graduelle Präsenz des Ewigen und der entsprechenden Versammlungsformen des ‚Sozialen' darstellt, dann kann der Rückfluss des Einen zu seiner erneuten Einheit nur von diesem selbst ausgehen. Das bedeutet, dass jede Maßnahme, auf die Ausflussdynamik des Einen hinwirken zu wollen, sinnlos ist. Wenn nun aber *Des Knaben Wunderhorn* genau das versucht, muss es zeigen, dass die Publikation eine Erscheinungsweise des Einen ist. Das führt zu einer eigenartigen *Passivierung des eigenen Tuns*. So hätte Arnim schlicht berichten können, dass das *Wunderhorn* aus der frühneuzeitlichen Liedersammlung eines Georg Forster mehrere Lieder übernommen hat. Stattdessen aber geht er von einem überpersonalen Sammlungsprozess aus, der sich in dieser alten Sammlung genauso wie jetzt im *Wunderhorn*

---

148 Vgl. Eike Wolgast, Phönix aus der Asche? Die Reorganisation der Universität Heidelberg zu Beginn des 19. Jahrhunderts. In: Strack (Hg.), Heidelberg im säkularen Umbruch, S. 35–60.
149 Vgl. Reichel, Der Verlag Mohr und Zimmer; Klaus Manger, Bibliothek – Verlag – Buchhandel. Zentren geistigen Aufbruchs. In: Strack (Hg.), Heidelberg im säkularen Umbruch, S. 126–153.
150 Brief Achim von Arnim an Clemens Brentano vom 16.08.1806 (Freundschaftsbriefe 1, 415–420, 416).

manifestiert. Zu den Liedübernahmen erklärt Arnim, als wäre er völlig unbeteiligt, dass daraus „zu ersehen [ist], daß Verdienst nicht untergehen kann"[151]. In diesem Sinne schreibt er über Brentanos und seine eigene Sammlertätigkeit, es wäre, als ob „wir vielleicht eine Volkspoesie erhalten". Er präzisiert: „Es ist, als hätten wir lange nach der Musik etwas gesucht und fänden endlich die Musik, die uns suchte!"[152]

Vor diesem Hintergrund wird erst verständlich, wieso sich Arnim und Brentano auf die Herausgeberrolle des *Wunderhorns* zurückziehen und selbst hier noch ihren Beitrag für das Zustandekommen des Buches möglichst gering ansetzen möchten. Dazu gehört, die umfangreichen Bearbeitungen möglichst herunterzuspielen und in der Publikation zu invisibilisieren. Das ist innerhalb der Passivierungs-Logik noch nachvollziehbar, beantwortet aber noch nicht die Frage, warum sie sich so viel Mühe machen und meinen, die Texte überhaupt bearbeiten zu müssen.

Diese Vorgehensweise begründet sich aus der Idee, dass jede Zeit ihre genuinen Ausdrucksformen besitzt. Deshalb war die ‚alte Volkspoesie' ihrer Zeit gemäß, muss aber für ein gegenwärtiges Publikum ‚aktualisiert' werden.[153] Soweit sind sich Arnim und Brentano einig. Die Meinungsverschiedenheiten ergeben sich aus dem Umstand, dass die Art und Weise der Aktualisierung von der poetischen ‚Ahndung' geleitet werden soll. Das hängt damit zusammen, dass überhaupt das ‚Volkslied' „nicht als Exempel einer umschreibbaren Gattung" verstanden wird, „sondern eine Erfolgs- und soziale Vitalitätszuschreibung"[154] für eine zukünftige Rezeption darstellt. Auf das ‚Ahndungs'-Vermögen zu bauen, beinhaltet alles andere als klare Verfahrensvorschriften und verbindliche Editionsprinzipien. Daher haben beide Herausgeber ihre eigenen Vorstellungen vom konkreten Vorgehen. Brentano bewegt sich enger an den mutmaßlichen Vorlagen, während Arnim größere Eingriffe nicht scheut und damit gegenwartsbezogener ediert.[155]

Arnim tadelt Brentano für dessen „künstliche[s] Altmachen". Er stößt sich daran, weil einerseits „die grössere Zahl der Leser fortschreitend nicht rückschreitend in ihrer Sprache ist," andererseits Brentano das Verfahren offenbar nicht ganz konsequent verfolgt und daher „das Neue doch wieder an vielen

---

[151] FBA 6, 410, Fn.
[152] FBA 6, 430f.
[153] Vgl. dazu Strack, Arnim, Brentano und das Wunderhorn, S. 136; Staengle, Achim von Arnims poetische Selbstbesinnung, S. 40–51 und weiterführend Blumenberg, Die Lesbarkeit der Welt, S. 173 f. und 275 ff.
[154] Ricklefs, Das „Wunderhorn", S. 159.
[155] Vgl. auch Härtl, Arnim und Goethe, S. 165–178.

Stellen um so greller hervorsieht"[156]. Brentano betont dagegen nochmals den historistischen Standpunkt, von dem er ein stärker archivistisches Vorgehen ableitet: „Es ist aber in jedem Kunstalter eine überschwengliche Zeit, ein Blüthenalter der Empfindung [...]."[157]

Brentano wiederum hält Arnim vor, Texte wild zu kombinieren und neu zu dichten:

> Daß die Menschen in der Sprache fortschreiten, glaube ich allerdings, daß aber Schützens Graf von Gleichen in einer Sammlung altdeutscher Geschichten könne aufgenommen werden glaube ich nicht, die Liebe ist das älteste Lied und doch läst sich der Werther wäre er zerstückt nicht mit der Luzinden ergäntzen wie nah sie auch liegen, wo gar Jahrhunderte zwischen liegen, kann keine Begeisterung hin, sie kann nicht retour, nur Besonnenheit, und bescheidene Sorgfalt kann flicken, das kann kein Dichter. Wenn wir alte Lieder der Zeit näher rücken, müßen wir es ganz gleichmäßig, sonst fallen sie um, wie Mauern die aus der senkrechten Linie kommen."[158]

An anderer Stelle führt er seinen Einwand noch weiter aus: „[S]o liebe ich deinen poetischen Wahnsinn, und so liebe ich, daß er nur dichte und schaffe, aber er [ist] zu göttlich, um zu restaurieren." Trotz des Einwands gesteht Brentano seinem Freund zu, dass es ihm manchmal aber durchaus gelingt, sehr divergentes Material gekonnt zu verbinden. Darin zeigt sich dessen „Talent zu kombinieren". Seine Neigung, „aus dem Nichts zu schaffen", verschlimmbessert jedoch jede Vorlage. Dies führt dazu, dass dort das „Faktum [...] sehr gelitten"[159] hat. Brentano wird grundsätzlich:

> Alle Restauration darf nicht individuell sein, sonst wird es Instauration und zwei Genien, die sich die Hände reichen, und deren einer die Hand verlohren, sind nicht restaurirt, wenn ich hinten meine Hand durchstreckte, ebenso wenig, wie in eine gemahlte Leda ohne Schwan, jemahls ein lebendiger Schwan sich verlieben wird. [...] Wenn ich mit dir einen Prozeß anfangen sollte, wie man nach unserer Art restauriren dürfe, damit sie als eine Art gelten könnte, würde ich gegen dich aufstellen, *daß du* dabei begeistert bist, *daß du* es thust ohne deinen Gesellen zu fragen, *daß du* eine Mühe dabei aufwendest, die es dem andern zur Grausamkeit macht, manches zu verwerfen, *daß du* eine Mühe anwendest, mit einem poetischen Triumphwagen deiner Fantasie durch ein Mauseloch zu fahren um es zu zu stopfen, oder in eine zusammengeschrumpfte Blase um sie auszudehnen,

---

[156] Brief Achim von Arnim an Clemens Brentano vom 25.01.1808 (Freundschaftsbriefe 2, 475–479, 476 f.)
[157] Brief Clemens Brentano an Achim von Arnim, verfasst kurz nach dem 25.01.1808 (Freundschaftsbriefe 2, 485–488, 486).
[158] Brief Clemens Brentano an Achim von Arnim, verfasst kurz nach dem 25.01.1808 (Freundschaftsbriefe 2, 485–488, 485).
[159] Brief Clemens Brentano an Achim von Arnim, verfasst kurz nach dem 25.01.1808 (Freundschaftsbriefe 2, 482–485, 484).

> *daß dieser* Aufwand von Mühe aber sich dadurch schon als ein hier unächter beweise, weil er wie dichtende Begeisterung in der Arbeit frei wird und aus sich selber wie wildes Fleisch wächst, und fällt, wenn du Flaschen auffüllst, dürfen sie dadurch der Fluth und Ebbe des Poetischen Ozeans nicht unterworfen werden, sonst schwimmt bald alles im Keller und geht caput. Waß aber am meisten gegen die Gültigkeit deines Zustandes in dem du restaurirst, spricht, ist, daß er dir nicht gleich ist, daß du es oft noch besser kannst, und früher dir doch gut genug war, daß du drin ermüdest, daß du es oft lassen kannst, kurzum du dichtest, und wenn du in Zug kömmst, kannst du nicht glauben, wie angst und bang mir wurde, denn in einem poetischen Fieber von 1808, nahmst du hintereinander alle Saecula vor, und gabst ihnen oft wieder willen und ohne Noth von deiner Hypocrene. Aber das ist alles leeres Geschwätz und ist nicht des kleinsten Liedes werth, daß du in jenem Athem dichtest, den ich als einen ausgemachte Kartoffeln und Korn in die Blüthe treibenden fruchtschwangern Sirocco tadle, könntest du nur die Welt so anhauchen, so wäre Goldne Zeit, die hat keine Vorzeit, und keine Vorurtheile von Kritick. Aber in einer Zeit, welche Kritick ausübt, ist Kritick nothwendig.[160]

Gegen Brentanos Kritik wehrt sich Arnim wiederum, wenn er seinem Mitherausgeber antwortet:

> Nicht aus Freundschaft habe ich je nachgegeben, wenn ich an meinen Bearbeitungen umgearbeitet habe, sondern weil es ein gemeinschaftliches Unternehmen war, wobey dein Urtheil soviel galt wie das meine; es giebt keine Poesie, die man nicht eben so wie die Mahler ihre Gruppen nach der Beleuchtung des Orts verändern könnte, ohne in die Bedeutung des ganzen Bildes einzugreifen. Was Du über Restauration sagst ist im Allgemeinen recht schön, es könnte wohl so seyn – aber es ist nicht. Bey vielen antiken Statuen ist es bis jetzt noch zweifelhaft, was Restauration ist <–> manche wären ohne eine geniale Restauration nie erkannt und gewecket <–>, und das in einer ganz untergegangenen Kunst. Von dem berühmtest<e>n Gemälde Raphaels die [sic!] Transfiguration ist es zweifelhaft, wie viel er daran gemacht hat. Von dem berühmtesten epischen Gedichte der Iliade ist es zweifelhaft, was jeder einzeln daran gemacht <–> bis zu Wolf konnte man sogar die Stücke nicht unterscheiden. Bey Skakespeare <lies: Shakespeare> ist kaum zu erkennen, wie viel aus den älteren Stücken genommen; ebenso beym Plato, bey Schelling, bis wir die ältren Stücke kennen, ja es ist der Reitz dieser sich fügenden Ausbildungen <–> mit ihren grellsten Gegensätzen <–> von Jahrhunderten, der so in einem Einzelnen ein Merkzeichen für Jahrhunderte aufstellt, und darin liegt es, daß unser Wunderhorn etwas ward, was bis dahin noch nicht vorhanden, die Menschen, die bis dahin hundert alte Lieder blos als Merkwürdigkeit, als Sinnbilder einer andern Zeit hatten vorüberstreichen lassen, sahen die [sic!] auf einmal mit ihrem eignen Worte verbunden. Der lebende Beweis davon ist Göthes Recension [zum *Wunderhorn*, U. B.] von Anfang bis zu Ende, die grellsten Verkettungen von Altem und Neuem sind ihm die liebsten, denn nur in diesen bewährt sich ihm recht die Lebenskraft des Alten. [...] Eine Erläuterung aus der Englischen Literaturgeschichte möchte ich hinzufügen, wenn mir nicht mehrere Namen vergessen wären. Nirgends ist die Nachahmung der alten Romanzen weiter getrieben, es ist einer,

---

160 Brief Clemens Brentano an Achim von Arnim, verfasst kurz nach dem 25.01.1808 (Freundschaftsbriefe 2, 485–488, 486 f., Herv. im Orig.).

ich habe drin gelesen, der hat seine Arbeiten wohl zwanzig Jahre für alt auch bey den gelehrtesten Kennern ausgegeben, aber unter allen diesem nachgemachten Altenthume ist nie etwas erschienen, was den Geist der Zeit so lebendig berührt hat wie Macpherson mit seiner Neumachung der alten Gedichte, das geht so weit, daß man jetzt kaum die alten sehr merkwürdigen Fragmente lesen mag, die jezt unverändert erscheinen."[161]

Die Passivisierungs-Strategie geht nicht ganz auf. Das eigene Tun lässt sich vielleicht gerade noch als geschichtliches Geschehen deklarieren, man behält es ja trotzdem in der Hand, schwierig wird es jedoch, die ‚Motivation' des Geschichtsgangs zu begründen. Das führt zu einer gewissen Inkonsistenz in Arnims Argumentation. Gemessen an der Logik der vorherigen Argumentation müssen zwei Fragen zu denken geben. Wenn es allein an der Emanationsdynamik des Einen liegt, dann ist es unter der Voraussetzung, dass jetzt die Umstände günstig sind, höchst verwunderlich, dass es nicht bereits ein anderes ‚Volksliederbuch' gibt, das das erreicht hat, was das *Wunderhorn* erst erreichen will. Sind die Umstände nicht günstig, und danach sieht es aus, dann ist offen, wieso gegen den allgemeinen Entwicklungstrend gerade jetzt das *Wunderhorn* erscheint. Das bemerkt auch Arnim, wenn er sich selbst für seine Klagen über die Gegenwart zurechtweist:

> Daß ich klage, werden Sie sagen, was ich selbst als die höchste Lästerung des Jahrhunderts angeklagt; wer kann sich freymachen allein, aber drein wettern möchte ich können mit Fluch und Blitz [...]. Seit ich denken kann, merke ich einen immer langsamern Gang menschlicher Thätigkeit [...].[162]

Wenn Arnim das *Wunderhorn* geschichtlich aus dem Prozess des ‚Sozialen' Wandels zu begründen versucht, geht er beide möglichen Strategien durch. Wenn er auch in „Von Volksliedern" die aus den Reisejahren bereits bekannte Frage stellt, „[o]b sich die Welt ausruht zum Außerordentlichen"[163], dann überlegt er, ob sich die These von der Wendung des Geschichtsprozesses zum Guten wider den Augenschein doch noch halten lässt. An anderer Stelle zeigt er sich aber auch skeptisch gegenüber solchem Optimismus. Es bliebe einzig, auf ein Wunder zu hoffen.

> Es müste sonderbar in ihren [des breiten Publikums U. B.] Winter hinein blühen, wenn ihnen so der Sinn für das Große eines Volks aufgehen sollte und für sein Bedürfniß, darum sind eigentlich die Künstler aller Art der Welt so überflüssig, wie sie gegenseitig ärm-

---

161 Brief Achim, von Arnim an Clemens Brentano vom 06. 02. 1808 (Freundschaftsbriefe 2, 489–494, 490 f.).
162 FBA 6, 423.
163 FBA 6, 424.

> lich, zufrieden, wenn einer sie versteht unter tausenden, glücklich, wenn dieser eine keinen Ueberdruß an ihnen erlebt [...].[164]

Was bleibt ist die Hoffnung, dass eine der beiden Varianten zutrifft. Arnim beruft sich an dieser Stelle wieder auf das ‚Ahndungs'-Vermögen der Dichtkunst. „Was ich hoffe ist kein leerer Traum, die Geschichte hat es so oft bewährt [...]!"[165] Wenn er eine Zukunftsvision gibt, meint er „zu fühlen und zu wissen, zu ahnden, zu träumen was Volkslied ist und wieder werden kann [...]."[166]

So wie es nach Arnim geschichtlich offenbar möglich ist, dass die kollektiven Bedingungen die Publikation des *Wunderhorns* gestatten, so findet er auch andere Ansätze in die gleiche Richtung. Dafür steht nicht allein der „Nährstand, der einzig lebende"[167]; denn selbst wenn es „dem neueren Deutschland großentheils [an] Volkspoesie" mangelt, so gilt das nicht für die Gesellschaftsschichten, „wo es ungelehrter wird, wenigstens überwiegender in besondrer Bildung der allgemeinen durch Bücher, da entsteht manches Volkslied, das ungedruckt und ungeschrieben zu uns durch die Lüfte dringt, wie eine weisse Krähe."[168] Weiße Krähen gibt es normalerweise nicht, aber ganz aussichtslos ist die Lage dennoch nicht. Wie bereits während der Reisezeit richtet Arnim seine Hoffnungen auf die Freimaurer, dazu kommen die Studenten und aufgrund der Kriegsgefahr sieht er erste positive Ansätze beim Wachpersonal.

> Noch nicht ganz erdrückt von der ernsthaften Dummheit die ihr aufgebürdet, lebt euch das fröhliche gesangreiche Symbol des werkthätigen Lebens, die Freimaurerey. Noch stehen mitten inne als Künstler und Erfinder der neuen Welt die herrlichen Studenten; sie heften die höchsten Blüthen ihrer frischen Jahre sich an den bezeichnenden Hut und lassen die farbigen Blätter hinwehen weit über Berg und Thal und in die Wasser. – Auch die Bänke der rauchenden Wachstuben werden nicht immer von den Musen gemieden, und wenn sie auch zuweilen nicht hinein können, so sehen sie doch nach ihrem Lieblingssitz durch die Fenster: wenn die überwachte Schildwache Nachts ein schauerliches Anschlagen der Gewehre hört, sie spielen mit den blanken schnellfertigen, lebendigen Gewehren. Es wird eine Zeit kommen, wo die drückende langweilige Waffenübung allen die höchste Lust und Ehre, das erste der öffentlichen Spiele, höchste Kraft und Zierlichkeit zu einem Tanze verbunden ausdrücket.[169]

---

[164] FBA 6, 414 – Vgl. zur Weiterführung dieses Bildes im *Wintergarten*: Nitschke, Utopie und Krieg, S. 77.
[165] FBA 6, 425.
[166] FBA 6, 429.
[167] FBA 6, 420.
[168] FBA 6, 430.
[169] FBA 6, 426f.

Mit der ‚Volksliedsammlung' ist das zirkuläre Anfangsproblem angegangen: „[O]hne Volksthätigkeit ist kein Volkslied und selten eine Volkstätigkeit ohne dieses"[170]. Der Erfolg des Buches, und damit auch die Versammlung des ‚Sozialen' zur ‚Nation', steht aber wieder in der Verfügungsmacht des Einen. Hier kommt eine national getönte Geisttheologie ins Spiel. Damit sich die Nation wieder zu einer Einheit versammelt, muss das Eine oder Gott den heiligen Geist ausgießen. Der Geist kommt oder er kommt nicht – das liegt nicht in den Händen der Menschen. Arnim macht das deutlich durch einen Vergleich: Als „lebendige[ ] Aoelsharfen"[171] sollen die Menschen gedacht werden, nicht als „physikalisches Kabinet [sic!] von geraden und krummen hölzernen und blechernen Röhren und Instrumenten"[172]. ‚Aeolsharfen' sind sicher nicht nur die ästhetischere Art und Weise, Klang zu erzeugen, sie sind abhängig vom Wind oder, um den Bogen zur Geisttheologie zu schlagen, vom Atemhauch Gottes. Das ‚physikalische Kabinett' dagegen stellt wohl die technisch-durchrationalisierteste Art eines akustischen Instruments dar. Für Arnim ist klar, dass es keine Heilstechnologie geben kann und sich die Erlösung nicht planen lässt, ja, der Versuch, wie das revolutionäre Frankreich zeigt, die schlimmsten Folgen hat.[173] Von daher kommt dem *Wunderhorn* im Prozess des ‚Sozialen' Wandels eine eigenartige Rolle zu. Es kann das Kommen des Geistes nicht unmittelbar herbeiführen, denn sonst würde es uneingestanden doch als Heilsmechanismus funktionieren. Dennoch verlässt sich die Publikation nicht völlig darauf, dass der Geist selbsttätig über die deutsche Nation kommt, sondern nutzt die Spielräume des Individuums im geschichtlichen Prozess.[174] Arnim bleibt allerdings recht unkonkret, wenn er ausführt: „[E]s ist in aller Welt ein verbinden getrennter Elemente, welches die innere Kraft jedes Einzelnen schwächt, nur mit höchster Anstrengung jedes Einzelnen glücklich beendet werden kann."[175] Diese Formulierung nimmt seine Kritik an der Politik auf und richtet sich gegen Integrationsprinzipien, die von außen Kollektive zusammenführen wollen, ohne dass jeder Einzelne sich selbsttätig an der Versammlung

---

170 FBA 6, 423.
171 FBA 6, 411.
172 FBA 6, 413.
173 Vgl. FBA 6, 408. „In diesem Wirbelwind des Neuen, in diesem vermeinten urschnellen Paradiesgebären auf Erden waren auch in Frankreich (schon vor der Revolution, die dadurch vielleicht erst möglich wurde), fast alle Volkslieder erloschen, noch jezt sind sie arm daran, was soll sie an das binden, was ihnen als Volk festdauernd?" – Vgl. Härtl, Arnim und Goethe, S. 109 f. und weiterführend Kaiser, Pietismus und Patriotismus, S. 51 und 60–66, sowie Weber, Wirtschaft und Gesellschaft, S. 257 f.
174 Vgl. dazu Ricklefs, Das „Wunderhorn", S. 151.
175 FBA 6, 414.

beteiligt und beim individuellen Handeln das Ganze mit im Blick behält. Arnim sieht, dass diese Art von Versammlungen sich sehr leicht wieder zerstreuen.[176] Konkret auf die Kunst bezogen diskutiert Arnim diesen Gedanken weiter, wenn er die ‚einfache leichte Kunst' des ‚Volkes' mit der kommerziellen Unterhaltung, die er ‚schwere gehäufte sogenannte Kunst' nennt, kontrastiert. Wenn er dabei von ‚Schein' spricht und die leichte Kunst ‚künstlich' nennt, so ist diese Formulierung missverständlich, da er die Ausdrücke keineswegs pejorativ benutzt, sondern sie in der Bedeutung von ‚Erscheinung' und ‚kunstreich' meint.

> Wenn nun so einfache leichte Kunst viel wirkt, wie kommt es, daß oft die schwere gehäufte sogenannte Kunst nichts leistet? Wer nicht das Höchste will, kann auch das Kleinste nicht; wer nur für sich schafft in stolzer Gleichgültigkeit, ob es einer fasse und trage, wie soll er andre erfassen und ergreifen [...]. Auch müssen wir oft denken, es ist unendlich leicht, recht künstlich zu scheinen, wenn man das Leichte schwer und das Schwere leicht nimmt; doch was ist dieser Schein? Er wäre das Wesen, wenn es nicht erschiene. Solch eine Spiegelung nach oben nach unten, wie sie leer, so vorübergehend ist sie, und doch geht darin Morgenstrahl und Leben, Aussicht und Hoffnung auf, ein ewiges geistiges Menschenopfer. Sehe jeder nur frey und ganz, wie er gestellt, und einer ist dem andern nothwendig, keinem ist das astralische Verhältniß entzogen, jeder ist ein Künstler, der das mittheilen kann, was ihm eigenthümlich im All, die andern zu erklären. Dem aber sind die Aspecten besonders günstig, dem ein wichtiges allgemeines Wirken mühlos vorbereitet, der ohne Arbeit erndtet [sic!] und alle ernährt im gottähnlichen Leben: So wird es dem, der viel und innig das Volk berührt, ihm ist die Weisheit in der Bewährung von Jahrhunderten ein offnes Buch in die Hand gegeben, daß er es allen verkünde, Lieder, Sagen, Sprüche, Geschichten und Prophezeihungen, Melodieen, er ist ein Fruchtbaum, auf den eine milde Gärtnerhand weiße und rothe Rosen eingeimpft zur Bekränzung.[177]

Hier stellt Arnim keine völlig neuen Überlegungen an. Dafür konzentriert er seine Ideen sehr stark. Der Grundgedanke ist, dass jeder Mensch prinzipiell Teil hat am Werden des Einen. Wird er sich dessen bewusst, kann er diese Teilhabe in Form von Kunst ausdrücken. Deshalb eignet sich prinzipiell jeder Mensch zum Künstler und die Erscheinung stellt den Vor-Schein des Wesens des Einen dar, wie es sich dann an sich selbst zeigen wird. Dieses Bewusstsein, in einem großen kosmischen Zusammenhang zu stehen, hat zwei Bezugsrichtungen. Auf der einen Seite weiß sich der Künstler in einen großen Überlieferungszusammenhang des Ewigen gestellt. Auf der anderen Seite fühlt sich der Künstler auch an eine Versammlung gebunden und misst deshalb seinen Erfolg, anders als bei der kommerziellen Kunst, an der nachhaltigen Wirkung auf das Publikum. Wenn Arnim vom ‚geistigen Menschenopfer' spricht, dann

---

[176] Vgl. Kapitel 6.1.2 der vorliegenden Untersuchung.
[177] FBA 6, 437 f.

bleibt das eine allein metaphorisch zu verstehende Reminiszenz an die gescheiterte Prophetenpoetik in *Ariel's Offenbarungen*. Mit dem Bild möchte er den Einsatz für die Versammlung, der über das Individuum hinausgeht, illustrieren. Das Adjektivattribut schwächt das Engagement von einer Sache auf Leben und Tod zur reinen Gesinnungsethik ab. Auch geht es nicht mehr darum, eine neue Offenbarung zu verkündigen, sondern gerade die ‚bewährte' Offenbarung des ‚Volksguts' neu zu verkündigen.[178] Der Erfolg der Verkündigung bei der breiten Masse hängt auch hier davon ab, dass sie von günstigen Umständen vorbereitet ist – und letztlich, dass Gottes Geist die Menschen begeistert. Das *Wunderhorn* will eben in diesem Sinne eine weitere Voraussetzung schaffen, die eine Neuversammlung begünstigt. Arnim schreibt: „Wir wollen wenigstens die Grundstücke legen, was über unsre Kräfte andeuten, im festen Vertrauen, daß die nicht fehlen werden, welche den Bau zum Höchsten fortführen und Der [Gott, U. B.], welcher die Spitze aufsetzt allem Unternehmen."[179] So gesehen kann man davon sprechen, dass *Des Knaben Wunderhorn die Aussendung des Geistes vorbereiten* will.

Das *Wunderhorn* soll bloß der Zwischenschritt sein, das eigentliche Ziel ist aber die sich wieder versammelnde Nation. Die ‚Volksliedersammlung' will sich möglichst schnell überflüssig machen. Wenn der ‚Volksgesang' die Nation als großen Chor wieder versammelt hat, die Menschen auswendig die Lieder anstimmen und sie begeistert vom patriotischen Parakleten in lebendiger ‚Volkstätigkeit' wieder vereint sind, hat die Publikation ihr Ziel erreicht. Das Buch ist nur als Zwischenspeicher für genuin Mündliches gedacht. Sind die Lieder im Singen und im Alltagsleben der Menschen wieder verbreitet, sind sie als Performanz in ihrem natürlichen, unentfremdeten Medium angekommen.

Arnim ‚ahndet' die Aussendung des Geistes. Er gibt einen Ausblick auf den Zielpunkt des dreistufigen Geschichtsmodells und zugleich den Schlusspunkt des ‚Sozialen' Wandels in der wiedergefundenen ewigen Zeit. Die Kunstverehrung, die sich darin ausdrückt, dass das *Wunderhorn* zum Singen von ‚Volksliedern' anleitet, deutet er prospektiv als

> Suchen nach etwas Ewigem, was wir selbst erst hervorbringen sollten, die Zukunft einer Religion, die dann erst vorhanden, wenn alle darin als Stufen eines erhabenen Gemüths begriffen, über das sie selbst begeistert ausflorirt. In diesem Gefühle einer lebenden Kunst in uns wird gesund, was sonst krank wäre, diese Unbefriedigung an dem, was wir haben, jenes Klagen der Zeit.[180]

---

[178] Vgl. in diesem Sinne auch Michael Gamper, Kollektive Autorschaft / Kollektive Intelligenz 1800–2000. In: Schiller-Jb., 45. Jg. (2001), S. 380–403, hier S. 390. Er sieht im *Wunderhorn* einen Gegenentwurf zu den ‚neuen Bibeln' der ‚Frühromantiker'.
[179] FBA 6, 441.
[180] FBA 6, 437.

Die lebendige Kunst leitet also den Weg zum Ewigen und versammelt die Nation als religiöse Gemeinschaft. Diesen Gedanken führt Arnim noch etwas genauer aus. So wie er sich bereits den ganzen Text hindurch mit reichlich Fußnoten und Verweisen, durch die er die gemeinsame Sammeltätigkeit mit Brentano in eine lange Tradition stellt, greift er in der Verkündigung seiner Eschatologie ausgiebig auf biblische und antike Bilder zurück. In seinem Sinne aktualisiert er mit dem *Wunderhorn* die alte Verkündigung.[181] Er schreibt:

> Es wird uns, die wir vielleicht eine Volkspoesie erhalten, in dem Durchdringen unserer Tage, es wird uns anstimmend seyn, ihre noch übrigen lebenden Töne aufzusuchen, sie kommt immer nur auf dieser einen ewigen Himmelsleiter herunter, die Zeiten sind darin feste Sprossen, auf denen Regenbogen Engel niedersteigen, sie grüßen versöhnend alle Gegensätzler unsrer Tage und heilen den großen Riß der Welt, aus dem die Hölle uns angähnt, mit ihrem Zeigefinger zusammen. Wo Engel und Engel sich begegnen, das ist Begeisterung, die weiß von keinem Streit zwischen Christlichem und Heidnischem, zwischen Hellenischem und Romantischem, sie kann vieles begreifen und was sie begreift, ganz, und rein, ein Streit des Glaubens wird ihr Wahnsinn, weil da der Streit aufhört, wo der Glaube anfängt; noch wahner der Streit über Kunst, welche nur ein Ausdruck des ewigen Daseyns. Wo Kugel auf Kugel trifft, da sinken beyde einträchtig zusammen, wie die Hexameter zweyer Homeriden. – Wen die Musik nur einmal wirklich berührt, den drängt und treibt sie etwas aufzusuchen, was nicht Musik, worin sie ihre vorübereilende Macht binden kann. Im Alterthume scheint die Musik der Plastik näher verbunden, vor den Götterbildern tönend zu erscheinen, war ein Fest, die Memnonseule ist uns ein Symbol dafür; vielleicht war Musik eben so in der Zeit der Mahlerey dieser sehr nahe; allgemeiner ist Musik und ursprünglicher (bey uns besonders an den Ufern der Donau) dem Tanze, (am Rheine) dem Worte verbunden. Der deutsche Tanz, das einfache Zeichen der Annäherung, Verbindung und Aneignung wächst an den Ufern der Donau, bis zur reichsten inneren Bedeutsamkeit im oberösterreichischen Ländrischen, die Musik wächst und wetteifert mit ihm in hoher Erfindsamkeit und der Sinn beschränkt sich immer fester auf die gemeinschaftliche eigne Bildung des Volks.[182]

Diese wenigen Zeilen sind wieder sehr verdichtet.[183] Das ist konsequent, da Arnim den inneren Zusammenhang von verschiedenen Gegenstandsbereichen vorführen will, die in seiner Gegenwart noch getrennt sind. Im Rahmen einer nationalen Heilstheologie verbindet Arnim Beobachtungen einer geschichtlich

---

181 Das bedeutet eine Fortführung der Vorstellung des Dichters als Priester, nicht als eines Propheten, der eine neue Offenbarung bringt. Anders dagegen Buschmeier, Theo-Philologie, S. 84 und 90. – Er sieht aber völlig richtig: „Der Begriff der Tradition ist dem der Ewigkeit entgegengesetzt und doch wird die Tradition bei Arnim zur Bedingung eines Sprungs aus der Zeit, ein Sprung, der die Tradition erst sichtbar macht und als Zukunft entwirft, in der wir uns dann weiterbewegen." (Ebd., S. 83).
182 FBA 6, 430–432.
183 Zur Deutung der Stelle vgl. auch Härtl, Arnim und Goethe, S. 119 f.

grundierten Ästhetik mit Überlegungen zum ‚Sozialen' der Zukunft.[184] Sehr zurückhaltend und wieder im Passiv spricht Arnim vom Gelingen seiner Unternehmung, dass „wir vielleicht eine Volkspoesie erhalten". Ist dieser erste Anfang gemacht, setzt ein doppelter Prozess ein. Die Suche nach ‚Volkspoesie' ist ein sich selbst verstärkender Vorgang, zugleich aber auch die Versammlungsbewegung, da sich das Bewusstsein des Einzelnen, Anteil an der Geistgemeinschaft zu haben, und die Begeisterung des Kollektivs wechselseitig verstärken. Um das Werden der neuen Einheit zu beschreiben, verwendet Arnim zwei alttestamentarische Bilder: die Himmelsleiter und den Regenbogen. Nach seiner Flucht träumt Jakob von einer Leiter, die zum Himmel führt, auf der Engel auf- und niedersteigen, und an deren Ende Gott steht. Gott verspricht Jakob Land und eine große Zukunft seines Geschlechts (Gen. 28, 10–21). Die Himmelsleiter ist ein Bild für die Verheißung, die das Vertrauen auf Gott verspricht. Der Regenbogen ist das Symbol für ein erneutes Heilsversprechen *nach* dem Abfall von Gott. Nach der Sintflut schließt Gott mit den Menschen einen neuen Bund (Gen. 6, 13–17). In derselben Weise will *Des Knaben Wunderhorn* den Bund Gottes mit den Menschen erneuern und die deutsche Nation der Verheißung einer goldenen Zukunft entgegenführen.

Das Ewige muss in einer Situation der Gottesferne im Rückgang auf historische Manifestationen wiedergewonnen werden, in denen es sich reiner gezeigt hat. Daher bilden die Entwicklungsformen der ‚Volkstätigkeit' und des ‚Volksliedes' in der Vergangenheit den Weg zum erneuten Aufstieg zum Einen. Die Engel stellen Vermittlerfiguren dar, die das Ewige in der Gegenwart wieder zeitlich intensivieren und dadurch die Entzweiung der Menschen lösen. Schon während seiner Reisejahre kam Arnim der Gedanke, dass die verschiedenen Religionen einen gemeinsamen Kern besitzen, durch den sie sich als geschichtlich unterschiedliche Ausgestaltungen desselben Ewigen und Einen ausweisen.[185] Diese Erkenntnis gibt den Menschen die Begeisterung ein, sich zur Gemeinde einer Universalreligion zu versammeln, welche alle Gegensätze verschiedener Glaubensrichtungen in sich aufnimmt und nichts mehr als Unglauben ausgrenzt. Diese Einheit in der Religion führt zugleich auf eine Wiedervereinigung aller Künste zu. Hatte der nördliche der Memnonkolosse im antiken Theben durch die Ausdehnung des Gesteins in der Wärme der Sonne zu ‚singen' begonnen, so sieht Arnim hierin ein Symbol nicht nur der Einheit von Religion und Kunst, sondern genauso von Musik und Plastik. Die Einheit

---

[184] Vgl. Buschmeier, Theo-Philologie, S. 82: „Die Verschränkung poetischer und religiöser Bildbereiche knüpft zwar an die frühromantische Idee einer neuen Mythologie an, hat aber eine deutlich andere Stoßrichtung."
[185] Vgl. Kapitel 5.1.5 der vorliegenden Untersuchung.

von Musik und Text in den ‚Volksliedern' soll den Anfang für eine erneute intermediale Wiedervereinigung der in der Gegenwart weitgehend getrennten Kunstrichtungen bilden. Wenn die ‚Volkslieder' zum Tanzen anregen sollen, dann knüpft Arnim an die Überlegungen in „Erzählungen von Schauspielen" an.[186] Der Tanz stellte dort die zentrale Schnittstelle zwischen den verschiedensten Kunstformen dar, zugleich aber, wie es jetzt heißt, als „einfache[s] Zeichen der Annäherung, Verbindung und Aneignung" genauso auch die Schnittstelle zu Alltagshandlungen. Die organische Verbindung der Künste soll sich über genuin künstlerische Tätigkeiten hinaus zu einer allgemeinen Poiesis des ‚Sozialen' ausweiten. Oder andersherum: Die Versammlung des ‚Sozialen' soll eine Komponente des Universalkunstwerks werden. Dieser Universalismus ist aber nicht ausufernd, er grenzt nationale Traditionen gegeneinander ab.[187]

Mit dem *Wunderhorn* ist ein Anfang gemacht. Es greift schwache Entwicklungstendenzen auf, die der Misere der Gegenwart trotzen, und verstärkt sie, bzw. versteht sich als Teil der wenigen positiven Entwicklungstendenzen. Die Hoffnung ist, dass die Publikation des Liederbuchs in Gottes Werden im Geschichtsprozess die Initiation zu einer Wende darstellt. Würde das Liederbuch ein Erfolg, versammelte sich die deutsche Nation singend als weit über den üblichen Kunstbegriff hinausgehendes Kunstwerk durch seine universelle Poiesis des ‚Sozialen'. Die Menschen würden dann die Gemeinde einer wiedergewonnenen Nationalreligion bilden, vereint durch Gottes Geist. Das Ewige wäre nach seinem geschichtlichen Kursus aus der Entzweiung und Trübung zu sich selbst auf höherer Stufe zurückgekehrt.

6.2 Zwischenresümee

Des Knaben Wunderhorn wurde hier vor allem im Rahmen von Arnims Poetik untersucht. Brentano stimmte in weiten Teilen Arnims Programmatik zu, einiger Divergenzen in der konkreten Ausgestaltung zum Trotz. Die Liedersammlung will die Erkenntnisse, die Arnim in den vergangenen Jahren über die Versammlungslogiken des ‚Sozialen' gesammelt hat, nun produktiv nutzen. Sie traut sich jetzt zu, einen entscheidenden Beitrag zur Versammlung der deutschen Nation leisten zu können. Im Kapitel *Individuum – Kunst – Kollektiv* habe ich einen Vergleich zwischen dem *Mildheimischen Liederbuch* und *Des Knaben*

---

[186] Vgl. Kapitel 5.2.1 der vorliegenden Untersuchung.
[187] Im *Wintergarten* wird Arnim diesen Gedanken dergestalt weiterführen, dass er die deutsche Kultur als Speerspitze des Fortschrittsprozesses zum Universalismus versteht. Vgl. Nitschke, Utopie und Krieg, S. 126 f.

Wunderhorn angestellt. Arnim und Brentano konkurrieren von Beginn an offen mit Rudolph Zacharias Beckers volksaufklärerischem Liederbuch. In einem Überbietungsgestus wollen die beiden Romantiker dessen Erfolg kopieren und nehmen sich deshalb Beckers Publikation in mancherlei Hinsicht durchaus als Vorbild. Zugleich aber setzen sie sich auch deutlich von ihm ab, weil Becker die Kunst im Namen von Moraldidaxe verzweckt, und entwickeln ihr eigenes ästhetisches Programm. *Des Knaben Wunderhorn* möchte die ‚alten' Liedtraditionen des ‚Volkes' möglichst unmittelbar für die Gegenwart rückvermitteln und neu für Deutsche, gleich welchen Standes, wieder erschließen. Das Ziel dabei ist es, die Voraussetzung für die ästhetische Selbstbildung zum Fortschritt der Nation zu schaffen. Das *Wunderhorn* beansprucht, enzyklopädisch zu sein und legt besonderen Wert auf die Narrativik der Lieder. Die besungenen ‚Fälle' sollen zur aktiven ethischen Auseinandersetzung anregen und vermitteln ein ‚Social Imaginary'. Als ästhetisches Gesangbuch orientiert es sich dabei an einer zunehmend säkularisierten Gesellschaft, will die Säkularisation aber nicht weiter treiben, sondern die ‚Nation' als patriotische Gemeinde einer neuen Religion entgegenführen. Die Komposition des ‚Volksliederbuchs' zielt darauf ab, die lineare Säkularzeit aufzubrechen und die ‚higher times' des Ewigen wieder einzusetzen. Als Druckerzeugnis versteht es sich als reiner Zwischenspeicher, der seine Inhalte möglichst schnell wieder in die Münder der singenden Nation und deren orale Gedächtniskultur rückspeisen will. Auch wenn das *Wunderhorn* faktisch zu teuer war und Notenausgaben gefehlt haben, war die ursprüngliche Idee durchaus, als Massenerzeugnis jedes einzelne Individuum vermittelst der Kunst zur Nation zu versammeln.

Die Kapitel über *Integration* und *Differenzierung* verhalten sich wieder komplementär und spezifizieren die Grundintention der Publikation. Arnim zeichnet eine utopische ‚alte' Zeit mit organischer Integration und ‚Volkstätigkeit'. Diese dient einzig als kritische Folie für die Gegenwartsdiagnostik und gilt Arnim als verloren. Schuld am Ende der organischen Gemeinschaft sind Säkularisierung, Zweckrationalität und Individualisierung, deren Ausbreitung er auf verschiedenen Feldern nachverfolgt. Konkret nennt er die asketischen Reformbewegungen der Religion, die Ökonomisierung der Arbeitswelt und des Kulturbetriebs und die Trennung von Politik und Gesellschaft. Wenn die Politik das ‚Soziale' weiterhin für den alten organischen integrierten Ständestaat hält, dann verfügt sie über kein Modell, das die Integrationsprobleme der Gegenwart adäquat bezeichnen könnte, und ihre Krisenintervention treiben wider die eigene Absicht das ‚Soziale' weiter auseinander. Aus diesem Grund will *Des Knaben Wunderhorn* selbst die Initiative ergreifen und die Integrationsprobleme der deutschen Nation lösen. Die Idee ist, die bürgerliche Öffentlichkeit als selbstorganisierte, einem Gleichgewicht ähnelnde differenzierte Einheit zu transformieren und auf die ganze Nation zu erweitern. Ausgehend von deren imaginären Gemeinschaftsentwürfen und institutionalisierten Medienkanälen will das *Wunderhorn* nach und nach die Nation zu einem Chor versammeln. Diese neue Einheit könne sich dann wieder als organische Einheit verstehen und wäre in der Lage, Napoleons Armeen substantiell etwas entgegenzusetzen.

Während das Kapitel über ‚Soziale' Handlungsmuster gefragt hat, wie das *Wunderhorn* seinen universellen Anspruch als ‚Volksenzyklopädie' einzulösen versucht, war die erhoffte geschichtliche Wirkung in allen Feldern des ‚Sozialen' Gegenstand des Kapitels ‚Sozialer' Wandel. Wenn die ‚Volkslieder' Anregungen für Handlungsmuster in jeder Lebenssituation bieten wollen, muss das Liederbuch universell angelegt sein. Deshalb entwickelt das *Wunderhorn* Datenverarbeitungsroutinen der Frühromantik sehr eigenständig weiter und will eine Enzyklopädie des Glaubens und Wissens des ‚Volkes' sein. Trotz gemeinsamer editorischer Leitlinien lassen sich in der konkreten Ausführung der Sammlung immer wieder Unterschiede erkennen, die sich auf Brentanos eher dokumentarisch-ethnologisches Interesse und Arnims stärker gegenwartsbezogenen Nationalpatriotismus zurückführen lassen. In seiner Auswahl will das *Wunderhorn* Sinnstiftung betreiben und konkretes Praxiswissen für unmittelbare Versammlungsaktivitäten bereitstellen. Die ‚restaurierten' Lieder wollen dem Anspruch nach eine Ganzheit gegenüber der fragmentierten Gegenwart darstellen und wieder zu dieser Einheit zurückführen. Das *Wunderhorn* geht synthetisierend vor, um auf begrenztem Platz seine universalistischen Ansprüche einzulösen. Ziel ist es, die Vorlagen zu verdichten und zu vereinheitlichen. Das mündet in ein kombinatorisches Verfahren, das erlaubt, nicht nur die einzelnen Lieder weiterzuschreiben, sondern auch die ganze Sammlung fortzuführen. Das *Wunderhorn* schwankt hinsichtlich des Anordnungsprinzips. Soll die Mannigfaltigkeit und Unsystematik, in denen ‚Volkslieder' in der Alltagswelt ihren Platz haben könnten, im Aufbau der Sammlung abgebildet werden oder müssen die Herausgeber ordnend eingreifen?

Des Knaben Wunderhorn will die Wende im Geschichtsprozess einleiten und nach der Zeit der Entzweiung die erneute Einheit herbeiführen. Der Prozess des ‚Sozialen' Wandels wäre dann an seinem Ziel angekommen. Arnim versteht die Geschichte als das Werden Gottes, das sich in den Versammlungsformen des ‚Sozialen' und den kulturellen Manifestationen verschieden ausdrückt. Deshalb kann eine Wende im Geschichtsprozess nur von Gott selbst ausgehen. So ist die eigenartige Passivierungsstrategie des eigenen Tuns durch die *Wunderhorn*-Editoren als ein Versuch zu verstehen, sich als ‚Werkzeug' der Geschichte zu inszenieren, also individuelles Tun und kollektive Prozesse in eins fallen zu lassen. Dazu gehört, sich als bloße Herausgeber darzustellen und die umfangreichen Liedbearbeitungen herunterzuspielen. Dass Arnim und

Brentano die gesammelten Lieder nicht einfach so drucken lassen, hängt damit zusammen, dass sie glauben, sie für ihre Gegenwart aufbereiten zu müssen, damit sie erst verständlich werden. Um die Publikation des *Wunderhorns* in einer Situation der Gottesferne gegen den augenscheinlichen Trend als Geschichtsnotwendigkeit plausibel zu machen, stellen sie ihr Werk in den Kontext weiterer Anzeichen, die als positive Entwicklungen auf die ‚neue' Zeit vorausweisen. Das *Wunderhorn* versteht sich als einen wichtigen Schritt, die Wiederausgießung des Geistes Gottes zu begünstigen, ohne den Geist selbst heilstechnologisch herabzwingen zu können. Der Geist Gottes steht für die Ausschaltung doppelter Kontingenz. Mit dem *Wunderhorn* sollen die vergangenen Manifestationen des Geistes in der Gegenwart wieder wachgerufen werden. Arnim und Brentano hoffen dabei auf eine sich selbst verstärkende Dynamik, in der sich die individuelle Begeisterung durch die ‚Volkslieder' und die Begeisterung der immer größer werdenden Vereinigung wechselseitig verstärken. Ziel dieses Prozesses ist eine allumfassende Poiesis des ‚Sozialen'. Alltagshandlungen und künstlerische Tätigkeiten bilden dann ein Kontinuum. Das führt dazu, dass sich die Künste untereinander wieder verbinden und darüber hinaus im Rahmen einer universalistischen Nationalreligion wieder eins werden. Wenn Gott wieder zu sich selbst gekommen ist, dann hat sich die deutsche Nation als patriotische Gemeinde versammelt und in der Poiesis des ‚Sozialen' verbinden sich Kunst und Leben zu einer ununterscheidbaren Einheit.

7 Ausblick: Kriegszeit (1806–1808)

Der Geist kam nicht, Napoleon kam. Nachdem Mitte Oktober 1805 der erste Band von *Des Knaben Wunderhorn* erschienen war, musste Arnim bei seiner Rückreise von Heidelberg nach Berlin einen Umweg in Kauf nehmen, da in Süddeutschland der Zweite Koalitionskrieg wütete. In Jena, wo er Goethe traf, machte er dem preußischen Prinzen Louis Ferdinand das Angebot, als Soldat ins Feld zu ziehen. Zwar wurde Arnim ins Hauptquartier bestellt, aber die militärischen Ereignisse überschlugen sich, sodass er Zivilist blieb. Louis Ferdinand fiel am 10. Oktober bei einem Gefecht nahe Saalfeld und Napoleon errang einen schnellen Sieg über die österreichisch-russischen Truppen in der Dreikaiserschlacht von Austerlitz, sodass am 2. Dezember bereits Frieden geschlossen wurde, noch ehe Arnim zum Kampfeinsatz ausgerückt war. Brentano hielt sich seit September unterdessen wieder in Heidelberg auf. Nachdem Arnim den Jahreswechsel bei Reichardt in Giebichenstein bei Halle verbracht hatte, erreichte er Anfang 1806 endlich die preußische Hauptstadt. Beflügelt von Goethes positiver Rezension des *Wunderhorns* wollte er sich bereits im Februar an einen Folgeband machen. Allerdings wollte der Verleger erst einmal abwarten, wie sich der erste Band mittelfristig verkauft. Außerdem wünschte er, dass eine mögliche Fortsetzung mit Ruhe und Sorgfalt ausgearbeitet wird und nicht im bloßen Taumel der Begeisterung.[1] Ende Februar reiste Arnim ins Mecklenburgische, seinen Onkel Schlitz zu besuchen, und blieb dort bis Mitte Juni. Nach kurzem Zwischenstopp in Berlin wollte er erneut nach Heidelberg reisen. Weil Napoleon in Süddeutschland aber den Rheinbund formte, zu dem auch das badische Heidelberg gehörte, zögerte Arnim und verbrachte den Juni erneut bei Reichardt und die folgenden Sommermonate in Göttingen. Nach der preußischen Niederlage bei Jena und Auerstedt floh er vor den nachrückenden französischen Truppen mit dem preußischen Hof nach Königsberg, wo er sich die folgenden zehn Monate aufhielt. Brentano hatte derweil der Tod seiner Frau Sophie Ende 1806 aus der Bahn geworfen. Ende März oder Anfang April 1807 verließ er Heidelberg und zog zunächst zu seiner Familie nach Frankfurt, wenig später nach Kassel. In Kassel pflegte er engen Kontakt zu den Brüdern Grimm und erholte sich von dem Schicksalsschlag. Erst im Oktober 1807 trafen sich Arnim und Brentano nach gut zwei Jahren Trennung bei Reichardt in Giebichenstein wieder. Vor allem Brentano hatte die Zwischenzeit genutzt und

---

[1] Vgl. Brief Achim von Arnim an Clemens Brentano vom 17.02.1806 (WAA 32.1, 154–156, 156) und Brief Clemens Brentano an Achim von Arnim, verfasst zwischen dem 18.03. und ca. 22.03.1806 (WAA 32.1, 173–179, 175).

weiter Lieder gesammelt, sodass die Redaktion der Fortsetzung des *Wunderhorns* bis zum Jahresende weitgehend abgeschlossen war. Anfang des neuen Jahres reiste Arnim nach Heidelberg, um die Drucklegung zu betreuen. Sie sollte sich aber noch bis September hinziehen. Viele Nachlieferungen führten dazu, dass Arnim entschied, den Folgeband des *Wunderhorns* auf zwei Bände aufzuteilen. Da der zweite Band bereits im Druck war, und beide Bände etwa gleich umfangreich werden sollten, mussten auf die Schnelle 200 Druckseiten gefüllt werden. Die Kinderlieder erschienen deshalb nicht nur als separate Publikation, sondern auch als Anhang zum dritten Band. Seit Herbst 1805 hatte es Streitereien zwischen dem Aufklärungsschriftsteller Johann Heinrich Voß und seinem Kreis um das *Morgenblatt für gebildete Stände* und den Heidelberger Romantikern gegeben, die teilweise auf persönlichen Animositäten, teils aber auch auf das unterschiedliche Wissenschafts- und Dichtungsverständnis zurückgingen. Im Laufe des Jahres 1807 hatte sich der Streit deutlich verschärft, woran beide Seiten mit öffentlichen Invektiven und satirischen Texten nicht eben unschuldig waren. Ein wichtiges Streitorgan der Romantiker wurde die von April bis August 1808 von Arnim und dem seit Ende April auch wieder in Heidelberg ansässigen Brentano herausgegebene *Zeitung für Einsiedler*. Als die Zeitung ihr Erscheinen einstellen musste, verhinderte dies nicht, die Streitigkeiten mit Voß in anderen Blättern fortzuführen. Bereits Ende August zog Brentano nach München, im September wandte auch Arnim Heidelberg den Rücken zu und ging nach Berlin.

7.1 Die Auflösung der Poetik des ‚Sozialen'

In einem Brief aus Königsberg vom Juni 1807 zieht Arnim Bilanz über sein Frühwerk im Allgemeinen, und im Besonderen dessen Schlussstein, das *Wunderhorn*:

> Ich wollte oft einen Commentar dieser unbegreiflichen Zeit schreiben, ich habe viel, sehr viel gesehen und frey gesehen, weil mein Gemüth heftig bewegt, genug Gleichgewicht gewonnen, vieles zu durchschauen, was ich mit Ekel sonst von mir gestossen, die künftige Zeit wird mir dazu Ruhe geben, denn es wird mir allmählig die beruhigende Ueberzeugung, daß an dem meisten nichts, gar nichts verloren, was wir untergehen sehen, für mich lernt sich immer etwas, das Verstehen, besonders, was ich nicht glaubte, daß ich verstehe, wie auch so nichts daraus werden konnte, denn das hoffte ich doch noch als ich die Abhandlung bey unsern Volksliedern schrieb.[2]

---

[2] Brief Achim von Arnim an Clemens Brentano vom 17.06.1807 (Freundschaftsbriefe 2, 439–443, 442).

Arnim resümiert sein zunehmendes Verständnis für die Versammlungsbewegungen des ‚Sozialen', das Wertungen hintanstellt und zunächst deren Eigenlogik begreifen will. In diesem Sinne verbucht er auch das Scheitern seiner allzu optimistischen Vorstellungen aus dem Aufsatz „Von Volksliedern" als Erkenntnisfortschritt. Er blickt hoffnungsfroh in die Zukunft, denn aufgrund der Enttäuschung falscher Hoffnungen, und das ist eine Erfahrung der ganzen frühen Entwicklungsphase seiner Poetik, gründet sich die Poetik auf immer realistischere Fundamente.[3] 1807 liegt das Erscheinen des ersten *Wunderhorn*-Bandes über ein Jahr zurück, zwei weitere Bände werden aber 1808 noch nachfolgen. Wie ist das im Horizont von Arnims Entwicklung einzuordnen?

Der naheliegende Schritt, den Arnim und Brentano gehen, um auf die veränderte Situation der napoleonischen Kriege zu reagieren, besteht darin, zu versuchen, die Poetik des ‚Sozialen' in der Fortsetzung des *Wunderhorns* daraufhin anzupassen. Es geht darum, die nationalpatriotische Stoßrichtung des ersten Bandes treffsicherer auf die Gegenwart zu justieren.[4]

> In den historischen Balladen und Gedichten vermittelte das ‚Wunderhorn' das geschichtliche Bewußtsein von einer Tradition freier Einzelner und zugleich das Bewußtsein vom Vorrang staatsbürgerlicher Pflichten vor den Privilegien des Standes. Solche Themen häuften sich [...] im zweiten und dritten Band [...]. Unter dem Eindruck der Ereignisse war in den späteren Bänden auch die Zahl der Soldatenlieder vermehrt worden [...].[5]

Neben dem Ansporn zur Tat formulieren die Folgebände noch nachdrücklicher die Hoffnung auf ein Erlösungsgeschehen. Gottes Heilsplan soll die deutsche Nation zur Erlösung führen. Das drückt sich nicht nur in der veränderten Interpretation der Leitallegorie ‚Wunderhorn' aus, sondern auch in einem zunächst winzig wirkenden Detail. Hieß der erste Band noch *Des Knaben Wunderhorn*, so lautet der Titel des zweiten und dritten Bandes schlicht *Wunderhorn*. Misako Hori hat überzeugend gezeigt, dass das Horn im ersten Band vor allem als Musikinstrument und damit als Inbild der Poesie verstanden wird. Das Horn auf dem Titelkupfer des zweiten Bandes dagegen zeigt ein Füllhorn, dessen heilstheologische Aufladung sie nachweist. Passend dazu nehmen in den Folgebänden geistliche Lieder einen größeren Raum ein. Besonders signifikant ist dabei der Zyklus „Anmuthiger Blumenkranz aus dem Garten der Gemeinde Gottes", der den dritten Band beschließt.

---

3 Vgl. dazu Günter Oesterle, „Commentar dieser unbegreiflichen Zeit". Achim von Arnims Beitrag zum komplexen Verhältnis Deutschland – Frankreich. In: Härtl, Schutz (Hg.), Die Erfahrung anderer Länder, S. 25–38, hier S. 26 ff.
4 Vgl. dazu Ulfert Ricklefs, Kunstthematische und politische Rahmenbildung in „Des Knaben Wunderhorn". In: Strack (Hg.), 200 Jahre Heidelberger Romantik, S. 119–160, bes. S. 125 ff.
5 Schulz, Die Geschichte der deutschen Literatur, Bd. 2, S. 705.

> Dieser Zyklus behandelt hauptsächlich den Werdegang einer christlichen Gemeinde bis hin zum geistlichen Ehebund mit dem Heiland, dessen Darstellung in groben Umrissen auf demjenigen in der Offenbarung Johannes basiert. Das von Gott erwählte Volk muß im Laufe der Zeit gegen seine Feinde einen Kampf nach dem anderen führen. Währenddessen wird eine einzige Seele, die eine christliche Gemeinde symbolisiert, aus diesem Volk ausgewählt. Sie bringt verschiedene Erziehungs- und Reinigungsstufen hinter sich, bis sie ihrem göttlichen Bräutigam zugeführt wird. Am Ende wird Jesus Christus als auferstandener Siegesfürst überschwenglich gelobt, der alle feindlichen Mächte Gottes vernichtet und damit die Menschen erlöst hat.[6]

Während im ersten Band noch die Hoffnung besteht, dass der heilgeschichtliche Plan für die Selbstversammlung des ‚Volkes' sorgt oder die Selbstversammlung des ‚Volkes' den heilsgeschichtlichen Plan erfüllt, zerfällt die Überkreuzung von Handeln und Erleben in den Folgebänden. Indem sowohl der Aufruf zur Tat als auch das Vertrauen auf das Sich-Ereignen der Providenz intensiviert werden, trennen sich beide perlokutionären Direktiven notwendig und geraten in Widerspruch. Dass in den Folgebänden ein Nachwort fehlt, kann man daher möglicherweise nicht nur der Pragmatik zuschreiben, keine neueren Irritationen wie durch die ‚Unverständlichkeit' von „Von Volksliedern" im ersten Band auslösen zu wollen und nun ganz auf die Kraft der Lieder zu vertrauen. Auch drückt sich darin die Unmöglichkeit, die widersprüchlichen Programmatiken noch in Eins fassen zu können, aus. In diese Richtung deuten auch die Kinderlieder, die den Anhang zum dritten Band bilden. Arnim hatte diesen Teil dem Verleger Zimmer Ende November 1807 angekündigt.[7] Der Anhang erschließt eine neue Zielgruppe. Da diese Lieder sich an die kommende Generation richten,[8] zeigt sich darin die Konzession, die Versammlung der Nation, sei es durch Selbsttätigkeit oder durch Gottes unmittelbares Wirken, im Zweifelsfall weiter in die Zukunft zu verschieben. Dieses Verfahren kommt einem von Arnims Geschichtsentwürfen her bekannt vor.

Auch wenn Arnim und Brentano die Poetik des ‚Sozialen' bis zum Jahre 1808 fortführen, lässt sich nicht nur in dem Brief, sondern schon viel früher beobachten, dass Arnim immer klarer wird, dass sie nicht für Kriegszeiten gemacht ist, in denen keine realistische Hoffnung auf die friedliche Selbstversammlung der deutschen Nation zu erhoffen ist.[9] Bei dem, was sie verändern,

---

[6] Hori, Das Wunderhorn, S. 185 f.
[7] Vgl. Brief Achim von Arnim an Johann Georg Zimmer vom 28.11.1807 (in: Zimmer, Johann Georg Zimmer und die Romantiker, S. 146–148).
[8] Über die beiden Folgebände des Wunderhorns erklärt Arnim, „am meisten hatte ich das werdende Geschlecht der jungen Kinder vor Augen [...]." (Vgl. Brief Achim von Arnim an Clemens Brentano vom 06.02.1808 (Freundschaftsbriefe 2, 489–494, 491)).
[9] Hori weist in diesem Zusammenhang auf die unterschiedliche Haltung der beiden Herausgeber in Bezug auf die militärisch-politischen Ereignisse hin: „Die zügige Zusammenarbeit der

kann es sich bloß um oberflächliche Detailkorrekturen handeln. Der Grundduktus der Poetik des ‚Sozialen' lässt sich so einfach nicht umkrempeln. Eine Szene aus Göttingen vom Oktober 1806, unmittelbar vor der für Preußen vernichtenden Schlacht von Jena und Auerstedt, von der Arnim in einem Brief berichtet, ist in diesem Sinne vielsagend:

> [I]ch habe hier Rüchels und Blüchers Corps recht mit Lust sehen können, alle Strassen waren voll Gesang und Musick, die Krone voll Trunk und Spiel; ich hörte General Blücher mitten im Platzregen auf dem Platze so wunderbar schön reden, daß er mir recht wie ein Kriegsheiliger vorkommt. Ich habe Lieder austeilen lassen, nimm sie als meinen guten Willen [...].[10]

Die Szene liest sich rührend, gleichwohl ist wahrscheinlich auch Arnim bereits klar, dass patriotische Gesänge keine Kanonen ersetzen können. Die eklatante Unterlegenheit der sächsisch-preußischen Truppen gegen Napoleon keine zwei Wochen später lässt keinen Zweifel mehr daran, sollte er noch bestanden haben. Man kann diese Szene insofern als sentimentalen Nachruf zu Lebzeiten auf die Poetik des ‚Sozialen' lesen. Die Politik, die Arnim die ganze Zeit zauderhaft und machtlos vorgekommen war, hat, durch Napoleons Ansturm gezwungen, mit einem Mal das Regiment für die Versammlung des ‚Sozialen' übernommen. Arnim muss sich wirklich gefragt haben, ob in dieser Situation die schöne Literatur nicht überflüssig geworden ist. Aus mehreren Briefen Brentanos, der den Freund davon abhalten will, klingt heraus, dass es für Arnim eine ernsthafte Option gewesen sein muss, das Dichten ganz aufzugeben und Militärdienst zu leisten. Brentano beschwört ihn deshalb mehrfach: „lieber Arnim, [...] bleibe ein Dichter"[11].

---

beiden Freunde [am Band 2 und 3 des ‚Wunderhorns' nach ersten Plänen bereits im Spätjahr 1805, U. B.] konnte jedoch nicht so leicht verwirklicht werden, wie Brentano es sich zuerst erhofft hatte. Arnim richtete seine Aufmerksamkeit immer mehr auf die aktuellen politischen Ereignisse, die mit dem Auf und Ab des Vaterlands zusammenhingen. Demzufolge wurde er allmählich von der Arbeit am ‚Wunderhorn' abgelenkt. Es war ja gerade die bewegte Zeit der territorialen und politischen Neuordnung, die der Reichsdeputationshauptschluß 1803 eingeleitet hatte, und man kann sagen: Bei der Verzögerung der weiteren ‚Wunderhorn' Edition waren also auch die unterschiedlichen Einstellungen der Herausgeber der Politik gegenüber mit im Spiel. Clemens Brentano stammte aus einer reichen Frankfurter Kaufmannsfamilie und hatte kaum Interesse am politischen Geschehen. Für ihn besaß das brüderliche Zusammenwirken zur Vollendung des ‚Wunderhorns' höchste Priorität. [...] Der preußische Adelige Achim von Arnim beobachtete ganz im Gegensatz zu Brentano aufmerksam und kritisch die Expansionspolitik Frankreichs und ihre Auswirkungen [...]." (Hori, Das Wunderhorn, S. 155).
10 Brief Achim von Arnim an Clemens Brentano vom 06.10.1806 (WAA 32, 346–349, 347). – Vgl. dazu auch Sternberg, Die Lyrik Achim von Arnims, S. 91–99.
11 Brief Clemens Brentano an Achim von Arnim vom 01.01.1806 (WAA 32.1, 116–121, 118). – Die Argumentationsstrategie ist dabei raffiniert. Brentano zeichnet zunächst ein verklärtes Bild

Es ist aber durchaus nicht so, dass, die Einsichten der Briefe zu Ende gedacht, der erste die Kraft der Poetik und der zweite die Vorstellung des ‚Sozialen', wie sie die Poetik des ‚Sozialen' entwickelt hatte, bloß bestreitet. Ihre Erkenntnisse sind sicherlich schmerzlich mit Blick auf die Programmatik und Emphase, mit der Arnim die Poetik des ‚Sozialen' über Jahre hin verfolgt hat, doch bleiben sie nicht rein negativ. Vielmehr liegt in ihnen bereits die Anlage für die Weiterentwicklung der Poetik, oder besser gesagt, der Poetiken. Was bisher innerhalb des einheitlichen Komplexes des ‚Sozialen' behandelt wurde, spaltet sich zunehmend auf. Handlungsmöglichkeiten werden in politischen Diskursformaten verhandelt und Gegebenheiten theologisch; daneben zieht sich die schöne Literatur stärker auf poetologische Selbstreflexionen zurück.

Ein halbes Jahr nach dem Ersten stellt sich im Vierten Koalitionskrieg erneut für Arnim die Frage, Soldat zu werden, und abermals redet ihm Brentano ins Gewissen, sich einzig auf die Dichtung zu konzentrieren.[12]

In seiner Antwort beschwichtigt Arnim den Freund mit den Worten: „Soldat fürchtest du daß ich werden möchte, es wär freilich das einfachste, aber wahrscheinlich auch das nutzloseste bey meiner Unkenntniß und Ungewohnheit in tausend nothwendigen Dingen". Stattdessen hält er es für ergiebiger, doch publizistisch den Nationalpatriotismus der Kämpfer zu befeuern, denn: „Kommt es zum Kriege, so ist unser Vaterland nicht in Berlin, nicht in der Mark nicht hie und da, sondern in den Menschen, das übrige mag in Flammen aufgehen, diese werden sich daran wärmen."[13] Tags darauf erklärt Arnim Reichardt dann seinen Alternativplan schon sehr konkret: „Mein Plan ist mit Worten zu fechten in einem Volksblatte, der Preusse"[14]. Auch wenn das Blatt infolge der Niederlage von Jena und Auerstedt nie realisiert werden sollte, so ist seine Vorankündigung dennoch interessant, weil hier die Auflösung der Poetik des ‚Sozialen' zu Politik und Theologie in nuce greifbar wird. Zunächst nämlich liest sich der Zeitschriftenplan noch wie eine Fortführung des *Wunderhorns*:

> Wir wollen kein Blat vor den Mund nehmen, sondern frey ergeben, unserm guten Volks-Geiste sollen alle Wünsche laut werden, die uns heimlich erfüllen, bekümmern und er-

---

des Krieges und höhlt es dann immer weiter aus, wobei er gleichzeitig Arnim ermahnt, sich lieber auf seine besonderen Qualitäten als Dichter zu besinnen. (Vgl. WAA 32.1, 116 f.).

12 Vgl. Brief Clemens Brentano an Achim von Arnim etwa vom 20.08.1806 (WAA 32.1, 302–303).

13 Brief Achim von Arnim an Clemens Brentano vermutl. vom 08.09.1806 (WAA 32.1, 313–316, 313). – Vgl. weiterführend Portmann-Tinguely, Romantik und Krieg, S.191–196 und S. 212–222.

14 Briefentwurf Achim von Arnim an Johann Friedrich Reichardt vom 09.09.1806 (WAA 32.1, 330).

> freuen, jede nothwendige Mittheilung, Prüfung unserer, Berathung, wie sie die Zeit fordert und giebt, theils aus bedeutenden Schriften, theils aus mündlicher Belehrung, die Dichtung alter und neuer Zeit, soll uns erzählend in den Strom der Begebenheiten hineinreissen, damit wir nicht leichtsinnig uns fremde Gedanken machen, sondern nach Gewissen rastlos, und ruhig aufmercksam steuern allen bösen Werken.

Dann aber vollzieht Arnim eine Wendung, die dem Wochenblatt eine politische Stoßrichtung gibt. Plötzlich ist nicht mehr die Rede von „bedeutenden Schriften" und „mündlicher Belehrung" aus der „Dichtung alter und neuer Zeit". Stattdessen wird in dem Zeitungsplan ein Forum für die politische Öffentlichkeit entworfen. „Alle diese nothwendigen Mittheilungen, in welcher Form es sey, wird unser Volcksblat enthalten, doch wollen wir ihm dadurch keine Schranken setzen; alles was geachtete Mitbürger der öffentlichen Bekanntmachung angemessen halten, sey uns willkommen."[15] Dass er aber eine ganz bestimmte Art von öffentlicher Mitteilung vor Augen hat, nämlich konkrete politische Äußerungen, wird klar, wenn er sogleich darauf kommt, wer als Leser oder Mitarbeiter ausgeschlossen sein soll.

> Oben an unter diesen Ausgeschlossenen stehen jene leeren müssigen Schwätzer, welche ihre eigene Geschichte als höhere oder tiefere Ansicht der Welt bespekuliren, denen alles vergangen, abgelaufen, aus ist, weil sie von nichts mit fortgerissen werden, die Engherzigen, welche von der Natur so knap zugeschnitten sind, daß sie ihren deutschen Sinn, der alles zwischen der Nordsee und dem Adriatischen Meere erfassen sollte, auf ein Paar Meilen Land, auf eine Stadt, auf eine Familie oder einen Namen beschränken, der doch nur Bedeutung und Werth in der Verbindung mit andern hat, ausgeschlossen sind ferner die Systematiker welche sich mühsam in ein Wort hinein gearbeitet und dieses dadurch hohl und leer gemacht haben, die frechen Tadler, die von der Erde ausgestossen, diese Erde voll Herrlichkeit umstürzen könnten, weil sie so den Punkt ausser ihr gefunden haben, der freilich einen tüchtigen Menschen und Bürger wie Archimedes unbekant bleiben muste.[16]

Dagegen soll das Blatt den vom Schicksal geschlagenen Unglücklichen wenigstens im Text ein Vaterland bieten, die Kurzsichtigen trösten und die Unwissenden belehren. Auch wenn diese Zielsetzung zunächst in eben der theoretischen Allgemeinheit bleibt, die er für das Blatt gerne ausschließen will, so zeichnet

---

[15] Freundschaftsbriefe 1, 424. – Die Vorankündigung zu *Der Preusse* war als Teil des Briefs Achim von Arnim an Clemens Brentano vermutlich vom 08.09.1806 angesehen worden und findet sich dort abgedruckt (Freundschaftsbriefe 1, 422–427, 424–427). In WAA 32.2, 937 f. wird diese Fehlzuordnung korrigiert, was dazu führt, dass sie die Voranzeige nicht mehr in dem Briefband druckt. Richtigerweise gehört sie wohl als eigenständiger Text in den Kontext der Voranzeige in Rudolf Zacharias Beckers *Reichsanzeiger*. Vgl. dazu den Brief Achim von Arnim an Rudolf Zacharias Becker vom 19.09.1806 (WAA 32.1, 334 f.).
[16] Freundschaftsbriefe 1, 425.

sich doch eine Bewegung zu konkreten Handlungsdirektiven ab. Voll Optimismus blickt Arnim schon auf das erhoffte Ergebnis voraus.

> Wir werden dieses Blat den Deutschen nennen, so bald Deutschland sich wieder herstellt von der langen Kranckheit welche jede Kraft vereinzelt und gegenseitig vernichtet, die wir mit Lust in der Stille pflegten und aufzogen: jetzt nennen wir es nach dem grösten unter den letzten freyen deutschen Stämmen nach dem Preussen, der noch verknüpft und ausbreitend umhertreibt [...].[17]

In seltsamem Kontrast zu dem aktiven „Wollet nicht etwas seyn, ohne etwas zu thun, lernet wahre Größe, geordnetes Wirken achten, das Heil eines Volcks ist immer in ihm selbst und kommt nie von außen"[18] steht ein abrupter Wechsel ins Passiv in den unmittelbar sich anschließenden Passagen. Die Alternativen heißen jetzt plötzlich, als Nation, die diese Bewegung nicht mitvollzieht, zu Recht in der Fortschrittsbewegung der Geschichte unterzugehen oder dem individuellen Erdulden des Leids als Läuterung des Ganzen der Nation einen Sinn zuzuschreiben.

> Nicht des Namens wegen aus Gunst sollen wir leben, wir sollen leben weil wir die Kraft dazu haben, sonst fort mit uns Deutschen von dieser stolzen Erde. Haltet euch einander aufrecht im Siege wie im Unglück, Deiche sind gebaut, die Pest ist vertrieben durch Verbindung und Aufopferung, warum sollen nicht die grössern Uebel vertrieben werden, die zwar nur das Allgemeine zu treffen scheinen, aber eben dadurch jeden Einzelnen am sichersten zerstören.

Die Forderung des Tages heißt, „daß Ergebenheit dem Vaterlande Aufopferung mit Gut und Blut dem herrlichsten Fortschritte auch jede Art des Glücks erzeuge"[19]. Diesen Durchhalteparolen gibt er zum Schluss der Aufzeichnungen eine Wendung ins Geschichtstheologische, wenn er mit der Wendung schließt: „Das Wort wird Geist"[20].

Die hier angelegten Tendenzen werden in Arnims Aufzeichnungen der Jahre 1806 und 1807 und in vielen Briefen darüber hinaus vertieft.[21] Auf der einen Seite trifft man auf Überlegungen, die in prosaischer Konkretheit des kameralistisch geschulten ‚Sozialtechnologen' Vorschläge für Heeresreformen oder die

---

17 Freundschaftsbriefe 1, 425.
18 Freundschaftsbriefe 1, 426.
19 Freundschaftsbriefe 1, 426.
20 Freundschaftsbriefe 1, 427.
21 Vgl. die Texte FA 6, 184–226. – Vgl. dazu Helene M. Kastinger Riley, Die Politik einer Mythologie. Achim von Arnims Schriften im Spiegel von Baron vom Steins Programm. In: Zwischen den Wissenschaften, Beiträge zur deutschen Literaturgeschichte. FS Bernhard Gajek, hg. von Gerhard Hahn, Ernst Weber, Regensburg 1994, 25–35, bes. S. 25–30.

Finanzierung der Wiedereröffnung von Arnims Alma Mater, der Universität Halle, unterbreiten und in diesem Sinne Politikberatung betreiben. Hier stößt Arnim deutlich in Regionen vor, die das Feld der Dichtung verlassen.[22] Oft in den gleichen Texten begegnet dagegen auch eine Perspektive der Ohnmacht, die die Macht des Einzelnen fast gänzlich zurücknimmt und die Bewegungen der Versammlungs- und Dissoziationsbewegungen des ‚Sozialen' nun allein kollektiven unbeherrschbaren Kräften zuschreibt. Arnim entwickelt seine historisierende Geisttheologie weiter, sodass darin Geschichte zum reinen Geschehen eines sich im göttlichen Heilsplan entfaltenden objektiven Geistes wird. Die Dichtung löst er dabei grenzwertig in Theologie auf, indem er die Theodizeefrage zugunsten Gottes zu beantworten sucht.[23]

Nur ein gutes Jahr später, nämlich im November 1807, umreißt diesmal Brentano dem Verleger Zimmer einen Zeitschriftenplan. Auch dieser liest sich zunächst wie eine Fortsetzung des *Wunderhorns*:

> Ein [...] Vorschlag, den ich mir in seiner Ausführung besonders reizend dencken kann, wäre eine Zeitung in der Art des Morgenblatts [das *Morgenblatt für gebildete Stände* von Voß, U. B.], aber ganz als sei sie aus der *Zeit des Mittelalters*, oder vielmehr einer *imaginairen* litterärischen Zeit, Sie würde lauter reizende und kuriöse Bruchstücke und ganze kleine Geschichten Sagen, Begebenheiten, Sprüche, Lieder, seltsame Reisegeschichten, Züge aus alten Biografien und lauter sich homogene Dinge enthalten, die man in Büchern nicht bringen kann, und welche doch am Ende durch ein Gutes Register die Zeitung zu einem einzigen herrlichen Buch, voller Kleinodien unsrer alten Poetischen, und historischen Kunst machten, dann und wann einen treflichen Holzschnitt oder ein Altes Gebäude im Umriß, u.d.g. Nichts modernes, nichts Gelehrtes, nichts Getändeltes, nichts Bekanntes, nichts Langweiliges, eine schöne reizende Kunstkammer, welche sich selbst erklärte, und in welcher so wohl Alt als Jung sich gerne begeistern.[24]

Die *Zeitung für Einsiedler*[25], die Arnim und Brentano dann, wie erwähnt, tatsächlich wöchentlich zwischen dem 1. April und dem 27. August 1808 herausgaben, entwickelte sich jedoch ganz anders. Sie wollte „populär sein, entpupp-

---

22 Vgl. dazu Knaack, Nicht nur Poet, 15 f. und Walter Pape, „Der König erklärt das ganze Volk adelig". ‚Volksthätigkeit', Poesie und Vaterland bei Achim von Arnim 1802–1814. In: Strack (Hg.), 200 Jahre Heidelberger Romantik, S. 531–550, bes. S. 542 ff.
23 Vgl. dazu Nitschke, Utopie und Krieg, S. 50 ff.
24 Brief Clemens Brentano an Johann Georg Zimmer vom 29.11.1807 (FBA 31, 622–626, 624) (Herv. im Orig.).
25 Die *Zeitung für Einsiedler* gaben Achim von Arnim und Clemens Brentano bei Mohr und Zimmer in Heidelberg wöchentlich heraus. Da sich die Zeitung schlecht verkaufte, gab Arnim die unverkauften Exemplare, nachdem die Zeitung eingestellt wurde, nochmals in Buchform unter dem Titel *Tröst Einsamkeit* Ende 1808 heraus. Die Zeitung ist jetzt als WAA 6 publiziert.

te sich aber als höchst elitär", resümiert Friedrich Strack den Fortgang der Unternehmung.

> [Das] Programm einer volksnahen, nationalen Erneuerung der Kultur, das auf das ‚Wunderhorn' zurückweist, wurde Zug um Zug von literaturkritischen und polemischen Auseinandersetzungen verdrängt, die Arnim zunächst vermeiden wollte [...]. Aus Scherz wurde sehr rasch Ernst und scharfe Satire; und die alten Zeiten, die Arnim [und Brentano, U. B.] an Stelle der Tagesereignisse ins Bewusstsein rücken wollte[n], wurden durch Zeitkritik und heftige Auseinandersetzungen mit der literarischen Opposition verdrängt.[26]

Besonders bekannt geworden ist der besagte erbitterte Streit mit Voß, der sich, soweit es sich nicht um persönliche Zwistigkeiten handelte, zu einer großen Abrechnung zwischen Romantik und Klassizismus hochschaukelte.[27] Aber noch eine weitere Kontroverse ist wichtig, die zwar nicht in der Zeitung geführt wurde, sich aber doch an ihr entzündete. Im 19. Heft der *Zeitung für Einsiedler* ergänzten die Herausgeber Jacob Grimms Aufsatz „Wie sich die Sagen zur Poesie und Geschichte verhalten" um eine Fußnote: „Wir wünschen den historischen Beweis davon, da nach unsrer Ansicht in den ältesten wie in den neusten Poesien beyde Richtungen [‚Natur'- und ‚Kunstpoesie', U. B.] erscheinen.

---

26 Friedrich Strack, Clemens Brentano und das „Klingding". Bemerkungen zur „Sonnettenschlacht bei Eichstädt" in der „Zeitung für Einsiedler". In: Jahrbuch des Freien deutschen Hochstifts, 2009, S. 253–287, hier S. 255 f.

27 Vgl. Strack, Clemens Brentano und das „Klingding" und weiterführend auch Fridrich Pfaff, Einleitung. In: Arnims Tröst Einsamkeit, hg. von Pfaff, Freiburg, Tübingen 1883, S. I–XCII; Schneider, Beiträge zur Geschichte der Heidelberger Romantik; Herbert Levin, Die Heidelberger Romantik, S. 74–116; Anneliese Schulze, Voß Auseinandersetzung mit Stolberg und Vertretern der jüngeren Romantik, [Diss. Masch.] Potsdam 1956, S. 68–110; Heinz Rölleke, Die Auseinandersetzung Clemens Brentanos mit Johann Heinrich Voss über „Des Knaben Wunderhorn". In: Jahrbuch des Freien deutschen Hochstifts, 1968, S. 283–328; Hartmut Fröschle, Der Spätaufklärer Johann Heinrich Voss als Kritiker der deutschen Romantik, Stuttgart 1985, S. 42–69; Günter Häntzschel, Johann Heinrich Voß in Heidelberg. Kontroversen und Mißverständnisse. In: Strack (Hg.), Heidelberg im säkularen Umbruch, S. 301–321; Gerard Koziełek, Das kulturpolitische Programm der „Zeitung für Einsiedler". In: Acta Wratislaviensis, 72. Bd. (1988), S. 201–223; Günter Häntzschel, Voß als Objekt romantischer Satiren. In: Johann Heinrich Voss (1751–1826). Beiträge zum Eutiner Symposium im Oktober 1994, hg. von Frank Baudach, Häntzschel, Eutin 1997, S. 149–161; Renate Moering, Die „Zeitung für Einsiedler". Programm und Realisierung einer romantischen Zeitschrift. In: Romantik und Volksliteratur. FS Heinz Rölleke, hg. von Lothar Bluhm, Achim Hölter, Heidelberg 1999, S. 31–48; Theodore Ziolkowski, August Böckh und die „Sonnettenschlacht bei Eichstädt", und Ulfert Ricklefs, Polemische Textproduktion. Bemerkungen zum Literaturstreit der Gruppe um Voss mit den Romantikern, beide in: Strack (Hg.), 200 Jahre Heidelberger Romantik, S. 207–223 und S. 343–367; Ziolkowski, Mythos und Symbol, S. 132–138 und S. 147–169.

[/] Einsiedler."[28] Daran schloss sich eine brieflich geführte Diskussion an, in der, kurz gesagt, Grimm ‚Naturpoesie' als etwas Historisches von der ‚Kunstpoesie' der Gegenwart abgrenzte. Arnim dagegen bestand darauf, dass es sich bei ‚Naturpoesie' um die Fortüberlieferung des Ewigen vom ersten Anfang bis in die Gegenwart handle.[29] Letztlich entwickelt Arnim in den Briefen seine Poetik nicht grundlegend weiter, sondern expliziert und begründet nur nochmals poetologische Annahmen, die bereits sein bisheriges Schaffen getragen haben. Für den Rückzug der Poetik von ihrem immensen Anspruch öffentlicher Wirksamkeit ist es bezeichnend, dass der Disput in privaten Briefen ausgetragen wurde und nicht in der Zeitung selbst. Insgesamt lässt sich ein Rückzug der Poetik auf poetologische Selbstreflexion und literaturimmanente Abgrenzungsbewegungen konstatieren.

Erst in *Der Wintergarten*[30], Arnims Novellensammlung nach Vorbild von Goethes *Unterhaltungen deutscher Ausgewanderten*, die er ab November 1808 verfasste und die 1809 in Berlin erschien, finden beide Entwicklungslinien in einer neuen Synthese wieder zusammen.[31] Diese steht im Zeichen der ‚Politi-

---

28 WAA 6.1, 250.
29 Zuverlässig ediert finden sich die einschlägigen Briefe des Disputs bei Roland Reuß, „Lieder [...], die nicht seyn sind". Der Briefwechsel zwischen Jacob Grimm, Wilhelm Grimm, Achim v. Arnim und Friedrich Carl v. Savigny aus dem Jahre 1811 und das Problem der Edition. Einführung und Faksimile Edition mit diplomatischer Umschrift. In: Text 7 (2002), S. 1–227. – Vgl. eingehend zu der Diskussion: Oskar Walzel, Jenaer und Heidelberger Romantik über Natur- und Kunstpoesie. In: Deutsche Vierteljahresschrift für Literaturwissenschaft und Geistesgeschichte, 14. Jg. (1936), S. 325–360; Herbert R. Liedke, Literary Criticism and Romantic Theory in the Work of Achim von Arnim, New York 1966, S. 70–75; Härtl, Armin und Goethe, S. 165–178; Roland Hoermann, Achim von Arnim, Boston, MA 1984, S. 40–43; Hans-Günther Thalheim, Natur- und Kunstpoesie. Eine Kontroverse zwischen Jacob Grimm und Achim von Arnim über die Aneignung älterer, besonders volkspoetischer Literatur. In: Weimarer Beiträge, 32. Jg. (1986), H. 11, S. 1829–1849; Günter Niggl, Geschichtsbewußtsein und Poesieverständnis bei den „Einsiedlern" und den Brüdern Grimm. In: Strack (Hg.), Heidelberg im säkularen Umbruch, S. 216–224; Gerhart von Graevenitz, Mythos. Zur Geschichte einer Denkgewohnheit, Stuttgart 1987, S. 236–242; Ulfert Ricklefs, Magie und Grenze. Arnims „Päpstin Johanna" Dichtung. Mit einer Untersuchung zur poetologischen Theorie Arnims und einem Anhang unveröffentlichter Texte, Göttingen 1990, S. 19–58; Martin Neuhold, Achim von Arnims Kunsttheorie und sein Roman „Die Kronenwächter" im Kontext ihrer Epoche, Tübingen 1994, S. 36–126; Lothar Bluhm, Die Brüder Grimm und der Beginn der Deutschen Philologie. Eine Studie zu Kommunikation und Wissenschaftsbildung im frühen 19. Jahrhundert, Hildesheim 1997, S. 285–301; Isamitsu Murayama, Poesie – Natur – Kinder. Die Brüder Grimm und ihre Idee einer ‚natürlichen Bildung' in den „Kinder- und Hausmärchen", Heidelberg 2005, S. 17–233; Buschmeier, Poesie und Philologie in der Goethe-Zeit, S. 169 f. und 186–203.
30 FA 3, 69–423.
31 Zur Entwicklung dahin vgl. Günter Häntzschel, Die Heidelberger Romantik und die Französische Revolution. In: Die deutsche Romantik und die französische Revolution, hg. von Gon-

schen Romantik', deren Komponenten zuvor aus der Auflösung der Poetik des ‚Sozialen' getrennt hervorgegangen waren, nämlich Handlungsdirektiven gepaart mit einem Standpunkt der Ohnmacht und einer selbstbezüglichen Poetisierung.[32]

7.2 Nachwirkung der *Wunderhorn*-Poetik

> Mit dem Ausbruch des ästhetischen Volksbegriffs aus dem intellektuellen Treibhaus der Romantik ergab sich nach den napoleonischen Befreiungskriegen ein neues Szenario für die Konstruktion nationaler Identität. Es ist allgemein gekennzeichnet durch eine Ausweitung der Trägergruppen und, damit zusammenhängend, durch eine *Trivialisierung* der romantischen Codierung selbst. Nationalbewusstsein zeigten nicht mehr nur das gebildete Publikum und die esoterischen Zirkel der Romantiker, sondern auch das Kleinbürgertum der Städte und später selbst die reisenden Handwerksgesellen des Vormärz. Eine derart verbreitete sozial-strukturelle Basis konnte sich kaum mehr über eine gemeinsame ständische Herkunft oder gemeinsame korporative Interessen begreifen. Sie fand ihre Gemeinsamkeit einerseits über besondere Kommunikationsformen und andererseits erneut in einer ‚innenpolitischen' Wendung des Nationalbewußtseins, in der Frontstellung gegenüber Obrigkeit und Fürstenwillkür.[33]

Nachdem wieder Friede in Deutschland herrschte, gewannen die Ideen der Poetik des ‚Sozialen', wie sie im *Wunderhorn* angelegt waren, erneut Aktualität. Wenn Bernhard Giesen aber von einer ‚Trivialisierung' romantischer Ideen spricht, so arbeitet er mit einer holzschnittartigen Gegenüberstellung von Romantik und Restaurationsphase, bei der ihm für die Romantik vor allem die

---

thier-Louis Fink, Straßburg 1989, S. 195–207 und Stefan Nienhaus, „Wo jetzt Volkes Stimme hören?" Das Wort ‚Volk' in den Schriften Achim von Arnims 1803 bis 1813. In: Ricklefs (Hg.), Universelle Entwürfe, S. 89–99, bes. S. 90 ff. – Zum *Wintergarten* vgl. Irmgard Berchtenbreiter, Achim von Arnims Vermittlerrolle zwischen Jakob Böhme als Dichter und seine „Wintergartengesellschaft", [Diss. masch.] München 1972; Wulf Segebrecht: Die Thematik des Krieges in Achim von Arnims Wintergarten. In: Aurora, 45. Jg. (1985), S. 310–316; Vickie L. Ziegler, Schreibt für Deutschland. Achim von Arnims „Wintergarten" als nationale Literatur. In: Deutsche Literatur in der Weltliteratur. Kulturnation statt politischer Nation, hg. von Franz Norbert Mennemeier, Conrad Wiedemann, Tübingen 1986, S. 208–214; Wingertszahn, Ambiguität und Ambivalenz, S. 30–65; Bernd Fischer, Achim von Arnims „Wintergarten" als politischer Kommentar und Bettina Knauer, Achim von Arnims „Wintergarten" als Arabeskenwerk, beide in: Ricklefs (Hg.), Universelle Entwürfe, S. 43–60 bzw. 61–72; Nitschke, Utopie und Krieg, S. 138–197; Claudia Nitschke, Die Erreichbarkeit von Gemeinschaft. Die Konstruktion von ‚Volk' und Individualität im „Wintergarten". In: Pape (Hg.), Romantische Identitätskonstruktionen, S. 89–104.
32 Vgl. dazu Kapitel 3.2.3.2 der vorliegenden Untersuchung.
33 Giesen, Die Intellektuellen und die Nation, S. 163 (Herv. im Orig.).

‚Unverständlichkeit' der ‚Frühromantik' und die Elitendiskurse der ‚Hochromantik', wie etwa die *Zeitung für Einsiedler,* vor Augen stehen.[34] Er übersieht dabei die Scharnierfunktion der *Wunderhorn*-Poetik, die mit ihren Überlegungen zur Bildung und Hebung des kulturellen Niveaus des ‚Volkes' sicherlich in der Nachfolge des frühromantischen Elitarismus steht, zugleich aber mit ihrem Liedangebot und ihrem Popularisierungsstreben selbst bereits Anschlussfähigkeit für eine Rezeption vorbereitet, die, zumindest mittelbar, seit der Restaurationsphase tatsächlich größere Teile der Gesellschaft zu einem nationalen Chor versammelt. Systematisch sehr treffend beschreibt Giesen jedoch, wie die teilweise reichlich unkonkreten Ideen der Poetik des ‚Sozialen' jetzt ihre Manifestationen finden. Die Nachfolge patriotischer Lesegesellschaften und elitärer Romantikerzirkel als Trägergruppen zur Einberufung der Nation treten studentische Burschenschaften, kleinbürgerliche Turnvereine und, in diesem Kontext von besonderer Bedeutung, Gesangsvereine an; klassische Institutionen der ‚Zivilgesellschaft' also. 1809 gründet Carl Friedrich Zelter mit der *Berliner Liedertafel* den ersten Männergesangsverein in der deutschen Geschichte, dem viele weitere nachfolgen.[35] All diese Vereinigungen übernehmen die Idee des ästhetischen Zugangs zur nationalen Identität, setzen jetzt aber auf leibhaftige Versammlungen anlässlich von Festen und Feiern als Kommunikationsformen, die in der Lage sind, größere Menschenmengen zusammenzubringen. Prägnant erklärt Giesen:

> Diese Rituale der Gemeinsamkeit zeichnen sich gerade dadurch aus, daß sie Reflexion und Diskurs, Individualität und Reflexion ausschließen oder aufs äußerste beschränken. Zwar fanden die romantischen Intellektuellen im Unnachahmlichen und Unsagbaren den identitätssichernden Grund des Nationalen, aber sie näherten sich dem Unaussprechlichen noch auf *sprachliche* Weise. Die trivialisierte Fortführung dieses ästhetischen Nationencodes im Kleinbürgertum verzichtete hingegen auf das sprachliche Raffinement und feierte die Nation durch *kollektive Rituale.* Anders als die Romantiker, die die unnachahmliche Individualität hinter dem bloß Äußerlichen und Reproduzierbaren suchten, stellen die Rituale des Gesangs, der gemeinsamen Verehrung von Denkmälern und Flaggen, der synchronen Aufmärsche und Körperübungen durch besondere Prozeduren *Uniformität* her, hinter der die Vielfalt der Individualität der Teilnehmer zurücktritt. Parolen und Rituale drängen auf Teilnahme und Einreihen und schließen Negationsmöglichkeiten aus. Die Konstruktion kollektiver Identität ist dann nicht mehr auf das flüchtige Gelingen esoterischer Diskurse angewiesen, sondern wird auf eine durch Wiederholung und Steigerung

---

34 Vgl. dazu nochmals Kapitel 3.2.3.2 der vorliegenden Untersuchung.
35 Vgl. dazu Dietmar Klenke, Der singende ‚deutsche Mann'. Gesangvereine und deutsches Nationalbewußtsein von Napoleon bis Hitler, Münster u. a. 1998, S. 1–52; James Garratt, Music, Culture and Social Reform in the Age of Wagner, Cambridge u. a. 2010; Ryan Minor, Choral Fantasies. Music, Festivity, and Nationhood in Nineteenth-Century Germany, Cambridge u. a. 2012.

sofort erkennbare Weise veranstaltet. Zugehörigkeit wird ausgeflaggt. Dies hat Vorteile, wenn man nicht nur kleine Gruppen, sondern größere Menschenmengen miteinander verbinden und das Nationalbewußtsein reproduzierbar halten will. Dabei gewinnt eine neue theatralisch veranstaltete Anwesenheit an Gewicht. An Feiern und Festen kann man – anders als in einer räsonierenden Öffentlichkeit – nur durch personale und leibliche *Anwesenheit* teilnehmen. Sie verstärkt das Bekenntnishafte in einer Gesellschaft, in der der Zugang zur Schriftlichkeit immer mehr Personen offensteht und damit das Publikum nicht mehr klar abgegrenzt ist.[36]

1818 erscheint dann auch eine Neuauflage des ersten *Wunderhorn*-Bandes. Achim von Arnim wird gebeten, ein Nachwort zu verfassen. In der „Zweite[n] Nachschrift an den Leser"[37] bedankt er sich zunächst bei Reichardt und dessen Tochter für schöne Melodien zu *Wunderhorn*-Liedern, dann aber auch bei Zelter und einer Heidelberger Sammlung, dass sie ihre Vertonungen der Texte durch Liedertafeln verbreitet haben.[38] Arnim ist zwischen Freude und Verwunderung über das erneute Interesse am *Wunderhorn* hin und her gerissen. Verändern will er den Band nicht, da er gerade in seiner ursprünglichen Form geschätzt würde, und sieht ihn durch viele Nachahmerprojekte ausreichend ergänzt. Über die ‚ahndungsvolle' Hellsichtigkeit seiner Programmschrift „Von Volksliedern" sinniert er länger. Nicht ohne Stolz sieht er sich in seinen damaligen Einschätzungen in vielerlei Hinsicht bestätigt. Dass sich aber eine ganze Reihe der damaligen Missstände erheblich gebessert haben, erregt nicht nur sein Wohlgefallen, sondern er schreibt sie direkt der unmittelbaren Wirkung seiner Poetik des ‚Sozialen' im *Wunderhorn* zu – mit Angabe von Seitenzahlen, die auf „Von Volksliedern" verweisen.

> Zehen Jahre der Verwirrung haben Zeugniß für die ruhige Besonnenheit abgelegt, mit der ich meine Ansicht vom Zufälligen frey zu erhalten wußte. Diese Ansicht ist seitdem von vielen ergriffen und zu längeren Werken ausgearbeitet worden, manches hat sich durch strenge Lehrjahre gebessert, und erscheint auch der Uebergang hin und wieder wie bey den Leibesübungen, die ich (S. 442.) vermißte, bey der Religion, auf die ich hoffte (S. 459.) etwas fratzenhaft unter den Zeitgenossen, die Bewegung ist doch vorhanden und läßt das Lebende nicht mehr untersinken. Was ich dem Wehrstand (S. 449.) vorwarf, hat sich im Großen und Ganzen gebessert auch die Zünfte (S. 442.) scheinen wieder zu Ehren zu kommen, es wird im Studentenleben ein höherer Sinn erkannt, das leichtsinnige Gesetzgeben (S. 438.) scheint endlich zu stocken, die Nothwendigkeit allgemeiner Berathung und Mitwirkung soll durch Verfassungen begründet werden. Alles was einmal ernst und tief in die allgemeine Geistesbildung eingriff, wird immerdar einen belehrenden Anklang bewahren […].[39]

---

36 Giesen, Die Intellektuellen und die Nation, S. 164 f. (Herv. im Orig.).
37 FBA 8, 370–379.
38 Vgl. FBA 8, 374.
39 FBA 8, 371 f.

Literaturverzeichnis

Quellen

[Anonym]: [Rezension zu *Des Knaben Wunderhorn*]. In: *Allgemeine Literatur-Zeitung* vom 18. 2. 1807, Sp. 329–335.

Arnim, Achim von und Clemens Brentano: *Freundschaftsbriefe. Vollständige kritische Edition*, 2 Bde. (1801–1806 und 1807–1829), hg. von Hartwig Schultz, Frankfurt a. M. 1998 [zit. als *Freundschaftsbriefe*].

Arnim, Achim von, Jacob Grimm, Wilhelm Grimm und Carl von Savigny: „,Lieder [...], die nicht seyn sind'. Der Briefwechsel zwischen Jacob Grimm, Wilhelm Grimm, Achim v. Arnim und Friedrich Carl v. Savigny aus dem Jahre 1811 und das Problem der Edition. Einführung und Faksimile Edition mit diplomatischer Umschrift, hg. von Roland Reuß". In: *Text* 7 (2002), S. 1–227.

Arnim, Achim von: „Aphorismen zur Theorie des Lichts (Göttingen, Mai 1800)" [Anhang zu Frederick Burwick: „Elektrizität und Optik. Zu den Beziehungen zwischen wissenschaftlichen und literarischen Schriften Achim von Arnims"]. In: *Aurora*, 46. Jg. (1986), S. 19–47, hier S. 45–47.

Arnim, Achim von: *Ariel's Offenbarungen*, hg. von Jacob Minor, Weimar 1912 [zit. als *AO*].

Arnim, Achim von: [„Raum von vier Dimensionen"], abgedruckt als Teil des Aufsatzes von Heinz Härtl: „,Amazonenrepublik' und ,Raum von vier Dimensionen'". In: *Raumkonfigurationen der Romantik*, hg. von Walter Pape, Tübingen 2009, S. 111–120, hier S. 112–113.

Arnim, Achim von: *Reisenotizbuch*, unpubl. Transkription von Jürgen Knaack nach dem Original im Freien Deutschen Hochstift Frankfurt mit der Signatur Hs-Bd. 69 (Hs-10772) [zit. als *FDH B 69*].

Arnim, Achim von: *Sämtliche Romane und Erzählungen*, 3 Bde., hg. von Walter Migge, München 1964.

Arnim, Achim von: „Unveröffentlichte Texte und Fragmente Achim von Arnims aus dem Goethe und Schiller-Archiv Weimar, transkr. von Klaus Stein und Michael Gerten". In: *„Fessellos durch die Systeme". Frühromantisches Naturdenken im Umfeld von Arnim, Ritter und Schelling*, hg. von Walter Ch. Zimmerli, Klaus Stein und Michael Gerten, Stuttgart 1997, S. 489–491.

Arnim, Ludwig Achim von: *Werke in sechs Bänden*, hg. von Roswitha Burwick, Jürgen Knaack, Paul Michael Lützeler, Renate Moering, Hermann F. Weiss, Frankfurt a. M. 1989–1994 [zit. als *FA*].

Arnim, Ludwig Achim von: *Werke und Briefwechsel. Historisch-Kritische Ausgabe (Weimarer Arnim-Ausgabe)*, 40 Bde., hg. in Zusammenarbeit mit der Stiftung Weimarer Klassik von Roswitha Burwick, Lothar Ehrlich, Heinz Härtl, Renate Moering, Ulfert Ricklefs und Christoph Wingertszahn, Tübingen 2000– [zit. als *WAA*].

Avenarius, Ferdinand: „Zum Dürer-Bunde! Ein Aufruf". In: *Der Kunstwart*, 14. Jg. (1901), H. 24, S. 469–474.

Baumgarten, Alexander Gottlieb: *Ästhetik*, 2 Bde., dt./lat., übers. und hg. von Dagmar Mirbach, Hamburg 2007.

Baumgarten, Alexander Gottlieb: *Metaphysica*, Halle ³1757.

Baumgarten, Alexander Gottlieb: *Metaphysik*, hg. von Johann August Eberhard, übers. von Georg Friedrich Meier, Halle 1783 [= Reprint, hg. u. eingel. von Dagmar Mirbach: Jena 2004].

Baxa, Jakob (Hg.): *Einführung in die romantische Staatswissenschaft*, Jena 1931.

Baxa, Jakob (Hg.): *Gesellschaft und Staat im Spiegel deutscher Romantik*, Jena 1924.

[Becker, Rudolph Zacharias]: „An die Leser". In: *Deutsche Zeitung für die Jugend und ihre Freunde, oder moralische Schilderungen der Menschen, Sitten und Staaten in unserer Zeit*, 4. Jg. (1787), 49. Stück, S. 403–410.

Becker, Rudolph Zacharias: *Mildheimisches Liederbuch*, Gotha ³1801.

Becker, Rudolph Zacharias: *Versuch über die Aufklärung des Landmannes nebst Ankündigung eines für ihn bestimmten Handbuchs*, Dessau und Leipzig 1785 [= Reprint: Stuttgart 2001].

Beuys, Joseph: „Interview". In: *Soziale Plastik. Materialien zu Joseph Beuys*, hg. von Volker Harlan, Rainer Rappmann und Peter Schata, Achberg 1976, S. 10–25.

Beuys, Joseph: „Jeder Mensch ist ein Künstler. Auf dem Weg zur Freiheitsgestalt des sozialen Organismus. Vortrag am 23. Mai in Achberg." In: Beuys: *Kunst = Kapital. Achberger Vorträge*, Wangen 1992, S. 41–63.

Brentano, Clemens: *Sämtliche Werke und Briefe*, hg. von Anne Bohnenkamp, Konrad Feilchenfeldt, Ulrike Landfester, Christoph Perels und Hartwig Schultz, Stuttgart 1975– [zit. als *FBA*].

Campe, Joachim Heinrich: *Wörterbuch zur Erklärung und Verdeutschung der unserer Sprache aufgedrungenen fremden Ausdrücke. Ein Ergänzungsband zu Adelungs Wörterbuche*, Braunschweig 1801.

Debord, Guy: „Rapport über die Konstruktion von Situationen" [1957]. In: Debord: *Rapport über die Konstruktion von Situationen und die Organisations- und Aktionsbedingungen der Internationalen Situationistischen Tendenz und andere Schriften*, Hamburg 1980, S. 8–58.

Eichendorff, Joseph von: *Sämtliche Werke. Historisch-Kritische Ausgabe*, 18 Bde., hg. von Hermann Kunisch und Helmut Koopmann. Tübingen 1966–.

Europa. Eine Zeitschrift, hg. von Friedrich Schlegel 1803 [= Reprint: Darmstadt 1963].

Fries, Jakob Friedrich: *Wissen, Glaube und Ahndung* [1805], hg. von L. Nelson, Göttingen 1931.

Fuchs, Georg: *Die Revolution des Theaters. Ergebnisse aus dem Münchner Künstlertheater*, München 1909.

Fuchs, Georg: *Die Schaubühne der Zukunft*, Berlin und Leipzig 1905.

Goethe, Johann Wolfgang von: *Sämtliche Werke, Briefe, Tagebücher und Gespräche*, 40 Bde., hg. von Dieter Borchmeyer und Friedmar Apel, Frankfurt a. M. 1985–1999.

Graeber, David: *Direkte Aktion. Ein Handbuch*, Hamburg 2013.

Herder, Johann Gottfried: *Werke in zehn Bänden*, hg. von Martin Bollacher und Günter Arnold, Frankfurt a. M. 1985–2000.

Hobbes, Thomas: *Leviathan*, hg. von A. D. Linsay, London und New York 1957.

Hölderlin, Friedrich: *Sämtliche Werke in drei Bänden*, hg. von Jochen Schmidt und Katharina Grätz, Frankfurt a. M. 1992–1994.

Hume, David: *The Philosophical Works*, 4 Bde., hg. von Thomas Hill Green und Thomas Hodge Grose, London 1886 [= Reprint: Aalen 1964].

Jacobi, Friedrich Heinrich: *Werke*, 6 Bde., hg. von Friedrich Köppen und Friedrich Roth, Leipzig 1812–1825 [=Reprint: Darmstadt 1980].

Kant, Immanuel: *Werke*, 10 Bde., hg. von Wilhelm Weischedel, Darmstadt 1975.

Kern, Hans (Hg.): *Geheimnis und Ahnung. Die deutsche Romantik in Dokumenten*, Berlin 1938.

Kleist, Heinrich von: *Sämtliche Werke und Schriften*, 2 Bde., hg. von Helmut Sembdner, München 1983.

Laban, Rudolf von: *Die Welt des Tänzers. Fünf Gedankenreigen*, Stuttgart 1920.

Langemack, Lucius F.: *Das allgemeine gesellschaftliche Recht nebst der Politick*, Berlin 1745.

Liszt, Franz: *Sämtliche Schriften*, 9 Bde., hg. von Detlef Altenburg, Wiesbaden, Leipzig und Paris 1989–.

Locke, John: *Two Treatise of Civil Government*, hg. von W. S. Carpenter, London und New York 1960.

Magazin zur Erfahrungsseelenkunde, 1783–1793, hg. von Karl Philipp Moritz [= Reprint: Lindau 1978/79].

Newton, Isaac: *Philosophiae naturalis principia mathematica* [1726], hg. von Alexandre Koyré und I. Bernard Cohen, Cambridge, MA und London 1972.

Peter, Klaus (Hg.): *Die politische Romantik in Deutschland. Eine Textsammlung*, Stuttgart 1985.

Rousseau, Jean Jacques: *Oeuvres complètes*, 5 Bde., hg. von Bernard Gagnebin und Marcel Raymond, Paris 1959–1995.

Schiller, Friedrich: *Maria Stuart*, ‚Neueste Ausgabe', Frankfurt a. M. und Leipzig 1801.

Schiller, Friedrich: *Maria Stuart*, Tübingen, 2. Aufl. 1801.

Schiller, Friedrich: *Maria Stuart. Ein Trauerspiel*, Tübingen, 1. Aufl. 1801.

Schlegel, Friedrich: *Kritische Ausgabe seiner Werke*, 35 Bde. in 4 Abt., hg. von Ernst Behler, München, Paderborn und Wien 1958– [zit. als *KSA*].

Schlözer, August Ludwig: *Allgemeines Staatsrecht und Staatsverfassungslehre*, Göttingen 1793.

Sulzer, Johann Georg: „Art. ‚Begeisterung'". In: Sulzer: *Allgemeine Theorie der schönen Künste*, 2 Bde., Leipzig ²1792, Bd. 1, S. 349–357.

Vogeler, Heinrich: *Das Neue Leben. Schriften zur proletarischen Revolution und Kunst*, hg. von Dietger Pforte, Darmstadt und Neuwied 1972.

Wagner, Richard: *Dichtungen und Schriften. Jubiläumsausgabe in 10 Bänden*, hg. von Dieter Borchmeyer, Frankfurt a. M. 1983.

Winkelmann, Stephan August: *Einleitung in die dynamische Physiologie*, Göttingen 1803.

Wolters, Friedrich: *Herrschaft und Dienst*, Berlin 1909.

Zedler, Johann Heinrich (Hg.): *Großes vollständiges Universal-Lexikon aller Wissenschaften und Künste ...*, 68 Bde., Leipzig und Halle 1732–1754.

Zimmer, Heinrich W. B.: *Johann Georg Zimmer und die Romantiker. Ein Beitrag zur Geschichte der Romantik – nebst bisher ungedruckten Briefen von Arnim, Böckh, Brentano, Görres, Marheineke, Fr. Perthes, F. C. Savigny, Brüder Schlegel, L. Tieck, de Wette u. a.*, Frankfurt a. M. 1888.

Forschungsliteratur

[Anonym]: „Art. ‚Ariel'". In: *Dictionary of Angels. Including the Fallen Angels*, hg. von Gustav Davidson, New York und London 1967, S. 54.

[Anonym]: „Art. ‚Irminsul'". In: Rudolf Simek: *Lexikon der germanischen Mythologie*, Stuttgart 2006, S. 222–224.

Adler, Hans und Rainer Godel (Hg.): *Formen des Nichtwissens der Aufklärung*, München 2010.
Adler, Jeremy: „*Eine fast magische Anziehungskraft*". *Goethes Wahlverwandtschaften und die Chemie ihrer Zeit*, München 1987.
Adler, Jeremy: „Goethe's use of chemical theory in his ‚Ellective Affinities'". In: *Romanticism and the Science*, hg. von Andrew Cunningham und Nicholas Jardine, Cambridge u. a. 1990, S. 263–279.
Adloff, Frank: *Zivilgesellschaft. Theorie und politische Praxis*, Frankfurt a. M. und New York 2005.
Albert, Gert, Rainer Greshoff und Rainer Schützeichel (Hg.): *Dimensionen und Konzeptionen von Sozialität*, Wiesbaden 2010.
Andermatt, Michael (Hg.): *Grenzgänge. Studien zu L. Achim von Arnim*, Bonn 1994.
Andermatt, Michael: „Raum von vier Dimensionen. Romantisierter Raum bei L. Achim von Arnim". In: *Symbolik von Ort und Raum*, hg. von Paul Michael, Bern u. a. 1997, S. 1–18.
Andermatt, Michael: *Verkümmertes Leben, Glück und Apotheose. Die Ordnung der Motive in Achim von Arnims Erzählwerk*, Bern u. a. 1996.
Anderson, Benedict: *Die Erfindung der Nation. Zur Karriere eines folgenreichen Konzepts*, Frankfurt a. M. und New York 2005.
Arendt, Dieter: *Der ‚poetische Nihilismus' in der Romantik*, 2 Bde., Tübingen 1972.
Arnold, Antje und Walter Pape (Hg.): *Emotionen der Romantik. Repräsentation, Ästhetik, Inszenierung*, Berlin und Boston, MA 2012.
Auerochs, Bernd: *Die Entstehung der Kunstreligion*, Göttingen 2006.
Bachelard, Gaston: *Die Philosophie des Nein. Versuch einer Philosophie des neuen wissenschaftlichen Geistes*, Frankfurt a. M. 1980.
Bachmann-Medick, Doris: *Cultural Turns. Neuorientierungen in den Kulturwissenschaften*, Reinbek 2007.
Bachtin, Michail M.: *Die Ästhetik des Wortes*, Frankfurt a. M. 1979.
Ballauff, Theodor, Ahlrich Meyer und Eckart Scheerer: „Art. ‚Organismus'". In: *Historisches Wörterbuch der Philosophie*, 13 Bde., hg. von Joachim Ritter, Karlfried Gründer und Gottfried Gabriel, Darmstadt 1971–2005, Bd. 6, Sp. 1330–1358.
Barkhoff, Jürgen: *Magnetische Fiktionen. Literarisierung des Mesmerismus in der Romantik*, Stuttgart und Weimar 1995.
Barth, Johannes: „Arnim-Bibliographie 1925–1995". In: *Universelle Entwürfe – Integration – Rückzug. Arnims Berliner Zeit 1809–1814*, hg. von Ulfert Ricklefs, Tübingen 2000, S. 245–300.
Barthes, Roland: „Der Tod des Autors" [1968]. In: Barthes: *Das Rauschen der Sprache. Kritische Essays IV*, Frankfurt a. M. 2006, S. 57–63.
Baßler, Moritz (Hg.): *New Historicism. Literaturgeschichte als Poetik der Kultur*, Tübingen und Basel 2001.
Baumgart, Hildegard: *Bettine Brentano und Achim von Arnim*, Berlin 1999.
Bausinger, Hermann: *Formen der ‚Volkspoesie'*, Berlin 1980.
Behler, Ernst: „Schlegels Enzyklopädie der literarischen Wissenschaften im Unterschied zu Hegels Enzyklopädie der philosophischen Wissenschaften". In: Behler: *Studien zur Romantik und zur idealistischen Philosophie*, Paderborn 1988, Bd. 1, S. 236–263.
Behrens, Fritz: *Grundriss der Geschichte der Politischen Ökonomie*, 4 Bde., Berlin 1962–1981.
Beisner, Frederick C.: *The Fate of Reason. German Philosophy from Kant to Fichte*, Cambridge, MA und London 1987.

Berchtenbreiter, Irmgard: *Achim von Arnims Vermittlerrolle zwischen Jakob Böhme als Dichter und seine „Wintergartengesellschaft"*, München [Diss. masch.] 1972.
Berlin, Isaiah: *Die Wurzeln der Romantik*, Berlin 2004.
Berlin, Isaiah: „Zwei Freiheitsbegriffe". In: Berlin: *Freiheit. Vier Versuche*, Frankfurt a. M. 2006, S. 197–256.
Bies, Michael und Michael Gamper (Hg.): *Literatur und Nicht-Wissen. Historische Konstellationen 1730–1930*, Zürich 2012.
Bies, Michael: *Im Grunde ein Bild. Die Darstellung der Naturforschung bei Kant, Goethe und Alexander von Humboldt*, Göttingen 2012.
Bloch, Ernst: „Antizipierte Realität – Wie geschieht und was leistet utopisches Denken?". In: Bloch: *Abschied von der Utopie? Vorträge*, hg. von Hanna Gekle, Frankfurt a. M. 1980, S. 101–115.
Bloch, Ernst: *Das Prinzip Hoffnung*. 3 Bde. In: Bloch: *Gesamtausgabe in 16 Bänden*, Frankfurt a. M. 1977, Bd. 5.1–3.
Bluhm, Lothar: *Die Brüder Grimm und der Beginn der Deutschen Philologie. Eine Studie zu Kommunikation und Wissenschaftsbildung im frühen 19. Jahrhundert*, Hildesheim 1997.
Blumenberg, Hans: *Die Lesbarkeit der Welt*, Frankfurt a. M. 1983.
Blumenberg, Hans: *Paradigmen einer Metaphorologie*, Frankfurt a. M. 1999.
Blumenberg, Hans: *Theorie der Unbegrifflichkeit*, Frankfurt a. M. 2007.
Blumenberg, Hans: „Wirklichkeitsbegriff und Möglichkeit des Romans" [1964]. In: Blumenberg: *Ästhetische und metaphorologische Schriften*, hg. von Anselm Haverkamp, Frankfurt a. M. 2001, S. 47–73.
Böckenförde, Ernst Wolfgang und Gerhard Dohrn-van Rossum: „Art. ‚Organ, Organismus, Organisation, politischer Körper'". In: *Geschichtliche Grundbegriffe. Historisches Lexikon zur politisch-sozialen Sprache in Deutschland*, 8 Bde. in 9 Bde., hg. von Otto Brunner, Werner Conze und Reinhart Koselleck, Stuttgart 1972–1997, Bd. 4, S. 519–622.
Bödeker, Hans Erich: „Entstehung der Soziologie". In: *Die Wende von der Aufklärung zur Romantik 1760–1820. Epoche im Überblick*, hg. von Horst Albert Glaser und György M. Vlada, Amsterdam und Philadelphia, PA 2001, S. 259–291.
Bohrer, Karl Heinz: *Der romantische Brief. Die Entstehung ästhetischer Subjektivität*, München und Wien 1987.
Borgards, Roland: „‚Allerneuster Erziehungsplan'. Ein Beitrag Heinrich von Kleists zur Experimentalkultur um 1800 (Literatur, Physik)". In: *Literarische Experimentalkulturen. Poetologien des Experiments im 19. Jahrhundert*, hg. von Marcus Krause und Nicolas Pethes, Würzburg 2005, S. 75–101.
Börner, Klaus H.: *Auf der Suche nach dem irdischen Paradies*, Frankfurt a. M. 1984.
Borries, Erika von und Ernst von Borries: *Deutsche Literaturgeschichte. Bd. 5: Romantik*, München 1997.
Braungart, Georg: „Krisenbewusstsein und Utopie in Literatur und Philosophie 1800–1900". In: *Der Engel und die siebte Posaune ... Endzeitvorstellungen in Geschichte und Literatur*, hg. von Stefan Krimm und Ursula Triller, München 2000, S. 159–185.
Braungart, Wolfgang: „‚Aus den Kehlen der ältesten Müttergens'. Über Kitsch und Trivialität, populäre Kultur und Elitekultur, Mündlichkeit und Schriftlichkeit in der Volksballade, besonders bei Herder und Goethe". In: *Jahrbuch für Volksliedforschung*, 41. Jg. (1996), S. 11–32.
Braungart, Wolfgang: *Ritual und Literatur*, Tübingen 1996.
Breidbach, Olaf: „Die ‚Wahlverwandtschaften'. Versuch einer wissenschaftshistorischen Perspektivierung". In: *Goethes „Wahlverwandtschaften". Werk und Forschung*, hg. von Helmut Hühn, Berlin und New York 2010, S. 291–310.

Brenner, Peter J. (Hg.): *Der Reisebericht. Die Entwicklung einer Gattung in der deutschen Literatur*, Frankfurt a. M. 1989.
Breuer, Stefan: *Ästhetischer Fundamentalismus. Stefan George und der deutsche Antimodernismus*, Darmstadt 1995.
Brilli, Attilio: *Als Reisen eine Kunst war. Vom Beginn des modernen Tourismus – die ‚Grand Tour'*, Berlin 1997.
Brock, William H.: *Viewegs Geschichte der Chemie*, Wiesbaden 1997.
Brüggemann, Fritz: *Die Ironie als entwicklungsgeschichtliches Moment. Ein Beitrag zur Vorgeschichte der deutschen Romantik*, Jena 1909 [= Reprint: Darmstadt 1976].
Bubner, Rüdiger: „Platon – der Vater aller Schwärmerei. Zu Kants Aufsatz ‚Von einem neuerdings erhobenen vornehmen Ton in der Philosophie'". In: Bubner: *Antike Themen und ihrer moderne Verwandlung*, Frankfurt a. M. 1992, S. 80–93.
Bühdorn, Ingolfur: *Simulative Demokratie. Neue Politik nach der postdemokratischen Wende*, Berlin 2013.
Bunzel, Wolfgang (Hg.): *Romantik. Epoche – Autoren – Werke*, Darmstadt 2010.
Burwick, Frederick: „Elektrizität und Optik. Zu den Beziehungen zwischen wissenschaftlichen und literarischen Schriften Achim von Arnims". In: *Aurora*, 46. Jg. (1986), S. 19–47.
Burwick, Roswitha und Bernd Fischer (Hg.): *Neue Tendenzen der Arnim Forschung. Edition, Biographie, Interpretation. Mit unbekannten Dokumenten*, Bern u. a. 1990.
Burwick, Roswitha und Heinz Härtl (Hg.): *„Frische Jugend, reich an Hoffen ..." Der junge Arnim*, Tübingen 2000.
Burwick, Roswitha und Frederick Burwick: „‚Hollin's Liebeleben'. Achim von Arnim's Transmutation of Science into Literature". In: *The Third Culture. Literature and Science*, hg. von Elinor Shaffer, Berlin und New York, S. 103–152.
Burwick, Roswitha: „‚Ahndung, Combination und Metamorphose'. Arnims Erklärung komplexer naturwissenschaftlicher und poetischer Zusammenhänge. In: *Romantische Metaphorik des Fließens. Körper, Seele, Poesie*, hg. von Walter Pape, Tübingen 2007, S. 155–165.
Burwick, Roswitha: „‚Kunst ist Ausdruck des ewigen Daseins'. Arnims poetische Ansicht der Natur". In: *Physik um 1800 – Kunst, Wissenschaft oder Philosophie?*, hg. von Olaf Breitbach und Roswitha Burwick, München 2012, S. 39–65.
Burwick, Roswitha: „‚Sein Leben ist groß weil es ein Ganzes war'. Arnims Erstlingswerk ‚Hollin's Liebeleben' als ‚Übergangsversuch' von der Wissenschaft zur Dichtung". In: *„Fessellos durch die Systeme". Frühromantisches Naturdenken im Umfeld von Arnim, Ritter und Schelling*, hg. von Walter Ch. Zimmerli, Klaus Stein und Michael Gerten, Stuttgart 1997, S. 49–90.
Burwick, Roswitha: „‚Verließ die Physick ganz um Trauerspiele zu machen'. Arnims Vernetzung von Naturwissenschaft und Poesie". In: *Textbewegungen 1800/1900*, hg. von Matthias Buschmeier und Till Dembeck, Würzburg 2007, S. 213–240.
Burwick, Roswitha: „Achim von Arnim – Physiker und Poet". In: *Literaturwissenschaftliches Jahrbuch*, 26. Jg. (1985), S. 121–150.
Burwick, Roswitha: „Arnims ‚Erzählungen von Schauspielen'". In: *„Die Erfahrung anderer Länder". Beiträge eines Wiepersdorfer Kolloquiums zu Achim und Bettina von Arnim*, hg. von Heinz Härtl und Hartwig Schultz, Berlin und New York 1994, S. 63–80.
Burwick, Roswitha: Arnims Meteorologie-Projekt. In: *„Frische Jugend, reich an Hoffen ..." Der junge Arnim*, hg. von Roswitha Burwick und Heinz Härtl, Tübingen 2000, S. 121–145.
Burwick, Roswitha: *Dichtung und Malerei bei Achim von Arnim*, Berlin und New York 1989.

Burwick, Roswitha: „Physiology of Perception: Achim von Arnim's Practical and Historical Aesthetics". In: *The Romantic Imagination. Literature and Art in England and Germany*, hg. von Frederick Burwick und Jürgen Klein, Amsterdam u. a. 1996, S. 154–176.
Buschmeier, Matthias: *Poesie und Philologie in der Goethe-Zeit. Studien zum Verhältnis der Literatur mit ihrer Wissenschaft*, Tübingen 2008.
Buschmeier, Matthias: „Theo-Philologie. Ludwig Achim von Arnims ‚Von Volksliedern'". In: *Sprache und Literatur*, 40. Jg. (2009), S. 77–92.
Butterfield, Herbert: „Art. ‚Balance of Powers'". In: *Dictionary of the History of Ideas. Studies of Selected Pivotal Ideas*, 4 Bde., hg. von Philip P. Wiener, New York 1973, Bd. 1, S. 179–188.
Büttner, Urs: „‚Durch die Kunst läst sich dieses ahnden'. Achim von Arnim im Kontext zeitgenössischer Konzepte der Gefühlserkenntnis der Kunst". In: *Emotionen der Romantik. Repräsentation, Ästhetik, Inszenierung*, hg. von Antje Arnold und Walter Pape, Berlin und Boston 2012, S. 139–154.
Büttner, Urs: „Arnims Eintragungen in sein Handexemplar von ‚Hollin's Liebeleben'". In: *Neue Zeitung für Einsiedler*, 8./9. Jg. (2008/2009), S. 87–92.
Büttner, Urs: „Arnims Kritik an Rousseaus Rollenkonzept in ‚Hollin's Liebeleben' als Anfänge einer ‚sozial'-bewussten Denkweise". In: *Neue Zeitung für Einsiedler*, 6./7. Jg. (2006/2007), S. 7–19.
Büttner, Urs: „Art. ‚Meteorologie'". In: *Literatur und Wissen. Ein interdisziplinäres Handbuch*, hg. von Roland Borgards u.a, Stuttgart und Weimar 2013, S. 96–100.
Büttner, Urs: „Bilder der Gemeinschaft. Achim von Arnims Einberufung der Nation in ‚Des Knaben Wunderhorn'". In: *Gemeinschaft in der Literatur. Zur Aktualität poetisch-politischer Interventionen*, hg. von Margot Brink und Sylvia Pritsch, Würzburg 2013, S. 63–75.
Büttner, Urs: „Die radikale Historisierung der Kritik in der Romantik. Ein Vergleich zwischen F. Schlegel, Arnim/Brentano und den Brüdern Grimm". In: *Der Begriff der Kritik in der Romantik*, hg. von Ulrich Breuer und Ana-Stanca Tabarasi-Hoffmann, Paderborn 2015, S. 199–213.
Cahn, Michael: „Die Rhetorik der Wissenschaft im Medium der Typographie. Zum Beispiel die Fußnote". In: *Räume des Wissens*, hg. von Hans Rheinberger, Michael Hagner und Bettina Wahrig-Schmidt, Berlin 1997, S. 91–110.
Campe, Rüdiger: *Spiele der Wahrscheinlichkeit. Literatur und Berechnung zwischen Pascal und Kleist*, Göttingen 2002.
Cassirer, Ernst: *Die Philosophie der Aufklärung* [1932], Hamburg 2007.
Cassirer, Ernst: *Kants Leben und Lehre* [1918], Darmstadt 1975.
Cepl-Kaufmann, Gertrude und Antje Johanning (Hg.): *Mythos Rhein. Zur Kulturgeschichte eines Stromes*, Darmstadt 2003.
Chapman, Brian: *Der Polizeistaat*, München 1972.
Clark, Charles Michael Andres: *Economic Theory and Natural Philosophy. The Search for the Natural Laws of the Economy*, Aldershot und Brookfield, VT 1992.
Cohen, I. Bernhard: „An Analysis of Interactions between the Natural Sciences and the Social Sciences". In: Cohen: *Interactions. Some Contacts between the Natural Sciences and the Social Sciences*, Cambridge, MA und London 1994, S. 1–99.
Cohen, Jean L. und Andrew Arato: *Civil Society and Political Theory*, Cambridge, MA und London 1994.
Collins, Randall: *Four Sociological Traditions*, New York und Oxford 1994.

Collins, Randall: *The Sociology of Philosophies. A Global Theory of Intelectual Change*, Cambridge, MA und London 1998.
Crouch, Colin: *Postdemokratie*, Frankfurt a. M. 2008.
Daemmrich, Ingrid: *Enigmatic Bliss. The Paradise motif in Literature*, New York u. a. 1997.
Daiber, Jürgen: *Experimentalphysik des Geistes. Novalis und das romantische Experiment*, Göttingen 2001.
Danko, Dagmar: *Kunstsoziologie*, Bielefeld 2012.
Dann, Otto: „Gruppenbildung und gesellschaftliche Organisierung in der Epoche der deutschen Romantik". In: *Romantik in Deutschland. Ein interdisziplinäres Symposium*, hg. von Richard Brinkmann, Stuttgart 1978, S. 115–131.
Dann, Otto: „Herder und die Deutsche Bewegung". In: *Johann Gottfried Herder 1744–1803*, hg. von Gerhard Sauder, Hamburg 1987, S. 308–340.
Därmann, Iris: *Theorien der Gabe zur Einführung*, Hamburg 2010.
Darmstaedter, Ernst: „Achim von Arnim und die Naturwissenschaften". In: *Euphorion*, 32. Bd. (1931), S. 454–476.
Daston, Lorraine und Peter Galison: *Objektivität*, Frankfurt a. M. 2007.
Daston, Lorraine: *Classical Probability in the Enlightenment*, Princeton, NJ 1995.
Dayé, Christian und Stephan Moebius (Hg.): *Soziologiegeschichte. Wege und Ziele*, Berlin 2015 (im Erscheinen).
Deiters, Franz-Joseph: „Das Volk als Autor? Der Ursprung einer kulturgeschichtlichen Fiktion im Werk Johann Gottfried Herders". In: *Autorschaft. Positionen und Revisionen*, hg. von Heinrich Detering, Stuttgart und Weimar 2002, S. 181–201.
Demandt, Alexander: *Metaphern für Geschichte. Sprachbilder und Gleichnisse im historisch-politischen Denken*, München 1978.
Dickson, Sheila und Walter Pape (Hg.): *Romantische Identitätskonstruktionen. Nation, Geschichte und (Auto-)Biographie*, Tübingen 2003.
Dickson, Sheila: „Arnims Beschreibungen von Reisen in Brandenburg und Mecklenburg 1794–1795". In: *„Frische Jugend, reich an Hoffen ..." Der junge Arnim*, hg. von Roswitha Burwick und Heinz Härtl, Tübingen 2000, S. 31–42.
Dierse, Ulrich: *Enzyklopädie. Zur Geschichte eines philosophischen und wissenschaftlichen Begriffs*, Bonn 1977.
Dohrn-van Rossum, Gerhard: *Die Geschichte der Stunde. Uhren und moderne Zeitordnungen*, München 1992.
Doyé, Werner M.: „Arminius". In: *Deutsche Erinnerungsorte*, 3 Bde., hg. von Etienne François und Hagen Schulze, München 2001, Bd. 3, S. 587–602.
Drösch, Christian: *Somnambule Schwärmerei und wunderbarer Magnetismus: Künstlerischer Somnambulismus und ähnliche Phänomene Ludwig Achim von Arnims*, Würzburg 2012.
Dülmen, Richard: *Poesie des Lebens. Eine Kulturgeschichte der deutschen Romantik. Bd. 1: Lebenswelten*, Köln, Weimar und Wien 2002.
Düwell, Susanne und Nicolas Pethes (Hg.): *Fall – Fallgeschichte – Fallstudie. Theorie und Geschichte einer Wissensform*, Frankfurt a. M. und New York 2014.
Eckstein, Evelyn: *Fussnoten. Anmerkungen zu Poesie und Wissenschaft*, Münster, Hamburg und London 2001.
Ehrenberg, John: *Civil Society. The Critical History of an Idea*, New York und London 1999.
Ehrlich, Lothar: *Ludwig Achim von Arnim als Dramatiker. Ein Beitrag zur Geschichte des romantischen Dramas*, Halle [Diss. masch.] 1970.
Ehrlich, Lothar: „Ludwig Achim von Arnim als Dramatiker". In: *Achim von Arnim und sein Kreis. Zur Forschung im letzten Jahrzehnt*, Festschrift für Heinz Härtl, hg. von Steffen Dietzsch und Ariane Ludwig, Berlin und New York 2010, S. 37–56.

Elias, Norbert: *Studien über die Deutschen. Machtkämpfe und Habitusentwicklung im 19. und 20. Jahrhundert*, Frankfurt a. M. 2005.
Elliot, Anthony und Bryan S. Turner: *On Society*, Cambridge und Malden, MA 2012.
Endreß, Martin: „Zur Historizität soziologischer Gegenstände und ihren Implikationen für eine wissenssoziologische Konzeptualisierung von Soziologiegeschichte". In: *Jahrbuch für Soziologiegeschichte* (1997/1998), S. 65–90.
Engel, Manfred: *Der Roman der Goethezeit. Bd. 1: Anfänge in Klassik und Frühromantik: Transzendentale Geschichten*, Stuttgart, Weimar 1993.
Engel, Manfred: „Romantische Anthropologie – Romantische Literatur". In: *Akten des X. Internationalen Germanistikkongresses Wien 2000: Zeitenwende – Die Germanistik auf dem Weg vom 20. ins 21. Jahrhundert*, hg. von Wolfgang Braungart, Manfred Engel und Ortrud Gutjahr, Bern u. a. 2003, Bd. 9 („Literatur als Kulturwissenschaft"), S. 363–368.
Engel, Manfred: „Romantische Anthropologie. Skizze eines Forschungsprojektes". In: *Historische Anthropologie*, 8. Jg. (2000), S. 264–271.
Engelsing, Rolf: *Der Bürger als Leser. Lesergeschichte in Deutschland 1500–1800*, Stuttgart 1974.
Erpenbeck, John: „‚Was euch in meinen Werken quält ...'" In: *Goethe-Jahrbuch*, 99. Bd. (1982), S. 299–313.
Esposito, Elena: *Die Fiktion der wahrscheinlichen Realität*, Frankfurt a. M. 2007.
Esposito, Elena: „Die Realität des Virtuellen". In: *Realitätskonzepte in der Moderne. Beiträge zu Literatur, Kunst, Philosophie und Wissenschaft*, hg. von Susanne Knaller und Harro Müller, München 2011, S. 265–283.
Esposito, Elena: „Fiktion und Virtualität". In: *Medien, Computer, Realität. Wirklichkeitsvorstellungen und Neue Medien*, hg. von Sybille Krämer, Frankfurt a. M. 1998, S. 269–296.
Essbach, Wolfgang: „Antitechnische und antiästhetische Haltungen in der soziologischen Theorie". In: *Technologien als Diskurse. Konstruktionen von Wissen, Medien und Körpern*, hg. von Andreas Lösch u. a., Heidelberg 2001, S. 123–136.
Esselborn, Hans: „Der ‚Nihilismus' in Ludwig Tiecks ‚William Lovell'. Ein Beitrag zur Gattungsfrage". In: *Wirkendes Wort*, 40. Jg. (1990), S. 4–22.
Euchner, Walter: „Art. ‚Gesellschaftsvertrag, Herrschaftsvertrag'". In: *Historisches Wörterbuch der Philosophie*, 13 Bde., hg. von Joachim Ritter, Karlfried Gründer und Gottfried Gabriel, Darmstadt 1971–2005, Bd. 3, Sp. 476–480.
Farzin, Sina und Henning Laux (Hg.): *Gründungsszenen soziologischer Theorie*, Wiesbaden 2014.
Feilchenfeldt, Konrad: „Zur Entstehung der romantischen Liedersammlung aus der Verseinlage im Roman der Jahrhundertwende 1800: ‚Des Knaben Wunderhorn' als Beispiel". In: *Das „Wunderhorn" und die Heidelberger Romantik: Mündlichkeit, Schriftlichkeit, Performanz*, hg. von Walter Pape, Tübingen 2005, S. 21–33.
Fenske, Hans: „Art. ‚Gleichgewicht, Balance'". In: *Geschichtliche Grundbegriffe. Historisches Lexikon zur politisch-sozialen Sprache in Deutschland*, 8 Bde. in 9 Bde., hg. von Otto Brunner, Werner Conze und Reinhart Koselleck, Stuttgart 1972–1997, Bd. 2, S. 959–996.
Finger, Anke: *Das Gesamtkunstwerk der Moderne*, Göttingen 2006.
Fischer-Lichte, Erika: *Ästhetik des Performativen*, Frankfurt a. M. 2004.
Fischer, Bernd: „Achim von Arnims ‚Wintergarten' als politischer Kommentar". In: *Universelle Entwürfe – Integration – Rückzug. Arnims Berliner Zeit 1809–1814*, hg. von Ulfert Ricklefs, Tübingen 2000, S. 43–60.

Fluck, Winfried: *Das kulturelle Imaginäre. Eine Funktionsgeschichte des amerikanischen Romans 1790–1900*, Frankfurt a. M. 1997.

Fohrmann, Jürgen: *Abenteuer und Bürgertum. Zur Geschichte der deutschen Robinsonaden im 18. Jahrhundert*, Stuttgart 1981.

Fornhoff, Roger: *Die Sehnsucht nach dem Gesamtkunstwerk. Studien zu einer ästhetischen Konzeption der Moderne*, Hildesheim, Zürich und New York 2004.

Foucault, Michel: *Archäologie des Wissens* [1969], Frankfurt a. M. 1981.

Foucault, Michel: „Ästhetik der Existenz". In: Foucault: *Dits et Ecrits. Schriften*, 4 Bde., hg. von Daniel Defert und François Ewald, Frankfurt a. M. 2001–2005, Bd. 4, S. 902–909.

Foucault, Michel: „Die Heterotopien". In: Foucault: *Die Heterotopien. Der utopische Körper. Zwei Radiovorträge*, Frankfurt a. M. 2005, S. 7–23.

Foucault, Michel: *Die Ordnung der Dinge. Eine Archäologie der Humanwissenschaften*, Frankfurt a. M. 1971.

Foucault, Michel: *Geschichte der Gouvernementalität I. Sicherheit, Territorium, Bevölkerung. Vorlesungen am Collège de France (1977–1978)*, Frankfurt a. M. 2004.

Foucault, Michel: *Geschichte der Gouvernementalität II. Die Geburt der Biopolitik. Vorlesung am Collège de France (1978–1979)*, Frankfurt a. M. 2004.

Foucault, Michel: *In Verteidigung der Gesellschaft. Vorlesungen am Collège de France (1974–76)*, Frankfurt a. M. 2001.

Foucault, Michel: „Von anderen Räumen". In: Foucault: *Dits et Ecrits. Schriften*, 4 Bde., hg. von Daniel Defert und François Ewald, Frankfurt a. M. 2001–2005, Bd. 4, S. 931–942.

Foucault, Michel: „Was ist ein Autor?" [1969]. In: Foucault: *Dits et Ecrits. Schriften*, 4 Bde., hg. von Daniel Defert und François Ewald, Frankfurt a. M. 2001–2005, Bd. 1, S. 1003–1041.

Fox, Christopher, Roy Porter und Robert Wokler (Hg.): *Inventing Human Science. Eighteenth-Century Domains*, Berkeley, CA, Los Angeles, CA und London 1995.

François, Etienne: „Die Wartburg". In: *Deutsche Erinnerungsorte*, 3 Bde., hg. von Etienne François und Hagen Schulze, München 2001, Bd. 2, S. 154–170.

Frank, Manfred: *Der kommende Gott. Vorlesungen über die Neue Mythologie I*, Frankfurt a. M. 1982.

Frank, Manfred: *Einführung in die frühromantische Ästhetik. Vorlesungen*, Frankfurt a. M. 1989.

Frels, Onno: „Literatur und Öffentlichkeit bei Herder". In: *Zur Dichotomisierung von hoher und niedriger Literatur*, hg. von Christa Bürger, Peter Bürger und Jochen Schulte-Sasse, Frankfurt a. M. 1982, S. 208–231.

Freudenthal, Gideon: *Atom und Individuum im Zeitalter Newtons. Zur Genese der mechanistischen Natur- und Sozialphilosophie*, Frankfurt a. M. 1982.

Fröhler, Birgit: *Seelenspiegel und Schatten-Ich. Doppelgängermotiv und Anthropologie in der Literatur der deutschen Romantik*, Marburg 2004.

Fröschle, Hartmut: *Der Spätaufklärer Johann Heinrich Voss als Kritiker der deutschen Romantik*, Stuttgart 1985.

Fröschle, Hartmut: *Goethes Verhältnis zur Romantik*, Würzburg 2002.

Frye, Lawrence O.: „Mesmerism and Masks. Images of Union in Achim von Arnim". In: *Euphorion*, 76. Bd. (1982), S. 82–99.

Frye, Lawrence O.: „Textstruktur und Kunstauffassung. Achim von Arnim und die Ästhetik Schillers". In: *Literaturwissenschaftliches Jahrbuch*, 25. Jg. (1984), S. 131–154.

Fuchs, Hans Jürgen und Volker Gerhardt: „Art. ‚Interesse'". In: *Historisches Wörterbuch der Philosophie*, 13 Bde., hg. von Joachim Ritter, Karlfried Gründer und Gottfried Gabriel, Darmstadt 1971–2005, Bd. 4, Sp. 479–494.

Fulda, Daniel: „Kultur, Kulturwissenschaft, Kulturmuster – Wege zu einen neuen Forschungskonzept aus dem Blickwinkel der Aufklärungsforschung". In: *Kulturmuster der Aufklärung*, hg. von Daniel Fulda, Halle und Leipzig 2010, S. 7–33.
Gaier, Ulrich: „Hölderlin und der Mythos". In: *Terror und Spiel. Probleme der Mythenrezeption*, hg. von Manfred Fuhrmann, München 1971, S. 295–341.
Gaier, Ulrich: „Metadisziplinäre Argumente und Verfahren Herders. Zum Beispiel: Die Erfindung der Soziologie". In: *Herder-Yearbook*, 1. Jg. (1992), S. 59–79.
Gamper, Michael (Hg.): *Experiment und Literatur. Themen, Methoden, Theorien*, Göttingen 2010.
Gamper, Michael und Helmut Hühn: *Was sind Ästhetische Eigenzeiten?*, Hannover 2014.
Gamper, Michael und Peter Schnyder (Hg.): *Kollektive Gespenster. Die Masse, der Zeitgeist und andere unfaßbare Körper*, Freiburg i. Br. 2006.
Gamper, Michael, Martina Wernli und Jörg Zimmer (Hg.): *Wir sind Experimente: wollen wir es auch sein! Experiment und Literatur II: 1790–1890*, Göttingen 2010.
Gamper, Michael: *Elektropoetologie. Fiktionen der Elektrizität 1740–1870*, Göttingen 2009.
Gamper, Michael: „Experimentelles Nicht-Wissen. Zur poetologischen und epistemologischen Produktivität unsicherer Erkenntnis". In: *Experiment und Literatur. Themen, Methoden, Theorien*, hg. von Michael Gamper, Göttingen 2010, S. 511–545.
Gamper, Michael: „Kollektive Autorschaft/Kollektive Intelligenz 1800–2000". In: *Schiller-Jahrbuch*, 45. Jg. (2001), S. 380–403.
Gamper, Michael: *Masse lesen, Masse schreiben. Eine Diskurs- und Imaginationsgeschichte der Menschenmenge 1765–1930*, München 2007.
Gamper, Michael: „Narrative Evolutionsexperimente. Das Wissen der Literatur aus dem Nicht-Wissen der Wissenschaften". In: *Wir sind Experimente: wollen wir es auch sein! Experiment und Literatur II: 1790–1890*, hg. von Michael Gamper, Martina Wernli und Jörg Zimmer (Hg.): Göttingen 2010, S. 325–350.
Gamper, Michael: „Nicht-Wissen und Literatur. Eine Poetik des Irrtums bei Bacon, Lichtenberg, Novalis, Goethe". In: *Internationales Archiv für Sozialgeschichte der deutschen Literatur*, 34. Jg. (2010), S. 92–120.
Gay, Peter: *The Enlightenment. The Science of Freedom. An Interpretation* [1969], New York und London 1999.
Geck, L. H. Ad.: *Über das Eindringen des Wortes ‚sozial' in die deutsche Sprache*, Göttingen 1963.
Gersdorff, Dagmar von: *Bettina und Achim von Arnim*, Reinbek 2002.
Gerten, Michael: „‚Alles im Einzelnen ist gut, alles verbunden ist groß'. Ort und Methode der Naturforschung bei Achim von Arnim". In: *„Fessellos durch die Systeme". Frühromantisches Naturdenken im Umfeld von Arnim, Ritter und Schelling*, hg. von Walter Ch. Zimmerli, Klaus Stein und Michael Gerten, Stuttgart 1997, S. 91–142.
Giesen, Bernhard: „Das Außerordentliche als Grund der sozialen Wirklichkeit. Eine theoretische Einleitung". In: Giesen: *Zwischenlagen. Das Außerordentliche als Grund der sozialen Wirklichkeit*, Weilerswist 2010, S. 9–66.
Giesen, Bernhard: *Die Intellektuellen und die Nation. Eine deutsche Achsenzeit*, Frankfurt a. M. 1993.
Gilly, Seraina: *Der Nationalstaat im Wandel. Estland im 20. Jahrhundert*, Bern u. a. 2002.
Gloyna, Tanja: „‚Treue'. Zur Geschichte des Begriffs". In: *Archiv für Begriffsgeschichte*, 41. Bd. (1999), S. 64–85.
Göbel, Andreas: „Naturphilosophie und moderne Gesellschaft. Ein romantisches Kapitel aus der Vorgeschichte der Soziologie". In: *Athenäum*, 5. Jg. (1995), S. 253–286.

Gockel, Heinz: *Mythos und Poesie. Zum Mythosbegriff in Aufklärung und Frühromantik*, Frankfurt a. M. 1981.
Goetschel, Willi: *Kant als Schriftsteller*, Wien 1990.
Gordon, Scott: *The History and Philosophy of Social Science*, London und New York 1991.
Gössl, Sybille: *Materialismus und Nihilismus. Studien zum deutschen Roman der Spätaufklärung*, Würzburg 1987.
Graevenitz, Gerhart von: *Mythos. Zur Geschichte einer Denkgewohnheit*, Stuttgart 1987.
Grafton, Anthony: *Die tragischen Ursprünge der deutschen Fußnote*, München 1998.
Greiner, Bernhard: „Art. ‚Welttheater'". In: *Reallexikon der deutschen Literaturwissenschaft*, 3 Bde., hg. von Klaus Weimar, Harald Fricke und Jan-Dirk Müller, Berlin und New York 2007, Bd. 3, S. 827–830.
Griep, Wolfgang und Hans-Wolf Jäger (Hg.): *Reise und soziale Realität am Ende des 18. Jahrhunderts*, Heidelberg 1983.
Griep, Wolfgang und Hans-Wolf Jäger (Hg.): *Reisen im 18. Jahrhundert. Neue Untersuchungen*, Heidelberg 1986.
Grimm, Jacob und Wilhelm Grimm (Hg.): *Deutsches Wörterbuch*, 33 Bde., München 1999.
Gross, Alan G., Joseph E. Harmon und Michael Reidy (Hg.): *Communicating Science. The Scientific Article from the 17th Century to the Present*, Oxford und New York 2002.
Grosser, Thomas: *Reiseziel Frankreich. Deutsche Reiseliteratur vom Barock bis zur Französischen Revolution*, Opladen 1989.
Gunn, J. A. W.: *Politics and the Public Interest in the Seventeeth Century*, London und Toronto 1969.
Günther, Hans (Hg.): *Gesamtkunstwerk. Zwischen Synästhesie und Mythos*, Bielefeld 1994.
Gusdorf, Georges: *Les sciences humaines et la pensée occidentale*, 13 Bde., Paris 1966–1988.
Gymnich, Marion und Ansgar Nünning (Hg.): *Funktionen von Literatur. Theoretische Grundlagen und Modellinterpretationen*, Trier 2005.
Habermas, Jürgen: *Strukturwandel der Öffentlichkeit. Untersuchungen zu einer Kategorie der bürgerlichen Gesellschaft* [1962], Frankfurt a. M. 1990.
Hädrich, Aurélie: *Die Anthropologie E. T. A. Hoffmanns und ihre Rezeption in der europäischen Literatur im 19. Jahrhundert: eine Untersuchung, insbesondere für Frankreich, Rußland und den englischsprachigen Raum mit einem Ausblick auf das 20. Jahrhundert*, Frankfurt a. M. u. a. 2001.
Häfner, Ralph: *Johann Gottfried Herders Kulturentstehungslehre. Studien zu den Quellen und zur Methodik seines Geschichtsdenkens*, Hamburg 1995.
Hahn, Alois: „Absichtliche Unabsichtlichkeit". In: *Sozialer Sinn*, 3. Jg. (2002), H. 1, S. 37–58.
Hahn, Alois: „Soziologische Relevanzen des Stilbegriffs". In: *Stil. Geschichten und Funktionen eines kulturwissenschaftlichen Diskurselements*, hg. von Hans Ulrich Gumbrecht und K. Ludwig Pfeiffer, Frankfurt a. M. 1986, S. 603–611.
Hahn, Thorsten, Erich Kleinschmidt und Nicolas Pethes (Hg.): *Kontingenz und Steuerung. Literatur als Gesellschaftsexperiment 1750–1830*, Würzburg 2004.
Häntzschel, Günter: „‚Des Knaben Wunderhorn' im Kontext der Anthologien des 19. Jahrhunderts". In: *Das „Wunderhorn" und die Heidelberger Romantik: Mündlichkeit, Schriftlichkeit, Performanz*, hg. von Walter Pape, Tübingen 2005, S. 49–58.
Häntzschel, Günter: „Die Heidelberger Romantik und die Französische Revolution". In: *Die deutsche Romantik und die französische Revolution*, hg. von Gonthier-Louis Fink, Straßburg 1989, S. 195–207.

Häntzschel, Günter: „Johann Heinrich Voß in Heidelberg. Kontroversen und Mißverständnisse". In: *Heidelberg im säkularen Umbruch. Traditionsbewußtsein und Kulturpolitik um 1800*, hg. von Friedrich Strack, Stuttgart 1987, S. 301–321.
Häntzschel, Günter: „Nachwort". In: Rudolph Zacharias Becker: *Mildheimisches Liederbuch*, Stuttgart 1971 [= Reprint der Ausgabe Gotha ⁷1815], S. 1*–42*.
Häntzschel, Günter: „Voß als Objekt romantischer Satiren". In: *Johann Heinrich Voss (1751–1826). Beiträge zum Eutiner Symposium im Oktober 1994*, hg. von Frank Baudach und Günter Häntzschel, Eutin 1997, S. 149–161.
Hardtwig, Wolfgang: „Art. ‚Verein'". In: *Geschichtliche Grundbegriffe. Historisches Lexikon zur politisch-sozialen Sprache in Deutschland*, 8 Bde. in 9 Bde., hg. von Otto Brunner, Werner Conze und Reinhart Koselleck, Stuttgart 1972–1997, Bd. 6, S. 789–829.
Harlan, David: „Intellectual History and the Return of Literature". In: *American Historical Review*, 94. Jg. (1989), S. 581–609.
Härtl, Heinz und Hartwig Schultz (Hg.): *„Die Erfahrung anderer Länder". Beiträge eines Wiepersdorfer Kolloquiums zu Achim und Bettina von Arnim*, Berlin und New York 1994.
Härtl, Heinz: *Arnim und Goethe. Zum Goethe-Verhältnis der Romantik im ersten Jahrzehnt des 19. Jahrhunderts*, Halle [Diss. masch.] 1971.
Härtl, Heinz: „Ludwig Achim von Arnims frühe Erzählung Aloys und Rose". In: *Wissenschaftliche Zeitschrift der Universität Halle-Wittenberg. Gesellschafts- und Sprachwissenschaftliche Reihe*, 19. Jg. (1970), H. 5, S. 59–68.
Härtl, Heinz: „Ludwig Achim von Arnims kleiner Roman ‚Hollin's Liebeleben'. Zur Problematik seines poetischen Erstlings um 1800". In: *Wissenschaftliche Zeitschrift der Martin-Luther-Universität Halle-Wittenberg. Gesellschafts- und Sprachwissenschaftliche Reihe*, 18. Jg. (1969), H. 2, S. 171–181.
Härtl, Heinz: „Wann hat Arnim zu dichten angefangen? Ein Doppelblatt mit Briefkonzepten und Notizen". In: *Das Goethe und Schiller-Archiv 1896–1996. Beiträge aus dem ältesten deutschen Literaturarchiv*, hg. von Jochen Golz, Weimar, Köln, Wien 1996, S. 321–335.
Härtl, Heinz: „Zur geistigen Physiognomie des jungen Arnim aufgrund seines Briefwechsels". In: *„Frische Jugend, reich an Hoffen ..." Der junge Arnim*, hg. von Roswitha Burwick und Heinz Härtl, Tübingen 2000, S. 25–30.
Hartung, Gerald: „Über den Selbstmord. Eine Grenzbestimmung des anthropologischen Diskurses im 18. Jahrhundert". In: *Der ganze Mensch. Anthropologie und Literatur um 18. Jahrhundert*, hg. von Hans-Jürgen Schings, Stuttgart und Weimar 1994, S. 33–53.
Haverkamp, Anselm und Bettina Menke: „Art. ‚Allegorie'". In: *Ästhetische Grundbegriffe*, 7 Bde., hg. von Karlheinz Barck u. a., Stuttgart und Weimar 2000–2005, Bd. 1, S. 49–104.
Hebekus, Uwe, Ethel Matala de Mazza und Albrecht Koschorke (Hg.): *Das Politische. Figurenlehre des sozialen Körpers nach der Romantik*, München 2003.
Hebekus, Uwe und Jan Völker: *Neue Philosophien des Politischen zur Einführung*, Hamburg 2012.
Heilbron, Johan, Lars Magnusson und Björn Wittstock (Hg.): *Sociology of Science. A Yearbook*, Bd. 20 (1996) [Themenheft: „The Rise of the Social Science and the Formation of Modernity. Conceptual Change in Context (1750–1850)"].
Heilbron, Johan: *The Rise of Social Theory*, Minneapolis, MN 1995.
Heilbron, John L.: *Electricity in the 17th and 18th Century. A Study of Early Modern Physics*, Berkeley, CA 1979.
Heilmann, Markus: *Die Krise der Aufklärung als Krise des Erzählens*, Stuttgart 1992.

Heinz, Jutta: *Wissen vom Menschen und Erzählen vom Einzelfall. Untersuchungen zum anthropologischen Roman der Spätaufklärung*, Berlin und New York 1996.

Hermes, Stefan und Sebastian Kaufmann (Hg.): *Der ganze Mensch – die ganze Menschheit. Völkerkundliche Anthropologie, Literatur und Ästhetik um 1800*, Berlin und Boston, MA 2014.

Hettling, Manfred und Paul Nolte: „Bürgerliche Feste als symbolische Politik im 19. Jahrhundert". In: *Bürgerliche Feste*, hg. von Manfred Hettling und Paul Nolte, Göttingen 1993, S. 7–36.

Hieber, Lutz und Stephan Moebius (Hg.): *Ästhetisierung des Sozialen. Reklame, Kunst und Politik im Zeitalter visueller Medien*, Bielefeld 2011.

Hielscher, Monika: *Natur und Freiheit in Goethes „Die Wahlverwandtschaften"*, Frankfurt a. M., Bern und New York 1985.

Hirschman, Albert O.: *Leidenschaften und Interessen. Politische Begründungen des Kapitalismus vor seinem Sieg*, Frankfurt a. M. 1987.

Hobsbawm, Eric: „Inventing Traditions". In: *The Invention of Tradition*, hg. von Eric Hobsbawm und Terence Ranger, Cambridge u. a. 1983, S. 1–14.

Hocks, Paul und Peter Schmidt: *Literarische und politische Zeitschriften 1789–1805. Von der politischen Revolution zur Literaturrevolution*, Stuttgart 1975.

Hoermann, Roland: *Achim von Arnim*, Boston, MA 1984.

Hof, Walter: *Pessimistisch-nihilistische Strömungen in der deutschen Literatur vom Sturm und Drang bis zum Jungen Deutschland*, Tübingen 1970.

Hofe, Gerhard vom: „Der Volksgedanke der Heidelberger Romantik und seine ideengeschichtlichen Voraussetzungen in der deutschen Literatur seit Herder". In: *Heidelberg im säkularen Umbruch. Traditionsbewußtsein und Kulturpolitik um 1800*, hg. von Friedrich Strack, Stuttgart 1987, S. 225–251.

Hoffmann, Christoph: „Zeitalter der Revolutionen. Goethes ‚Wahlverwandtschaften' im Fokus des chemischen Paradigmenwechsels". In: *Deutsche Vierteljahresschrift für Literaturwissenschaft und Geistesgeschichte*, 67. Jg. (1993), S. 417–450.

Hoffmann, Detlef (Hg.): *Der Traum vom Gesamtkunstwerk*, Loccum 1998.

Hoffmann, Paul: „Achim von Arnim über Johann Wilhelm Ritter". In: *Archiv für Geschichte der Mathematik, der Naturwissenschaften und der Technik*, Bd. 10 (1928), S. 357–362.

Hoffmann, Volker: „Die Arnim-Forschung 1945–1972". In: *Sonderheft „Romantikforschung" der Deutschen Vierteljahresschrift für Literaturwissenschaft und Geistesgeschichte* (1973), S. 270–342.

Höfler, Günther A.: „Erleben und Wissen. Zur Doppelgestalt der Liebe in Achim von Arnims Briefroman ‚Hollin's Liebeleben'". In: *Poetik des Briefromans: Wissens- und mediengeschichtliche Studien*, hg. von Gideon Stiening und Robert Vellusig, Berlin und Boston, MA 2012, S. 261–278.

Hofmann, Hasso: „Art. ‚Naturzustand'". In: *Historisches Wörterbuch der Philosophie*, 13 Bde., hg. von Joachim Ritter, Karlfried Gründer und Gottfried Gabriel, Darmstadt 1971–2005, Bd. 6, Sp. 653–658.

Hogrebe, Wolfram: *Ahnung und Erkenntnis. Broullion zu einer Theorie des natürlichen Erkennens*, Frankfurt a. M. 1996.

Hölscher, Lucian: „Art. ‚Öffentlichkeit'". In: *Geschichtliche Grundbegriffe. Historisches Lexikon zur politisch-sozialen Sprache in Deutschland*, 8 Bde. in 9 Bde., hg. von Otto Brunner, Werner Conze und Reinhart Koselleck, Stuttgart 1972–1997, Bd. 4, S. 413–467.

Hölscher, Lucian: *Die Entdeckung der Zukunft*, Frankfurt a. M. 1999.

Holzey, Helmut: „Art. ‚Popularphilosophie'". In: *Historisches Wörterbuch der Philosophie*, 13 Bde., hg. von Joachim Ritter, Karlfried Gründer und Gottfried Gabriel, Darmstadt 1971–2005, Bd. 7, Sp. 1094–1100.
Honold, Alexander: „Der Rhein. Poetik eines Stroms zwischen Elementarisierung und Domestifikation". In: *Anglia*, 126. Jg. (2008), H. 2, S. 330–344.
Hori, Misako: *Das Wunderhorn. Zur konzeptionellen Bedeutung der Titelkupfer zu Achim von Arnims und Clemens Brentanos Liedersammlung „Des Knaben Wunderhorn"*, Frankfurt a. M. 2007.
Horn, Eva: „Literatur: Gibt es eine Gesellschaft im Text?". In: *Poststrukturalistische Sozialwissenschaften*, hg. von Stephan Moebius und Andreas Reckwitz, Frankfurt a. M. 2008, S. 363–381.
Howie, Margaret D.: „Achim von Arnim and Scotland". In: *The Modern Language Review*, 17. Jg. (1922), H. 2, S. 157–164.
Iseli, Andrea: *Gute Policey. Öffentliche Ordnung in der Frühen Neuzeit*, Stuttgart 2009.
Jäger, Georg: *Die Leiden des alten und neuen Werther. Kommentare, Abbildungen, Materialien zu Goethes „Die Leiden des jungen Werthers" und Plenzdorfs „Neuen Leiden des jungen W"*, München 1984.
Jarvie, Ian C. und Jesus Zamora-Bonilla (Hg.): *The Sage Handbook of the Philosophy of Social Science*, Thousand Oaks, CA, u. a. 2011.
Jaspers, Karl: *Drei Gründer des Philosophierens. Plato, Augustin, Kant* [1957], München 1963.
Jensen, Jens Christian (Hg.): *Heidelberg um 1800*, Bönnigheim 2000.
Jessen, Ralph und Sven Reichardt: „Einleitung". In: *Zivilgesellschaft als Geschichte. Studien zum 19. und 20. Jahrhundert*, hg. von Ralph Jessen, Sven Reichardt und Ansgar Klein, Wiesbaden 2004, S. 7–27.
Joas, Hans und Wolfgang Knöbl: *Sozialtheorie. Zwanzig einführende Vorlesungen*, Frankfurt a. M. 2004.
Jonas, Hans: *Geschichte der Soziologie* [1969], 2 Bde., Opladen 1981.
Kaiser, Gerhard: *Literarische Romantik*, Göttingen 2010.
Kaiser, Gerhard: *Pietismus und Patriotismus im literarischen Deutschland. Ein Beitrag zum Problem der Säkularisation*, Frankfurt a. M. 1973.
Kastinger Riley, Helene M.: *Achim von Arnim in Selbstzeugnissen und Bilddokumenten*, Hamburg 1979.
Kastinger Riley, Helene M.: „Die Politik einer Mythologie. Achim von Arnims Schriften im Spiegel von Baron vom Steins Programm". In: *Zwischen den Wissenschaften. Beiträge zur deutschen Literaturgeschichte*, Festschrift für Bernhard Gajek, hg. von Gerhard Hahn und Ernst Weber, Regensburg 1994, S. 25–35.
Kastinger Riley, Helene M.: *Ludwig Achim von Arnims Jugend- und Reisejahre. Ein Beitrag zur Biographie mit unbekannten Briefzeugnissen*, Bonn 1978.
Kaupp, Peter: „Art. ‚Gesellschaft'". In: *Historisches Wörterbuch der Philosophie*, 13 Bde., hg. von Joachim Ritter, Karlfried Gründer und Gottfried Gabriel, Darmstadt 1971–2005, Bd. 3, Sp. 459–466.
Kersting, Wolfgang: „Einleitung. Die Gegenwart der Lebenskunst". In: *Kritik der Lebenskunst*, hg. von Wolfgang Kersting und Claus Langbehn, Frankfurt a. M. 2007, S. 10–88.
Kiesel, Helmuth und Paul Münch: *Gesellschaft und Literatur im 18. Jahrhundert. Voraussetzungen und Entstehung des literarischen Markts in Deutschland*, München 1977.
Kilcher, Andreas B.: *Mathesis und Poiesis. Die Enzyklopädik der Literatur 1600–2000*, München 2003.

Kilcher, Andreas B.: „Philologie in unendlicher Potenz. Literarische Textverarbeitung bei Achim von Arnim". In: *Scientia Poetica. Jahrbuch für Geschichte der Literatur und Wissenschaften*, 8. Bd. (2004), S. 46–68.

Kiss, Garbor: *Einführung in die soziologischen Theorien I*, Opladen 1977.

Klausnitzer, Ralf: *Literatur und Wissen. Zugänge – Modelle – Analysen*, Berlin und New York 2008.

Klenke, Dietmar: *Der singende ‚deutsche Mann'. Gesangvereine und deutsches Nationalbewußtsein von Napoleon bis Hitler*, Münster u. a. 1998.

Knaack, Jürgen: *Nicht nur Poet. Die politischen Anschauungen Arnims in ihrer Entwicklung; mit ungedruckten Texten und einem Verzeichnis sämtlicher Briefe*, Darmstadt 1976.

Knauer, Bettina: „Achim von Arnims ‚Wintergarten' als Arabeskenwerk". In: *Universelle Entwürfe – Integration – Rückzug. Arnims Berliner Zeit 1809–1814*, hg. von Ulfert Ricklefs, Tübingen 2000, S. 61–72.

Knemeyer, Franz-Ludwig: „Art. ‚Polizei'". In: *Geschichtliche Grundbegriffe. Historisches Lexikon zur politisch-sozialen Sprache in Deutschland*, 8 Bde. in 9 Bde., hg. von Otto Brunner, Werner Conze und Reinhart Koselleck, Stuttgart 1972–1997, Bd. 4, S. 875–897.

Knoblauch, Hubert: „Rhetorik und Stilistik in der Soziologie". In: *Rhetorik und Stilistik*, hg. von Ulla Fix, Andreas Gardt und Joachim Knape, Berlin und New York 2009, S. 1833–1841.

Kocka, Jürgen: „Zivilgesellschaft in historischer Perspektive". In: *Zivilgesellschaft als Geschichte. Studien zum 19. und 20. Jahrhundert*, hg. von Ralph Jessen, Sven Reichardt und Ansgar Klein, Wiesbaden 2004, S. 29–42.

Koepke, Wulf: „Das Wort ‚Volk' im Sprachgebrauch Johann Gottfried Herders". In: *Lessing-Yearbook*, 19. Jg. (1987), S. 207–219.

Kohlschmidt, Werner: „Nihilismus der Romantik". In: Kohlschmidt: *Form und Innerlichkeit. Beiträge zur Geschichte und Wirkung der deutschen Klassik und Romantik*, München 1955, S. 157–176.

Konersmann, Ralf: „Die Metapher der Rolle und die Rolle der Metapher". In: *Archiv für Begriffsgeschichte*, 30. Bd. (1984/1985), S. 84–137.

Koschorke, Albrecht, Susanne Lüdemann, Thomas Frank und Ethel Matala de Mazza: *Der fiktive Staat. Konstruktionen des politischen Körpers in der Geschichte Europas*, Frankfurt a. M. 2007.

Koschorke, Albrecht: *Die Heilige Familie und ihre Folgen. Ein Versuch*, Frankfurt a. M. 2001.

Koschorke, Albrecht: „Kindermärchen. Liminalität der Biedermeierfamilie". In: Koschorke et. al.: *Vor der Familie. Grenzbedingungen einer modernen Institution*, Konstanz 2010, S. 139–171.

Koschorke, Albrecht: *Körperströme und Schriftverkehr. Eine Mediologie des 18. Jahrhunderts*, München 2003.

Koschorke, Albrecht: „System. Die Ästhetik und das Anfangsproblem". In: *Grenzwerte des Ästhetischen*, hg. von Robert Stockhammer, Frankfurt a. M. 2002, S. 146–163.

Koschorke, Albrecht: „Vor der Gesellschaft. Das Anfangsproblem der Anthropologie". In: *Urmensch und Wissenschaften. Eine Bestandsaufnahme*, hg. von Bernhard Kleeberg, Tilmann Walter und Fabio Crivellari, Darmstadt 2005, S. 245–258.

Koselleck, Reinhard: „Sozialgeschichte und Begriffsgeschichte" [1986]. In: Koselleck: *Begriffsgeschichten. Studien zur Semantik und Pragmatik der politischen und sozialen Sprache*, Frankfurt a. M. 2006, S. 9–31.

Košenina, Alexander (Hg.): *Johann Jakob Engel (1741–1802). Philosoph für die Welt, Ästhetiker und Dichter*, Hannover 2005.

Košenina, Alexander: *Anthropologie und Schauspielkunst. Studien zur ,eloquentia corporis'
im 18. Jahrhundert*, Tübingen 1995.
Košenina, Alexander: „Fallgeschichten. Von der Dokumentation zur Fiktion. Vorwort". In:
Zeitschrift für Germanistik, 19. Jg. (2009), H. 2 [Themenheft: „Fallgeschichten"], S. 282–
287.
Košenina, Alexander: *Literarische Anthropologie. Die Neuentdeckung des Menschen*, Berlin
2008.
Košenina, Alexander: „Zündhemmung" [Rez. zu Theodore Ziolkowski: Heidelberger Romantik.
Mythos und Symbol, Heidelberg 2009]. In: *Frankfurter Allgemeine Zeitung* vom
24.6.2010.
Kösters, Klaus: *Mythos Arminius. Die Varusschlacht und ihre Folgen*, Münster 2009.
Koziełek, Gerard: „Das kulturpolitische Programm der ‚Zeitung für Einsiedler'". In: *Acta Wratislaviensis*, 72. Bd. (1988), S. 201–223.
Krämer, Jörg: „‚Eine Singschule der Poesie'? Musikalität und Medialität in ‚Des Knaben
Wunderhorn'". In: *Von Volkston und Romantik. ‚Des Knaben Wunderhorn' in der Musik*,
hg. von Antje Tumat, Heidelberg 2007, S. 61–94.
Kranz, Gisbert: *Das Bildgedicht. Theorie – Lexikon – Bibliographie*, 3 Bde., Köln u. a. 1981
und 1987.
Krause, Marcus und Nicolas Pethes (Hg.): *Literarische Experimentalkulturen. Poetologien des
Experiments im 19. Jahrhundert*, Würzburg 2005.
Krause, Marcus und Nicolas Pethes: „Zwischen Erfahrung und Möglichkeit. Literarische
Experimentalkulturen im 19. Jahrhundert". In: *Literarische Experimentalkulturen.
Poetologien des Experiments im 19. Jahrhundert*, hg. von Marcus Krause und Nicolas
Pethes, Würzburg 2005, S. 7–18.
Krauthausen, Karin: „Wirkliche Fiktionen. Gedankenexperimente in Wissenschaft und
Literatur." In: *Experiment und Literatur. Themen, Methoden, Theorien*, hg. von Michael
Gamper, Göttingen 2010, S. 278–320.
Kremer, Detlef: „‚grellste Verkettungen von Altem und Neuem'. Die Präsenz der Stimme und
das Archiv der Schrift bei Achim von Arnim". In: *Das „Wunderhorn" und die
Heidelberger Romantik: Mündlichkeit, Schriftlichkeit, Performanz*, hg. von Walter Pape,
Tübingen 2005, S. 195–206.
Kremer, Detlef: „Ästhetische Konzepte der ‚Mythopoetik' um 1800". In: *Gesamtkunstwerk.
Zwischen Synästhesie und Mythos*, hg. von Hans Günther, Bielefeld 1994, S. 11–27.
Kremer, Detlef: „Ingenium und Intertext. Die Quelle als psychosemiotischer Motor in der
Literatur der Romantik". In: *„Quelle". Zwischen Ursprung und Konstrukt. Ein Leitbegriff
in der Diskussion*, hg. von Thomas Rathmann und Nikolaus Wegmann, Berlin 2004,
S. 241–256.
Kremer, Detlef: *Romantik*, Stuttgart 2007.
Krüger, Gundolf: „‚… etwas von dem Ueberfluße ausländischer Natürlicher
Merkwürdigkeiten' – Johann Friedrich Blumenbach, England und die frühe Göttinger
Völkerkunde". In: *„Eine Welt allein ist nicht genug". Großbritannien, Hannover und
Göttingen*, hg. von Elmar Mittler, Göttingen 2005, S. 202–220.
Kühne, Ulrich: *Die Methode des Gedankenexperiments*, Frankfurt a. M. 2005.
Kurz, Gerhard: „‚Volkspoesie'-Programme". In: *Deutsche Literatur. Bd. 4 (1740–1786)*, hg. von
Ralph-Rainer Wuthenow, Reinbek 1986, S. 254–260.
Kurz, Gerhard: *Metapher, Allegorie, Symbol*, Göttingen 2009.
Kuzmics, Helmut und Gerald Mozetič: *Literatur als Soziologie. Zum Verhältnis von
literarischer und gesellschaftlicher Wirklichkeit*, Konstanz 2003.

La Vopa, Antony J.: „The Philosopher and the Schwärmer. On the Career of a German Epithet from Luther to Kant". In: *Huntington Library Quaterly*, 60. Jg. (1997), H. 1/2, S. 85–116.

LaCapra, Dominick: „Rethinking Intellectual History and Reading Texts". In: *Modern European Intellectual History. Reappraisals and new Perspectives*, hg. von Dominick LaCapra und Steven L. Kaplan, Ithaca, NY und London 1982, S. 47–85.

Lampart, Fabian: „The Turn to History and the ‚Volk'. Brentano, Arnim, and the Grimm Brothers". In: *The Literature of German Romanticism*, hg. von Dennis Mahoney, Rochester, NY 2004, S. 170–208.

Landfester, Ulrike und Ralf Simon (Hg.): *Gabe, Tausch, Verwandlung. Übertragungsökonomien im Werk Clemens Brentanos*, Würzburg 2009.

Lange, Thomas und Harald Neumeyer (Hg.): *Kunst und Wissenschaft um 1800*, Würzburg 2000.

Latour, Bruno: *Reassembling the Social. An Introduction to Actor-Network-Theory*, Oxford und New York 2007.

Latour, Bruno: *Wir sind nie modern gewesen. Versuch einer symmetrischen Anthropologie*, Frankfurt a. M. 2008.

Le Blanc, Guillaume: *L'esprit des sciences humaines*, Paris 2005.

Leibetseder, Mathis: *Die Kavalierstour. Adlige Erziehungsreisen im 17. und 18. Jahrhundert*, Köln, Weimar und Wien 2004.

Lenoir, Timothy: *The Strategy of Life. Teleology and Mechanics in Nineteenth Century German Biology*, Dordrecht, Boston, MA und London 1982.

Lepenies, Wolf (Hg.): *Geschichte der Soziologie. Studien zur kognitiven, sozialen und historischen Identität einer Disziplin*, 4 Bde., Frankfurt a. M. 1981.

Lepenies, Wolf: „‚Schön und korrekt'. Die Literatur als Bezugsgruppe wissenschaftlicher Außenseiter". In: *Soziologie in weltbürgerlicher Absicht*, Festschrift für René König, hg. von Heine von Alemann und Hans Peter Thurn, Opladen 1981, S. 90–100.

Lepenies, Wolf: *Aufstieg und Fall der Intellektuellen in Europa*, Frankfurt a. M. und New York 1992.

Lepenies, Wolf: *Die drei Kulturen. Soziologie zwischen Literatur und Wissenschaft*, Frankfurt a. M. 1985.

Lepenies, Wolf: „Einleitung. Studien zur kognitiven, sozialen und historischen Identität der Soziologie". In: *Geschichte der Soziologie. Studien zur kognitiven, sozialen und historischen Identität einer Disziplin*, 4 Bde., hg. von Wolf Lepenies, Frankfurt a. M. 1981, Bd. 1, S. I–XXXV.

Lepenies, Wolf: „Historisierung der Natur und Entmoralisierung der Wissenschaften seit dem 18. Jahrhundert". In: Lepenies: *Gefährliche Wahlverwandtschaften. Essays zur Wissenschaftsgeschichte*, Stuttgart 1989, S. 7–38.

Lepenies, Wolf: *Kultur und Politik. Deutsche Geschichten*, München 2006.

Lepenies, Wolf: „Wissenschaftsgeschichte und Disziplingeschichte". In: *Geschichte und Gesellschaft. Zeitschrift für historische Sozialwissenschaft*, 4. Jg. (1978), S. 437–451.

Lévi-Strauss, Claude: *Das wilde Denken*, Frankfurt a. M. 1968.

Levin, Herbert: *Die Heidelberger Romantik*, Preisschrift der Corps-Suevia-Stiftung der Universität Heidelberg, München 1922.

Lichtblau, Klaus: „Art. ‚Vergesellschaftung'". In: *Historisches Wörterbuch der Philosophie*, 13 Bde., hg. von Joachim Ritter, Karlfried Gründer und Gottfried Gabriel, Darmstadt 1971–2005, Bd. 11, Sp. 666–671.

Liedke, Herbert R.: *Literary Criticism and Romantic Theory in the Work of Achim von Arnim*, New York 1966.

Lieven, Anatol: *The Baltic Revolution. Estonia, Latvia, Lithuania and the Path to Independence*, New Haven, CT und London 1993.
Lorenz, Otto: „Experimentalphysik und Dichtungspraxis. Das ‚geheime Gesetz des Widerspruchs' im Werk Heinrich von Kleists". In: *Die deutsche Romantik und die Wissenschaften*, hg. von Nicholas Saul, München 1991, S. 72–90.
Losemann, Volker: „Arminius". In: *Mythos Europa. Schlüsselfiguren der Imagination. Das 19. Jahrhundert*, hg. von Betsy van Schlun und Michael Neumann, Regensburg 2008, S. 98–119.
Lovejoy, Arthur O.: *Die große Kette der Wesen. Geschichte eines Gedankens*, Frankfurt a. M. 1993.
Lubkoll, Christine: „Soziale Experimente und ästhetische Ordnung. Kleists Literaturkonzept im Spannungsfeld von Klassizismus und Romantik (‚Die Verlobung in St. Domingo')". In: *Gewagte Experimente und kühne Konstellationen. Kleists Werk zwischen Klassizismus und Romantik*, hg. von Christine Lubkoll und Günter Oesterle, Würzburg 2001, S. 119–136.
Lubkoll, Christine: „Wahlverwandtschaft. Naturwissenschaft und Liebe in Goethes Eheroman". In: *Erzählen und Wissen. Paradigmen und Aporien ihrer Inszenierung in Goethes „Wahlverwandtschaften"*, hg. von Gabriele Brandstetter, Freiburg i. Br. 2003, S. 261–278.
Lüdemann, Susanne: „Art. ‚Körper, Organismus'". In: *Wörterbuch der philosophischen Metaphern*, hg. von Ralf Konersmann, Darmstadt 2008, S. 168–181.
Lüdemann, Susanne: *Metaphern der Gesellschaft. Studien zum soziologischen und politischen Imaginären*, München 2004.
Ludwig, Ariane: „Fließende Übergänge. Achim von Arnims ‚Aloys und Rose' zwischen Poesie und Geschichte". In: *Romantische Metaphorik des Fließens. Körper, Seele, Poesie*, hg. von Walter Pape, Tübingen 2007, S. 71–84.
Luhmann, Niklas: „Brauchen wir einen neuen Mythos?". In: Luhmann: *Soziologische Aufklärung 4. Beiträge zur funktionalen Differenzierung der Gesellschaft*, Wiesbaden 2005, S. 269–290
Luhmann, Niklas: „Copierte Existenz und Karriere. Zur Herstellung von Individualität". In: *Riskante Freiheiten. Individualisierung in modernen Gesellschaften*, hg. von Ulrich Beck und Elisabeth Beck-Gernheim, Frankfurt a. M. 1994, S. 191–200.
Luhmann, Niklas: „Die Beschreibung der Zukunft". In: Luhmann: *Beobachtungen der Moderne*, Opladen 1992, S. 129–148.
Luhmann, Niklas: *Die Gesellschaft der Gesellschaft*, 2 Bde., Frankfurt a. M. 1998.
Luhmann, Niklas: *Die Kunst der Gesellschaft*, Frankfurt a. M. 1995.
Luhmann, Niklas: „Die Unterscheidung von Staat und Gesellschaft". In: Luhmann: *Soziologische Aufklärung 4. Beiträge zur funktionalen Differenzierung der Gesellschaft*, Wiesbaden 2005, S. 69–76.
Luhmann, Niklas: „Gesellschaft" [1970]. In: Luhmann: *Soziologische Aufklärung 1. Aufsätze zur Theorie sozialer Systeme*, Wiesbaden 2005, S. 173–193.
Luhmann, Niklas: *Ideenevolution. Beiträge zur Wissenssoziologie*, Frankfurt a. M. 2008.
Luhmann, Niklas: „Individuum, Individualität, Individualismus". In: Luhmann: *Gesellschaftsstruktur und Semantik. Studien zur Wissenssoziologie der modernen Gesellschaft 3*, Frankfurt a. M. 1998, S. 149–258.
Luhmann, Niklas: „Moderne Systemtheorien als Form gesamtgesellschaftlicher Analyse". In: Jürgen Habermas, Niklas Luhmann: *Theorie der Gesellschaft oder Sozialtechnologie. Was leistet Systemforschung*, Frankfurt a. M. 1971, S. 7–24.

Luhmann, Niklas: *Die Politik der Gesellschaft*, Frankfurt a. M. 2002.
Luhmann, Niklas: *Soziale Systeme. Grundriß einer allgemeinen Theorie*, Frankfurt a. M. 1984.
Macho, Thomas und Annette Wunschel (Hg.): *Science & Fiction. Über Gedankenexperimente in Wissenschaft, Philosophie und Literatur*, Frankfurt a. M. 2005.
Mahoney, Dennis (Hg.): *The Literature of German Romanticism*, Rochester, NY, 2004.
Mallon, Otto: *Arnim-Bibliographie*, Berlin 1925 [= Reprint: Hildesheim 1965].
Mandelkow, Karl Robert: „Der Briefroman. Zum Problem der Polyperspektive im Epischen". In: Mandelkow: *Orpheus und Maschine. Acht literaturgeschichtliche Arbeiten*, Heidelberg 1976, S. 13–22.
Manger, Klaus und Gerhard vom Hofe (Hg.): *Heidelberg im poetischen Augenblick. Die Stadt in Dichtung und bildender Kunst*, Heidelberg 1987.
Manger, Klaus: „Bibliothek – Verlag – Buchhandel. Zentren geistigen Aufbruchs". In: *Heidelberg im säkularen Umbruch. Traditionsbewußtsein und Kulturpolitik um 1800*, hg. von Friedrich Strack, Stuttgart 1987, S. 126–153.
Manicas, Peter T.: *A History and Philosophy of the Social Sciences*, Oxford und New York 1987.
Mannheim, Karl: „Das Problem einer Soziologie des Wissens". In: Mannheim: *Wissenssoziologie. Auswahl aus dem Werk*, Neuwied 1970, S. 308–387.
Mannheim, Karl: *Konservatismus. Ein Beitrag zur Soziologie des Wissens* [1925], Frankfurt a. M. 1984.
Marchart, Oliver: *Das unmögliche Objekt. Eine postfundamentalistische Theorie der Gesellschaft*, Berlin 2013.
Märker, Roland: *Der Begriff des Sozialen in Verhaltensforschung und Soziologie*, Saarbrücken [Diss. masch.] 1980.
Marquard, Odo: „Art. ‚Anthropologie'". In: *Historisches Wörterbuch der Philosophie*, 13 Bde., hg. von Joachim Ritter, Karlfried Gründer und Gottfried Gabriel, Darmstadt 1971–2005, Bd. 1, Sp. 362–374.
Martus, Steffen: *Die Brüder Grimm. Eine Biographie*, Reinbek 2009.
Matala de Mazza, Ethel: *Der verfaßte Körper. Zum Projekt einer organischen Gemeinschaft in der Politischen Romantik*, Freiburg i. Br. 1999.
Mauss, Marcel: *Die Gabe. Form und Funktion des Austauschs in archaischen Gesellschaften* [1924], Frankfurt a. M. 2009.
Mayr, Otto: *Uhrwerk und Waage. Autorität, Freiheit und technische Systeme in der Frühen Neuzeit*, München 1987.
Meier, Albert: *Klassik – Romantik*, Stuttgart 2008.
Meier, Christian, Odilo Engels, Horst Günther und Reinhart Koselleck: „Art. ‚Geschichte'". In: *Geschichtliche Grundbegriffe. Historisches Lexikon zur politisch-sozialen Sprache in Deutschland*, 8 Bde. in 9 Bde., hg. von Otto Brunner, Werner Conze und Reinhart Koselleck, Stuttgart 1972–1997, Bd. 2, S. 593–717.
Meinecke, Friedrich: *Die Idee der Staatsräson in der neueren Geschichte* [1924], München 1963.
Meinecke, Friedrich: *Weltbürgertum und Nationalstaat. Studien zur Genesis des deutschen Nationalstaats* [1907], München und Berlin 1915.
Meixner, Horst: *Romantischer Figuralismus. Kritische Studien zu Romanen von Arnim, Eichendorff und Hoffmann*, Frankfurt a. M. 1971.
Menninghaus, Winfried: „Vom enzyklopädischen Prinzip romantischer Poesie". In: *Vom Weltbuch bis zum World Wide Web – Enzyklopädische Literaturen*, hg. von Waltraut Wiethölter, Frauke Berndt und Stephan Kammer, Heidelberg 2005, S. 149–164.

Merte, Angela: *Totalkunst. Intermediale Entwürfe für eine Ästhetisierung der Lebenswelt*, Bielefeld 1998.
Meyer, Ahlrich: „Mechanische und organische Metaphorik politischer Philosophie". In: *Archiv für Begriffsgeschichte*, 13. Jg. (1969), S. 128–199.
Minor, Ryan: *Choral Fantasies. Music, Festivity, and Nationhood in Nineteenth-Century Germany*, Cambridge u. a. 2012.
Mirowski, Philip (Hg.): *Natural Images in Economic Thought. „Markets read in tooth and claw"*, Cambridge 1994.
Mirowski, Philip: *More Heat than Light. Economic as Social Physics, Physics as Nature's Economics*, Cambridge 1989.
Mirowski, Philip: „The Rise and Fall of the Concept of Equilibrum in Economic Analysis". In: *Recherches Economiques de Louvain*, 55. Jg. (1989), H. 4, S. 447–468.
Moebius, Stephan: *Praxis der Soziologiegeschichte. Methodologien, Konzeptualisierung und Beispiele soziologischer Forschung*, Hamburg 2004.
Moering, Renate: „Arnims künstlerische Zusammenarbeit mit Johann Friedrich Reichardt und Louise Reichardt. Mit unbekannten Vertonungen und Briefen". In: *Neue Tendenzen der Arnim Forschung. Edition, Biographie, Interpretation. Mit unbekannten Dokumenten*, hg. von Roswitha Burwick und Bernd Fischer, Bern u. a. 1990, S. 198–288.
Moering, Renate: „Castor und Pollux. Arnim und Brentano in ihren Projekten mit Reichardt". In: *Johann Friedrich Reichardt und die Literatur. Komponieren, Korrespondieren, Publizieren*, hg. von Walter Salmen, Hildesheim, Zürich und New York 2003, S. 431–452.
Moering, Renate: „Die ‚Zeitung für Einsiedler'. Programm und Realisierung einer romantischen Zeitschrift". In: *Romantik und Volksliteratur*, Festschrift für Heinz Rölleke, hg. von Lothar Bluhm und Achim Hölter, Heidelberg 1999, S. 31–48.
Moiso, Francesco: „Arnims Kräftelehre". In: *„Frische Jugend, reich an Hoffen ..." Der junge Arnim*, hg. von Roswitha Burwick und Heinz Härtl, Tübingen 2000, S. 85–120.
Moretti, Franco: *Kurven, Karten, Stammbäume. Abstrakte Modelle für die Literaturgeschichte*, Frankfurt a. M. 2009.
Moretti, Giampiero: *Heidelberg romantica. Romanticismo tedesco e nichilismo europeo*, Bologna 1995.
Münkler, Herfried: *Die Deutschen und ihre Mythen*, Berlin 2009.
Münz, Walter: *Individuum und Symbol in Tiecks „William Lovell". Materialien zum frühromantischen Subjektivismus*, Frankfurt a. M. 1975.
Murayama, Isamitsu: *Poesie – Natur – Kinder. Die Brüder Grimm und ihre Idee einer ‚natürlichen Bildung' in den „Kinder- und Hausmärchen"*, Heidelberg 2005.
Myers, Milton L.: *The Soul of Modern Economic Man. Ideas of Self-Interest. Thomas Hobbes to Adam Smith*, Chicago, IL 1983.
Nach Feierabend. Zürcher Jahrbuch für Wissensgeschichte, 5. Jg. (2009) [Themenheft: „Nicht-Wissen"].
Nassehi, Armin: *Der soziologische Diskurs der Moderne*, Frankfurt a. M. 2006.
Naumann, Barbara: „Kants Stil". In: *Literarische Philosophie – Philosophische Literatur*, hg. von Richard Faber und Barbara Naumann, Würzburg 1999, S. 97–112.
Neubauer, John: *Symbolismus und symbolische Logik. Die Idee der Ars combinatoria in der Entwicklung der modernen Dichtung*, München 1978.
Neuendorff, Hartmut: *Der Begriff des Interesses. Eine Studie zu den Gesellschaftstheorien von Hobbes, Smith und Marx*, Frankfurt a. M. 1973.
Neuhold, Martin: *Achim von Arnims Kunsttheorie und sein Roman „Die Kronenwächter" im Kontext ihrer Epoche*, Tübingen 1994.

Neutsch, Cornelius: *Reisen um 1800. Reiseliteratur über Rheinland und Westfalen als Quelle einer sozial- und wirtschaftsgeschichtlichen Reiseforschung*, St. Katharinen 1990.

Nieke, Wolfgang: „Art. ‚Ahnung'". In: *Historisches Wörterbuch der Philosophie*, 13 Bde., hg. von Joachim Ritter, Karlfried Gründer und Gottfried Gabriel, Darmstadt 1971–2005, Bd. 1, Sp. 115–117.

Nienhaus, Stefan: „‚Wo jetzt Volkes Stimme hören?' Das Wort ‚Volk' in den Schriften Achim von Arnims 1803 bis 1813". In: *Universelle Entwürfe – Integration – Rückzug. Arnims Berliner Zeit 1809–1814*, hg. von Ulfert Ricklefs, Tübingen 2000, S. 89–99.

Nienhaus, Stefan: „Achim von Arnims Aufhebung der Naturwissenschaften in der Poesie". In: *Internationales Jahrbuch der Bettina-von-Arnim-Gesellschaft*, 6./7. Bd. (1994/1995), S. 158–167.

Nienhaus, Stefan: „Dichteraussichten. Anmerkungen zu zwei Bildgedichten Arnims". In: *„Frische Jugend, reich an Hoffen ..." Der junge Arnim*, hg. von Roswitha Burwick und Heinz Härtl, Tübingen 2000, S. 181–188.

Nienhaus, Stefan: „Politische Romantik. Nutzen und Missbrauch eines kulturhistorischen Begriffs". In: *Einheit der Romantik? Zur Transformation frühromantischer Konzepte im 19. Jahrhundert*, hg. von Bernd Auerochs und Dirk Petersdorff, Paderborn u. a. 2009, S. 57–66

Niggl, Günter: „Geschichtsbewußtsein und Poesieverständnis bei den ‚Einsiedlern' und den Brüdern Grimm". In: *Heidelberg im säkularen Umbruch. Traditionsbewußtsein und Kulturpolitik um 1800*, hg. von Friedrich Strack, Stuttgart 1987, S. 216–224.

Nitschke, Claudia: „Die Erreichbarkeit von Gemeinschaft. Die Konstruktion von ‚Volk' und Individualität im ‚Wintergarten'". In: *Romantische Identitätskonstruktionen. Nation, Geschichte und (Auto-)Biographie*, hg. von Sheila Dickson und Walter Pape, Tübingen 2003, S. 89–104.

Nitschke, Claudia: *Utopie und Krieg bei Ludwig Achim von Arnim*, Tübingen 2004.

Oesterhelt, Anja: *Perspektive und Totaleindruck. Höhepunkte und Ende der Multiperspektivität in Christoph Martin Wielands „Aristipp" und Clemens Brentanos „Godwi"*, München 2010.

Oesterle, Günter: „‚Commentar dieser unbegreiflichen Zeit'. Achim von Arnims Beitrag zum komplexen Verhältnis Deutschland – Frankreich." In: *„Die Erfahrung anderer Länder". Beiträge eines Wiepersdorfer Kolloquiums zu Achim und Bettina von Arnim*, hg. von Heinz Härtl und Hartwig Schultz, Berlin und New York 1994, S. 25–38.

Oesterle, Ingrid: „Achim von Arnim und Paris. Zum Typus seiner Reise, Briefe und Theaterberichterstattung". In: *„Die Erfahrung anderer Länder". Beiträge eines Wiepersdorfer Kolloquiums zu Achim und Bettina von Arnim*, hg. von Heinz Härtl und Hartwig Schultz, Berlin und New York 1994, S. 39–62.

Olsen, Richard: *The Emergence of the Social Sciences 1642–1792*, New York u. a. 1993.

Orsini, G. N. G.: „Art. ‚Organism'". In: *Dictionary of the History of Ideas. Studies of Selected Pivotal Ideas*, 4 Bde., hg. von Philip P. Wiener, New York 1973, Bd. 3, S. 421–427.

Orth, Ernst Wolfgang, Jörg Fisch und Reinhard Koselleck: „Art. ‚Interesse'". In: *Geschichtliche Grundbegriffe. Historisches Lexikon zur politisch-sozialen Sprache in Deutschland*, 8 Bde. in 9 Bde., hg. von Otto Brunner, Werner Conze und Reinhart Koselleck, Stuttgart 1972–1997, Bd. 3, S. 305–365.

Pape, Walter (Hg.): *Arnim und die Berliner Romantik. Kunst, Literatur, Politik*, Tübingen 2001.

Pape, Walter (Hg.): *Das „Wunderhorn" und die Heidelberger Romantik: Mündlichkeit, Schriftlichkeit, Performanz*, Tübingen 2005.

Pape, Walter (Hg.): *Die Farben der Romantik. Physik, Physiologie, Kunst, Ästhetik*, Berlin und Boston, MA 2014.
Pape, Walter (Hg.): *Raumkonfigurationen der Romantik*, Tübingen 2009.
Pape, Walter (Hg.): *Romantische Metaphorik des Fließens. Körper, Seele, Poesie*, Tübingen 2007.
Pape, Walter: „‚Der König erklärt das ganze Volk adelig'. ‚Volksthätigkeit', Poesie und Vaterland bei Achim von Arnim 1802–1814". In: *200 Jahre Heidelberger Romantik*, hg. von Friedrich Strack, Heidelberg 2008, S. 531–550.
Pape, Walter: „‚keineswegs unmittelbar und augenblicklich aus dem Boden entsprungen'. Goethes ‚Wunderhorn'-Rezeption und sein Konzept des Naturpoeten und der Improvisation". In: *Das „Wunderhorn" und die Heidelberger Romantik: Mündlichkeit, Schriftlichkeit, Performanz*, hg. von Walter Pape, Tübingen 2005, S. 225–238.
Paul, Axel T.: „Die Rache und das Rätsel der Gabe". In: *Leviathan. Berliner Zeitschrift für Sozialwissenschaft*, 33. Jg. (2005), H. 2, S. 240–256.
Paulin, Roger: „Arnim und Tieck". In: *Arnim und die Berliner Romantik. Kunst, Literatur, Politik*, hg. von Walter Pape, Tübingen 2001, S. 171–179.
Paulin, Roger: „Der historische und poetologische Ort von Arnims ‚Ariels Offenbarungen'". In: *Aurora*, 46 Bd. (1986), S. 112–119.
Peil, Dietmar: „Überlegungen zur Bildtheorie". In: *Beiträge zur Geschichte der deutschen Sprache und Literatur*, 112. Jg. (1990), S. 209–241.
Peil, Dietmar: *Untersuchungen zur Staats- und Herrschaftsmetaphorik in literarischen Zeugnissen von der Antike bis zur Gegenwart*, München 1983, S. 302–488.
Pepper, Stephen C.: *World Hypothesis. Prolegomena to a systematic Philosophy and complete Survey of Metaphysics*, Berkeley, CA, Los Angeles, CA und London 1942.
Pestalozzi, Karl: „Das Bildgedicht". In: *Beschreibungskunst – Kunstbeschreibung. Ekphrasis von der Antike bis zur Gegenwart*, hg. von Gottfried Boehm und Helmut Pfotenhauer, München 1995, S. 569–591.
Peter, Emanuel: *Geselligkeiten. Literatur, Gruppenbild und kultureller Wandel im 18. Jahrhundert*, Tübingen 1999.
Peter, Klaus: „History and Moral Imperatives. The Contradictions of Political Romanticism". In: *The Literature of German Romanticism*, hg. von Dennis Mahoney, Rochester, NY 2004, S. 191–208.
Peters, Lothar: „Warum und wie betreibt man Soziologiegeschichte?". In: *Jahrbuch für Soziologiegeschichte* (1997/1998), S. 9–64.
Pethes, Nicolas u. a. (Hg.): *Menschenversuche. Eine Anthologie 1750–2000*, Frankfurt a. M. 2008.
Pethes, Nicolas: „Experiment und Leben. Zur Genealogie, Kritik und Epistemologie des Menschenversuchs um 1800". In: *Versuchsanordnungen 1800*, hg. von Sabine Schimma und Joseph Vogl, Zürich und Berlin 2009, S. 69–84.
Pethes, Nicolas: „Versuchsobjekt Mensch. Gedankenexperimente und Fallgeschichten als Erzählformen des Menschenversuchs". In: *Experiment und Literatur. Themen, Methoden, Theorien*, hg. von Michael Gamper, Göttingen 2010, S. 361–383.
Pethes, Nicolas: *Zöglinge der Natur. Der literarische Menschenversuch im 18. Jahrhundert*, Göttingen 2007.
Pfaff, Fridrich: „Einleitung". In: *Arnims Tröst Einsamkeit*, hg. von Fridrich Pfaff, Freiburg und Tübingen 1883, S. I–XCII.
Pickerodt, Gerhard: „Heinrich von Kleist. Der Widerstreit zwischen Mechanik und Organik in Kunsttheorie und Werkstruktur". In: *Die Mechanik in den Künsten. Studien zur*

ästhetischen Bedeutung von Naturwissenschaft und Technologie, hg. von Hanno Möbius und Jörg Jochen Berns, Marburg 1990, S. 157–168.
Pietsch, Lutz-Henning: Topik der Kritik. Die Auseinandersetzung um die kantische Philosophie (1781–1788) und ihre Metaphern, Berlin und New York 2010.
Pikulik, Lothar: „Die sogenannte Heidelberger Romantik. Tendenzen, Grenzen, Widersprüche. Mit einem Epilog über das Nachwirken der Romantik heute". In: Heidelberg im säkularen Umbruch. Traditionsbewußtsein und Kulturpolitik um 1800, hg. von Friedrich Strack, Stuttgart 1987, S. 190–215.
Pikulik, Lothar: Frühromantik. Epoche – Werke – Wirkung, München 2000.
Plischke, Hans: Johann Friedrich Blumenbachs Einfluß auf die Entdeckungsreisen seiner Zeit, Göttingen 1937.
Ponomarev, Alexey: Der Nihilismus und seine Erfahrung in der Romantik. Das Problem des Nihilismus in der deutschen und russischen Romantik in kultur-komparatistischer Perspektive, Marburg 2010.
Pörkson, Uwe: „Goethes Kritik naturwissenschaftlicher Metaphorik und der Roman ‚Die Wahlverwandtschaften'". In: Schiller-Jahrbuch, 25. Jg. (1981), S. 285–315.
Porter, Theodore M. und Dorothy Ross (Hg.): The Cambridge History of Science, Bd. 7: „The Modern Social Sciences", Cambridge 2003.
Portmann-Tinguely, Albert: Romantik und Krieg. Eine Untersuchung zum Bild des Krieges bei deutschen Romantikern und ‚Freiheitssängern'. Adam Müller, Joseph Görres, Friedrich Schlegel, Achim von Arnim, Max von Schenkendorf und Theodor Körner, Fribourg 1989.
Pott, Sandra: „Poetics of the Picture. August Wilhelm Schlegel and Achim von Arnim". In: Images of Words. Literary Representations of pictorial Themes, hg. von Rüdiger Görner, München u. a. 2005, S. 76–90.
Pott, Sandra: Poetiken. Poetologische Lyrik, Poetik und Ästhetik von Novalis bis Rilke, Berlin und New York 2004.
Primavesi, Patrick: Das andere Fest. Theater und Öffentlichkeit um 1800, Frankfurt a. M. und New York 2008.
Pross, Caroline: Kunstfeste. Drama, Politik und Öffentlichkeit in der Romantik, Freiburg i. Br. 2001.
Raeff, Marc: The well-ordered Police-State. Social and Institutional Change through Law in the Germanies and Russia, 1600–1800, New Haven, CT und London 1983.
Rancière, Jacques: „Der emanzipierte Zuschauer". In: Rancière: Der emanzipierte Zuschauer, Wien 2009, S. 11–34.
Rancière, Jacques: „Die ästhetische Revolution und ihre Folgen. Erzählungen von Autonomie und Heteronomie". In: ‚Ästhetisierung'. Der Streit um das Ästhetische in Politik, Religion und Erkenntnis, hg. von Ilka Brombach, Dirk Setton und Cornelia Temesvári, Zürich 2010, S. 23–40.
Rebentisch, Juliane: Die Kunst der Freiheit. Zur Dialektik demokratischer Existenz, Berlin 2012.
Reckwitz, Andreas, Sophia Prinz und Hilmar Schäfer (Hg.): Ästhetik und Gesellschaft. Grundlagentexte aus Soziologie und Kulturwissenschaften, Berlin 2015 (im Erscheinen).
Reckwitz, Andreas: Die Erfindung der Kreativität. Zum Prozess gesellschaftlicher Ästhetisierung, Berlin 2012.
Reckwitz, Andreas: Die Transformation der Kulturtheorien. Zur Entwicklung eines Theorieprogramms, Weilerswist 2006.
Reckwitz, Andreas: „Elemente einer Soziologie des Ästhetischen". In: Reckwitz: Unscharfe Grenzen. Perspektiven der Kultursoziologie, Bielefeld 2008, S. 259–280.

Reckwitz, Andreas: „Grundelemente einer Theorie sozialer Praktiken". In: Reckwitz: *Unscharfe Grenzen. Perspektiven der Kultursoziologie*, Bielefeld 2008, S. 97–130.
Reckwitz, Erhard: *Die Robinsonade. Themen und Form einer literarischen Gattung*, Amsterdam 1976.
Redaktion LCI: „Art. ‚Josephszweifel'". In: *Lexikon der christlichen Ikonographie*. Bd. 2, hg. von Engelbert Kirschbaum, Freiburg i. Br. 1994, Sp. 434 f.
Rehm, Walter: *Experimentum Medietatis. Studien zur Geistes- und Literaturgeschichte des 19. Jahrhunderts*, München 1947.
Reichel, Otto: *Der Verlag Mohr und Zimmer im Heidelberg und die Heidelberger Romantik*, Augsburg 1913.
Reill, Peter Hanns: „Eighteenth-Century Uses of Vitalism in Constructing the Human Sciences". In: *Biology and Ideology from Descartes to Dawkins*, hg. von Denis R. Alexander und Ronald L. Numbers, Chicago, IL, 2010, S. 61–87.
Reill, Peter Hanns: „The Construction of the Social Sciences in Late 18th and Early 19th Century Germany". In: *Sociology of the Sciences. A Yearbook*, 10. Bd. (1996), S. 107–140.
Reill, Peter Hanns: *The German Enlightenment and the Rise of Historicism*, Berkeley, CA und Los Angeles, CA und London 1975.
Reill, Peter Hanns: „Vitalizing Nature and Naturalizing the Humanities in the Late Eighteenth Century". In: *Studies in Eighteenth-Century Culture*, 28. Bd. (1999), S. 361–381.
Reill, Peter Hanns: *Vitalizing Nature in the Enlightenment*, Berkeley, CA und Los Angeles, CA 2005.
Remmele, Bernd: „Art. ‚Maschine'". In: *Wörterbuch der philosophischen Metaphern*, hg. von Ralf Konersmann, Darmstadt 2008, S. 224–236.
Richards, Robert J.: *The Romantic Conception of Life. Science and Philosophy in the Age of Goethe*, Chicago, IL und London 2002.
Ricklefs, Ulfert (Hg.): *Universelle Entwürfe – Integration – Rückzug. Arnims Berliner Zeit 1809–1814*, Tübingen 2000.
Ricklefs, Ulfert: „Das ‚Wunderhorn' im Licht von Arnims Kunstprogramm und Poesieverständnis". In: *Das „Wunderhorn" und die Heidelberger Romantik: Mündlichkeit, Schriftlichkeit, Performanz*, hg. von Walter Pape, Tübingen 2005, S. 147–194.
Ricklefs, Ulfert: „Geschichte, Volk, Verfassung und das Recht der Gegenwart: Achim von Arnim". In: *Volk – Nation – Europa. Zur Romantisierung und Entromantisierung politischer Begriffe*, hg. von Alexander von Bormann, Würzburg 1998, S. 65–104.
Ricklefs, Ulfert: *Kunstthematik und Diskurskritik. Das poetische Werk des jungen Arnim und die eschatologische Wirklichkeit der „Kronenwächter"*, Tübingen 1990.
Ricklefs, Ulfert: „Kunstthematische und politische Rahmenbildung in ‚Des Knaben Wunderhorn'". In: *200 Jahre Heidelberger Romantik*, hg. von Friedrich Strack, Heidelberg 2008, S. 119–160.
Ricklefs, Ulfert: *Magie und Grenze. Arnims „Päpstin Johanna" Dichtung. Mit einer Untersuchung zur poetologischen Theorie Arnims und einem Anhang unveröffentlichter Texte*, Göttingen 1990.
Ricklefs, Ulfert: „Polemische Textproduktion. Bemerkungen zum Literaturstreit der Gruppe um Voss mit den Romantikern". In: *200 Jahre Heidelberger Romantik*, hg. von Friedrich Strack, Heidelberg 2008, S. 343–367.
Riedel, Manfred: „Art. ‚Gesellschaft, bürgerliche'" und „Art. ‚Gesellschaft, Gemeinschaft'". In: *Geschichtliche Grundbegriffe. Historisches Lexikon zur politisch-sozialen Sprache in*

Deutschland, 8 Bde. in 9 Bde., hg. von Otto Brunner, Werner Conze und Reinhart Koselleck, Stuttgart 1972–1997, Bd. 2, S. 719–800 und 801–862.
Riedel, Manfred: *Bürgerliche Gesellschaft. Eine Kategorie der klassischen Politik und des modernen Naturrechts*, Stuttgart 2011.
Riedel, Wolfgang: „Anthropologie und Literatur in der deutschen Spätaufklärung. Skizze einer Forschungslandschaft". In: *Internationales Archiv für Sozialgeschichte der Literatur*, Sonderheft 6 (1994), S. 93–157.
Riedel, Wolfgang: „Literarische Anthropologie. Eine Unterscheidung". In: *Wahrnehmen und Handeln. Perspektiven einer Literaturanthropologie*, hg. von Wolfgang Braungart, Klaus Ridder und Friedmar Apel, Bielefeld 2004, S. 337–366.
Ries, Klaus (Hg.): *Romantik und Revolution. Zum politischen Reformpotential einer unpolitischen Bewegung*, Heidelberg 2012.
Rölleke, Heinz: „,Des Knaben Wunderhorn' – eine romantische Liedersammlung. Produktion – Distribution – Rezeption". In: *Das „Wunderhorn" und die Heidelberger Romantik: Mündlichkeit, Schriftlichkeit, Performanz*, hg. von Walter Pape, Tübingen 2005, S. 3–19.
Rölleke, Heinz: „Die Auseinandersetzung Clemens Brentanos mit Johann Heinrich Voss über ,Des Knaben Wunderhorn'". In: *Jahrbuch des Freien deutschen Hochstifts* (1968), S. 283–328.
Rommel, Thomas: *Das Selbstinteresse von Mandeville bis Smith. Ökonomisches Denken in ausgewählten Schriften des 18. Jahrhunderts*, Heidelberg 2006.
Ruchatz, Jens, Stefan Willer und Nicolas Pethes: „Zur Systematik des Beispiels". In: *Das Beispiel. Epistemologie des Exemplarischen*, hg. von Jens Ruchatz, Stefan Willer und Nicolas Pethes, Berlin 2007, S. 7–59.
Rudelius, Waltraut: *Achim von Arnim und die Naturwissenschaften*, Frankfurt a. M. [Diss. masch.] 1944.
Rueb, Franz: *Der hinkende Schmiedgott Vulkan. Ulrich von Hutten 1488–1523*, Zürich 1988.
Safranski, Rüdiger: *Romantik. Eine deutsche Affäre*, München 2007.
Sandkühler, Hans Jörg: *Kritik der Repräsentation. Einführung in die Theorie der Überzeugungen, der Wissenskulturen und des Wissens*, Frankfurt a. M. 2009.
Saul, Nicholas (Hg.): *The Cambridge Companion to German Romanticism*, Cambridge 2009.
Saul, Nicholas: *„Prediger aus der neuen romantischen Clique". Zur Interaktion von Romantik und Homiletik um 1800*, Würzburg 1999.
Schabas, Margaret: *The Natural Origins of Economy*, Chicago, IL und London 2005.
Schäfer, Hilmar: *Praxistheorien zur Einführung*, Hamburg 2014.
Schanze, Helmut: „Friedrich Schlegels ,Kölner Enzyklopädie'. Zur enzyklopädischen Begründung der literarischen Methode in Philosophie und Literaturtheorie". In: *Athenäum*, 3. Jg. (1993), S. 259–271.
Schanze, Helmut: *Romantik und Aufklärung. Untersuchungen zu Friedrich Schlegel und Novalis*, Nürnberg ²1976.
Schaub, Mirjam und Nicola Suthor (Hg.): *Ansteckung. Zur Körperlichkeit eines ästhetischen Prinzips*, München 2005.
Scheuner, Ulrich: *Der Beitrag der deutschen Romantik zur politischen Theorie*, Opladen 1980.
Schimma, Sabine und Joseph Vogl (Hg.): *Versuchsanordnungen 1800*, Zürich und Berlin 2009.
Schlanger, Judith: *Les métaphores de l'organisme*, Paris 1995.
Schlechter, Armin (Hg.): *Ein Knab auf schnellem Roß. Die Romantik in Heidelberg*, Heidelberg 2006.

Schlechter, Armin: *Die Romantik in Heidelberg. Brentano, Arnim und Görres am Neckar*, Heidelberg 2007.
Schlechter, Armin: „Ediertes und nicht ediertes ‚Wunderhorn'-Material. Zu den Primärquellen von ‚Des Knaben Wunderhorn'". In: *200 Jahre Heidelberger Romantik*, hg. von Friedrich Strack, Heidelberg 2008, S. 101–118.
Schlechtriemen, Tobias: *Bilder des Sozialen. Das Netzwerk in der soziologischen Theorie*, Paderborn 2014.
Schlechtriemen, Tobias: „Metaphern als Modelle. Zur Organismus-Metaphorik in der Soziologie". In: *Visuelle Modelle*, hg. von Ingeborg Reichle, Steffen Siegel und Achim Spelten, München 2008, S. 71–84.
Schmidt, Alfred: *Goethes herrlich leuchtende Natur. Philosophische Studie zur deutschen Spätaufklärung*, München, Wien 1984.
Schmidt, Herminio: *Heinrich von Kleist. Naturwissenschaft als Dichtungsprinzip*, Bern 1978.
Schmidt, Robert: *Soziologie der Praktiken. Konzeptionelle Studien und empirische Analysen*, Berlin 2012.
Schmidt, Siegfried J.: *Die Selbstorganisation des Sozialsystems Literatur im 18. Jahrhundert*, Frankfurt a. M. 1989.
Schmidt, Wolf Gerhard: *„Homer des Nordens" und „Mutter der Romantik": James Macphersons Ossian und seine Rezeption in der deutschsprachigen Literatur*, 4 Bde., Berlin u. a. 2003/2004.
Schmidt, Wolf Gerhard: „Der Sammler, der Dichter und die verlorene Jugend: Arnims Poetik im Kontext seiner Beschäftigung mit Macphersons ‚Ossian'". In: *Romantische Identitätskonstruktionen. Nation, Geschichte und (Auto-)Biographie*, hg. von Sheila Dickson und Walter Pape, Tübingen 2003, S. 247–269.
Schmidt, Wolf Gerhard: „Was ist ein ‚Gesamtkunstwerk'? Zur medienhistorischen Neubestimmung des Begriffs". In: *Archiv für Musikwissenschaft*, 68. Jg. (2011), H. 2, S. 155–179.
Schmitt, Carl: *Politische Romantik* [1919], Berlin 1985.
Schmitz-Emans, Monika: *Einführung in die Literatur der Romantik*, Darmstadt 2009.
Schnack, Ingeborg: „Einführung". In: *Stephan August Winkelmann. Philosoph, Poet & Arzt*, hg. von Ingeborg Schnack, Braunschweig 1989, S. 8–19.
Schneider, Franz: „Beiträge zur Geschichte der Heidelberger Romantik". In: *Neue Heidelberger Jahrbücher*, 18. Jg. (1914), S. 48–102.
Schorn-Schütte, Luise: *Geschichte Europas in der Frühen Neuzeit. Studienhandbuch 1500–1789*, Paderborn u. a. 2009.
Schramm, Helmar: „Art. ‚Theatralität'". In: *Ästhetische Grundbegriffe*, 7 Bde., hg. von Karlheinz Barck u. a., Stuttgart und Weimar 2000–2005, Bd. 6, S. 48–73.
Schreiber, Stefan: „Arnims Idee einer Volksdramatik". In: *200 Jahre Heidelberger Romantik*, hg. von Friedrich Strack, Heidelberg 2008, S. 225–244.
Schröder, Jürgen: „Kleists Novelle ‚Der Findling'. Ein Plädoyer für Nicolo" [1985]. In: *Heinrich von Kleist. Neue Wege der Forschung*, hg. von Anton Philipp Knittel und Inka Kording, Darmstadt 2003, S. 40–58.
Schultz, Hartwig: „Eichendorff als ‚Erfinder' der Heidelberger Romantik?". In: *200 Jahre Heidelberger Romantik*, hg. von Friedrich Strack, Heidelberg 2008, S. 67–80.
Schultz, Hartwig: *Schwarzer Schmetterling. Zwanzig Kapitel aus dem Leben des romantischen Dichters Clemens Brentano*, Berlin 2000.
Schultz, Hartwig: „Von Jena nach Heidelberg. Die Entfaltung von Brentanos Poetik". In: *Clemens Brentano 1778–1842. Zum 150. Todestag*, hg. von Hartwig Schultz, Bern u. a. 1993, S. 11–30.

Schulz, Gerhard: *Die Geschichte der deutschen Literatur zwischen Französischer Revolution und Restauration*, 2 Bde., München 1989 und ²2000.
Schulze, Anneliese: *Voß Auseinandersetzung mit Stolberg und Vertretern der jüngeren Romantik*, Potsdam [Diss. masch.] 1956.
Schulze, Gerhard: *Die Erlebnisgesellschaft. Kultursoziologie der Gegenwart*, Frankfurt a. M. und New York 1993.
Schulze, Gerhard: *Krisen. Das Alarmdilemma*, Frankfurt a. M. 2011.
Schumacher, Eckhard: *Ironie der Unverständlichkeit. Johann Georg Hamann, Friedrich Schlegel, Jacques Derrida, Paul de Man*, Frankfurt a. M. 2000.
Schweizer, Pia-Johanna und Stefan Schweizer: *Glaube und Vernunft. Dualistische Leib-Seele-Anthropologie der Romantik*, Bremen 2011.
Schweizer, Stefan: *Anthropologie der Romantik. Körper, Seele und Geist. Anthropologische Gottes-, Welt- und Menschenbilder der wissenschaftlichen Romantik*, Paderborn u. a. 2008.
Schwindt, Jürgen Paul: „In Wolfshaut will das Böcklein sich verhüllen ..." [Rez. zu Theodore Ziolkowski: Heidelberger Romantik. Mythos und Symbol, Heidelberg 2009]. In: *Süddeutsche Zeitung* vom 08. 03. 2010.
Schwinn, Holger: *Kommunikationsmedium Freundschaft. Der Briefwechsel zwischen Ludwig Achim von Arnim und Clemens Brentano in den Jahren 1801 bis 1816*, Frankfurt a. M. u. a. 1997.
Segebrecht, Wulf: „Die Thematik des Krieges in Achim von Arnims Wintergarten". In: *Aurora*, 45. Bd. (1985), S. 310–316.
Seibert, Peter: „Der Literarische Salon. Ein Forschungsüberblick". In: *Internationales Archiv für Sozialgeschichte der Literatur*, Sonderheft 3 (1993), S. 159–220.
Seibert, Peter: *Der literarische Salon. Literatur und Geselligkeit zwischen Aufklärung und Vormärz*, Stuttgart und Weimar 1993.
Selbmann, Rolf: „Gleichnis, Formel, Blitz. Heinrich von Kleists Begründungsfiguren im ästhetischen und wissenschaftlichen Diskurs der Epoche". In: *Scientia Poetica*, 8. Bd. (2004), S. 31–45.
Sieferle, Rolf Peter: *Fortschrittsfeinde? Opposition gegen Technik und Industrie von der Romantik bis zur Gegenwart*, München 1984.
Siegert, Reinhart: *Aufklärung und Volkslektüre. Exemplarisch dargestellt an Rudolph Zacharias Becker und seinem „Noth- und Hülfsbüchlein"*, Frankfurt a. M. 1978.
Siegert, Reinhart: „Volksbildung im 18. Jahrhundert". In: *Handbuch der deutschen Bildungsgeschichte. Vom späten 17. Jahrhundert bis zur Neuordnung Deutschlands um 1800. Bd. 2*, hg. von Notker Hammerstein und Ulrich Herrmann, München 2005, S. 443–483.
Sieprath, Norbert: „Medienaneignung als blinder Fleck der Systemtheorie". In: *Doing Culture. Neue Positionen zum Verhältnis von Kultur und sozialer Praxis*, hg. von Karl H. Hörning und Julia Reuter, Bielefeld 2004, S. 201–220.
Sihver, Ülle: „Konzeptionen des ‚Nationalen Erwachens'. Der persönliche Beitrag von Johann Voldemar Jannsen, Johann Köhler, Carl Robert Jakobson und Jakob Hurt zur estnischen Bewegung in der zweiten Hälfte des 19. Jahrhunderts". In: *Kulturgeschichte der baltischen Länder in der Frühen Neuzeit. Mit einem Ausblick in die Moderne*, hg. von Klaus Garber und Martin Klöker, Tübingen 2003, S. 463–480.
Skinner, Quentin: *Visions of Politics I. Regarding Method*, Cambridge u. a. 2009.
Smith, Matthew Wilson: *The Total Work of Art. From Bayreuth to Cyberspace*, New York und London 2007.

Smith, Roger: *The Fontana History of Human Sciences*, London 1997.
Soboczynski, Adam: „Art. ‚Moralistik'". In: *Kleist Handbuch. Leben – Werk – Wirkung*, hg. von Ingo Breuer, Stuttgart und Weimar 2009, S. 260–262.
Sommer, Roy: „Funktionsgeschichten. Überlegungen zur Verwendung des Funktionsbegriffs in der Literaturwissenschaft und Anregungen zu seiner terminologischen Differenzierung". In: *Literaturwissenschaftliches Jahrbuch*, 41. Bd. (2000), S. 319–341.
Specht, Benjamin: „Fiktionen von der Einheit des Wissens. Achim von Arnims Meteorologie-Projekt und ‚Hollin's Liebeleben' (1802) im Kontext der frühromantischen ‚Enzyklopädistik'". In: *KulturPoetik*, 9. Jg. (2009), H. 1, S. 23–44
Specht, Benjamin: *Physik als Kunst. Die Poetisierung der Elektrizität um 1800*, Berlin und New York 2010.
Spoerhase, Carlos: *Autorschaft und Interpretation. Methodologische Grundlagen einer philologischen Hermeneutik*, Berlin und New York 2007.
Spoglianti, Edi: „Arnims Plan eines nationalen Volkstheaters". In: *„Frische Jugend, reich an Hoffen ..." Der junge Arnim*, hg. von Roswitha Burwick und Heinz Härtl, Tübingen 2000, S. 189–200.
Spörl, Uwe: „Stil als universales Phänomen. Bemerkungen zu einem bestimmten Typ kultureller Zeichenverwendung". In: *Anthropologie der Literatur. Poetogene Strukturen und ästhetisch-soziale Handlungsfelder*, hg. von Rüdiger Zymner und Manfred Engel, Paderborn 2004, S. 175–200.
Stach, Reinhard: *Robinson und Robinsonaden in der deutschsprachigen Literatur. Eine Bibliographie*, Würzburg 1991.
Staengle, Peter: *Achim von Arnims poetische Selbstbesinnung. Studien über Subjektivitätskritik, poetologische Programmatik und existentielle Selbstauslegung im Erzählwerk*, Frankfurt a. M. 1988.
Stahl, Titus: *Immanente Kritik. Elemente einer Theorie sozialer Praktiken*, Frankfurt a. M. und New York 2013.
Stamm-Kuhlmann, Thomas: *König in Preußens großer Zeit. Friedrich Wilhelm III. Der Melancholiker auf dem Thron*, Berlin 1992.
Stark, Werner: *Fundamental Forms of Social Thought*, London 1962.
Stein, Klaus: *Naturphilosophie der Frühromantik*, Paderborn u. a. 2004.
Sternberg, Thomas: *Die Lyrik Achim von Arnims*, Bonn 1983.
Steuerwald, Christian und Frank Schröder (Hg.): *Perspektiven der Kunstsoziologie: Praxis, System, Werk*, Wiesbaden 2013.
Stichweh, Rudolf: *Zur Entstehung des modernen Systems wissenschaftlicher Disziplinen. Physik in Deutschland 1740–1890*, Frankfurt a.M 1984.
Stockinger, Ludwig: „Die ganze Romantik oder partielle Romantiken?". In: *Einheit der Romantik? Zur Transformation frühromantischer Konzepte im 19. Jahrhundert*, hg. von Bernd Auerochs und Dirk Petersdorff, Paderborn u. a. 2009, S. 21–41.
Stollberg-Rillinger, Barbara: *Der Staat als Maschine. Zur politischen Metaphorik des absoluten Fürstenstaats*, Berlin 1986.
Stolleis, Michael: *Geschichte des öffentlichen Rechts in Deutschland. Reichspublizistik und Policeywissenschaft, 1600–1800. Bd. 1*, München 1988.
Strack, Friedrich (Hg.): *200 Jahre Heidelberger Romantik*, Heidelberg 2008.
Strack, Friedrich (Hg.): *Heidelberg im säkularen Umbruch. Traditionsbewußtsein und Kulturpolitik um 1800*, Stuttgart 1987.
Strack, Friedrich: „Arnim, Brentano und das Wunderhorn". In: *Heidelberg im poetischen Augenblick. Die Stadt in Dichtung und bildender Kunst*, hg. von Klaus Manger und Gerhard vom Hofe, Heidelberg 1987, S. 121–151.

Strack, Friedrich: „Clemens Brentano und das ‚Klingding'. Bemerkungen zur ‚Sonnettenschlacht bei Eichstädt' in der ‚Zeitung für Einsiedler'". In: *Jahrbuch des Freien deutschen Hochstifts* (2009), S. 253–287.
Strack, Friedrich: „Historische und poetische Voraussetzungen der Heidelberger Romantik". In: *200 Jahre Heidelberger Romantik*, hg. von Friedrich Strack, Heidelberg 2008, S. 23–40.
Strack, Friedrich: „Zukunft in der Vergangenheit? Zur Wiederbelebung des Mittelalters in der Romantik". In: *Heidelberg im säkularen Umbruch. Traditionsbewußtsein und Kulturpolitik um 1800*, hg. von Friedrich Strack, Stuttgart 1987, S. 252–281.
Strobel, Jochen: *Eine Kulturpoetik des Adels in der Romantik. Verhandlungen zwischen ‚Adeligkeit' und Literatur um 1800*, Berlin und New York 2010.
Strohmeyer, Arno: *Theorie der Interaktion. Das europäische Gleichgewicht der Kräfte in der frühen Neuzeit*, Wien, Köln und Weimar 1994.
Szeemann, Harald (Hg.): *Der Hang zum Gesamtkunstwerk. Europäische Utopien seit 1800*, Aarau und Frankfurt a. M. 1983.
Szymanski, Berenika: *Theatraler Protest und der Weg Polens zu 1989. Zum Aushandeln von Öffentlichkeit im Jahrzehnt der Solidarność*, Bielefeld 2012.
Takeda, Arata: *Die Erfindung des Anderen. Zur Genese des fiktionalen Herausgebers im Briefroman des 18. Jahrhunderts*, Würzburg 2008.
Tausch, Harald: *Literatur um 1800. Klassisch-romantische Moderne*, Berlin 2011.
Taylor, Charles: *A Secular Age*, Cambrige, MA und London 2007.
Taylor, Charles: „Atomism". In: Taylor: *Philosophy and the Human Sciences. Philosophical Papers 2*, Cambridge, New York und Melbourne 1985, S. 187–210.
Taylor, Charles: „Invoking Civil Society". In: Taylor: *Philosophical Arguments*, Cambridge, MA und London 1995, S. 204–224.
Taylor, Charles: *The Ethics of Authenticity*, Cambridge, MA und London 1991.
Taylor, Charles: „What's wrong with negative Liberty". In: Taylor: *Philosophy and the Human Sciences. Philosophical Papers 2*, Cambridge, New York und Melbourne 1985, S. 211–229.
Thackray, Arnold: *Atoms and Powers. An Essay on Newtonian Matter-Theory and the Development of Chemistry*, Cambridge, MA 1970.
Thadden, Elisabeth von: *Erzählen als Naturverhältnis – „Die Wahlverwandtschaften". Zum Problem der Darstellbarkeit von Natur und Gesellschaft seit Goethes Plan eines „Roman über das Weltall"*, München 1993.
Thalheim, Hans-Günther: „Des Knaben Wunderhorn". In: Thalheim: *Zur Literatur der Goethezeit*, Berlin 1969, S. 273–321.
Thalheim, Hans-Günther: „Natur- und Kunstpoesie. Eine Kontroverse zwischen Jacob Grimm und Achim von Arnim über die Aneignung älterer, besonders volkspoetischer Literatur". In: *Weimarer Beiträge*, 32. Jg. (1986), H. 11, S. 1829–1849.
Theile, Gert: „Achim von Arnim Bibliographie 2005–2006". In: *Neue Zeitung für Einsiedler*, 6./7. Jg. (2006/2007), S. 145–153.
Theile, Gert: „Achim von Arnim-Bibliographie 2007–2009". In: *Neue Zeitung für Einsiedler*, 8./9. Jg. (2008/2009), S. 99–123.
Tölle, Ursula: *Rudolph Zacharias Becker: Versuche der Volksaufklärung im 18. Jahrhundert in Deutschland*, Münster und New York 1994.
Toulmin, Stephen und June Goodfield: *Entdeckung der Zeit*, Frankfurt a. M. 1985.
Tribe, Keith: *Governing Economy. The Reformation of German Economic Disourse 1750–1840*, Cambridge u. a. 1988.

Tumat, Antje (Hg.): *Von Volkston und Romantik. ,Des Knaben Wunderhorn' in der Musik*, Heidelberg 2007.
Tumat, Antje: „„In diesem Schein des Bekannten liegt das ganze Geheimnis des Volkstons'. Die Dichtung der Heidelberger Romantik in der Musik". In: *200 Jahre Heidelberger Romantik*, hg. von Friedrich Strack, Heidelberg 2008, S. 161-182.
Türk, Johannes: *Die Immunität der Literatur*, Frankfurt a. M. 2011.
Turner, Victor: „Das Liminale und das Liminoide in Spiel, ,Fluß' und Ritual. Ein Essay zur vergleichenden Symbologie". In: Turner: *Vom Ritual zum Theater. Der Ernst des menschlichen Spiels*, Frankfurt a. M. und New York 2009, S. 28-94.
Valk, Heinz: „Laulev Revolutsioon (17.06.1988)". In: *Teine Eesti – Eeslava. Eesti iseseisvuse taassünd 1986–1991. Intervjuud, Dokumentid, Kõned, Artiklid*, hg. von Mart Laar, Urmas Ott und Sirje Endre, Tallinn 1996, S. 425-426.
Vesilind, Pritt: *The Singing Revolution. How Culture saved a Nation*, Tallinn 2008.
Vidal-Naquet, Pierre: *Atlantis. Geschichte eines Traums*, München 2006.
Vogl, Joseph (Hg.): *Poetologien des Wissens um 1800*, München 1999.
Vogl, Joseph: „Für eine Poetologie des Wissens". In: *Literatur und die Wissenschaften 1770–1930*, hg. von Karl Richter, Jörg Schönert und Michael Titzmann, Stuttgart 1997, S. 107-127.
Vogl, Joseph: *Kalkül und Leidenschaft. Poetik des ökonomischen Menschen*, Zürich und Berlin 2004.
Vogl, Joseph: „Poetologien des Wissens". In: *Einführung in die Kulturwissenschaften*, hg. von Harun Maye und Leander Scholz, München 2011, S. 49-71.
Voigt, A.: „Art. ,Gewaltenteilung'". In: *Historisches Wörterbuch der Philosophie*, 13 Bde., hg. von Joachim Ritter, Karlfried Gründer und Gottfried Gabriel, Darmstadt 1971-2005, Bd. 3, Sp. 570-574.
Wagner-Egelhaaf, Martina (Hg.): *Herrmans Schlachten. Zur Literaturgeschichte eines nationalen Mythos*, Bielefeld 2008.
Wakefield, Andre: *The Disordered Police State. German Cameralism as Science and Practice*, Chicago, IL und London 2009.
Walton, John: „Making the theoretical case". In: *What is a case? Exploring the Foundations of Social Inquiry*, hg. von Charles C. Ragin und Howard S. Becker, Cambridge u. a. 1992, S. 121-138.
Walzel, Oskar: „Jenaer und Heidelberger Romantik über Natur- und Kunstpoesie". In: *Deutsche Vierteljahresschrift für Literaturwissenschaft und Geistesgeschichte*, 14. Jg. (1936), S. 325-360.
Wanning, Frank: *Gedankenexperimente. Wissenschaft und Roman im Frankreich des 19. Jahrhunderts*, Tübingen 1999.
Weber, Max: „Die ,Objektivität' sozialwissenschaftlicher und sozialpolitischer Erkenntnis" [1904]. In: Weber: *Schriften zur Wissenschaftslehre*, Stuttgart 1991, S. 21-101.
Weber, Max: *Wirtschaft und Gesellschaft. Grundriss der verstehenden Soziologie*, Tübingen 1980.
Weber, Max: „Wissenschaft als Beruf". In: Weber: *Gesammelte Aufsätze zur Wissenschaftslehre*, Tübingen 1985, S. 582-613.
Weder, Katharine: *Kleists magnetische Poesie. Experimente des Mesmerismus*, Göttingen 2008.
Wegmann, Nikolaus: *Diskurse der Empfindsamkeit. Zur Geschichte eines Gefühls in der Literatur des 18. Jahrhunderts*, Stuttgart 1980.
Wehler, Hans-Ulrich: *Deutsche Gesellschaftsgeschichte. Bd. 1 (1700–1815)*, München 1987.

Weigel, Sigrid: „Das Gedankenexperiment: Nagelprobe auf die ‚facultas fingendi' in Wissenschaft und Literatur". In: *Science & Fiction. Über Gedankenexperimente in Wissenschaft, Philosophie und Literatur*, hg. von Thomas Macho und Annette Wunschel, Frankfurt a. M. 2004, S. 183–205.

Weigel, Sigrid: „Die Funken der Bilder und der Experimentalphysik im Zeitalter der Gefühle. Zur Inszenierung affekttheoretischer Umbrüche in Kleists Erzählung ‚Der Findling'". In: Weigel: *Literatur als Voraussetzung der Kulturgeschichte. Schauplätze von Shakespeare bis Benjamin*, München 2004, S. 173–191.

Weisrock, Katharina: *Götterblick und Zaubermacht. Auge, Blick und Wahrnehmung in Aufklärung und Romantik*, Opladen 1990.

Weiss, Walter: *Enttäuschter Pantheismus. Zur Weltgestaltung der Dichtung in der Restaurationszeit*, Dornbirn 1962.

Weitz, Michael: *Allegorien des Lebens. Literarisierte Anthropologie bei Fr. Schlegel, Novalis und E. T. A. Hoffmann*, Paderborn u. a. 2008.

Wellbery, David E. (Hg.): *Kultur-Schreiben als romantisches Projekt. Romantische Ethnographie im Spannungsfeld zwischen Imagination und Wissenschaft*, Würzburg 2012.

Wellbery, David E.: „Übertragen. Metapher und Metonymie". In: *Literaturwissenschaft. Einführung in ein Sprachspiel*, hg. von Heinrich Bosse und Ursula Renner, Freiburg i. Br. 1999, 139–155.

Wells, G. A.: *Herder and After. A Study in the Development of Sociology*, Den Haag 1959.

Werber, Niels: *Ameisengesellschaften. Eine Faszinationsgeschichte*, Frankfurt a. M. 2013.

Werber, Niels: „Art. ‚Soziologie'". In: *Literatur und Wissen. Ein interdisziplinäres Handbuch*, hg. von Roland Borgards u. a., Stuttgart und Weimar 2013, S. 152–160.

Werle, Dirk: „Stil, Denkstil, Wissenschaftsstil. Vorschläge zur Bestimmung und Verwendung eines Begriffs in der Wissenschaftsgeschichte der Geistes- und Kulturwissenschaften". In: *Stil, Schule, Disziplin. Analyse und Erprobung von Konzepten wissenschaftsgeschichtlicher Rekonstruktion*, hg. von Lutz Danneberg, Wolfgang Höppner und Ralf Klausnitzer, Frankfurt a. M. 2005, S. 3–30.

Wiedemann, Conrad (Hg.): *Rom – Paris – London. Erfahrungen und Selbsterfahrungen deutscher Schriftsteller und Künstler in fremden Metropolen*, Stuttgart 1988.

Wiegels, Rainer (Hg.): *Arminius und die Varusschlacht. Geschichte, Mythos, Literatur*, München, Wien und Zürich 2003.

Wiethölter, Waltraut, Frauke Berndt und Stephan Kammer: „Zum Doppelleben der Enzyklopädik – eine historisch-systematische Skizze". In: *Vom Weltbuch bis zum World Wide Web – Enzyklopädische Literaturen*, hg. von Waltraut Wiethölter, Frauke Berndt und Stephan Kammer, Heidelberg 2005, S. 1–52.

Willer, Stefan: „Art. ‚Ahnen'". In: *Futurologien. Ein Glossar des Zukunftswissens*, hg. von Benjamin Bühler und Stefan Willer, München 2015 (im Erscheinen).

Windfuhr, Manfred: „Herders Konzept der Volksliteratur. Ein Beitrag zur literarischen Mentalitätsforschung". In: *Jahrbuch Deutsch als Fremdsprache*, 6. Bd. (1980), S. 32–49.

Wingertszahn, Christoph: *Ambiguität und Ambivalenz im erzählerischen Werk Achims von Arnim. Mit einem Anhang unbekannter Texte aus Arnims Nachlaß*, St. Ingbert 1990.

Wingertszahn, Christoph: „Arnim in England". In: *„Die Erfahrung anderer Länder". Beiträge eines Wiepersdorfer Kolloquiums zu Achim und Bettina von Arnim*, hg. von Heinz Härtl und Hartwig Schultz, Berlin und New York 1994, S. 81–101.

Wirth, Uwe (Hg.): *Propfen, Impfen, Transplantieren*, Berlin 2011.

Wirth, Uwe: *Die Geburt des Autors aus dem Geist der Herausgeberfiktion. Editoriale Rahmung im Roman um 1800. Wieland, Goethe, Brentano, Jean Paul und E. T. A. Hoffmann*, München 2008.

Woesler, Winfried: „Die Idee der deutschen Nationalliteratur in der zweiten Hälfte des 18. Jahrhunderts". In: *Nation und Literatur im Europa der Frühen Neuzeit. Akten des I. Internationalen Osnabrücker Kongresses zur Kulturgeschichte der Frühen Neuzeit*, hg. von Klaus Garber, Tübingen 1989, S. 716–733.

Wolgast, Eike: „Phönix aus der Asche? Die Reorganisation der Universität Heidelberg zu Beginn des 19. Jahrhunderts". In: *Heidelberg im säkularen Umbruch. Traditionsbewußtsein und Kulturpolitik um 1800*, hg. von Friedrich Strack, Stuttgart 1987, S. 35–60.

Ziegler, Vickie L.: „Schreibt für Deutschland. Achim von Arnims ,Wintergarten' als nationale Literatur". In: *Deutsche Literatur in der Weltliteratur. Kulturnation statt politischer Nation*, hg. von Franz Norbert Mennemeier und Conrad Wiedemann, Tübingen 1986, S. 208–214.

Zimmermann, Waldemar: „Das ,Soziale' im geschichtlichen Sinn- und Begriffswandel". In: *Studien zur Soziologie*, Festschrift für Leopold von Wiese, hg. von L. H. Ad. Geck, Jürgen von Kempski und Hanna Meuter, Mainz 1948, Bd. 1, S. 173–191.

Ziolkowski, Theodore: „August Böckh und die ,Sonettenschlacht bei Eichstädt'". In: *200 Jahre Heidelberger Romantik*, hg. von Friedrich Strack, Heidelberg 2008, S. 207–223.

Ziolkowski, Theodore: *Heidelberger Romantik. Mythos und Symbol*, Heidelberg 2009.

Zumbusch, Cornelia: *Die Immunität der Klassik*, Berlin 2011.

www.ingramcontent.com/pod-product-compliance
Lightning Source LLC
Chambersburg PA
CBHW031409230426
43668CB00007B/246